アルナルド・ブルスキ

ブラマンテ
―ルネサンス建築の完成者―

稲川 直樹 訳

中央公論美術出版

BRAMANTE
by
Arnaldo Bruschi
Published by arrangement with Thames and Hudson Ltd., London,
©1973 and 1977 Thames and Hudson Ltd, London
1973 e 1985 Gius. Laterza & Figli Spa, Roma-Bari
Japanese translation rights arranged
with Themes and Hudson Limited, London
through Tuttle-Mori Agency, Inc., Tokyo
Japanese translation by Naoki Inagawa
Published 2002 in Japan
by Chuo-Koron Bijutsu Shuppan Co., Ltd.
ISBN4-8055-0412-9

ブラマンテ
―ルネサンス建築の完成者―

本書は、平成十三年度科学研究費補助金（研究成果公開促進費）の交付を受けた出版である。

目　次

新版へのまえがき		ii
初版英語訳への序文	ピーター・マレー	iv
初版へのまえがき		vii

序章		1
第一章	ブラマンテの芸術形成	11
第二章	ロンバルディーアのブラマンテ： 初期の問題意識	33
第三章	三次元有機体としての建築の発展	59
第四章	ロンバルディーア後期の活動： 方法論への取組みと都市空間への関心	89
第五章	ローマ初期の活動： サンタ・マリーア・デッラ・パーチェの回廊	107
第六章	ユリウス二世とブラマンテの《大(グランデ・マニエラ)》様式： ベルヴェデーレと《古代風ヴィッラ》の再生	131
第七章	ブラマンテの都市イメージ	173
第八章	サン・ピエトロ・イン・モントーリオのテンピエット	193
第九章	サン・ピエトロとブラマンテの《盛期様式(マニエラ・マトゥーラ)》	217
第十章	生涯の最期と総括 人間ブラマンテと十六世紀(チンクエチェント)建築の展開におけるその作品の意義	265

付録	作品年譜	291
	文献注解	299
ブラマンテ関連地図		312
訳注		313
訳者あとがき		348
索引		355

訳書凡例

1　本書は Arnaldo Bruschi 著 "*Bramante*", Laterza, Roma-Bari 1985 の翻訳である。
2　図版は同書のほかに英語訳版 "*Bramante*", Themes and Hudson, London 1977（＊で表記）
　　から補充し、また訳者撮影の若干の写真（＊＊で表記）を加えた。
3　[　]　は引用文中の引用者による補足を，[…]　は引用文中の省略を示す。
4　〈　〉　は本文への訳者による補足を示す。
5　¹　は脚注番号を示す。
6　⁽¹⁾　は訳注番号を示す。
7　固有名詞は原語読みを原則としたが，ローマ教皇名はラテン名で表記した。

マリセッラとアンドレーアとパオロに

新版へのまえがき

　過去十五年ほどのあいだにルネサンス研究は目覚ましくも新しい展開をみた。そのなかには，直接または間接的にブラマンテに関連する問題を扱った新たな研究成果が少なからず含まれており，画期的なものもある。フロンメルをはじめとする優れた研究者はブラマンテとその作品を久しく継続的に研究してきた。また若くて有能な研究者で，きわめて重要な業績で注目を浴びた人もすくなくない。

　このあいだに以前よりも明らかになったできごともあれば，評価の高まった作品もある。否定された仮説があるいっぽうで，確実視されるようになった仮説もある。またたとえば《古代の建築オーダー》のブラマンテによる《再創造》の問題のように，新たな重要性をおびてきた問題もある。文化や芸術という環境の枠をこえた，ブラマンテの活動の舞台となった歴史的文脈全体の理解や，十五世紀から十六世紀初めにおける古代との関連といった根本的に重要な議論が掘りさげられ，そしてとりわけ，同時代に活動しそれぞれのしかたでブラマンテと関わりをもった芸術家，すなわちレオナルドからラッファエッロ，ペルッツィ，サンガッロに至る人物像の広範な再検討や，さらには当時の素描を伝える様々な写本の研究が進み，これらはブラマンテの活動の理解にとっても，年代考証や解明のための手掛かりとなった。もちろん新たな課題や疑問もあらわれたし，そのすべてがこれまでに解決され究明されたわけではない。

　したがって，すでに久しい1972年に書かれ，その翌年テームズ・アンド・ハドソン社とラテルツァ社から同時に初版が出版されたこの小『ブラマンテ』の新版を出すにあたっては，テクストに関してもまた図版に関しても，かなりな程度のさしかえと補完が不可欠であった。

　とはいうものの私の見るところでは，1973年の版に描かれたブラマンテの全体像や，その問題性の本質的側面を揺るがすほどの重大な発見や矛盾する新事実の出現は今日までになかったといってよく，それゆえ旧版本文の枠組み全体を改訂するような必要はないと判断した。またこのテクストの目的と性格からして，特徴となっている説明的な構成や，まして方法論や批判上の立場を譲るような必要性も感じられなかった。したがって，見直しされ大幅に書き改められた部分はわずかである。おおくの場合は微細な補足や修正の範囲に限られた。しばしば用いられたのは脚注による方法で，これは新しい文献を追記したりより広範な最新の論考に言及するためだけでなく，詳細な考察（それが検討されたことも一度ならずあったのだが）

を加えようとすれば必然的にもとのテクストを混乱させてしまうような年代考証や問題点の指摘にも用いられた。旧版はしたがって，様々な専門知識をもつ広範な読者にとって可能な限り役立つ手段でありつづけるために《成長した》ということもできようが，著者としてはそれがページ数や情報量の増加にとどまるものでないよう願っている。図版の数もまたたしかに増えてはいるが，1973年版の書式を遵守する必要からそれはブラマンテの作品と本文の理解に不可欠なものに限定された。

　著者の長年にわたるブラマンテの作品研究のために，資料や着想を含めた多くの助力を与えられたイタリア内外のかたがたに対し，ここで深く感謝を捧げる。研究に便宜をはかっていただいた人もあれば，論文を通して知見を提供されたり，ブラマンテに関する特定の問題についてともに討論を重ねられた人もある。そのひとり一人に（とりわけ忘れがたい幾人かがおられるが）ここで謝意を繰り返すことは差し控えさえていただく。ただこれを機会に，著者の師でも友人でもあり，われわれの研究の発展に多大な貢献をされながらこの十数年のあいだに逝去された人たちに思いを致したい。ルドルフ・ウィットカウアー，ルードウィヒ・H. ハイデンライヒ，フランツ・G. ウォルフ・メッテルニッヒ，ウォルフガング・ロッツの諸氏である。

1985年7月

アルナルド・ブルスキ

初版英語訳への序文

　十五世紀をとおしてローマは，来たるべき盛期ルネサンスを，つまり文字どおりの再生というよりは爆発，しかも四半世紀にも満たないほどの驚くべき短期間に起こった芸術のひとつの爆発を準備していた。教皇ニコラウス五世の在位下（1447-55）には，アヴィニョン捕囚後のローマではじめて，芸術と学問の奨励が教皇庁によって推進された。アルベルティもフラ・アンジェリコも抱えたとはいえ，ニコラウスの芸術上の成果はさほど大きなものではなかった。しかしニコラウスはすくなくともシクストゥス四世（1471-84）の事業のための堅固な基礎を築き，そのシクストゥスがこんどは，甥のユリウス二世在位時代（1503-13）の芸術のほとんど法外なほどの開花と，それにも勝るとも劣らぬ，後継者のメディチ家教皇レオ十世（1513-21）下の偉業への道を準備したのである。そのすべてが1527年のローマ劫奪という破局によって断絶することになるが，ミケランジェロが『サン・ピエトロのピエタ』の制作を始めた1498年からラッファエッロが世を去った1520年までの期間こそ，視覚芸術の長い歴史のなかで最も偉大な瞬間のひとつであった。

　ユリウス二世の在位中は政治の領域では問題がすくなくなかったが，膝元のヴァティカーノ宮ではシスティーナ礼拝堂の天井に『天地創造』や『原罪』など偉大なフレスコ画の連作がミケランジェロによって制作された。これによって1480年代に描かれた礼拝堂壁面の連作が補完され，モーゼの戒律の成立とキリストによるその新たな立法化を描写して見せることで，モーゼとキリストの生涯の並行現象を説明した。1508年以降ラッファエッロはヴァティカーノ宮のいわゆる「教皇居室（スタンツェ）」で制作に従事しており，『アテネの学堂』や『ボルセナのミサ』などその傑作のほとんどがユリウスの在位中に完成したが，連作全体は画聖が夭折した1520年の時点では未完だった。十一世紀半以上も昔にコンスタンティヌス帝自らによって基礎が築かれた千古のサン・ピエトロ聖堂の全面的な建て替え事業は，帝政ローマ時代の規模さえしのぐユリウスの芸術奨励行為の絶頂となるはずであったが，不幸にも実現しなかった。もっと正確にいえば，それがどのようであったかについてのわれわれの推測が正しいとすれば，それは教皇とその建築家ブラマンテが構想したような形では実現しなかった。

　ミケランジェロに託した自らの墓をふくむユリウスの膨大な芸術奨励計画のすべてが，サン・ピエトロ聖堂自体をコンスタンティヌス帝とその建築家でさえ称賛せずにおかないであろう形で建て替えるという，まさに帝国的な野望に従属するものだったことが疑うべくも

ないのは，1506年の起工記念メダルに簡潔に記された「ペテロ神殿の再建」の文字にも見
テンプリー・ペトリー・インスタウラーキオ
てとれる。ヴァティカーノ宮の何点かのフレスコ画がいかに優れていようと，この計画はそ
れとは桁ちがいな規模の野心の表明であって，何百何千もの労働と何百万もの財政支援を要
したはずだが，残念ながらそれは教皇庁の力を超えていた。われわれが知りうるのは新聖堂
の構想の壮大さと，それがハギア・ソフィアや聖地エルサレムのいくつかの教会を受け継ぐ
というイデオロギー上の機能である。しかし疑う余地のないのは，計画がもし実現していた
ら人類にとっては，その意義がシスティーナ礼拝堂などよりはるかに大きかっただろうこと
である。この理由だけからしても，盛期ルネサンスがラッファエッロやミケランジェロ以上
にブラマンテによって支配されていたことをつねに念頭におく必要があり，したがってまた
盛期ルネサンスの特質を理解するためには，ブラマンテの芸術を理解し，その意図や芸術上
の理念を可能なかぎり再構成する必要がある。じっさい，次代の後継者たちはこのことを理
解していた。1530年代にセルリオは「ブラマンテが当時まで埋もれていたすべてのよき建築
の創造者であり光明あることは，この建築家の誉れである［…］」と述べているし，パッラ
ーディオも1570年代に出版されたその『建築論』のなかで同様な意見を記している。「ユリ
ウス二世の時代に，古代建築のよき研究者でもあったかの優れたブラマンテが，ローマで最
も美しい建物のいくつかを建てた。［…］ブラマンテこそ，古代人の時代以来見失われてい
た見事で美しい建築に再び光をあてた最初の人物である。」

　こうしてみると，ブラマンテについて書かれたものの少なさは，なおさら不可解というほ
かない。ラッファエッロやミケランジェロについての文献や論文は厖大であり，後者に関す
る書物や論文は1510年から今日までにおよそ三千を数える。しかしこれにくらべてブラマ
ンテに関するものはわずかであり，しかもその多くはヴァザーリの『ブラマンテ伝』（1550
年および1568年）の記述の焼き直しである。専門家のあいだでさえこれほど軽視されてきた
のであれば，この非凡な才能の本当の偉大さが一般に理解されてこなかったのも無理もない
が，それは現存するブラマンテの作品が少ないことに大きく起因している。さらに悪いこと
に，テンピエットやミラーノのサン・タンブロージョの回廊などの真価を見抜くには，経験
と共感に満ちたまなざしが不可欠なのである。このような嘆かわしい状況はしかし，1969年
にアルナルド・ブルスキが『建築家ブラマンテ Bramante architetto』を上梓したことで一変し
た。約千百ページにもおよぶこの本は，ひとりの建築家についてかつて出版された最も浩瀚
な書のひとつであるが，それ以上に重要なのは，これがイタリア美術史の著作として一新を
画したことである。なぜならそれは，文献を研究の中心に据える独英系の歴史家をかつて嘆
かせた，ロンギやその影響下にある群小批評家の仕事の特徴をなす情緒的感応への全面的な
依存という伝統とはきっぱりと縁を切っていたからである。ブルスキの本は確実な史料で裏
づけられ，多くの言語にまたがる文献のおそるべき渉猟にもとづくことを示しており，その
ことが時代考証や帰属の受け入れを方法論的に厳格に論証する結果となっているが，その厳

密さは，最も独創的な解釈よりも記録に残された事実に重きをおく衒学歴史学者にさえ，密やかな喜びをもたらすほどである。

　ブルスキはしかしまぎれもないイタリア人芸術史家であり，著述に用いられる語彙はやはり，英語の語法の範囲をほとんど越えている。この点ではロンギ派の強みを認めざるをえないのだが，イタリア語の用語法のなかには，文芸批評の英語には同義語があるにしても視覚芸術の批評にはいまだ見当たらないばかりか，私の考えでは，それ以外のいかなる歴史的学問領域にも欠けているものがある。芸術作品の視覚的分析のなかでイタリア人批評家は「透視図的スペクタクル」「有機組織」「具体的な普遍性」「空間の膨脹」などといった語句を使うことがあるが，これらは容易には英語に移し換えられず，可能な範囲で言い換えるほかないものであり，これがために翻訳作業は極端に困難なものとなる。これについて筆者は幾分かの責任を負っている。というのも，ブルスキ教授にその大著の縮小版を，英語圏の読者のために書き下ろすよう依頼したのはこの私だからである。結果としてそれは別個のモノグラフとなった。しかし，もしこの本のすべてが読みやすいものではないとしても，過去四世紀のあいだでブラマンテの謎の核心に最も肉薄した人物の深慮見識を学ぼうとすることには，それだけの価値があるだろう。

　ロンドン　1976年6月

ピーター・マレー

初版へのまえがき

　ブラマンテをめぐるこの論考は，ピーター・マレーによる序文を添えられた英語版（テームズ・アンド・ハドソン）と同時に出版されるはずであるが，1969年にラテルツァ社から出た著者自身によるはるかに大部な『建築家ブラマンテ *Bramante architetto*』と比較して，それ以上であると同時にそれ以下でもある。しかしいずれにしろ単なる縮小版ではない。
　本書が『建築家ブラマンテ』におよばないのは，旧著の特徴となっている個々の作品に関する資料文献の記録や分析的考察がここでは簡潔に要約されている点である。また膨大な図版のもたらす情報も本書にはないものである。
　いっぽう本書がある意味で旧著以上であるというのには，いくつかの理由がある。年代や分析的記述がその後の研究成果にてらして再検討され改められたのはいうまでもない。じっさいその中には重要な議論の修正や再構成も含まれている。しかし私見によれば，この小論が古い労作をいくらかでも越えているとすればそれは，本書ではブラマンテの建築の成立過程が同時代の経済や政治や文化におよぶ歴史状況のなかで再構成され，しかもそれがより総合的で本質的であるだけでなく，より包括的かつ有機的でまた各部を扱ううえでさらに均衡のとれたものとなるよう努められていることにある。
　『建築家ブラマンテ』の場合も著者は，平明でどんな人にも読みやすく理解可能な（そしてできれば役に立つ）言葉を使うようできる限りこころがけたが，その根底には理想的な読者として《建築に関わる人》がとくに想定されていた。一方でそれは建築家をはじめとするこの時代の建設にたずさわる人々であり，他方では歴史家であり，建築史の「専門家」であった。それは見方をかえれば，この理想的な相手に対する以上に，《理解する》という目的を見据えた著者自身との対話だったといってもよい。ブラマンテを理解し，その作品を介してルネサンス史の流れのひとつの本質的な結節点を理解し，それによってわれわれ自身と今日とを理解すること。それはつまり今日に至る歴史的展開の成果として成立しわれわれを取り囲む現実であり，またその根本をたどれば，ルネサンス文化によって枠づけられた遠い過去にまで遡るわれわれの現実である。その理解は，歴史化することによって，つまり過去から《自らを分離し》開放することを通して達成される。旧著はまた歴史記述の方法を厳密で総合的に適用した試みでもあったが，その方法とは，固有の歴史的文脈と直面しつつ作品が形成されていく（プログラムの編成に始まり，計画や具体化や，変容にいたる）過程にさまざま

な分析手段を適用しつつ，その《歴史》を再構成することをとおして，作品の理解と評価にまで到達しようとするものである。試みられたのは，ヴェルフリンの言う《事実だけ》にもとづく《人名なしの》歴史でも，ひとつの傑出した個性の歴史（すなわちひとりの《天才》をめぐるモノグラフ）でもない。それはつまり「複数の人間によって為された事柄」の歴史であり，永遠に変化し展開を続ける厳しい歴史的文脈の中で，たとえ傑出した建築家が決定的な役割を演ずることがあるにせよ，総体としてはおおくの人間によってつくられた歴史である。

『建築家ブラマンテ』のプログラム上のこのような企ては全体として今も妥当であると考えられ，本書でも採用されているが，旧著の場合これがために分析的な論述が導入され，全体におよぶ不統一が生じもした。一本の導きの糸に繋がれているもののそれは，一連のばらばらの論考のようにも見える。その結果，部分相互間に質的にも量的にも不均衡が生じ，また伝記情報や分析的記述や文献についての議論が分散したり，少なからぬ反復が必要となったりした。

これにたいし本書『ブラマンテ』は，ブラマンテの問題により広範な読者の側から接近する手がかりとなるよう考えられている。本書においても手段や方法や内容はいずれも厳密に科学的なものであるが，その目的と結果は狭い意味での専門に陥らぬよう配慮されている。《建築に関わる人》もまた，すでに知る多くの事柄とともにここに最新の記述や示唆を見出すことができるだろう。しかし本書の理想とする対話者は，歴史の問題に直接には関わっていない学生や建築家であり，様々な分野に関心をもつ知識人であり，さらに一般的には，特別な教養を深く修めたわけではない人を含めて誰であれ，時代の歴史的状況の中での《ブラマンテ現象》への理解を深めようと願う人である。

このために，理解に不可欠なものに厳しく限られてはいるものの，伝記的年代や文献の指摘や詳述，そして批判的解釈が，ここでは連続したひとつの《歴史／物語（ストーリア）》の中に緊密に統合されている。またブラマンテが活動する場であった特異な歴史的状況や，同時代人（依頼者や芸術家，文化人，弟子，施工者そして職人）との関係，ブラマンテの作品と特徴的な文化や他の建築作品や先行する建築家たちとの関連，あるいはブラマンテの活動に対する当時の反響が取り上げられ，強調されている。さらにはブラマンテの人間性の特質が，内面における曖昧さや自己矛盾や満足を知らぬ貪欲さの中に探られるが，これらは作品と分かちがたく結びついている。ブラマンテはまた単に建築家としてだけでなく，画家，《都市計画家》，理論家，技術者，詩人，そして舞台デザイナーとしても描かれている。

広い読者を想定した普及版という本書のまさにこの性格のために，脚注は最小限に抑えられ，図版はテクストと緊密に呼応するように（決して見栄えを優先させることなく）選択され，とりわけ最新の図版と古素描にページがさかれている。付録にまとめられたもののうち，確実なものと帰属させられるブラマンテの全作品を批判的に検討した目録が本文の情報を補足し，また厳選された文献の総覧が個別的な問題に関心をもつ学生や研究者の，さらなる探求

や掘り下げのための出発点となるだろう。そのいっぽうで，サンタ・マリーア・デッラ・パーチェの回廊やサン・ピエトロ・イン・モントーリオのテンピエットといったブラマンテの活動のなかで特に重要な作品については，その設計の過程を，様々な段階と意義をあきらかにしつつ分析的に再構成するためにページをさくのがふさわしく思われた。その論述は問題の局部的な掘り下げになるとともに，『建築家ブラマンテ』で提案され実行された歴史叙述の方法のひとつの例を示すはずである（これらの部分は，実質的には旧著のテクストを縮小したものである）。

　記述にさいしてはむろん，さまざまな研究者の成果や見解を参照した。しかし本書の性格上それを本文や脚注や文献リストの中で逐一明示しながら言及することはできなかった。そういった人たちへの筆者の感謝の念にははかり知れないものがあり，本書のあちらこちらにその業績の反映を認められる方々には，この不本意ながらの遺漏をお許しいただきたい。旧著『建築家ブラマンテ』のための調査と著述にさいし，様々なしかたでお世話になった個人や機関に（ここではレオナルド・ベネヴォロの名を挙げるにとどめておく）ここで再度お礼を申し上げるとともに，それ以降今日にいたるまでに，様々な論文や議論や口頭での示唆によって，この小著の内容に間接的に協力いただいた方々にも感謝をささげる。最後になるが，ピーター・マレーは本書がより国際的な読者のため出版されるよう先頭にたって尽力され，内容に通じた優れた能力によってイタリア語からの英訳を丹念に校閲されたうえ，序文を添えて英語圏の読者のため本書の紹介の労をとられた。ここに出版社に対すると同じく，特別の感謝をささげたい。

1973年7月

　　　　　　　　　　　　　　　　　　　　　　　　　　　アルナルド・ブルスキ

図1　ローマ，サン・ピエトロ・イン・モントーリオのテンピエット　＊

序　章

　　ローマでのブラマンテについて信頼すべき広範な情報を書き残したヴァザーリ[1]は，ブラマンテが1514年に七十歳で死去したと述べている。そうだとすればブラマンテは1444年に生まれたのであろうが，これはブルネッレスキ[2]の死の二年前にあたる。つまりルネサンス建築「最初の」革命的な「創設者」が一生を終えようとしていたちょうどそのころ，「第二の創設者」として，またルネサンス建築の《様式(マニエラ)》の変革者として位置づけられることになるであろう人物が，まさに生を享けようとしていた。それゆえ重要なのは，ヴァザーリ自身が『ブラマンテ伝』を，イタリア・ルネサンス建築史の展開のなかにきわだつこの二人を関連づけることで始めていることである。「［…］博識かつ驚嘆すべき古代の人々の高貴な作品を模倣し長い年月の後にそれを再び蘇らせたフィリッポ・ブルネッレスキの新しい仕事こそは，建築にとってまことに偉大なる貢献であった。しかし，われわれの世紀［十六世紀］にとってはブラマンテもそれに劣らず重要である。ブラマンテはフィリッポの先例に従いつつ［…］あとに続いて建築を職業とした者たちに確かな道を示したからである」。十六世紀(チンクエチェント)にはブラマンテは異口同音に「真正なる建築の創造者であり光明」である（セルリオ，第四書，c139 r）とされ，ルネサンスの「純正様式」の創造者としてのブルネッレスキは忘れられがちであった。ブラマンテをブルネッレスキに照らしてとらえることはしたがって，ルネサンス建築の確立と発展過程における二人の批判的歴史的意義をヴァザーリが正確に意識していたことを示すにとどまらない。「ブルネッレスキの先例に従いつつ」というヴァザーリの語句はまた，のちに見るように，ルネサンス建築の推移のなかで歴史上決定的な役割を果たした二人のあいだの，タイプや理念上の親近性という以上の事柄つまり，正確な現実を示しているのであって，それはすくなくともある範囲において，ブラマンテの作品自体の持ついくつかの特異性をも言い当てている。

　　1　G. Vasari, "*Le vite dei più eccellenti pittori, scultori, e architetti, Vita di D. Bramante*", 1568年版　数ある版のうち G. Milanesi 版，Firenze 1878-85, IV, p.146以下参照。以下本文中のヴァザーリからの引用はこの版による。〈日本語部分訳『ヴァザーリ　ルネサンス彫刻家建築家列伝』白水社 1989。引用文は『ブラマンテ伝』の冒頭部分。〉

とはいえ——おおまかにみてアルベルティの死(1472)から1514年までの——ブラマンテが活動することになる時代は、ブルネッレスキが建築の革命を遂行した時代とはちがっていた。十五世紀前半のフィレンツェの社会経済的、政治的、文化的環境は、ブラマンテが自己形成し活動した時代とは、根本的に異なっていたのである。

　フィレンツェにおける芸術上の初期人文主義、とりわけブルネッレスキの建築は、商人と銀行家と富裕な職人の都市の産物である。この人々は共和制下の自由に忠実であり、政治生活に忙しく、多様な活動に精力を傾け、知識と人間活動のために開かれた新たな道を偏見なしに探求した。その一方で理論的思弁も、もしそれがそれ自体のための純然たる教養を目ざした活動であって、実際的で具体的な応用を欠いたものであると見なされれば、しりぞけられた。じっさいブルネッレスキがときにドナテッロやマザッチョを伴って推進した芸術と建築の革命は、十四世紀から十五世紀にいたるフィレンツェ中産階級の興隆に随伴する世界観と緊密に関連していた。十四世紀の階級闘争と経済危機を経て、この人々の利益と関心は政治経済上の寡頭制のくだす決定のなかに明確化されるようになるが、この寡頭制は市民制度の、なかんずく同業大組合の支配をとおして、市政権をゆるぎなく確保していた。そしてこれは、市民生活を経済的に牛耳っていた家系のうちの随一であるメディチ家のコージモ・イル・ヴェッキオによる《啓蒙された》僭主政治に引き継がれる。

　ブルネッレスキのほとんどすべての営為の方向性は、この新たな権力エリートのイデオロギーの広がりのなかで正当化されていた。たとえば、技術や透視図法表現の実用化のために効率よく適用された、《学問的》で直接的な自然研究における合理性。あるいは、伝統の命ずる約束ごとからの決別や、古代の建築言語をふたたび採用する試みにおける《反歴史性》。そして教養と知性を備え、自律した人間となった個人の主導権を究極的な価値とする個人主義的な主張が、ひとつの理念の表現として目論まれた「計画」によって示され、職人による「機械的」で《集産的な》営為の対極におかれた。そしてこのことは、建築においても今や、経済生産性の効率から要請される職能や労働の分離を進めるはずであった。ブルネッレスキにおけるこれら基本的な姿勢は、その作品ばかりでなく、(トゥッチョ・マネッティとみられる)無名の伝記作家によって巨匠の死後十年ほどのちに書かれた『ブルネッレスキ伝 *Vita di Filippo di Ser Brunellesco*』に明らかに見てとれる。この意味からして、サンタ・マリーア・デル・フィオーレのドームの建設過程でフィレンツェ市民の示した反応は、とりわけ注目にあたいする。

　正面から建築に取り組もうとするブルネッレスキのこの新しい態度が、やがて建築をもはや技芸（アルス・メカニカ）としてでなく、《自由な》人間にふさわしい学芸（アルス・リベラーレ）であり、知的で文化的な学科であるとする主張へと発展し、その再検討や展開を経て方法論上の帰結にまで至ったのは、誰よりもアルベルティによってであった。それはついでルネサンス建築共通の基盤となり、啓蒙主義時代の、そして十八世紀後半から十九世紀にかけての、政治経済上の変化に伴う覆うべ

くもない危機にいたるまで，さらにはそれを越えて，建築生産を特徴づけるはずであった。

建築の内容を根底からつき動かす変革，繰り返すならば，エンゲルスの言う「人類がかつて生きたうちでもっとも進歩的な変革」を推進しつつあったひとつの階級社会の確立と起源からして並行するこの変革が，ブラマンテにとってもその活動の背景となっているのは疑いない。しかしブラマンテの自己形成の舞台となったと思われるウルビーノ宮廷の環境や，（もっと一般的に見て，ブラマンテが接触した可能性のあるマントヴァやフェッラーラのような北イタリアの宮廷や）あるいは後に活動することになるミラーノのスフォルツァ家宮廷の環境にしても，ブルネッレスキの時代のフィレンツェとはまったく異なっていた。⁽¹⁰⁾これらの宮廷は――フィレンツェが産み出し革命的成功を収めたの人文主義文化に対しいかに開かれていようと，また自律的に洗練する能力をどれほど持っていようと――当時でさえしばしば戦争行為をその政治経済権力の基盤としていた君主個人によって支配される環境であり，長い目で見れば，中世に起源をもつ社会経済的，政治的，文化的構造に縛られた伝統的な姿勢を脱しきれない環境であった。舞台となるのは，市民生活や「まつりごと」_{レース・プーブリカ}への情熱的かつ意識的な参加や，利潤追求の力学をとおして活性化された生産活動や商業上の交易や，階級の多様性によって活気を呈する（自治的）「都市」ではなく，むしろ（封建的）「宮廷」なのである。このような様相を見るかぎり，ブラマンテがその生涯を通して接触をもつウルビーノ，ミラーノそしてローマという三つの君主国家的環境は，その規模や野心や利益の次元が異なることを別とすれば相互にちがいはなかった。野心と利益は，いずれの場合も本質的には，マキャヴェッリによって理論化されたような単独の領主か「君主」に，そうでなくともせいぜいその狭い宮廷に属していた。

ブルネッレスキの定式化に始まり，アルベルティの解釈づけや世紀後半の伝播をへて，ブラマンテによる新たな統合へと続くルネサンス建築の推移が明瞭に跡づけられるのは，さまざまな社会経済的文脈や政治的そして文化的文脈の提示する新しい多様な内容に，当初の革新的な提案を適合させる必要性によってである。

ブラマンテがその芸術家活動の第一歩を踏み出した可能性の高い1465ないし70年から1475ないし80年までの十年間は特に，クワットロチェントの人文主義文化に深い危機が出現しつつある時期だった。この危機は持続して，世紀最後のまさに十年間に絶頂を迎えることになる。初期人文主義の時代にくらべると，この時期の文化人の態度は深い沈黙状態に陥っていた。フィレンツェ起源の，偏見から自由で才気に満ち，幻想を抱かず現実主義的で，安易な逃避とは無縁なこの世界，すでに1420年代から30年代に芸術の領域で（文化一般や政治においてはさらに早く）完全な《革命的》運動を達成していたこの古い世界は，70年代から80年代にかけて枯渇しつつあった。文化的展望は外見上大きくことなったようには見えない。しかしフィレンツェ初期人文主義のヴィジョンは，ガレンの明言するとおり，「洗練を極め，［…］安直な楽観主義の雰囲気にいそいそと逃避してしていく」ような文化にその領分をあけ

渡していた。君主制という新しい政治制度に仕える文学者，哲学者，芸術家といった新しい「エリート」の姿勢は，いまやかなりちがってきていた。新興君主は詩作や神学や哲学の抽象的な組み立てに満足し，世俗的な施政の責務をしばしば疎んじた。《都市》の文化，「ポリス」であるフィレンツェの文化として生まれたこの革命的文化は，宮廷のなかで限られた支配階級のほとんど排他的な財産となっていった。第一世代に見られた先入観にとらわれない前衛性は，優雅で気取った文化に満ち足りた，構成員のためだけの貴族主義的なサークルへと変化しつつあった。初期人文主義の財産のうち失なわれぬたらしく見えるものはほとんど皆無であった。いまだ不確かな提案や冒険的な仮定が，より有機的な方法論に支えられ，いまや応用や展開に耐える確立された成果となりつつあった。しかし，活動への意欲は変化する世界のなかで低下し，都市の活力に重くのしかかるようになり，あるいは学識を凝らした労作のなかに希釈され，あるいは抽象的で理論的となった純粋な《学問的》探求のなかで孤立し，世紀最後の十年間にはとりわけ危機の顕現として噴出した。具体的な経験に基づく実証科学の危機は，騎士道や宮廷の復活とともに，魔術の隆盛や神秘主義への逆行，救世主の待望，予言者の活動を招いた。その一方で世紀末には，さし迫る黙示録的終末への恐怖が重く垂れこめた。芸術作品のなかに，そしていまや貴族化した市民出の領主や封建制の流れをくむ君主の宮廷といった領域に，後期ゴシックの逆流や田舎風の反動，そして地方的伝統の反映と展開が目立っていった。自然と合致した人文主義，深遠な世界と人間やその活動との調和は，明瞭に断言されればされるほどいっそう不確実となり，疑問に付された。ルネサンス文化未曾有の大危機である[3]。

2　E. Garin, "*La cultura filosofica del Rinascimento italiano*", Firenze 1961, p.316。歴史上重要なこの変動期の理解のためには，さらに同著者の"*L'Umanesimo italiano*", Bari 1952〈清水純一訳，『イタリアのヒューマニズム』創文社　1960〉, "*Scienza e vitacivile nel Rinascimento*" 同上 1967　〈清水純一，斎藤泰弘訳『イタリア・ルネサンスにおける市民生活と科学・魔術』，岩波書店　1975〉を参照のこと。後者は関係文献を含む。数え切れぬほどの概論や各論の中では，以下を参照。"*Storia del Mondo Moderno*", Cambridge University Press I, イタリア語版，Milano 1967; D. Hay, "*The Italian Renaissance in its Historical Background*", Cambridge 1961。

3　この時期の文化一般とその危機的兆候に関しては，注2に挙げた文献以外に以下を参照。A. Chastel, "*Art et Humanisme a Florerence au temps du Lorent Le Magnifique*", Paris 1959, イタリア語版 Torino 1964；同, "*Renaissance meridionale*", Paris 1959, イタリア語版 "*I centri del Rinascimento. Arte italiana 1460-1500*", Milano 1965, 〈高階秀爾訳『イタリア・ルネッサンス』，新潮社　1973〉。同, "*Le grand atelier d'Italie*", Paris 1965, イタリア語版 "*La grande oficina. Arte italiana 1460-1500*", Milano 1966, 〈辻茂訳『イタリア・ルネッサンスの大工房 1460-1500』，新潮社　1973〉, 充実した文献目録を含む。以下も参照。E. Battisti, "*L'antirinascimento*", Milano 1962。H. Baron, "*The crisis of the Early Italian Renaissance*", Princeton 1966。特に建築では，個々の主題に関する多くの論考のなかで概論として，L. Benevolo "*Storia dell'architettura del Rinascimento*", Bari 1968; P. Murray "*The Architecture of the Italian Renaissance*" London 1969,〈長尾重武訳『イタリア・ルネサンスの建築』，鹿島出版会 1991〉；同, "*Architettura del Rinascimento*" Milano 1971; M. Tafuri, "*L'architettura dell'Umanesimo*" Bari 1969, そしてとりわけ L. H. Heydenreich, W. Lotz "*Architecture in Italy 1400-1600*" Harmondsworth 1974。

建築の分野にかぎってみても，重要な作品が実現しつつあったにもかかわらず，ブラマンテが活動を始めた時代は多くの面で衰弱と危機の時期だった。ブルネッレスキの遺産を理解しそれを部分的にしろ引き継いだのは，現実にはアルベルティひとりだった。アルベルティは実際，ブルネッレスキが提案した領域の中で，批判的にまた明敏に偏った選択を遂行した。たとえば自らの人文主義的立場に照らしてウィトルウィウス[11]を解釈しながら，幾何学図形ではなく単純な数値関係で表わされる《音楽的》比例を，形而上的な絶対概念として採用した。また古代ローマ建築を，情緒的で批判的であるとともにより直接的に参照することを提案した。わけても，ブルネッレスキの解釈を批判的に展開することをとおして，具体的な建築物としての「構造」と「ディゼーニョ（意匠）」との関係という問題に，異なる解答を提示した。建築を本質的に「ディゼーニョ」の局面に限定することでアルベルティは，人文主義の洗礼をへた知的な建築家による「理念」の明確な表現として，建築が技術的方便や《応用》であり続けることから決定的に救い出し，それを透視図法を用いた形象の「表現」それ自体へと解放した。つまり建築を（歴史や哲学や政治よりむしろ，数学に基礎づけられ音楽や幾何学に関連した活動として）別の分野から「学芸」のそして「学問」の分野に持ち込もうとした。すなわち絵画に近づけることによって，建築を別の領域から「芸術」の領域に移そうとしたのである。アルベルティがおこなったのはじつは，ロマネスク以来イタリアの建築活動のなかで特徴的となり十四世紀(トレチェント)の間に強化され，わけてもトスカーナやフィレンツェですでに顕著となっていた傾向を展開すること以外のなにものでもなく，またブルネッレスキの改革を受けついで，絵画のもつ視覚的形象的価値に建築を段階的に還元するプロセスを整えようとの試みを確認しくり返す作業であった。そしてこのプロセスは，ブラマテンテ自身やチンクエチェントの全世紀とイタリア・バロックによって引き継がれて，重要な成果をもたらすことになる。

　フィレンツェでは1418ないし20年から1430ないし35年頃までが，洗練と爆発の時代だったのにたいし，1445ないし50年頃には普及の時代が始まる。ルネサンス建築の伝播のためにブルネッレスキの作品と同じ重要となったのは，ギベルティ，ドナテッロ，フィラレーテ[12]，アゴスティーノ・ディ・ドゥッチョといった彫刻家や，パオロ・ウッチェッロ，アンドレーア・デル・カスターニョ，フィリッポ・リッピ，ピエーロ・デッラ・フランチェスカ[13]などの画家，そしてミケロッツォ[14]やダ・マイアーノ一家[15]のようなブルネッレスキの後継者たちやロッセッリーノ[16]やマッテオ・デ・パスティ[17]，ルカ・ファンチェッリ[18]といったアルベルティの協力者たちの作品だった。アルベルティはさらにフィレンツェの外に人文主義的建築文化の新たな中心地を築いた。フェッラーラ，ローマ，リーミニ，マントヴァである。

　多くの芸術家や職人が出入りする建築現場は今や，中世と変わらぬ文化交流の接点となった。リーミニ[19]がそうだったし，ウルビーノ[20]では1450年ごろすでにマソ・ディ・バルトロメーオ[21]のようなフィレンツェの名匠たちが働いていたところへ，フェッラーラとリーミニを経由し

てピエーロ・デッラ・フランチェスカが移ってきた。そして1465年から1472年まではルチアーノ・ラウラーナ[22]が、またすくなくとも1474年から1482年あるいはそれ以降までシエーナ出身のフランチェスコ・ディ・ジョルジョ[23]がここで活動した。ロレートの建設現場[24]では多くの芸術家が働いたなかでジュリアーノ・ダ・マイアーノの貢献が大きい。いっぽうで工房のあいだを、多かれ少なかれ幻想的な古代遺物のスケッチが流通し始め、チリアコ・ダンコーナ[25]の旅行記録が《古代風》文化の主題のレパートリーを豊富にした。トスカーナやロンバルディーア出の芸術家や職人がイタリアじゅうを巡って、装飾モティーフや図像学的主題を伝播した。

1470年頃からその後にかけて、先立つ時代の探求を引き継ぎさらにおし進めつつあった《建築家》はアルベルティをのぞけば二人の画家だったといえば逆説的だが真実であって、その二人ピエーロ・デッラ・フランチェスカとマンテーニャがブラマンテの師だったとする複数の史料[26]があるのも偶然ではない。きわめて活発な巨匠のなかでもジュリアーノ・ダ・マイアーノ（1432-90）はシエーナ、ファエンツァ、ロレート、マチェラータ、ナーポリを渡り歩いて普及と交流に貢献した、最も重要な仲介者のひとりである。

人文主義の建築は考え方の多様さによって細分されるが、それらはときとして相互に対立し、二次的な影響関係やたび重なる交流をとおして絡みあっている。伝統の逆流が新たな経験を汚濁することもあった。人文主義建築が構想されるさまざまな流儀は、作品を生み出す建築家のタイプに対応しており、(ロンバルディーア、トスカーナ、ヴェネトに多く見られる)彫刻家—建築家や、(ピエーロやマンテーニャ、フランチェスコ・ディ・ジョルジョ、ブラマンテのような)画家—建築家、(木工仕事に従事したり模型を制作していた)《指物師》兼建築家、建設技術上の問題に長けた施工者的建築家、城塞の建築家、文学的教養を積んだ理論家的《建築家》、そして金属細工や図案家兼業の《建築家》などが認められる。建築活動はフェデリーコ・ダ・モンテフェルトロ[27]からロレンツォ・イル・マニーフィコ[28]にいたる君主や文化的教養人にふさわしい営みとなった。さまざまな能力や雑多な自己形成過程がときには個人の内部においてさえ共存し絡みあい、いろいろな経験やしばしば比類のない提案が生まれる基盤となった。

ルネサンスは複数の中心をもつ現象となった。いまだ「方言」としてしか話されないとはいえ、新たな言語、新たな「俗語」が形成されつつあった。その基礎はブルネッレスキやとりわけアルベルティにあったがドナテッロやギベルティ、ミケロッツォの試みも効果的に機能した。他方、根絶やしされることのない伝統の逆流もあらわれ、それは優れた建築作品にも認められた[29]。とりわけ特定の材料の採用や仕上げの特徴に明瞭にあらわれ、また地域の状況に縛られた作業工程や約束ごと、そして慣習的な職人の手による建築構成要素に対する特徴ある解釈にも見てとられる。

ブラマンテは、クワットロチェント後半のイタリアのこのような状況下で自己形成し、世

に出，活動していく。しかしクワットロチェントの成果のうちでも決定的な重要性をもつ1480年から1490年にかけての十年間には，イタリア内の複数の中心地で，建築的にみても重要な新提案があらわれていた。並はずれた重要性をもちときには表現において破格の評価をかちえた建築物，とりわけ方法論上の新機軸を備えた建築物，成熟した作品のなかにもはや広く具現化された新しい方向性の兆候，それらは厳密にいってブルネッレスキとアルベルティ以後初めてあらわれたものだった。イタリア建築の舞台に新しい出来事が大量にあらわれつつあった。都市をめぐるルネサンス的理念を断片的であるにしろ実現した都市計画的事業のいくつか以外にも，重要な成果として，それまでと全くことなる教会堂建築の空間組織や（ミラーノのサンタ・マリーア・プレッソ・サン・サーティロ，コルトーナのカルチナイオ教会，プラートのサンタ・マリーア・デッレ・カルチェリ[30]，パヴィーアのドゥオーモ[31]），ヴィッラの建設（ポッジョ・ア・カイアーノ[32]，ローマのインノケンティウス八世のベルヴェデーレ，ナーポリのポッジョレアーレ[33]），あるいは君主のための巨大なパラッツォの計画（たとえばジュリアーノ・ダ・サンガッロのデザインによるもの[34]）があった[35]。

これらの提案のなかにはブラマンテによるものも含まれる。1480年から90年にかけて，レオナルド[36]は別にして，もはや高齢にあったピエーロ・デッラ・フランチェスカやマンテーニャのような画家やジュリアーノ・ダ・マイアーノのようなすでに《時流からはずれた》老建築家を考慮から除けばブラマンテは今や，ほぼ同年齢のフランチェスコ・ディ・ジョルジョ・マルティーニ，ジュリアーノ・ダ・サンガッロ[37]とともに，ルネサンス建築の発展のための新指導者となる三巨頭の一角であった。ある程度共有された問題意識と方法論が三人の提案に，すくなくともいくつかの局面で共通する結果をもたらしている。しかしながら，異なる文化に根ざし，部分的にしろ異質な言語的手段で特徴づけられている以上，三人の作品は本質的には互いに比較不可能である。それらは政治的に，また社会経済的に分節されたひとつの構造の表現である。そして，互いにからみあった経験のやりとりにもかかわらず，その表現は地域的な訛りを帯びた文化からの寄与によって生気を得ていた。

都市中産階級の大多数は，過去の習慣に反する出来事が日常的になっていくのを目のあたりにしながら，しばしば無反応だったのにたいし，最も進歩的な提案はもはや必ずといってよいほど君主の指導権のもとで着手された。人文主義的宮廷の環境で温室の花のように育てられた《前衛》文化によっていまや文化においても当世風といえる域に達していた君主は，ローディの和議[38]（1454年）に始まりロレンツォ・イル・マニーフィコとインノケンティウス八世[39]の死（それぞれ1492年4月8日と7月25日）に終わるまでのあいだイタリアに保たれた危うい政治的均衡のなかにあって，効率よい権力機構（インストゥルーメントゥム・レグニー）を作りあげることに励んでいた

世紀の終わりには，メディチ銀行の凋落も原因となって多くの地で経済状態が不安定化するいっぽうで芸術もまた，シャルル八世のイタリア侵攻[40]（1494年）につづく政治的不均衡に符合した危機的兆候を呈する。このころあらわれた建築の試みはしたがって，総じて宮廷文化

の産物と位置づけられる。この文化はしかし，コミュニケーションや交流や知的刺激の形成する緻密で開かれた網の目によって（すなわちクワットロチェントの宮廷があらゆるレヴェルでなし遂げた複雑な関係性のなかにあって），決してそれ自体で完結することのない種類の文化である。それはちょうどクワットロチェントの宮廷がそれだけで完結することがなかったのと同様であって，宮廷はすくなくとも外見上はほとんどつねに，構造から見ても都市や農村の社会経済活動から見ても，いまだ中世風に結合された多元《国家》の家族主義的な頂点としてふるまおうとしていた。その国家はもはや都市の自治政体ではなかったが，いまだ統合された君主領国家でもなかった。建築を含めたその文化は，いわば過渡的な文化だった。そして同じく過渡的だったのが，自治都市的で民主的な「ポリス」から君主制大「国家」に向かう政治的および社会経済的変化の途上にあったクワットロチェント的君主像であって，それは，成功や至上権や領土拡張と自らの生き残りの可能性とのあいだに広がる，公明で冷酷かつ精緻な政治的ゲームのなか，すなわち権力と死とのあいだの永遠に危うい平衡状態のなかにあった。

　ユリウス二世[(41)]が，長くはないその教皇在位（1503-13年）のあいだに（ルドヴィーコ・イル・モーロ[(42)]やアレクサンデル六世[(43)]といった先行君主が示唆したくわだての発展であるとはいえ）イタリア内の大小様々な権力に対抗し，新たな《ローマ皇帝》を僭称することで自らをイタリア随一の傑出した国家君主として認めさせようとしたときはじめて，かつてない説得力をもつ権 力 機 構（インストゥルーメントゥム・レグニー）となった建築は，地方色を脱した新しい国家的な《普遍》「言語」としての性格をまとうことが必要となるだろう。そしてユリウスの権威が欲した《普遍性》とは，古代ローマ帝国の言語やその建築言語が普遍的だったのとまさに同じものだった。クワットロチェント建築文化の中心地だった他の都市が危機に瀕していたのを尻目に，世界の都（カプトゥ・ムンディー）ローマが全イタリアとヨーロッパの権力の中心そして芸術の首都として，その威信を回復する。

　こうしてルネサンスの《大様式》（グランデ・マニエラ）が誕生する。ブラマンテは，建築家としては独力でこの新しい《革命的》様式（マニエラ）の創設者となるだろう。のちにブラマンテが，ブルネッレスキに続くルネサンス建築「第二の創設者」として歴史上位置づけられることになるのも至当であった。バルダッサーレ・ペルッツィとジュリオ・ロマーノ[(44)]を介してブラマンテの建築文化を相続したセバスティアーノ・セルリオ[(45)]が巨匠の死後約二十年を経た時点ではやくも，ブラマンテが「建築に関する天賦の才に非常に恵まれていたのにくわえ，先に述べた教皇の与えた援助と権威に助けられて，古代以降今日まで地に埋もれていた良き建築を復活させた。」（セルリオ第四書c. 64v）と書いているのも，正鵠を得ている。

　ブラマンテの傍らにはユリウス二世がいた。まれにみる精力と意志と《帝国》の発注者としての経済的能力を携えるだけでなく，とりわけ建築の《盛期様式》（マニエラ・マトゥーラ）に動機付けと意味と刷新された内容を吹き込みながら。ルネサンス第二の《革命》がそれゆえ，《普遍性》と壮大さへの夢で結ばれた二人の「恐るべき」老人の，一心同体の行動に負っていることは注目され

てきた。おそらくユリウス・カエサルを念頭にユリウス二世を名のったジュリアーノ・デッラ・ローヴェレが（1506年には「教皇ユリウス・カエサル二世 IULIU(S) CAESAR PONT II」と刻んだメダルまで鋳造させた）政治の領分で古代の皇帝たちの壮大さと競おうとするなら，ブラマンテは《普遍的》建築によって，古代ローマの壮大な内容に満ちた物理的空間を再建しようとしていた。両者は決断力と想像力と際限ない野心でその目的を追い求めた。二人の目論見は一致しており，ルネサンス建築の刷新にとっては，二人の意志と仕事が不可欠な両輪だった。建築家としてのブラマンテの力量も必要であったが，ヴァザーリは「しかし，これと等しく重要であったのは，後世に名を残そうとする野望に満ちた勇猛果敢な教皇ユリウス二世が，時代を同じくして教皇に選出されたことである。ブラマンテがこのような君主と出会い［…］その出費によって自らの素晴らしい才能と自身が建築において示した至難の技巧を発揮しえたことは，現在のわれわれにとっても，またブラマンテ本人にとってもきわめて幸運なことであった」と，的確に述べている。

　アンドレ・シャステルが，クワットロチェント末期のフィレンツェの《不確かさ》とチンクエチェント初期のローマの《確かさ》を対比しているのは意味深い。じっさいクワットロチェント末年の危機は新たな統合へと再編成され，《成熟した》新様式へと解消され，チンクエチェントの建築的生産の，さらにはひとりイタリアのみならず全ヨーロッパ建築史のその後の展開にとっての出発点となった。しかしながら，遠のいたとはいえ政治や文化の危機は依然脅威でありつづける。そしてこの危機は結局，新しい世界観に至る道程と，苦渋に満ちた中世との決別をしるし，《近代》の扉を開く。民族的かつ世界的君主制を目ざすユリウスの企てが，プログラムの点で大胆でありながら一貫性を欠き空しい結果に終わる幻想であり，ひとつの夢に過ぎないことを露呈するに至るのと同じく，《普遍的な》権威となるにたる様式(マニエラ)を創始するというブラマンテの企ては，歴史の現実の中で，相矛盾する試みやこの時代のときに劇的ともいえる探求のための領域を開放した。しばしば一般化されすぎる嫌いはあるが，これが後世《マニエリズム》と呼ばれるものである。

　晩年のブラマンテの活動においてこの危機は，新たな道を開こうとする熱狂や，新世紀の息ぶきに形を与え新しいと同時に古代的な《真の》建築の基盤を築こうとする意識におおい隠され，いまだ表面下で進行している。しかし，新しい言語の《普遍的》価値を探求し実験的に検証することへの渇望や，ほとんどすべての作品をそれぞれ異なる方向性を目ざす試みとして，またいまだ達成の途上にある「来たるべき」新しい現実のための提案として編成していくこと，そしてそれをすみやかに実行しよう，短期間で実現しようとする衝動までもが相まって，不確かな歴史的状況から目をそむけさせ，背景をなす不安のなかに明らかになるのは「確実性」どころか，元来不安定な基盤が危うい均衡状態を保つことへの「希望」にすぎない。

　ものごとの《自然》で《予定された》進路に抵抗すること，歴史を変形しそれに新しい方

向性を与えること，しかも人文主義的な個人，《運命(フォルトゥーナ)》をも支配しうる人間としての自らだけを頼みとして。これがユリウス二世とブラマンテの夢であった。そしてかつてのブルネッレスキの場合と同様，建築や文化の領域に適応されたブラマンテの試みは，ともに《帝国》を目ざした盟友には微笑まなかった歴史のなかで，両義的ではあるが，ひとつの成功をおさめたように見える。

第一章

ブラマンテの芸術形成

　両親や友人レオナルド・ダ・ヴィンチからドニーノまたはドンニーノとも呼ばれたドナート・ブラマンテが，ウルビーノ公国領の小邑モンテ・アズドゥルアルド（現在のフェルミニャーノ）で農家の家系に生まれたのはほぼまちがいない。母方の祖父パスクッチョはすでに「ブラマンテ」と呼ばれていた。父親のアンジェロ・ディ・アントーニオ・ダ・ファルネータは，モンテ・アズドゥルアルド・ダ・パスクッチョの娘ヴィットーリアと結婚して岳父の家に居を移し，その相続人となって姓をドナートを含む子供たちに伝えた。ブラマンテの父と祖父の家族は，大地を耕して生計をたてていたにしろ，ある程度の農業資産から得られる経済収入がまったくなかったとは考えられない。またドナートの父親アンジェロが，ヴァザーリのいうように「貧しく［…］息子の稼ぎをあてにする人物」だったはずだとも思われない。とはいえ一家の経済的繁栄が，とりわけ男子構成員による農業労働への直接の従事に負っていたことはまちがいなかろう。息子に恵まれなかった祖父パスクッチョの立場からすればしたがって，娘ヴィットーリアの婿アンジェロを自分の手元に迎え入れざるをえなかった。そしてこの夫婦も男子に恵まれぬことに悩んだ。のちの建築家ドンニーノには弟は一人しかなかったのに対し七人の姉妹がいた。娘たちは両親にとって労働力として勘定できない重荷となり，また将来のおち着き先を捜さねばならない不安要因となったにちがいない。ドンニーノの誕生はしたがって，一家にとって天からの贈り物（「ドナート」は贈りものを意味することから「ドニーノ」は小さな恵みの意か）として歓迎され，当然のこととして農夫となる運命を定められ，弟のアントーニオとともに父親の農場経営をよく助け，ゆくゆくはあとを継ぐものと考えられたにちがいない。しかし幼いドンニーノに，田舎で働くことへの不満と同時に，芸術的な適性が早いうちから認められた可能性がいくつかの史料からもうかがえる。そして生来のじっとしていられない性格ゆえに，早くからモンテ・アズドゥルアルドの狭い環境からぬけ出し，さまざまな物事を知り新しい経験をつもうとの意欲を示したにちがいない。このとき近隣ウルビーノの宮廷の栄光が強烈な吸引力として作用したことは想像に難くない。この時期のブラマンテについてたしかなことは何も知られていない。しかしいずれにしても，家族と

決別したドナートがあらゆる遺産の相続権を完全に放棄せざるをえなかったことは，1484年に作成された両親の遺言の内容からあきらかであり，しかも我々の知るところでは，ブラマンテはすでにこの数年前からミラーノにいた。

 1 ブラマンテの生地，家系，姓の問題に関しては，F. Sangiorgi, "*Bramante 《hasdrubaldino》. Documenti per una biografia bramantesca*", Urbino-Fermignano 1970参照。それに先立って出版された伝記をめぐる議論併載。

生まれついた農民としての生を拒否したブラマンテは，おそらく《独立独歩》を強いられた。1521年にチェーザレ・チェザリアーノが，師であったブラマンテからたぶん直接聞いた記憶にもとづいてであろうが，ブラマンテを「貧しさの忍耐強い息子」と呼び，またとくにそのロンバルディーアでの初期活動に言及しつつ，「実に長いあいだ清貧に耐えた」とまで述べているのも，ゆえあってのことだろう。1510年の記録にもまだ「アズドゥルアルドの」と記していることからもわかるように，ブラマンテは自らの農民の出自やアスドゥルアルドの無骨な世界をけっして忘れず，そこから，ときには機知や一貫した厳格さに彩られた現実主義や現世的な具体性，そして本質的なものへの注視，あるいは純粋な知的満足への忌避といった特質を体得したが，これらはブラマンテの人格を形成するとともに，絵画や建築や詩にまたがるその作品に特徴的な要素となった。

ヴァザーリによればブラマンテは「少年時代から読み書きのほかに算法の勉強にも大いに励んだ」。ヴァザーリはまた「喜んで素描にうちこんでいるのを見て，まだほんの子供であったブラマンテを絵画芸術の道に進ませることにした」のはその父親自身だったと記しているが，それを確認させるに足る記録は確認されていない。それはともかくとして信憑性のあるのは，同じくヴァザーリの言う，かけ出しの画家としてのブラマンテが「フラ・バルトロメーオ，別名フラ・カルノヴァーレ・ダ・ウルビーノの仕事を熱心に学んだ」ことと，「つねに建築と透視図法にひかれていた」ことである。千五百年代のもうひとりの著述家サバ・ダ・カスティリオーネは1549年に，ブラマンテが「マンテーニャの弟子として，力量ある画家であり，ボルゴのピエーロの子飼いとして，優れた透視図法家」であると述べている。ボルゴのピエーロとはピエーロ・デッラ・フランチェスカにほかならない。

 2 フラ・カルネヴァーレことフラ・バルトロメーオ・ディ・ジョヴァンニ・デッラ・コッラディーナまたはコッラディーニ・ダ・ウルビーノは，クワットロチェント後半のウルビーノで活動した素性不明の人物である。画家兼建築家であり，古記録によればフェデリーコ・ダ・モンテフェルトロの宮廷建築家としてルチアーノ・ラウラーナ，ピッポ・フィオレンティーノ，パオロ・シッリ・ダ・カステルドゥランテ，フランチェスコ・ディ・ジョルジョの同僚であったが，フラ・バルトロメーオに帰せられる確実な作品はない。いくつかの記録によれば1445年から1446年までフィレンツェでフィリッポ・リッピの助手として，ウルビーノには1449年から（サン・ドメーニコの正面入口の建築に携わるフィレンツェの建築家たちとの関連）記録され，1484年に世を去ったらしい。ある記録によれば，1467年にウルビーノのサンタ・マリーア・デッラ・ベッラ信者会教会大祭壇の『聖母の誕生 *Natività della Vergine*』の板絵を描いている（これはヴァザーリが『ブラマンテ伝』のなかでも伝えている）。見事な二枚の『バルベリーニの板絵』をフラ・カルネヴァーレに帰すことは，筆者

は不可能ではないと考えるが，とりわけゼーリによって反駁，反論されている（Federico Zeri, "*Due dipinti, la filologia e un nome. Il maestro delle Tavole Barberini*" Torino 1961 年譜付）。ゼーリはそれを，古文書記録でしか知られていないジョヴァンニ・アンジェロ・ダ・カメリーノなる人物に帰すが，研究者の賛同は多くない。ピエーロ・デッラ・フランチェスカの『ブレーラの祭壇画』の背景部分もフラ・バルトロメーオに帰せられることがある（これにはブラマンテが関わったとする説もある）。"*Dizionario biografico degli italiani*", Roma 1983 の *Corradini* の項参照。

こういった言及は十分信頼にあたいするものであって，ブラマンテの初期作品によってひろく確認される。したがってブラマンテがその活動初期に，画家で建築家のフラ・バルトロメーオ・デッラ・コッラディーナ（またはコッラディーニ）通称フラ・カルネヴァーレやピエーロ・デッラ・フランチェスカのおそらくは助手または協力者として，ウルビーノで習練を積んだというのは，ありそうなことである。ピエーロは，レオン・バッティスタ・アルベルティ（その『建築論 *De re aedificatoria*』はフェデリーコ・ダ・モンテフェルトロに献呈されている）とともに，芸術の領域における新しい人文主義文化の守護神的存在であったし，フェデリーコ・ダ・モンテフェルトロやその秘書官オッタヴィアーノ・ウバルディーニ，妻のバッティスタ・スフォルツァの主導によって，ウルビーノはクワトロチェント後半で最も重要な文化的中心地となりつつあった。

人文主義のこの中心地の芸術文化を特徴づける理念は，フィレンツェにその起源を負っているとはいえ，ピエーロやアルベルティの業績の理念を手がかりに，ここで独創的な方向へと強化されていくようにみえる。フェデリーコ・ダ・モンテフェルトロは1468年6月10日付けの有名な《認証書 *Patente*》のなかでルチアーノ・ラウラーナを《建築家，技師，あらゆる建設職人の長》に任命し，また「建築の美徳（ヴィルトゥ）は数学と幾何学の術に基礎づけられているが，これらは七つの 学 芸（アルティ・リベラーリ）の中にあって 最 も 確 実 性 が 高 い（イン・プリーモ・グラードゥー・ケルティトゥーディニス）ゆえに，主要な学問である。したがって建築は偉大な科学と偉大な技術をかね備えた芸術である。」と表明している。これこそがウルビーノ文化の《宣言》である。[(4)]

ウルビーノはクワトロチェント後半の《数学に基礎を置く》人文主義や《透視図法文化》の中心となる。とはいえ，いまだ封建制を脱しきっていないこの人文主義宮廷の《家庭的》な側面のなかには，すくなくとも部分的には中世末期に根ざした習慣や関心，好みが残存しており，それが注文主によりあらためて主張され，膨大な数の芸術家や職人，装飾家によって実施されていた。多種多彩な出身地や素養をもつこれらの人々が，モンテフェルトロにより1450年頃から1482年のその死にいたるまで推進され続けたパラッツォ・ドゥカーレの建設などのため働き，絶え間なく入れかわっていた。[3]

   3 ウルビーノのパラッツォ・ドゥカーレに関しては P. Rotondi の基本的文献 "*Il palazzo ducale di Urbino*", Urbino 1950 参照。その後の文献と新たな研究については同著者の "*Francesco di Giorgio nel palazzo ducale di Urbino*", Novilara 1970。フェデリーコによって推進された事業全般については，C. H. Clough, "*Federico da Montefeltro's Patronage of the Arts*",《Journal of the Worburg and Courtauld Institutes》, XXXVI, 1973；同《Journal of the Royal Society of Arts》, 1978; 同 "*The Duchy of Urbino in the Renaissance*", London

1981。

　カスティリオーネが述べるように,フェデリーコは全ウルビーノの都市的価値を集中して表現する「宮殿(パラッツォ)の形態をとったひとつの都市」を実現しようとしていた。それはしかし,フェデリーコの好みや実際的要求にもそった自分のための《家》であり,自らの家族の《規模に合った家》であった。プログラムから立案,細部の決定,実施,仕上げ,調度と装飾にいたる,あらゆるレヴェルにわたり複雑にからみあい重層し,多様で限りない関わりの中にあってウルビーノを実現した《演出家》が,依頼人でありまた史料によればディレッタント建築家でもあったウルビーノ公フェデリーコ自身以外であったとは考えられない。フェデリーコこそプログラムを確定し,芸術家を選択し,計画を承認し,実現にいたる工事を監理した本人である。パラッツォやその部分の建築的構成にはじまり装飾や家具といった要素や,最後には自邸の壁を飾る絵画や額絵にまでそれはおよんだ。人文主義的君主(マントヴァでヴィットリーノ・ダ・フェルトレの教育を受けた)であると同時に行動人であり,《中世的》な傭兵隊長であり,野心的政治家で《父権的》統治者でもあった公の人格こそまちがいなく,ウルビーノの芸術文化とその並外れた成果を理解するための鍵である。本質的には経験主義的な態度で——それはパラッツォの建築上の性格にも部分的に伝えられている——自らの好みにしたがいながらフェデリーコは工事を監理した。しかし教養にあふれ当世風であると同時に,フェデリーコの好みとは折衷的で気紛れなものであり,それが喜ばしくも奇妙な,そして時には装飾のための装飾や豪華で手の込んだ効果に向かう場合もまれではなかった。ルチアーノ・ラウラーナへの《認証書》に示されたような理論的で批評的な意識にもとづいて選択する術を忘れることさえあった。招聘された芸術家の人選においても同様で,ピエーロ・デッラ・フランチェスカやラウラーナ,フランチェスコ・ディ・ジョルジョ,メロッツォに始まり,フィレンツェやロンバルディーア出の無数の芸術家や装飾家(たとえばアンブロージオ・バロッチ)やサンドロ・ボッティチェッリのような画家,さらにはフランドル人ヨース・ファン・ヘントやスペイン人ペドロ・ベルゲーテのような外国人芸術家にまでおよんだ。くわえて人文主義文化の他の中心地との関係や交流も続いていた。とりわけフィレンツェと,シエーナを始めとするトスカーナの中心地とのあいだに,ついでペルージャ,リーミニ,フェッラーラ,ペーザロ,マントヴァ,ミラーノとのあいだに。開放的で多彩な刺激に恵まれることによってウルビーノ文化は,クワットロチェント後半の芸術の場面に活発で可能性に富む勢力を形成する。それは1470年以降とくに建築－透視図法的な絵画の分野で,クワットロチェントの展望のなかで《数学》や透視図法の新しい方向性を示す重要な作品を提示する可能性を示し,さらに発展して,ブラマンテ自身ついでラッファエッロがルネサンスの展開の中で推進する豊饒で成熟した革命をうみ出す可能性を備えていた。

　ウルビーノでのこの特異な自己形成は,まちがいなくブラマンテの芸術的資質の重要な要素となり——のちにはいつも《ウルビーノ出の》ブラマンテと言われるようになる——晩年

第一章　ブラマンテの芸術形成

にいたるまで繰り返しあらわれることになる。のちの作品から判断するかぎり，若きドナートにとって忘れがたいものとなる刺激は，関わった可能性のあるパラッツォ・ドゥカーレの工事現場からだけでなく，フェデリーコの宮廷を拠点に活動していた文学者や芸術家や知識人との接触からも得られたにちがいない。そして，多面的な要素にみち，変化にとみ活発なウルビーノの精神風土が，それ自体ひとつの刺激であった。たゆみなく発展する豊かで複合的な風土，あいことなる方向性をもつゆえに折衷的でありながら，精妙かつ神秘的な統一性を備え末期ゴシック的側面もいくらか残しつつ，他方では時代に即応し未来にむけた目配りさえ怠らない気風，これらがまさにフェデリーコ公の好みと性格を言いあらわしている。おそらくはウルビーノの風土に刺激され，またウルビーノ公という手本から出発してブラマンテは，ヴァザーリのいうように，安住することのない「あらゆる優れた芸術の探求者」，変転自在で矛盾した提案にこと欠かない，敏感で好奇心の強い実験家となっていく。

　ウルビーノにおける最も重要な成果，すなわちフェデリーコ公の宮廷で展開された《数学》をめぐる人文主義や《透視図法文化》においてもっとも一貫した特徴的な成果は，とりわけ1472年頃につづく年月，つまりルチアーノ・ラウラーナがウルビーノを去ったのちに認められる（ラウラーナは1465年にパラッツォ・ドゥカーレに関わりはじめたと考えられ，ウルビーノ滞在が確認できるのは1467年11月から1471年の末か，もっとも下ったとして1472年8月までである）。ウルビーノ人文主義の《数学と透視図法》における成果の大部分は，現実に建てられた空間としての建築ではなく，建築的空間を二次元で描写したものや透視図法的な《虚構》である。しかしそこにおいてすでに建築は表現の主役として，また厳格に組織づけられた透視図法空間の生成機構としてきわだっている。

　これらの作品は，ときには若きブラマンテに帰せられてきた経緯もあり，ここで手みじかに触れておくべきだろう。ピエーロ・デッラ・フランチェスカのいくつかの例以外に，この分野でのウルビーノの黎明期——つまりやや時代をさかのぼる1470年頃——の作品としては，二枚のバルベリーニの板絵があるが（かつてバルベリーニ家のコレクションにあった『聖母の誕生 Nattività della Vergine』と『奉献 Presentazione al Tempio』で，現在それぞれニューヨークのメトロポリタン美術館とボストン美術館所蔵），これらはヴァザーリがブラマンテの師であるとする謎の多いフラ・カルネヴァーレの作である可能性もある。二枚の板絵は，一方では場面と人物の配置や色彩と光線の質が，ドメニコ・ヴェネツィアーノやフィリッポ・リッピに由来するフィレンツェ起源の文化をもとにすでにペルージャで確立された解釈に従ったものであるのにたいし，透視図法による厳格な構図や執拗なまでの注意を払って建築を奥行をもつ空間の鋳型として規定しようとする点は，ウルビーノの新気風を思わせる。そしていずれの板絵でも，建築がモンテフェルトロの宮廷で達成された好みを大体において統合しているが，その好みとはアルベルティの理念やピエーロの作品，さらにはマソ・ディ・バルトロメーオ，パスクィーノ・ダ・モンテプルチャーノ，イル・グレーコことジョヴァンニ・ダ・フィエーゾレと

図2 『奉献』 バルベリーニ板絵の画家（ボストン美術館，チャールズ・ポター・クリング基金）*

いった，ラウラーナ以前に〈パラッツォ・ドゥカーレの〉いわゆる《イオレーの居室》で活動していたフィレンツェ派の作品によって確立されたものである。この好み，この作風は，個々の形態の逐語的な引用をこえて，ピエーロの厳格な透視図法や空間的関心と素朴ではあるが強固な《古典主義》とを溶かし込んで，魅力的であると同時に抽象的で《宮廷風》な驚くべき統合を達成していた。この古典主義は——アルベルティ，ドナテッロ，ギベルティの流れをひとしく汲むものだが——ウルビーノのサン・ドメーニコの正面入口（マソ・ディ・バルトロメーオにより1450年のすこし後にデザインされ，ルカ・デッラ・ロッビアとの共働で実施された）や，パラッツォ・ドゥカーレ内の一室にある《イオレーの暖炉》に認められるものである。この作風はまた（ラウラーナの好みにはない）リーミニ起源のアルベルティ流の活発な刺激に無反応でいることも，ゴシック末期の甘美な記憶を拒絶することもなかった。

　これにさきだって，おそらくジョヴァンニ・ボッカーティ・ダ・カメリーノが——ペルージアにおいて1445年の少しのち，ドメーニコ・ヴェネツィアーノの教えに無関心でなかった画家だが——戦士の巨大な群像をパラッツォ・ドゥカーレの一室に描くなかで，不器用でアルカイクな仕方ながら，壁面で区切られた限界を絵画によって越えて現実の空間を拡大する可能性を提示していた。これは，ボッカーティが1448年に滞在していたパドヴァにあるエレミターニにおけるマンテーニャの試みの，おずおずした垢ぬけない模倣であったが，わずかに暗示する程度だったにしろ，のちにウルビーノで発展しブラマンテもまたそこから教えを引き出すことになるひとつの道をさし示していた（ブラマンテはのちにミラーノのパニガローラ邸で『武装した人物像 Uomini d'arme』を描いたとき，これを部分的にしろ思い起こしただろう）。ボッカーティとバルベリーニ板絵の謎の芸術家との関係はいくども確認されているが，後者は台座の上の付け柱という建築的オーダーで装飾された小天蓋の形式による，いわゆる「フェデリーコの寝所」(1474年以前）の作者でもあると，信頼すべき根拠をもとに考えられている。

　パドヴァやマンテーニャといった北イタリアの鮮やかな記憶は1473年には，ペルージャのサン・ベルナルディーノ教会内の同名のニッチを飾っていた八枚の小板絵（現ペルージャ国立

美術館蔵)のうち，何枚かの背景の建築としてあらわれるが，すくなくともここに描かれた建築に関するかぎりウルビーノやアルベルティの世界と関連づけられることは明白である（前景の人物像は，ペルジーノをふくむ幾人かのウンブリアの画家によって描かれたようである）。

  4 F. Santi, "*La nicchia di S. Bernardino*", Milano 1963, 文献目録付; A. Bruschi, "*Bramante architetto*", Bari 1969, p.53-75 参照。

　描かれた建築の知られる作者の関心が（それに関わった芸術家がひとりであることは，作者が建築をデザインしただけでなく，各々の絵の下絵のなかで，建築細部の隅々にいたる輪郭を細心の注意を払いつつ線画で微かに刻んでいる手法などから確認できる），とりわけ建築とその厳密な透視図法的表現に向けられていることは明らかである。建築が描かれたこれら五ないし六の板絵のなかにあって，じつのところ建築の部分は，画面構成の秩序のなかで自足的であり，本当の建築設計図であらかじめ決定されていたのではないかとさえ思われる（やはりすでに述べたバルベリーニの板絵の場合と同様である）。建築の作者であるこの芸術家は——いくつかの場面では人物像も描き，おそらくその完成や補筆は他の画家にまかせたのかもしれないが——概してピエーロ・デッラ・フランチェスカに代表されるウルビーノの作風にしたがいながら，北イタリアの芸術文化，なかでもフェッラーラとマンテーニャのパドヴァへの一貫した参照をそこに挿入している。加えて作者は，リーミニやマントヴァにあるアルベルティの建築作品の傾向のみならず，アルベルティ理論の基本原理への自覚を，かなりはっきりと示している。人物像の配置は，『死産した赤子の奇跡 *Miracolo del bimbo nato morto*』や『雄牛に踏み倒された若者の奇跡 *Miracolo del giovane travolto dal toro*』，あるいは『大怪我を負った男の奇跡 *Miracolo del uomo ferito con la pala*』の板絵のように，エルコーレ・デ・ロベルティのフェッラーラ的世界を想起させる（その作品のひとつがたぶんこれらのパネルの日付である1473年より以前にウルビーノに達していたのだろう）のにたいし，輝くブロンズ色で示された装飾的要素のレパートリーは（装飾的な柱頭，切妻装飾，ひるがえるリボン，稚児(プットー)，豊饒の角(コルヌ・コピアイ)，花飾り(フェストーネ)など，そしてとりわけ『盲の奇跡 *Miracolo del cieco*』のなかにあらわれる，《考古学的な》趣味でメダルやカメオのデザインから引かれた古代の英雄の胸像を刻んだ二つの盾），ドナテッロやスクァルツィオーネそしてとりわけマンテーニャによるパドヴァ的文化のすくなくとも幾分かを呼び起こす。

　建築の性格はしかし，総じてアルベルティ風である。『死産した赤子の奇跡』を例にとれば，そこに見られる空間の中での建築的マッスの配置のしかたは，ピエーロがしばしば採用したそれと類似し，建築的立面構成の図式は明らかにウルビーノのパラッツォ・ドゥカーレの中庭から引かれている。しかしこれらの暗示は，取り上げられたあとに，あきらかにアルベルティに由来する建築的理想の光に照らし《批判》される。アルベルティの理想とする建築とは，（円柱を例外として）壁体だけで構成される建築である。それはラウラーナ時代のウルビーノの建築物を特徴づける抽象的な形態感覚を欠いており，それとは逆に，構造的な堅牢さや形態の誇張や，またそれと同時に装飾的な要素を構造に対して重合され，付加され，補足

図3 『雄牛に踏み倒された若者の奇跡』 旧ベルナルディーノのニッチ（ペルージャ，ウンブリア国立絵画館）。背景の透視図はブラマンテによるものか。*

図4 『死産した赤子の奇跡』 旧ベルナルディーノのニッチ（ペルージャ，ウンブリア国立絵画館）。*

図5 『雄牛に踏み倒された若者の奇跡』板絵の建築構成の復元立面，断面，平面図（G. C. ミレッティ作図）。*

第一章　ブラマンテの芸術形成

図6　『大怪我を負った男の奇跡』　旧ベルナルディーノのニッチ（ペルージャ，ウンブリア国立絵画館）。＊

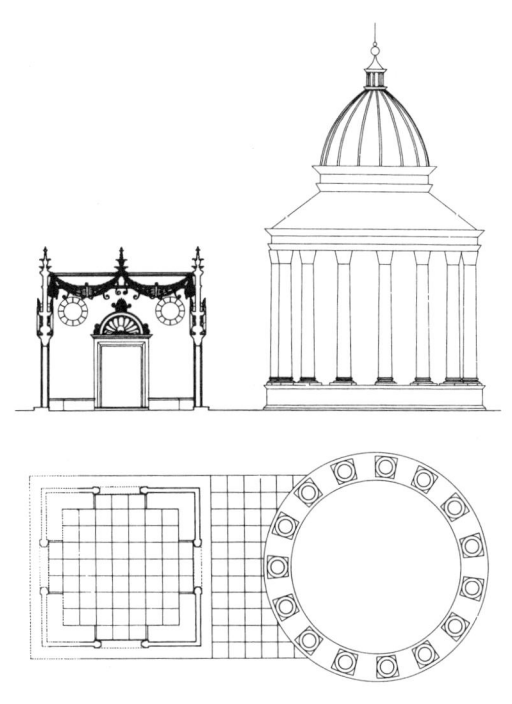

図7　『大怪我を負った男の奇跡』の建築的構成の復元立面，平面図（G.C.ミレッティ作図）。＊

された部分としてアルベルティ流に強調しながら分離する手法における，重厚さへの好みとして説明される。これらの性格はまた，他の板絵にもあきらかに見て取ることができる。

『雄牛に踏み倒された若者の奇跡』においては，建築的構成はテンピオ・マラテスティアーノの正面を採用しているが（そして中央に挿入された扉は，アルベルティによってマントヴァのサン・セバスティアーノに使われた種類である），すべてが厳格に壁による用法へと翻訳されているのは『平癒した少女の奇跡 Miracolo della guarigione della fanciulla』の場合と同様である。にもかかわらず，同時代にあらわれたどんな建築的提案と比較してみても，その独立性の度合いには著しいものがある。『盲の奇跡』においてもまた，テンピオ・マラテスティアーノの側面のモチーフが拡大し増幅されてパラッツォの一階部分を構成するために採用される。その上にはエディキュラつきの窓が（ピエーロ・デッラ・フランチェスカやラウラーナ風の，ウルビーノで見られる種類ではあるが，かつてないほど成熟した形態を纏っている）うがたれた壁面が乗せられ，ペーザロのパラッツォ・ドゥカーレを思い起こさせる全体を形成している。『大怪我を負った男の奇跡』の場合，完全な立方体の形をした空間が一種の小さな中庭を形成している。そのむこうには円柱とドームを備えた円形神殿が垣間みえる。これはおそらく，フェデリーコがパラッツォ・ドゥカーレ内のいわゆる《パスクィーノ》の中庭に建造しようとしていた聖廟に着想を得たものであるが，サン・ピエトロ・イン・モントーリオ内のブラマンテによ

19

るテンピエットの重要な先例のひとつである。

　これらの板絵に見られるどの建築においても，参照源をめぐるある種の折衷主義を統合へと導いているのは，構造力学的な三次元性の価値を強調しようとする支配的な性向である。そして装飾単位や形態のモニュメンタルな壮大さは，空間にちらばる小さな人物像のスケールとの対比によっても最大限に高められている。古代への参照は遠回しで暗示的である。それが間接的で文学的な示唆を与えるのは空間構成によってや，まして部分の形態論によってでなく，むしろ立面構成上の雄弁やわずかに用いられた特徴的な装飾要素によってである。しかし，古代への参照はマンテーニャにおけるような《ロマン主義》的な色調を帯びた《考古学》のおもむきからはほど遠いところにある。とりわけ，独創的に解釈されたピエーロの透視図

図8　ウルビーノのパラッツォ・ドゥカーレ，公爵婦人の広間の寄木細工扉。＊

図9　ウルビーノのパラッツォ・ドゥカーレ，公爵の書斎(ストゥディオーロ)。寄木細工上部の壁は当初は板絵で覆われていた。＊

第一章　ブラマンテの芸術形成

法の教えは，奥行方向に展開する空間の強調や建築構成の劇場的な，さらには「舞台的な」価値を賞揚しており，これらの板絵のほとんど全部は結局，バルベリーニの板絵と同様に，ルネサンス期における舞台装置の提案と見ることも可能なほどである。

舞台装置はのちになってペルッツィがデザインし，次いでセルリオがその『建築論』（第二書，c 45v および c 46v）に取り入れるはずのものであるが，舞台美術に類似した同様の建築的表現として——これも1474年以前のものだが——ウルビーノのパラッツォ・ドゥカーレの扉のいくつかに施された寄木細工がある。

これとまさに同時期すなわち1472年頃から1476年にかけて，透視図で表現された舞台への嗜好が，パラッツオ・ドゥカーレのいくつかの空間に施されたイリューニズムを利用したスペクタクルに見られる。それが顕著に見られるのはフェデーリコの《書斎》（ストゥディオーロ）と図書館内の一室においてであ

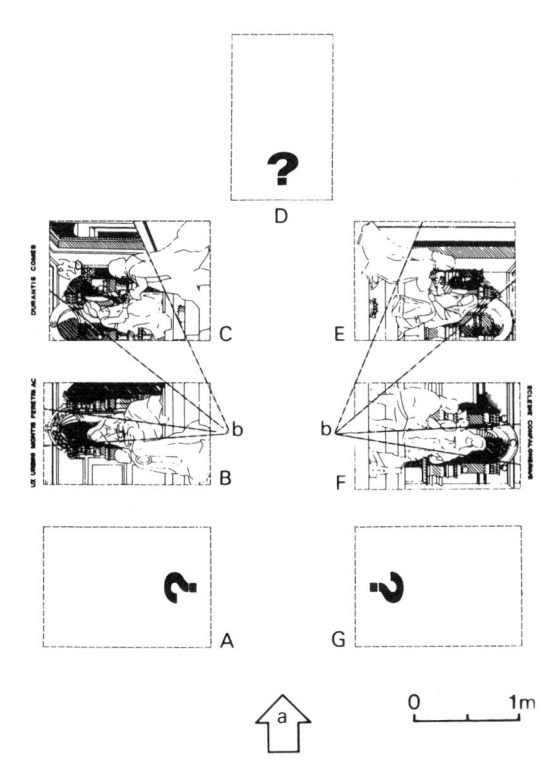

図10　ウルビーノのパラッツォ・ドゥカーレ，図書館の『学芸の間』内部の絵画配置再現案　a 光源の位置（窓）　b 画面上から外挿した消失点の位置　A 文法　B 修辞学　C 論理学　D 代数（または幾何学）　E 天文学　F 音楽　G 幾何学（または代数）＊

る。ウルビーノのこれらの実現例は，同じように透視図法によって奥行方向に展開された建築的空間の表現であるにしても，ひとつの絵画として構想されたものとはもはや異なっている。透視図法を用いた絵画はそれ自体できり離され限定され，それを見る人のいる現実の物理的空間からきり取られ，区別して構想される。ところがこれらの例においては，観察者はひとつの建築的なスペクタクルの中に投げ込まれるのだが，実際にはそれは壁という構造の物理的現実を変容させ拡張させ，偽りの現実を《疑似体験》させるようなしかたで，部屋の壁面全体にわたって表現されている。物理空間の境界を形成する壁面上に，建築構造や様々なモチーフが透視図による表現で——寸法上の尺度によって，あるいは空間に差し込む自然光源によって変化する光の様態によって——本当らしく見えるようしつらえられており，その表現が見る者を《欺く》ことで《イリュージョニズム》の空間が実現される。この空間においては，あたかも劇場におけるように，現実と虚構が渾然一体となってひとつのスペクタクルを構成するのである。

錯覚的な効果のために透視図法が部分的に適用された最初の例は，おそらくブルネッレス

21

キの協力を得てマザッチョが、1425年ないしそのすこし後にフィレンツェのサンタ・マリーア・ノヴェッラの側廊の壁に描いた『三位一体 Trinità』のフレスコ画においてであった。フィレンツェ派の画家、とりわけアンドレーア・デル・カスターニョによって透視図法のこのような応用はくり返された。しかし、部屋の中央に立つ視点に従属するようなしかたで、壁面全体に建築的構造物を《だまし絵》的に表現することで空間をしつらえるアイデアが最初に実行に移されたひとつは、ローマのヴァティカーノ宮においてであって、おそらくニコラウス五世かシクストゥス四世の時代だったと思われる。そしてこのアイデアが展開されたのはローマでもフィレンツェでもなく北イタリアの、とりわけパドヴァのマンテーニャをめぐる環境においてであった。マンテーニャは1465年から1474年頃にはマントヴァで『新郎新婦の間 Camera degli sposi』の壁

図11 ヨース・ファン・ヘント，『音楽』 もとウルビーノのパラッツォ・ドゥーレ図書館，学芸の間（ロンドン，ナショナル・ギャラリー）。＊

画を制作していた。しかしウルビーノにおいてもまた、1472から74年頃さらに完全で見事な展開があり、そこではとりわけ建築が決定的な役割をはたしていたのである。

5　T. Yuen, "*The 《Bibliotheca Graeca》:Castagno, Alberti, and Ancient Sources*",《The Burlington Magazine》, november 1970, pp.725-36 参照。ウルビーノ文化における透視図法的表現については、A. Conti, "*Le prospettive urbinati: tentativo di un bilancio e abbozzo di una bibliografia*"《Annali della Scuola Normale di Pisa》, Classe Lettere e Filosofia,VI, 1976 参照。

　フェデリーコのパラッツォのなかで最も親密で個人的な空間である《書斎》(ストゥディオーロ)の場合、不規則な形と釣り合いの悪い比例関係からなる当初の小部屋を、建築的に解決することが主題であった。仮想の建築構造や形象が壁面上に透視図法で表現されることで、部屋には明瞭にまた人文主義的に比例づけられた尺度が付与され、また親密で落ち着いた感じを保ちつつも、虚構のニッチや開廊によって分節され開放されることによってもとの壁面の圧迫感や自然光の乏しさに由来する狭さや息苦しい感じは排除されている。ウルビーノのパラッツォ・ドゥカーレ内の図書館の一室[21]にも、透視図法による錯覚的表現が、空間の性格づけと解決のための《建築的》手段として採用されたにちがいない。つまり建築は――のちにブラマンテが行うのと同じしかたで――物理的な実体からそれ自体の表現、すなわち《空間性のスペクタクル》へと転換されている。ひとつひとつの壁面上に連続して配置された学芸(アルティ・リベラーリ)の王座はそ

図12 ヨース・ファン・ヘント,『講義』 中央にフェデリーコ・ダ・モンテフェルトロとその息子。天井に見える多角形ドームのプレヴェダーリの版画との類似に注目（ロンドン，ハンプトン・コート・パレス蔵）。*

れぞれ，透視図法でバルコニー上や開廊のなかに描写され，絵画で表現されたにすぎない想像上の空間にしつらえられた一副の舞台を形成していた。これによって，部屋の中央に立った観察者は，現実の空間が物理的限界を越えて拡張したかのような錯覚にとらえられる。《虚構》と《現実》との境界はとり払われる。壁，扉，窓，それを覆う壮大なヴォールトといった現実の建築的要素の活用や，《宮廷》の儀式に忙しく立ち回る登場人物が散りばめられた想像上の空間や構成要素の描出によって，これまでになく新しい想像上の建築空間が誕生した。そして《書斎》の場合と同様，その場に差し込む現実の自然光源にあわせて描かれた対象への光の当たりかたや，その光のそもそもの乏しさ，そして表現上の厳格な透視図法と写実主義が，その光景をうっとりするほど《本物らしく》見せていたにちがいない。

6　G. C. Argan, "*Il problema del Bramante*",《Rassegna marchigiana》, 7-9月 1934, pp.212-31, 再出 "*Studi e note, da Bramante a Canova*", Roma 1970, pp.9-23 参照。ブラマンテの建築の批判的解釈にとって今もって基本的であるこの論文のテーマのいくつかは，この後の脚注にみられるフィオッコ，バローニ，ボネッリといった後続の優れた研究によって部分的にしろ展開されている。

これと似た透視図法上の特徴や意図は，同時期のウルビーノ文化のこれ以外の成果にも見て取ることができる。そのうち特に興味深いのは，おそらく図書館の『学芸の間』と関連づけられる，いわゆる『講義 *Conferenza*』（現ハンプトン・コート・パレス蔵）である。ウルビーノとグッビオのパラッツォ・ドゥカーレ[22]（上述の絵画群をこの建物に関連づける研究者もいる）にみられるこの《イリュージョニズム》の空間は，それに続く時代のなかで多かれ少なかれ破損や破壊を受け（もとの場所から剥ぎ取られてヨーロッパ各地の美術館に分散しているものもあ

る），当初の状態をそのまま経験するのは不可能である。しかし現存部分と研究者たちによる再構成の試みを総合すればこれらは，フィレンツェの建築的人文主義から発せられたメッセージを，中北部イタリアの人文主義的宮廷の社会経済的，文化的文脈に適合した用語に翻訳した企てとして，ウルビーノ文化の最も典型的な成果とみることができる。実際，フィオッコが記したように，「ゴシックの過剰を，殺すことなく無力化するのにかくも有効な」このイリュージョニズムは，ひとつの逃避，「経験や真の論理の彼方」への逃亡であって，それを生んだ社会構造に対し精密に呼応する，浪費的で宮廷風な教養の戯れとなり，根底においてフィレンツェ人文主義起源の企てを解体し《変質》させるような要素として働いた。視覚を合理化し，配列を統御し，空間を人文主義によって把握するための科学的道具としての透視図法が，錯覚を誘うための道具となる。それは，人間がそのなかで生活し固有の必要性に応じて支配する物理的空間を，視覚上の見事な虚構へ，それ自らのための《無益な》——とはいえ非常に有意義な——表現へと決定的に転移させるための，技巧をこらした有効な手段であった。

 7 G. Fiocco, "*Il primo Bramante*",《La critica d'arte》I, 1936, p.109-14。

 これらのすべて，あるいはほとんどすべての作品は，個人的な表情をつけ加えながらも共同で個々の作品表現を決定する複数の画家——名前のあきらかな画家もそうでない画家もいる——によって制作されたが，それは（中世にみられたのと同様の）全員による共同作業の様相を呈していた。バルベリーニ板絵の場合，建築を創作した作者と，それを透視図法で表現した作者と，人物像を描いた画家とはたぶん同一である。しかしパラッツォ・トゥカーレの扉に象眼された透視図の場合，建築的創意や透視図の作者はしばしば，扉の製作者とは別人だったようである。そしてサン・ベルナルディーノの板絵のすくなくともいくつかにおいては，描かれた建築の作者と人物像の作者が異なっていたのはあきらかである。《書斎》や『学芸（アルティ・リベラーリ）の間』の場合にもまた，異なる制作者や画家が個々の形象を決定する以前に，別の人物の存在が必要とされるのであって，この人物が，概略程度のものにしろ建築透視図全体についてのひとつの計画案を作成し，主要な線や消失点や透視図法上の他の描線も壁面上に写し，さらには透視図で表現される建築的に重要な部分の要点を多少とも明確にするまでの作業をおこなったにちがいない。あらかじめ平面図や立面図で詳細に表現されたこの完全な建築設計案は透視図表現にとって不可欠であり，予備的な下図としてそれを画家や——ボッティチェッリのようにウルビーノから遠く離れて活動していた例もある——その他の制作者の参加のためにととのえておく，ひとりの作者の存在を前提とする。

 ウルビーノでは，ピエーロ・デッラ・フェランチェスカの教えにしたがいつつ（ピエーロは1472年には現在ミラーノのブレーラの絵画館にあるモンテフェルトロの祭壇画を描いていたし，1474年にはフェデリーコ公に『絵画透視図法論 *De prospectiva pingendi*』を献呈したが，後者は画家のあいだで広く読まれ，その痕跡はブラマンテの初期作品にも認められる），またマンテーニャの作品につ

いてのいくらかの知識にもささえられて，《透視図法建築家》の流派が——それには建築家や建築的装飾家のみならず画家まで含まれる——形成されていたと考えられるが，ウルビーノのイリュージョニズム空間にみられる建築透視図を創出した人物は，この集団のなかにこそ捜されるべきである。それが誰であったか，確定はされていない。しかしその集団の中にフラ・カルネヴァーレがいただろうし，たぶんメロッツォ・ダ・フォルリと若きブラマンテ，さらにはフランドル人ヨース・ファン・ヘントやスペイン人ペドロ・ベルゲーテ，またルカ・シニョレッリ，ピエトロ・ペルジーノ，ラッファエッロの父ジョヴァンニ・サンティらもいたはずである。

　三十三歳のブラマンテが，1477年にロンバルディーアのベルガモにいたことはわかっているが，それ以前については記録のうえで確かなことは何も知られていない。のちの作品

図13　ピエーロ・デッラ・フランチェスカ，『モンテフェルトロの祭壇画（聖母子と諸聖人，天使，フェデリーコ・ダ・モンテフェルトロ）』もとウルビーノのサン・ベルナルディーノ教会（ミラーノ，ブレーラ絵画館）。*

から確実に推測できることは，ロンバルディーア滞在に先立つ時期に，すでに述べたピエーロ・デッラ・フランチェスカやフラ・カルネヴァーレ，そしておそらくはラウラーナ，アルベルティ，メロッツォを含むウルビーノ宮廷の芸術家たちと接触したこと以外に，フェッラーラの芸術環境（そのうち特にエルコーレ・デ・ロベルティの絵画がブラマンテに印象を与えたにちがいない）と直接あるいは間接的な関係をもったと考えられるほか，ブラマンテがアルベルティ（リーミニとマントヴァ）とマンテーニャ（パドヴァとマントヴァ）の作品を研究したことはまちがいない。ある時期にはマントヴァとパドヴァに，また別の時期にフェッラーラに滞在したとも考えられる（ブラマンテの設計に基づく可能性があるフェッラーラのパラッツォ・ディ・スキファノイアの正面入口は，1474年にアンブロージョ・バロッチにより実施されたが，バロッチはウルビーノでもさかんに活動しており，おそらく他の作品でもブラマンテと接触があった）。同様に否定しがたいのは，ブラマンテがマルケやウンブリアの都市（アンコーナ，ペーザロ，ファーノ，ロレート，ペルージャ等）以外にヴェネツィアをも知っていた可能性である。ロンバルディーア時代最初期のサンタ・マリーア・プレッソ・サン・サーティロからはさらに，ブラマンテがブルネッレスキの作品を知っていたことが推論され，短期間にしろフィレンツェに滞在した可能性も否定できない。いずれにせよ，ウルビーノとパドヴァ—マンテーニャの

文化はブラマンテの自己形成の基盤となっている。

　1477年に先立つこの時期については，記録の乏しさのせいもあって，根拠の多少はあれ様式上の比較と歴史的な様々な状況にもとづいて若きブラマンテに帰することのできるいくつかの作品が批評家により指摘されてきた。ピエーロ・デッラ・フランチェスカやアルベルティ，フェッラーラの芸術家たちそしてマンテーニャ的な性格を同時にそなえることから判断して，さきに検討したペルージャにあるサン・ベルナルディーノのニッチ板絵のうちいくつかの背景をなす建築透視図もブラマンテの作とされることがある。ただしすでに述べたように人物像部分は複数の画家によって描かれており，その中には（はるか後にローマにおいて）ブラマンテの友人だったことが確実に知られているペルジーノやピントゥリッキオが含まれる。ロトンディや，その提案を受け入れる他の研究者たちが結論づけようとするように，ブラマンテはまたフェデリーコの《書斎》の建築透視図の枠組みを構成した《計画案の作者》であったかもしれないし[8]（この機会にブラマンテは，この仕事に関わるフィレンツェの芸術家と打ち合わせるため初めてその地を訪れた可能性がある），『学芸アルティ・リベラーリ』の連作を含む図書館や，むろんハンプトン・コート・パレスの『講義』の透視図の作者だったかもしれない。ピエーロ・デッラ・フランチェスカがおそらく1472年から74年にかけて制作したブレーラの祭壇画の背景にある透視図法による建築デザインへの関与までブラマンテに帰する研究者もいるが，これは疑わしい。さらに疑わしいのはウルビーノのサン・ベルナルディーノ教会の計画の場合である。これは，モンテフェルトロ家の霊廟として立案された，建築的に見ても極めて評価の高い作品であって，のちのブラマンテの作品に認められるモチーフさえ含んでいる。しかしこの建築がフランチェスコ・ディ・ジョルジョ・マルティーニによって細部まで決定され建設されたことは，まずまったく疑いない[9]。いずれにせよ様々な批評的考察を総合すれば，ブラマンテはウルビーノで，特にラウラーナの離任（1472年）直後から，フランチェスコ・ディ・ジョルジョがウルビーノの首席建築家として最終的に就任（1474－76年頃）するまでの短い期間，すでにかなり成熟し独立した建築家兼《透視図法》画家として活躍していたと考えられる。そして，着任当初のフランチェスコ・ディ・ジョルジョと協働するなんらかの機会があったたとしてもおかしくはない。

　　8　この枠組みの復元案については P. Rotondi, "*Ancora sullo studiolo di Federico da Montefeltro*", "*Studi bramanteschi*", p.255-265, Roma 1974 参照。
　　9　Bruschi の前掲書のほか，H. Burns, "*Progetti di F. di Giorgio per i conventi di San Bernardino e Santa Chiara di Urbino*", "*Studi bramanteschi*", p.293-311 参照。

　1480年より以前，おそらく1475年前後のある時期に，ウルビーノに「聖霊の小礼拝堂 *Sacello dello Spirito Santo*」別名「贖罪の礼拝堂 *Cappella del Perdono*」と，これに対になるように隣接して異教の「学芸の女神ムーゼに捧げられた小礼拝堂 *Sacello dedicato alle Muse*」が建設された[10]。これは人文主義の文化的，文学的表現の精華であり，古代異教の哲学者や詩人とキリストや聖者やキリスト教神学者とが深いところで一致共存する普遍的宗教の《秘儀》を理解するエリ

図14 ウルビーノのサン・ベルナルディーノ　1536年以前の状態を示す素描。東側の壁龕の深さは当初は南北のそれと同じであったが，後に延長された。祭壇にあるのはピエーロ・デッラ・フランチェスカの『ブレーラの祭壇画』（ウッフィーツィ素描245A r)[23]。＊

ートの精神性に由来するものである。ムーゼの小礼拝堂の現状は，批評的言説を下せる対象ではない。しかし現存する部分からは，その空間が，完全に保存されている贖罪の礼拝堂と多くの共通点を備えていたことが想像できる。そして贖罪の礼拝堂はパラッツォ・ドゥカーレ内の他のどの部分とも全く異なっており，それををラウラーナの仕事にもフランチェスコ・ディ・ジョルジョの活動にも組み込むことは不可能である。二つの小空間は実際，ピエーロ・デッラ・フランチェスカの『ブレーラの祭壇画』背景の記憶をも介してアルベルティ的世界，とりわけマントヴァのサン・タンドレーア[24]にみられるそれにさかのぼる，時代がかった荘重な《英雄性》への新たな表現への意図によって特徴づけられている。贖罪の礼拝堂の場合には特に，フィレンツェのサン・パンクラーツィオ内の同じくアルベルティによるサ

図15　ウルビーノのパラッツォ・ドゥカーレ　贖罪の礼拝堂（別名精霊の小礼拝堂）。*

ン・セポルクロ小礼拝堂や上記のモデルへの参照によって——そのアーキトレーヴに刻まれた古典古代風の字体も，後年の《書斎》や図書室やサン・ベルナルディーノにおけるものとの類似が明らかであるが——おそらく，透視図法を用いたマザッチョの『三位一体』や，ドナテッロとミケロッツォによるフィレンツェのオルサンミケーレの壁龕のような類似例にさえ結びつけられている。その成果は，スポレートのサン・サルヴァトーレ(25)やクリトゥムノの小礼拝堂(26)に見られるような，古代末期のキリスト教下でありながらなお《帝政期》的な世界の記憶を呼び起こすものであり，このような記憶は同時期のウルビーノのサン・ベルナルディーノにおける集中式平面や円柱で枠どられた三葉型平面の半円ニッチにも認められる。贖罪の礼拝堂においてはしかし——ウルビーノでは前例のないことに——色大理石が材料に使われている。

図16 ウルビーノのパラッツォ・ドゥカーレ ムーゼの小礼拝堂（別名アポロンの小礼拝堂）。*

この彩色は，要素を統合する接続部の造形を浮きあがらせたり，色彩や形や大気や光線で飾ることで空間の質を高めようとする好みとあいまって，この内部空間を一種の宝石箱へと変容させている。だがここではとりわけ，慎重かつ巧妙な光の配分のおかげで，この部屋の物理的寸法の狭隘さは——奥行が壁面に刻まれた枠取りの畳みかけるリズムで測られ，最奥部が両隅の円柱の間に開けられた斑岩仕上げの極小のアプスという《英雄的》光景で締めくくられるという——イリュージョニズムの効果を通して感じられる空間的な奥行とは，曖昧にくい違っている。

10 P. Rotondi, 前掲書のほかに D. Bernini, "*Le 《Cappelline》 del palazzo ducale di Urbino*", "*Dieci schede di restauro*", I, Urbino 1979 参照。

建築は構造的に分節された中世の空間から，すでにブルネッレスキによって，可視的な構造体による《合理的》で統御可能な骨組みへと変換されていた。アルベルティはそれを，学識と比例調和による壁面上の《ディゼーニョ》に移し変えていた。贖罪の礼拝堂において，クワットロチェントの歴史上かつてなく決定的に，建築は《絵画》となることへと接近した。それは単に「設計され」輪郭を形どられただけでなく，描かれ彩色されることで三次元表現による空間の等価物となり，感覚的にみても，距離を置いた《合理的な》観想においてよりもむしろ，空間的なスペクタクルの中に体験する人を巻き込むことへ向けられていた。この

スペクタクルは単に設計内容を知的に理解させるだけでなく，諸要素の明瞭な造形性や色彩，光，遠近法そして場の雰囲気によって，体験者を感情的にうながし拘束する。レオナルドが1502年にこのウルビーノの作品に魅せられ，簡単なスケッチを残しているのも偶然ではありえない（ラウレンツィアーナ手稿，c.73v）。

　ブラマンテがこの二つの礼拝堂，とくに贖罪の礼拝堂を設計した建築家であることは確認されていないが，ロトンディが最初に提案した，そうであるとの仮説は十分納得できる（ただし贖罪の礼拝堂の施工と装飾的な詳細の決定は，ロンバルディーアの人アンブロージョ・バロッチによると思われる）。ブラマンテが二つの礼拝堂の計画を立案したとするのはありえない話ではなく，同じことは（信憑性ははるかに少ないが）サン・ベルナルディーノについてもいえる。いずれにしろ，これらの作品は計画の「設計案」において共通するいくつかの性格でくくられ，その一部は後のブラマンテの作品に再現するだろう。そして，これらのあいだに明らかに異なる様相が存在するのは，ほとんど対極的な好み——二つの礼拝堂はアンブロージョ・バロッチの，サン・ベルナルディーノはフランチェスコ・ディ・ジョルジョの好み——によって詳細の決定や材料の選択が行われたことに起因すると考えられる。これらがブラマンテの作品であるか否かにかかわらず疑いないのは，ときにブラマンテに帰せられるすでに見たウルビーノの他の作品（特に1472年以降のもの）と同様に，これらがこの建築家の確実な作品群にとって欠くことのできない序章であり，直接の先例だということである。

　これらの作品のすべてには実際，のちにブラマンテの実作の中に関連が見出されるようになる個人的な作風やモチーフが見てとれる。他方ではこれら描かれたあるいは建てられた建築の作者を他に捜そうとする試みも満足すべき結論に至っていない。しかしここで確認すべきは，これらの作品相互間に存在する特徴のちがいである。つまり，すべてではないにしろそれらのいくつかがブラマンテの計画にさかのぼるとするためには，次の二点を想定する必要があるだろう。まず，この時期のブラマンテは何よりもまず建築構想の立案者であり，それと同時に建築の透視図法による設計者兼画家であったこと。第二には，ブラマンテのあとをうけた他の芸術家が，ときには自分流に解釈しながらその作品のなかに取り入れたり（書斎や学芸の間のように），あるいは建てられた建築作品として実現したこと（贖罪の礼拝堂や，もちろんサン・ベルナルディーノの場合）である。この仮説はいささか大胆すぎると見えるかもしれないが，建築透視図的絵画の領域（それは精緻な立案能力を前提としている）におけるブラマンテのゆるぎない熟練を考慮すれば妥当と考えられるし，史料によってうらづけられており，ブラマンテの確実な初期作品からも確認される。この仮説はまた，これらの活動が展開されたクワットロチェント後半の中北部イタリアの環境や建設現場の様態が，いまだ様々な芸術家の活発な参加と共働という風潮の中にあったことを思い起こすことでも確証できよう。いずれにしろ確かにいえることは，こういった種類の活動形態に部分的にしろブラマンテはロンバルディーアでも（そしてローマでも）関わったにちがいない。ときには（まさにプレヴェダ

ーリの版画の場合がそうだったように）建築デザインを透視図法で描いて画家に提供するにすぎないこともあれば，複数の助手からなるチームをひきいる画家として，自らの構想を自分で実現させたこともあっただろう。それに，現実の建築の分野でもブラマンテが工事施工者に幅広い権限を認めたのはまれでないし，よく組織された助手の集団に助けられたローマ時代には，詳細の決定や実施の監理を他の人物にまかせる場合も多かった。ブラマンテの満足はとりわけ，みずからが想像した《創造》の総体である空間組織が実現されることにあった。

　このことはブラマンテの芸術生産に特徴的なひとつの局面であり，その起源が，イリュージョニズムへの指向や建築作品をスペクタクル性をともなう絵画のように発想するような特徴的な性向の多くとともに，ウルビーノでのブラマンテの芸術形成にさかのぼるのはほぼまちがいないだろう。

第二章

ロンバルディーアのブラマンテ：
初期の問題意識

　1525年頃のマルカントニオ・ミキエルの記録によれば，ブラマンテは1477年にはベルガモのパラッツォ・デル・ポデスタのためファサードのフレスコ画を制作していた。ベルガモは当時ヴェネツィア共和国領であり，フレスコ画はベルガモの法務官セバスティアーノ・バドエルと監督官ジョヴァンニ・モーロの委託による仕事だった。ブラマンテは当時およそ三十三歳で，これが記録に残る最初の作品である。

　　1　A. Bruschi, "*Bramante architetto*", 前掲書, A. Conti, "*Le prospettive urbinati*", 前掲書, p.1212－13参照。

どのような理由でブラマンテがウルビーノをあとにして（そこではフランチェスコ・ディ・ジョルジョが首席建築家に就任していた）この頃までにロンバルディーアに落ち着いたのか，しかもなぜ，まだミラーノにいなかったのか（ブラマンテがそこにいたことが確認されるのは1481年の秋である）といった疑問については，何も知られていない。またこれに先立ってブラマンテが，イタリア北中部のいずれかの都市に滞在したのも，ありそうなことだが確証はない。ヴァザーリはブラマンテのロンバルディーアでの活動についてはわずかな情報しか得ていなかったらしいが，ブラマンテは「ロンバルディーアの地に赴き，できる限りの努力をして仕事を続けながら都市から都市へと遍歴を重ねた。しかしまだ名声も信用も得ていなかったので，それらは多額の費用を要する仕事でも大きな名誉のある仕事でもなかった。」と述べ，さらに続けて「少なくとも何か名高い建物を見たいと考え，ドゥオーモを見学するためにミラーノに居を移した」と記す。そこでは幾人かの責任者がゴシック様式による建設を指導していたが，「大聖堂を研究することにより，またそこで働く建築技師と知り合いになることによって，大いに勇気づけられ，建築にすべてを捧げる決心をした。」

　ブラマンテが落ち着いた頃のミラーノは，イタリアで最も力を備え政治的にも活発な国家のひとつであった公国の，多数の人口を抱えた豊裕な首都であったが，新しいルネサンス建築の展開の方向性に照らしてみた場合，辺境的な位置に甘んじていた。しかしその三十年ほど前には幾人かのフィレンツェの建築家が，ロンバルディーアの反発的な境遇の中で孤立しながらも計画面で極めて重要な作品を生み出していたし，クワットロチェント前半のフィレ

ンツェの社会経済や政治的な文脈とは全く異なる文脈にある注文主との特殊な関係で決定される，特別な意味をもつ新理念を展開するための基礎を築いた。複数の伝記作家によっては，ブルネッレスキもミラーノに来たことがあったとされる（ブルネッレスキの1431年のフェッラーラとマントヴァ行きは確実であり，それは1435年に繰り返された。後にはアルベルティも両地を訪れている）。ブルネッスキの影響下にあると見られる作品がロンバルディーアに最初に現れたのは，1441年に完成したカスティリオーネ・オローナのヴィッラの教会においてである[(2)]。しかしルネサンス新建築の純粋な成果がミラーノに達するのは1450年を過ぎてからであり，すなわち1466年まで統治することになるフランチェスコ・スフォルツァが公国を奪取し，フィレンツェと新たな政治財政的また文化的関係を確立したのちであった。これに先立つ1451年にピエーロ・デ・メディチの推薦によりフィレンツェの建築家で彫刻家のアントーニオ・アヴェルリーノ通称フィラレーテ（かつてローマで活動したことがあり，古代を直接体験していた）がミラーノに到着しポルタ・ジョーヴィアのスフォルツァ城内の塔に居を定め，一時期ドゥオーモの首席建築家を勤めたのち，1461年から1469年にもこの地に滞在した。オスペダーレ・マッジョーレのための巨大な計画は（1465年以前にフィラレーテがその『建築論 Trattato』に専念していたのと平行して作成されたが，その中では風変わりな建物とともに，スフォルツァに因んでスフォルツィンダと名づけられた，かの《理想都市》が叙述されている），スフォルツァ統治下のミラーノの政治権力と建築との間の関係を如実に示している。しかしこの計画は一部しか実現されなかったうえ，実施に当たって著しい変更をこうむった。フィラレーテによるベルガモのドゥオーモの計画も，部分的に実現されたにすぎない。ブルネッレスキの直接の後継者でメディチ家に贔屓にされたミケロッツォもまた，ヴァサーリによれば1462年から1468年にかけてメディチ銀行ミラーノ支店の建設計画に従事した（スフォルツァからコージモ・イル・ヴェッキオに贈られたが，のちに破壊され扉口部分のみ現存する）[(3)]。しかしこの計画案も（そのファサードのスケッチがフィラレーテの建築論におさめられているが），地方的な好みに厳しく規定されていたか，実現にあたって変更を受けたようである。1462年頃開始されたサン・テウストルジオ教会内のピジェッロ・ポルティナーリ（メディチ銀行のミラーノ支店長）の礼拝堂計画の場合も同様であって，施工者の歪曲的な解釈のためミケロッツォが作者であることが疑問視され，その変更の甚大さゆえに，計画の立案者としてフィラレーテの名前さえ提案されたほどである。サンタ・マリーア・ディ・ブレッサノーロ教会（おそらくフィラレーテの設計に基づき1460年に建造が始まったとみられる）のように空間構成の点で非常に興味深いいくつかの工事も，中断したり，実施段階で変更されたりした。ミラーノとパヴィーアで活動したもうひとりのフィレンツェ出身者にベネデット・フェッリーニがいるがその作品も，革新に向けた具体的な影響力において，フィラレーテやミケロッツォにはとても比肩しえなかった。

　実のところ，純正なゴシックというよりはロマネスク末期の様相と結びついたロンバルディーアの伝統は，当時すでに疲弊しながらも，すくなくとも1475ないし1480年頃までミラー

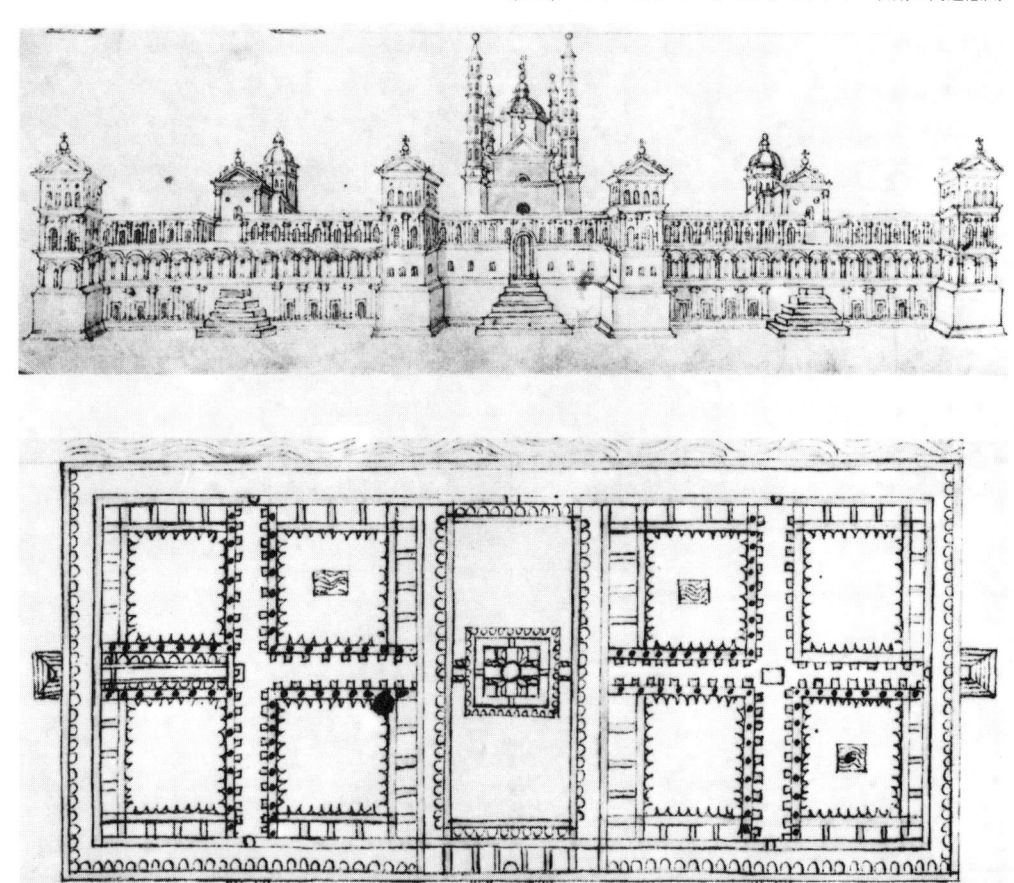

第二章 ロンバルディーアのブラマンテ： 初期の問題意識

図17 ミラーノのオスペダーレ・マッジョーレ，外観と平面図　フィレラレーテ『建築論』より（フィレンツェ国立中央図書館，マリアベッキア写本 II, I, 140, フォリオ 83 v, 82 v）。*

ノに勢力を保っていたが，それを体現していたのがジョヴァンニ・ソラーリとその息子グィニフォルテであった。この伝統は，パヴィーアのカルトジオ派修道院や，いつ終わるとも知れぬドゥオーモの工事，サン・ピエトロ・イン・ジェッサーテ（1475年頃）やサンタ・マリーア・デッレ・グラーツィエの教会といった，財政上すくなからぬ負担ともなった重要な作品に見て取れる。サンタ・マリーア・デッレ・グラーツィエは1463年の着工ながら竣工したのは1490年頃であり，その後陣部分はのちにブラマンテが改築することになる。地方的伝統をひき継ぎ職業上の権力を掌握する職長は弟子や協力者と一緒になって，この街の保守的な環境に支えられ，またしばしば君主の意志に敢えて反してまで，クワットロチェントのミラーノに依然として伝統的かつ地方的な特徴を付与していた。

　ソラーリ一族の後継者として，他ならぬグィニフォルテの養子でもあったジョヴァンニ・アントーニオ・アマデオ（1447-1522）が1470年頃以降頭角をあらわしてくる。彫刻家，建

35

図18 ミラーノのサン・テウストルジオ，ポルティナーリ礼拝堂　ミケロッツォ設計（あるいはフィラレーテか）。＊

図19 ベルガモのサンタ・マリーア・マッジョーレ，コッレオーニ礼拝堂　G. A. アマデオ設計。＊

　築家そして《技術者》としてアマデオは，とくに1475から80年以降の公国の重要な工事のほとんどすべてに関わった。ベルガモにあるコッレオーニ礼拝堂は（1470年よりやや後に設計されたようであるが），サン・テウストルジオのポルティナーリ礼拝堂に見られるブルネッレスキ起源の平面を何の疑いもなく受入れながら，外観の量塊的な単純さを決定している表面を，風変わりな要素や様々な起源のモチーフを豊かに用いながら，彫刻的で多色の，また饒舌で複雑な装飾のための好機として利用した。これらの特徴はアマデオの実現作のほとんどすべてに認められ——のちのパヴィーアのカルトジオ修道院のファサード同様——世紀末の二十年間，さらには次の世紀にかけてロンバルディーアを支配するであろう好みへと道を開いた。アマデオはブラマンテ自身が働いた作品にも関わり——たとえばサンタ・マリーア・プレッソ・サン・サーティロのファサード（結局完成されないまま改変された）やパヴィーアのドゥオーモ，サンタ・マリーア・デッレ・グラーツィエの東端部——そこに部分的な《ロンバルディーア風》の性格を刻んだが，それがブラマンテの設計との間に軋轢を生んでいる場合もある。ブラマンテはしかし，アマデオを始めとするスフォルツァ宮廷のロンバルディーア人工匠たちと進んで協働し，少なくとも部分的にはその趣味に同調することさえも厭わなかった。

　ブラマンテの初期作品には，コッレオーニ礼拝堂や同じベルガモのサンタ・マリーア・マッジョーレの聖具室に見られる装飾モチーフが認められ，これを理由にブラマンテがこれらの完成に寄与した可能性も想定されたことがある。とはいうものの，ロンバルディーアにお

第二章　ロンバルディーアのブラマンテ：初期の問題意識

ける末期クワットロチェントの好みが形成されたのにはフィラレーテに負うところが多い。彫刻家としての経歴と地方的伝統への適応能力のおかげでフィラレーテは，すくなくとも表面的にはロンバルディーアの工匠たちに容易に受け入れられうる指図を与えた。そしてブラマンテはミラーノで，フィラレーテが残した作品や『建築論』を丹念に研究したにちがいない。『建築論』のなかには，のちのブラマンテの作品に見られるヴォリュームや空間の配列が描かれている。1484年のある記録は，ブラマンテがフィラレーテによるミラーノのオスペダーレ・マッジョーレの，おそらく実測図と見られる図面を作成したことを示している。また誤りではあるにしろ，1489年に作成されたと思われるマッティア・コルヴィーノに献呈されたフィラレーテ『建築論』のサン・マルコ写本（Lat.VIII, 2，サン・マルコ図書館，ヴェネツィア）の図版制作者がブラマンテその人であったと推定する研究者もいたほどである。

　ベルガモにいた1477年の時点でもブラマンテは，ウルビーノ文化との緊密な絆を保って

図20　哲学者キロンのフレスコ画断片（ベルガモ，パラッツォ・デッラ・ラジョーネ）＊

図21　ベルガモのパラッツォ・デル・ポデスタ　ファサードにブラマンテが描いたフレスコ画配置の復元図（フェルスターによる）。＊

いたことがわかる。パラッツォ・デル・ポデスタのフレスコ画（そのうち現在残るのは，もとの壁面から剥がさればらばらにされた一部分だけである）の保存状態は劣悪で断片的であり，作者の意図を完全に理解するのは不可能であるうえに，部分的にはおそらく，凡庸な助手の能力によって貶められている。いずれにせよ疑いないのは，ブラマンテがここでイリュージョニズムの効果をねらった表現によって中世の遺構の既存正面を再編成し，統一しようとの意図をもっていたことである（この壁面はその後再度改変された）。そこでは，描かれた建築の複雑な枠組みにすぎない表現が付け柱や様々な奥行をもつニッチで三次元的に分節され，そこに古代哲学者たちのメロッツォ風のモニュメンタルな肖像画がおさめられている。あたかもイリュージョニズム表現の可能性と限界を確かめる試みであるかのように，ウルビーノで内部空間に適用された透視図法的虚構が，ここでは外部空間に持ち出され都市的規模で実現された。宮廷という私的な領域で開発された視覚の欺きが，集合的で社会的な都市の次元へと移行する。画家の透視図は——のちにおそらくブラマンテの関与によって実施されたヴィジェーヴァノの広場の立面と同じく——ブラマンテの意図するところでは，都市環境のなかでの《舞台上演》を支える手段としての，都市の人文主義的な大道具ともいうべき「建築的」道具なのである。つまりそれは，あらゆる機会に対応可能な建築の《普遍的な》道具となった。

　ベルガモでの短い活動に始まり二十年に及ぶロンバルディーア滞在をとおして，かつてウルビーノでしたのと同じように，ブラマンテ自身が建築造形を透視図法でデザインし，それを他の画家が——ときにはブラマンテの監督の全く及ばぬところで——建築の内外に制作される絵画の構成に取り入れたことがあったろう。ベルガモの現アンジェリーニ邸のフレスコ画（年代不詳ながら1477年よりいくらか時期が下ることはほぼ確実）の場合も，そのような例である。あるいはまたミラーノではたぶん，画家ジョヴァンニ・ドナート・モントルファーノに協力して，まずサン・ピエトロ・イン・ジェッサーテに『洗礼者の物語 Storia del Battista』（1480 – 85年）のなかの建築部分を，次いでサンタ・マリーア・デッレ・グラーツィエのボッラ礼拝堂の建築画（1495年頃）や同教会の食堂でレオナルドの『最後の晩餐 Cena』に対面する大規模な『十字架刑 Crocefissione』（1495）の同様な部分をデザインしただろう。おそらくまたアンブロージョ・ベルゴニョーネ通称ダ・フォッサーノに協力して，パヴィーアのカルトジオ修道院内の交差部と内陣に描かれた（1492 – 1493以降）建築的な枠組みの計画案を提供したことも考えられる。これらの作品へのブラマンテの関与は記録にないとはいえ，そこには明らかにブラマンテ流のまたウルビーノ風のモチーフが散見され（それらはまたブラマンテがロンバルディーアで実現した作品とは直接関連づけられるわけではないが），このことから，ブラマンテの活動のひとつが，ほとんどいつも内部空間や都市空間を飾る手段として目論まれた透視図法で表現された建築計画案を，他の芸術家のために作成することだったことが知られる。

　ブラマンテのこのような活動は地方の工匠たちの具体的な行為や好みに直接影響を及ぼし，

第二章 ロンバルディーアのブラマンテ： 初期の問題意識

ブラマンテはレオナルドとともに、ミラーノ公国に起こりつつあった決定的な刷新の主要な推進者となる。それが始まったのは1481－82年頃から、すなわち1476年12月26日のガレアッツォ・マリーア・スフォルツァの暗殺、フランチェスコやガレアッツォの練達した相談役であった老チッコ・シモネッタの暗殺（1480年）、そしてボーナ・ディ・サヴォイアの排除を経て達成された、ルドヴィーコ・イル・モーロによる権力掌握からまもなくのことであった。1480年から1499年までルドヴィーコは並ぶもののない君主としてミラーノ公国を統治し、ミラーノをヨーロッパで最も大きく富裕な都市（人口三十万人を数えたともいわれる）のひとつに仕立てあげる。

　ルドヴィーコはフランチェスコ・フィレルフォから人文主義教育を受けており[(4)]、1471年以来フィレンツェ、マントヴァ、パドヴァ、ヴェネツィアでルネサンスの新潮流を体験する機会を持ったし、フランスに（1476年）次いでピサに滞在したこともあった。その宮廷は全イタリアの芸術家や文化人の交流の場とななった。パヴィーア司教で後にはローマ教会副尚書院長となる兄アスカニーオにしばしば助けられたルドヴィーコの政治は、富や権力を宣伝し主張する手段として芸術とりわけ建築を必要としていた。したがってブラマンテが、レオナルドにすぐ続いてこのロンバルディーアの首都に引き寄せられたのも当然であった。しかも都市ミラーノの建設面での刷新はフランチェスコ・スフォルツァの時代に部分的に開始されたものの、それが本格的に展開されるのはルドヴィーコの時代を待ってであったし、ミラーノやパヴィーアなど公国領内のその他の要地には、ブラマンテに重大な印象を与えることになる古代遺跡が残っていた。

　好奇心が旺盛で感受性に富んだ性格のブラマンテはじっさい、基礎となる文化的経験の洗礼を受けていたにもかかわらず、最初の作品以来地方的な刺激を貪欲に吸収したことを示している。ロンバルディーアで散発的に主張されるフィレンツェ起源のルネサンスに無関心ではなかったし、自らのまわりで進行する幾多の建設に感ずるところも多かった。一方ではロンバルディーアのロマネスクやゴシック期といった中世的伝統を伝える遺構を丹念に研究したにちがいない。ミラーノのドゥオーモが——その工事現場ではイタリア人にまじってドイツやフランス《ゴシック》の工匠たちが立ち回っていた——ブラマンテに強烈な印象を与えたことは疑いなく、想定されてきたように、ここで後期ゴシック文化とりわけドイツ風の設計方法や建設過程の知識を習得したと思われる。しかしブラマンテは、ウルビーノの宮廷でおそらくアルベルティ自身やマンテーニャといった文化人や巨匠から、夢想し憧れつつも実際にはまるで未知の対象である古代への崇拝を植えつけられた芸術家であって、マレーが明らかにしたとおり[2]、後にその多くが破壊されたものの当時はまだ市中に残存していた古代末期の建造物にひき付けられたにちがいない。マレーが提案したように、ブラマンテの興味の中ではおそらく、テオドシウス帝やアンブロシウスやアウグスティヌスが活動した帝制期ミラーノが——ルドヴィーコ・イル・モーロの権力奪取の後には政治的意味まで含めて——刺

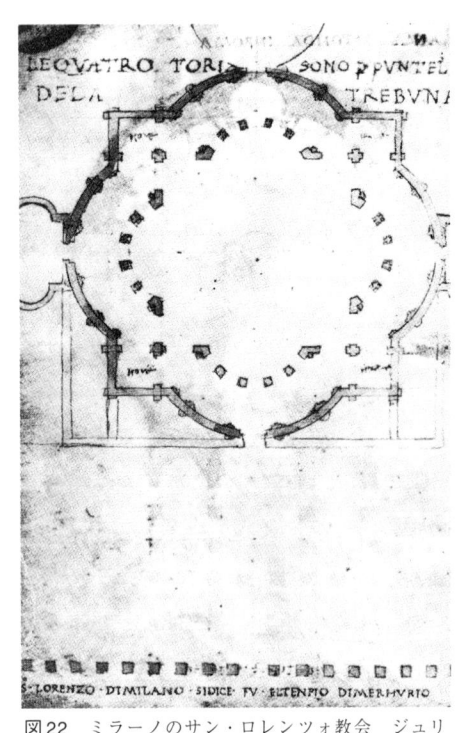

図22 ミラーノのサン・ロレンツォ教会 ジュリアーノ・ダ・サンガッロによる平面の素描（シエーナ市立図書館，サンガッロの素描帳，フォリオ18v）。＊

激的な吸引力をもったと思われる。しかし一方では，ウルビーノの贖罪の礼拝堂やサン・ベルナルディーノ教会で表明されたように，スポレートのサン・サルヴァトーレやクリトゥムノの小神殿のような古典期のものと信じられていた古代末期の建造物によって伝わった好みへも強く傾倒していた。ブラマンテのこのような関心はとりわけ，アンスペルト司教時代（9世紀）のカロリング朝様式の作品に向いていたが，チェザリアーノの記述から判断してこれらもまた古代の建造物と信じられていた。ミラーノのサン・ロレンツォ（4世紀末）[5]と付属の礼拝堂やカロリング期のサン・サーティロといった建造物は（レオナルドもこれらを研究した），この後ローマに移ってからも含めてブラマンテにとって根元的な経験であり続けた。そして《純正な》古代ローマを直接体験した後にも，ブラマンテにはそれをむしろ古代末期的な空間用語によって観察し解釈する傾向があった。

2 P. Murray, "*Bramante Paleocristiano*", "*Studi bramanteschi*", p.27-34, 参照。

ルネサンスの語法に翻訳されているとはいえ，まさにこの古代末期やビザンチン−カロリング期起源の空間性を想起させる建築的イメージが，《建造物と人物群像 *cum hedifitijs et figuris*》と題された見事な版画に見られる。1481年10月24日付けの記録によればこれは，画家マッテオ・フェデーリからの依頼でミラーノの刻版師ベルナルド・プレヴェダーリが「巨匠ブラマンテ・デ・ウルビーノの作になる紙上の設計に従って［…］制作を」請け負ったものである[6]。これが，ブラマンテがミラーノにいたことの最初の確実な証拠である。とはいえ，すでにおそらく1478ないし80年からサンタ・マリーア・プレッソ・サン・サーティロ教会の仕事に従事するためミラーノに来ていたことも十分考えられる。

プレヴェダーリの版画には完全無欠な建築計画が透視図法で表現されており，その計画の特徴は，平面図や立面図として細部に至るまで予め図面化されていたにちがいない。そういった意味でおそらくこれは，1480年頃のルネサンス建築の最も進歩的な成果を記録しており，ミラーノでの活動を踏み出すにあたってブラマンテがその原理と方向性を計画的に表明したものといえる。この版画に描かれた空間組織は実質的に，「正方形に内接するギリシア十字」と呼ばれる建築的図式の一類型である（ただしメッテルニッヒによって提案されたように，[3]身廊

図23 『廃墟の神殿』 ブラマンテの下絵にもとづくプレヴェダーリの版画（ミラーノのスフォルツァ城博物館，ベルタレッリ・コレクション）。

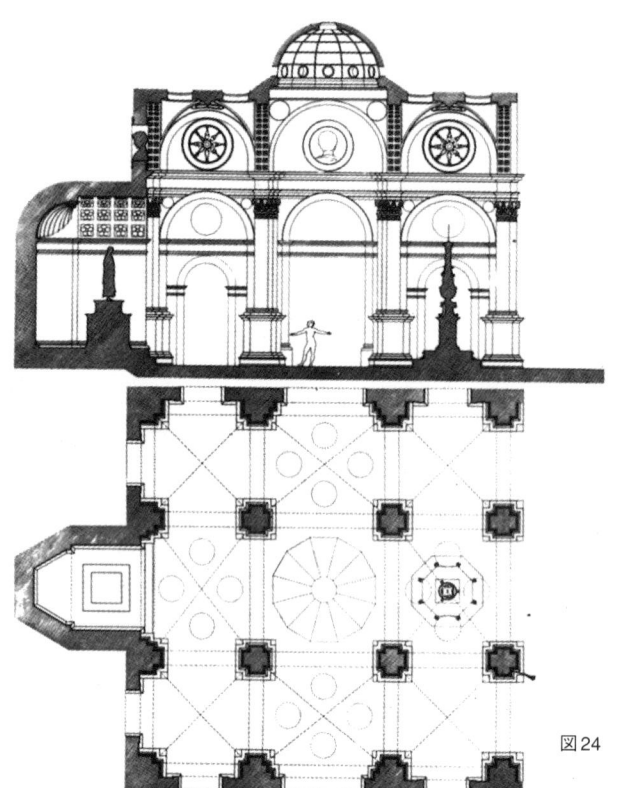

図24 プレヴェダーリの版画に描かれた建築の再構成　断面図と平面図（G. C. ミレッティによる）。

と側廊の両方を内陣の反対方向に延長することで，おそらくラテン十字形平面を形成したのかもしれない）。中央にドームを頂き，ギリシア十字形の四本の腕を鉛直方向に立ち上げた，正方形の輪郭に内接する建築物，これこそミラーノ時代からローマ時代にかけて——サン・ピエトロやサンティ・チェルソ・エ・ジュリアーノ，ロッカヴェラーノの教会にいたるまで——ブラマンテが生涯熱中しつづけるであろう空間的テーマだった。

3　F. G. Wolff Metternich, "*Der Kupferstich Bernardos de Prevedari aus Mailand von 1481*", 《Römisches Jahrbuch für Kunstgeshichte》, 1967-68, p.9-97。同じ主題については以下も参照。P. Murray, "《*Bramante milanese*》: *The Printings and Engravings*", 《Arte lombarda》, VII, 1962, p.25-42。A. Bruschi, "*Bramante architetto*", 前掲書；G. Mulazzani, "*Nuove ipotesi sul viaggio di Bramante in Lombardia*", "*Studi bramanteschi*", 前掲書所収；同, "《*Ad civitatem veni*》: *il senso dell'Incisione Prevedari*", "*Studi sulla cultura lombarda in memoria di M. Apollino*" 所収, Milano 1972；M. Dal Mas, "*Donato Bramante: l'inzisione Prevedari. Studio di restituzione prospettica*", 《Bollettino del Centro Studi per la Storia dell'architettura》, n.25, 1979, p.15-22；共著, "*Atti della tavola rotonda...per ilustrare l'incisione di B. Prevedari*", Milano, 1978年12月（以前ペレーゴ・ディ・クレムナーゴ家所有のB. プレヴェダーリの版画が，ミラーノのスフォルツァ城，A.ベルタレッリ版画コレクションに編入されたのに際したシンポジウム記録）。

ブラマンテの直接の弟子であったチェザリアーノのウィトルウィウスへの注釈（1521年）のなかには，ウィトルウィウスが記述した種類の「古代神殿」を例示する図版として，プレヴェダーリの版画の建築に非常によく似た空間組織のいくつかが認められる[7]。しかしこの版

第二章　ロンバルディーアのブラマンテ：　初期の問題意識

画のなかには燭台の形をした円柱もあり，その上には十字架が置かれている。これらの状況から察するにブラマンテは，理論的な演習の形を装いながら，部分的に荒廃しキリスト教会として利用された古代神殿（建物にそえられた彫刻的な象形も，異教的な主題を展開するように見える）を表現しようとしたと考えてよいだろう。それはウルビーノにおける《書斎》や二つの礼拝堂と同様に，異教世界とキリスト教世界とのあいだの連続性と一致を示そうとしたかのようである。これと同じく，さまざまな考察をもとにムラッザーニが提案したように（1972年），版画のなかでブラマンテが神話上のミラーノの建設者ヤヌス神に捧げられた古代神殿を再現しようと意図していた可能性がある。伝承によればこのヤヌス神殿の跡に，今では破壊されたサン・ジョヴァンニ・アッレ・クワットロ・ファッチェ教会が建設されたが，1482年にブラマンテはこの教会の教区民だったことが知られている。

　ところで，正方形内接ギリシア十字あるいは「クインクンクス」とも呼ばれる平面型は後期ビザンチン起源のものであり，西洋の他の地と同じくミラーノでも868年頃サン・サーティロ祈祷用礼拝堂（ブラマンテが実現したサンタ・マリーア教会に隣接）で用いられている。クワットロチェントにおけるこの種の建物の計画としては，現在ルーヴルにある銀製小プレートに外観であらわされたものがある。これはブルネッレスキに帰されることもあり，ミケロッツォやとりわけフィラレーテが知っていたにちがいないことは，その建築論中の計画案のいくつかに採用されていることから判断できる。ブラマンテはフィラレーテの計

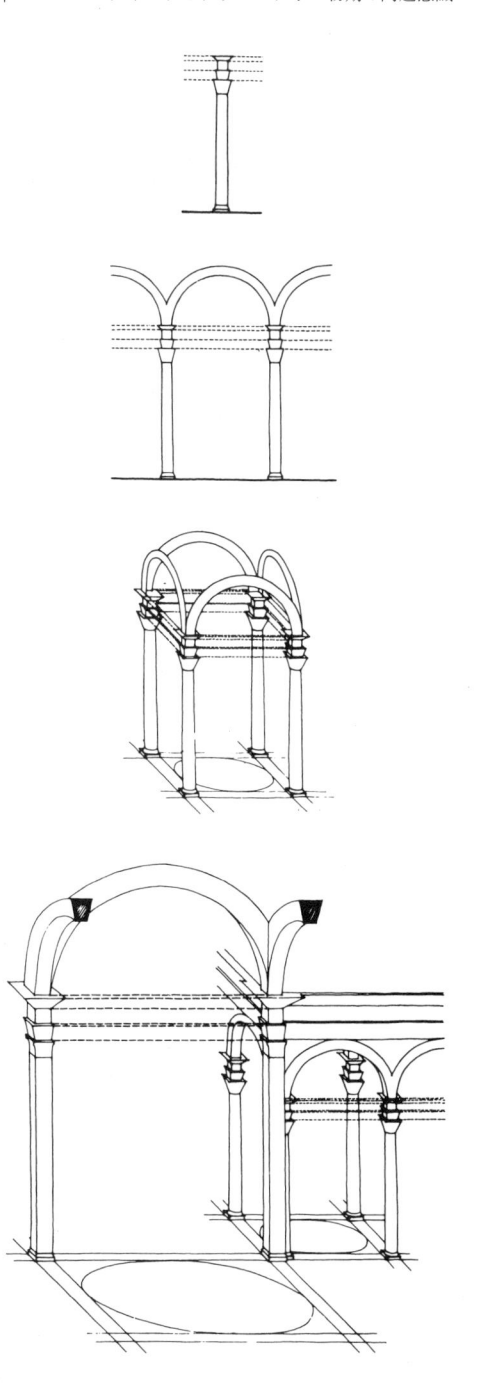

図25　ブルネッレスキの「オーダー＋アーチ」システムと，大きさが異なるシステムの三次元での接合。最後の図において小アーチ上のエンタブレチュアが大オーダーのエンタブレチュアに一致する（Bruschi, "*Bramante architetto*" 1969）。
*

画案を知っていた可能性があるし，プレヴェダーリの版画に表現された建物と似た特徴をもつ平面型によるマルケ地方の中世教会を記憶していた可能性もある。しかしブラマンテが提示したのは，方法論的な面でもブルネッレスキやアルベルティの教えにもとづいた，当時最先端の解釈であった。

　ブルネッレスキは，建築の《新しく》かつ《学問的》な言語を基礎づけようとする革命的な試みのなかで——潜在的に標準化への傾向を持ち，調和比例によって決定される要素と考えられた——古典期の「建築オーダー」と「半円アーチ」に，あらゆる建築物の構造化の基本要素を見出した。「建築的オーダー＋アーチ」のシステムは，実体または空間要素の標準単位を視覚的に構造づける原型として——それは多くの場合，立方体あるいはそれから演繹されるかそれに再統合される立体をもとにしている——立ちあらわれるはずであった。ブルネッレスキはまた，たとえばサン・ロレンツォ(9)やサント・スピリト(10)において，実質的に同型でありながら異なる尺度を持つ二つの空間的単位を連結して一体化するという問題（側廊にかかるヴォールトのスパンと交差部のドーム空間とのあいだに起こるようなそれ）を前にして，問題を二つのシステムの厳格に統辞法的な，あるいはこういってよければ，入れ子状の結合へと集約した。すなわち，尺度の異なる二つのうち寸法の小さい「オーダー＋アーチ」のアーチを縁どるコーニスの頂部が，大オーダーのアーキトレーヴの底線に接するという規則（これはブルネッレスキが古代の様式で作られたと考えていたはずのサン・ミニアート・アル・モンテのような中世の建造物の観察から導かれたにちがいない）によって相互に関連づけられた，相似関係にある二つの「オーダー＋アーチ」システムの問題へと還元されたのである。異なる尺度を持つ二つの「オーダー＋アーチ」システムによるこの統辞法的連結規則は，ブルネッレスキにおいてはとりわけ空間の透視図法的三次元性のなかで使われたが，二次元平面においても同様に（浅浮き彫りのような透視図的表現によって）壁面やファサードを特性づけるために利用できるはずであった。この第二の方法は，とりわけアルベルティが，たとえばサンタ・マリーア・ノヴェッラやマントヴァのサン・タンドレーア(11)のファサードで好んで採用したものである。アルベルティが三次元でしかもやや不明確な仕方でこれを用いたのは，唯一このサン・タンドレーア教会の内部空間の構造づけにおいてであるが，それは礼拝堂の小空間を身廊やドームの大空間に連結する目的からであった。アルベルティのみならずブルネッレスキの設計上の方法をも知悉していたブラマンテは，大きさの異なる二ないしそれ以上の「オーダー＋アーチ」システムを関係づける方法を，自らの作品のなかで平面と三次元の両方で採用することになる。内接十字型のようなビザンチン－中世起源の空間配列を，統辞的関係性で結びつけられた大きさの異なる空間の階層的に関連づけられた集合体に還元することで透視図効果と調和比例の両面で合理化を推進するはずのまさにこの方法が，プレヴェダーリの版画に描かれた建物のなかに明瞭に示されている。そこでは空間組織のなかにあらわれる三つの異なる空間の単位として，大きさの異なる「三つのオーダー＋アーチシステム」が採用さ

れている。つまりドームと十字架の四本の腕の空間，四隅の空間，そしてこの四隅の空間に開けられた開口部である。

　これは，空間の統合的配列を計画的に統御する目的でブルネッレスキが提案した方法を検証し極限まで推し進めるものであったが，ブラマンテはそれを個別的な実例から《普遍的な》方法へと拡張し，また1481年という時点で全く新しいブラマンテ独自の方向性にそって，建築物を分節され複合した空間の（そして潜在的にはヴォリウムの）《機構》として，三次元的に組織する行為へと拡張したのであった。

　全体の建築的配列が確定され統一的に制御された結果，プレヴェダーリの版画のなかには，この建築的配列の特性自体によって——その選択が偶然でないのは明らかである——建築を《絵画》へ，すなわち空間のなかにあって何にもまして視覚的であり発展性に富むイメージへ帰着させようとする，すぐれてブラマンテ的な志向が明らかになってくる。つまり具体的な事実を架空のものへ転移すること，それをひとつの現出に移し変えること，あるいはアルガンが記したように，大気や明暗による拡張した空間性のスペクタクルに転換することへの志向である。そして空間のこのような特性化のためは「様々な歴史上の」経験の記憶が寄与する。プレヴェダーリの版画に表現された建物は，これによってルネサンスの経験を拡張さえしているのである。それは歴史が提示する一連の価値全体を，批評的であると同時に，感受性に照らして回復したものである。《ビザンチン風》の空間配列は，西洋のロマネスク的な解釈に照らして検討されたのち，ブルネッレスキの方法を手本にすべての構造を建築オーダーあるいは半円アーチとして解釈し直すことをとおして，統辞法的に結ばれた空間の透視図法的かつ階層的結合体へと合理化され，翻訳された。しかし円柱にもとづくブルネッレスキのオーダーは時代に即してアルベルティ流の壁体のそれへと翻案されている。そしてアルベルティの古代ローマ風な壁体がもつ潜在的な不活発さは——ロマネスクやゴシックの作品の記憶をもとに——否認され，分節された構造体はバローニの記すように「純粋に能動的な機能」に寄与し，ほとんど「ゴシック的な不可測性の極限に至る」まで削ぎ落とされ，力強く性格づけられ，その緊張や充溢感はあたかもポッライウォーロの裸体像を思わせる。ウルビーノ文化からの暗示は，光景の透視図的な構図（建築と人物像との関係はおそらくペルージャのサン・ベルナルディーノの板絵の記憶である）とともに，いくつかの結合部の特異な解決に認められるだろう。特に十二角形平面のドームを連結構造なしに接続した処理は，おそらくピエロ・デッラ・フランチェスカの『絵画透視図法論』の図版から取られたし，かつてウルビーノにあって現在ハンプトン・コート・パレス所蔵の『講義』のなかにも認められる。しかし初期キリスト教やビザンチンの作例を思い起こすものにはドームの基部に穿たれた丸窓がある。その一方では，ブラマンテに特徴的な上下二部に分割されたコリント式柱頭では，編まれた帯の上に葉の連なりが乗せられている。これはコリント式柱頭が籠の回りに発育したアカンサスを模したものであるとするウィトルウィウスが伝える伝説を示唆しようとするも

のらしいが，ミラーノのサン・タンブロージョの聖体用祭壇の柱頭（チボーリオ）のような，中世の実例に直接さかのぼるものでもある。一方でゴシックやピエーロ・デッラ・フランチェスカへの示唆が交差ヴォールト中央の要石の吊り飾りに認められ，ラヴェンナの（あるいはテンピオ・マラテスティアーノの）記憶が台座の下に据えつけられた装飾入りの方形台座（ペデスタル／プリント）に見て取れるとするなら，フェッラーラの文化は，人物像にみられる特徴とともに，連続して展開する光景を刻んだフリーズ（ウルビーノの「イオレーの暖炉」にもこれがある）への嗜好に暗示されている。そしてパダーノ〈ポー川中下流域〉地方の文化は，メダリオンにはめこまれた英雄像のような装飾的な細部のところどころに。おそらくマンテーニャから示唆を得たものとしては，表現上特徴的な，光線を劇的に配置し逆光を最大限利用する独特な手法があり，それによって構造の造形的実質性と，空間形成において劇的に働く実体としての構造の機能とが同時に際立たされている。しかしその手掛かりがマンテーニャにあるとしても，まさしくブラマンテ的なのは，開口を穿たれた構造体を増殖させることへの好みや，空間のなかに自由に配され光によって生気を得た様々な寸法の曲線の繰り返しで構成される，二次的や装飾的な構造体の力動的価値への指向である。またその絵画作品の性格によく似た完全にブラマンテ的なものとしては，光によって生気を得た形態の硬質な，ほとんど金属的な細工の鋭さがある。とはいうものの，図案として表現されたに過ぎないにもかかわらず，この内部空間におけるほどルネサンス建築のなかで画家の表現方法と建築家のそれとが完全に融合したことはかつてなかった。そして，過去の経験をかくも思い起こさせると同時に，これほど新しく個人的な作品もかつて存在しなかった。

  4 C. Baroni, "*Bramante*", Bergamo 1944, p.16-7。

 プレヴェダーリの版画はしかし，事実上いかなる特定の伝統にもルネサンスのどんな《流派》にも属していない。ブラマンテはじっさい孤立していた。自らが育った環境と縁を切った放浪者であった。心底から無二の師と呼ぶべき人物も，従うべきいかなる伝統も持たなかった。ミラーノではよそ者であり，これはのちのローマにおいても根本では変わらなかった。自ら活動する社会のどんな要求にもうわべでは応じ，発注者の好みや助手や施工者との協同さえ受入れつつも，ブラマンテはじっさい，自分の生きる世界と心底融合することは決してなかっただろう。常に自分自身に忠実であったが，特定の，明確な表現上の理念に対してよりむしろ，知識や実験や確証への飽くことのない志向に忠実であった。しかしながら，伝統からの離脱それ自体と，様々な刺激に対する楽観的な開放性がブラマンテの力となった。そしてこのおかげでブラマンテには歴史の中で見失われた価値を回復し見直したり，批判的な孤立を保ったり，絶えず変貌しながらも様々な環境に順応し，膨大で種々雑多な経験のありったけを極限までおし進め検証することが可能になった。本質的に過渡的で危機的な瞬間にあって，自らが活動する歴史的状況の中でこのことは，同時代の建築の《巨匠》，フランチェスコ・ディ・ジョルジョやとりわけ，ローマで最も教養と才能あふれる競争相手となるだろ

第二章　ロンバルディーアのブラマンテ：　初期の問題意識

うジュリアーノ・ダ・サンガッロとくらべたときブラマンテにとっての利点となる。

　いずれにせよ1481年の時点ですでに，プレヴェダーリの版画に表現された建物はこれに先立つルネサンスの経験のすべてを凌駕していた。じっさい同時期ないしやや遅れて建てられたフランチェスコ・ディ・ジョルジョやジュリアーノ・ダ・サンガッロの作品にも，部分的には建物を構造体によって分節する傾向は認められるものの，この版画におけるほど建物がその構造の完全な「表出」と意図されたことはかつてなかった。つまりそれは，ブルネッレスキやアルベルティの，さらにはジュリアーノやフランチェスコ・ディ・ジョルジョの方法にみられる，空間を囲い込む「表面上に展開される意匠」としてではなく，「三次元空間内に組織される壁体による骨格」として成立した。建物全体は，もはや連続する壁体によって構成されるのではなくその構造体と同化している。あらゆる手法を講じてブラマンテは，連続した平らな壁体のもたらす鈍重さと構造上の曖昧さを避けようとする。壁体は，おそらくはロマネスクやゴシック世界からの示唆による分節された支持壁体にそっくり入れ替わる。それは《ディゼーニョ》によってよりはむしろ，絵画に結びついた本質的に《視覚的な》手段，とりわけ光線や部分的にはおそらく色彩によって，空間とそれを囲うものを力学的な意味で特徴づけた。内部空間に限定されるとはいえここに生まれようとしているのは，アルベルティが『建築論』のなかで提案したにもかかわらず，絶対的で抽象的な調和比例の問題の解決が困難なために，机上の理論的な《ディゼーニョ》以外，完全な形ではかつて一度も実現されなかった種類の建築である。それはあたかも「生き物」，あるいは「三次元の有機体」として，生命体と同様なものとして構想された建築である。そこでは「要素ひとつひとつが全体に適応し」，すべての部分が他と厳格に結びつけられ，部分は全体と，アルガンが記すように「形態の造形的特性と力学的な合理性」とが究極において一致することで，関係づけられている。ブラマンテはこの探求を引き続き展開していくが，その表現方法が完成されるのはローマの作品を待たねばならないだろう。その探求はしかしすでにプレヴェダーリの版画の時点でかなり進んでいたように見える。要するにこの作品は，すでにブラマンテが達成した経験をはっきり跡づけているのと同時に，これに続く探求の本質的な傾向の少なくともいくつかを自由で若々しい覇気とともに「簡潔に」表現している。たとえそれが可能だったのが，この作品が単なる図面表現であって，建築を実現するのにともなう諸条件から明らかに免れていたためであるにしても。

　プレヴェダーリの版画が，見方によってはウルビーノの寄せ木細工の扉やサン・ベルナルディーノの板絵で展開された建築透視図を継ぐ延長線上にあって，紙上の表現に過ぎないとはいえ完全無欠の建築を提示しているといえるとすれば，ミラーノにおけるブラマンテ最初の作品であるサンタ・マリーア・プレッソ・サン・サーティロ教会の内部は，ウルビーノの《書斎》や「学芸の間」を先例とする方向性にしたがいながら，透視図法的イリュージョニズムの原理が具体的で大きな建物に応用された最初の例である。こうして画家の方法と建築家

の方法とは，ブラマンテにとってはもはや互換的なものとなった。建築は本質的に《絵画》と等価なもの，すなわち視覚的な出来事，それ自体の表現，そしてスペクタクルと化す。

多くの古文書資料が知られているにもかかわらず，サンタ・マリーア・プレッソ・サン・サーティロ教会の建設開始時期は，確実といえるほどまでには解明されていない。最も信頼すべき仮説は資料（そのうち古いものは，「教会」ではなく，1478年以前に着工されていた「礼拝堂」について書かれている）と建物の特徴の検討から導かれたもので，それによれば，当初建設されようとしていたのは「大礼拝堂」ないしは「小教会」（カロリング朝期のサン・サーティロ礼拝堂に接続し，ヴィア・デル・ファルコーネに入口があった）と呼ぶべきものであり，これは現在の教会の翼廊に相当する。おそらく1480－81年とみられる第二期になってはじめて建物の拡張が決定され，それにともない方向が逆転され，身廊と両側廊が横から接合され，入口はヴィア・デル・ファルコーネの反対側，サンタ・マリーア・ベルトラーデ通り（現ヴィア・トリーノ）側に設けることとなった。ブラマンテが明確なかたちで最初に記録にあらわれるのは1482年12月で，この計画の実現に必要な土地を購入するための証人としてであった。しかしブラマンテはこれに先立ってすでにこの工事に関わっていたようであり（おそらく1480年から，ただしこの年の5月の時点でミラーノで活動していた技術者名簿にその名はない），また教会の最終案の設計者だっただけでなく当初の《礼拝堂》の平面案を作成した可能性もあり，その場合はきっと，仕上材や装飾の詳細にいたるまでを決定したことだろう。重要なのはこの《礼拝堂》（現在の翼廊部分）の構成が，部分相互間の関係の相違にもかかわらずブルネッレスキのパッツィ家礼拝堂の計画に倣っていることである。それは一方向に伸びる空間であり，立方体的な中央部を覆うドーム（もともとは三つの窓からの採光があった）がペンデンティヴで支えられ，中央部を両側から挟む空間は半円ヴォールト天井で覆われている。同様にブルネッレスキを思い起こさせるのが，隅部に位置した付け柱の断面が非対称なL字形に折りまげられるという極めて特徴的な細部の納まりである。筆者の知るかぎりこれはパッツィ家礼拝堂とこのサン・サーティロの翼廊だけに見られる反伝統的な処理であり，設計者がブルネッレスキの作品を単に知っていただけでなく，深く理解していたことを示している。しかしプレヴェダーリの版画と同じくここでも，ブルネッレスキをより《進んだ》自らの経験に照らして《当世風》にする意図があり（たとえばサント・スピリトのように周壁をニッチで分節すること），マントヴァにおけるアルベルティの最新の提案（例えば古代ローマを思わす重厚なドームをとり入れたり，オーダーで枠取られたアーチというローマ建築の方式を採用すること）にもとづいてもいる。

5　A. Palestra, "*Cronologia e documentazione riguardante S. Maria presso S. Satiro*", 《Arte lombarda》 II, 1969；同著者, "*Nuove testimonianze sulla chiesa di San Satiro*", "*Studi bramanteschi*" 前掲書, p.177 以下参照。

しかしこの教会の拡張にさいして全体の平面計画の指針となったのは，またしてもブルネッレスキだったようだ。入口の反対側をヴィア・デル・ファルコーネがかすめているため，

第二章　ロンバルディーアのブラマンテ：　初期の問題意識

平面的にはT字形に発展するしかなかった。しかし集中式平面のアイデアに熱中していたブラマンテは、キエリーチが記すように、ブルネッレスキのサント・スピリト教会の平面を思い起こしたにちがいない。それはラテン十字形の平面で構成され、交差部にドームを頂き、全周に側廊が巡らされた空間である。敷地の物理的形状のせいでこのアイデアをすべてにわたって現実の構造として建設することが不可能だったにしても、それをイリュージョニズムを用いて表現する可能性はあった。身廊両側の側廊から連続する翼廊部には側廊が片側だけに設けられたが、もしそれが翼廊とドームの向こう側にひろがるかのように錯覚的に表現された虚構の空間の前景としてとらえられなければ、それ自体の意味を理解するのは困難だっただろう。また十字形平面の——スペクタクルの背景となるべき内陣を構成する——《第四の腕》が現実の構造として実現できない以上、それは奥行があるかのように見せかけた浅浮き彫りで表現されるほかなかった。そして翼廊に沿って実現された側廊の対称位置にもう一方の側廊を建設する余地がなかったために、あたかもそこに存在するかのように、側廊がアーチ状の刳り形で表現された。透視図法

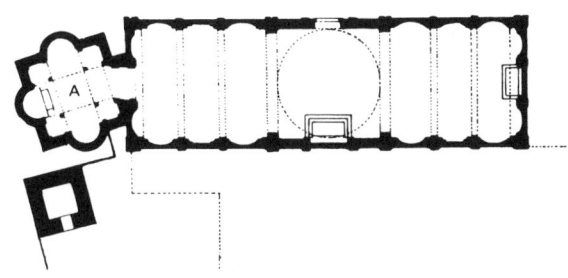

図26　サンタ・マリーア・プレッソ・サン・サーティロ　おそらくはカロリング朝期のサン・サーティロ小礼拝堂（A 当初の平面）への増築として計画された一廊形式の旧礼拝堂の推定平面図。入口は図面上部のヴィア・デル・ファルコーネ側。*

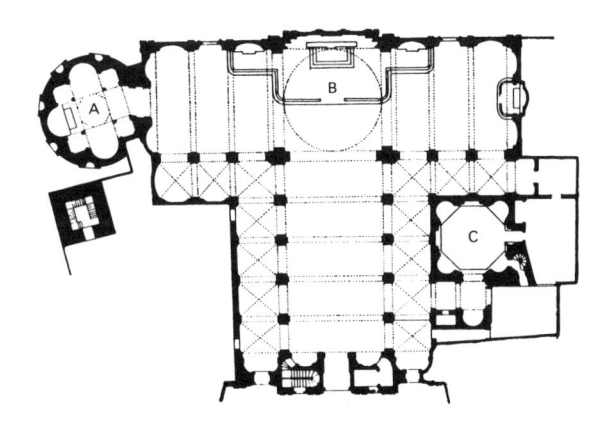

図27　サンタ・マリーア・プレッソ・サン・サーティロ　現況平面図。A サン・サーティロ礼拝堂（図26と比較）　B「虚構の内陣」前の交差部　C 聖具室

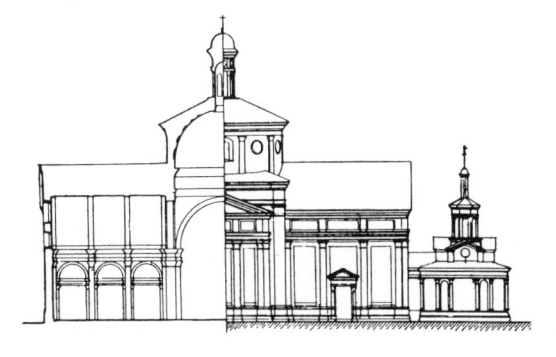

図28　サンタ・マリーア・プレッソ・サン・サーティロ　交差部の断面図およびヴィア・デル・ファルコーネ側の立面図。

49

図29　サンタ・マリーア・プレッソ・サン・サーティロ　身廊から見た交差部と「虚構の内陣」。

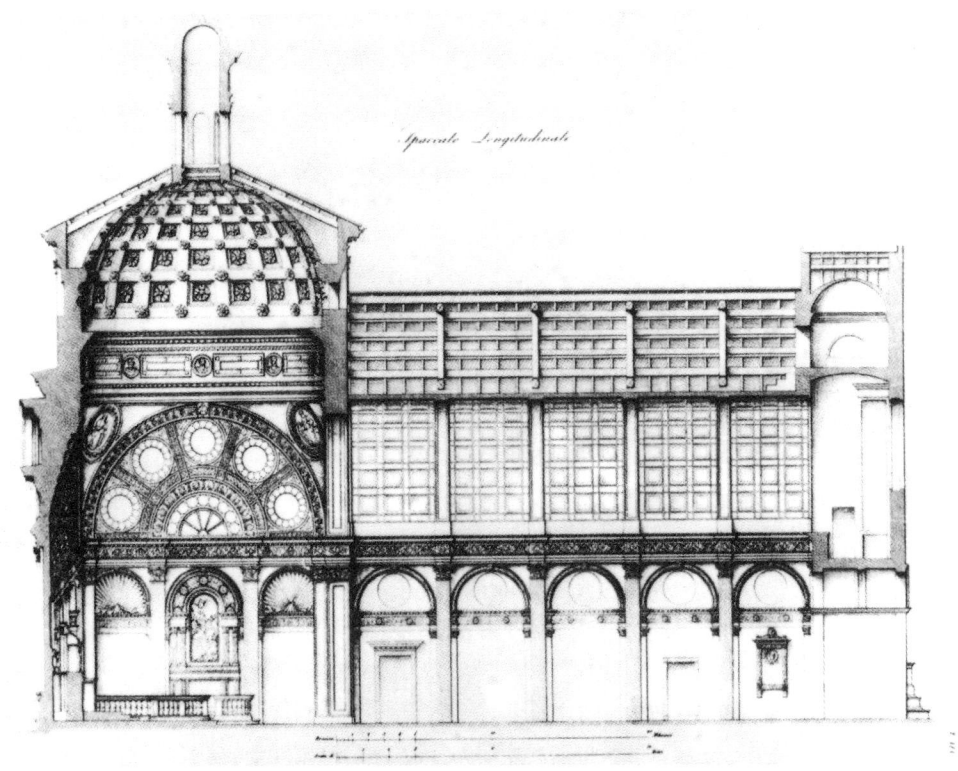

第二章　ロンバルディーアのブラマンテ：　初期の問題意識

図30　サンタ・マリーア・プレッソ・サン・サーティロ　縦断面図。左端に「虚構の内陣」(F.カッシーナ,『ミラーノの大建造物』1840-64 より)。＊

図31　サンタ・マリーア・プレッソ・サン・サーティロ　身廊から見た交差部。左手の祭壇壁の壁龕が右手の交差部側廊に対応している。＊

図32　サンタ・マリーア・プレッソ・サン・サーティロ　聖具室の詳細。＊

図33　サンタ・マリーア・プレッソ・サン・サーティロ　ヴィア・デル・ファルコーネからの外観，前景にサン・サーティロ礼拝堂。＊

によるイリュージョニズムの手法が，もはや単純な部屋の四方の壁ではなく複雑な建物全体に適用されることで，不可能なことを現実であるかのように現出させるだろう。プレヴェダーリの版画に見られるのと同様に，大きさの異なる入れ子状の二つの「オーダー＋アーチ」システムの組合せによって部分と空間を調整する方法は，ここでもサン・ロレンツォやサント・スピリトにおけるブルネッレスキを思わせずにおかない。とはいえブルネッレスキのシステムはここでは，アルベルティの作例に倣って，ローマ風の異様なほど重々しい比例をともなう壁体によって表現されている。同様に，ドームの向こう側に伸びる教会の腕——いわゆる《虚構の内陣》——の精巧な透視図法に認められるような，ピエーロ・デッラ・フランチェスカによるモンテフェルトロ祭壇画（現ブレーラ）の記憶も（そしておそらくマントヴァのサン・タンドレーアの記憶も）欠いてはいない。プレヴェダーリの版画に共通する点としては

第二章　ロンバルディーアのブラマンテ：　初期の問題意識

また，古代末期やロマネスク期の遺構からの示唆が，パダーノ文化やマンテーニャ風の調子とあいまって実に特異なしかたでこの透視図法の空間を特徴づけ，（もはや《合理的》で型通りの《ディゼーニョ》だけで表現されたものでない）この空間は光線や色彩や材料や場の空気とあいまってあくまで《ローマ風》であろうとしている。光と色彩と装飾とが一体となって作用し，様々な記憶の糸口を撚り合わせ，なによりも，ひとつのイメージの中に現実と虚構を，実現された空間と表現されたに過ぎないそれとを効果的に融合している。

　　6　G.Chierici, "*Bramante*", Milano 1954, p.5-6。

　この教会の聖具室は八角形の集中式平面をもつ建物として構想され，光を取り入れるため周囲の屋根を越えて垂直方向に著しくのびたとても明るいものである。それは平面上も立面上も，古代末期（たとえばミラーノのサン・ロレンツォ教会付属礼拝堂）やロマネスクのプロトタイプに範をとって分節されており，パダーノ地方特有の複雑で生気に満ちた立体装飾（パドヴァ出身でマンテーニャの追随者アゴスティーノ・デ・フォンドゥーティスにより1483年に施されたが，ブラマンテ自身が直接参加したとする研究者もある）で豊かに飾られている。しかし教会に隣接するサン・サーティロ旧礼拝堂のブラマンテによる再編成（これも1483年にはほぼ完成）では，聖具室に見られるのと同じ痕跡とともに，ブルネッレスキによる未完のロトンダ・デリ・アンジェリ(15)への明らかな参照が認められる。それはとりわけ，基部を構成する円筒形の壁体が，外からはニッチによって，内からは中世以来の古い十字形アプスの空間組織によってえぐられている点に顕著である。1484-5年にはペストによる中断があったらしいが，建築の完成と調度のための作業はその後数年に及んだ。1486年9月にはたとえば，ジョヴァンニ・アントーニオ・アマデオは《ファティア・テム マルモーレアム デー イッリース コローリブス クィーブス ウィデートル ドナートゥー デー ウルビーノ ディクトー ブラマンテ マギストロ ドナート・デ・ウルビーノ通称ブラマンテの指示に従って大理石造のファサードを》実現していたはずである（その基部の一部と彫刻の断片が，19世紀末に溯る現在のファサードの背後に残存し，かなり独創的な構成を推測させる）。パレストラが実証したように，ブラマンテのファサードはほぼ身廊の幅に相当する部分を占めていたはずで，身廊の屋根をはるかに越えて立ち上がっていたと思われる。ヴィア・デル・ファルコーネ側の長いファサード（現在では19世紀の修復時の煉瓦で覆われている）はその後スタッコと塗装で仕上げられたのち，ドームのドラム部分同様，古代風の大理石貼仕上げに似せたフレスコ画で装飾された。いずれにしろ，1483年の春には建物全体の壁体部分は実質的に完成していたはずであり，内部の装飾へと工事は進められていた。

　まちがいなくこの時期に先立って，またおそらくはプレヴェダーリの版画（1481年）よりも以前にブラマンテは――ピエーロやアルベルティ，マンテーニャ，そしてウルビーノやフェッラーラの文化，ロンバルディーアの初期キリスト教および中世の遺構だけでなく――すでに見たとおり，ブルネッレスキの作品にも通じていたようである。ミラーノでブラマンテの親友となるはずのレオナルド・ダ・ヴィンチがスフォルツァの宮廷に着くのはやっと1482年のことらしい（1481年夏にはレオナルドはまだフィレンツェにいたし，ミラーノではその存在は

53

1483年の4月まで確認されていない)。したがって，ブラマンテのロンバルディーア時代の初期作品に，再解釈したうえで独創的に表現されているとはいえこれほど明白なブルネッレスキ建築の記憶を伝えたのがレオナルドであったという説は，完全に否定することはできないにしてもきわめて疑わしい。とはいえ，のちにレオナルドが残したパリ手稿Bのフォリオ$11v$と$12r$には，他の多くの建築素描とともにサント・スピリトやロトンダ・デリ・アンジェリの平面が見られるのも事実である。これらから判断して，ブラマンテがロンバルディーアに来るより前にフィレンツェを訪れていたというのはあり得ないことではない。

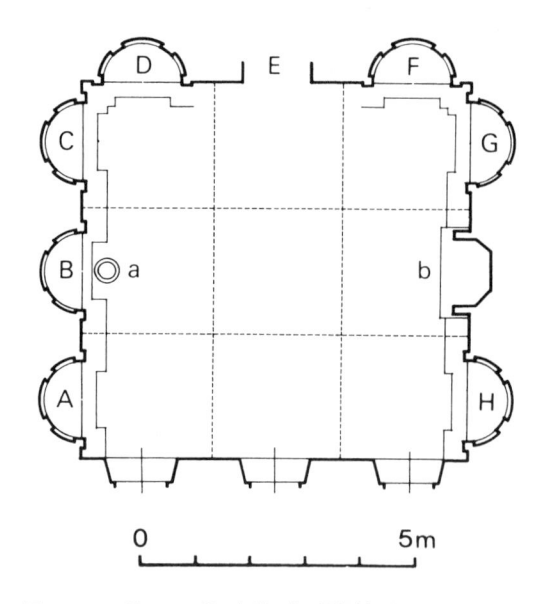

図34 パニガローラ邸 広間の復元平面とブラマンテによるフレスコ画の配置（ブルスキ *"Bramante architetto"* 1969）。A 棍棒をもつ若者像 B 長剣をもつ武人像 C 武装した武人像 D 歌手像 E 扉上にヘラクレイトスとデモクリトス像 F 月桂冠の男 G 槍をもつ武人像 H 胸当ての若者像 a 水盤 b 暖炉

しかしその一方で絵画と透視図におけるブラマンテの活動は続いていた。後世（1590年）のロマッツォの証言にしたがって，ブラマンテに確実に帰せられる唯一の板絵が，かつてキアラヴァッレ修道院にあって，現在ブレーラ絵画館所蔵の『柱のキリスト *Cristo alla colonna*』[7]である。これは1480－81年頃制作されたと考えられるが，1490年頃とする説もある。チンクエチェントの記録によってブラマンテに帰せられながら今では失われた絵画やフレスコ画もある。ベルガモのサン・パンクラーツィオ教会内の『ピエタ像 *Pieta*』（若い頃の作品と思われる）やミラーノのピアッツァ・デイ・メルカンティにおける詩人アウソーニオと《その他彩色された》人物像などがそれである。この時期つまり1480年から1490年の間，あるいはこれに続く十年間の方が確実とする研究者もあるが，[8]ミラーノのある邸宅の広間にフレスコ画による装飾が施された[(16)]。1548年以降この邸宅はパニガローラ家の所有となるが，このフレスコ画の一部がブレーラ絵画館に残っている。そこでは，ほとんど正方形平面の部屋が壁面上に展開された透視図法的な表現だけで視覚的に再編成されており，描かれているのは付け柱に挟まれた半円形ニッチと人物像である。『武装した人物像 *uomini d'arme*』として来客を迎えるような姿勢をとる人物像は英雄的でありながら写実的でやや風刺的に描かれており，ミラーノのスフォルツァ宮廷でおおく行われた祝祭の際に古代や当世風に仮装した，同時代の実在人物がモデルにされただろう。マルシリオ・フィチーノの教えに従って「泣く人」と「笑う人」[9]として表現された『ヘラクレイトスとデモクリトスの肖像 *Eraclito e Democrito*』は，地球儀をはさむ構図でこの部屋の入口扉の上に描かれて

図35 パニガローラ邸　広間の入口側壁面復元図（G. ムラッザーニ　1974）

図36 パニガローラ邸　広間の右側壁面復元図（G. ムラッザーニ　1974）

図37 『ヘラクレイトスとデモクリトス』　もとパニガローラ邸（ミラーノ，ブレーラ絵画館）

図38 『棍棒をもつ若者像』　もとパニガローラ邸（ミラーノ，ブレーラ絵画館）*

図39 『長剣をもつ武人像』　もとパニガローラ邸（ミラーノ，ブレーラ絵画館）

図40 フォンターナ邸，ミラーノ　ブラマンテによるとみられるファサードのフレスコ装飾復元図（フェルスターによる）。*

いたが，この絵は人生がどんな芸術上の《虚構》よりもはるかに本当らしく複雑で矛盾に満ちたものであることを鋭く警告しているように見えるのと同時に，ブラマンテ自身がロンバルディーア時代に詠んだソネットを生気づけている，抜け目なさと滑稽さの気分を連想させる。⁽¹⁷⁾

7　G. Mulazzani, "*A Confirmation for Bramante: The christ at the Column of Chiaravalle*"《Art Bulletin》, LIV, 1972, pp.141-145 。画家ブラマンテに関する新しい記述としては同著者の "*Bramantino e Bramante pittore*", Milano, 1978 参照。

8　G. Mulazzani, "*Gli affreschi di Bramante ora a Brera*",《Storia dell'arte》n.22, 1974（L.トメイによる付録つき）。G. Mulazzani, M. Dalai Emiliani e altri, "*D.Bramante: gli uomini d'arme*",《Quaderni di Brera》, III, 1977 参照。

9　この部屋のフレスコ画の図像学的解釈のためには，G. Mulazzani, "*D. Bramante: gli uomini d'arme*" 上掲書を，また透視図法の問題に関する詳細については M. Dalai Emiliani 上掲書参照。C. ペドレッティはふたつの人物像をレオナルドとブラマンテの肖像と解釈する（1973）ことを提案した。両者の根本的な関係については，特に C. Pedretti "*Leonardo architetto*", Milano 1978〈日高健一郎，河辺泰宏訳，『建築家レオナルド』，学芸図書 1990〉を，またこの問題に関する文献については索引参照。

パニガローラ邸広間に描かれた建築透視図の構成上の特異性によって特に明らかになるのは，このような絵画作品さえもブラマンテが，あとに続く作品のための実験や空間をこれまでにない仕方で特徴づけるための好機とみなしていたことである。十字に交差する広間の軸は，現実のものであったり描かれたに過ぎないものであったりする特徴的な建築要素によって強調されている。これは集中式平面組織に特徴的な方法であり（それはサン・サーティロにおいて，翼廊部分を構成する二つの腕を，曲面のニッチや開口の設けられた長方形の空間まで含めて構造化するなかで萌芽的に試みられたものの発展である），のちのブラマンテの作品にくり返される。ここではまたプレヴェダーリの版画や実現作の場合と同じように，視覚的配列を構造づける構成要素や空間を階層づけて強調することが，事実や《合理的》意味を伝えるための道

具であると同時に，錯覚をもちいたスペクタクルのなかで観察者におよぼす心理的また感情的な囲繞感を決定づける手段となっている。このスペクタクルは（広間に穿たれた三つの窓からさし込む）現実の光の入射によって強調されて，虚構と現象としての現実とのあいだに宙吊りにされたものとして存在した。

第三章

三次元有機体としての建築の展開

　レオナルドがミラーノに滞在し，スフォルツァの宮廷でブラマンテと頻繁に接触していた可能性によって，ブラマンテがこの後1488年以降に続く作品でなし遂げる飛躍のすくなくともいくぶんかは説明できる。ブラマンテは，本質的に絵画的で舞台美術的な建築をめざす，大筋ではウルビーノやマンテーニャ的経験の軌跡にそった探求の時期から，次の段階に移行しつつあった。そこでは——《イリュージョニズム》の効果を否定することなく，むしろ洗練し成熟させ，視覚やスペクタクルへの根源的な関心も保ちながら——建物の内部空間や外観があたかも《機構》を，つまり建設技術の問題との関係のなかで有機的に構造づけられた三次元装置を形成する。

　有機的に構造づけられた内部空間としては，すでに見たプレヴェダーリの版画があった。同じく，豊かさと創造性の点では及ばないにしろ，潜在的可能性ではおそらくこれを超えるものが——建てられた部分も視覚的に表現されたに過ぎない部分もあるが——サンタ・マリーア・プレッソ・サン・サーティロの内部空間の，総合的にみた視覚上の様相であった。この建物において，ヴォリウムと表面を組織づけることで内部空間の特性を外観に表現しようとする意図はたとえば，ヴィア・デル・ファルコーネ側の正面で，大きさの異なる二つのオーダーが入れ子状に組み合わされていることに見て取れる。このうちの小オーダーは，内部空間においては教会のヴォールト天井とドーム下の大アーチを支えるオーダーに，一方の大オーダーは半球ドームの迫元を構成する立方体にそれぞれ概念上対応している。量塊の三次元性を強調しようとのこの意図は，出隅部の処理で強調されている（これは後のブラマンテの作品で通例となる）。しかしこの試みは完全な結果には至らなかった。その原因は，周りを稠密な都市環境でとり囲まれたこの教会の立地条件のほかに，とりわけ《イリュージョニズムによる》構成が部分的にもちいられたことそれ自体にある。ブラマンテに残されたのはしたがって，その外観をひとつの有機的統一体としてまとめあげるのでなく，建物のいくつかの特徴的な要素を取り出して強調することによって，それを都市の文脈の中での局部的な空間スペクタクルの総体としてまとめあげる可能性であった。たとえばサン・テウスタルジオの

ポルティナーリ礼拝堂を連想させる，高い円筒形をしたドーム外被や，《虚構の内陣》が外側に突出するヴィア・デル・ファルコーネ側の（開放された唯一の）立面や，サン・サーティロ礼拝堂の孤立したヴォリウム。そして，ちょうどマントヴァのサン・タンドレーアに見られるように，建物本体の中央部分だけを占めるはずの高くて幅の狭いファサードが——おそらくサンタ・マリーア・ベルトラーデ通りからドーム外被を見えるようにするために——対になった開口を穿たれた，一種の壁状のエディキュラを頂いていたようである。

1489-90年に先立つ数年間，解剖学研究への関心から出発してレオナルドは，三次元の対象を前にして，情報を最大限伝えるのに適した素描を用いた新しい表現方法を開発しつつあった。[1] この方法は解剖学においては，人体の構造を有機的に構造づけられた《機構》として，また機能的かつ機械的に互いに関連づけられた構成要素の集合体として，完璧なまでに解明することを目ざしていた。建築に応用されたこの表現方法は，レオナルドが鳥瞰透視図法で描いたスケッチに認められる。あるいは平面図で補足されたり，ある時は平面図，断面図，外観をまじえたこれらのスケッチは，ヴォリウムと空間の構造的な組織をきわだたせ，建物の三次元形態に関する包括的な情報を提供するだけでなく，とりわけ，伝統的におこなわれてきた，建築を（平面上の）《ディゼーニョ》と（三次元の）《構造》とに区別するのを否定する見方を促進するのに寄与した。こうして，平面図と地上の視点から見た透視図的な立面図とで成り立っていた，伝統的で古い表現形式は凌駕された。建物と人体との類推はまた——ウィトルウィウス以来あらゆる建築論の著者が主張してきたことだが——レオナルドとブラマンテにとっては，すべての建築を三次元的有機組織として考えるのに寄与するはずであり，その考えによれば，あらゆる構成要素は包括的な空間構造組織の部分であると見なされていた。

1　特に P. Murray, "*Architettura del Rinascimento*" 前掲書 p.122-40，同 "*Leonardo and Bramante*"《Architectural Review》vol.134, n.801, nov. 1963, pp.346-51 参照。ミラーノのドゥオーモの管財委員に宛てられたレオナルドの手紙は幾度も出版されている。例えば A. M. Brizio による "*Leonardo da Vinci. Scritti scelti*", Torino 1952, p.663 参照。ミラーノのドゥオーモのドーム外被のためレオナルドがたてた計画についてはL. H. Heydenreich, "*Die Sakralbau-Studien Leonardo da Vinci's*", Hamburg 1929, 再版 München 1971, p.25 以下参照。"*Brmantis opinio super domicilium seu templum magnum*" は "*Annali della Fabbrica del Duomo di Milano*", Milano 1880, vol.III, p.62 以下所収。また A. Bruschi, "*Scritti rinascimentali di architettura*", Milano 1978, pp.318 以下参照。以上の議論全般についてはC. Pedretti, "*Leonardo architetto*"前掲書参照。

建築に対するレオナルドの関心は，ミラーノのドゥオーモのドーム外被の問題に関わった1487年以降強くなる。このことは1490年頃のパリ手稿《B》に含まれる多くの素描に具体化されるが，ハイデンライヒが提唱するように，これらはおそらく構想されていた建築論の挿し絵となるはずのものである。レオナルドにとって建築への関心は，第一にとりわけ技術的問題の探求に向けられ，第二には，分節され複合したしばしば求心的な組織を空間やヴォリウムの基本単位による幾何学的で変化に富む集合として形成する可能性を，広範な実例を用いて，ほとんど教育的に《証明する》ことに向けられた。1490年頃レオナルドの素描のなか

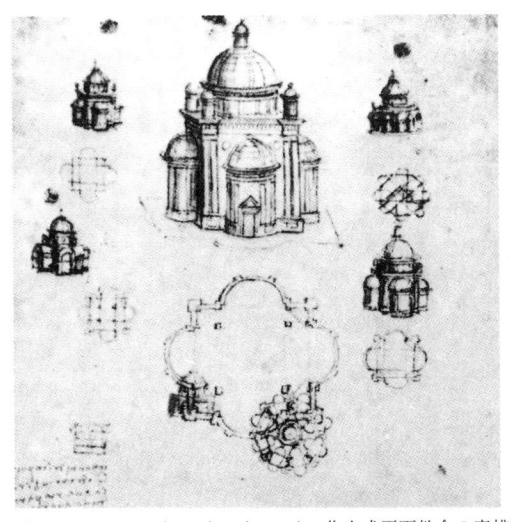

第三章　三次元有機体としての建築の展開

図41　レオナルド・ダ・ヴィンチ　集中式平面教会の素描
（パリ，フランス学士院，手稿B，フォリオ3v部分）＊

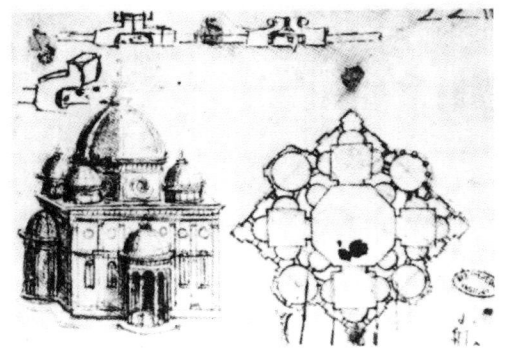

図42　レオナルド・ダ・ヴィンチ　集中式平面教会の素描
（パリ，フランス学士院，手稿B，フォリオ3v部分）＊

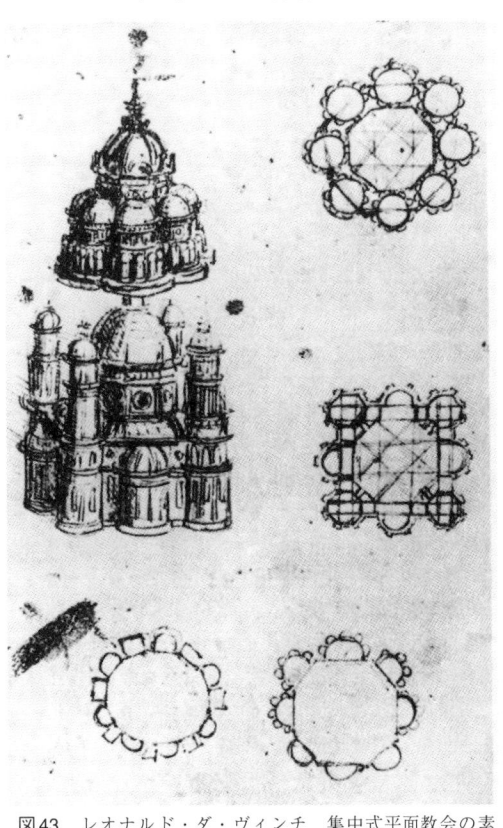

図43　レオナルド・ダ・ヴィンチ　集中式平面教会の素描（パリ，フランス学士院，手稿B，フォリオ25v部分）＊

にはすでに，ブラマンテのサン・ピエトロや，あるいはたとえばトーディのデッラ・コンソラツィオーネ教会に類似した組織があらわれていた。レオナルドが範を求めたモデルはブラマンテが熱中したそれと同じく，ブルネッレスキのサント・スピリトやロトンダ・デリ・アンジェリ，ミラーノのサン・ロレンツォやサン・サーティロそれにパヴィーアのサンタ・マリーア・イン・ペルティカなどであった。とはいえレオナルドのなかには当然のこととして，フィレンツェで印象深くまた繰り返し接したはずのサンタ・マリーア・デル・フィオーレの洗礼堂(1)やサンティッシマ・アヌンツィアータのロトンダ(2)の記憶をたどることができる。レオナルドからさほど遠くない方向性は，複合した三次元空間の機構として建物を形成する考えに結実し，すでに見たようにプレヴェダーリの版画に示された内部空間として表現されていた。十分考えられうるのはしたがって，建築を三次元の仕組みと考えるこの新しい方法へレオナルドを導いたのがブラマンテであった可能性であり，二人の相互間の影響関係も不可欠であった。しかしレオナルドの存在がブラマンテに，生粋の建築家であり《技術者》である

61

だけでなく理論的な透視図法画家でもある自らの立場を幾分かは再認識させ，立体幾何学的な三次元空間構造組織の実現を視野に入れながら空間とヴォリウムと施工の関係性という問題を，新たな基礎をもとに再考するのを促した可能性も考えられる。この探求の最初の成果は，パヴィーアのドゥオーモへのブラマンテの関与であるようだ。そしてまた，建築的なイリュージョニズムという完全に視覚的で画家としての問題は——ローマ時代まで含めた，この後のブラマンテの作品につねに基本的であり続けるのだが——サンタ・マリーア・プレッソ・サン・サーティロの《虚構の内陣》で実現されたかぎりでは，控えめで作為的な，いくぶん急場しのぎの解決をほどこされていた。

レオナルドとブラマンテの密接な接触と交流は——とくにA. M. ブリーツィオとC. ペドレッティが明らかにしたように——とりわけ 1487 – 88 年以降に行われたにちがいない。

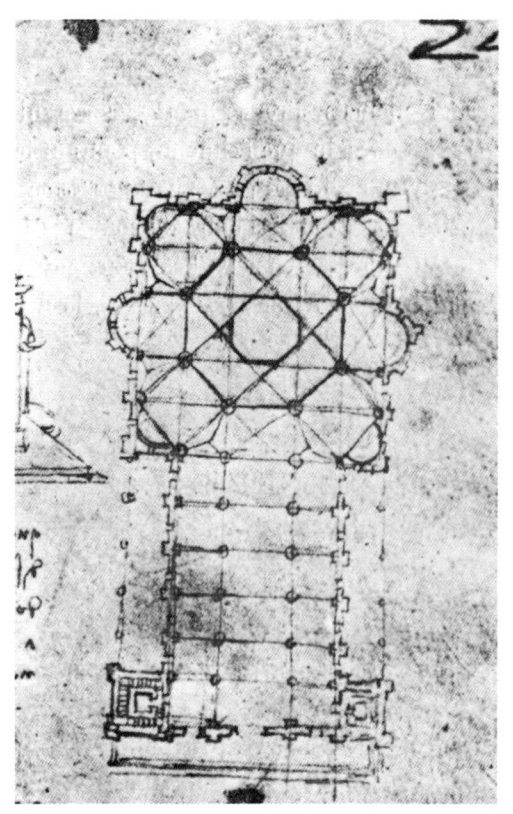

図44　レオナルド・ダ・ヴィンチ　集中式平面の東端と長軸による教会の素描（パリ，フランス学士院，手稿B，フォリオ24部分）。*

その発端となったのはおそらく，ミラーノに熱烈かつ倦むことのない論争を引き起こしていた，ドゥオーモのドーム外被を建設するという積年の問題をめぐってであって，二人はその解決策を1487年頃（他の幾人かは1487 – 90年にかけて）模型で提案していた。レオナルドは特に力学的および技術的な問題に関心を示し，ドゥオーモの教会管財委員会に宛てた手紙の下書きに明らかなように，正確な科学的調査に特徴があった。多くのスケッチによって知られるようにレオナルドは，八角形平面の上にのる二重の曲面ドームを提案した。ゴシック建築も参照はしているが，これは実質的にサンタ・マリーア・デル・フィオーレのブルネッレスキのドーム(3)をモデルにしており，ドームは分節された構造上の装置と化している。

　　2　特に "*Studi bramanteschi*" 前掲書所収の A. M. Brizio, "*Bramante e Leonardo alla corte di Ludovico il Moro*" 参照。レオナルドとブラマンテとの関係については L. H. Heydenreich, "*Leonardo and Bramante: Genius in Architecture*", 《Leonardo's Legacy. International Symposium》, Berkeley and Los Angeles University of California, 1969 所収および C. Pedretti の前掲書参照。

これにたいしブラマンテの提案は，例のない四角形平面を想定させるものであり（おそらく持ち上げられた単一の交差半円ヴォールトで覆われていた），弟子のチェザリアーノがそのウィトルウィウスの注解のなかに挿入してミラーノのドゥオーモの計画として示したもの（第一書

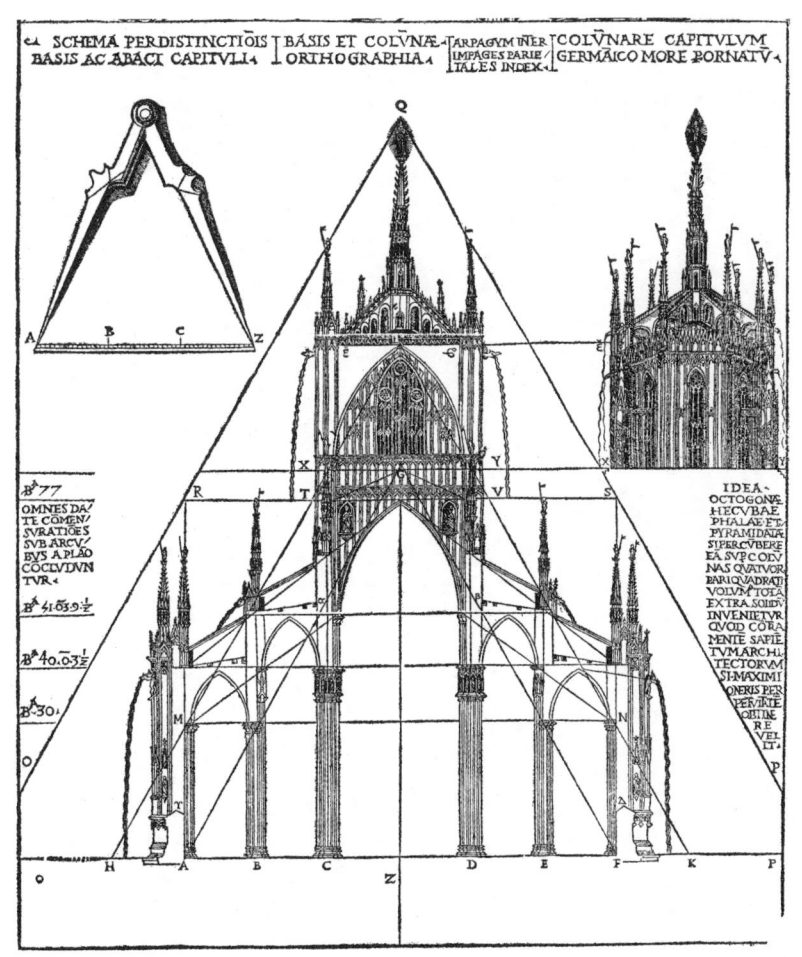

第三章 三次元有機体としての建築の展開

図45 ミラーノのドゥオーモ チェザリアーノによるドーム外被の断面と詳細，おそらくブラマンテによるドーム外被の設計案を反映している（チェザリアーノ 『ウィトルウィウス注解』 コモ 1521)。*

フォリオ 14r, 15r-v) に類似していたと思われる。ブラマンテ自身による（このことを否定するいかなる理由も存在しない）ものとしてはさらに，ドーム外被の問題と複数の芸術家によって提案された計画案に対する「意見書 opinio」あるいは報告書が伝わっている。これは1490年に作成されたと考えられ，現在に残るブラマンテ唯一の理論的文書である。その中でブラマンテは，ドーム外被が四つの要求を満足すべきであると主張する。「強度 forteza」つまり堅固さと安定性，「整合性 conformità」つまりすでに建設された有機的構成への合致，そして「軽さ legiereza」と「美 belleza」である。アルベルティに由来する用語と概念である「整合性」は，実質的にはそこから他の三つが派生する基本的な要求である。このことはブラマンテにとっては，新しいドーム外被を計画するにあたって古いドゥオーモのゴシック的語彙を外観上で採用することの必要性よりはむしろ——ブラマンテは，問題が《装飾》に関するものならばその解決は容易である，と述べている——この建物の最初の建築家が確立した体系，ブラマンテが

63

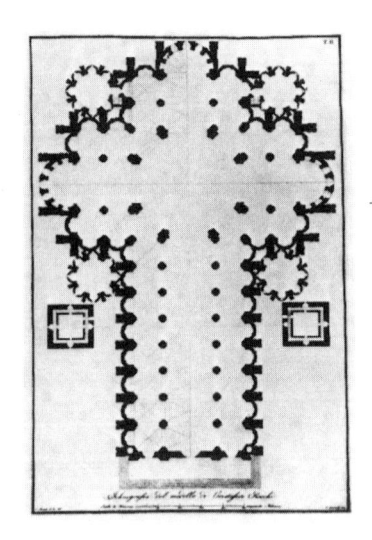

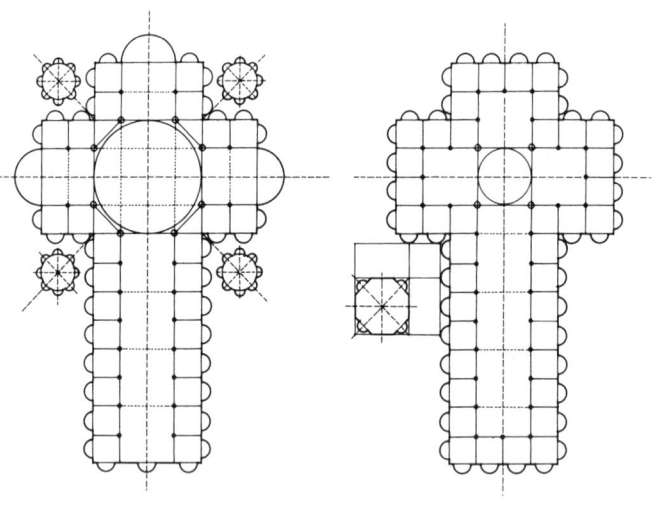

図46　パヴィーアのドゥオーモ　模型にもとづく平面図（マラスピーナ・ディ・サンナザーロによる）。

図47　パヴィーアのドゥオーモ（左）とブルネッレスキによるフィレンツェのサント・スピリト（右）の平面幾何学図式の比較。

「意見書」のなかで究明し批判的に分析している体系に従いつつ，それと同じ構成規則と部分相互の比例調和体系に則って計画する必要性を意味した。「強度」と「整合性」はこうして，空間構造的組織体の統一として一致する。そしてこの統一は，構築的かつ幾何学的，比例調和的な意味で計画を構造づける《第一の秩序》，すなわち既存の構成規則の遵守によって保証される。「強度」と「整合性」との密接な相互依存の関係はブラマンテの文書の中で幾度も強調されている。そして――現実の統一性や，宇宙を支配する規則相互間の密やかな「照応」への人文主義的な信頼のなかで――「軽さ」と「美」（それはとりわけ既存の建物に関係づけられた整数比によって具体化される）もまた，やはり「強度」や「整合性」と緊密に結びつけられていた。提出された計画案にたいし，これらの基準にてらして下された評価はしたがって，恣意的なものではなく，むしろアルベルティが望んだように《確実な理由》にしたがって下されたのである。そしてブラマンテが提案した正方形平面をもつドーム外被こそ，理論的要求の命ずるところに最も忠実に従ったものだったろう（いずれにしろ，すでに競争からはずれていたらしいブラマンテは公平さと良識と，信頼すべき現実主義によって，様々な計画案に評価を下している）。

　ブラマンテとレオナルドの計画案は，他の設計競技参加者の案とともに1490年6月最終的に退けられた。残されたのはアマデオによるより伝統的な案であり，1489年にすでに承認されていたが一部分はすでに1487年にも助言を求められていたルカ・ファンチェッリとともに，当時このためにミラーノに呼ばれていたフランチェスコ・ディ・ジョルジョの意見にしたがって変更された。これが機会となって，同じ6月にフランチェスコ・ディ・ジョルジョはレオナルドとともに馬でミラーノを発って，《サラチーノ》なる旅籠に宿を取ったりしながら，

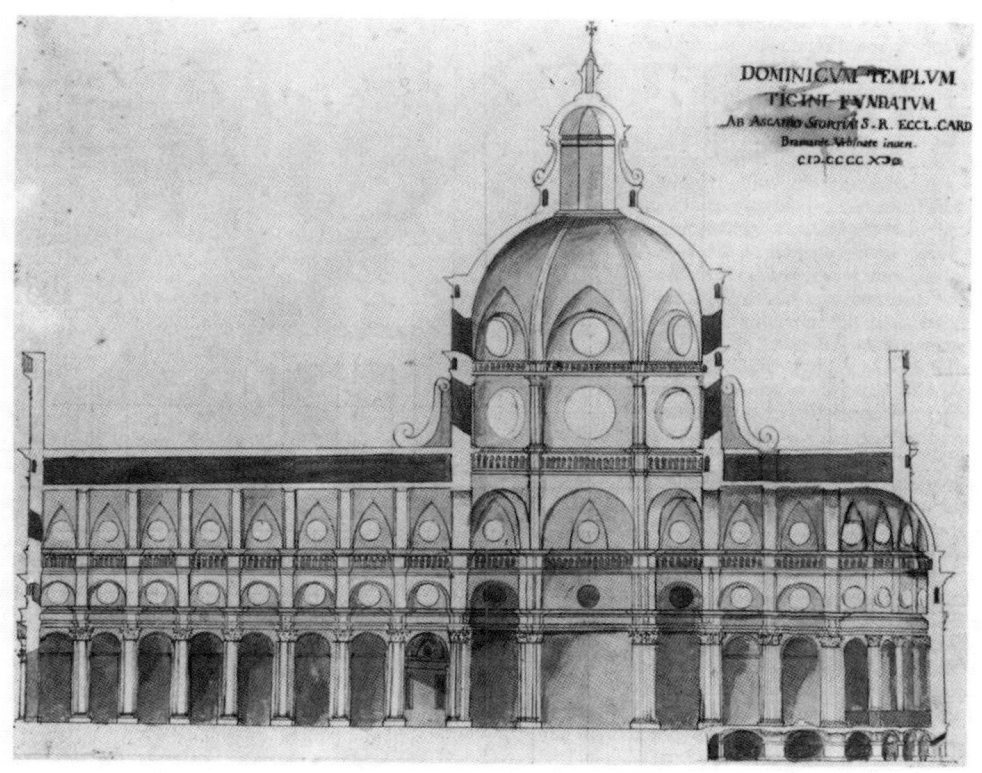

第三章　三次元有機体としての建築の展開

図48　パヴィーアのドゥオーモ長手断面図（ノヴァーラ市立図書館, p.6, c. 2, 28）

ドゥオーモの建設上の問題に《助言するため》パヴィーアへと向かった。
　パヴィーアのドゥオーモは最初の計画案（「木工事技師長」クリストーフォロ・デ・ロッキによって作成されたと見られ，スケッチにより概要が知られていたコンスタンティノープルのハギア・ソフィアに着想を得たらしい）をアマデオが変更したのち，1488年6月29日に着工されていた。しかしアマデオとロッキとの間に意見対立が生じたため，同年8月新たな建設のため《確実な意匠または平面を》一緒に作成するためブラマンテが呼ばれた。その名前がこの決定を伝える工事記録のなかで初めてあらわれ，同年の12月に再びパヴィーアを訪れ数日そこに滞在したことが知られるだけであるにもかかわらず，ブラマンテがこの設計案の最も重要な責任者だった見なしてまちがいないだろう[3]。それは，建設遂行のために置かれた《首席技術者》としてアマデオが引き続き記録にあらわれ，ついでとりわけ1495年以降に他の工匠たちが最初の計画にたいし部分的な変更を加えた事実があるにしても揺るがない。1490年には工事はこの案にしたがってすでに開始されていたはずであり，レオナルド（この計画に関心を持ったことは疑いない）とフランチェスコ・ディ・ジョルジョの介入がその建設に大きな影響を及ぼしたとは考えられない。しかしながらパヴィーアのドゥオーモ全体の着想は，特定の実現作よりむしろ，レオナルドがスケッチのなかで示した立場に近いものを思い起こさせる。

　3　かつてブラマンテによると考えられていた旧デ・パガーヴェ De Pagave コレクションの図面（現ノヴ

図49　パヴィーアのドゥオーモの木製模型外観　ブラマンテが工事を離れたのちに製作されたが，平面と東端の下部にその設計を反映している（パヴィーア城博物館蔵）。*

ァーラ市立図書館蔵）は，古い時代の図面を後世に模写したものあることが確実視されるが，そこにはそれをブラマンテに帰するきっかけとなったメモと，1490年の日付が記されている（《ティチーノ地方に，神聖ローマ教会アスカニーオ・スフォルツァ枢機卿によって建てられた神殿　ウルビーノのブラマンテ作1490年 *Dominicum Templum Ticini Fundatum - ab Ascanio Sfortia S. R. Eccl.Card. - Bramante Urbinate inven. MCCCCXC*》）。この建物の下部は実現されたものに照応するものの，上部の特にドームはこれと明らかに異なるため，ブラマンテのアイデアからの転写であるかもしれない。G. Struffolino Krüger, "*Disegni inediti di architettura relativi alla collezione di Vincenzo de Pagave*", 《Arte lombarda》, XVI, 1971, p.292 参照。

1495年以降（ブラマンテの名はもはや記録にあらわれない）数年のあいだに，最初の模型の制作を始めたクリストーフォロ・デ・ロッキが死去し，「木工事主任」ジョヴァンニ・ピエトロ・フガッツァが現在に伝えられるこの教会の大型模型を実現した。これはアマデオとジャン・ジャコモ・ドルチェブオーノそれにフガッツァ自身によって1495年に決定された設計案にしたがって制作されたものであるが，これに先立ってブラマンテの指示によって建設されていた部分が尊重されたにちがいない。したがって，少なくとも全体の平面計画と地下聖堂，それに内陣と聖具室の基部部分は（現実の建築と模型を見くらべると，これらの部分は互いによく

第三章 三次元有機体としての建築の展開

図50 パヴィーアのドゥオーモの木製模型内観 原設計を示す内陣方向の眺め（パヴィーア城博物館蔵）。＊

一致している），その特徴からしても，周知のようにブラマンテが関与して作成された当初の計画にさかのぼるはずである。模型のその他の部分も，すくなくとも部分的にはブラマンテの理念に従ったものであるようだ。[6]

　一見すると驚くべきことであるが，ここでもまた基礎となった平面型はすでに見たサン・サーティロと同様ブルネッレスキのサント・スピリトに由来するようであり，たとえばドームのかかった半円形平面の礼拝堂が全周に巡らされていることなど，細部のいくつかにそれが示唆されている。同様に，聖具室はローマの遺構よりはむしろフィレンツェのロトンダ・デッラ・アヌンツィアータを，そしてロトンダ・デリ・アンジェリの一部を想起させる。サント・スピ

図51 パヴィーアのドゥオーモ 内陣から身廊方向への内観。＊

図52　パヴィーアのドゥオーモ　交差部内観。

第三章　三次元有機体としての建築の展開

図53　パヴィーアのドゥオーモ　ドームを支える三本構成による支柱の見上げ。＊

図54 パヴィーアのドゥオーモ 東端部外壁の下部（図49と比較）。*

リトの幾何学的布置を変形するにあたって——まずアルベルティ流の壁体の用語で考案，翻案され，部分的にミラーノのドゥオーモの平面形をもとに再考された後に——立案の端緒となったのはしかし，司祭席部分のヴォリウムある空間によって中心性と至高性を強調しようとの意図であったが，基礎となったのはフィレンツェのサンタ・マリーア・デル・フィオーレや，さらにはロレートの至聖所教会（ブラマンテはこれを知っていたにちがいない）といった建造物の記憶だった。

こうして，ドームのかけられた八角形の巨大な中心部と三廊からなる前空間で構成される《複合》平面による教会が（同じこ

図55 パヴィーアのドゥオーモ 地下礼拝堂の詳細。*

ろフランチェスコ・ディ・ジョルジョによって理論化されていたのだが）形をあらわす。サント・スピリトの幾何学上の図式で決定され，三廊全体の幅と同じ一辺の長さをもつ正方形から，ブルネッレスキの理想とするプロトタイプである小ドームを頂く四本の柱が撤去され，ドームを支える大きな不等辺八角形が挿入される。厳格かつ大胆な解法で周辺の構造と連結されたこの八角形を支えるのは，平面上で二等辺三角形の底辺頂点に位置する大柱であって，柱の間はアーチ構造でつながれる。それらは，あたかも二等変三角形断面の巨大な角柱からくり抜かれ分節されたかに見える大胆な試みであり，サン・ピエトロのドーム支柱のほとんど最初の先例であった。この大八角形と巨大なドームは，建物の中心部に躍動的な要素をもたらす。それは内から外へ反発して，フィレンツェのプロトタイプの規則的な様相を破壊し，ひとつの空間を，光に満ちた広がりを導入する。それは幾何学で定められた境界をこえてあふれ出し，あらがいがたい遠心力でまわりの身廊や後陣や礼拝堂の周囲にまで拡散し，しだいにエネルギーを失いながら形態を浮き上がらせ強調し，ついにはそれを，バローニが記すように「北方の非現実的な薄霧のなかに」[7]沈潜させる。現実の作品に接した第一印象では，《ゴシック的》価値が特徴的に見えるが，ミラーノのサン・ロレンツォなどの類似例が示唆する古代末期世界の空間への指向もきわ立っている。

　しかし感情に訴える内部の《スペクタクル》が体験者を直接抱き込む一方で，ブルネッレスキの方法が全体の統御を保証していた。相互に統合的に秩序づけられた三つの（最初の計画ではおそらく四つの）「オーダー＋アーチのシステム」を採用することで，大きさの異なる空間，すなわちドームの空間と身廊の空間，側廊の空間，そしてそれを取り囲む礼拝所の空間とのあいだに厳格な連結を保証し，有機的組織を構成するはずであった。そして，支持部材としての構造的な価値を回復した建築オーダーは，外観においても革新的な有機的構造組織の基本要素として立ちあらわれた。ブラマンテの後継者たちが，模型においても実作においても無視できない変更を加えたことは確かである。しかしながら模型も実際の建物も，伝統的な二分法，つまり壁体と建築オーダーとのあいだ，物理的建造物と《ディゼーニョ》とのあいだ，そして内部空間と外観のヴォリウムとのあいだの対立が，内部の空間と外部のヴォリウムとを連結するオーダー構造からなる階層組織としてもくろまれた完全な三次元空間構造組織の構想によって凌駕されることを明示している。これはレオナルドがスケッチで残した空間組織のいくつかに見られる特徴ととても似かよった結果を生んでいる。あらゆる構成要素が全く自然に《古典的》な形態をまといつつ，視覚的であるとともに構造的なそれ自体の価値を回復することが可能となり，その結果組織の建築的特質に貢献し，同時に他に例をみない大胆な均衡を可能にしている。あらゆる決定における《合理性》は（アルベルティは「何かを［…］確かな道理に基づいて作ることに芸術がある」と述べた），建築の様々な構成要素間の合致を保証する。そして最終的には建築的組織という総括的な統一体を——アルベルティが望んだように，生きた有機組織である「動物」にも似た組織を——あるいは人文主義の楽

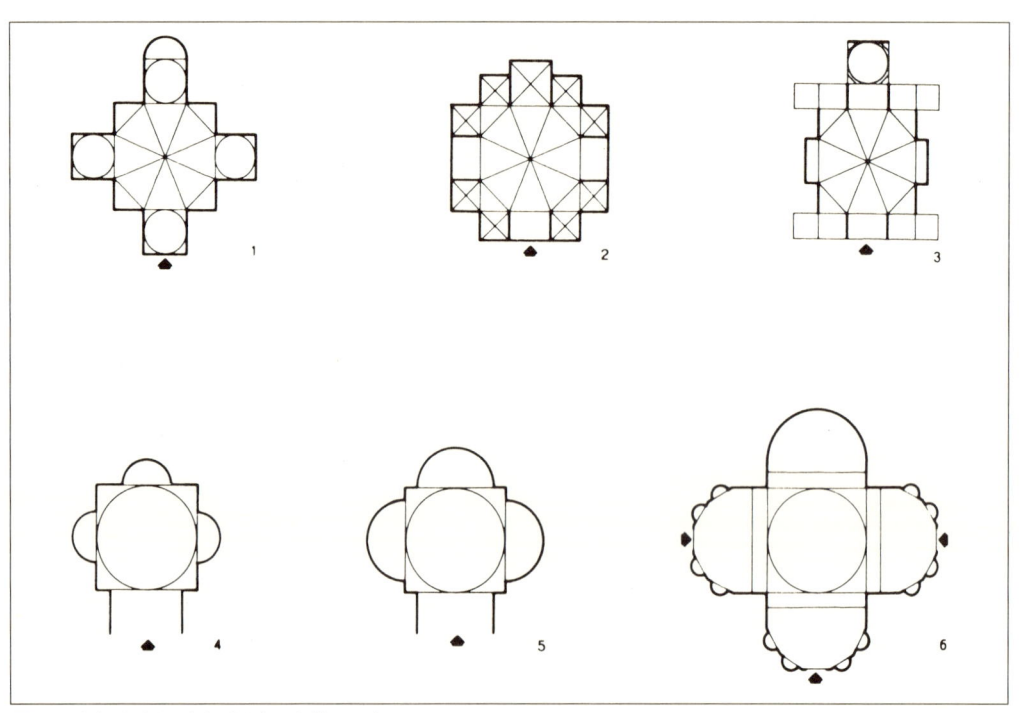

図56 十字形平面にもとづく空間組織の図式
1 サンタ・マリーア・ディ・ブレッサノーロ　2 レニャーノのサン・マーニョ　3 パヴィーアのサンタ・マリーア・ディ・カネパノーヴァ　4 ウルビーノのサン・ベルナルディーノ　5 ミラーノのポッツォボネッラ礼拝堂　6 トーディのサンタ・マリーア・デッラ・コンソラツィオーネ

観的な見方にしたがうなら，一貫した合理性と宇宙の調和との「一致」を表現するのを可能にしたのである。

　十五世紀末から十六世紀初頭にかけて，直接あるいは間接的にブラマンテにさかのぼるかなりの数の宗教建築が——その多くは集中式平面による——パダーノ地方に出現し（ロンバルディーア地方に多く集中し，中央イタリアにも見出される），その中にはじっさい幾度もブラマンテ作とされてきたものもある。そのうちのいくつかは——パヴィーアのサンタ・マリーア・ディ・カネパノーヴァ教会，レニャーノのサン・マーニョ教会，ミラーノのポッツォボネッラ礼拝堂そしてカラヴァッジョの教区教会のサンティッシモ・サクラメント礼拝堂など——計画の初期段階でブラマンテが関与したと推定されてきた。この他にも全体の特徴が上述の例に類似し，ブラマンテのアイデアから派生または展開された可能性のある建物が存在する。それらはいずれも基本的な幾何学図式から出発して，しばしば空間と構造の複雑な結合を形成し，様々な平面形をうみ出した。それらはしかし計画上のひとつの方法から派生したものであってその方法は多くの場合（ときには個々の部分で透視図法的イリュージョニズムの工夫が認められるものの），内においても外においても建物を《機構》として決定づけており，そこではあらゆる部分が，一貫した構造的な《装置》の不可欠な要素として全体のなかで息づいている。方法上の厳密さを追求していくことで，かつてのブルネッレスキと同じようにブラマ

第三章　三次元有機体としての建築の展開

図57　正方形平面またはそれから派生した空間組織の図式
1 フィレンツェのサン・ロレンツォ旧聖具室　2 ミラーノのサン・テウストルジオ内ポルティナーリ礼拝堂　3 ベルガモのコッレオーニ礼拝堂　4 ミラーノのサンタ・マリーア・デッレ・グラーツィエ　5 フィレンツェのパッツィ礼拝堂　6 ミラーノのサンタ・マリーア・プレッソ・サン・サーティロ交差部　7 マントヴァのインコロナータ礼拝堂　8 ローマのサンタ・マリーア・デル・ポポロ内陣　9 マントヴァのサン・セバスティアーノ　10 フィレンツェのサン・ミニアート内ポルトガッロの枢機卿礼拝堂　11 プラートのサンタ・マリーア・デッレ・カルチェリ　12 マントヴァのサン・タンドレーア　13 コルトーナのサンタ・マリーア・デル・カルチナイオ　14 モンテプルチャーノのサン・ビアージョ

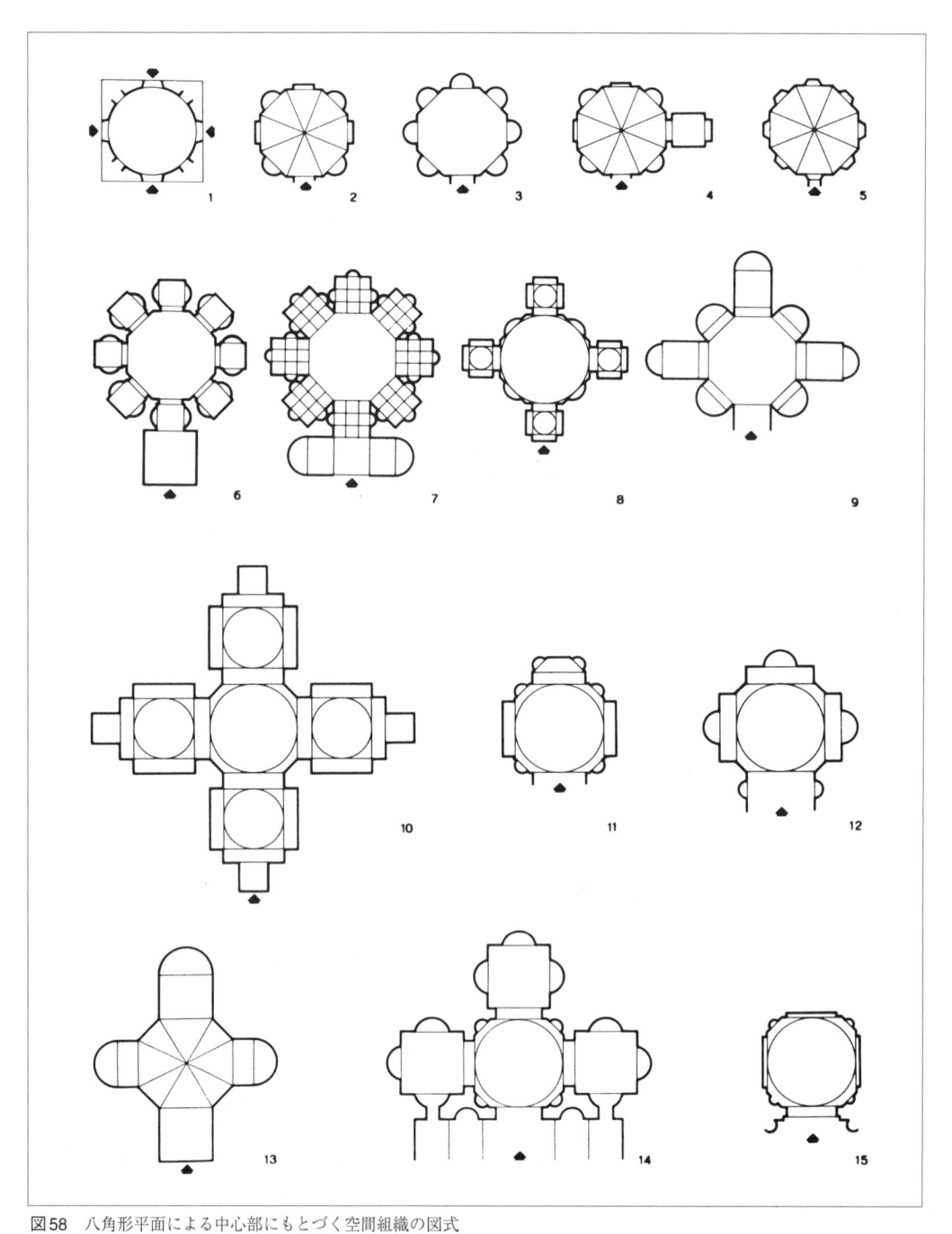

図58 八角形平面による中心部にもとづく空間組織の図式
1 ウルビーノのサンタ・キアーラ 2 サンタ・マリーア・プレッソ・サン・サーティロ聖具室 3 パヴィーアのドゥオーモ聖具室 4 フィレンツェのサント・スピリト聖具室 5 ローディのインコロナータ 6 フィレンツェのロトンダ・デリ・アンジェリ 7 レオナルドによる集中式教会 8 クレーマのサンタ・マリーア・デッラ・クローチェ 9 ミラーノのサンタ・マリーア・デッラ・パッシオーネ後陣 10 フィラレーテによるスフォルツァ礼拝堂 11 カラヴァッジョのサンティッシモ・サクラメント礼拝堂 12 ローマのサン・ビアージョ 13 スペッロのサンタ・マリーア・デッラ・ロトンダ 14 シエーナのサン・セバスティアーノ・イン・ヴァッレ・ピアッタ 15 ローマのサンタ・マリーア・デル・ポポロ内キージ礼拝堂

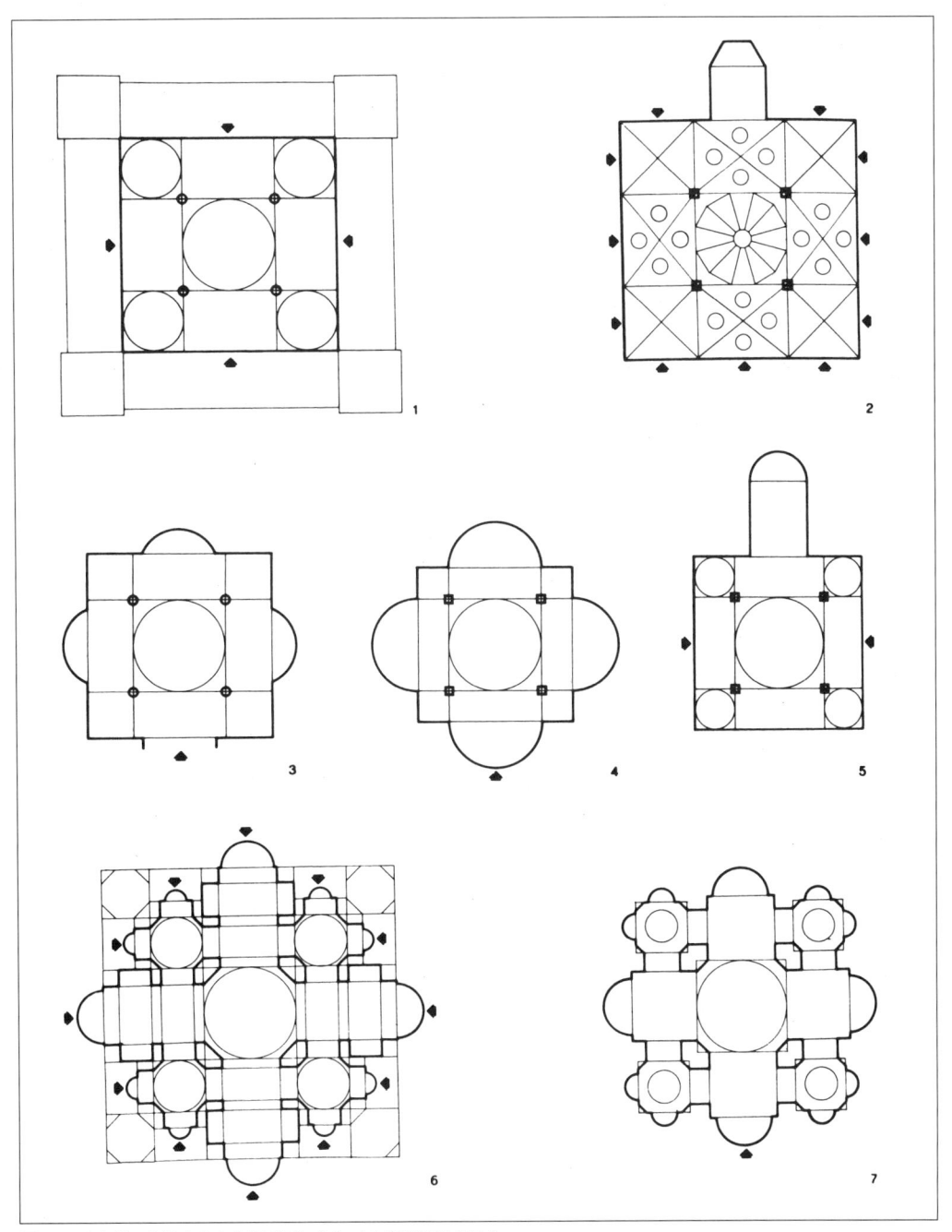

第三章　三次元有機体としての建築の展開

図59　正方形に内接する十字形平面にもとづく空間組織の図式
　　　1 フィラレーテによるオスペダーレ・マッジョーレの礼拝堂　2 プレヴェダーリの版画　3 ブラマンテによる平面　4 レオナルドによる集中式平面　5 モンジョヴィーノ　6 ローマのサン・ピエトロ《羊皮紙の平面図》　7 ローマのサンティ・チェルソ・エ・ジュリアーノ

ンテは歴史から，あらゆる《歴史》から抽出されたモデルを，新たなルネサンスの用語に翻訳するに至る。そしてまさにその方法から，やはりブルネッレスキの場合と同じく，新たな《創意》が，あるいはこう言ってよければ新たな有機体の《構成》が生み出された。これゆえにこそブラマンテは，ミュンツが記すように，歴史上「古代からこれまでに現れた建築理念の最も偉大な創造者」であり続けることになる。

このように，すでに1488年のパヴィーアにおいてブラマンテは，ブルネッレスキの革新的提案の深い意味での真の相続人として，当時のあらゆる建築家から一頭地を抜いていた。これら初期作品においてはとくに，ブラマンテの建築的語彙はブルネッレスキ風というよりはむしろアルベルティ風に見えるが，計画上の要点では外見上の類似を超えてむしろ，ルネサンス建築の《最初の創設者》の教訓に範が求められていた。しかしブラマンテの計画とはブルネッレスキの機械的な反復ではなく，また当時やそれにいくぶん先立つ時期にフィレンツェで行われていたような，狭い意味でのブルネッレスキの《見直し》でもなかった。それは何よりもまずその発展の可能性をさぐることに向けられた経験であり，批判的な検討であった。形態や外見上の成果の検討ではなく，方法論上の道具立ての合理性や学問的《客観性》や，《普遍性》についての検討だった。このことは，サンタ・マリーア・デッレ・グラーツィエで確認されるだろう。

図60　アルゴを描いたフレスコ　ミラーノのスフォルツァ城内小城塞宝庫。＊

ブラマンテは今やスフォルツァ家に仕えていた。しかし，すでに著名で尊敬を集める存在でさえあったにもかかわらず，経済的にはけっして潤っていなかったことは，ふざけて詠んだ率直かつ辛辣なソネットからもうかがえる。仕立屋との会話をよそおいつつブラマンテはこう書いている。「（仕立屋が言う）ブラマンテさんよ，あんたはこのごろ非道すぎやしませんか／いつも好きなだけ靴下を注文しておきながら／一文も払わないとは，ずいぶんな金を溜め込んでおいでと見える／それともわしの付けなど取るに足らぬとお考えか」／「（ブラマンテが答えて）仕立屋さんよ，わたしが貧乏だというのを信じて／少しでも金をくれるのなら縛り首になってもいい」／「これは何と。宮廷からの支払いがおありでは／月五ドゥカート貰

第三章　三次元有機体としての建築の展開

っておいでとか」／「ここだけの話だが，廷臣などというのは坊主とおんなじ／くれるもの
は水と約束と煙と冗談ばかり／ほかを求めれば禁制破りというわけさ」／「でもベルゴンツ
ィオ様やマルケシーノ様［スフォルツァ宮廷の有力者］がおいででしょうが／あんたは皆さ
んのお気に入り」／「ああ儘よ／金のこととなると誰もが唖になる／それより服のことに戻
って／おまえが靴下をまた付けで縫ってくれさえしたら／この半長靴を道端に捨ててやるん
だが。」

　　　4　詩人ブラマンテについては以下参照。L. Beltrami, "*Bramante poeta, colla raccolta dei sonetti in parte inediti*", Milano 1884。E. Müntz《Gazette des Beaux Arts》, II, 1879, p.514 以下；A. Berti, "*Artisti-poeti italiani dei secoli XV e XVI*", Firenze 1907, p.20-5; G. Natali, "*Il Bramante letterato e poeta*"《Rivista ligure di sienze, lettere ed arti》, 1915, p.335-41；同, "*Vita di Donato Bramante*", Firenze 1914；F. Malaguzzi-Valeri, "*La corte di Ludovico il Moro*", II, Milano 1915, p.231-3；O. Förster, "*Bramante*", Wien-Munchen 1956, p.139 以下。《文学者》ブラマンテに関しては, F. G. Wolff Metternich, "*Der Kupferstich Bernardos de Prevedari*" 前掲書。他の詩人との関係については以下を参照。R. Renier《Giornale storico della lettelatura italiana》, 1885, p.237；同, "*Gaspare Visconti*",《Archivio storico lombaldo》, XIII, 1886, p.87-9；E. Percopo, "*Antonio Cammelli e i suoi 《Sonetti faceti》*",《Studi di letteratura italiana》第四巻, p.808-9；同, "*I sonetti faceti di Antonio Cammelli*", Napoli 1908, ソネット 273-307。ブラマンテのダンテへの関心については，A. Luzio, "*Le letture dantesche di Giulio II e Bramante*",《Corriere della Sera》, Milano 1908 年 9 月 11 日。

　ブラマンテは有力な宮廷人ばかりか，アスカニーオ・スフォルツァ（パヴィーアのドゥオーモの注文主であった）やルドヴィーコ・イル・モーロの贔屓さえ受けていた。スフォルツァの宮廷ではとりわけ人文主義学者や詩人，芸術家と接触していた。なかでも詩人のアントーニオ・カンメッリとガスパーレ・ヴィスコンティはきわ立っており，後者にはブラマンテが後に詩を献呈し，逆にガスパーレは1495年の『恋人パウロとダーリア *De Paulo e Doria amanti*』のなかでブラマンテを称賛している。

　ブラマンテはスフォルツァ家に建築家兼画家として仕えていた（十五世紀最後の数年間にミラーノで活動していた技術者名簿には，《技術者兼画家》と記されている）。じっさい1490年をすぎてもブラマンテは，建築にすべてを捧げるために絵画の制作活動（その多くは建築に応用されたものであるが）を放棄していたわけではなかったらしい。

　ルドヴィーコ・イル・モーロのため，1490年から1492－93年の間のある時期にブラマンテは，おそらく弟子のブラマンティーノに手伝わせて，神話上の人物の神秘的な描写を含む暗示的なフレスコ画を制作したようである。「アルゴ」を描いたと推測されるこの人物像は，ミラーノのスフォルツァ城内にある小城塞宝庫の扉上にあって，複雑な建築的枠組みに組込まれている。資料の裏づけを欠くものの（ロベルト・ロンギのように，ブラマンテの関与を否定する人もいる）この作品はその特徴から，ブラマンテによる経験の範囲に含められるのはまちがいない。そしてこれもまた透視図的なイリュージョニズムの領分に展開されたひとつの探求にほかならない。ここでその方法が採用されたのはしかし，その先例におけるように，空間を拡張し物理的平面である壁面の限界を越えて象形に奥行を与えるための方策としてだけ

77

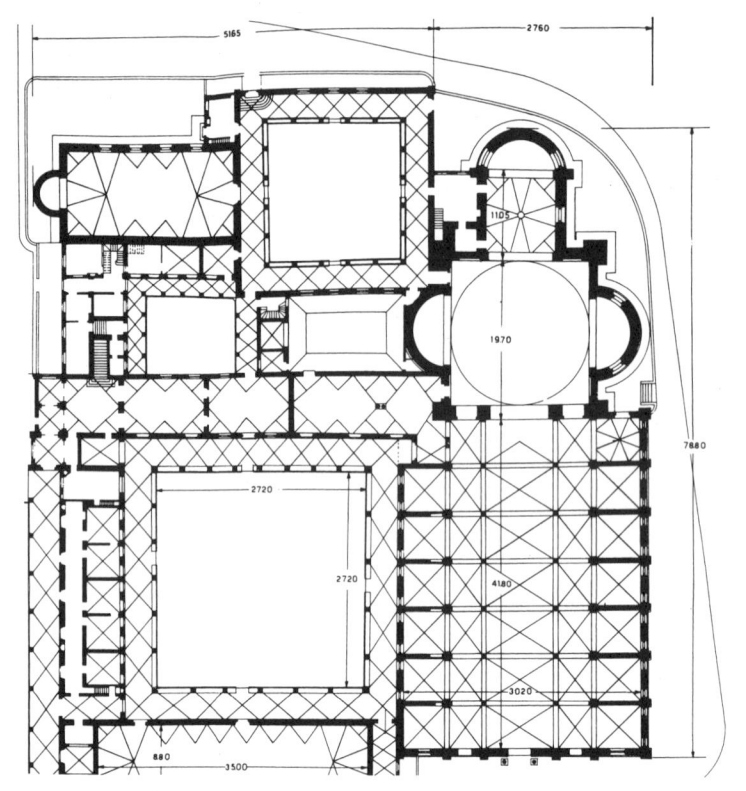

図61 サンタ・マリーア・デッレ・グラーツィエ平面図。ルドヴィーコ・イル・モーロによって建てられたのはこのうち教会（右）の東端部，聖具室（左上）と両者をつなぐ回廊（ピカとポルタルッピによる実測図）。＊

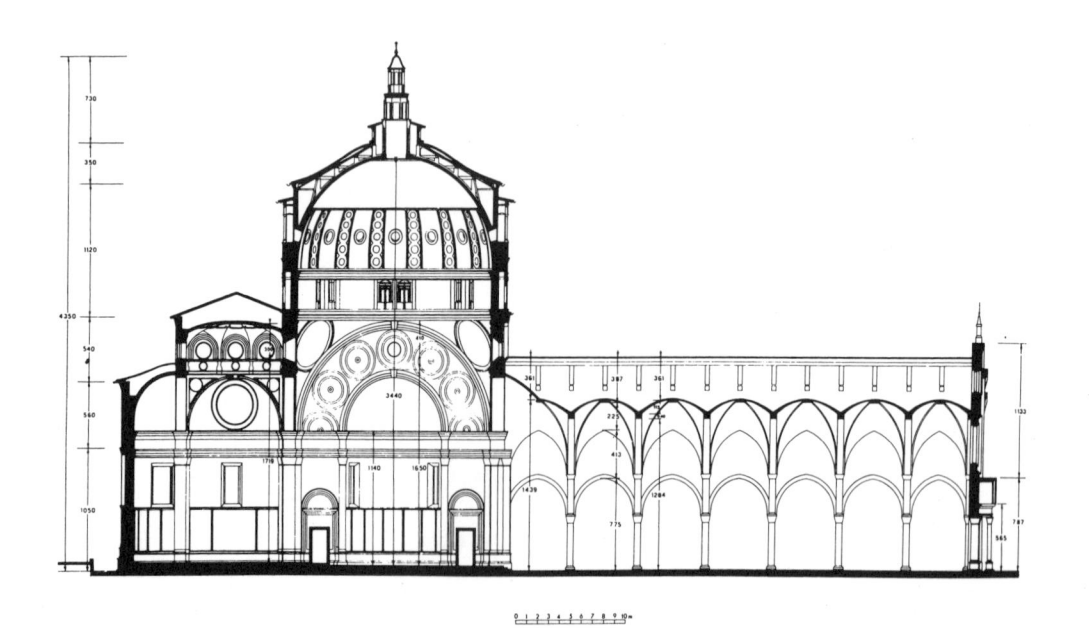

図62 サンタ・マリーア・デッレ・グラーツィエ 断面図（ピカとポルタルッピによる実測図）＊

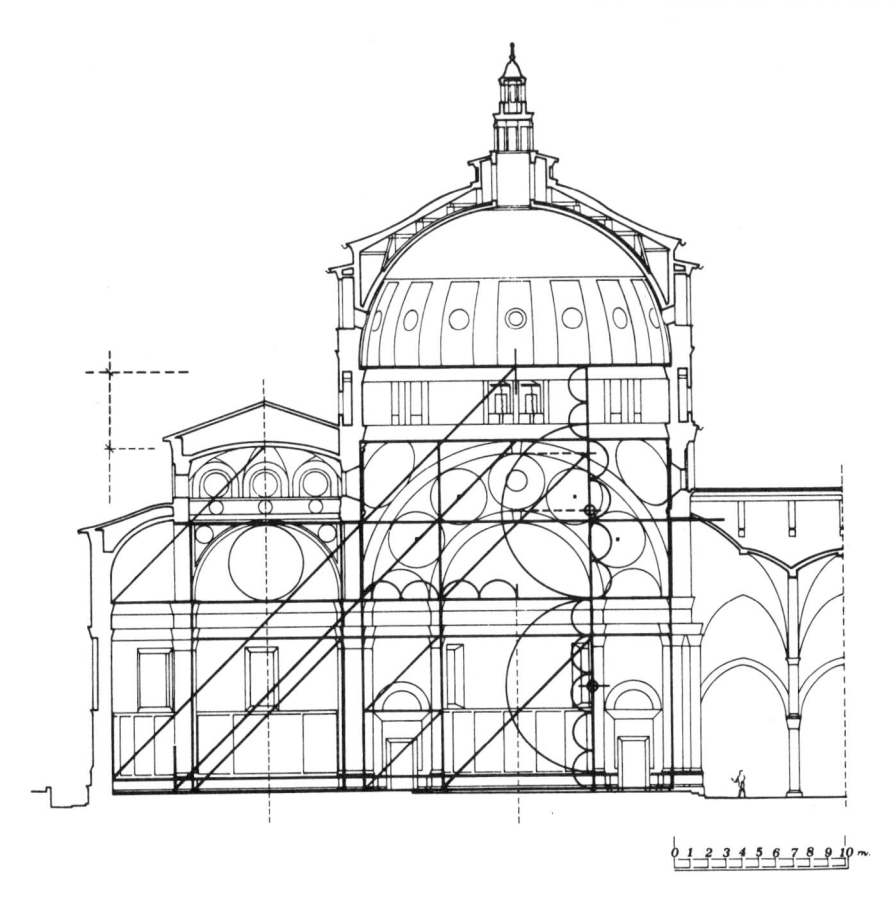

第三章　三次元有機体としての建築の展開

図63　サンタ・マリーア・デッレ・グラーツィエ　内観立面の比例構成図式（S.レッツィによる）。

ではなかった。ここでは表現は，壁面の向こう側の複雑で神秘的な深みから前方に投影されるとともに，二つの巨大な持送りによってかろうじて支持され，垂直方向に滝のように配された——あきらかにブラマンテ風の——建築要素として凝結している。これは逃避の，《弛緩》の，危機の瞬間である。つまり，直接的で抗いがたい表現の訴えによって観察者を情緒的に撃つこととひきかえに，合理性によって納得させるのを放棄することを意味している。これこそが，ときに複雑な局面を呈しながら絶えず浮かび上がるブラマンテの個性とその探求のひとつの様相であり，後のローマ時代の作品の特性においても基本的な重要性を占めるものである。

　その一方で，建築的要素に施された抑制のきいた彩色は——白地に縞の入った大理石，斑岩，古代風の黄や緑——サンタ・マリーア・デッレ・グラーツィエの内部や外観のそれをこえて，《彩色された》建築のあるべき理想，古代末期に起源をもつ理想を提示している。

　このほかに，ブラマンテがのちのローマと同じくミラーノでも従事した建築と透視図法に密接に関連するもうひとつの活動がある。レオナルドも当時これに関わっていたことが知ら

れている，スペクタクルや宮廷の祝祭における舞台装置の設計者としての活動である。たとえばルドヴィーコの秘書バルトロメーオ・カルコは1492年5月15日にミラーノからルドヴィーコ公に宛てて（公からはこれに先立って《洗礼記念日にはそれに相応しいスペクタクルが供されるように》と要請されていた）報じた中で，「それに相応しい楽しみを何かスペクタクルに仕立てるよう，ブラマンテに命じる」ことを考えたこと，そしてこれに対しブラマンテが，準備期間の短さにもかかわらず「傭兵部隊のため何らかの見世物（ラプレゼンタツィオーネ）を出すよう［…］尽力してみましょう」と約束したと記している。この《見世物（ラプレゼンタツィオーネ）》とはこの機会に「オリエンターリ門とトッサ門の地区の住民が実施した飾り」だったと考えられる。想像されてきたようにそれは，仮設の凱旋門やそれに類する舞台芸術的な建築的即興であったろう。じっさい透視図法の能力からしてブラマンテが，おそらくはすでにウルビーノ時代から舞台美術に精通していたというのはありえないことではない。そしてこの《劇場的》要素は，ブラマンテの作品のなかにつねに存在している。とりわけ，ブラマンテのアイデアから派生したことが確実視され，たぶんブラマンテ自身のデザインにさかのぼる1500年頃のある版画は（同刷りで現存するものは多い），ペルッツィからセルリオにいたるチンクエチェントの舞台装置のための基本的な祖型だったと思われる。

5 F. Malaguzzi-Valeri, "*La corte di Ludovico Il moro*" 前掲書，II，p.132。

これらの活動についてはごくわずかしか知られていないが，周縁的あるいは二次的なものと見なされるべきではない。それはブラマンテにとっては職業上の責任のひとつのであって，この後たとえばヴィジェーヴァノやローマでも従事することになるだろう。絵画的イメージと建築的イメージとが実質的に等価であることがひとたび確認されると，ブラマンテはそれを現実の建築で発生する問題や解決策のための実験の場として活用したのである。

実際の建築作品として，パヴィーアのドゥオーモ以降ブラマンテの探求の根本的な段階を構成したのが，ミラーノのドメニコ派教会サンタ・マリーア・デッレ・グラーツィエの再編成計画である。この計画のうち唯一実現された内陣は（1492年3月29日に着工された），スフォルツァ家の霊廟所として利用されるため集中式組織の形態をとっている。しかしこの計画が，クワットロチェントになって建てられたソラーリ設計の旧教会の破壊と再建を想定し，新しいファサードの建立をも前提としていたのはまちがいない。ペドレッティが例示しているレオナルドのパリ手稿I，フォリオ70のスケッチには，部分的にのみ実現されたこの教会の大まかな様子と，周辺地区の都市的編成のためのスタディが見て取れる。教会と修道院の再編成についてブラマンテが責任を負っていたかどうかは，信頼すべき記録による確認はされていない。しかし古文書によればじっさい，工事の依頼人ルドヴィーコ・イル・モーロは数人の《熟練した建築家たち》（アマデオや，おそらくはしばしば支持されてきたようにレオナルド）の意見を採用したらしいが，その中にブラマンテが含まれたことは確実である。そしてその構想と全体組織の計画，さらにおそらくは，すくなくとも内壁上の線描によるデザインの大

第三章　三次元有機体としての建築の展開

図64　サンタ・マリーア・デッレ・グラーツィエ　身廊から見た交差部と内陣。

図65 サンタ・マリーア・デッレ・グラーツィエ　北側アプス，右手に内陣。＊

部分がブラマンテによるものであることは，非常に可能性が高い。これにたいし，特に基部をのぞく外観の施工や仕上は大部分がアマデオやデ・フォンドゥーティスといったロンバルディーアの工匠に負っており，かなりな範囲がブラマンテの監督範囲の外にあったはずである。同様に初期の計画に対する著しい変更が，とくに計画案の発展と外観の性格づけの過程でもたらされた可能性がある。記録が残らず，可能性はやや低いが，聖具室とその手前の回廊の設計もおそらく，ブラマンテによるのであろう。

  6 C. Pedretti, "*Il progetto originario per Santa Maria delle Grazie e altri aspetti inediti del rapporto Leonardo-Bramante*", "*Studi bramanteschi*", p.197-203; "*Leonardo architetto*" p.89-90 参照。この教会については，A. Bruschi, "*L'architettura*", 共著, "*S. Maria delle Grazie*", ミラーノ　1983所収, 参照。

パヴィーアのドゥオーモと同じく，プログラムによれば《複合的》構成の教会が実現され

第三章　三次元有機体としての建築の展開

図66　ミラーノのサンタ・マリーア・デッレ・グラーツィエ教会　交差部の半球ドーム（下）と内陣の傘型ドーム（上）。＊

図67 サンタ・マリーア・デッレ・グラーツィエ　無名のオランダ人による千五百年代のスケッチ（シュツットガルト，州立博物館蔵）。

るはずだった。スフォルツァ城の広大な敷地に隣接するこの教会はドメニコ派修道院の聖母マリーア至聖所として古くから民衆信仰の中心だったが，ルドヴィーコ・イル・モーロの意志により今や《宮廷付属の》国家的教会として，またスフォルツァ家の聖堂としての役割も兼ね備えることになった。ミラーノの新たな人文主義的風潮のなかでそれは，宗教や文化や儀式において複雑多岐にわたる重要性を呼び起こしたにちがいない。新しい平面においては，レオナルドのスケッチが示唆するように，また霊廟としての機能に従った結果として，交差部がその理想的な集中式組織の示す自律性をとりわけ外観に体現する必要があった。ここでもまたブルネッレスキの作品が平面の原型として選ばれた。それはサン・ロレンツォの旧聖具室[10]にほかならないが，この主題はミラーノではすでにサン・テウストルジオのポルティナーリ礼拝堂で取り上げられていた。これはある解釈によって，死者の霊廟としての神殿の理念を表現するのに適したものと見なされていた。フェルスターが示唆するその解釈[7]によれば，光によって象徴される神の「恩寵（グラーツィア）」が，スフォルツァ家の先祖が死にうち勝って復活し至福に満ちた凱旋の賛美を捧げるという信念を喚起するはずであった。ブラマンテは，オーダーとアーチ構造のモチーフだけを立方体内部の四つの壁面に繰り返すことによって平面の求心性を強調しているが，このモチーフはブルネッレスキが，旧聖具室の立方体の奥のいわゆる

《ポケット》を伴う壁面に用いたものであり，同じものはポルティナーリ礼拝堂にも認められる。しかしここではこのモチーフは，内部の各壁面上に交差部の立方体の構造的な枠取りとしてあらわれると同時に，マントヴァのサン・セバスティアーノの十字図式やそれ以上にウルビーノのサン・ベルナルディーノへの連想によって空間的な含意を加味しながら，半円形の大アプスを挿入することで横断方向の軸に沿って空間が膨張する可能性を与えている。ソラーリによる古い教会堂までも再編成した場合にはこれによって，求心的で明るい交差部の空間が，その軸線上に伸びるほの暗い空間に弁証法的に対置されるはずであったろう。

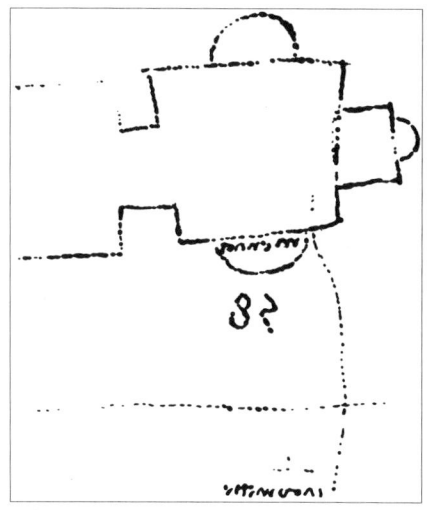

図68　サンタ・マリーア・デッレ・グラーツィエ　レオナルドによる内陣と外陣との接続部スケッチ（パリ，フランス学士院手稿I，フォリオ70部分）。

　　7　O. Förster, "*Bramante*" 前掲書。同，"*Enciclopedia Universale dell'arte*", II, 1958, p.763-8,《Bramante》の項参照。

　手前に位置する既存部分をあらかじめ考慮に入れることは，新しい交差部を組織づける際のブラマンテの意図を理解するために重要である。実のところ交差部は，本質的には求心的な1:2の厳格な比例関係による完結した建造物である一方で，教会全体の構成との関係においては運動の到達点にあたるという特殊な位置を占めている。じっさい，一見するところ不動でありながら，光に満ちた《ビザンチン風》の空気に共振するかのような中央の大空間の様態は，あたかも活発に入り込む流体の運動経路である。空間に貫入し激しく活性化する運動力，奥に向かう推進力は，教会の入口から奥へと進み，交差部において爆発し膨脹しながら希薄になり，それを包み込む境界面を変形し，構造やオーダーがしるす基準面の側壁を押し広げてアプスを《生成する》。この推進力はさらに奥に進んで正面の壁をつき破り，内陣の向こう，つまり視野の限界まで正面のアプスを押しやる。ブルネッレスキのプロトタイプの《合理的》で透明な様相は，こうして覆される。交差部の巨大なスケールに呼応する側壁の大アプスは空間全体の様相を巻き込み，横軸方向への空間の膨脹を表現するため必然的な手段と化しており，求心性は形ばかりとなる。丸窓を穿たれた大ドームは大胆にも楣式の両開き窓と交互に配された小オーダーによって支持され，この空間の非物質的なほとんど暫定的で不安定な結末のように見える

　正方形平面の新しい内陣は，のちに新サン・ピエトロにおいてミケランジェロのユリウス二世廟が置かれようとした時の形式と同じように，中央にルドヴィーコとベアトリーチェ・スフォルツァの葬送記念碑が置かれることでまぎれもないミラーノ公霊廟付属礼拝堂となる

はずだった。したがってこの部分は，ある意味で計画全体にとって最も重要な部分であった。しかし第三の鉛直方向に向かう推進力は内陣の様相も一変させ，ブルネッレスキのプロトタイプにおける立方体状の小ポケットがもつ，並置された求心的な小建築という意味は失われている。旧聖具室にみられるペンデンティヴ上の小ドームはここでは省略され，空間的な結末，つまり運動に従う空間の奥行方向への流れに逆らって《停止》するという，不相応な効果を生んでいる。すべての平面を覆う，大理石や入念な模様を模した線描と色彩の慎重な処理による軽快な装飾も，単なる洗練された装飾技法であるようには見えない。装飾計画で規定された力線や模様や様々な寸法の膨大な数にのぼる円は，プレヴェダーリの版画に見られるのと同様に，表面を活性化して凹凸をつけるために現実の構造体の間を埋め，(ブルネッレスキの抽象的な平面や，アルベルティの構築的で一貫した壁体を否定し) 内壁を構造体を模して分節された表面組織へと帰着させている。それは現実の構造の延長であり，とりわけ，光に統御されたイメージのなかで限界を構成する内壁と一体化することで，空間を揺れ動く光線の密度分布として特徴づけ，それを見事な視覚上の用語や情緒的で暗示的な絵画的構成に移し換えるのを助ける。じっさいここでは光が空間的資質を決定する基本要素であるが，その資質とは，ビザンチン様式のハギア・ソフィアにみられる無限定で拡散的な空間を手本とし，ロンバルディーアの古代末期建築やおそらくはラヴェンナの建築作品をめぐる考察から引き出された価値の名のもとに，フィレンツェの空間がもつ清澄さを否定するものであった。光線は表面に陰影を落としたかとおもえば，ときには即興的な逆光として噴出し，またあるときは目くるめく反射光となって揺れる。それは形態から物質性を奪うと同時に，形態にときには絵画的なまたときには立体的な内容を与え，空間の新たな資質を生み出す。この空間は物理的ではあるが，抽象的であったり単に論理的であることなく，空想的なイメージに移し換えられている。ほとんど手で触れられそうであると同時に非物質的である。ひとつの固まりである空気，運動する光と大気に満ちたこの流体は，内壁に形を与え，あたかもレオナルドの《空気遠近法》にも似たしかたでそれを奥深く遠ざける。パヴィーアのドゥオーモとプレヴェダーリの版画をのぞいては，これに似たものがクワットロチェントの建築に実現されたことはかつてなかった。

8　M. Rossi, "*Novità per S. Maria delle Grazie di Milano*", 《Arte Lombarda》n.s., 1983/4, n.66, p.35-70 参照。

ロンバルディーア建築界にとって非常に重要な構造と装飾の関係性の問題は，ここでは見え方と現実との関係というより広い問題領域に展開されている。すなわち建築をイメージとして，《絵画》として，つまりブラマンテにとっては，イリュージョニズムと透視図法のスペクタクルとして翻訳されたものに帰着させる問題である。装飾はここでは——アルベルティにおけるように構造壁につけ加えられたもの，つまり「美に重ねられた光」でもなく，ロンバルディーアにおけるように建築全体を決定するものでありながら表面的な要素におわることもない——全体の透視図法的デザインを統合する部分である。そのデザインとは絶対の

第三章　三次元有機体としての建築の展開

図69　サンタ・マリーア・デッレ・グラーツィエ　東側外観　＊

表出と考えられたものでなく，ひとつのありうる現実，つまり現象世界のひとつのイメージの表現方法と考えられた。そして装飾は，ロンバルディーア建築におけるように形態の境界線を乱すものとしてではなく，形態を限定するさいの明瞭度や精確さや一義性の度合いを抑えるのに役立ち，その結果イメージをより効果的にイリュージョニズム表現に移し替え，同時に形態の現実感，つまり物理的な具体性を保証する。現象として，つまり表出された現実として考えられた建築は，サンタ・マリーア・デッレ・グラーツィエにおいて依然として建築概念の基礎として存在する。しかしサン・サーティロでブラマンテが採用していた，絵画から直接に有用な空間に転用された手法は放棄された。すでにここに，後のローマではっきり見られるように，イリュージョニズムの論法が——隅部にみられる不等側面の付け柱や窓の配置，内陣の形象，壁面上の装飾や彩色，そしておそらくは幾つかの寸法の変化に認められる程度に過ぎないにしろ——現実の建築のなかに完全な形で移植されている。現実とイリュージョンとは緊密に相互貫入している。イリュージョンははまさに現前しているかのようであり，非常に緻密で迫真的なためそれとは認知不可能なほどである。とはいえそれもまた，最終成果に形と性格を与える要因である。

　内部に発した造形は外部に跳ね返り，内部空間と同様な階層化されたヴォリュームを形づくり，それは都市空間の織物に挿入されることで，斜めの眺望によって強調された透視図法的三次元性のなかに展開される空間−構造組織を形成する。レオナルドの素描に見られるよう

なヴォリウムの分節がそれ自体で表現上のイメージを特徴づけるようになる。実質的にブラマンテに負う部分はおそらく多くはないとしても、外観の表面仕上げの特性として、ときには鬱陶しいほど重ねられてできた装飾や異種の要素を表面的に付け加えていくことの向こうに、ヴォリューム構成の一貫した論理が明瞭に表明されており、このことは、個々に展開する量塊を内部空間の組織化と関連づけながらドーム外被に至るまで階層的に接合するし方に表れている。それ以外にも、当初の状態においては錯覚を利用した視覚上の統一性が達成されていて（それは十九世紀の《修復》によって失われた）、現状とは全く逆に、赤い斑岩色と漆喰の暗灰色の狭い帯を背景として、明るい大理石に似せて塗装された構造体（現在では煉瓦の化粧仕上げ）が浮き出ていたと考えられる。すでにパヴィーアや、レオナルドのスケッチにも見られたように、ブラマンテはここで《ディゼーニョ》と構造との区別を否定している。外観はもはや、アルベルティ的な意味での《ディゼーニョ》によって性格づけられた表面、つまり貼り付けられた装飾で構成されるのではない。外部は内部と同時に生成する。建築は「有機体」として、三次元の空間－構造的機構として具現化され、そこでは表面の問題、《ファサード》の問題は意味を失う。建築はこうして、内部の「空間」と外部の「ヴォリウム」という「根本的な」二要素に帰着する。このような建築においては必然的に、洗練された意匠を施され個人的表現を反映する細部や個々の要素は下位に位置づけられ、それとひきかえに全体的な価値が目ざされる。

第四章

ロンバルディーア後期の活動：
方法論への取組みと都市空間への関心

　1492年から1494年にかけてブラマンテはいくつかの仕事に同時に従事していた。にもかかわらずこの時期に幾度もミラーノを留守にしている。じっさいサンタ・マリーア・デッレ・グラーツィエ着工二か月後の1492年3月，ミラーノ公秘書官バルトロメーオ・カルコは公への書簡のなかで，ミラーノに不在のこの建築家の消息を求めて市外にまでその探索の手を広げていると述べている。しかしブラマンテはこの年の9月にはミラーノに戻っていたことが確認される。すなわち9月11日付のサン・タンブロージョ教会工事現場の帳簿には，カノニカ（司祭館）の回廊がブラマンテの指示で「変更された」と明記されており，また9月19日の記録からは，ルドヴィーコが「ブラマンテがこの司祭館をそれにふさわしいと考えるよう決定，計画し，自らそれを設計するように」との指示を与えたことが知られる。そして，まさにこの建物にブルネッレスキ的性格が強いことを考慮することによって，1492年の夏にはブラマンテは——おそらくはフェルスターの考えるように，ブラマンテの設計を忠実に実現していなかったサンタ・マリーア・デッレ・グラーツィエ交差部工事の協力者や施工者との反目が原因となって——フィレンツェに赴いたと推測されてきた。その地でブルネッレスキの作品をつぶさに調べた結果としてまさに，1492年9月11日の記録に残されているような，カノニカの計画の《変更》が生じたと思われる。いずれにせよブラマンテが1492年の秋にはたしかにミラーノにいたことは，その10月にサン・タンブロージョの修道院総会が，隣接するサン・クレメンテ教会（のちに破壊され現存しない）のために聖母像をブラマンテに依頼していることから知られる。

　すくなくとも1493年の7月までブラマンテはミラーノに留まっていた（同月23日にブラマンテがここにいたことを，バルトロメーオ・カルコが明記している）。1493年6月29日にブラマンテは，オッソラ渓谷のクレヴォーラ（ドモドッソラ近郊）〈現クレヴォラドッソラ〉の城塞に関する問題への報告書（自筆が現在に残る）に署名している。この城塞の有効性が，G. バッティスタ・デル・ポンテなるオッソラの貴族が建設した建物のまえに危うい状態にさらされている恐れがあったらしい。[1]この任務に赴いたブラマンテはしかし，どう見てもやや責任回避的

な短い報告書を作成してすまそうとし，その内容に十分満足しなかったルドヴィーコは，「軍事的職務にもっと通じた」人物を送るよう準備さている。この年の終わりかことによるとそれ以前にブラマンテはまたもやミラーノから姿を消している。1493年12月11日，ジョヴァンニ・ステーファノ・カスティリオーニはルドヴィーコのために「フィレンツェかすくなくともトスカーナにいる」（おそらくは「ペルジーノかその他高名な画家や彫刻家と一緒にいるはずの」）この建築家を捜すようにとの指令を出しており，一方でステーファノ・タヴェルナに宛てた12月25日の公の親書では，ブラマンテのローマでの消息が求められている。ちょうどこの1493年9月，ペルジーノはフィレンツェでルカ・ファンチェッリ（1491年以来サンタ・マリーア・デル・フィオーレの首席建築家であった）の娘と結婚しているが，両者はブラマンテと以前から親しかったにちがいない。ブラマンテにはまた機会をとらえてローマまで行く十分な動機があった。これらから判断して，この時期にブラマンテがフィレンツェとローマに滞在した可能性ははかなり高い。1494年2月16日には，ブラマンテはまたミラーノ公国にいて，スフォルツァ城の門（おそらくこの頃ブラマンテにより設計されたと思われる）やヴィジェーヴァノのための柱や大理石を受け取っている。また1494年2月24日にはルドヴィーコ公は，「我らの建築家」ブラマンテに対し，公国領の石切場から大理石を切り出し，それをヴィジェーヴァノの建設現場に運ぶ許可を与えている。

   1 クレヴォーラの城塞に関するブラマンテの報告書は以下の出版物に収録される。H. von Geymüller, "*Les projet primitifs pour Saint-Pierre*" Paris, 1875-80, 同 "*Die ursprünglichen Entwürfen für Sankt Peter in Rom*" Wien, 1875-80, 図54。F. Malaguzzi-Valeri "*La Corte* di Ludovico Il Moro", II, p.126。これには，ブラマンテがこの時期にミラーノを離れていたことを証明するほとんどすべての資料が収録されている。

これに先立つおそらく1492年頃，ブラマンテはルドヴィーコがヴィジェーヴァノに完成させつつあった工事に関係していたはずである。そしてブラマンテがこの広場（1492年から1494年にかけ実現され，十七世紀末にすくなからず改変された）の基本構想と，さらには，透視図法を用いたイリュージョニズムで表現された大凱旋門の挿入によって区切られた広場側ファサードの装飾的壁画の図案を作成した可能性も，十分考えられうる。ルドヴィーコのもとで実現されたこれ以外のヴィジェーヴァノの複合的建築物（それにはレオナルドもまた関わっていた）のなかに，ブラマンテの関与を特定するのは困難である。ただしパラッツォ・デッレ・ダーメと，塔と城塞へのアクセスとなる大階段の全体計画に関してはその可能性もある。しかしながら，ヴィジェーヴァノにおけるブラマンテの建築家としての活動がチェザリアーノの追想やその他のチンクエチェントの記録に残る程度であるいっぽう，画家としてのそれは古文書記録によって証明される。すなわち1495年3月4日にビアンキーノ・ダ・パルーデはミラーノ公に書く中で「ブラマンテが絵を描かせている，通りに面した新しい部屋」を例に引きながら，おそらくこの建築家の指示による，ヴィジェーヴァノ城のなかに建設されつつあった公妃の寝室とその前室を含む工事の報告を行っている。この壁画と室内装飾の仕事を進めるため（注意すべきはブラマンテが「描かせている」，つまりすくなくとも個々の詳細までは自分で

第四章　ロンバルディーア後期の活動：　方法論への取組みと都市空間への関心

描いているのではないことである）ブラマンテがパヴィーアに行く必要に迫られたことは，その城主ジャコモ・ダ・プステルラが1495年3月にイル・モーロに宛てて「ここの図書室にある時計からいくつかの惑星の図案を引き写し，ヴィジェーヴァノの部屋の天井を装飾するため」と書き送っていることからうかがわれる。ヴィジェーヴァノではブラマンテはまた，今では失われたこれ以外の作

図70　ミラーノのスフォルツァ城　ルドヴィーコ・イル・モーロの「室橋（ポンティチェッラ）」。＊＊

品や（グリエルモ・ダ・カミーノの1494年7月13日付けのミラーノ公への書簡のなかで言及されている，フランチェスコ派修道師のための《受胎の小礼拝堂》），未特定の作品（1496年9月15日付けの公への書簡に述べられている《聖遺物を置くための祭壇の設計》）にも従事していたようである。

　チェザリアーノの記述によれば，この時期（1494－96年）ブラマンテはミラーノのスフォルツァ城内の堀に架かる「室橋（ポンティチェッラ）」あるいは「屋根付きの橋」を建設したとされるが，これ[1]はいわゆる「ルドヴィーコ・イル・モーロの室橋」をさすものと考えられる。同じくスフォルツァ城内のルドヴィーコ門（1492－96年頃）もブラマンテによると思われる。これらの工事は，ルドヴィーコが推進した都市計画上の関与に関連しているに相違なく，ブラマンテがそれに協力したと考えられる。ブラマンテを「建築の先生（アルキテクトゥーラエマギステル）」と呼ぶ同時代のベルナルディーノ・アルルーノの証言によれば，とくにこの世紀最後の数年間には，レオナルド[2]やその他の芸術家とともに，宮廷教会サンタ・マリーア・デッレ・グラーツィエのまわりに広がる高級廷臣たちの居住区の整備にも関わっていたようである。

　　2　特にレオナルドの参画については，C. Pedretti, "*Leonardo architetto*" 前掲書，p.85参照。

　これらに加えて，アッビアテグラッソのサンタ・マリーア・ナシェンテ教会正面の建設が，そのアーチ内弧に刻まれた記録によれば，1497年に始まっている。資料の裏づけを欠くもののその作者がブラマンテであることは一般的に認められている。最後に，1497年から1498年にかけて，ミラーノのサン・タンブロージョの《帳簿》に，この教会内のある礼拝堂（後に改変された）の建設のための支出が何度も記録される一方で，ブラマンテの名前は，このシトー派修道院の終身《修道院長》であるアスカニーオ・スフォルツァの依頼によるサン・タンブロージョの新修道院に関する収支記録にも，何度も現れる。この建物は四つの大回廊（実現したのはそのうちの二つのみ）を取り囲む形で組織され，食堂や図書室やその他諸室が二階建ての構成でまとめられていたらしい（ブラマンテはその模型を木で製作した）。イル・モーロが失脚したことによって1499年に工事が中断された時には，この複合体の建設はすでにかなり進

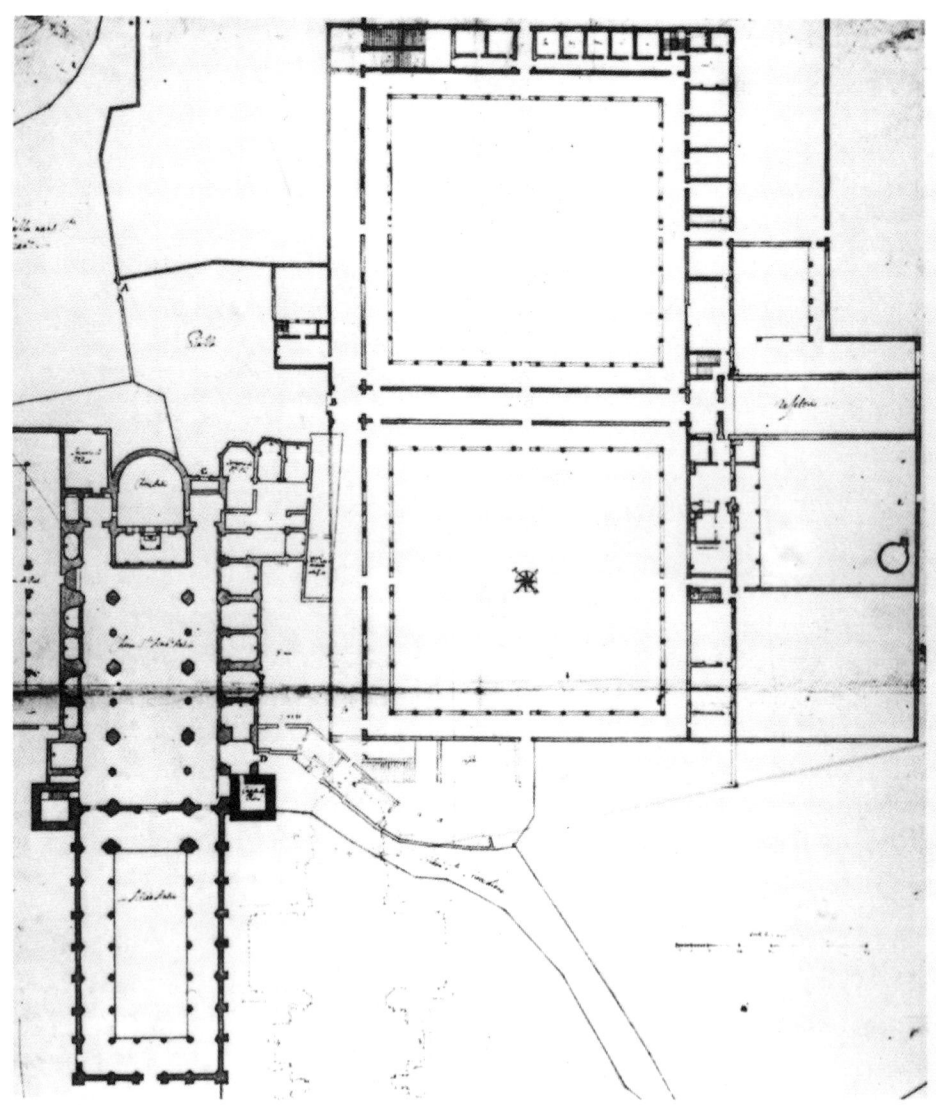

図71 ミラーノのサン・タンブロージョ平面 左に教会，その左側にカノニカ回廊の実現された部分，右上にドーリス式回廊，右下にイオニア式回廊（トリヴルツィオ図書館 ビアンコーニ・コレクション Ⅳ, フォリオ 2）。*

んでいたはずである（十六世紀始めに，同じ施工者によりブラマンテの当初の計画にしたがって工事は再開されたものの，部分的にしか完成されなかった）。これがミラーノにおけるブラマンテ最後の作品となった。

およそ1492年から1498年のあいだにブラマンテは，上記以外にも数回ロンバルディーアを離れたらしい。友人である詩人ガスパーレ・ヴィスコンティに献じたソネットのなかで自身がちょうど旅行からの帰途にあって，ジェノヴァ，サヴォーナ，ニッツァ，アルバ，アスティ，アックイ，トルトーナを経てパヴィーアに着いたところであることを明言している[2]。ブ

第四章　ロンバルディーア後期の活動： 方法論への取組みと都市空間への関心

ラマンテによるこのほかの詩のなかには，「1497年9月1日，タラチーナにて」と記されたものもいくつかある。また詩人カンメッリは1499年以前につくられた詩のなかで，ミラーノを留守にしているブラマンテに挨拶を送っている。

　旅行中のブラマンテをミラーノ公が捜させていることからみて，こういった旅行はそのすべてがスフォルツァ家への職業的な奉仕としてのものではないはずで，このことは好奇心の強いブラマンテの性格や，おそらくはこのころにわかにブラマンテがロンバルディーアの環境に忍耐の限界を越えるものを感じていたことを明らかにし，また1492年以降のブラマンテの探求の若干新しい傾向をも部分的にせよ説明している。忘れてならないのは，まさにこの時期の一連の出来事，つまり1492年のロレンツォ・イル・マニーフィコとインノケンティウス八世の死去や，次いで1494年に起こったシャルル八世のイタリア侵攻や，フィレンツェにおけるサヴォナローラの革命そしてメディチ銀行の破産によって，それ以前にはかろうじて保たれていたイタリア政治の均衡が破綻したことである。これは危機と不確実性の時代であり，芸術の分野においても過去の《確実なもの》は崩壊し，歴史上のほかの時代と同様に，新たな確実性を求める主知主義的な探求や，自らの仕事をより確実で普遍的な妥当性や合理性に基づく原理の上に築こうとする道を開いた。この時期の芸術文化，特に建築の分野で傑出したフランチェスコ・ディ・ジョルジョやジュリアーノ・ダ・サンガッロといった人物も，このような姿勢と無縁ではありえなかった。しかしなかでもブラマンテは1492年以後の数年間，基盤を刷新し深化させることで確実性を見出す必要性を感じていた。その基盤とは何よりもまずルネサンス建築の第一の創設者たるブルネッレスキの作品であり，夢見られた理想でなく具体的で歴史的な《本物の》ローマ建築であり，ウィトルウィウスであった。ブラマンテはさらに，方法論上のさらなる厳密さや規則の運用にめりはりをつけることを追求し，その結果《表面的な》装飾要素は大胆に省略されることになる。おそらくこの時期に，複数の史料[3]のなかで述べられているブラマンテの失われた「理論的」研究──《求積法》について，透視図法について，《実践》について──が著された[(3)]。ブラマンテの新しい方向性になんらかの影響を与えたものとして──レオナルドとの継続的でより緊密な接触はもちろんのこと──ジュリアーノ・ダ・サンガッロのミラーノ来訪（1492年10月）とルカ・パチョーリのそれが存在した可能性も否定できない。前者はフィレンツェにおける最も先鋭的な諸問題や古代建築について具体的かつ深い知識をそなえている点で当時他の追随を許さなかった人物であり，後者は（おそらくすでにウルビーノで若きブラマンテと知己の間柄であったが）芸術と建築に数学的手段を採用することの熱烈な推進者であって，両者はともに新プラトン主義の伝道者であり，ウィトルウィウスの熱狂的な信奉者でもあった。

  3 ロマッツォは人体や馬の体の《求積法》についての論文について述べている（"*Trattato dell'Arte della Pittura*", Milano 1584, p.320 および "*Idea del Tempio della Pittura*", Milano 1590, p.16）。A. F. Doni ("*Libraria seconda*", Venezia 1555, p.44) には，"lavoro tedesco" についての論文や " *Pratica di Bramante*", 建築オーダーに関する5巻からなる "*Architettura di Bramante*" そして3巻からなる "*Modo di fortificare*"

が記録されている。《求積法》と《ドイツ（ゴシック）建築》の二冊はミラーノで作成されたと考えられるのにたいし，それ以外は，ブラマンテのローマ時代の活動に緊密に関連した主題を扱っている。C. Pedretti ("*Leonardo architetto*" 前掲書 p.120) は，ドーニの言及したテクストがヴァザーリの "*Vite*" (1550 および 1568) 序論の建築に関する部分に流入しているだろうと述べる。De Angelis d'Ossat は小冊子 "*Antiquarie prospettiche romane*" (第五章注2他参照) もブラマンテに帰されるとする (1966)。そしてブラマンテの文章が，B. カスティリオーネによって作成され，一般的にはラッファエッロに帰されてきた『レオ十世への書簡 *Lettera a Leone X*』の基礎となった可能性もある。

　いずれにせよ1492ないし94年から1500年という時期は，建築作品のなかに完全で揺るぎない《普遍性》を探求し確認するという，ブラマンテに典型的な，意識的で主知的であるとともに熱烈な企てがその思索のなかで形を整えてきた時期であり，同時にこの《普遍性》をめぐってブラマンテは，複雑で多義的な検証をおこなっていく。これこそブラマンテの問題意識にとって基本的な，厳密な方法論への取り組みの一様相であり，ローマのデッラ・パーチェ修道院において特異なしかたで明言されるだろう。そしてこの様相は後のすべての作品のなかに引き継がれ，新たな経験を積み重ねつつユリウス二世時代の《盛期様式》への道を開き，そのための基盤とも序論となるはずであった。

　ロンバルディーアにおける前半十年間の活動に見られる，大局的に見ればまだ《地方的》であった問題意識から脱却するために極めて重要だったのはやはり，ほぼ疑う余地のないフィレンツェ（1492年と1493と思われる）とローマ（おそらくは1493年と，次いで1497年）への旅行であった。ブルネッレスキへの直接的な参照が——それはロンバルディーア初期の作品におけるような，方法論上の理想的モデルの作者としてのブルネッレスキではなく，具体的な建築言語と方法論のなかで再認識されたブルネッレスキへの参照であるが——サン・タンブロージョのカノニカからルドヴィーコ・イル・モーロの《室橋》そしてサン・タンブロージョの回廊にいたるこの時期のブラマンテの作品を特徴づけている。ダンテを熱烈に賛美し，ブルネッレスキのなかに新建築のダンテを見ていたブラマンテは，自作のこれまでの北方的「方言」を《アルノ河で濯ぎ落とそう》としていたようである。世俗文学におけると同様，あたかも新しい建築言語においても，フィレンツェの至高性を確かめるかのように。

　パヴィーアのドゥオーモとサンタ・マリーア・デッレ・グラーツィエで実現した「有機的組織」の達成のあと，厳密な方法論とともにブラマンテの関心を占めるようになったのが，回廊や中庭や広場といった囲われた外部空間であり，ブラマンテにとってはそれは都市空間としての価値を直接に負うものとして映った。建築はもはや単体の建物に限定されることはない。サンタ・マリーア・デル・フィオーレのドームからオスペダーレ・デリ・インノチェンティやサント・スピリトにいたるほとんどすべてのブルネッレスキ作品におけると同様，[4]建物の意味は現実の都市を特徴づける要素として高められる。建築は空間を組織するなかで，暗に《都市》を喚起することを背負いこむ。回廊や中庭は概念上は都市の広場や《フォルム》であり，その逆に広場は，ヴィジェーヴァノにおけるように，都市の中庭であり屋根のない

第四章　ロンバルディーア後期の活動：　方法論への取組みと都市空間への関心

図72　サン・タンブロージョのカノニカ（修復前）　煉瓦積みの堅縞ははは明らかに下階の円柱上の付け柱を示唆しているが，修復後の現況では付け柱はスタッコ壁で隠されている。

図74　サン・タンブロージョのカノニカ　丸太を模した円柱と中央アーチを支える角柱。*

図73　サン・タンブロージョのカノニカ（修復前）回廊の隅柱となるはずだった丸太状の柱。左の大アーチは直角に曲がる柱廊の天井となる計画だった。*

95

大広間となる。

　サン・タンブロージョのカノニカにおいてこのことを理解するには，実現されたのが古い教会に背中合わせに位置する一翼に過ぎないことを考慮する必要がある。ブラマンテの計画は正方形平面の中庭形式をとる建物で，その正方形は各辺ともおそらく実現された一辺の部分と同じ立面で構成されるはずだった。この作品はしたがって，ウルビーノのパラッツォ・ドゥカーレ中庭の形式（これ自体，オスペダーレ・デリ・インノチェンティの正面に由来しフィラレーテのデザインにも採用された，列柱の並ぶ上に付け柱で分割された壁面が乗るという形式を原型とする）を，ブルネッレスキ作品の再検討をもとに，再度取り上げて評価したものにほかならない。しかしながら——四つの入り隅に重点がおかれ，概念上は独立した四つの壁面を並置して《屛風状に接合》することで構成されたかに見えるウルビーノの中庭の構想とは対照的に——ブラマンテの関心ははここでは，パニガローラ邸の広間の場合同様，各辺の中央，つまり十字に交差する軸線上に置かれた要素の強調に向けられている。ここではそれは凱旋門モチーフによって刻まれるはずだったようである。それはまた，外部空間への概念上の入口として連続したアーチのリズムを中断していた。列柱のなかに挿入されたこの《凱旋門》の主題はヴィジェーヴァノの広場の組織にも見られるが，《フォルム》への入口は凱旋門によってきわ立たせられるべきであるとのアルベルティの指摘を思い起こさずにおかない[6]。カノニカの中庭はしたがって，《古代風の》理想的な都市空間の威厳を引き継いでいる。つまりウィトルウィウスの理想とする《ギリシア人にならった》正方形平面のフォルムである[7]。大アーチを挿入する方法はここでは，異なる大きさの二つの「オーダー＋アーチ」システムの厳格な接合によって——小オーダーは円柱の上に乗り，大オーダーは壁面の付け柱として——規則づけられているが，これはブラマンテにとっては実験ずみの，フィレンツェのサン・ロレンツォとサント・スピリトの処理である。入り隅はブルネッレスキの中庭と同様に，独立した一本の円柱でしるされている（これはウルビーノのパラッツォ・ドゥカーレに見られる，付け柱と半円柱による複雑な処理の対極にある）。しかしこの円柱は，隣接する二つの壁面の限界として隅を《はっきりしるす》べきであるという考えの名残りであるとともに，ひとつの壁から別の壁への移行を連続的に示そうとの意図もあって，特殊な類型，すなわち丸太の形態を取っている。これにはおそらく，円柱の起源が丸太にあるとするウィトルウィウスの説を示唆する目的があった（丸太はルドヴィーコの紋章の構成要素でもあった）。しかしブラマンテは，隅部が特に目立ったり，とりわけそれによって中断が生じることを望まなかった。磨いた円柱の形態と比べて素朴な「丸太」柱そのままの形は，二つの壁面をつなぐ蝶番としての役割を和らげている。加えて，隅部の特異な処理の意味をさらに減ずるために，この隅部の柱と同じものが中央大アーチを支える角柱の両側に添えられている。このアーチは台座（それがこの部分の特有の力動感を付け加えていることは，後にローマのデッラ・パーチェ教会の中庭でも認められる）に乗った《巨大》オーダーで構成されていることや，広いアーチを支える正規の付け

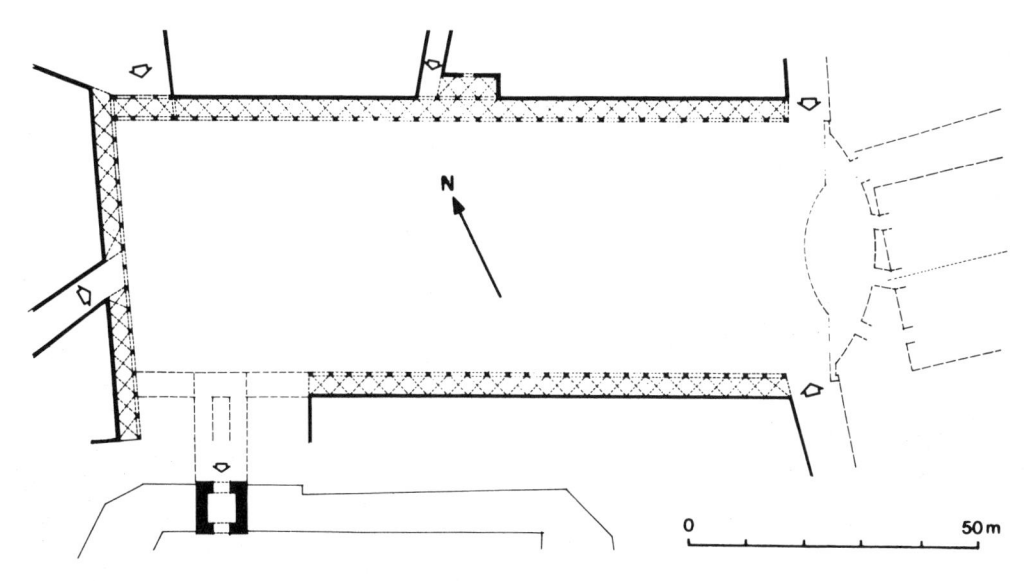

第四章　ロンバルディーア後期の活動：　方法論への取組みと都市空間への関心

図75　ヴィジェーヴァノのドゥカーレ広場の当初平面図　左下では柱廊が切れて，大階段で城につながっていた（W.ロッツによる）。

柱に後退した脇付け柱が添えられることで，おおいに目を引く結果を生んでいる。水平と垂直方向へのずらしによって生じたこの脇付け柱は，張り出した大アーチとわずかに後退した平面上にある円柱上の小アーチのシステムとを媒介する一方で，垂直方向においては，付け柱による第二のオーダー（それはウルビーノの中庭と同様，上階の窓を枠取るはずであった）へのつなぎとなるが，このオーダーの高さは，（ウルビーノのサン・ドメーニコ扉口のように）中央大アーチに合わせて決められている。オスペダーレ・デリ・インノチェンティの柱廊やウルビーノの中庭よりもはるかに複雑だが統合的に分節されたこの解法によって，空間の境界は，概念上奥行方向に透視図法的にずらして置かれたいくつかの要素が平面上に層状に重ねられたものとして構造づけられる。そして十字軸上に位置する各辺の中央大アーチは，とび抜けてきわ立つことによって空間を支配し特徴づける。その存在は全体として見ると隅部のもつ終結部としての意味を奪い，四つの平面を単純に対置して構成され空間を否定し，とりわけそれらに囲まれた屋根のない《虚空》の三次元的な意味を明らかにする。各壁面の中央にあけられた四つの大きな貫入部で形取られたこの《虚空》は，それ自体で——それを取り囲む壁面以上に——計画全体の主役であるかのような，これまでにない空間的価値を獲得している。この時点ではまだ不明瞭であるにせよこれこそ，のちにローマでそれに適した表現手段が見出され展開されることになるひとつの方向性にほかならない。

　都市空間として計画された屋根のない空間への関心は，ヴィジェーヴァノのピアッツァ・ドゥカーレ[4]で明確な表現に達した。じっさいにはこの広場は，J.カラムエル・デ・ロプコヴィッツ司教による改造ののち，均等な柱廊で囲まれ東側をドゥオーモの正面によって閉じら

97

図76　ヴィジェーヴァノのドゥカーレ広場　南と西翼越しに城の塔を望む。現状では城の前で列柱が連続している。*

れたかなり横長の長方形平面（約48m×134m）の空間となっている。しかし，ウォルフガング・ロッツが明らかにしたところによれば，当初実現されていたのはこれよりもはるかに豊かな空間だった。二つの主要なアクセス道路が広場の北と西に位置しており，壁構造の巨大な凱旋門アーチ（それは列柱上のアーチのリズムの連続を中断していた）をへて広場に貫入していた。ただしその建築要素は，イリュージョニズムを用いた壁画で表現されていたにすぎない（1493年より以前）。北側の凱旋門——その建築形式はアルベルティによるマントヴァのサン・タンドレーアから引き出され，ベルヴェデーレ上段の中庭の壁面パターンを予告している——から広場に入ると南側正面には，ミラーノのスフォルツァ城のそれに似た大きな塔の向こうに城の入口が目に入る。塔は広場の西半を睥睨しており，その足もとからは大階段が建物の柱列を割って広場に向かってなだれ落ち，列柱の構造体をつき破って広場に達していた。広場西側短辺の柱列は，塔の方向にもう二スパン分延長されていた。この列柱の中央部にも凱旋門が描かれ，進入路の終点であるとともに，向かい側のドゥオーモ正面を眺めるのに理想的な停留点となっていた。こうして，二対の建築的要素——現実のものと描かれたもの——で強調された，互いに直交する主要な視覚上の軸が対置される。つまり，凱旋門と塔，凱旋門とドゥオーモ正面をつなぐ軸線である。

    4　ヴィジェーヴァノの広場の原計画の復元と厳密な分析研究については W. Lotz, "*La Pazza Ducale di Vigevano, Un foro principesco del tardo Quattrocento*"; "*Studi bramanteschi*", Roma 1974, p.205-21 参照。

規則正しい柱列に囲まれた広場のアイデアは明らかに，すでにアルベルティがウィトルウ

第四章 ロンバルディーア後期の活動: 方法論への取組みと都市空間への関心

図77 ヴィジェーヴァノのドゥカーレ広場 フレスコで描かれた北西隅の凱旋門アーチ。アルベルティ起源の二重付け柱はベルヴェデーレの上段の中庭を予告する。*

図78 ヴィジェーヴァノのドゥカーレ広場 西アーチの現況。*

図79 ヴィジェーヴァノのドゥカーレ広場 西アーチにおける異なる大きさのオーダーの使用を示す復元図。*

ィウスにもしたがいながらその建築論のなかで示しているとおり、ローマ時代の「フォルム」の類型にたち戻ろうという人文主義的意図に由来する。凱旋門のアイデアもまた——すでにサン・タンブロージョのカノニカで見たものであるが——アルベルティから取られたことは明白で、その建築論（レオナルドは1486年の印刷版を所有していた）はブラマンテも熟知していたにちがい

ない。いっぽう広場を見下ろす大きな塔と広場の一角を占める教会という構想は、フィラレーテの『建築論』のなかの《スフォルツィンダ》の広場の構成に想を得たものだろう。『建築論』に示された内容を通してブラマンテにとっても、中世広場の重要な意味を合理化しながら再興することが可能となった。この都市空間は、都市の市民組織を集めて要約し、都市における力の意味や関係性を視覚化して表現する。力とは、君主のもつ権力と権威と正義、教会の権力、そして市民の権力である（この第三の要素は広場の北側に挿入されたパラッツォ・デル・コムーネによって表現されているが、君主の権力への地方自治組織の従属を示すために、目立た

99

ない程度に抑えられている)。しかしブラマンテに典型的なのは，既存の状況から課せられた拘束を最大限利用する能力，そして空間組織のためのプログラムを視覚や建築の用語に翻訳する能力であり，ここではこの空間が本質的に都市のスペクタクルとしてとらえられ，互いに交差する視線の軸が，あらかじめ決定された透視図法的な仕掛けによって，ゆるやかにではあるが規則づけられたものとして解決されている。

連続するアーチで囲まれた中庭に凱旋門を挿入することで空間を組織し方向づけるという構想は，1497年に，アッビアテグラッソのサンタ・マリーア・ナシェンテ教会の正面で再び出現する。そこでは件の構想が聖母生誕の主題におそらく結びつけられている。マリーアはその生誕から，キリストにおける受肉と贖罪に至る過程の第一歩であった。それは「天国の門」(ヤヌーア・コエーリ)，つまり原罪ゆえに閉じられた天国への勝利の入口を人間に対しとき開く門である。しかしここでも，大アーチは列柱廊で限定された外部空間の奥に

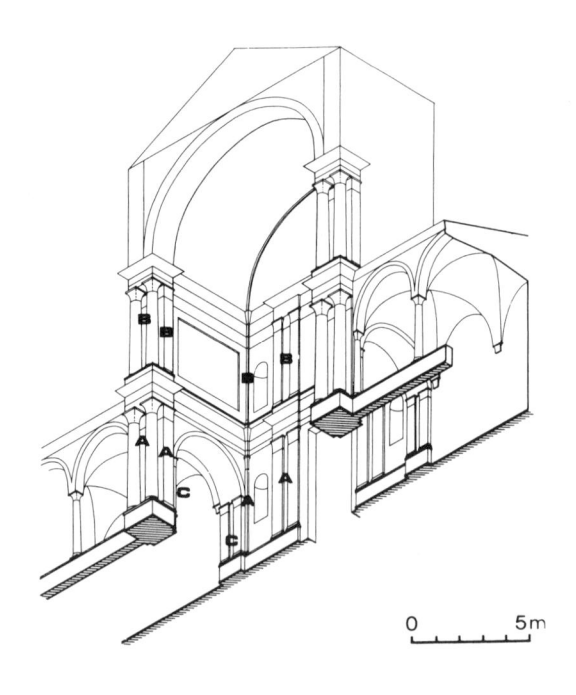

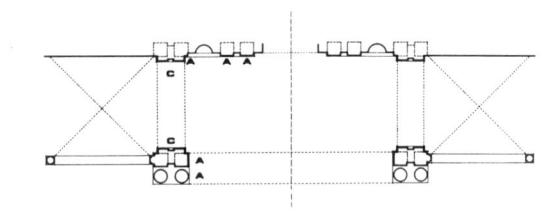

図80 アッビアテグラッソのサンタ・マリーア・ナシェンテ 教会正面部分のアクソノメトリックと平面図。異なる大きさのオーダー，円柱と付け柱の使用。Aは最大のオーダー，Cは最小で付け柱としてのみ現れる。AとBは入り隅で「針」状にまで細くなる。

設けられ，都市空間的な様相を醸し出す。ブラマンテは，ファサードをなんらかの《ディゼーニョ》が施された立面ととらえるアルベルティ的な概念を否定する。ブラマンテが構想したのは，一種の巨大な列柱廊あるいは大きな扉口であり，いく種類もの「オーダー＋アーチ」を接合し重ね合わせて構成される三次元の空間装置である。柱で支えられたアーチによる不規則な既存柱廊と構成上きわめて巧みに接続されることで正面は，活力ある外見と力を伝える骨組みを，即興的だが複雑な形に凝結させ，そのとびぬけた存在感によって周囲の空間すべてを支配し活気づける。ファサードは物語の凱旋場面の，あたかも仮設上演を思わせる劇場的な映像と化し，そこでは構成要素の造形上のまた構造技術上のあらゆる意味は，構造としての性格を失うことなくしかも全体のなかの絵画的空間的価値と化している。さまざまな材料の採用からくる慎重で微妙な色彩はすでにカノニカに見られ，のちにはローマでも見ら

第四章　ロンバルディーア後期の活動：　方法論への取組みと都市空間への関心

図81　アッビアテグラッソのサンタ・マリーア・ナシェンテ教会　既存の回廊に組み込まれた教会正面。＊

図82 アッビアテグラッソのサンタ・マリーア・ナシェンテ ファサード正面左部分と既存部分との接合の詳細。二つの異なる大きさのオーダーの使用，角柱の前に置かれた円柱。異なる石種の採用による，荒々しい円柱と繊細な刳り型に注目。＊

第四章 ロンバルディーア後期の活動： 方法論への取組みと都市空間への関心

れるが，建築を絵画に移し変えようとの意図を目立たせている。バローニが示唆するように，アルベルティの《英雄的な》記念性が《風景画的な》記念性に変わっている。より正確にいえば，古代末期建築におけるのと同様に「大気を深呼吸することで膨張した空間性」[8]によって表現された，都市的な記念性である。透視図法的なイリュージョニズム，つまり建築をスペクタクルに転換することがここでひとつの表現形式に結実したが，サンタ・マリーア・デッレ・グラーツィエと同じく，これに先立つサン・サーティロで表現されたものよりも純度は低いもののより三次元的である。それと同時に形態は純化され，より本質的な傾向をおびている。

アッビアテグラッソの大アーチにおいてはもはや，回廊全体に《英雄的な》切断を加えることやブラマンテのこれ以前の作品にない仕方で使われたいくつかの要素の採用は——壁の付け柱に近接して置かれた対円柱や二つのオーダーの積み上げ——おそらくローマ建築を直接経験したことに由来している。あるいはブラマンテがなんらかの古代建築の素描や，ジュリアーノ・ダ・サンガッロやフランチェスコ・ディ・ジョルジョによる素描を見たことがあったことも考えられる。しかし92年か93年あるいはそれ以外の機会に，教皇庁副尚書院長としてローマに住んでいたアスカニーオ・スフォルツァからのなんらかの委託を遂行するために，実際にローマへ行った可能性もある。もしそうならこれは，ローマのパラッツォ・デッラ・カンチェッレリーアの計画にブラマンテが関わった可能性（ヴァサーリが証言するように，最終的にローマに移ってからも，引き続きこれに関わったことは十分ありうる）を主張するためには，有利な状況であろう。

いずれにせよミラーノにおけるブラマンテ最後の作品となるサン・タンブロージョ修道院の二つの回廊（1497年，最終案は1498年）においてはフィレンツェとローマ，あるいはブルネッレスキと古代という異なる二つの経験がほとんど乱暴なしかたで取り込まれている。おおいに目を引く構成上の厳格さが，二つの回廊の柱廊の基本モチーフを特徴づけている。それはとりわけ比例関係に明らかである。スパンごとの立面の幾何学図式は，垂直に積み上げられた三つの正方形で構成され，いちばん下の正方形の一辺が円柱の高さに一致する。中間に位置する正方形の一辺は，正面のうちの，円柱上の断片的なエンタブレチュアおよびアーチと，その上でアーチ頂部に接するエンタブレチュアまでを含む部分に相当する。いちばん上の正方形は，二階部分とその上のエンタブレチュアに対応する。最後の正方形はさらに，付け柱で表現されたオーダーによって枠取られたアーチのモチーフで二分割され，これにより二階壁面の性格が決定されている。このモチーフ，さらに一般的にいえば上階での二分割を伴うその図式全体はすでに中世において広まっていたものだが，古代ローマのいわゆる《クリプタ・バルビ》[9]のプロトタイプから引かれたとみられ，ブラマンテはこれを知っていたにちがいない（この建物の見事なスケッチはしかしジュリアーノ・ダ・サンガッロの素描帳にも現れ，レオナルドもまたこれに似た素描を残している）。最上部のみごとなエンタブレチュアもまた，

図83 サン・タンブロージョ ドーリス式回廊 *

第四章　ロンバルディーア後期の活動：　方法論への取組みと都市空間への関心

ローマの手本を知っていたという前提なしには考えにくい。下階においてはカノニカに見られたのと同じブルネッレスキの言語が直接的に参照され，力の流れを明示すべくブルネッレスキ風に意図された構造材の力学的な力強さと造形性が保たれ強調されているいっぽうで，上階では立面全体が《構造の》用語に書き換えられており，緊張した構造的部材の濃密な織物が形成されている。この立面組織を綿密に分節している構造の骨組みは，いくつかの平面上に透視図的にずれて位置するものが，ひとつの平面上に要約されたように造

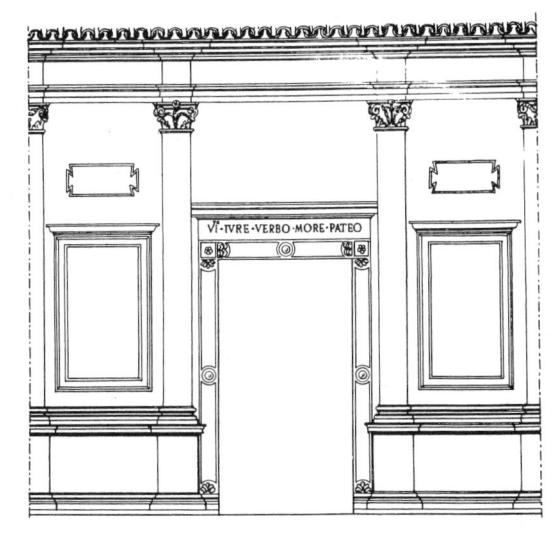

図84　サン・タンブロージョ　カノニカの旧入口復元図（現ポルタ・ディ・サンタ・ジュスティーナ；フェルスターによる）。＊

形的な浮き彫りを施され，しかもなお「露を浴びてうかび上がる線的構成の躍動」（バローニ）によって振るえている。

　極度な方法論上の厳格さが，この立面構成のデザインのなかに実現されているように見える。カノニカでの試みをへてここにおいて，あらたな探求の時期が開始され，強調される。この時期を特徴づけるのは，方法論的な深化への強い熱意，一貫した規則性，あらゆる装飾的な喜びの拒絶，そして表面的なものの単純化や排除に向かう決然とした努力だった。そしてこの時期はローマのサンタ・マリーア・デッラ・パーチェの回廊を予告している。このローマ最初の作品やそれに続くベルヴェデーレの中庭で繰り返されるであろう古代の建築オーダーの問題が，おそらくはローマの遺跡についての熟考の結果，かつてない新たな様相でいま初めて出現する。個々の回廊はそれぞれ異なる建築オーダーで性格づけられ，各々の形態論的性格によって識別される。たしかなことは，ブラマンテがここで初めてクワットロチェントに特有のタイプの《擬コリント式》柱頭を使うことをやめ，いずれも正確な《ドーリス式》（あるいはトスカーナ式）とイオニア式柱頭を，二つの回廊でそれぞれ異なる柱基とともに採用したことである。

　一般的にみるとこの探求こそが，ルネサンス建築における方法の普遍妥当性や独自の原理を検証することに注意をそそぎながらも，やがてこれらの原理の矛盾や内部の葛藤を明るみに出し提示するに至ものである。厳格な方法や明快に定式化されたプログラムへの忠実さは，この建物の平面全体に表明されている。それはフィラレーテの平面形式から示唆を受け，また正方形格子による比例の網目を基礎としているが，その網目格子はたとえば隅部の処理にまで及んでおり，隅柱は円柱の直径に等しい一辺をもつ正方形断面の角柱で単純に構成され

ている。しかしそれとともに，この方法論と厳格さの結果として，下階のブルネッレスキ風の構成は（これの採用理由はおそらく，平面上は点で表される台座によって隙のない幾何学的な厳格さで正方形による抽象格子をしるすためであった），視覚的にも力強く上階の《ローマ風》壁体を支持している。二つの階は語法的に異なるだけでなく，寸法上も異なる表現を与えられた二つの主題によって明確に対比しあっている。しかしそれ自体が重厚で複雑なモチーフの執拗な繰り返しで構成された上階の壁面は，大きな空隙の作る影のなかで光を浴びた円柱（柱間の異様な広さの割には繊細なほど細く力に満ちた支柱）が躍動するように浮き上がる下階の構造の線的な勢いと一緒になって，完成されたイメージを結ぶまでには至っていない。二つの階と二つのモチーフは，のちのサンタ・マリーア・デッラ・パーチェや，さらにはベルヴェデーレやサン・ピエトロ・イン・モントーリオのテンピエットにおけると同様，むしろ対立する要素として意図的に表現されているようである。あたかも，共存しつつもいまだ統一に至らない人文主義建築の理念から生まれた二つ方法の提示であるかのように。とはいえ二つの表現は，形態や原理や方法の相違にもかかわらず，ともに《普遍的》であることを目ざしている。

　この対立を解消し，対比された二つの《手法》――その根本的にあるのはブルネッレスキ流の手法と《ローマ化された》アルベルティ流の手法である――をこえ，原理を否定することなくむしろそれを再確認しその「普遍」妥当性の検証をとおして新たなより成熟した表現に達しようとする試みが，ローマでのブラマンテの課題となるだろう。語法上の重要な接点の存在にとどまらないある連続性，つまり探求の客観性と方法によって，ブラマンテのミラーノ最後の作品とローマ最初の作品とは深いところで結び付けられている。サン・タンブロージョの修道院においてすでに，付け柱をもつカノニカ入口の正面はローマ初期のブラマンテの言語を予告する新たな統合に達しているが，その言語は，ローマの古代遺跡との対峙をとおして実践される刷新まであと一歩のところにあった。

第五章

ローマ初期の活動：
サンタ・マリーア・デッラ・パーチェの回廊

　ブラマンテがミラーノにいたことが最後に記録されたのは，1498年末のようである。しかし，ルドヴィーコ・イル・モーロの逃亡とフランス軍のミラーノ占領（1499年9月6日）という結果をもたらす政変の直前まで，ブラマンテはこのロンバルディーアの公国に留まっていたらしい。1499年のレオナルドのある素描帳（パリ手稿 M. フォリオ 53b）には「ドンニーノが私に示した」とレオナルドが記している，よく知られたはね橋のスケッチが含まれている。ドンニーノとはドナート・ブラマンテにほかならない。そしてペドレッティも指摘したようにこのデザインは，1499年4月1日の日付をもつアトランティコ手稿（284r a）にもみられる。7月にはフランス軍はアスティを越え，スフォルツァの国家にもはや重大な脅威を与えていた。ブラマンテのローマでの活動について，おそらく直接の証言によってかなり正確な情報を得ていたと思われるヴァザーリによれば，ブラマンテは「ミラーノを離れ1500年の聖年より前に［おそらくは1499年の夏の終わりに］ローマに赴いた。ローマでは同郷やロンバルディーア出身の何人かの友人に認められて，サン・ジョヴァンニ・イン・ラテラーノ聖堂内の聖年祭(ジュビレーオ)のために開かれた聖門(ポルタ・サンタ)の上に，天使たちが支える法王アレクサンデル六世の紋章をフレスコ画で描く仕事がブラマンテに与えられることになった。」このフレスコ画は十七世紀のラテラーノ聖堂改築に際して破壊されたが，ウィーンのアルベルティーナ美術館所蔵のボッロミー

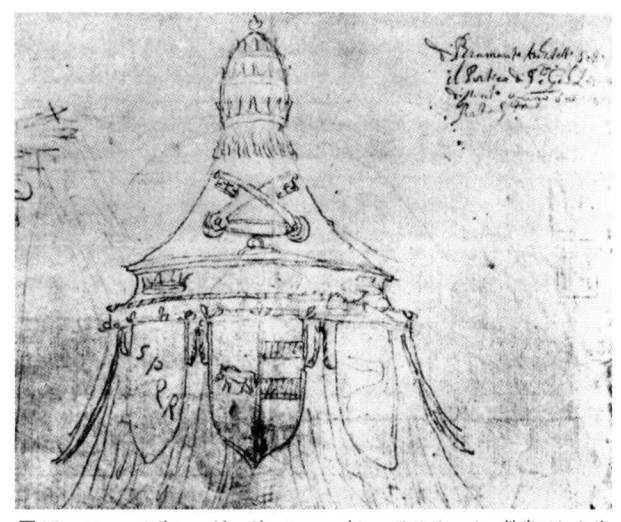

図85　ローマのサン・ジョヴァンニ・イン・ラテラーノ　教皇アレクサンデル六世の武具をあらわすブラマンテによるフレスコ画の模写（十七世紀のバジリカ改築にさいしてボッロミーニが残した素描，ウィーン，アルベルティーナ建築素描388）。

図86 ローマのサン・ピエトロ広場の噴水 ブラマンテ設計の噴水の一部を利用して作られた。*

ニのスケッチによって記録されている。ヴァザーリは続けて「初めの頃，ブラマンテは教皇アレクサンデル六世の補助建築家として，トラステーヴェレの噴水やサン・ピエトロ広場の噴水（実際には1500年初めに完成され，後に解体されてその一部が現在広場の右側にある噴水に利用された）の仕事に携わった」と書く。この時期（1499年から1503年秋）ブラマンテは教皇の《補助建築家》として，当時ボルジア家の教皇の建築家でありとりわけ築城術に長けていたアントーニオ・ダ・サンガッロ・イル・ヴェッキオ(1)（ジュリアーノ・ジャンベルティ通称ジュリアーノ・ダ・サンガッロの弟）とともに働いていたようである。もしそうならこのことは，アントーニオ・ダ・サンガッロのこの時期の作品に（チヴィタカステッラーナの要塞の回廊，ネットゥーノの要塞，サン・タンジェロ城内のアレクサンデル六世の塔，サン・ピエトロ内の教皇祝福の開廊最上階など），アントーニオ風というよりむしろ後のブラマンテ作品に特徴的な，古代への意識的な参照や，建築言語の要素や処理が存在することを説明しうるだろう。いずれにしろ二人の建築家が，互いの能力を補いながら交流していたことは確実である。

1 C. Pedretti, "*Il progetto originario per Santa Maria delle Grazie e altri aspetti inediti del rapporto Leonardo-Bramante*", "*Studi bramanteschi*", p.197 以下, "*Leonardo architetto*" 前掲書, 参照.
2 この仮説は "*Bramante architetto*" のなかで散発的に提案されたが, 次の論文で詳細に議論されている. A. Bruschi "*L'architettura a Roma al tempo di Alessandro VI: Bramante, Antonio da Sangallo il Vecchio e la tradizione classica*", 《Bollettino d'arte XXIX》 1985, p.67-90.

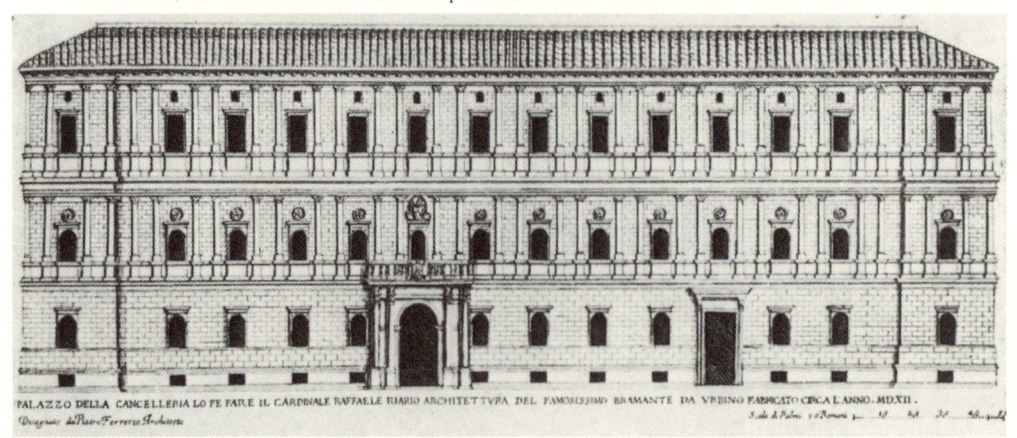

図87 ローマのパラッツォ・デッラ・カンチェッレリーア ブラマンテが関わった可能性がある正面。対になった付け柱とルスティコはコルネート枢機卿のパラッツォに通じる（フェッレリーオの版画 1635）。*

第五章　ローマ初期の活動：　サンタ・マリーア・デッラ・パーチェの回廊

ヴァザーリはさらに続けてこう記す。

　ブラマンテはナヴォーナ広場にあるサン・ヤーコポ・デリ・スパニョーリ聖堂の拡張に関して意見を求められたり，また同様にサンタ・マリーア・デ・アニマの審議についても相談を受け，後者はあるドイツ人の建築家によって建設工事が行なわれた。［…］他の優れた建築家とともに，サン・ジョルジョの枢機卿ラファエッロ・リアーリオの注文によって，カンポ・ディ・フィオーレ広場の近くにパラッツォ・ディ・サン・ジョルジョの大部分［…］を設計した。［…］その実際の建設工事はアントーニオ・モンテカヴァッロなる人物によって行なわれた。［…］ボルゴ・ヌオーヴォにある枢機卿アドリアーノ・ダ・コルネートの邸館もブラマンテの設計であるが，この工事は遅々として進まず，最後には同枢機卿が逃亡したため未完成のまま残された。

　これらの仕事はすべて，実際にはチンクエチェント初頭のわずか数年間の間に施工された。とはいえこれらがブラマンテの作品であることを確認させる記録や確かな証拠があるわけではない。そのうえヴァザーリは，アドリアーノ・カステッレージ・ディ・コルネートの邸宅（現在のヴィア・デッラ・コンツィリアツィオーネにあり，後にジロー・トルロニーアの所有になった）の場合にかぎって「ブラマンテが設計した」と明記している。この作品こそ，その全体計画から中庭や階段やおそらくはファサードの基部（これは後には，原設計を変更しながら工事が進められたらしい）といったいくつかの詳細デザインまで含めて，信憑性をもってブラマンテの計画に溯りうるものだが，建設

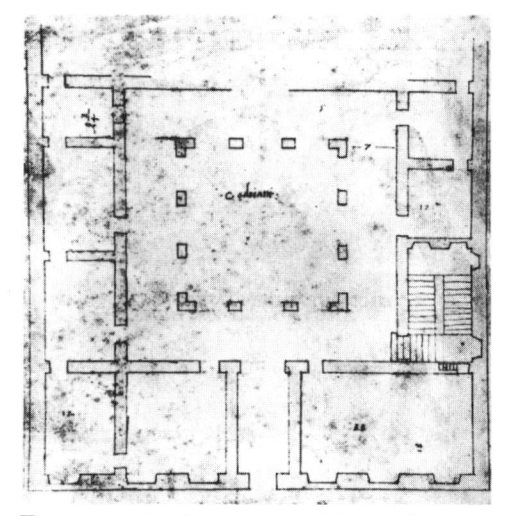

図88　ローマのアドリアーノ・カステッレージ・ディ・コルネート枢機卿のパラッツォ（パラッツォ・ジロー・トルロニーア）平面図（ロンドン，ソーン博物館，コーネル写本　フォリオ8v）

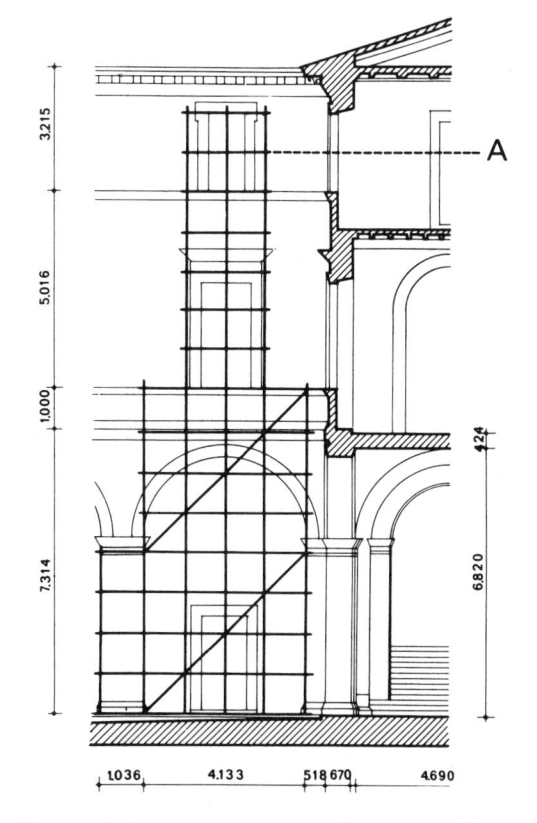

図89　アドリアーノ・カステッレージ・ディ・コルネート枢機卿のパラッツォ　中庭の比例体系。Aはピアノ・ノービレの天井高さを示す。

109

途中で一部放棄され，じっさいヴァザーリの述べるように工事は非常に長引いた。中でもとりわけ興味を引くのは，《個人市民のための邸宅》のモデル（これはまたウィトルウィウスの《古代人の家》に基づいている）を提示しようとの意図がみえる独創的な平面計画（それはロンドンのソーン美術館所蔵のいわゆる《コーネル》手稿に見られる）であり，中庭の角柱によって確定されるモデュールにもとづく，厳格な比例関係で構成されていた。なんらかの古代ローマ遺跡の研究から示唆を受けたこの中庭は，付け柱の上の単純なアーチとともに著しく革新的な性格をこの作品に与え，チンクエチェントのいくつかのパラッツォの祖型となった。

  3 A. Bruschi, "*Bramante architetto*", 前掲書，の他に C. L. Frommel, "*Der Römische Palastbau der Hoch reneissance*", Tübingen 1973, 文献注，および特に II, p.207-15 参照。サン・ジョルジョの枢機卿，ラッファエレ・リアーリオのパラッツォ，後のパラッツォ・デッラ・カンチェッリーアへのブラマンテの関与の可能性については，A. Bruschi, "*Bramante architetto*", 前掲書，の他に以下を参照。G. De Angelis d'Ossat, "*Preludio romano del Bramante*", 《Palladio》, XVI, 1966, p.92-4（ローマ初期の活動全般について重要），とりわけ S. Valtieri, "*La fabbrica del Caldinale Raffaele Riario (La Cancelleria)*", 《Quaderni dell'Istituto di Storia dell'architettura》, 1982, n.169-174, p.3-26; E. Bentivoglio "*Nel cantiere del Palazzo del Cald. R. Riario*", 同書, p.27-34; S. Valtieri "*La basilica di S.Lorenzo in Damaso nel palazzo della Cancelleria*", Roma 1984。

　ヴァザーリが記録しているこの他の作品において——それを記述するヴァザーリの表現からは，ブラマンテの参加が相談役または協力者としての役割に限られたことがうかがわれるのだが——特に，サン・ピエトロの噴水とサン・ジャコモ・デリ・スパニョーリの場合，ブラマンテの関与の可能性がどれほどだったかを正確に推論するのはむずかしい。後者のピアッツァ・ナヴォナに面する部分はじっさい十五世紀最後の数年間には完成に向かっており，1498年からはデ・カルヴァヤル枢機卿が工事に関わようになるが，この枢機卿はのちにサン・ピエトロ・イン・モントーリオの実現に関連して登場するはずの人物である。したがってブラマンテのこの計画への指示は，内陣の詳細（それとおそらくは，ティンパヌムを支える小さなトスカナ式オーダーで枠取られたファサード上部）あたりに限られ，ウッフィーツィの素描 904 A r に見られる立面に記録されていると見てよいだろう。1520年代初めのアントーニオ・ダ・サンガッロ・イル・ジョーヴァネのこの教会への介入におそらく先立つこの素描は，身廊の天井よりはるかに高く内陣の屋根が大きな格間の刻まれた半円筒ヴォールトで力づよく架けられていたことを示している。しかしこの建物がその後たびたび改変されたため，上記の仮説を検証するのは困難な状況にある。[2]

　それ以外で注目すべきは，アレクサンデル六世の教皇在位期間中にブラマンテが，建築の設計活動を制限してまで，古代建築への思索と研究に専念したらしいことである。これ以前にもローマに滞在したことがあっただろうが，今やかつてない余裕をもってそれを深めることができた。ヴァザーリはじっさいこう述べている。

　ブラマンテはロンバルディーアから幾らかのお金を持ってきたが，ローマでも幾つかの作品に携わ

第五章　ローマ初期の活動：　サンタ・マリーア・デッラ・パーチェの回廊

ることで稼ぎを得，そうした貯えを非常に倹約して使っていた。これは自分で独立した生計をたて，しかもあくせくと働かずに，ローマのすべての古代建築を気のむくままに実測したいと望んでいたからである。ブラマンテはこの作業にとりかかると，自分一人の判断で歩きまわり，それほどの時を経ずしてローマ市中とその郊外に残るすべての建築物を測り終えてしまった。同じことをナーポリまで含めて，古代の遺構があると知られていたいたる所で行ない，ティーヴォリの遺跡やハドリアヌス帝別荘の廃墟もその例にもれなかった。[…]ブラマンテはこれらの実測結果を大いに役立てたのである。

　この時期のブラマンテの古代への活発な関心は——デ・アンジェリス・ドッサトによって提示され，次いでドリス・フィエンガによって取り上げられた示唆に富む仮説にしたがえば——『古代ローマの眺望 *Antiquarie prospettiche romane*』と題された奇妙な小冊子に記録されていると見ることができる。作者は《画家プロスペクテーヴォ・ミラネーゼ（ミラーノの透視図画家）*Prospectivo Milanese depictore*》なる仮名で記され，小著はレオナルド・ダ・ヴィンチに献呈されており（つまり著者はミラーノでレオナルドと親交があったことが知られる），まさに1499年から1500年の間に上梓されている。

　　4　G. De Angelis d'Ossat, "*Preludio Romano del Bramante*", 前掲書；Doris D. Fienga, "*Bramante autore 《Antiquarie romane》, poemetto dedicato a Leonardo da Vinci*", "*Studi Bramanteschi*", p.417-426, 参照。

　革新的で，また疑いなく真摯で洞察に満ちたこのローマ建築の研究は，ブラマンテが新たな《成熟した》様式あるいは《大様式（グランデ・マニエラ）》に到達するために根本的に重要なものであった。ヴァザーリの示唆するところによればさらに，まさにこの古代研究をとおしてブラマンテはナーポリの枢機卿オリヴィエーロ・カラーファと接触を持ったと考えられる。ローマの宮廷に大きな影響力を持ち極めて富裕で，文学や芸術や古代に熱中するこの司教はまた，ローマにおいてナーポリ王やスペイン勢力の利害を代表していた。いずれにしろミラーノのドメニコ派サンタ・マリーア・デッレ・グラーツィエ修道院の保護者だったカラーファ枢機卿に，すくなくともブラマンテの名声は達していたにちがいない。それどころかおそらくは1500年以前にも，ローマやナーポリで枢機卿が依託した他の仕事にたいしブラマンテが助言や設計を求められた可能性も否定できない。

　　5　A. Bruschi, "*Bramante architetto*", p.826, 注10参照。当時（1969年）ここに提示された考えを展開しつつ，R. Pane はナーポリのドゥオーモ内の『サン・ジェンナーロの十字架降下 *Succorpo di S. Gennaro*』の礼拝堂をブラマンテに関連づけている。

　歴史事実の継起についての考察によって明らかになるのは，特にローマに定住してからしばらくのあいだブラマンテが，ヴァザーリによって帰せられているいくつかの作品（サンタ・マリーア・イン・トラステーヴェレの噴水やサン・ジャコモ・デリ・スパニョーリ）の依頼人あるいは管財人であった有力なスペイン人ととりわけ関係が深かったらしいということである。いずれにしろカラーファ枢機卿こそが，ヴァザーリも書き記しているように，ローマに現存するブラマンテ最初の確実な作品であるサンタ・マリーア・デッラ・パーチェの修道院と回

廊の依頼人であった。これに関しては1500年8月17日，石工バルトロメーオ・ランテ（またはランデあるいはラウデ）・ディ・フランチェスコ・ダ・フィエーゾレは「建築家ブラマンテの手になるデザインを形取った八本の角柱と［…］それに載る一階の，つまりイオニア式柱頭の作業をし，それを完成」すべく精を出していたことが知られている。建設作業がすくなくとも1504年まで続いたことは，イオニア式のエンタブレチュアに記された，ウルビーノのパラッツォ・ドゥカーレやパラッツォ・デッラ・カンチェッレリーアの見事な中庭のものを思い起こさせる美しい書体の刻み文字から読み取られる。

この作品はロンバルディーア時代の末年に始まった方法論の深化と厳密な検証の時期を締めくくる段階の典型例であって，これに続くローマにおけるブラマンテ成熟期の探求にとって揺るぎない成果であるとともに序章となるものである。したがって，この重要な移行期におけるブラマンテの複雑な問題意識を明らかにするためにその設計プロセスを分析的に再構成してみるのは有意義なことだろう[6]。

> 6 この議論に関するより広範な文献的，批判的議論については，A. Bruschi, "*Bramante architetto*", p.245-90 および 822-36 参照。その後 P. Marconi により詳しく検討された；"*Il Chiostro di Santa Maria della Pace in Roma*", "*Studi bramanteschi*", p.427-436。これは1969年にマルコーニの指導の下でローマとラーツィオ州遺跡管理局によって行なわれた修復作業に基づく。さらに M. L. Riccardi によってその後の文献の検討とともに再提起された，"*La chiesa e il convento di S. Maria della Pace*"，《Quaderni dell'istituto di Storia dell'architettura》，XXVI，1981，n.163-168，特に p.23 以降。ブルスキに，本書初版のテクストの再検討に向かわせたこの研究の価値は，ルタルイイによって起こされた極めて正確な実測図にもとづいて，この修道院における一連の不規則性と実施に際しての変則を明らかにしていることにある。特に，回廊の側面が教会の八角形の北側側面に発する序列から逸脱していることに着目しつつ，回廊の教会に接する側で柱廊の角柱と地下階の壁とが上下で一致しないことを浮き彫りにし，その結果右隅の角柱とその隣の角柱の一部が見せかけのものであると結論づけている。このことは，既存の壁構造を利用するため受け入れざるをえなかったプログラム（そしておそらくはブラマンテの第一案）初期段階での変更のためと説明できよう。ついで（さほど根拠があるとは思われないが）修道院のいくつかの部分にブラマンテの関与が疑問視され，また想定されていたのとは反対に，この修道院が周囲の敷地や建物から小路で分けられていたはずのないことが判明した。他の回廊との関連におけるデッラ・パーチェの回廊の優れた分析的検討としては W. Lotz, "*Bramante and the Quattrocento Cloister*"，《Gesta》XII，1973，p.111-21 も参照。

サンタ・マリーア・デッラ・パーチェにおいて，問題となる具体的な条件をひとわたり了解した上でブラマンテがとりわけ腐心したのは，個々の要素の配置と寸法とを平面と立面の両方で規則づける包括的な調和比例の規則を画定することだったにちがいない。敷地の形は不規則な台形である。しかしブルネッレスキが完成したルネサンスの設計方法に従うかぎり，空間を組織する基礎となる（確実な数値に翻訳可能な）幾何学的要素としては，正方形を選択する以上に適切な道はありえなかった。建物の平面構成を構造づける基準線として，ブラマンテは選択肢から一つを選ぶ。それはアクセスの道路（ヴィア・デッラルコ・デッラ・パーチェ）の流れから派生する直線であって，既存の壁の位置から示唆されるものでもある。通りにそって曲がったものを除いては，すべての壁はこの基準線に平行か垂直に配置されるだろう。

第五章 ローマ初期の活動: サンタ・マリーア・デッラ・パーチェの回廊

図90 ローマのサンタ・マリーア・デッラ・パーチェ 回廊入口に最も近いアーチ越しに教会を見る。

おそらくは教会の八角形の一辺の長さを出発点として（ロッツによる示唆），全体をできるかぎり組織的に構造づけることと回廊の大きな正方形平面を画定することの両方に有効な，ひとつのモデュール寸法が割り出される。敷地の不規則さに適応し既存条件のいくつかを組み入れようとする意図のため，過度に厳格な平面組織を追求することをブラマンテは放棄せざるをえなかった。このことはしかし，計画の並外れた可能性と構想の大いなる明晰さを示す。通りに沿う部分と教会の反対側に位置する部分を修道院の諸施設にあてることによって，ブラマンテは平面のなかに小正方形の総和からなる一辺約26ローマ・ブラッチャ〈約15.6m〉の大きな正方形を画定し，これが中庭を形づくることになる。これに食堂棟を加えて3:4の比例

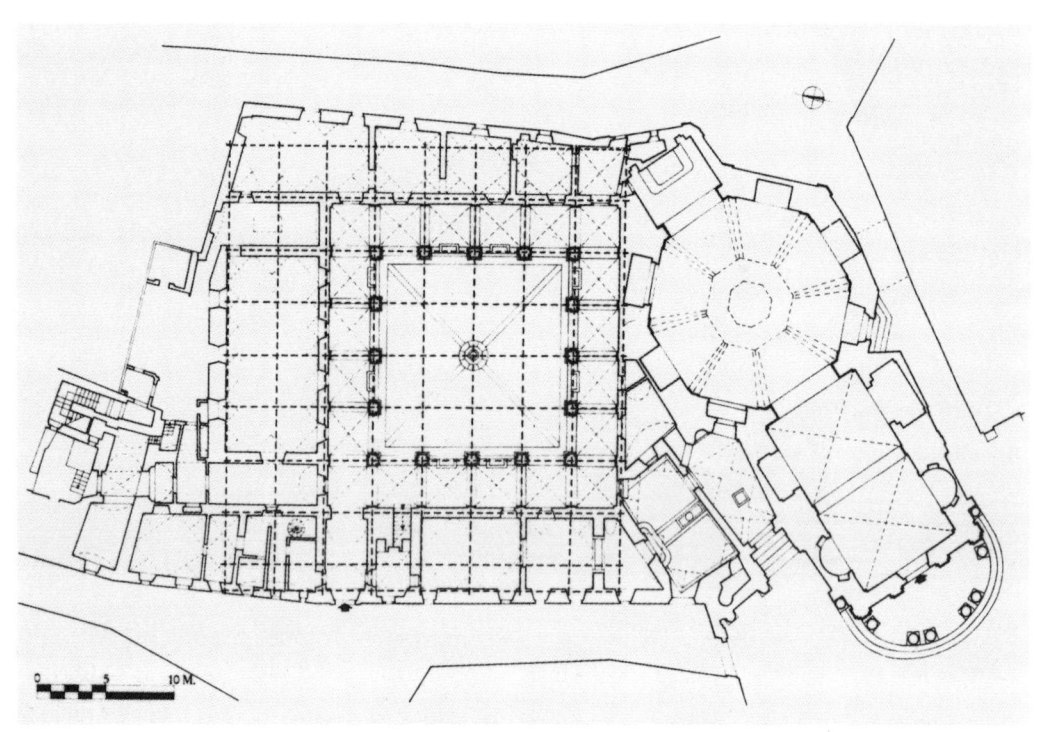

図91 サンタ・マリーア・デッラ・パーチェ教会と修道院の実測図　平面の比例格子を重ね合わせた一階平面図，下が
ヴィア・デッラルコ・デッラ・パーチェ（M. L. リッカルディによるものをS. グイーディが再検証）。

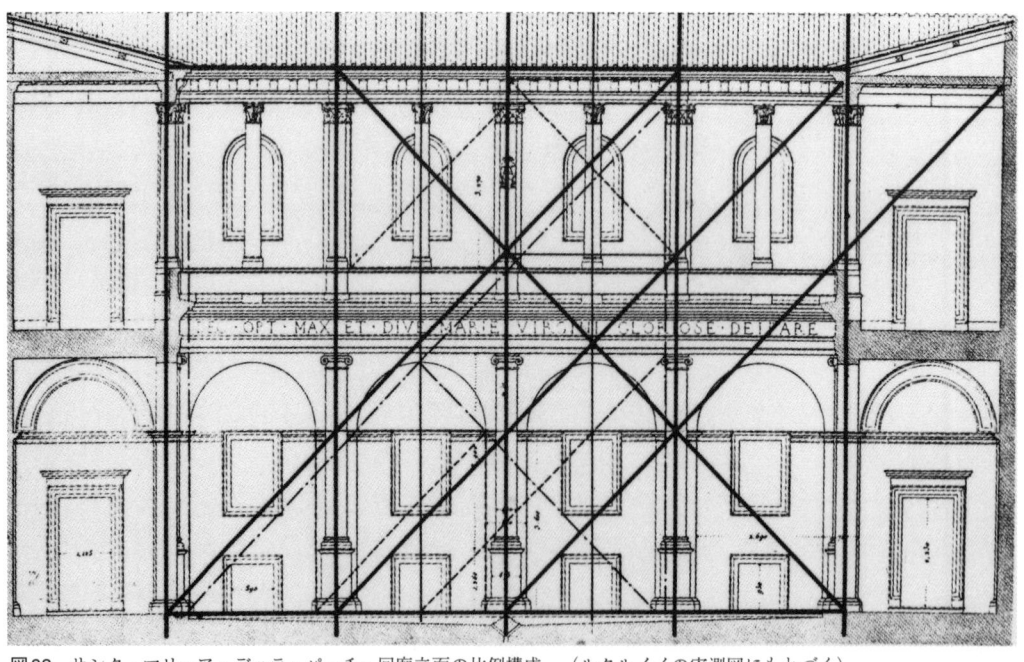

図92 サンタ・マリーア・デッラ・パーチェ回廊立面の比例構成　（ルタルイイの実測図にもとづく）

第五章　ローマ初期の活動：　サンタ・マリーア・デッラ・パーチェの回廊

をもつ長方形が形成される。回廊の鉛直支持部材の配列は，基礎として選ばれた幾何学からの自然な帰結として決定されただろう。それぞれ交差ヴォールトで覆われた外周部の小正方形の列が柱廊を構成する。中庭の空間に対応する大きな正方形には十字分割が繰り返し適用されて，一階の角柱の位置が定められる（その数である十六はウィトルウィウスによれば《最も完全な》数であり，サン・ピエトロ・イン・モントーリオの円柱の数でもある）。さらに二分割を繰り返すことで，二階部分の角柱と円柱の位置が得られるだろう。次いで，同じ正方形のモデュールが立面上の高さを決定する。柱廊で覆われた部分を含めた回廊全体の断面は，1:2（すなわち《完全八度音程の》）比例を持つ長方形に相当する。中庭に面する四つの立面は，二辺の長さが 4:3 の関係にある長方形を構成する。つまり《セスクイテルティオ》すなわち《正方形＋その三分の一》の比例関係であるが，これは理論家たちが推奨するところであるとともに，すでに平面に見られた比例である。引き続き二階分の立面全体の再分割が，すでに見たサン・タンブロージョの回廊と同じ 1:2 の比例関係にしたがって行われる。さらに回廊の立面はとくに，ウィトルウィウスの示唆をもとにアルベルティに，のちにはセルリオによって確立された理論的規則に極めて厳密にしたがって決定され，二階部分のオーダーの高さは一階のオーダーからその四分の一を差し引いた高さに等しく定められている。

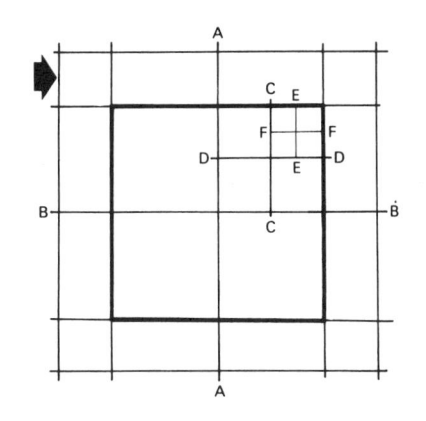

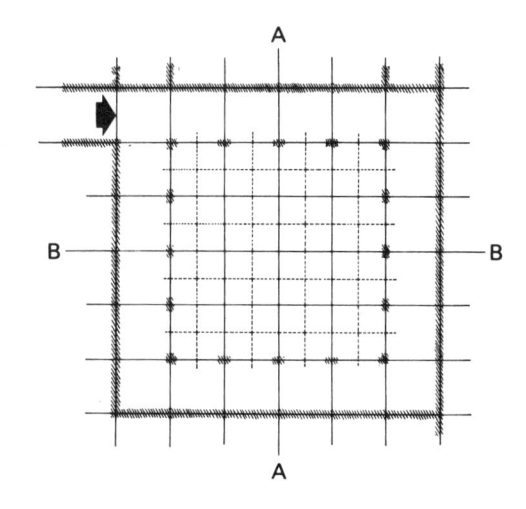

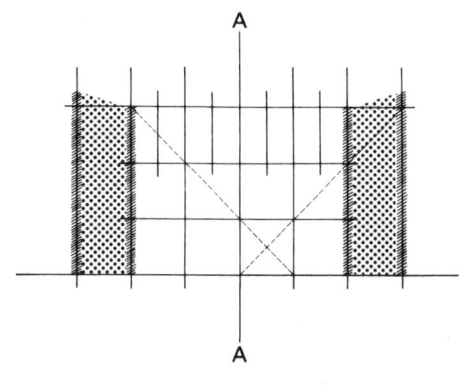

図93　サンタ・マリーア・デッラ・パーチェ　平面と立断面の比例分析図。正方形を次々と分割していくことで，基本となる幾何学格子が形成され，全体と要素間や要素相互間の単純な整数比例が達成される。＊

三次元空間内で部分相互と部分と全体との厳密な整合性を保証する，全体にわたる《音楽的》比例の枠組みがこうして決定されたのちに必要となるのは，様々な構造の詳細を決めながら，幾何学的で抽象的なイメージを物理的な材料による構造体で構成された現実の建物として具現化することであった。すでにミラーノで——たとえばサン・タンブロージョのカノニカで——見たように，ブラマンテの指向のなかで《空間自体》に向かう，つまり表現上固有の資質を持つ対象である三次元の実体として意図された《虚空》の成形への関心が具体化していた。それを限界づける壁面の形状によって条件づけられた《虚空》ではなく，それとは逆に，壁面を規定するものとしての《虚空》である。ブラマンテの考えの方向がまだ決定的ではなかった時期には結果として，たとえばカノニカではすでに見たとおり，十字に交差する軸線が凱旋門アーチで強調されていた。しかしデッラ・パーチェの回廊というはるかに制約の多い空間において，ブラマンテはもっと単純な手段を用いて同じ意図を実現しようと試みる。ブラマンテは中庭空間の対称軸を透視図法上の中心軸に一致させ，定石に反してそこに実体的な四つの要素を挿入することで目立たせる。中央の空間を横切り十字に交差する軸上に置かれた透視図法の消失点は，構造的な角柱としていわば物質化されており，その重要性は，中心軸上に依頼主の紋章を設置することで強調されている。こうすることで，見る者の視線は十字軸に沿う透視図法の軸線に導かれてこの構成要素に引き付けられ，そこで停止する。しかし視線は角注に跳ね返されて中庭空間の内部へ，《虚空》へと送り返される。いっぽうでは四隅の角柱が画定する閉じた壁面としての性格をいちじるしく減じながら，空間がこの建築の本当の主役となる。ロンバルディーア後期の作品にすでに認められサン・ピエトロにおいて最大限の表現力を獲得するであろう推移のなかで，建築家の関心は，空間を限定する壁面や壁面を特徴づける諸要素から《虚空》へ，それ自体で体験者を囲繞し感銘づける空間そのものへと移ろうとしている。

　《実体》的要素を介して透視図上の強調を行なうことは，かつてブルネッレスキによって——とくにサント・スピリトにおいて——導入されていたし[3]，ブラマンテ自身もすでにミラーノで実験的に試み，ルネサンスの考え方にしたがった透視図的な構成の表現として，完璧なほど効果的であることを明らかにした。しかしこの回廊の場合——アルベルティの明快な《規則》に反して——中心軸上に位置するのは通路ならぬ壁柱であって，透視図の通例にしたがって回廊への入口（伝統的かつ論理的にみてそれは透視図法の主要な視点に設置されるべきであった）をその軸線上に配置することを妨げている。この場合入口がどこに設けられようと，中心を意識したクワットロチェント流の透視図の考え方とはいずれにせよ矛盾する結果となるだろう。ブラマンテは問題を一貫した方法で解決するのが無理なことを認める。唯一の解決策は入口を回廊の空間組織にできるかぎり参入させないでおくことだろう。その方法とは入口を隅に押しやって，四辺の柱廊つき当たりのひとつに設け，ほとんど見えないように透視図法の効果から除外しておくことだった。その結果，回廊をめぐる視覚から目立った方向

第五章　ローマ初期の活動：　サンタ・マリーア・デッラ・パーチェの回廊

がことごとく排除され，求心的な空間《それ自体》の価値がきわ立ってくる。ひとつの「連続体(コンティヌウム)」としてとらえられ，理論的な前提によって建物の部分相互間や街路や周囲の建物や都市とさえ視覚的な整合性をとり結ぶことを可能にし，空間の「総体」を秩序立て性格づけるはずの透視図的な考え方はこうして，建物のごく一部にすぎない回廊のなかに凝縮される。透視図はここでは，接続のための要素から分離のための手段と化している。全体におよぶ厳格な調和比例組織にもかかわらず物理的現実としてのこの回廊は，自律的な有機組織として抽象的に計算された仕掛けとして，つまり場所や時間についての具体的な状況とは無縁な，それ自体のなかに《都市的》価値を特質として持っているものの現実の都市の文脈の中にあっては真の生命を剥ぎ取られたものと見える傾向がある。この状況は，スケールや意図においてことなるものの，サン・ピエトロ・イン・モントーリオですくなくとも部分的に再現するだろう。

　ブラマンテにとって回廊とは本質的には列柱や開廊で限定された外部空間であり，パラッツォの中庭や都市広場と同等であった。ミラーノのサン・タンブロージョの回廊では，円柱を用いたブルネッレスキ型の柱廊の採用が，平面上で概念的には点としてあらわされる支柱と，比例の基準線の格子とが何の過不足なく完全に一致することを可能にした。しかし円柱の上にアーチを乗せるシステムは，構造的にも歴史的起源においても異なる二つの構造システムの混成組織であり，アルベルティが『建築論』のなかで示したように，この接合は《非合理的》で《反自然的》と見なされるべきものであった[4]。そのうえこのシステムが一階部分に適用され上階を支える場合にはそれは，軽微な構造が堅牢な構造に支えられることを望む力学法則の自然主義的表現と矛盾していた。古代ローマ人はといえば，柱廊や開廊を実現するために二つの典型的な解法を採用していた。すなわち，オーダーで枠取られたアーチと，エンタブレチュアを戴くオーダーである。サンタ・マリーア・デッラ・パーチェにおいてはしたがって，アーチで枠取られた二つのオーダーの積み重ね，またはエンタブレチュアを伴うオーダーの積み重ねという《理論上の》二つの方法があった。しかし第一の解法を取った場合，機能上のプログラムと全体の比例システムによって確定された高さとの関係で，二階部分のオーダーの比例決定に困難が予想された。また第二の解法を採用すればとくに一階部分で構法上の困難をもたらすだろうし，ヴォールト天井の採用とは論理的に相容れないものとなるだろう。ブラマンテはそこで（のちにヴィテルボの城塞の中庭でも行うように）異なる二つのシステムを積み重ねることを決定する。一階にはオーダーで枠取られたアーチによる壁体のシステムが，二階にはエンタブレチュアのシステムが採用された。こうすることで，すべてがより論理的で合理的にうつる。唯一困難な問題は，必然的に点でも正方形でもない断面形からなる一階の壁柱を，平面全体にわたって確立された，正方形の分割によって生成される比例の網目と過不足なく合致させることにあった。

　その一方で，建築オーダーのうちどの《種類》を回廊に採用すべきか決定する必要があっ

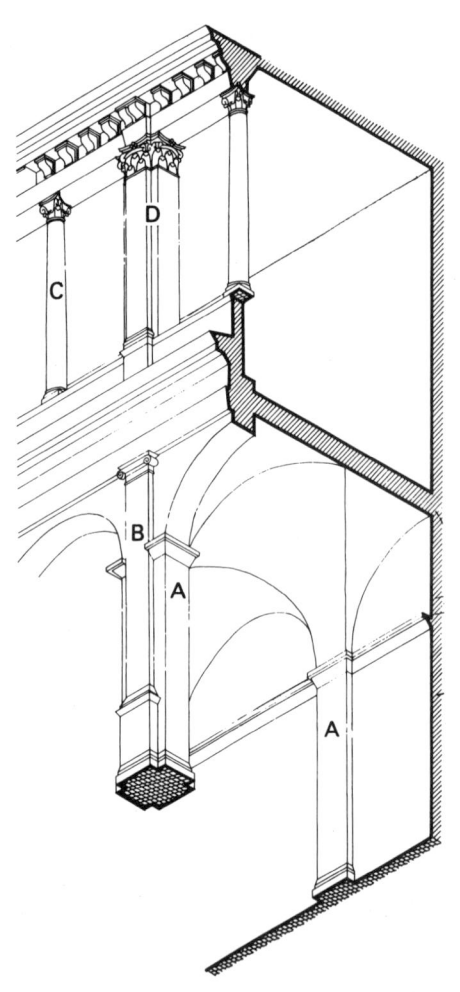

図94 サンタ・マリーア・デッラ・パーチェ回廊　ブラマンテのオーダー用法　A トスカナ式　B イオニア式　C コリント式　D 複合式

た。ウィトルウィウスによって確立されアルベルティ，フィラレーテそしてフランチェスコ・ディ・ジョルジョによってくり返された《規則》に通じていたブラマンテにとって，この選択は等閑に付されるべき事柄ではなく，依頼人あるいは建築家個人の眼識と意向が明確に示される決定事項であった。建築オーダーは単に構造的な論理性や自然の深遠な《法則》を遵守した判断基準で選択されるべきでなく，それが採用される建物固有の目的との象徴的で擬人的(アントロポモルフィコ)な調和の観点からもなされるべきであった。こうした理由から「聖処女」（この属性だけであったなら，アッビアテグラッソにおけるようにコリント式が採用されただろう）であると同様に《人々の母》という様相でとらえられた，平和(デッラ・パーチェ)の「母なる」マリーアに捧げられたこの建物のためには，《母性的な》イオニア式が最もふさわしいオーダーと判断された。

　すでに見たようにミラーノ時代後期の作品には，古代建築の《種類》に対する新しい意識が表明されていた。当時ブラマンテの関心を特に引いたのは，古代の文献（ウィトルウィウスやプリニウス）の中に示されたオーダーを，ブラマンテが通じていたであろうクワットロチェントの建築論の著者（アルベルティ，フィラレーテ，フランチェスコ・ディ・ジョルジョ）による記述を再確認しながら，できるだけ多くのローマ遺構のなかに特定することであった。古代建築の基礎となる構成要素を歴史的かつ論理的に特定するというこの分析作業は，短期間でベルヴェデーレの螺旋階段のオーダーに見られる完成した揺るぎない表現に結実することになる。そのためには書かれたテクストと建てられたそれに対峙し熟考を重ねるという忍耐強い準備作業が前提とされるが，ほぼまちがいなくそれはミラーノにおいて1497年よりも前に開始され（サン・タンブロージョの回廊），推定されるフィレンツェとローマへの旅行（1492年，1493年それにおそらくは1497年）とも関連するようである。また《古代のオーダー》を特定する過程で，その結論が時とともに段階的に固まっていったことも考えられる。そしてそこでは，コロッセウム[5]（それがデッラ・パーチェと同時期に建てられたチヴィタカステッラーナの中庭にと

第五章　ローマ初期の活動：　サンタ・マリーア・デッラ・パーチェの回廊

図95　ローマのサンタ・マリーア・デッラ・パーチェ　回廊の詳細。高い台座の上に置かれたイオニア式付け柱が、天井のヴォールトを支えるトスカーナ式角柱に張りついている。

図96 サンタ・マリーア・デッラ・パーチェ回廊　入口から北西側通路への眺め。イオニア式オーダーは角柱の隠になり，トスカナ式だけが視野に入る。＊

っても重要な規範であったのは，偶然ではない)やマルケッルス劇場[6]のような古代建造物やパウルス二世時代のローマでの建設事業（パラッツォ・ヴェネツィアの複合建築のような），そしてジュリアーノ・ダ・サンガッロのフィレンツェでの作品さえ吟味されたのはたしかである。古代に関する膨大な知識に支えられて，いくぶんためらいがちにせよジュリアーノは，ウィトルウィウスの記す二つのオーダー（ドーリス-トスカーナ式とイオニア式）を，プラートのサンタ・マリーア・デッレ・カルチェリ教会（1485年以降）に見られるとおり正しく用いていた。しかしブラマンテには，おそらくすでにサン・タンブロージョの時点でジュリアーノよりも明確な理論上の意識があった。そしてこのデッラ・パーチェには，最新の発見を提示し確認しようとのブラマンテの熱意が認められる。それ以外にも，ロッツが指摘したようにイオニア式は，ラテラーノの修道会士のような——のちのセルリオの言葉によるなら——《博識で平穏な生活の人士》のための建物にふさわしいと考えられたことも，採用のための十分な理由であった。

　ところでここにあるのは二層構成の回廊であって，ドーリス式，イオニア式，コリント式等といった力学的安定性にしたがった「論理的な」正規の順序を適用することは不可能である。もしエンタブレチュアを支える二階のオーダーにイオニア式を用いれば，一階に適用されるであろうドーリス式よりも柱が短いことになり，平和の「母」（マードレ・デッラ・パーチェ）に奉納されるこの建物の特殊性に照らしてふさわしい処理をされたとはいえなかっただろう。

　理論のさし示す方法や《合理的》規則に由来する難問や矛盾が噴出する。この方法，この規則は普遍的な妥当性を持たないのか。ブラマンテは自らの方法，すなわち古典建築の方法が普遍妥当性をもち，あらゆる状況や特殊な条件下にあるすべての問題を解決しうることを実証しようと全力を傾注する。そしてひとつの「仕掛け」が満足すべき解決を与えた。異なる四つの基本オーダーがこの回廊のなかに出現するのである。ブラマンテのこの風変わりな解決のなかには「奇抜さ」[7]への，知的なゲームへの嗜好が存在するのは確かである。そのゲームとは，まず一見解決不可能な問題を設定することで自らを困難の中に置き，そのあと

第五章　ローマ初期の活動：サンタ・マリーア・デッラ・パーチェの回廊

に明晰でときに機知で味付けられた解答を示すことによって能力を証明してほくそ笑むことにある。だがその根底にあるのは，逆説(パラドクス)への嗜好よりもむしろ，事物の精妙な両義性への深い感受性であり，事物にたいする人間の合理的な支配を確認しようとの欲求である。

 7 回廊のこの異様な特性が初めて浮き彫りにされたのは A. Schiavo, "*Il chiostro di S. Maria della Pace*",《Palatino》, VI, 1960, p.103-5 においてだが，詳論されていない。

 デッラ・パーチェの回廊においても，コロッセウムの例に見られるオーダーの古典的序列にしたって一階部分にはドーリス式（あるいはトスカナ式）が据えられるべきではないか。オーダーで枠取られたアーチの図式自体がこの問題を解決する。そのためには，ブラマンテがすでにミラーノで何度も実現していたような，アーチを支える壁柱の《オーダー》を考察すれば十分である。すなわち，地面から立ち上がるトスカナ式オーダーの角柱に古典的な付け柱に似た比例関係と形態を与えるのである。これにたいし，アーチを枠取るイオニア式の付け柱は台座の上に持ち上げられることでそれにふさわしく強調されるだろう。アーチの迫元にあるコーニスは，剝り形部分に適度な変形を受けているものの分類するならば容易に《トスカーナ式》柱頭と見なされうるものであり，張り出して輪郭を整えていることからすれば付け柱の上飾りとも見える。しかしこのようにすることで個々の要素の意味は曖昧になってくる。これら一群の古典様式の剝り形はどのような規則づけにも従わず，《コーニス》であると同時に《柱頭》なのである。

 この工夫は，角柱の構造とそれに対応する柱廊内側の壁との整合性の問題を解決する。いくつかの実際上の理由のためここでは，古代ローマの遺構たとえばコロッセウムに示されたように，角柱の中庭側のオーダーをその通路側と柱に対面する通路壁面上に単純かつ機械的に繰り返すことはできなかった。ブラマンテは角柱の裏側にもイオニア式ではなくトスカナ式の付け柱を写し取ってアーチの迫元となる角柱を形取り，さらにそれを内側の壁面に投影して天井の交差ヴォールトを支えるようにした。この処理によって地面に接する部分に《トスカーナ式》オーダーを導入する問題と，イオニア式オーダーを強調すること，すなわちそれを台座で持ち上げたうえで同じ一階に設けることで《平和の母》に捧げられた回廊にとってより重要なオーダーとしてそれにふさわしいしかたできわ立たせるという問題が氷解する。じっさい，すでに見たように回廊への入口は四周の歩廊のうちのひとつの突き当たりに設けられているため，そこから入る人は最初にトスカーナ式《オーダー》を見る。次の瞬間，中庭に目を向けると初め

図97 サンタ・マリーア・デッラ・パーチェ回廊　回廊外周壁のトスカナ式柱頭はエキヌスの剝り形のちがいだけによって両側のコーニスと区別される。*

図98 サンタ・マリーア・デッラ・パーチェ回廊　コリント式円柱とコンポジト式角柱が交替する二階のオーダー詳細。左の角柱にナーポリの枢機卿ことオリヴィエーロ・カラーファの紋章が見える。

て, 修道院の《母なる》イオニア式オーダーが目に入る。このように厳格で《合理的な》過程に従うことでブラマンテは, 空間内におけるオーダーの積み重ねの規範を新たな結合方式で置き換えた。すなわちそこではオーダーの関連性と調和が, 見る人の運動にともなって開示されていくことでとりわけ《時間の次元》の中に展開するのである。

　だがそれだけではない。ブラマンテはここで, 角柱の両側と裏側に十字断面を形成するように廻され壁面上にも繰り返された付け柱のトスカーナ式「柱頭」が, 原初においてはアーチの迫元を構成する「コーニス」であったことを想起する。様々な骨組みや, またそれをとおして柱廊の空間すべてを統合的に配列するため, ブラマンテは壁面上のすべての《柱頭》を, わずかにそれから後退した平面上にある刳り形によって水平に連結する必要があると考えた。しかしもしこの連結コーニスがすでにトスカーナ式《柱頭》として提示されている形態と同一であったなら, それと《柱頭》とを区別したりトスカーナ式付け柱を特定することは不可能となるだろう。ブラマンテはここでもう一つの小さな工夫によって問題を解決する。つまり連結のための連続コーニスから, トスカーナ式《柱頭》のエキヌスに対応する部分の繰り形を消去するのである。これによって刳り形は再び《コーニス》になる。ブラマンテはこれら一連の工夫によって問題が解決でき, その方法の普遍妥当性を証明しえたと考えた。しかも古代人やウィトルウィウスやアルベルティとも同調しながら。主知主義的で洗練されたこの成果は, もはやまぎれもない《マニエリズム》的態度と見なしてよい。個々の要素は役割をそのつど交換し, 相貌を保ちながら, 異なる意味をあらわすため使用される。すなわち古典世界の諸形態は, 各々の起源や自然な用法との関係のなかで《曖昧な》ものとなる。

個々の要素はその自立性を喪失し，他要素や見る者との関係によって本来の形とは異なる意味を帯びるようになる。

　回廊二階の構成要素を細かく決める段になって別の問題が出現する。全体的な関係は当初からの比例計画によって厳密に規定されていた。一階部分の角柱の真上にエンタブレチュアを戴く単純な円柱を置くのは，最も単純で論理的な解決法だったろう。しかしそうした場合一階との視覚上の相違は，はなはだしいものとなるだろう。しかもその円柱の高さは比例計画で拘束されており，またそれによって円柱の比例も決まるが，その太さは柱間の広さにくらべあまりに弱々しく映るにちがいない。また細い円柱で構成されたとしたら，四つの立面の中心軸上にある《実体》の意味の強調はあまりに弱いものにおわる結果となったことだろう。要するに，全体の比例関係があらかじめ決定されていることに多くの問題が集中していた。論理のさだめる異なった秩序が相互に軋轢を生んでおり，理論はそれ自体と矛盾する結果を生む危険を孕んでいた。明白な合理性だけを辿るかぎり，この難問を解決するには妥協や技巧や工夫によるほか道はなかった。一階の壁柱に対応する二階の位置にブラマンテは角柱を設置する。そしてそれは建築オーダーの規範的な比例に適合した形をとるはずであった。

　それ自体で，また一階の角柱とのあいだで比例調和を達成するため，二階の角柱は複合断面の形を取る必要があった。その正面は付け柱の形を取り，しかも一階のオーダーに似せるため台座の上にのせられる。広すぎる柱間は円柱によって二分割されるがこれはエンタブレチュアの重さを支えるためにも必要だった。しかもそれは，基礎となる幾何学図形の水平垂直両方向での再分割の繰り返しを予測させる，あらかじめ定められた比例図式に従ったものである。しかし二階の角柱はどのオーダーに従うべきであろうか。ブラマンテはすでに一階でトスカーナ式とイオニア式とを用いていた。そしてこの論法を二階にも展開することが可能であり，それが理にかなっていると考えた。基本的にはイオニア式に潜在的な価値が置かれるにしろ，すべての建築オーダーがこの回廊に表現されるべきであった。隣接する円柱にくらべ視覚上の重要性が高い複合平面形からなる角柱には「コンポジト式」オーダーが与えられ，円柱は「コリント式」と定まる。こうして四つの基本オーダーがこの回廊に表現された。ただし，のちの作品においてと同じくここでも，ブラマンテが「コリント式」と「コンポジト式」を実質的には区別していなかった可能性もある。いずれにしろ結果は極めて曖昧なものであって，古典的な規則からみればパラドクスの域に達しているといってもよい。あらゆる規則に反し，ひとつのエンタブレチュアの下で一つまた一つと「コリント式」と「コンポジト式」の支柱が交代してあらわれる。古代の構成法に従うならば，コリント式円柱と向かい合うコンポジト式角柱の側面部分はコリント式円柱を壁体の用語に投影し翻案したもので考えられるべきであり，したがって角柱もコリント式の柱頭を持つべきだろう。だがもしそうすれば，一つの角柱とその付け柱が異なるオーダーで構成され，その上部にはコンポジト式とコリント式の柱頭が溶け合って隣接するという異様な状況が出現することになった

123

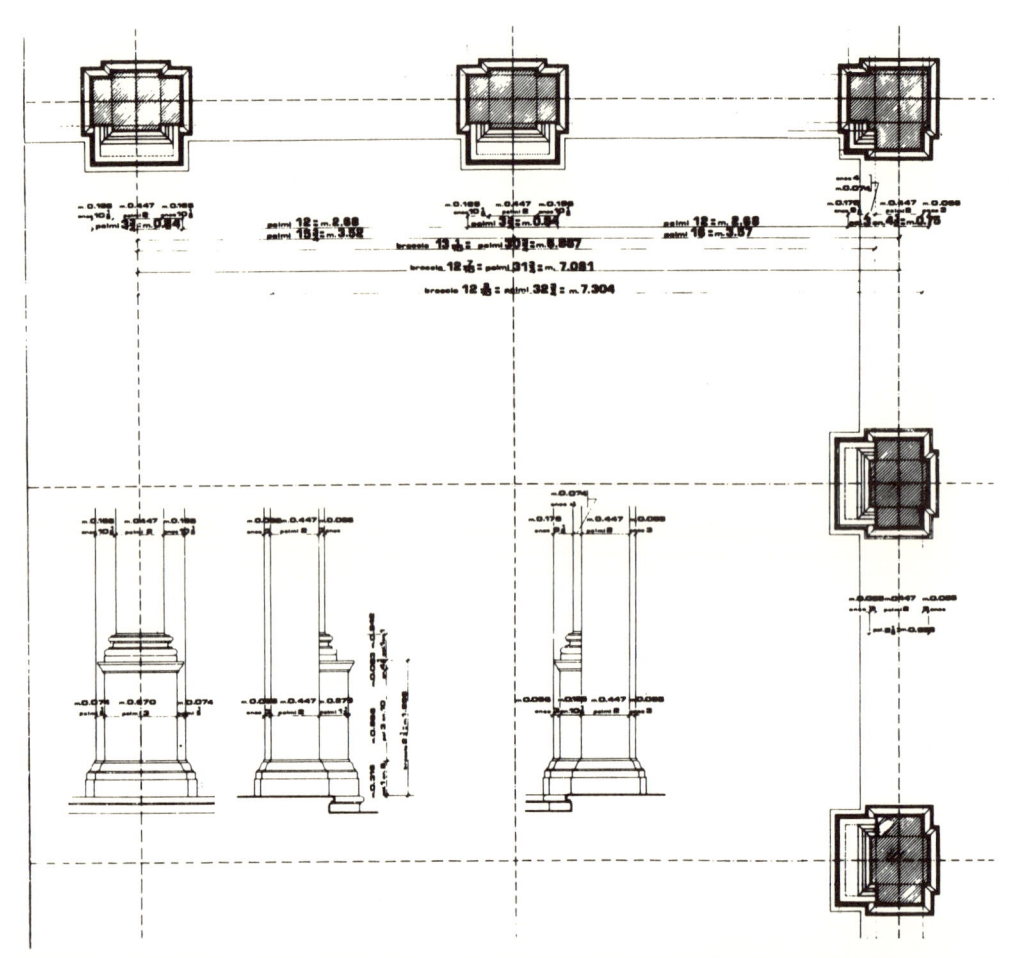

図99　サンタ・マリーア・デッラ・パーチェ回廊　一階における角柱と付け柱の処理の分析図。隅の角柱はＬ字型に緊縮し、中庭側のイオニア式付け柱は入り隅で「針のように」細くなるいっぽうで、裏側のトスカーナ式付け柱は幅が広くなっている。それ以外の柱では台座の張り出しが大きくされている (Bruschi, "*Bramante architetto*", 1969)。 *

だろう。ブラマンテは敢えてそうすることを避けてコリント式の円柱とコンポジト式の付け柱とが向かい合うにまかせ、対応する要素の形態論的差異を覆い隠すことをしなかった。しかしその成果は、後世のアカデミックな《規則》にてらしてみてもやはり刺激に満ちたものと映らずにはおかない。

　それだけではない。か細い円柱のコリント式柱頭の高さは、隣接するコンポジト式角柱の柱頭にくらべ低くなっている。このことも論理的で合理的また意識的な選択の結果であった。円柱の高さは立面全体の比例の網目によって決定されており、その基部の直径は角柱つきの付け柱の幅よりも狭い。隣接する二つの支柱の柱頭は、たとえその結果規則に反して高さの異なる柱頭が並ぶことになろうとも、規則に従って比例決定されるべきであった。すでにみた処理と同じくここで扱われているのは奇矯さや目新しさや、まして純粋に形態的で《感覚的》な方策ではない。それは厳密な合理化の結果であり、そこでは、たとえそれが別種の

第五章　ローマ初期の活動：サンタ・マリーア・デッラ・パーチェの回廊

《論理的》秩序によって決定されたものであるにせよ, 問題となるあらゆる要素を共存させること, あるいは同時に《活かす》ことが試みられている。その成果はあたかも定理の証明である。計画の過程において, 主観の介入や直感や個人的感性が排除されることなく, 場合に応じて, また方法の軌道に従いながら, 抑えられたり高められたりするのである。そしてそういった主観や直感も, 探求の手段のひとつ, つまり空間的統一を形成するために確実な手段によって働く精緻な「学問」であろうとする。

　回廊全体の比例組織と基本的な立面構成が決定された後のある時点でブラマンテは「入り隅の角柱」の詳細を決めるという, きわめて困難な問題に直面したにちがいない。比例の格子は非物質的な線や点で表現できる。しかし建築は壁や角柱といった物理的要素, つまりアルベルティなら《ひとつの場所を占有する》要素とでも呼んだだろうものでできている。この回廊においては平面の比例格子が完全に正方形だけで構成されているため, 隅にあるものを含めて, 支柱のすべてが同じ寸法になる必要があった。厳密な数学的抽象性と物質の空間的広がりとの間に折り合いをつけるという困難に直面して, ブルネッレスキやまたブラマンテもかつてミラーノのサン・タンブロージョのカノニカや回廊で, 入り隅においても円柱（またはそれと同じ太さの角柱）だけを採用することをとおして, 構造体の平面的な広がりを一つの点と同一視しようとした。じっさいウルビーノのパラッツォ・ドゥカーレ中庭の例のように, 隅部の重要性を強調しながら同時に他の支柱の位置や柱間の比例を守ろうとすれば, 空間全体に張り巡らされた正方形の比例組織を維持するのは不可能である。比例の格子と一致させようとすれば理論上は, 隅柱の断面形が他の柱の正面幅に等しい長さを一辺とする正方形に含まれるとともに, 隅柱のまわりにおいても柱間が一定で断面寸法の真ん中に中心軸がそろっている必要がある。このことはしかし, 標準的な角柱の断面が長方形であるためデッラ・パーチェの回廊では不可能である。隅柱のまわりにおいても角柱の中心軸を揃えるためには, 隅柱の寸法を標準的な角柱の正面寸法より著しく減ずる必要があり, それにともなって隅柱の台座上にイオニア式付け柱を設けることは不可能になる。

　ブラマンテは結局, 柱間隔は均等に保ちながら台座とイオニア式付け柱を《糸状の》要素として挿入することで, 隅柱の寸法をできる限り減少させた。その付け柱の正面は厚みに等しい寸法にまで縮小し, 柱頭と柱基は他の付け柱の対応する要素と比較してほとんどそれとは判別できないほど《抽象的な》形の断片と化している（《糸状の》付け柱はすでにブルネッレスキの作品にあらわれており, ブラマンテはそれをアッビアテグラッソの正面入り隅で導入していた）。他の要素の詳細にも納まりのわるい結果が発生する。二階のエンタブレチュアを飾るフリーズの持送りは, 付け柱の真上で異様に接近し縮まっている。一階では入り隅で両側から入り込んだアーチ迫元のコーニスが（これは他の角柱では《柱頭》の形をとっていた）, 微細な突起と化した《糸状の》イオニア式付け柱に巻き付き, その連続性を中断している。アーチ迫元の角注は, 視覚的にはイオニア式付け柱に優先している。中庭の入り隅において, 台座上の

125

図100 サンタ・マリーア・デッラ・パーチェ回廊　入り隅の見上げ詳細。

オーダーが規定する枠組みは唐突に弛緩し脆弱なものとなる。

　回廊入り隅のこの処理は（指摘されてきたように，おそらくはパラッツォ・ヴェネツィアの回廊から想を得たと思われる(7)）それ自体，表現上の未解決な問題の集積点であるかのようであり，そのためアドルフォ・ヴェントゥーリからボネッリやデ・アンジェリス・ドッサトにいたる[8]すくなからぬ研究者によって幾度も批判されてきた。しかしそれはこの作品における全体計画の立案と方法論上の厳密さに密接に関連しており，ブラマンテがのちにパラッツォ・デイ・トリブナーリの中庭でこの納まりを繰り返し採用したのも偶然だったはずはない。隅柱の唐突な縮減はなによりもその角柱自体から，隅部において中庭の空間を区切り取るという，壁面のもつ囲い込みの性格を奪っている（これはウルビーノの中庭に認められる意図とは全く逆の意図にもとづいている）。そしてこれは《実体》による中心軸の強調とすぐれて一貫した処理であって，あたかもオーダーによって進められた空間の構造化の働きが各々の立面の中で中心から両隅に向かうにしたがって力を減じていき，ついには角を隅切りされた正方形を思わせるイメージへと落ち着くかのように感じられる。ブラマンテはこのようにして，理想的には円の完全性を指向する空間の求心性を強調する。とりわけそれ自体で芸術表現の対象となりうる「虚空」を，つまり囲われた外部空間をめざしている。しかもすでに見た通り，この処理は全体を規則づける比例の基準線を物理的な壁体の用語で形にしていった帰結である。それは，直角な位置で隣接する二つの等しい壁面，すなわち平面内でそれ自体透視図的視点から組織され，透視図的な三次元性を本来備えた二つの壁面が——その壁面はつまり，回廊空間の境界を構成する要素にほかならないが——規則的な平面格子の基準線にしたがって交差することから必然的に生じる結果なのである。論理的で検証可能な《規則》がここに，その具体的な適用例と証明を見いだす。この成果は一つの方法の検証であるとともに，視覚的にはまだ完全な成果を収めるにいたっていない密かな表現上の衝動，つまり「空間それ自体」を制御し獲得することへの衝動の表明である。

　　8　A. Venturi, "*Storia dell'arte italiana. L'architettura del Cinquecento*", XI, I, Milano 1938, p.68; R. Bonelli, "*Da Bramante a Michelangelo*", Venezia 1960, p.19; G. de Angelis d'Ossat, "*Preludio Romano del Bramante*", 前掲書, p.85 参照。

　問題を厳しく明確化することや解決への一貫した定式化のための努力は，これ以外の詳細にも明らかである。たとえばそれは隅柱の通路側のトスカーナ式付け柱に見て取れる。隅のベイにおいても，柱廊の天井に架ける交差ヴォールトを正方形平面に保つために，これらの付け柱は標準的なものとくらべその寸法が（交差ヴォールトを支えるアーチと同様）かなり幅広のものとなった。ここでもその結果は異例なものとなっている。ここに挿入されれた隅柱のトスカーナ式付け柱は，寸法と比例の点で隣接する標準的な付け柱の理論に従っていない。この処理が反伝統的であることによってなおさら，それが方法論上の厳密さのために挿入されたことが明らかになっている。その概念上の厳密さは，通路内側の二つの壁面の入り隅に

も糸状のトスカーナ式付柱を挿入することでさらに強調されている。

　デッラ・パーチェの回廊にはこの他にも，この作品におけるブラマンテの計画上の方法や態度を明らかにする特異な詳細が存在する。それらは感性の示すところにしたがった副次的な詳細や《修正》や《批判的な》調停である。すでに本質的な構成要素でこの回廊は詳細決定されているため，これらの修正は方法の厳格な適用に直接由来するものではなく，ちょうど絵画において画家がするような，総合的で最終的な視覚的効果の観点からなされたものである。こうして，上階の角柱のコンポジット式付け柱が台座を伴っている（しかし側面の付け柱にはこれがない）のは，下階のイオニア式の付け柱が台座の上に立つことを受けて垂直方向の連続性を示すためであるし，アーチの中心軸線上でイオニア式エンタブレチュアに載って突き出た直方体は（現在では失われているが，ルタルイイによる十九世紀の実測図面に表現されている），アーチの軸線に沿って設置されたコリント式円柱に対応して設置されたと見ることができる。

　9　P. Letarouilly, "*Edifices de Rome moderne ou récueil des palais, maisons, églises*", Liège 1849-66, Paris 1868-74, 図64-6。この奇妙な要素の存在は，De Angelis d'Ossat の "*Preludio romano del Bramante*", 前掲書，で指摘された。しかしこの修道院の近年の修復に際しては，その痕跡は確認されなかった。

　このような要素の意味するところは，これとは別のあい反する仕方で説明可能だが，たしかなのはそれが，独特な視覚的効果を達成するために行われた《補正》や付加や《修正》と見なされるべき点である。このような理由から，最上部のエンタブレチュアが上階の角柱正面のコンポジット式付け柱に呼応して突出していることも（その結果対になった持送りが異様な仕方でそこに設置されている），回廊の立面を組織する基本要素の，垂直方向の連続性を強調するためと理解できる。このエンタブレチュアは独特な形をしており，おそらくブラマンテによるパラッツォ・デッラ・カンチェッレリーアやそれから派生したローマのいくつかの邸宅のエンタブレチュアと極めて似通っているのが思い起こされる。コロッセウムにおいて古代ローマ人が，またパラッツォ・ルチェッライにおいてアルベルティがおこなったように，ブラマンテもこのエンタブレチュアが単に上階のオーダーのそれであるだけでなく，建物全体の頂部装飾であり視覚上の結論であるべきだと批判的に考えた。その重要性を強調する意図から，フリーズに持送りを導入することで明暗法の効果を高めている。したがって，すでに見たようにそれが柱に対応して突出すべきである一方で，同時に《閉鎖》や《停止》，つまり最終的な結末としての機能を損なうべきではなかった。最上部を区切り取る線はしたがって分節されたり《隙間がある》ように見えるべきでなく，一様に連続することで立面全体を決定的に閉じるべきであった。問題はまぎれもない明白さで批判的に提示されている。しかしその結論はある技巧なしには提示されなかった。のちにベルヴェデーレでもそうするようにブラマンテは，角柱の位置で敢えてエンタブレチュアを前に迫り出させる。ただしそれはアーキトレーヴとフリーズに限られ，フリーズの持送りで支えられた最上部のコーニスは中断されることなく連続するのである。

第五章　ローマ初期の活動：サンタ・マリーア・デッラ・パーチェの回廊

　それだけではない。一階のイオニア式付け柱は，台座で持ち上げられることで聖母に捧げられた建造物にふさわしい特権的なオーダーとして処理されている。しかしその上にあるコンポジト式の角柱は，視覚的な現実において曖昧ではあるが目を引く存在となっている。したがってもし正面の付け柱が下階のイオニア式付け柱に正しく対応する幅を持つとしたら，この角柱全体の太さは著しく肥大して視覚的にみた（下にある重厚なものが上にある軽快なものを支えるという）構造上の《道理》とあい容れないおそれが生ずる。このためもあってブラマンテは，正面のコンポジト式付柱だけに台座を付けその真上のエンタブレチュア部分だけを前に出したのである。しかしブラマンテの目にはこれでも十分ではなかった。すなわち二階の付け柱と比較して一階の付け柱の重要性をさらに強調する必要があり，そのためにはさらなる技巧をもってするほかなかった。ブラマンテはイオニア式付け柱を支える台座をさらに強調するため，台座の側面の出が通常であるのに対し，正面の出を——規則に反して——さらに張り出させた。明らかにイリュージョニズムの効果をねらった技巧である。しかしこれに加えて，ブラマンテの望んだある変則的事実，明らかな異様さが明らかとなる。隅柱においては付け柱つき台座の張り出しは他のそれよりかなり少なく，規則にかなったものなのである。この処理によって隅柱は通常の角柱とくらべて一段と弱められ，四つの立面が隅部で終結することなく連続していく全体的効果が強調される。こうしてブラマンテの追求する「空間それ自体」による三次元性の効果が決定的となる。隅部のこの処理は，隅部以外の一階角柱の台座の突出が文字通りの「手直し」であって，全体や部分的要素の決定がすっかり終わった最後の時点で導入されたことを裏づける。この処理はしたがって，見る人との関係で個別的な視覚効果を追求するために，「学問的な」根拠や確実な規則にもとづく過程の論理的で絶対的な成果にさえ批判的な変更を加える，透視図画家としてのあの態度を如実に示している。

　デッラ・パーチェの回廊は，ブラマンテがローマにおける最初の確たる建築において，その厳密な方法論を極めて理路整然と適用しようとつとめたことを証明している。それと同時に，方法の運用結果がそのまま表現となるような新しい言語を築こうとするブラマンテの意欲も見て取れる。しかし建築言語の刷新にとって依然として障害となっていたのはおそらく，表現内容をめぐるある不確かさであった。

　時は1500年。ローマのアレクサンデル六世の教皇庁は，イタリア諸国家嘱望の筆頭に立つに足る特権的権力をいまだ獲得するには至っていなかった。この教皇の政治目的は教会国家の建設にあった。しかし教皇の野心的な親族重用（ネポティスモ）が排他的な目的と手段を露わにするいっぽうで，封建勢力の根強い反抗がアレクサンデル六世のプログラム実現を困難にし，その政治介入の規模を抑制していた。政治的危機はまだ終結しておらず，混乱と危惧と不安定の時代が続いていた。文化的に見てもローマは芸術の中心地としてフィレンツェに取って代わるには至っていなかった。教皇庁の精神的政治的威信はいまだきわ立った文化的出来事と見なされていなかったし，とりわけ教皇国家を古代ローマ帝国と観念的に同一化しようとする作業，

すなわちニコラウス五世によって開始されユリウス二世の下で「ローマ復興(レノヴァーティオ・ローマエ)」の神話として頂点をむかえるであろう行程は，完遂に程遠い状態にあった。いまだ過渡的な時代だった。そしてブラマンテは教皇に仕える身としてまだ第一級の立場にはなかった。ウルビーノやミラーノの文化を体現した亡命者であったが，その文化はいまだ周縁的と見なされるものであって，ユリウス二世の時代を特徴づける文化とくらべればごく限られた範囲で展開されたに過ぎなかった。

表現されるべき内容の不確かさやローマに移って日のあさいブラマンテの相対的な孤立状態が，未成熟な社会経済的文化的文脈のなかにあって現実的で効果的な伝達に適した視覚的表徴によって自らを表現することの不可能性や，その言語の不確実さを浮き彫りにしている。形態は固有の広がりや深みをともなった意味を引き受けるようには見えず，表現に真実の革命を引き起こしうる内容を孕んでもいなかった。多くの「実験的」局面をとおして作品は主知主義的な文化演習としての性格をまとっているが，それは純粋に個人的な問題からのみならず集産的で社会政治的な諸問題からもある種「切り離され」ていた。方法に真に密着した言語はまだ完全に見定められてはいなかった。空間を秩序にしたがって構想するための方法論上の道具は揃っていたが，表現上の完結したイメージとして説得力ある結論を示すための道具はまだ現れていなかった。とはいえブラマンテは，手段や表現を単純化しきわ立った「総合化」に向け知性によって形態を選択し昇華する作業に取り組んでおり，これが建築の刷新の先駆けとなった。古代への言及はいまだ間接的であり——存在はするが暗示的で婉曲で希薄である——光の扱いにおいてもウルビーノ的なまたマンテーニャ的な資質が残存するいっぽうで，言語は抑制され図式的でやや主知主義的であり，明瞭に個人化された特性からは遠ざかっている。様々な部分を寄せ集めても真に支配的な統一を生むには至らない。とはいえ（回廊にかぎらず修道院全体を含めた）この作品が独特な魅力を備えているのは，この方法論の検証にみられる主知主義的な厳格さや，純化と統合に向かう努力によってである。とりわけ回廊に魅力を与えているのは《虚空》つまり「空間それ自体」——もはや限定する壁による透視図的なスペクタクルを享受するためのそれ自体《中立的な》場所ではなく，まぎれもない主役である——の効果を高めようとする意図である。内的な活力に満ち——まれに見る《繊細さ》（フェルスター）やほとんど《女性的な優美さ》（デ・アンジェリス・ドッサト）をそなえた——形態の戯れのなかで活発にゆれ動く，組み立てられあるいは対置しあう諸要素によって空間は特徴や性格を与えられ，建築家のめざす自覚的で《批判的な》明晰さを微細に表現している。

それとともに作品全体を活気づけているのは，のちのブラマンテの作品にくり返されることのない新鮮で刺激的な，はつらつとした刷新の雰囲気である。表現上の不均衡もそれを損なうには至らず，むしろ賞揚してさえいるのである。

第六章

ユリウス二世とブラマンテの《大》様式：
ベルヴェデーレと《古代風ヴィッラ》の再生

　サンタ・マリーア・デッラ・パーチェ修道院の工事はすくなくとも1504年末まで続いた。1503年10月31日に教皇ユリウス二世が選出されたが，ブラマンテは教皇が枢機卿であったころから知り合っていたらしい。すでに六十歳になろうとしていたブラマンテは，時を経ずしてヴァティカーノの複合体の（それとともに自らの建築の）刷新に取り組んだと思われる。すでにデッラ・ローヴェレ教皇在位の初年である1503年か1504年のはじめ，あるいは1505年の春から夏にかけてより早い時期に，ブラマンテがベルヴェデーレ複合体の全体計画の最初の案を作成したことはまちがいない。

　　1　この議論全般に関する批判的文献学的な最良の検討としては J. S. Ackerman, "*The Cortile del Belvedere*", 《Studi e documenti per la storia del Palazzo Apostolico Vaticano》, III, Roma 1954, p.42参照。ヴァティカーノ宮の複合体のなかでのベルヴェデーレの枠組みについては D. Redig De Campos, "*Palazzi Vaticani*", Bologna 1967, これ以後の議論については A. Bruschi, "*Bramante architetto*", 前掲書 p.291-433 および p.865-82参照。フロンメルによって確定された1503という年代は，ベルヴェデーレの外壁に大きく刻まれた碑文から導かれた。

　この作品はユリウス二世時代のブラマンテの問題意識を顕著に示しているとはいえ，言語のある種の鋭敏さで，これに先だつデッラ・パーチェでの仕事とまだ部分的に結びついている。1505年の中頃に年代づけられるサン・ピエトロの最初の計画案，いわゆる《羊皮紙の平面図》において初めて，ブラマンテの新しい《盛期様式》が完成した表現としてはっきりと姿をあらわす。しかしサン・ピエトロ・イン・モントリーオの地下礼拝堂にある銘板（および1628年の修復の報告書）は，スペインのカトリック両王がこの「聖使徒を奉る小礼拝堂を［…］キリスト聖年1502年に建立した」ことを証言すると考えられる（この工事の管財人はスペイン人枢機卿カルヴァヤルであったが，アレクサンデル六世宮廷のこの要人をブラマンテはミラーノではパヴィーアのカルトジオ派修道院の献納にさいし，またローマでもサン・ジャコモ・デリ・スパニョーリ教会の完成のため助言を受けたことですでに知っていた）。つまりデッラ・パーチェの回廊とサン・ピエトロおよびベルヴェデーレとのあいだの1502年に，ジャニコロにあるブラマンテのテンピエットが位置づけられることになろう。

しかしながらこの日付けは，極めて重要なこの建物の成熟した様式と矛盾するように見える。そこでデ・アンジェリス・ドッサト（1966）をはじめとする研究者はこの日付を1505-06年まで遅らせることを提案した。筆者もまた歴史的および文献的考察にもとづいて，1502年の日付けは計画の委託と工事の開始（つまり地下礼拝堂のそれ）を意味するのであって，地上部分については数年後つまりサン・ピエトロ計画ののち，おそらく1508－09年までくだりうると考えた。このような推測は，地下礼拝堂の直径が地上の神室のそれよりいささか大きいという奇妙な状況への考察からも確認される。すなわち，地上部分の壁が部分的に地下の空洞の上に乗っていることは，当初の計画に対する建設途中での変更を証明すると考えられるのである。

　じつはテンピエット以外にもパラッツォ・カプリーニ（後のラッファエッロ邸）やブラマンテ作である可能性の高いジェナッツァーノの《ニンフェウム》など，きわめて重要でありながら年代のさだかでない作品がいくつか存在する。また上記の作品で新たな成熟が完遂されたのちに，建築的語彙の性格からみてこれらより未熟な作品が——ヴァティカーノ宮のサン・ダーマゾの中庭西正面やヴィテルボの城塞の中庭そしてブラマンテの原設計にさかのぼるとすればトーディのサンタ・マリーア・デッラ・コンソラツィオーネ教会，等々——続いているようにみえる。問題を複雑にした原因は，依頼の多さのために，いくつかの作品においてはブラマンテよりはるかに年が若くまちがいなく《未熟》で偏見にたいし師以上に自由な助手や協力者が積極的に参加したことにあった。そして何よりも，作品ごとに様式を改変したり異なる《手法》を実験したりすることをはばからないブラマンテの移り気な性格があった。

　ブラマンテの創作活動の展開が直線的で均質なものからほど遠いことを考慮にいれると，サン・ピエトロ・イン・モントーリオのテンピエットの設計時期について確かな立場をとることは困難である。しかし，些細に見えるかもしれないこの設問がきわめて重要な意味を帯びるのは，プログラムの厳密さや実験的検証の時期から（すでにみたようにそれはロンバルディーア時代末期に始まりサンタ・マリーア・デッラ・パーチェで閉じられる），ローマ期のブラマンテの新たな《大》様式あるいは《盛期》様式（その成果はチンクエチェント建築の展開にとって歴史上重要な意味をもたらすことになる）への移行がいつ起こったかが，これによって確定されるためである。この「盛期様式」は，すでにアレクサンデル六世の時代つまりブラマンテのローマ到着直後にテンピエットによって（研究者によってはパラッツォ・カプリーニやジェナッツァーノの《ニンフェウム》とともに）開始されたのであろうか。あるいはユリウス二世統治下の早い時期に，この教皇が敷いた新たな政治や文化の文脈の中で初めて十全に開花したのであろうか。そしてこの《成熟》期は，ある種の限界の範囲内においてであるにせよ，一貫したあるいはすくなくとも支配的なひとつの方向に向かう創作期を形成するのだろうか。あるいはそれとは逆に——十分ありうることだが——これら《盛期》作品群は，それに先立つ言

第六章　ユリウス二世とブラマンテの《大》様式：　ベルヴェデーレと《古代風ヴィッラ》の再生

語的にみてより控えめで《アルカイク》な作品に取ってかわる，ある種暫定的な作業仮説として提示されたものだろうか。現時点ではこの疑問にたいし確実な解答を出したり，それから引き起こされる諸問題を議論することはできない。

　いずれにせよこう想定してよいだろう。実験的意図がより大きくまた計画に費やせる時間が十分で，責任や熟慮の可能性が大きい作品の場合，その建物は建築的にみて独自で重要な対象と位置づけられ，それにともなって《盛期様式》が成立する可能性が高かったいっぽうで，それとは反対に建築を自律的な対象ととらえることを《断念》せざるをえないような種類の作品においては，建築言語自体への問題意識が多少とも低下し，建築全体やとりわけその《都市》的意味への関心が支配的となった，と。建築を考えるこれら二つの異なる方法に関係する作品は——それらを過度に対比的にとらえるのも誤りだろうが——年代的にいわば交替しているようである。前者の場合には概してブラマンテ本人の計画への関わり方がより直接的で顕著であり，後者においては施工のさいの詳細決定における協力者の参加の範囲がより広いようである。言語的に異なる性格の作品が交替するというこの仮説にたてば，1502年の時点におけるジャニコロのテンピエットがブラマンテの盛期様式の開始を示すということになろう。この様式はサン・ピエトロやサンタ・マリーア・デル・ポポロの内陣，パラッツォ・デイ・トリブナーリ，サン・ビアージョ教会，サンティ・チェルソ・エ・ジュリアーノ，パラッツォ・カプリーニ，ロレートの《サンタ・カーサ》，サン・ピエトロの《テグーリオ》などの計画においてゆるぎなく確立されるが，これらと並行して成熟度の低い作品の《回帰》があったし，施工段階での助手たちの広範な関与のせいもあるにしろ，いくらか緊張感の弛緩した作品も生まれたようである。そのような代表例としてサン・ダーマゾの中庭の西立面やヴィテルボの城塞，ブラマンテの設計に溯るとすれば場合によってはトーディのコンソラツィオーネ教会，ロレートのパッラッツォ・アポストーリコの一部やその他の小品がある。しかしくり返しておくが，これらの作品についての年代付けはすべてにわたっては確定しておらず，したがってこの時期のブラマンテにおける問題意識の展開まで含めた組織的で分析的な歴史記述を確立するのは困難である。

　いずれにせよ疑う余地のないのは，チンクエチェントの建築言語の展開上の（さらに一般的に十八世紀までを含むルネサンス－バロックの全行程や，それをも越える）問題に関しては，ブラマンテの成熟した新様式を把握することが根本的に重要だという点である。そこで達成されたのは，暫定的で非常に不確かなものであるにしろ，この建築家が全生涯を注ぎ込んだ探求の結論と総括であり，空間とヴォリウムの構成による建築や都市の表現の最高到達点であった。しかしながら，用いられる建築言語が完全な成熟に達していない一群の作品もまた（それらすべてが二次的なもの，まして《劣った》ものと見なされるべきではないが），概してユリウス二世時代のブラマンテの（たとえ《成熟した》それでないにしても）《大》様式を完全に体現している。それはとりわけ，構成においてつねに都市計画的な価値を引き受けようとする空間

133

の性格に顕著である。これらの作品はとりわけ，単に未曾有の空間を準備するためだけでなく，ときには語彙あるいは統語上の新解決のための実験場となり，また言語上の約束ごとにいつも正しく従っていたとは限らないが，理論的および方法論的な問題の検証の場として機能する。そこでは，あたかも問題解決の大筋や計画の原則が最初の不完全な状態のままでブラマンテの介入が中断され，構成要素や詳細についての施工や表現上の決定が——作品への関心や表現上の緊張感の低下のためか，あるいは時間の不足といった実際的な理由からか——なおざりにされたかのように見える。年代的に入りまじったこれら二つの作品群は，いずれにせよ相互に補うように見え，両者を対比づけるのは恣意的で不自然でさえある。しかしながら，第一の作品群（つまり完全に成熟した様式の作品）にはブラマンテの諸問題が簡潔で明確に表現されており，言語の問題を別としてもとりわけ——図式化の誇りをおそれずにいえば——内部空間と外部のヴォリウムとの組織化の問題が卓越しているのに対し，もう一方の第二の作品群においては計画全体の《都市的な》局面への関心が支配的であるという判断をもとに，以下ではこれらを二つにわけて検討していく。そしてここでは第二の作品群から検討する。その理由は，すでに触れたように，第一群がブラマンテの活動の最終的な成果を形成しおしなべて第二群の価値の重要な部分をも包含しており，したがって第二群は第一群への序章を構成すると見ることができるからである。

　十分に成熟した第一の作品群のなかでも完全な表現がサン・ピエトロに見出されるとしたら，第二の作品群を最もよく代表するのはヴァティカーノのベルヴェデーレであるが，この作品は構成要素を建築言語として確定しようとする熱意の点でもユリウス二世時代のブラマンテの新様式を端的に示す作品となっている。つまり一方には，外観のヴォリウムと内部空間との有機的な性格づけの問題があり，もう一方には屋根のない囲まれた大空間の，また《都市》空間の問題がある。そしてこの二つの傑出した作品のまわりに，これらがもつ問題性になんらかのしかたで関連する他の作品が位置づけられる。それらの作品は問題の個別的な局面にのぞんで解決を試みたり代案を提示しするのに役立ち，また実験や検証の機会を提供したのであった。

　もし仮にブラマンテの《革命的》言語を代表するなんらかの実現作が——たとえばサン・ピエトロ・イン・モントーリオのテンピエット——計画された時期がアレクサンデル六世教皇下の末期だったとしても（これはいくぶん説得力に欠けるが），それが歴史的正当性を見出すのはやはり，1504年以降のユリウス二世下のローマで確立された新たな政治的文化的風土においてであった。

　ユリウスが教皇位に就いた当時，ローマは深刻な経済状態に陥っていた。アレクサンデル六世とチェーザレ・ボルジアの政治活動や教会国家の権威の衰退，そして武装した傭兵隊の内紛や跳梁の結果，市内では食料が欠乏していた。穀物価格は倍に跳ね上がった。教皇国家の財政状態は壊滅的であった。閉鎖する銀行もあらわれ，金に対する銀の価値が低下した。

第六章　ユリウス二世とブラマンテの《大》様式： ベルヴェデーレと《古代風ヴィッラ》の再生

貨幣価値は下落し，その下落した貨幣で支払われ混乱したシステムによって徴収された税金は教皇庁国庫を潤すにはほど遠い状態にあった。アレクサンデル六世によって空同然にされた国庫の蓄えは，1504年には教皇庁の日常的管理に必要な予算の半分にも満たなかった。さらに市内では衛生状態が深刻であった。1503年末から1505年秋にかけてはペストが猛威をふるい，これに恐れをなして枢機卿やユリウス二世さえローマを見捨て別荘に引きこもった。時を同じくしてローマの低地地区にマラリアが流行し，教皇もそれに冒された。上水道の水不足のため——古代の上水道で機能していたのはトレーヴィの泉に供給していたヴェルジネ水道だけだった——テーヴェレ河の水の利用さえ余儀なくされ，それが新たな病疫を引き起こした。アレクサンデル六世下の中央権威の弱体化はローマの人口集中地区，とりわけその外周部とリーパ，リペッタの両港湾地区それに農村部での犯罪を助長した。裁判所は十分機能せず，公告も効力を持たなかった。食糧不足と地方豪族の横暴に耐えかねた市民があちこちで武装蜂起した。テーヴェレ河湾曲部の隅ずみまで高密度に建設された市街地は，ニコラウス五世やシクストゥス四世といった教皇の介入やクワットロチェント後半の建設事業の再開にもかかわらず，依然として中世の様相を保ち，それにもかかわらず（他のイタリア中世都市のような）コムーネや《公民》といった種類の住民組織が生み出す秩序や都市組織にしたがった構造化はいまだ発達していなかった。有力な貴族は戦略上の要衝に館を構えてたてこもり，街を閉鎖的な中心街区の集まりへと分割した。街は豪族の影響力の及ぶ範囲に厳密にしたがって区画されたのである。ボルゴ地区もやはり，サン・ピエトロやヴァティカーノ宮とともに城壁に囲まれたひとつの孤立した地区であった。実質的に孤立したもうひとつの地区がトラステーヴェレに形成されていた。[2]

> 2　ユリウス二世の政治行動については F. Rodacanachi, "*Histoire de Rome. Le Pontificat de Jules II.1503-13*", Paris 1928, p.30 以下参照。都市ローマの状況に関しては以下を参照。P. Romano, "*Roma nelle sue strade e nelle sue piazze*", Roma 1947-49; G. Giovannoni, "*Topografia e urbanistica di Roma*", "*Storia di Roma*", XII, Bologna 1958; R. Valentini, G. Zucchetti, "*Codice topografico della città di Roma*", Ⅳ Roma 1953; A. P. Frutaz, "*Le piante di Roma*" I，II Roma 1962; S. Muratori, R. Bollati, S. Bollati, G. Marinucci, "*Studi per una operante storia urbana di Roma*", Roma 1964; L. Quaroni, "*Una città eterna.Quattro lezioni da 27 secoli*" "*Roma città e piani*" 《Urbanistica》編，Torino, 出版年不詳。L. Salerno, L. Spezzaferro, M. Tafuri, "*Via Giulia, un'utopia urbana del Cinquecento*", Roma 1972.

教皇位につくやいなやユリウス二世はこの壊滅的な現状をおもく見て，断固とした決意で行動を起こした。極めて明確なそのプログラムは，際限のない野心や個人的な政治能力，そしていかなる手段に訴えるのもいとわぬ意思に支えられていた。ユリウスが夢見たのは教皇を中心とする自立した国民国家の創立にとどまらず，アウグストゥスやティベリウス，トライアヌスが皇帝であると同時に大神官でもあったのと同じように，教皇が同時に皇帝であるような「古代帝国の再興」（レノヴァーティオ・インペリイー）さえ構想された。そこではユリウス二世が新たなユリウス・カエサルになぞらえられた。この教皇名自体が，中世の伝統をとび越え一気に古代に向かおうとするプログラムを明瞭に物語っている。ユリウスはかつて枢機卿ジュリアーノ・デッラ・ロ

ーヴェレとしてサンティ・アポストリ教会の列柱に帝国の象徴たる鷲の図象を手厚く彫らせたことがあったが，いまや《古典古代》風であると同時にキリスト教にもとづくあらたな帝国の創設者になろうとしていた。《理性にもとづく》小国家の理念は——この「小市民的都市国家」はガレンの書き記すように「多元性のなかで，多元性をとおして存続していた」——もはや凌駕された。共和制ローマの市民的美徳の称賛は（初期人文主義においてそれは，レオナルド・ブルーニに端的に見られるように，カエサル以降の帝制ローマへの非難と対を成していたが）いまや放棄され，ひとつの地方や地域の規模をゆうに越えた，古代帝国の刷新でありながら現世と精神世界とを同時に統べるような《普遍的》権威を夢想する権力の意思に道を譲った。

3　E. Garin, "*Sienza e vita civile nel Rinascimento*", 前掲書 p.44 以下参照；p.15 以下，p.33 以下も見よ。

　このプログラムを実現するため，ユリウス二世は教皇位に可能なすべてを傾注した。それを実行するためには自らにとって致命的となりかねない危険をもかえりみず，手持ちの全額を賭け，見かけ倒しのごまかしに訴え，迅速かつ果敢に行動した。しかし何よりもまず内部情勢を建て直す必要があった。その第一は経済と財政であった。はやくも1504年に貨幣価値の低落への対処として，教皇は新価格（ジュリオ）のカルリーノ貨の鋳造を命じ，同時に民衆のストライキや暴動もかえりみずこの新貨幣による無慈悲な徴税を強行した。ついで公共の製パン業者を制定してパンの公定価格を設け（1504年7月），また居住者の数を再分配した。船を賃借りしてシチリアやフランスから低価格の穀物を運ばせ，ローマの食料供給に直接責任を負う食品管理局長の職を新設した。一方で《浮浪者》をローマから追放し外からの移住を禁じた。

　個人としてもユリウスは吝嗇の悪名が高かった。自らの目的にそぐわない出費は制限し，収入を増すためにはあらゆる手段を講じた。とりわけ徴税を苛烈化したことや，いく人かの富裕な枢機卿の《神意による》死にさいしてその財産を即座に教会に没収したことによって，1505年には教皇庁の国庫はかなりな額に膨らんでいた（1505年には30万ドゥカーティ，1506年には約50万ドゥカーティに達した）。さらに献納金も膨大な歳入をもたらし，これに戦争などによる入金も加わった。しかし，教皇の経済状態が比較的安定していたとすれば，それを保証したのは大金融業者との連合であった。アゴスティーノ・キージは当時最大の銀行家兼貿易商であり，その代理店と活動は全ヨーロッパからオリエントに至る市場を支配していたが，アゴスティーノはユリウスと姻戚関係で結ばれていただけでなく，財政の助言者であり相談役にして盟友だった。さらに，政治権力とその安定性はユリウスの精力的で専制的なやり方をもってして十分でなかったとしても，1505年の新枢機卿の任命によって保証された。その全員がユリウスの支持者から選ばれたのである。

　この種の専制君主に常套的なことだが，ユリウスにとっては内部秩序を安定させ機能障害や悲惨さを隠蔽し，うわべの権力をこれ見よがしに誇示することこそが政治的ゲームの（一歩まちがえば悲劇の）ために不可欠な手段であった。都市の《威厳》たるべき建築と都市計画は

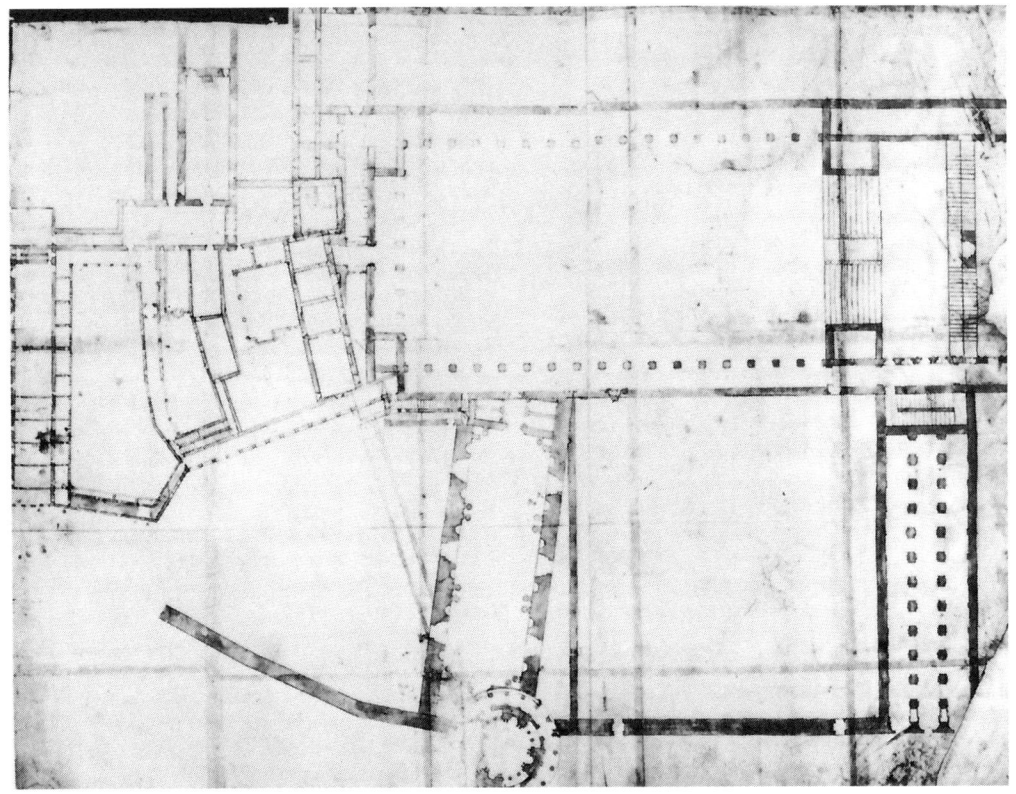

第六章　ユリウス二世とブラマンテの《大》様式：　ベルヴェデーレと《古代風ヴィッラ》の再生

図101　ローマのヴァティカーノ　ベルヴェデーレ下段の中庭とヴァティカーノ宮再編成計画。アントーニオ・ディ・ペッレグリーノによるブラマンテ案か（フィレンツェ，ウッフィーツィ　素描287A r）。

第一級の政治的機能を担っていた。《機構に組み込まれた》知性である芸術家の人文主義的な理想はもはや「作者（ファーベル）」としてでなく，より広範囲な関係のなかで活動を展開する権威の特権を経済や政治上だけでなく文化的にも刷新し確立するために役立てられた。しかもフィレンツェ社会やウルビーノの宮廷，あるいはルドヴィーコ・イル・モーロのそれよりも壮大な規模で。そして生き方の，また政治遂行のための《大様式（マニエラ・グランデ）》は，物理的な都市とその建築の「大様式（マニエラ・グランデ）」に同等な価値を見出すはずであった。

　ブラマンテにとってはブルネッレスキやアルベルティの建築手法ではもはや十分でなかった。クワットロチェント「近代」の伝統にでなく，範は古代に直接求められるべきであった。すでにいく度も明らかにされたように，ユリウス二世が企てた建築活動の刷新すなわち「ローマの再興（インスタウラーティオ・ローマエ）」のプログラムはクワットロチェント中葉にニコラウス五世が着手，実行し，その後デッラ・ローヴェレ家出身でユリウスの叔父シクストゥス四世が引き継いだ計画と，理念においてまた多くの場合直接的に結ばれていた。ニコラウスが「かくも熱心に建設や建築に」献身した理由は，よく知られるようにニコラウス自身が有名な《遺言》（1455年）のなかで表明しており，ジャンノッツォ・マネッティによって伝えられている[2][4]。その理由はまず第一に「ローマ教会のより大きな威信を保証するためであり，またそれによりすべてのキリ

137

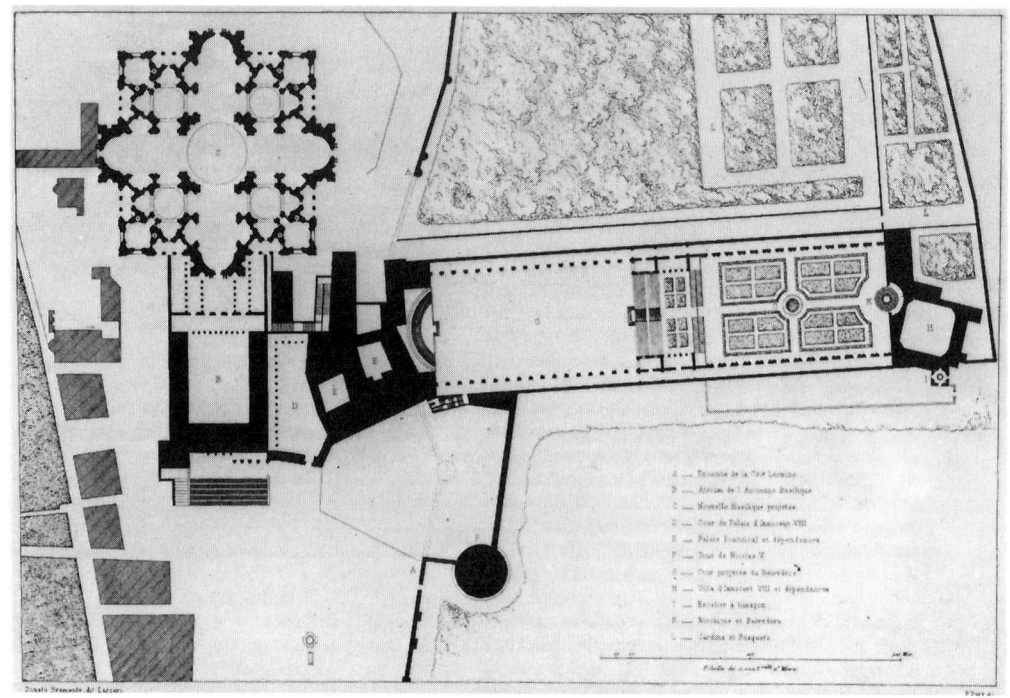

図102 ヴァティカーノ　ヴァティカーノ宮を中心に接続されたベルヴェデーレの中庭（中右）と最初の新サン・ピエトロ案（《羊皮紙の平面図》左上）。左中には旧サン・ピエトロの一部，右端にインノケンティウス八世のヴィッラと一体化した彫刻の中庭と螺旋階段（ルタルイイによる合成図）。＊

スト教徒から教皇座がより大きな尊敬を受けんがため」であった。「あたかも不朽の記念物」の壮大さとその「ほとんど永遠ともいえる証言により」ローマ教会の「最大にして至高の権威」を確立し維持することが可能となる。第二に必要とされたのは，教皇庁のために市内の安全を確保すること，とりわけ「うち立てられた秩序を転覆しようとする内外の敵対者に備えて［…］教皇や枢機卿そして聖庁全員の［…］威厳をそなえた安全な住居」を確保するための防御工事であった。これらはユリウス二世の関与の理由と部分的に重なっていた。加えて，栄光を求める欲望や古代の皇帝たちの企てに対する競争心といった個人的な野心をこえて，精神的な権威にとどまらぬ，具体的な世俗政治のための直接の宣伝手段として建設行為を利用しようとの意図があった。その政治は権力への意志とユリウスが熱望し喧伝した《帝国》の「権威（アウクトーリタース）」によって導かれており，そのためには教皇庁の精神的権威さえ手段として利用された。このために古代帝制期の事業の記憶はニコラウス五世やシクストゥス四世が関わったときよりもはるかに強く作用し，あからさまに現出した。ユリウス二世下のローマで実行された事業の意図の変化を強調するため，1512年に「造営長官」ドメーニコ・マッシーモとジローラモ・ピーキはユリウスの都市計画への関与を記録する碑板を設置したが，そこにはユリウスの事業が防衛のためではなく，ローマを「装飾」する目的で行われたことが明言されている。すなわち《ローマの都を権威の高揚のため飾った》と。ウルベム・ローマム[プロー]マイエスターテ・インペリイー・オルナーウイト[5]

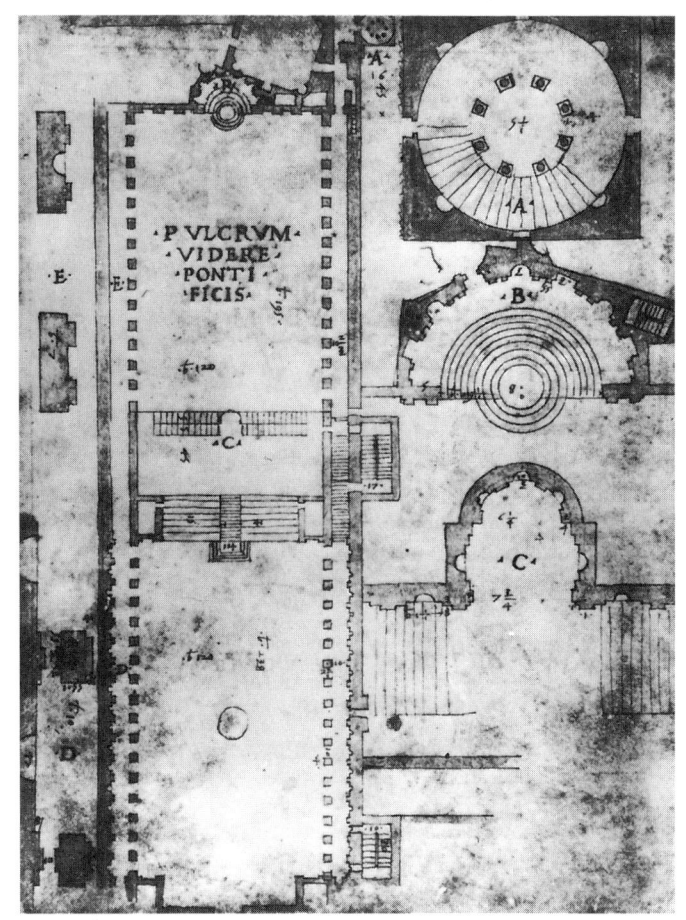

第六章　ユリウス二世とブラマンテの《大》様式：ベルヴェデーレと《古代風ヴィッラ》の再生

図103　ベルヴェデーレ　全体平面と部分平面図，右上から螺旋階段，上段の中庭半円終結部，中段の中庭ニンフェウム（ロンドン，ソーン博物館，コーネル写本フォリオ17）。

4　G. Manetti, "*Vita Nicolai V summi pontificis ex manuscripto codice Florentino*"；L. A. Muratori, "*Rerum Italicarum Sprictores*", Milano 1734, III, 2, p.923 以下所収；現代語訳とラテン語テクストの校柱をふくむものとしては T. Magnuson, "*Studies in Roman Quattorocento Architecture*", Stockholm 1953, 参照。

5　造幣局のちかく，現在ヴィア・デル・バンコ・ディ・サント・スピリトとヴィア・デイ・バンキ・ヌオーヴィの角にあるユリウス二世の設けた碑板のテクスト全文は以下のとおり。「教皇ユリウス二世は聖なるローマ教会領を拡張しイタリアを開放したのち，分裂したというよりもあたかも征服されたかに見えていた都市ローマを美麗に飾った。道路が新たに引かれたり拡大されたローマは，統治者の権威にふさわしい。造営長官ドメーニコ・マッシーモ，ジローラモ・ピーキ　1512年」　P. ポルトゲージ（"*Roma del Rinascimento*" 前掲書第一巻 p.18）の示すところによれば，「分裂したというよりもあたかも征服されたかに見えていた」の部分は，ウェイイ人勢力が破壊した後のローマ再建について述べたティトゥス・リウィウスの第五巻から取られた。

ローマとその新たな建築物の様相は古代皇帝の時代が，そしてその《威厳》と権勢が回復したかの印象を与えるべきである。「ローマ復興」の核とも出発点ともなるべきヴァティカーノ複合体の改築のアイデアのなかで，ニコラウスやユリウスにとって，あるいは建築家たち（とくにブラマンテ）にとっても具体的な刺激となったのは，古代皇帝たちの宮殿からの示唆であった。パラティーノ丘[3]やネロの「黄金宮」[4]やハドリアヌスのヴィッラ[5]がそれである。こ

139

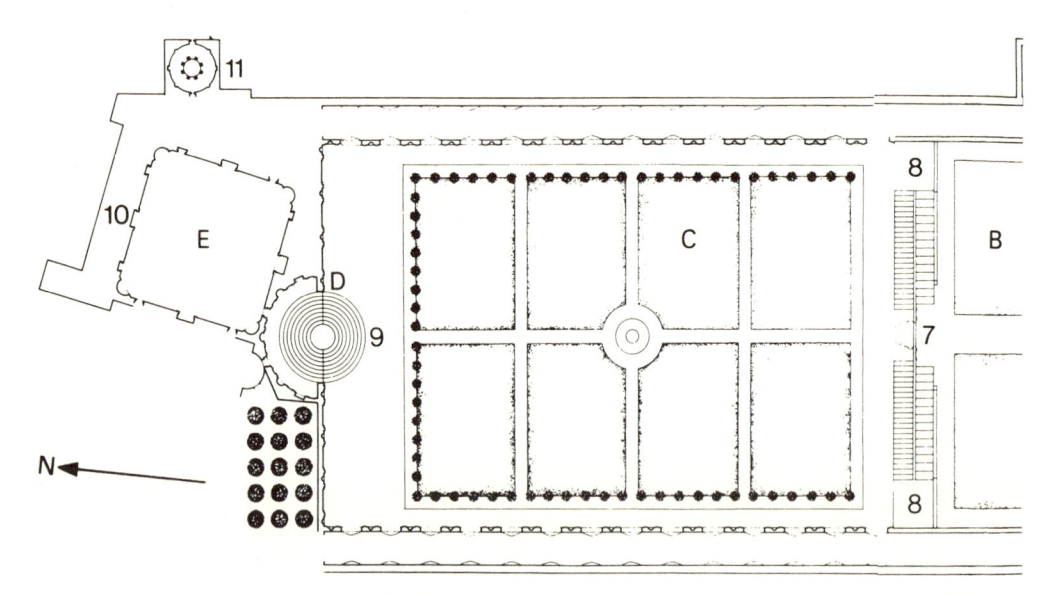

図104 ベルヴェデーレ ブラマンテの計画案の復元平面図　A 下段の中庭　B 中段の中庭　C 上段の中庭　D 終結部エクセドラ　E 彫刻の中庭　1 ボルジアの塔と教皇住居　2 噴水　3 ポルタ・ジュリア（ユリウス門）　4 劇場平土間　5 劇場階段席　6 塔　7 ニンフェウム　8 斜路　9 凹凸階段　10 インノケンティウス八世のヴィッラ　11 螺旋斜路　　*

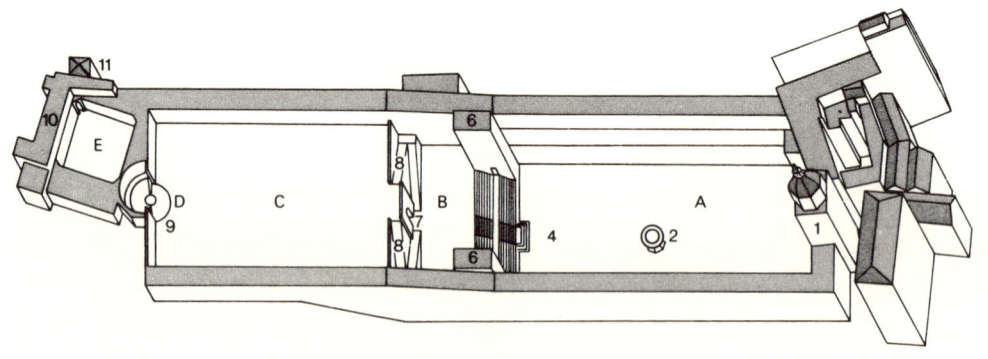

図105 ベルヴェデーレ ブラマンテの計画案の復元アクソノメトリク（アッカーマンによる）。

れら複雑な居住空間においては，象徴的な機能と生活のための快適さが壮大なでありながら自由な表現に達していた。市壁内の他の建造物から離れた広大で自由な空間の中にあって，様々な機能を合わせもつほとんどひとつの都市にも匹敵する巨大な複合建築である。これに似た，建築と中庭とが組み合わせられ庭園や噴水や劇場まで備えた計画はニコラウス五世によって構想されていた。ニコラウスが着手しその後継者たちが放棄し見捨てたプログラムのなかでは，旧サン・ピエトロ教会の補強と拡張もまた想定されていた。ニコラウスのこのプログラムをユリウス二世は再び全面的に取り上げる。全体計画のなかで中心となるヴァティカーノ宮は，新たな「皇帝兼大神官(インペラトル・エ・ポンティフェクス・マクシムス)」ユリウス・カエサルの宮殿として皇帝教皇を高ら

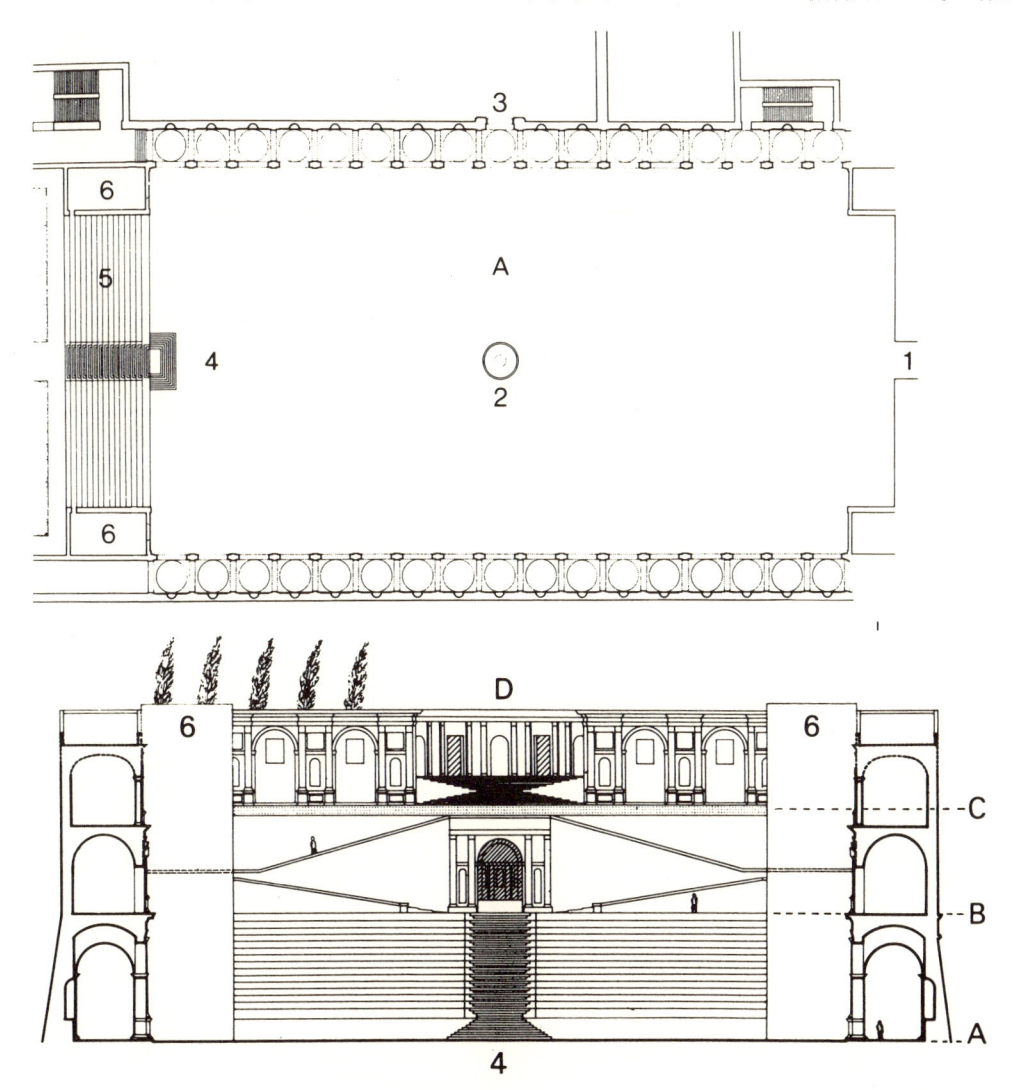

第六章　ユリウス二世とブラマンテの《大》様式：　ベルヴェデーレと《古代風ヴィッラ》の再生

図106　ベルヴェデーレ　ブラマンテの計画案の復元断面図。＊

かに称揚することだろう。増改築は，既存のインノケンティウス八世のヴィッラに向けて旧ヴァティカーノ宮を段階的に拡張していくことで新たにベルヴェデーレを組織していくはずだった。サン・ピエトロは破壊したのち再建されるだろう。旧ヴァティカーノ宮のローマに面する西正面（のちのサン・ダーマゾの中庭の開廊）も整備され，防衛体制も再点検されるだろう。そして，ブラマンテによると考えられるある計画案〈ウッフィーツィ素描104A v〉を見るかぎり——ブラマンテはたぶんサン・ピエトロだけでなく古いヴァティカーノ宮のすべてを破壊したあと新たに建て直すことを欲し，ヴァザーリによれば「法王宮殿を改修し整備するという壮大な計画案を作成した」——新聖堂の前面と周囲には広大な広場が生み出されるはずであった。コンスタンティノープルやアーヘンにあったキリスト教徒皇帝の住居にも似

141

て，新聖堂は宮廷付属の巨大な礼拝堂となるだろう。それは最初の「キリストの代理人」の「殉教記念堂」であり，歴代教皇の皇帝霊廟であると同時にキリスト教世界第一の神殿となる。教皇宮と新教会堂はこの世の「エルサレム」として天国のそれを象徴するはずだった。そしてベルヴェデーレは古代風の皇帝ヴィッラとして，気晴らしや教養や休息のための機能を果たすことになる。

　ローマに向いた教皇宮の新ファサードは，ヴァティカーノの丘にうち建てられた新たな「セプティゾニウム」(6)であり新「公文書館」(7)であった。ヴァティカーノ全体は帝国のアクロポリスとして要害化された象徴的な中心をなし，理想的な均衡を構成するはずだった。テーヴェレ河に沿った新しい直線道路がヴァティカーノの複合体とローマとの往来を確保する。古代のトリオンファーレ橋は架け直されて，宗教と政治におけるこの世の最高権力の総本山でも象徴でもある聖域への入口を示すはずであった。

　改修計画全体が，当初から一貫した組織的なプログラムとして生まれたのではなかった可能性もある。プログラムは最初はおそらく，さらに大規模で徹底的なものであっただろう。その個々の項目のどこまでがユリウス二世に帰せられるか，どこまでがブラマンテの大胆な提案によるものかも明らかでない。確かなのはその実施が，時を経るなかでいくつかの段階にしたがって開始されたことである。しかし在位の最初の年からその死（1513年）に至るまで，教皇の建設熱は弱まりこそすれ止むことはなく，現実の障害を前にひるむこともなかった。十年間ずっと建設しながらプログラムが具体化していくあいだも，ひとりの教皇の短い在位期間でそれを実現できるはずがないという認識によって建設が妨げられることもなく，さまざまな問題は唯一の全体イメージのなかで調整された。このイメージの実現のために，ユリウスの後継教皇たちはすくなくみてもこの後百年のあいだ頭を悩ますことになる。

　工事は1504年にベルヴェデーレから始まる。計画によれば，教皇宮を北に向けて拡張していき，ほとんど三百メートルの距離をおいて当時は孤立して建っていたインノケンティウス八世のヴィッラに接続するはずであった。ヴィッラのほうは南に向けて古代彫刻を展示する「考古学館」として利用される中庭を囲むかたちで増築されるはずであった。レヴェル差を克服しつつ，ヴァザーリの言うように「そのあいだにある平坦にならされた窪地を囲い込むように」しながら屋根付きの街路ともいうべき二本の平行な開廊からなる長い水平の通路を通すことで，教皇宮との接続が容易に達成されるはずだった。フロンメルが明らかにしたように，鋳造されたメダルに見られる最初の計画案では，インノケンティウス八世の《ベルヴェデーレ》のヴィッラが教皇の居住していた「ボルジアの住居」と接続されるはずであった。教皇宮に近い南側の部分ではこのため二層の廊下が重ねられていたにすぎない。これが三層構成に変更されたのは，1505－06年のあいだにユリウス二世がヴァティカーノ宮のもうひとつ上の階，すなわちブラマンテ自身が再編成し当時のもっとも優れた画家たちに装飾させることになる有名な《教皇居室》に移り住むことを決めたときだった。二つの廊下で囲まれ段

第六章　ユリウス二世とブラマンテの《大》様式：ベルヴェデーレと《古代風ヴィッラ》の再生

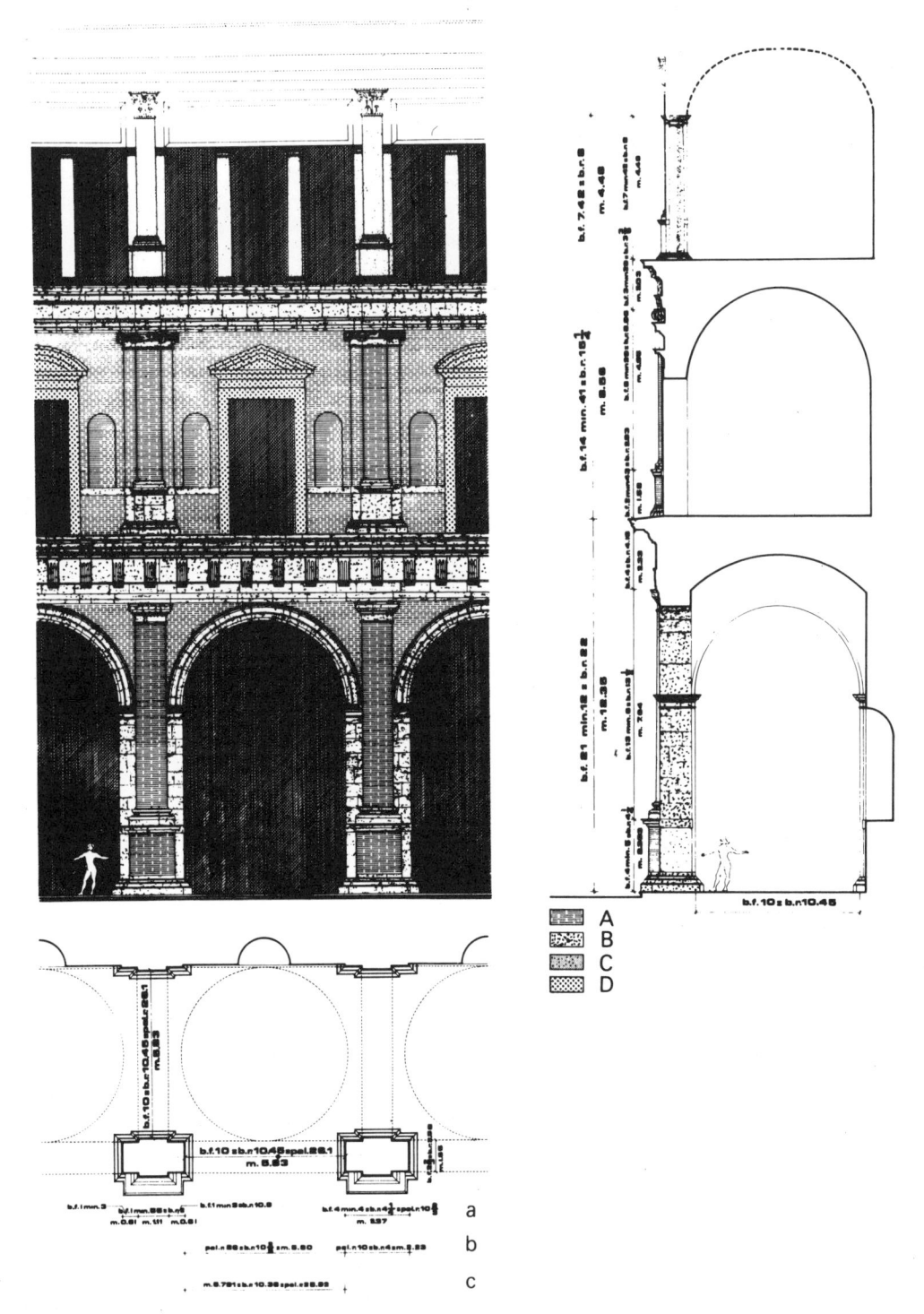

図107　ベルヴェデーレ　下段の中庭壁面の復元立面，断面，平面図。仕上げ材料の区分　A 煉瓦　B トラヴェルティーノ　C ペペリーノ　D スタッコ（またはトラヴェルティーノ）（ブルスキの指示によるR.ラウリの作図）。

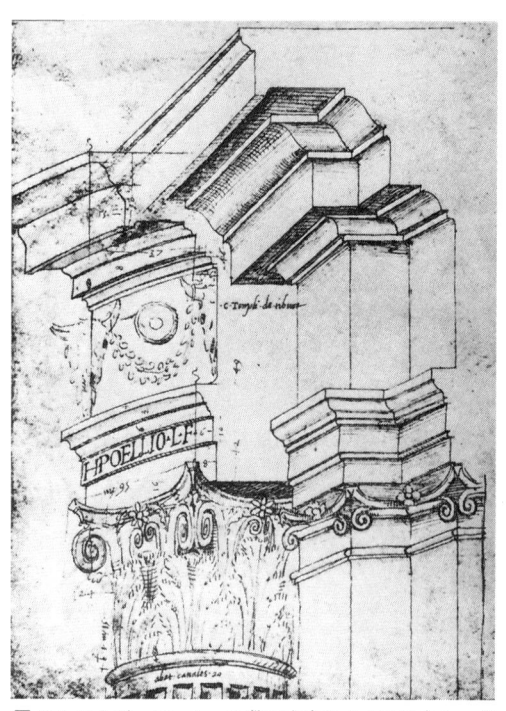

図108 ベルヴェデーレ　下段の中庭のイオニア式オーダー詳細（ロンドン，ソーン博物館，コーネル写本フォリオ69v）。*

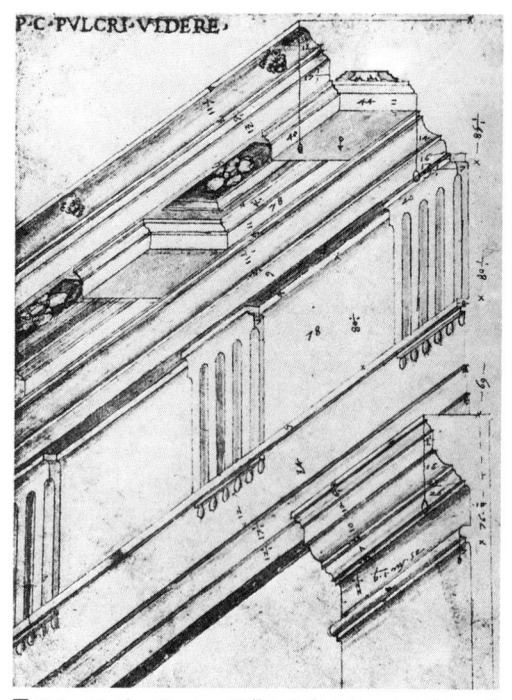

図109 ベルヴェデーレ　下段の中庭のドーリス式オーダー詳細（ロンドン，ソーン博物館，コーネル写本フォリオ61v）。*

丘状に区画された空間には，古代の流儀にしたがって階段状の観客席をそなえた野外劇場が設けられ，庭園の花壇にはオレンジや松や月桂樹が並んで植えられ水しぶきをあげる噴水も設けられるはずであった。ひとつの建物全体の中にこうした多様な機能が備えられていた。「自由な時間」のためだったり気晴らしやスペクタクルのため，教養や休息のため，また涼気の中を散歩することで古代風に適度に肉体を鍛練するための，教皇やその宮廷人の人文主義的な「余暇(オティウム)」のための場所であった。建物全体にわたって内外をつなぐ出入り口がいくつか設けられることで，速やかな移動が可能となった。またさまざまな階段によって異なる階相互の垂直方向の連結がはかられていたが，いくつかの階には段付きの斜路が通じており馬で昇ることも可能だった。それにくわえて，ベルヴェデーレの新複合体はヴァティカーノの防衛体系の拡張をも意味していたため，すくなくともその東側は城壁の一部としての役割も見込む必要があった。そのためこちら側の外壁の大部分は閉じられており，田園やローマの風景はそこここに設けられたわずかな開口部から垣間見られるだけであった。ベルヴェデーレに関するすぐれた論文を著したアッカーマンが強調するところによればこの計画は，古代皇帝のヴィッラや宮殿から得られた，視覚上のみならずとりわけ文学からの示唆を手がかりとしている。

6　注1参照。文学および考古学への言及については以下も参照。J. S. Ackerman, "*The Belvedere as a*

第六章　ユリウス二世とブラマンテの《大》様式：　ベルヴェデーレと《古代風ヴィッラ》の再生

Classical Villa",《Journal of the Warburg and Courtauld Institutes》, 16, 1951, p.78-89 収録。

教皇とブラマンテは支配的な、また象徴的な中心を構成する新たなローマの「断片」を古代人がおこなったであろうと全く同じように実現しようとしていた。古代ローマの断片つまり、古代においてヴァティカーノ一帯を特徴づけていたとされる「ネロ帝のキルクス」あるいは古代「模擬海戦場(ナウマキア)」を再建しよう、あるいはほとんど「再興」しようとするのである。具体的な記録が残されていないなかで、十分に正確とは言いがたい古代建築の理念をもとに二人は、有名建築物についての古代著述家による曖昧な記述を想像力で補いながら強力に実行に移した。それはタキトゥスとスエートニウスによる「黄金宮(ドムス・アウレア)」であり（二つの丘に挟まれたその敷地はベルヴェデーレに類似する）、とりわけ小プリニウスによる「トスカーナ(イン・トゥスキース)」と「ラウレントゥム」のふたつのヴィッラに関するよく知られた記述であった。驚くべきは、アッカーマンが記す、ベルヴェデーレとプリニウスの特にトスカーナのヴィッラの記述とのあいだに認められる類似性である。類似はきわめて詳細な内容に及んでおり、ユリウスの個人的な蔵書にも含まれていたプリニウスのテクストがベルヴェデーレの計画の指針となったことは十分考えられる。それにくわえて、ベルヴェデーレを訪れた人物がその構成について書いた古い記述の中には「プリニウス風の」という言葉が見出されるのである。

　ブラマンテが直面したはずの問題はいろんな点で新しいものだった。古代以来初めて、常設の野外「劇場」や古代彫刻の展示のための「美術館」や、また伝統に反して建築全体にその部分として組み込まれた「庭園」が建設されようとしていた。さらには新旧の部分間の調停が必要とされ、おそらくベルヴェデーレをヴァティカーノ宮の拡張という広大な計画の一部として想定する必要もあったが、その計画には謁見や会議のための広間や、様々な事務やヴァティカーノ宮廷のための各種の部屋や施設が含まれていた（ヴァティカーノの拡張計画全体のブラマンテ案はウッフィーツィの素描 287A r にみられるようであり、この素描はかつて様々な建築家に帰せられたが、C. L. フロンメル[7]によればおそらくブラマンテの協力者でフィレンツェ出身のアントーニオ・ディ・ペッレグリーノによる）。広大な敷地の地形や高低差はそれ自体ひとつの難問だったが、同時に創意への刺激となった。ブラマンテにとっては、ユリウスの「示威主義的」な意図によって突きつけられた根本的な問題は、それよりむしろ新たな複合体を未曾有の規模で計画することにあった。つまり、ほぼ百メートルの幅と三百メートルの長さの空間を統御するという「巨大スケール」の問題である。

　　7　C. L. Frommel, "*Bramantes 《Disegno grandissimo》 für den Vatikanpalast*",《Kunstchronik》, XXX, 1977, p.63 以下参照。またヴァティカーノ宮については同著者の "*Eine Darstellung der 《Loggien》 in Rafaels 《Disputa》? Beobachtungen Erneuerung des Vatikanpalastes in der Jahren 1508-1509*"; "*Festshrift für Ed. Trier zum 60. Geburstag*", Berlin, p.63-103 所収、参照； "*Lavori architettonici di Raffaello in Vaticano*", C. F. Frommel, S. Rey, M. Tafuri, "*Raffaello architetto*", Milano, 1984, 所収。また J. Shearman, "*The Vatican Stanze: Functions and Decorations*",《Proceeding of the British Academy》, LXII, 1972, p.3-58 所収、参照。

　いくつかの点でベルヴェデーレのそれに似ていなくもない主題、つまり柱廊で囲まれ外部

145

には壁面のアーチ以外は閉じられた「庭園」(ウィリダーリウム)と堂々としたパラッツォとが隣接した例は，ローマではすでに《パラッツェット》とパラッツォ・ヴェネツィアとの複合建築で実現されていた。しかしこの場合のスケールははるかに小規模であり，ふたつの建物の間の視覚的な関係も十分調整されてはいなかった。かなり大きな規模の複合建築も千四百年代に実現されていた。しかし，それは時にはウルビーノのパラッツォ・ドゥカーレのように，全体が断片的な部分の集合として構成されることで，ひとまとまりの空間による大スケールを否定する結果となっていた。この他にもたとえばフィラレーテによるミラーノのオスペダーレ・マッジョーレやブラマンテ自身によるサン・タンブロージョの回廊においては，対称的で透視図効果を想定する平面型が全体を統一的に構造化しようとしてはいたものの，スケールの小さな立面構成要素を機械的に反復することによって空間とそれをとり囲む境界を仕切るし方は，構成要素のスケールを空間のそれと適合させる問題を実質的にはぐらかしていた。ブラマンテはミラーノ時代からこの問題に関心をよせ，より大きなスケールの要素を立面に挿入することでこれを解決しようと試みたが——たとえばサン・タンブロージョのカノニカやヴィジェーヴァノやアッビアテグラッソで——すでに見たようにそれは，より小さな装飾要素の統一のとれた繊細なリズムを中断し，中庭空間のスケールに対峙していた。大スケールの問題に対する明確な意識を保ちながら古代の手本をより生き生きと再構成することでジュリアーノ・ダ・サンガッロは，ナーポリ王フェルディナンドのため巨大なヴィッラの形をしたパラッツォ（1488年）を計画していたし，これに似た意図でルドヴィーコ・イル・モーロのためのパラッツォ（1492年）も計画した（ブラマンテがミラーノで後者を見る機会があったことは確実だろう）。その表面がすでにほとんどマニエリズム的複雑さをそなえた装飾的要素で性格づけられているもかかわらず，諸要素間の調整は不十分で依然としてクワットロチェント風である。ジュリアーノはしかし，たとえば巨大なスケールをもつ要素の挿入や中庭の平面を階段状に造形する方法，外周部の分節，三次元の固まりを様々なヴォリュームに分解するし方，そして奥行方向の軸線に沿って透視図的効果を推移させていく手法などをとおして，巨大スケールを建築的に統御する試みに取り組んでいたようである。こうして見るとこれらの計画は，平面や詳細における具体的な参照関係の有無をこえて，あたかもベルヴェデーレでのブラマンテの仕事を理念的に先取りしているかのようである。

　ベルヴェデーレの場合はしかし空間の寸法ははるかに大きく，計画はこの広大さを細分化したり隠蔽したりするのでなく，むしろ逆にそれを高めるべきであった。敷地一帯の状況と計画内容の大筋からして，ちょうど古代のスタディウムやキルクスのように，あるいはプリニウスがそのトスカーナのヴィッラの記述のなかで示唆している長く連続する施設で囲われた《馬場》(イッポドローモ)にも似て，建物は縦長の形態をとるはずだったろう。空間の広大さをきわ立たせるために，一方向の寸法つまり奥行が，他の寸法に対して強調される必要があった。いちばん遠く隔離された静謐な場所にブラマンテは，インノケンティウス八世のヴィッラに隣接す

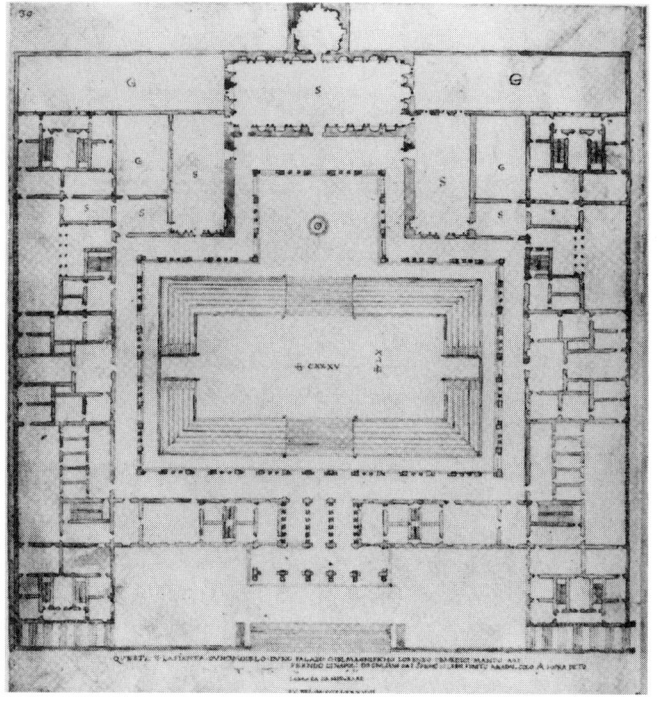

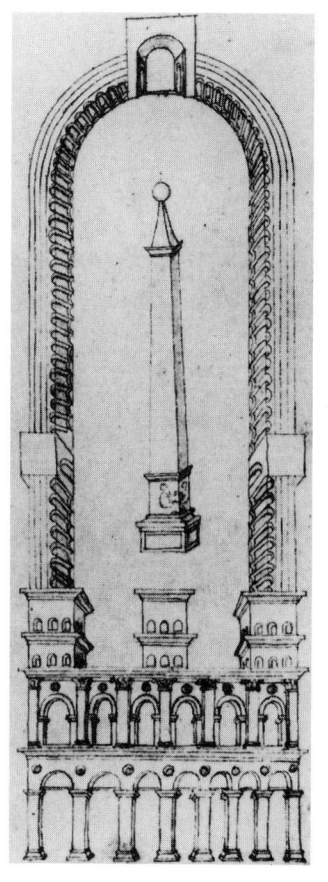

第六章　ユリウス二世とブラマンテの《大》様式：　ベルヴェデーレと《古代風ヴィッラ》の再生

図110　ジュリアーノ・ダ・サンガッロ　ナーポリ王宮計画案，1488年（ヴァティカーノ図書館，バルベリーニ手稿　フォリオ39v）。＊

図111　フィラレーテ　ローマのカラカッラ（またはマクセンティウス）のキルクス素描（フィレンツェ国立中央図書館，マリアベッキア写本 II,IV,140 フォリオ87）。＊

る対称な不等辺八角型の小中庭を取り囲む形で，古代彫刻の《考古学館》(アンティクアーリオ)を設置する。それはあたかもプリニウスの描写する「私室」(ゾテーカ)のように，《馬場》先端の半円形と背中合わせの位置を占める。ベルヴェデーレの広大な中庭空間を構成するその「馬場」は，古代の「散歩道」(アンブラティオーネース)や「並木道」(ゲスタティオーネース)あるいは「屋根付き開廊」(クリプトポルティキ)のような長い《廊下》に両側を挟まれ，二辺の比が1:3である長方形の形をとった（古代の著述家やアルベルティによれば，ローマのキルクス・マクシムスの辺比がこれに等しいとされた）(11)。性格決定の基本的な要素となるべきベルヴェデーレという新たな「古代風ヴィッラ」の主役はこのように，「並木道」(ゲスタティオーネース)あるいは「廊下」に囲まれた《虚空》である「外部空間」そのもの——《馬場》でいえば「走路」(クシスト)の部分——でなければならなかった。

　計画のため古代を参照しようとすれば，具体的な研究が必要となる。古代人だけがベルヴェデーレに比較しうる規模の建物を建てていたからである。ブラマンテにとっていまや古代遺構の研究は，アッカーマンの言うように「巨大さにかかわる語彙の習得」の様相を呈する。パラティーノ丘の《スタディウム》や(12)（その地形がベルヴェデーレとの大まかにしろ類似していてことが示唆を与えた可能性がある），テラスの上に分節され《馬場》と劇場とを備えたアルバ

147

ーノのドミティアーヌスのヴィッラや，クインティリウス家のヴィッラ，セプティムス・バッスス家のヴィッラ，そしてまちがいなくハドリアヌス帝のヴィッラといった例を目にすることでブラマンテは，プリニウスの述べる《馬場》を備えたヴィッラを確認し，それらはプリニウスの記述を補足する具体例となったに違いない。アッピア街道沿いの《カラカッラの（とも呼ばれるマクセンティウスの）キルクス》[13]は，その塔や（プリニウスはラウレントゥムのヴィッラの記述の中で「塔」(トゥッレース)について語っている）一端にある半円型平面や入口の配置とともに古代「劇場」の典型的な例としてフィラレーテが記述し描写したものだが，ブラマンテにとっても《馬場》を古代人の仕方で計画する方法を示唆した可能性がある。しかしプリニウスのいう「テラス」(クシスト)は——ベルヴェデーレにおいては1:4の比例をもつ外部空間にあたるが——プリニウス自身が示唆するように，「様々に異なる形」(イン・ブルーリマース・ディスティンクトゥス)をしていたにちがいない。ベルヴェデーレの敷地に高低差があることと，段丘状に構成された古代ヴィッラの実例が，外部空間を段状に分節する可能性を暗示する。ヴァティカーノ宮に近い下段の区画はスペクタクルに使用され，それに面して古代の劇場のように観客用の階段席が整えられるはずだった。それとともにこの空間は旧ヴァティカーノ宮や外部からの入口広場でもあり，古代の《フォルム》（「フォルム」と「キルクス」の結合はウィトルウィウスが示唆し，アルベルティも確認している）にも似て多層構成の柱廊で取り囲まれ，そこからは《剣闘試合》（あるいは闘牛や騎馬戦）のスペクタクルが観覧できた。そして，アルベルティがすでに記述している古代ローマの《フォルム》の平面比にならってブラマンテは，この大規模な中庭－劇場－フォルムを 1:2 の比例で構成する。[14]いっぽう黄金比で比例決定されたと思われる中段は，観客用の観覧席と中間部のテラス，そして中心軸の左右に配された上段の中庭に昇るための折り返し斜路をおさめている。上段の中庭もまた黄金比からなる矩形であり庭園として整備されるが，その奥は（プリニウスのトスカーナのヴィッラと同じく）大きな半円形平面で締めくくられる。高低差を考慮して，空間を取り囲む《廊下》はヴァティカーノ宮に近い下段では三層で——古代の例にしたがって下からドーリス式，イオニア式，コリント式によって——構成され，いっぽう上段の中庭では一層で終わることになる。

　しかしながら，空間とそれを形づくる諸要素を調停しつつ全体像を統一的なイメージへと導くためには，一貫した透視図的な枠組みが必要であった。ブラマンテにとってそれはとりわけ《空間のスペクタクル》を意味した。このスペクタクルとは建築的にしつらえられ，それ自体で価値をもつ外部空間であった。計画されるべきは，一つの視点のまわりをとり囲む構造体の配列として伝統的に組織された単純なパラッツォや中庭のようなもの，すなわちその中に立つ観察者が空間をとり囲む表面から穏やかで静的な観照を享受するといったものではない。むしろ，奥行方向に展開する劇場の舞台装置にも似たスペクタクルが企てられたのである。つまり古代ローマ人がおこなったような人工的に「造られた風景」が実現されるはずであった。それは予件である《自然による》スペクタクルの合理化であり，あたかも建築

第六章　ユリウス二世とブラマンテの《大》様式：　ベルヴェデーレと《古代風ヴィッラ》の再生

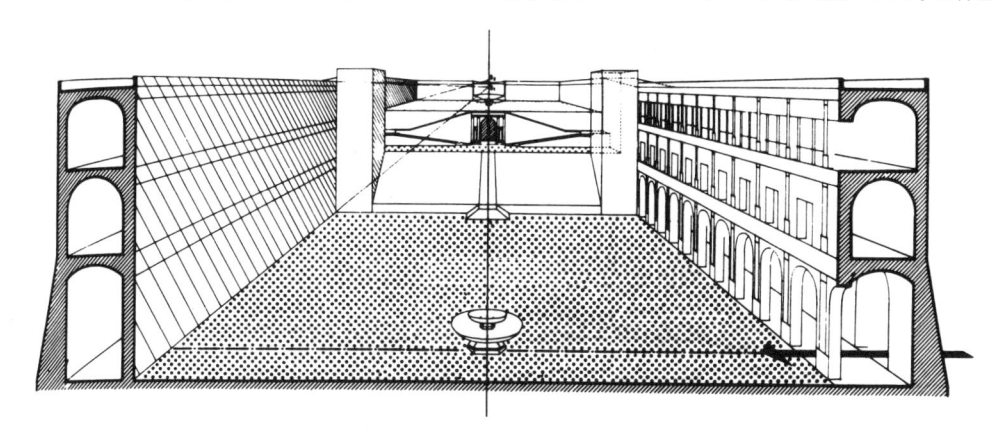

図112　ベルヴェデーレ　最良の視点（教皇居室）から中庭を見た透視図。右下にユリウス門からの入口。図の左半に引かれた下段と上段の中庭壁面からの消失点はくいちがっており，このため上段の正面壁が実際より遠く見える効果を生んでいる。

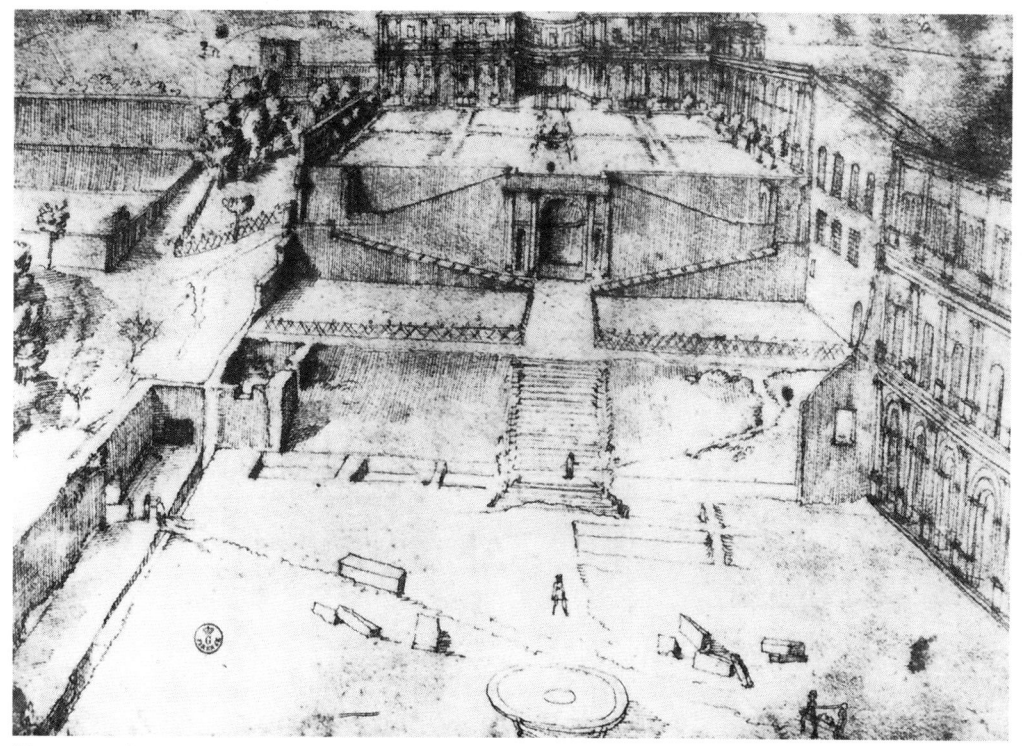

図113　ベルヴェデーレ　ジョヴァンニ・アントーニオ・ドーシオの素描に見る1558-61年頃の建設現場。東側壁面は完成し上段正面には二階が加えられているいっぽうで，西側壁面はほとんど手つかずの状態（フィレンツェ，ウッフィーツィ　素描2559A）。＊

と化した《石でできた自然》である。イタリアでおそくとも千三百年代(トレチェント)には始まっていた歴史のプロセスを極限までおしすすめることによって，人間活動の空間として建築は，すくなくとも一点から見られた場合，視覚上の用語にそっくり移しかえられるはずであった。

こうして，眺められるべきイメージとしての建築の性格が優勢となる。つまり建築は「絵

画」へと翻訳される。もはやウルビーノやサン・サーティロにおけるような絵画的手段ではなく，建築的手段を用いながら，《画家》ブラマンテが再び《建築家》ブラマンテを凌駕する。アッカーマンが的確に指摘するように，ブラマンテはその巨大な《舞台》の特等席を，計画している空間の外に設定した。つまりそれを，教皇が生活空間に居ながらにして全体を眺めることのできるまさにその場所に置く。すなわち《ラッファエッロのスタンツェ》（あるいはボルジアの住居）の窓，さらに詳しくみればおそらく，ユリウス個人の書斎だった《署名の間 Stanza della Segnatura》の窓である。1508年以降おそらくブラマンテ自身の指示にしたがってラッファエッロはこの部屋の三方の壁面を絵画によって想像上の《奥行》を与えられた空間へと変容させたが，残りの一面は，窓越しに見えるベルヴェデーレの透視図的なスペクタクルへ，つまりユリウス二世（およびその懇意の人々）のための「私的な」スペクタクルへと展開していく。ベルヴェデーレ内のこれ以外の眺望は「普通の」人間のためのものである。しかしこの空間はこの人々のために起想されたのではない。下段の中庭に進み入った人に許されるのはせいぜい，その空間と（二十八メートル以上の高さをもつ）建造物の規模に圧倒され肝をつぶすことだった。その中を歩き回り，トリグリフを備えた奇妙で考古学的な柱廊第一層のドーリス式オーダーを眺め，その後《古代風》劇場の観客席をへて，向かい合った一対の斜路や上段の中庭の下に掘り込まれたニンフェウムや上段の中庭のゆったりした半円形空間を眺めて，古代皇帝の時代が再現したことを，そしてユリウス二世こそ新たな教皇－皇帝であることを確信するはずであった。

　高みから下に向かう特権的な眺望を考慮しながら，ブラマンテは低地から高台へ，南から北へ向かう視線の動きにしたがってスペクタクルを組織する。三次元にわたって膨張し，上昇し，収束する運動である。透視図の伝統的な構成法においてつねに確実な基礎となる水平面の優位は決定的にくつがえされ，異なるレヴェルに展開する複数の平面によって再編成される。それらは奥行方向に効果的にずらして配列され，接続部の大斜路によって高揚され形態上も連続したものとして処理されている。クワットロチェントの伝統に反し（とはいえ，おそらくはレオナルドの断片的な提案の鮮やかな記憶に基づいた）この斜路はここに《運動》の形象として提示されている。中庭を取り囲む構造体の直交構成や三つの段の水平性と対比されて，傾斜面の存在がきわ立ったものとなる。隠れたダイナミズムを断絶や跳躍として強調し，見えるものの動きに感情移入させて訴えることで，それは芸術に固有な表現を備えた対象となる。ここでもまた古代が――すでに指摘されているように，特にパレストリーナのフォルトゥーナの聖域や，おそらくはピンチョの「アキッラーヌスの庭園〔ホルティー・アキッラーニー〕」，アルバーノの皇帝ヴィラなども――主題やモチーフを暗示する。ブラマンテは古代建造物のなかに自分自身の問題の解法を，そして自分の見解の確証を見出す。

　しかし最終的な全体像が古代に負うものはわずかである。見る人を即座に圧倒するために，それは中心軸を強化するようにまとめられるべきであった。それがこの巨大な規模を支配す

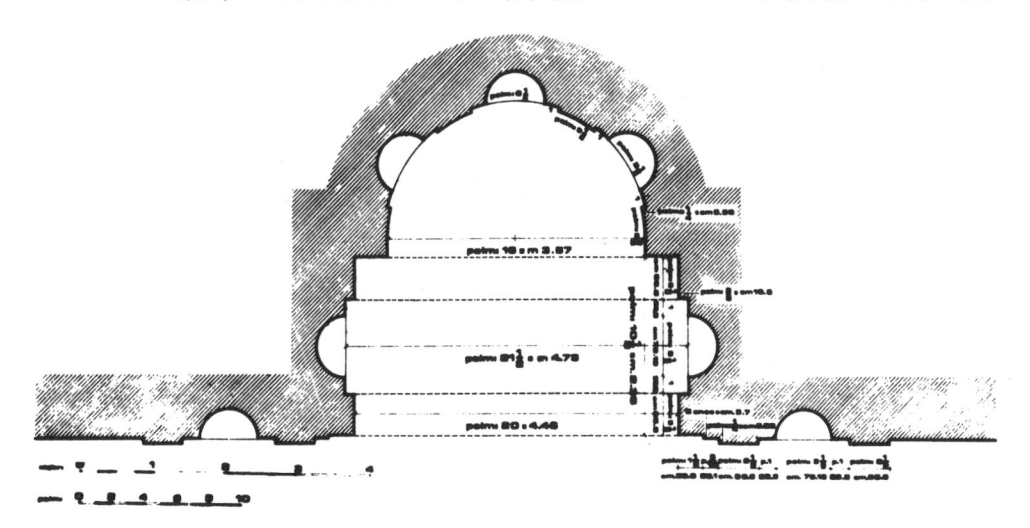

第六章　ユリウス二世とブラマンテの《大》様式：ベルヴェデーレと《古代風ヴィッラ》の再生

図114　ベルヴェデーレ　中段の中庭のニンフェウム実測平面図。

る唯一の方法であった。それ自体で目を引く特徴的な一連の要素が，空間の中心軸にそって段階的に上昇するように並べられる。三次元の動きにそってひとつの要素が他に自由に取ってかわるさまは，マッスが透視図法によって連結されながら跳ねていく運動を思わせる。設定された最上の視点から見た場合，中庭の両側面を規定する壁は舞台の袖幕のような中立的傾向をもつ平面としてしか映らない。平らで特徴に乏しく，均等なリズムを刻みわずかな起伏があるものの，横断方向の副次的な軸線を明瞭にしたり中心軸に沿った確固とした形態の展開を危うくするような造形上の強調や突起は排除されている。視線はその上をとどまることなく滑っていき，囲われた空間の中央へと送り返される。その視覚上の役割はもっぱら，側面にあってスペクタクルを限定し，奥行方向に三階から二階，一階と高さをしだいに減ずることで高低差を明示し強調しするとともに，奥へと向かおうとする視覚の動きに拍車をかけることにある。理想的な視点から最も近い下段の中庭平面の長手方向への壮大な展開は，全体像の中でいちばん特徴的な部分に焦点を合わせるために，そことの間に適切な距離を保つために役立つ。中心軸に沿った展開は，建築表現の主要な対象となる劇的なイメージを高低差で強調しつつ唐突にまた急激に上昇することで，上段中央部の構成要素へと視線を集中させるのに役立っている。[16]

　下段の中庭の最奥部には，二つの塔状の突起部が真のスペクタクルを枠取りしている。それらはおそらく，プリニウスの記述にある「東屋(ディアエーテ)」や「塔(トゥッレース)」を想起させようとするためだけのものではなかったし，高さが一定しない両側の長い壁を構造的に補強するためでも，土圧を押さえるためでも，野外劇場の音響を向上させるためでもなかった。また，はかりがたいほど広大な空間を視覚的に区切るためや，両側の《廊下》の高さの変化を隠蔽するため，あるいは下段の中庭の建築的な立面構成をここで切り替える可能性を残すためでも，そしてま

151

た劇場の階段席の傾斜面に対応して建築オーダーを挿入しようとした場合に生ずる問題を解消するためだけでもなかった。それらはなによりもまず，視野を限定するために必要なくびれでありトリミングである。そして中段における重要なスペクタクルをとりまとめ，それに続く上段の中庭深奥部のエクセドラに至る開放と拡張に向けた視覚上の支点，あるいは踏み台としてたちあらわれる。その突出は側壁の一部を覆い隠し，その背後にあって見えない謎の空間を暗示する。塔の機能が主として視覚的なものであり，それら全体のコンセプトが本質的に透視図的でイリュージョニズム的なものであることは———一見奇異に思えるが———これらの塔によってボルジアの住居からは視覚的に遮られた中段の中庭に対応する両側の《廊下》壁面が，アッカーマンが指摘したとおり，ブラマンテの計画ではいかなる建築的処理も施されていなかったという状況から明らかである。

　関心は《虚空》に，すなわち屋根のない空間そのものに向けられる。二つの塔の間には特徴ある要素が奥行と高さ方向に次々と展開しながらつながり，下段の中庭から上段の中庭のエクセドラによって構成される到達点へと，中心軸にそって視線を導く。下段の中庭中央の大噴水，劇場の観客席に挿入された階段，中央のニンフェウムを挟んで二つの三角形立面を見せる斜路，上段の中庭の噴水，凹凸の階段を備える終端の半円形エクセドラ。空間を区切りとる境界の様々な処理やいろんな要素によって相互に貫入し，異化され，特徴づけられた空間の一連の継起として全体イメージが形成される。その視覚的統一性はもはや，クワットロチェントにおいてそうであったように，空間をとり囲む壁面の統合機能によってでなく《虚空》の，つまり空に向けて開かれた空間の表現性によって保証される。そして空間内の視線の軸にそって凝縮された特徴的な要素が，次々と登場しながら自己主張しつつも自由な主題的対応によって相互に呼応しあう。こうして下段の噴水の曲線はグロッタ風ニンフェウムのヴォールト天井でくり返され，上の中庭の小噴水でもう一度反響したあと，ニンフェウムの小アプスと同様に終結部の半円空間に拡大されて再現する。

　全体像の躍動感は三角形立面を見せる斜路が（それは劇場の観覧席の斜面によって準備されていたのだが）構成する中央の結節部によって集約され高揚されるようにみえる。折り返し斜路のうちの前半は中央軸から緩やかに乖離していくのに対し，後半の斜路ははるかに急な勾配で中央軸へと集斂し，イメージをさらに活気づけ，最上段への跳躍を準備する。また下段の中庭の水平面は，対照的に小さな中段のテラスに繰り返され，上段の中庭では庭園に姿を変えて再現する。ニンフェウム正面の主題もまた上段の壁面構成を準備し，最奥部の半円形の窪みに単純化されて再現する。劇場観覧席の中央にある長い階段の踏み段は直線状ながら最初は凸型に次いで凹型に処理されているが，上段奥の半円形空間にはめ込まれた凹凸階段で，皺のような曲線状に変形されて繰り返される。また下段の中庭二層目オーダーのニッチは，ニンフェウムの正面と内部や上段の中庭立面，最後には上段奥の半円部にくり返される。全体像の統一性を保証しているのは，微妙に対応するこれらの形態が中心軸にそって奥行方向

第六章　ユリウス二世とブラマンテの《大》様式：　ベルヴェデーレと《古代風ヴィラ》の再生

図115　ベルヴェデーレ　上段の中庭の現況。ブラマンテの計画では側面，正面とも一層構成で，側面は吹き放しの柱廊だった。＊

に次々と姿を見せながら形成する，連続し絡み合った呼応関係なのである。

　しかしここにあるのは《画家》の構成法による，つまり色彩や大気や光といった本質的に絵画的な手法で処理されたイメージであって，この点ではミラーノにおける作品と変わらない。描出された光景は真昼の状態にあり，ということはアルベルティが強調するように（『建築論』第五書，第十七章）最も良好な可視条件のもとにある。空間内での建築要素の《運動》(17)は太陽の運行によって一日の時間の推移のなかで賞揚され，永遠に続く宇宙のリズムにしたがって変化するスペクタクルとなる。採用された様々な材料も——トラヴェルティーノや煉瓦，スタッコそしてペペリーノ石と——色彩面でお互いにクワットロチェント風の対比として用いられることはなく，むしろ赤茶から黄白にいたる《色調の》慎重な戯れのなかで融合している。プリニウスの記述にある《馬場》や古代の皇帝のヴィラと同様な，植物と水の存在は——とめどなく揺れ動く樹木の影や噴水の水しぶきによって——現実となった描写という「見かけ」をそのイメージに与えたにちがいないが，これは前例のないことであった。遠く教皇の窓から眺められた光景は，レオナルドであれば強調したであろうが，空間の多くの層によってあいだを隔てられることで，古代帝政期の都市イメージがブラマンテによって再構築され，ひとつの三次元絵画として表現されたかのように見えただろう。

　しかしベルヴェデーレの光景でこの建築家が意図したのが，事実の単なる《客観的な》再現だったはずはない。それはひとつのスペクタクルであり，見る者を「欺く」ための舞台上の虚構だったにちがいない。それはここでもまた透視図法的－イリュージョニズム的表現を纏う。欺きは気付かれないほど微妙であらねばならない。古代ローマ人は大空間を建築的に解決する能力を備えていたのか。ベルヴェデーレの空間はすでに巨大空間なのか。ユリウス二世の建築家は，古代人と張り合い，自らの壮大な言語で建築を計画して古代人を凌駕することで，自分がもっと大きな空間を統御する術を心得ていることを教皇に証明する必要があっただろう。教皇の窓から見えるものすべては，この教皇が古代の皇帝よりもはるかに強大

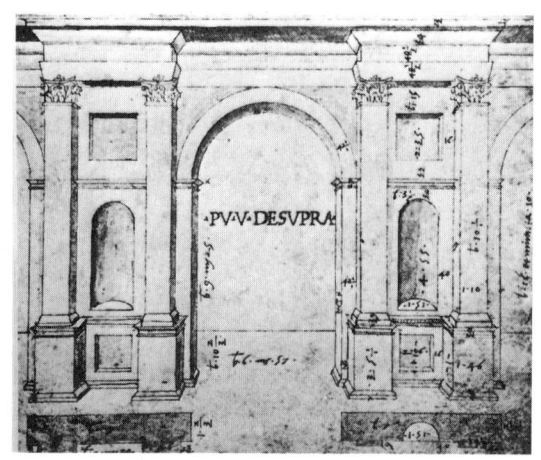

図116 ベルヴェデーレ　上段の中庭の側壁面の構成（ロンドン，ソーン博物館，コーネル写本　フォリオ41）。

図117 ベルヴェデーレ　上段の中庭北側正面壁の詳細。＊

な権力を掌握し，規模において古代人が誉めたたえた建造物にも前例のない作品を実現する力を備えていることの証明となるはずであった。すでに十分大規模なベルヴェデーレの空間が，現実にそうである以上にさらに大きく見えねばならない。最上の観察場所から見られる全体像が画定され十分具体的となったあとで，個々の要素の詳細がこの問題を考慮しながら決定された。こうしてブラマンテは，個別的な部分の形態決定にさいして特殊なイリュージョニズムの効果を生み出すためしばしば微妙な技巧を用いる。とりわけ上段の中庭，つまり双塔の向こうにある《スペクタクル》は，その物理的寸法がゆるす以上に，見る者を欺いて奥行方向に広がってを見えねばならなかった。ブラマンテは結局，下段の中庭の壁面構成における柱間寸法を変更せずに繰り返しながら，アーチを枠取る二連の付け柱による《リズミカルな柱間》の図式を（これはヴィジェーヴァノの広場を壁画で装飾したときすでにブラマンテが採用していたアルベルティ風モチーフにほかならない）採用することで基本モチーフを変形するが，同時にこれは，垂直的要素を密に林立させることで奥行方向の寸法を錯覚的に強調するためでもあった。くわえてブラマンテは，こののち今日に至るまでまさに劇場の舞台装置で常套となるように，上段の中庭つまり庭園の地面全体に傾斜をつけ，奥の壁面に向かって少なからぬ勾配ですり上がらせた。さらに，傾いた地面の勾配がつくる斜線にしたがいながら側壁のコリント式付け柱の台座の高さがひとつずつ異なるように，つまりその高さを少しずつ減ずると同時にそれが水平面からみてしだいに上昇していくように設定したのである。

 8 ベルヴェデーレのイリュージョニズムや比例，建築言語の問題のさらに立ち入った分析については A. Bruschi, "*Bramante architetto*" 前掲書，参照。

それと同時に，オーダー上部のエンタブレチュア上端の線が，奥に向かってわずかに上昇するように整えられた。その傾きや高さの差は実寸ではかなりの大きさになり測量機器でも

第六章　ユリウス二世とブラマンテの《大》様式：ベルヴェデーレと《古代風ヴィッラ》の再生

完全にとらえられるが，この大きなスケールのなかでは，見る人の目にはまず識別できない程度である。しかしこのことは，側壁のあらゆる構成要素の比例関係がブラマンテによって変形を加えられ，遠くから見た場合に壁面がより長く，より遠くまで伸びて見えるように操作されたことを示している。そしてさらに，半円形の両側にある正面突き当たりの壁面は，側壁と似たモチーフを用いながらこれらよりもさらに遠くにあるように見える必要があった。そのため側壁上では（東側立面に見られるとおり）ブラマンテは二連の付け柱の突出し寸法を増し，それによって壁面上の明暗を強調する。アーチ開口は列柱のあいだ，陰影の奥深くに穿たれる。そのうえコリント式付け柱の乗る側壁の台座を（すでに見たようにこれらは各々高さが異なるのだが）つきあたり壁面の付け柱の台座より敢えてかなり高く設定するが，その目的は正面壁が，盲アーチや微かな突出やより低い台座によって，側壁にくらべてできる限り奥行方向に《遠ざかって》見えるようにするためである。イリュージョニズムの効果を達成するためには信じがたいほどの大胆さが要請される。側壁の付け柱と正面壁のそれとが至近で隣合う上段の中庭の入り隅部分では，隣接する壁面上に，似てはいるが異なる比例の付け柱が異なる高さの台座の上に立ち，その上には同一のエンタブレチュアが回るのである。この隅部においてブラマンテは，構成上前例がない，技巧的かつ知的であるとともに偏見にとらわれない異様な処理を余儀なくされた。しかしこのことに危惧は感じなかった。はるかに遠い教皇の窓から見れば空間が拡張するような効果が達成され，隅部の《不正確な》処理はその距離にかき消されてほとんど識別されないだろう（それに一部は樹木に遮られるため，かなり近くで見られてもまず気付かれないにちがいない）。しかしいずれにせよ，絶対的な比例関係が危機にさらされるいっぽうで，異なる部分相互間を関連づけるはずだった厳格な統合関係も弛緩するという，危険な状態にあった。イリュージョニズムによって全体像を視覚的に統御する目的のために，「人文主義」建築の基本的原則のひとつが犯されているのである。

　これと似たことが，正面奥の半円空間の細部決定にも起こる。すでに《遠く離れた》正面の壁に穿たれているこの部分は，イリュージョニズム効果の点からこの壁よりもさらに《奥まって》見えるべきであった。ここで問題を複雑にしたのが新たに大階段（半円平面の凹凸で構成されるそれ）を挿入することの必要性であった。これは半円壁のうしろに続く彫刻の中庭というさらに高い領域に到達するため不可欠なだけでなく，半円形空間自体として，また空間構成全体にとっても根本的な視覚上の要素として立ち現れねばならなかった。ブラマンテはアカデミックにみて《規則にかなった》より明瞭な解決を捨て去る。隣接する正面奥の壁面モチーフを単純化し自由に反復したものを採用しつつ，またエンタブレチュア上端の線をここでも保ちつつブラマンテは，凹凸の半円形階段を昇り切ったところに立つ半円形曲面壁上に，正面壁に設けられた付け柱よりはるかに小さいにもかかわらずそれと連続して見える付け柱を迷わず設置する。

　ここでもまた隣接するふたつのモチーフのあいだの構成法上の断絶は現実には紛れもない

155

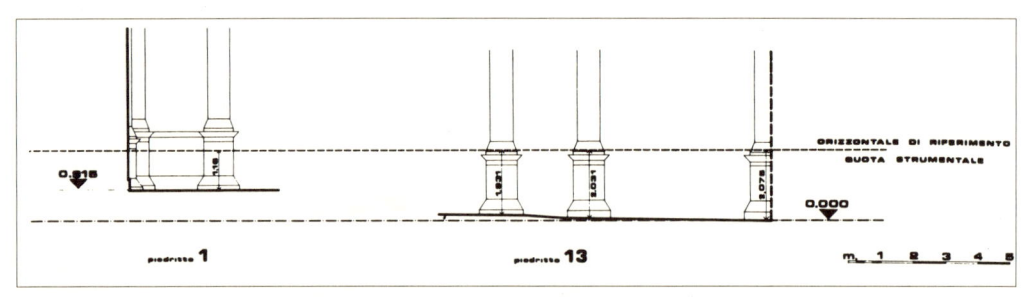

図118 ベルヴェデーレ 上段の中庭東側立面，両端部の高さの差を示す実測図（Bruschi, "*Bramante architetto*" 1969）。

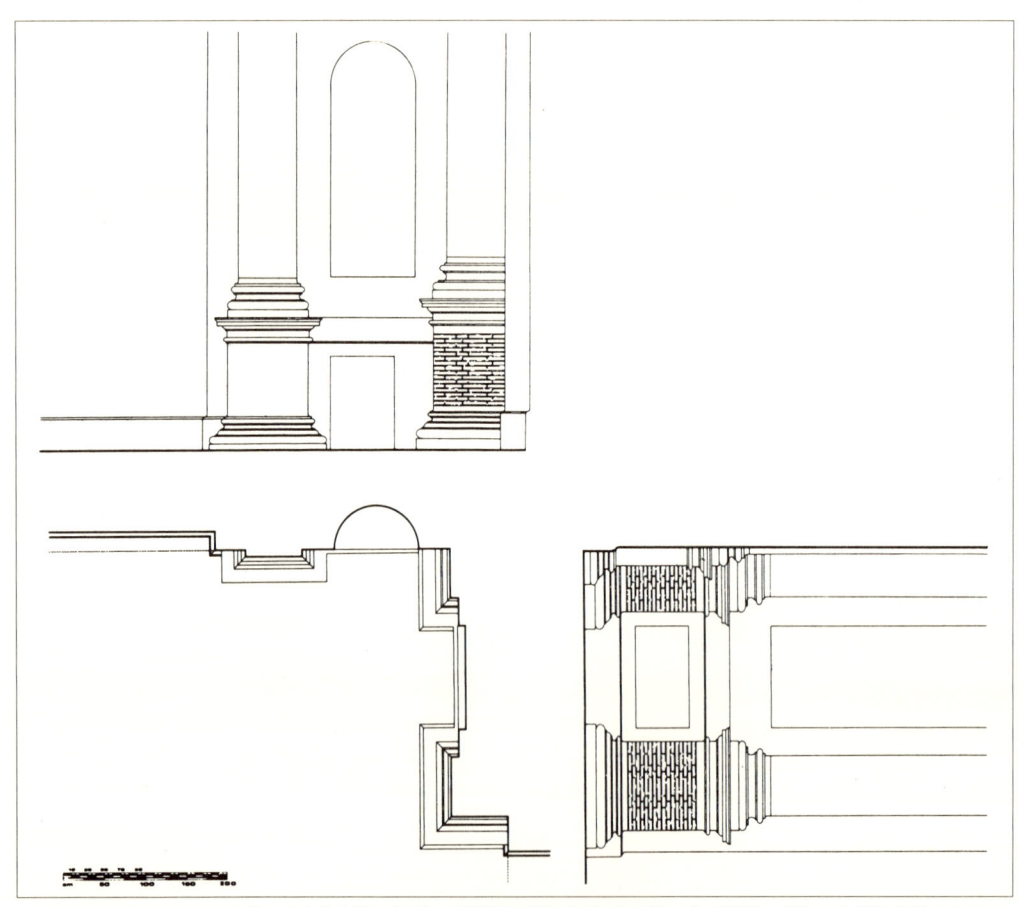

図119 ベルヴェデーレ 上段の中庭入り隅の処理。平面図と東壁（右）と北壁（上立面図。東壁の台座は北壁より高く，壁面からの出寸法も大きい（Bruschi, "*Bramante architetto*" 1969）。

が，視覚上のみごとな技巧によって繕われている。その結果，凹凸階段のむこうにある半円形曲面や，その表面に正面壁の大きな付け柱と対比して設けられた小さな付け柱は，実際以上に遠ざかって見える。絵画的な手法にはしることも構成要素を透視図法によって変形することもしないで，厳密に建築的な方法によって，ウルビーノやミラーノのイリュージョニズムが，見る人を入念に欺くより成熟した《普遍的》成果を達成する。「見かけ」と「現実」と

第六章　ユリウス二世とブラマンテの《大》様式：　ベルヴェデーレと《古代風ヴィッラ》の再生

の伝統的な関係が，新たな解釈の対象となる。建造物や有用な空間として具体的に実現され，また建築家の専門的方法に負っているとはいえ，建築はここで画家や彫刻家の作品に類似したある種の絵画，つまり《審美的な》視覚イメージに帰着している。[18]

　建築を作るための（そして何よりもまずそれを考えるための）この新しい方法は，結果として，「人文主義」時代の基本的な建築原理のいくつかを放棄させるに至る。サンタ・マリーア・デッラ・パーチェで見たように，ブラマンテはこの原理を信じ，さらにはそのなかに絶対的な《普遍性》を，つまりあらゆる状況下でのその有効性を検証し《証明》しようとさえした（だがこのこと自体すでに，疑いの兆候ではなかったか）。ミラーノでブラマンテ自らが完全に達成した，人体にもたとえられる三次元

図120　ベルヴェデーレ　上段の中庭入り隅の現況。＊

有機組織を保証し部分を統合する配列の原理さえも，このベルヴェデーレにみられるようにすでに隠然たる危機にさらされている。しかしベルヴェデーレにおいては，ルネサンス理論家の思想において建築と宇宙調和の構造規則との一致を保証していた比例調和の絶対的で形而上的な価値さえも，結果として疑問に付されている。ブラマンテはじっさいには，最初は全体と個々の部分を数的および幾何学的な方法による正確かつ《音楽的な》関係にしたがって比例づける。しかし次の段階では，この調和比例の絶対的価値を事実上否定する。視覚上の特定の効果のため微細な変更を加えるだけでなく，すでに見たように空間を形成する要素を，比例によって定められた実際の尺度とは異なった寸法に見えるように調整するのである。そして実施における細部の決定——たとえば下段の中庭や上段の中庭における壁面構成の基本決定——においても，推定される当初の《理論的な》比例関係は（それは個々の要素間の，ウィトルウィウス流に定められた数学やモデュールによる厳密な比例関係や単純な数比に規則どおりもとづいていたのだが）見る人との関係における個別の錯覚効果の観点にしたがって，《理論》値にわずかな《修正》をほどこして変形された。

　ここにあるのはじっさい，デッラ・パーチェにみられた厳密主義につづくブラマンテの問

157

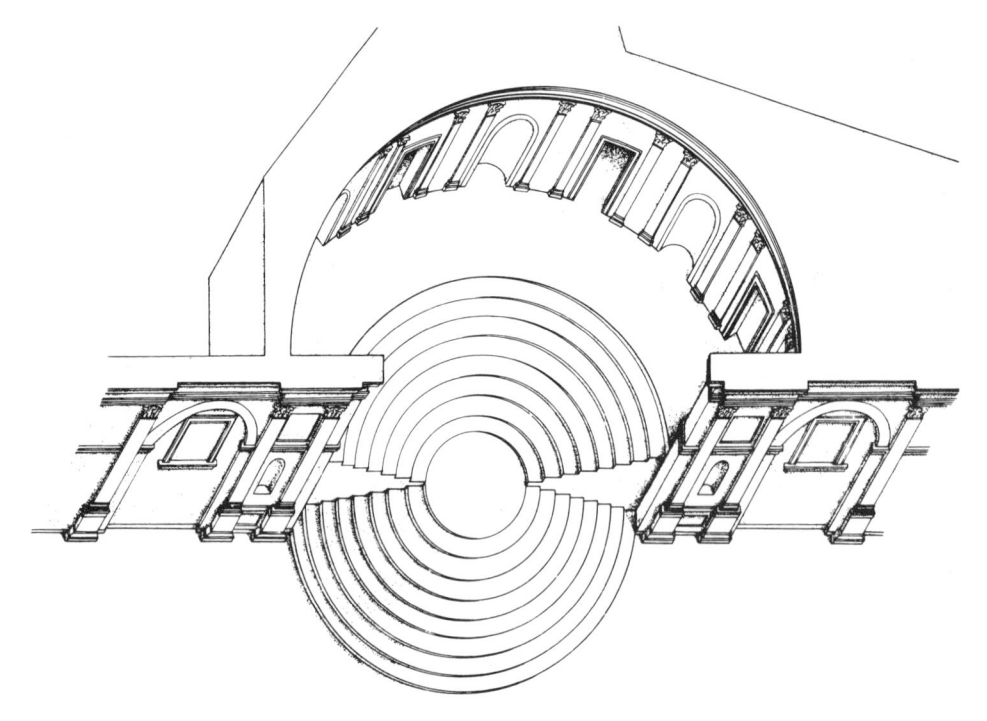

図121　ベルヴェデーレ　上段の中庭エクセドラのブラマンテ設計案の復元図（アッカーマンによる）。

題意識のダイナミックな発展過程の次の段階である。それは安定した成果ではなく、ブラマンテにとってはほとんど毎度のことなのだが、行為をとおしての探求である。ブラマンテはおそらく、この探求を進めることで古代人の真に偉大で壮麗な様式にさらに近づけると考えた。このことは、尊重されていたウィトルウィウス自身がくり返し推奨しているにもかかわらず、当時に至るまで無視され、誤解され、あるいは無効視されていた内容からじかに示唆された行動でさえあるようだ。ウィトルウィウスはこう記している。

　シュンメトリアの数値が確定したあとで［…］建物の用途や様相を土地の性質との関係において熟考するために、建築家の鋭敏さが必要となる。そして切り取ったり付け加えたりして、全体のシュンメトリアにここでは減じたりあちらでは増加したりと修正をほどこす。その結果建物は欠点なく整えられたようにみえ、見るものに全く心地好く感じさせる［…］それというのも、視覚はいつも必ず事物の真実の観念を与えるのではなく、しばしば知性を正しい基準からそらすように思われるからである〈『建築書』第六書第二章〉。

　ブラマンテはじっさい、おそらくルネサンスで初めてウィトルウィウスの説くとおりに行動したようである。建築家としての《鋭敏さ》と画家としての感受性によって——ウィトルウィウスのテクストからの指示だけでなく、透視図的－イリュージョニズム的視点、そして空間に対する自らの考え方さえも越えて——《音楽的》比例調和の絶対性を《修正》するに

第六章　ユリウス二世とブラマンテの《大》様式：　ベルヴェデーレと《古代風ヴィッラ》の再生

至る。しかしブラマンテの考えでは比例調和は，アルベルティがそれを位置づけた宇宙の《神聖な》合理性のもつ《客観的》かつ《学問的》な絶対性や，《本体》や《理念》から，地上的な事物の特徴である可変性や相対性に浸された《現象》として実存する現実に向けて，視覚にとっての意義を具体的な《普遍性》のなかで喪失することなくむしろ獲得しながら，降下すべきであった。その一方で個性による《恣意性》や《鋭敏さ》や建築家としての感受性は，その創作活動が客観的《学問性》にもとづくという仮定に疑問をさしはさむ。諸原理の中にある矛盾が表面化する。建築的営為の中に問題の集積が明瞭になってくる。それは懐疑を生み出し，遠からず《マニエリズム》という危機として爆発するだろう。

　デッラ・パーチェの回廊やそれに続くいくつかの場合にみられるように，合理化や操作や批判といった論理の流れにしたがいながら，方法論を一貫してまた総合的に適用して行われた原理の検証は，計画の過程においてときには解決不可能な問題があることを明らかにし，矛盾をきわ立たせた。しかし，人為的な技巧でそれを解決しようとする企て自体から，平面形式や語彙上の新たなモチーフが創造される。そのなかには複雑で躍動的なものも少なくはなく，大きさのことなる異種のオーダーを大胆に接合したり見慣れない構成要素を導入するなど，すでにそれ自体《マニエリズム》的性格を帯びている。ベルヴェデーレ下段の中庭最上階の壁面構成は，そのような例である。どの決定も，相互に関係し全体に関わる理念から派生し，とりわけ探求や実験を求める激しい好奇心に由来する批判的考察を慎重にくり返した結果なのである。

　このように，一方では古代についての革新的な《考古学的》研究が——それはユリウス二世の政治的もくろみにとっても効果的だった——古代の建築言語要素の回復をもたらしたが（たとえば下段の中庭の一階部分にみられる正規の《トリグリフを伴うドーリス式》のように），同時にもう一方では，古代ローマの遺構のなかに歴然と示されているものでも，すでに経験的に受容されているような，容易に予想されるあらゆる解決は拒否される。概要決定ののち，たとえば下段の中庭の壁面構成の決定にさいして，コロッセウムやマルケッルス劇場のようなオーダーで枠取られたアーチの図式を三層ともに採用するのは容易だっただろう。これに反しブラマンテは，遠い昔にウルビーノのパラッツォ・ドゥカーレの扉の寄せ木細工に表現された図式を再びとり上げて，はるかに複雑かつ自由な壁面構成を採用する。ブラマンテはより困難な道を選ぶ。原理を検証しその普遍性を確認しようとするが，すでに受け入れられたモチーフの再利用はこの目的のためには無用なのである。

　ヴァザーリが的確に書き残しているように，ブラマンテは芸術における「際限のない［…］美と困難」を極めつつ古代人を「新たな創意によって」模倣しようとしていた。個々の建築作品の計画やその構成要素の決定は探求や実験的検証の機会であった。ベルヴェデーレの《馬場》の広大な野外空間以外にも，これに関連したいくつかの箇所でこの実験的態度が発揮されている。「ユリウス門」は——外部から《フォルム》たる下段の中庭への入口を構成する

159

図122 ベルヴェデーレ ユリウス門。古代ローマから想を得たルスティコで枠どられている。ラテン文字で刻まれている銘をブラマンテは当初ヒエログリフを模した文字で刻むよう提案した。*

第六章　ユリウス二世とブラマンテの《大》様式：　ベルヴェデーレと《古代風ヴィラ》の再生

新しいタイプの凱旋門と考えられるが――《田舎風仕上げ》(オペラ・ルスティカ)による巨大な切石を用いた前例のない計画であり，クワットロチェント・フィレンツェのパラッツォの伝統をはるかに超えて古代ローマ建築に自由に範を求めたものであるとともに，チンクエチェントの建築言語の発展に新たな基本語彙を導入するものである。

　ベルヴェデーレの東外壁に刻まれる大きな記念文字も，ヴァザーリによれば，ラテン文字ではなく奇抜な《象形文字》(ヒエログリフ)の字体を採用する機会となるはずであった。さらにまた旧ヴァティカーノ宮のボルジアの塔が戴いていた木造ドーム（1509年建造，1523年の火事で焼失）はローマのイル・ジェズ教会のドームに匹敵する規模のものであり，通常推定されてきたようにジュリアーノ・ダ・サンガッロではなくブラマンテの計画案にさかのぼる可能性が高いものだが，ドラム構造の新しい型や（巧みに分節されたオーダーで枠取りされたアーチによって大きな開口をあけられていた），デッラ・ローヴェレ家の象徴である樫の実で締めくくられる巨大で奇抜なランタンを実験的に実現する機会であった。これはまたドームが教会以外の世俗建築に採用された最初の例でもある。

図123　ヴァティカーノ　ペルッツィによるボルジアの塔のドーム素描。1523年以前の状態（フィレンツェ，ウッフィーツィ素描130A r部分）。

9　J. S. Ackerman, "*Bramante and the Torre Borgia*",《Rendiconti della Pontificia Accademia Romana di Archeologia》, XXV-XXVI, 1949-51, p.247-65所収；G. De Angelis d'Ossat, "*Preludio romano del Bramante*", 前掲書, p.92参照。

　さらにまた，《彫刻の庭》ともいうべき中庭も――現在のヴァティカーノ博物館の中心部分――全く新しいタイプの空間（1506年には完成していた）の実験の場となった（ただしこの種のアイデアはフランチェスコ・ディ・ジョルジョの建築論の中に概略が示されていた）。ここでは，建築的関心を外周の壁面にではなく《空間それ自体》に集中させようとの意思が壁表面の連続性をめざす意図と結びついて，中庭の入り隅部分が隅切りされ，そこにニッチの開口が設け

図124　ローマのベルヴェデーレ　螺旋斜路の見上げ。

第六章　ユリウス二世とブラマンテの《大》様式：　ベルヴェデーレと《古代風ヴィッラ》の再生

られ，伝統的な列柱や壁面上の特徴的な建築的要素がことごとく排除される結果となった[21]（それはまたニッチ内の光あふれる設置場所に保存展示される古代彫刻の価値を浮き上がらせるためでもある）。しかしブラマンテの問題意識にとってきわめて重要なのは，この中庭に隣接する《螺旋》階段（斜路）であった。

その内部空間組織の基本的なアイデアは単純である。それはひとつの中空の円筒であって，その中を円柱で支えられた螺旋状のエンタブレチュアが連続していくというものである。螺旋は数学的にも厳密な形態であり，その運動は昇るという動作の連続性や上昇の観念を誘導する。要するに階段にうってつけの形態なのである。

螺旋状の階段はウルビーノでフランチェスコ・ディ・ジョルジョがすでにいくつか建設していたし[22]，ミラーノではレオナルドがスケッチを残している。円柱に支えられた《螺旋状の》階段の建築としての妥当性は（それは中世においてもしばしば採用されたものであるが）古代をみてもすくなくとも，信頼できる遺構である《ポンペイウスの柱廊》に使用されていることからも実証されており，そのスケッチはルネサンス期にいくつも残されている（パッラーディオによれば，ブラマンテのアイデアはこれに由来する）[23]。しかし螺旋階段はまたそれ自体，抗しがたい力動感にあふれる運動の形象でもある。さらにはすべての階段と同じく接続のための組織でもある。ひとつの移行を暗示するとともに《時間》という次元のなかで視覚に訴える。つまり静的な観想によっては把握が困難な対象なのである。

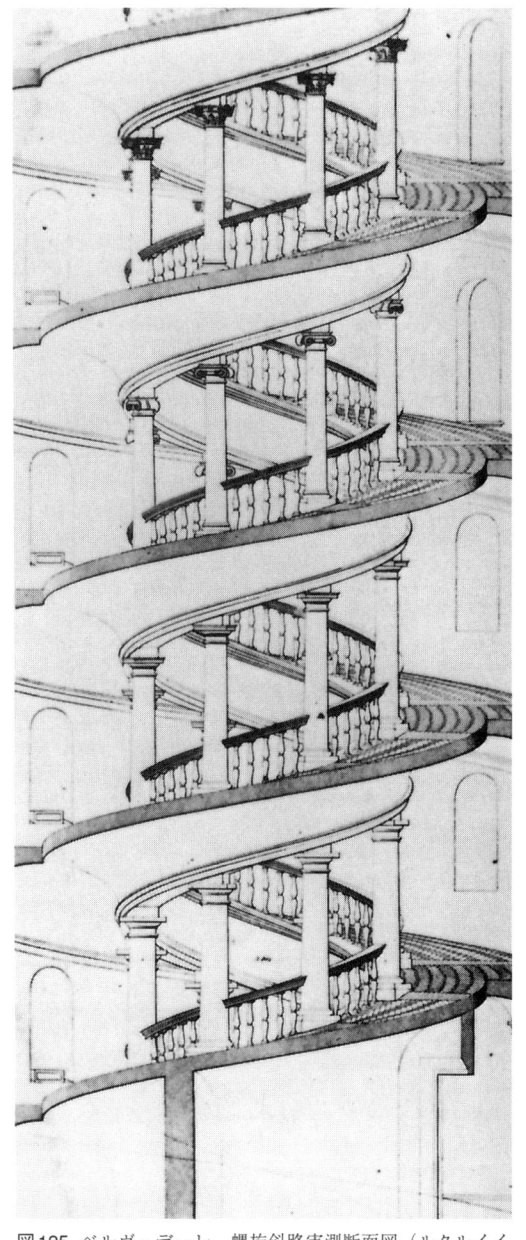

図125　ベルヴェデーレ　螺旋斜路実測断面図（ルタルイイによる）。＊

ブラマンテが螺旋という形態を選んだことや，ベルヴェデーレの大空間においてと同じく表現対象として運動という主題を選んだことは偶然ではなく，ここでも視覚によって得られ

163

図126　ベルヴェデーレ　螺旋斜路見下げ。

る躍動感を高揚させる「スペクタクル」として構造を組み立てることになる。ブラマンテは階段のすべての組織を建物の外から階段の下に入り立って見上げる人の立場から構造づける。全体像の唯一の消失点はその真上，列柱にとり囲まれた中空円筒の軸線上にある。高みへと収斂する柱身は先細りしながら，一層目から二層目，三層目と追う視線によって次々と連結して鉛直線上の消失点に向かう。階段は実際の構築物で描かれた《見上げ》透視図という《審美的な》形象となる。それは，運動を視覚の中に固定しとらえることによって，生まれながらに躍動的あふれる構造体と主題を，あたかもひとつの絵画のように透視図的な統合に帰着させる比類ない方法である。マザッチョからマンテーニャ，ウルビーノ，サン・サーティロにいたる透視図的イリュージョニズムの伝統のすべてが，ユリウス二世のローマという新たな政治的文化的風土の中で活発な意味内容を盛り込まれて，このベルヴェデーレの階段に収斂している。自然が支配する領域から，農地の広大な空間から（階段への入口はそれに直接面していた），階段は高みへ，彫刻の中庭へ，そして最奥にあって俗人の立ち入りが許されない，皇帝教皇と人文主義者たちの庭園へと導く。あたかも現実と化した舞台上の虚構ともいうべき透視図法の魔術的世界は，自然世界と芸術世界の断絶と仲介の機能を同時にはたし，一般人の空間から古代人との刺激的な対話の場所たるミューズの館へと導く。そこは俗人には閉ざされ，「エリート」たる《高貴な》人々，美を賞味することを知る人だけに許された場所，ユリウスが人文主義による「帝国再興（レノヴァーティオ・インペリイー）」の夢の顕示とも象徴とも誇る，魅惑の城の中核である。

第六章 ユリウス二世とブラマンテの《大》様式： ベルヴェデーレと《古代風ヴィラ》の再生

　ベルヴェデーレの大空間の場合と同様に，ブラマンテは円柱に囲まれた中空部分に重点を置く。円柱に関しては，それをこの空間内でいちばん目立たせるために，物体や造型のもつ迫力と存在感を強調する。また円柱と階段室内壁とを構成要素によって関係づけることをしていないが，これは円柱から壁までの距離の短かさを目立たなくするとともに，その壁面の機能を薄明かりでほの見える中立的な周壁，つまり空気層によって《隔てられた》背景としての機能にとどめるためである。水平面が存在しないことや，円柱が規定する基準線に巻きつく渦巻線としての全体の構成（円柱は空間の中心を巡ってうねり登っていく造型上の対象であるとともに，高みにある消失点に向けて放たれた矢のような透視図法上のベクトルである），そして支柱の上に載るエンタブレチュアのつくる斜めの支えが相まって，空間全体に躍動的で揺れ動くような不安定さを与えている。そこでは，構成的に組織され，限定され，纏めあげられた伝統的な透視図的空間という静的な観点の転覆が進行している。運動を受入れ，取り込み，統御し，表現として固定しようとする確かな意思がある。その制御の手段はここでもブラマンテらしく，建築を《舞台のような》表現に還元することであった。上方に向かう透視図的緊張の中でイメージは，全体的な統一性の優位のため個々の構成要素の価値を無効にしようとする新たな視覚の統合を達成する。そしてルネサンス的理念はブラマンテの他の作品と同等かそれ以上に，古代末期が示唆する情感的な色どりに染まっているようである。

　しかしこの作品の細部には，解決不能な諸問題が明らかに見てとれる。まず，螺旋形は空間内で無限に延長可能で，結末を持たない開かれた形態であって，ルネサンス的観点とは全く相容れないものである。ブラマンテはこの階段の最上部に建築的にふさわしい表現を与える方法を知らなかったし，それが可能でもそれを欲してもいなかった。ただその高みからは光がさし込んで満ち溢れ，列柱をくっきりと照らし出すべきであることだけは知っていた。その目的は視線をイメージの消失点へ引き付けるためである（階段はその用途と到達点からして——それは騎馬でも登れる必要があった——上方に開いて，屋根がない設計だった可能性がある）。ブラマンテは他の多くの作品と同様，この階段のこの他の問題点を解決することなく《未完のまま》残したが，おそらくは偶発的な理由のためではなく，首尾一貫した解決が見つからないという本質的な理由のためであった。階段の上部にほとんど象徴的に実現されているのは，ルネサンス《古典主義の》問題性を具現化するイメージの裂け目であり破綻である。

　構成要素の建築詳細を決定していくうえでブラマンテが直面した問題はこれ以外にもある。ブラマンテはこの階段が円柱で支持されるきだと判断した。しかしそれが複数の階にまたがっている以上，そこに一種類だけのオーダーを適用するのは《非論理的》だろう。古代人の教えによれば，また力学的な理由からしても多層の建築物は，コロッセウムの例に見られるように，異なる種類のオーダーの積み重ねで解決されるべきである。ドーリス式やイオニア式，コリント式といったオーダーが堅牢で重厚なものからしなやかで軽快なものへ順次置き替わっていくのである。ところがあたかも『建築論』の挿し絵のように（おそらくこの時期に

は，オーダーに関する今日では失われたブラマンテの建築理論書が存在していた可能性がある），(24) そして描かれただけでなく実際に建てられた例示として，ここに初めて円柱による《古代式》オーダーが互いに明瞭に区別できるしかたで出現する。それはここでブラマンテによって初めて，のちに習慣となる順序にしたがって積み上げられ，次いでセルリオ，ヴィニョーラ，パッラーディオによって理論づけられることになる。「トスカーナ式」と「ドーリス式」とは互いにはっきり区別され，それに「イオニア式」と一種の「コンポジット式」が続く（《純正な》「コリント式」はベルヴェデーレ上段の中庭を飾っている）。それらを採用するという原則が普遍的であるなら，またそれがどんな多層建造物にとっても《論理的》であるならば，それはいかなる状況下においても，すなわち複数の円柱がひとつの階段に沿って螺旋上に配置されている場合にも遵守されるべきである，とブラマンテは考えた。しかしこの決定はある種の細工なくしては解決できないいくつかの問題を突きつける。なによりもまず螺旋は形態上連続して切れ目がないため，オーダーの種類がかわるたびに異なる種類の，異なる比例をもつふたつのオーダーが互いに隣接し，しかもそれらが同一のエンタブレチュアを両側から支えるという，規則にまったく反した不思議な結果をもたらす。ブラマンテはここで，異なるオーダーの隣接点を入口の扉の真上に設けることでこの結果を巧みに目立たなくする方法を選んだ。入口から入って《見上げ》透視図の最上の視点から見上げる人にはそれは見えないだろう。しかしもしふり返って見れば，あるいはもっと悪いことに階段を登っていくときには，この細工が目ざわりに映るだろう。さらには，螺旋の形態に由来する均一な《勾配》との関係から円柱の高さは一定でなければならず，またその寸法関係には，下にある円柱の力学的条件を考慮した修正や補強が必要となる。

　ブラマンテはここで再度，全体像に目を向ける。そしてそれとの関連から，積み上げられた異なる柱身相互間の寸法上の関係性を保証する自らの《規則》を確立する。じっさいブラマンテは柱身を，あたかも螺旋形をえがくエンタブレチュアのリボンによって分断された同一の構造体の部分であるかのように設計している。また下にある円柱の堅牢さを誇張しているが，これは対比効果によって上方の軽快な円柱を空間内でより遠く見せ，錯覚的に高さ方向の変化を強調するためである。しかし，規範となる伝統的な関係を否定するこれらの特異な円柱はこのようにして，螺旋のもつ可塑性やダイナミックな緊張感との矛盾を孕んだ弁証法の中で構造上の意味を表現主義的に強調しながら，ほとんど風刺的なまでに逆説的に変形される。

　だがさらに別の問題，すなわち水平な構造部材と連結されるべく生まれた構成要素である円柱と，螺旋をえがく斜線との結合の問題がある。ブラマンテは現実的な工夫によってこの問題を解決する。斜路を登りながら近くから見るとその結果が明らかに苦肉の策であり決して完全な解決ではないことが見てとれる。しかしブラマンテは問題にしない。最良の視点である階段の下から見上げた場合，円柱と傾いた部材との曖昧な結合は柱頭の突起に妨げられ

第六章　ユリウス二世とブラマンテの《大》様式：ベルヴェデーレと《古代風ヴィッラ》の再生

て実際には目に入らない。しかし概念的な意味で最も困難な問題は，異なるオーダーによる円柱の上に連続するエンタブレチュアをかけ渡すことである。規則にしたがうかぎり，いかなるオーダーも，形態においても比例においてもそれぞれ異なる固有のエンタブレチュアを備えるべきである。しかしここでは円柱の上にあって螺旋形を描く腰壁はその高さが一定でないわけにはいかず，下にある円柱に対応して場所ごとにその高さを変えるなど想像すらできない。さらに円柱の高さと比べたその高さは，規則にしたがったエンタブレチュアとして性格づけるには大き過ぎるし，下からの視線を考えるとその頂部のコーニスは，突出し過ぎることで円柱の柱身を遮ることのないようにする必要があった。自らの視覚にそむき逆説的な結果を覚悟するのでないかぎり規則が遵守できないことをブラマンテは確信したにちがいない。ここでもまたある技巧が労される。螺旋状の腰壁を，遠くから見たときだけ古典的なエンタブレチュアと認識されるようにしたのである。円柱の直上には薄く簡単なアーキトレーヴが載り，壁の最高部に僅かなコーニスが設けられる。その間はきわめて背の高い腰壁で占められ，これが古典的なフリーズを思わせるはずであった。螺旋状の腰壁全体は，とくに下から短縮されて見上げられた場合，曖昧な《エンタブレチュア》となる。しかし現実にはそれが，どう見ても《純正な》エンタブレチュアでありえないのは明らかであって，あくまでコーニスで特徴づけられた腰壁である。それは斜路のヴォールトに対応する控え壁であり，構造的かつ幾何学的な状況の産物なのである。

　これを原理的な矛盾あるいは普遍性の欠如のあかしと見ることも可能かもしれない。しかしパッラーディオがこの作品に関連して評する《並はずれた建築家》ブラマンテ，またセルリオやヴァザーリの明言するところの《技巧にたけた》《巧妙極まりない》工夫をこらすブラマンテはここで，明確な批評的意識と視覚上の研ぎ澄まされた感性によって問題を解決した。偏見にとらわれずいささか主知主義的といえるこの螺旋階段にくらべると，チンクエチェントやバロック期に実現された（そしてブラマンテのベルヴェデーレに由来する）いくつかの螺旋階段は，型にはまったアカデミックな演習であるかに見える。そしてまた，ひとつの螺旋階段のなかに異なる複数のオーダーを積み重ねることも――それは原理の批判的な検証にむけられた冷徹な意思による《実験》の産物であり，逆説的なアイデアであったが――この後だれも試みようとはしなかった[25]。

　ベルヴェデーレとそのさまざまな部分の計画決定を経て生み出された結果はこのように，一方では透視図的－イリュージョニズム的観点（それは建築家の個人的《明晰さ》によって規則づけられ，感情に訴える刺激や歴史からの教えで性格づけられていた）によって導かれながら，他方では理論の確認と原理の検証のための《客観的》かつ《学問的》に有効な手段であろうとする精密で果断な方法論上の厳密性につき動かされた，明晰な批判的選択の産物である。その産物は曖昧で多義的で，多様な読解を許容するものとなる。そして，全体像が達成した効果が特権的な視点において明らかになるいっぽうで，建物を具体的に検証していく中でその

167

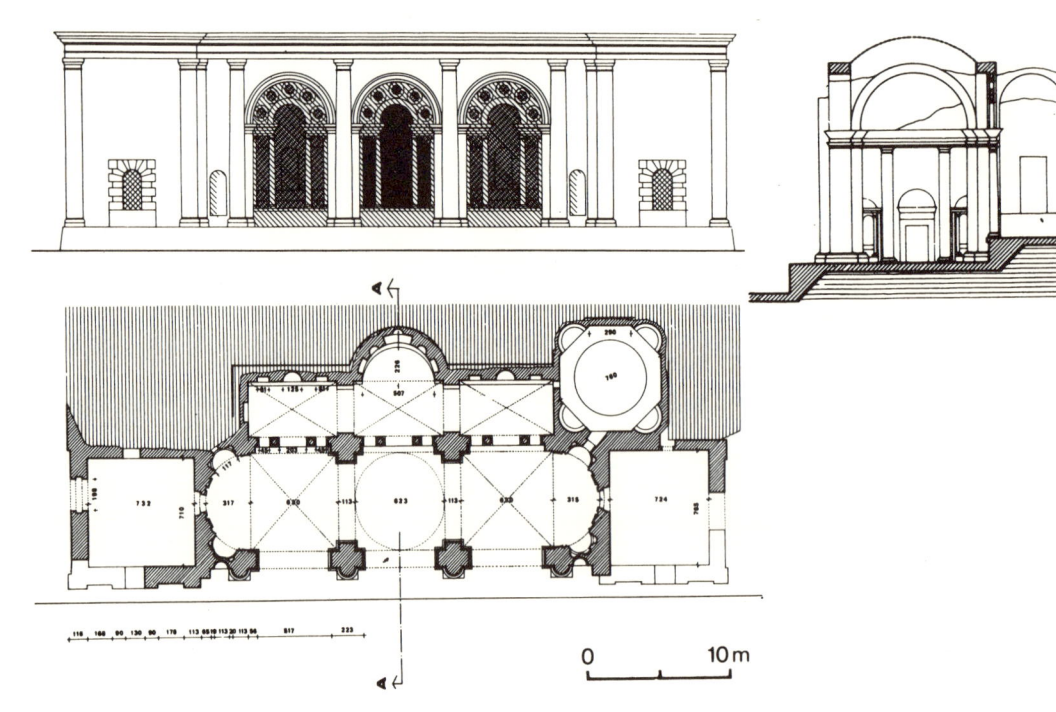

図127 ジェナッツァーノのニンフェウム 復元立面，平面，断面図（フロンメルによる）。

《普遍性》は，一種の強引さや技巧や苦肉の策が目立つ細部の光景の共存が明らかになることで，危機にさらされる。計画上の方法における厳密さそれ自体が解決不能な諸問題を明るみに出し，逆説的な解決へと導き，また普遍的妥当性をもつ手段であることを確認されたものが同時に，イリュージョニスムの形象として無化される。《客観性》と《恣意性》は設計の過程で絡み合いながら最終結果の中に流れこむが，その結果が完全なものとして見られるのはただ，あるいはとりわけ，あらかじめ選ばれた唯一の停留点からの全体像においてだけなのである。

　文学的かつ人文主義的にみた《古代風ヴィッラ》の意識的な復活，しかもベルヴェデーレのそれとはちがった意味での復活として，この時期に建てられたもう一つの作品を挙げることができるだろう。パレストリーナ近郊のジェナッツァーノにあり現在では荒廃するにまかされている，いわゆる《ニンフェウム》がそれである。ブラマンテの設計によることを裏づける記録は残されていないが，C. L. フロンメル[10]により説得力ある提案がなされており，妥当とみてよいだろう。[11]建設時期は明らかでないが1517年を下ることはなく（この年ラッファエッロがローマにヴィッラ・マダーマを設計し工事が開始されているが，部分的にしろおそらくこの《ニンフェウム》の計画が念頭にあった）[26]，上限は1501-03年にまでさかのぼりその場合ボルジア家教皇アレクサンデル六世自らの発案によるものとも考えられるが，より可能性が高いのは1507-11年にポンペーオ・コロンナ枢機卿[27]の依頼で建設されたというものである。パオロ・

第六章 ユリウス二世とブラマンテの《大》様式： ベルヴェデーレと《古代風ヴィラ》の再生

図128 ジェナッツァーノのニンフェウム 現況全景。＊＊

ジョーヴィオ(28)によれば，ポンペーオは「鳥獣の狩猟を非常な楽しみとし，目を見張るような道具を携え膨大な出費をものともせず，野原の真っただなかや泉のほとりにしばしば人々を招いて宴を開いては自ら楽しみ倦むことがなかった。」という。

  10 C. L. Frommel, "*Bramantes 《Ninfeo》 in Genazzano*",《Römishes Jahrbuch für Kunstgeschichte》, XII , 1968, 所収。A. Bruschi, "*Bramante architetto*", 前掲書，参照。依頼人である可能性のあるポンペーオ・コロンナの人物像については P. Giovio, "*Le Vite di Leon decimo et Adriano VI … et del Cardinal Pompeo Colonna*", Firenze 1551，とくに p.377-8 (本文引用はこの部分)，および同著者の " *Pompei Columnae cardinalis Vita*", "*Opera Omnia*" 所収，Basilea 1578, p.130 以下参照。

  11 ブラマンテ設計説に対する疑義（それとより時代を下った設計時期の提案）が J. Ackerman により提示された：" *The Tuscan/ Rustic Order*",《Journal of the Society of Architectural Historians》, XLII p.15 以下。

この《ニンフェウム》はじっさい古代の郊外型ヴィラの理想を再興するものであるが，定住のための住居というよりむしろ，自然と密接に関わりながら過ごす田園生活のための四阿(あずまや)であり，一時的に宴会に用いたり短期間の避暑に役立てられるものである。しかしベルヴェデーレと同様これもまたスペクタクルのための建物であった。その前を流れる小川に堰を設けて水を貯めれば，小さな谷間は模擬海戦を催すことも可能な池にかわり，周囲の風景を含めたその光景は，屋根付きの桟敷席に見立てられるこの建物の広々とした柱廊から眺めることができた。逆にその正面部分は——あたかも劇場の「舞台前面(フロンス・スケーナエ)」のように——正面の丘から眺められるスペクタクルの背景を構成することが可能だった。鮮烈にしかも生き生きと表現されているのは古代からの記憶（浴場やヴィラの建築から古代末期風の語法にいたるま

169

図129 ジェナッツァーノのニンフェウム 「セルリアーナ」の詳細。＊

で）であり，ローマ時代のブラマンテの問題意識や言語との関連は明らかである。大きさの異なる四種類を数える建築的オーダーが秩序よく結合された周壁の組織や，材料をあるいは積み上げあるいは《繰り抜いて》型どることで作られる空間《それ自体》への関心，そして語彙的にも構成法的にも異例ないくつかの解決がそれである。しかしそのイメージに特異な性格を与えているのは，ここでもまた全体の《イリュージョニズム的な》つまり劇場的な計画であり，ローマ建築に示唆を受けたその自由で非対称な平面構成は——これ以外のブラマンテの典型的な平面と同じく——中央を貫く視線軸に対しそれへの直交軸が寸法においてはより大きく展開するという弁証法的な対比によって強調される。正面外観には透視図的に奥行きを強調する意図がとりわけ，すでに《マニエリズム》的といってよい《セルリアーナ》モチーフによって明らかにされている。[29] それは三つの正面大アーチによる開口の背後にあっ

第六章　ユリウス二世とブラマンテの《大》様式：　ベルヴェデーレと《古代風ヴィッラ》の再生

て半円柱で枠取られ，開廊とその向こうに広がる《ニンフェウム》の空間本体（一段と高い特別席あるいは演奏者席であろう）とのあいだの透明な隔壁を構成する。これらセルリアーナの円柱は——それに支えられたアーチ壁にはかつてミラーノで見られたように，またローマ時代のサン・ピエトロ内陣とおなじく，円形開口が穿たれている——開廊のヴォールトを支える内側の付け柱のオーダーの間に挿入されている。これらの円柱はしかし，その下に挿入された基壇によって高さを厳しく縮小されており，エンタブレチュアにおいても，コーニスは隣接する付け柱のそれに連続しているもののアーキトレーヴは付け柱のそれより低い位置に設定されている。これらの仕掛けによって三つの《セルリアーナ》は，開廊の構成要素より細かな部材でできていることも手伝って，遠くから見ると開廊自体よりもはるかに《奥まった》平面上にあるかに見える。そして全体の視覚的構成は——手前にあってそれを枠取る二つの壁柱に限定されたなかで——小空間の中の奥行方向に見かけ上次つぎと配置された，穴の穿たれた一連の構造体であるように見える。最後に，帆型ヴォールトの屋根で強調された中心軸線上にニッチが掘られて，最奥のエクセドラが形成される。ここでもまたそのイメージは《絵画》やスペクタクルの用語であらわされる。それはしかし，様々な意味に満ち複雑な記憶の刺激や語彙の対比に富んだ視覚的な促しによって活性化されている。

　フロンメルの示唆によればジェナッツァーノの《ニンフェウム》は，インノケンティウス八世のヴィッラ（1484-87年）やそれに続くファルネジーナ（1505-09年）[30]のような後期クワットロチェントの郊外型ヴィッラにみられる両翼と中央の開廊からなる図式と，ラッファエッロのヴィッラ・マダーマのような，より複雑で分節化された図式との中間に位置づけられる。いっぽうベルヴェデーレはこの後数世紀のあいだ，ヴィッラから都市的なスケールまでを含む空間の数限りない計画の原型となる。こうしてヴィッラの領域においてもブラマンテは，規範となるモデルを提供することによって新たなし方で建築の一分野を方向づけたといえるが，この分野こそおそらく他の何にもまして，文化的領域にとどまらない理想と，ルネサンスの全行程からバロックの成果をへて十八世紀にいたる建築的展開の基盤を提供した社会組織とを如実に反映したものである。

第七章

ブラマンテの都市イメージ

　ベルヴェデーレ全体は，高低差のある敷地から《フォルム》型中庭や大階段，庭園，噴水までを含めて都市のひとつの断片とみなすことができるだろう（じっさい外壁に記された碑銘やユリウス二世の記念メダルでは，それは《通り》と呼ばれている）。全体の舞台的しつらえや《それ自体》で価値を持つ外部空間の名のもとに個々の建築的対象の自律的価値を否定することによって，ベルヴェデーレには広大な規模で強調された理想上の《都市》としての価値が与えられている。大規模なヴィッラや庭園のみならず，チンクエチェントやバロック期の都市環境に見られる空間のスペクタキュラーな組織化への展開の先鞭となったのも偶然ではない。しかしこの《都市計画》への関心，そしてあたかも都市空間のひとつの可能なモデルと考えられた建物への関心は，ブラマンテのローマ時代のほとんどすべての作品を特徴づけている。ただしそれが，おそらくはレオナルドに刺激され，またヴィジェーヴァノの広場やサンタ・マリーア・デッレ・グラーツィエ地区やスフォルツァ城近隣地区のようなルドヴィーコ・イル・モーロの再編計画（レオナルドと一緒にブラマンテがこれに従事していた可能性がある）といった作業を契機として，すでにロンバルディーア時代に芽生えていた可能性はある。
　ブラマンテのこの関心は晩年にいたって，ユリウスによって敷かれた新たな風潮の中で，ローマの様相を完全に刷新し古代人の壮麗な建設事業を《復興する》という際限ない野心によってつき動かされ，きわ立っていくように見える。当時の証言から推測するかぎり，破壊してあらたに建て直す必要性をブラマンテがユリウスに説得したのであってその逆ではなく，ブラマンテがユリウスの手足となったどころか，ユリウスの《帝国的》野心を見透かしてブラマンテの方が，次々と新奇で大胆な提案を行っていたらしい（ユリウスはその名うての吝嗇によって，ときにはブラマンテの計画を押しとどめ，実現を遅らせたにちがいない）。
　同時代人エジーディオ・ダ・ヴィテルボ[1]は，サン・ピエトロとあらたな街路の建設に関連して，《都市計画》へのブラマンテの強い関心を詳細に至るまで明らかにしている。またブラマンテの死後わずか二年後に，『シミーア』と題された小宗教劇のなかでアンドレーア・グアルナはブラマンテを，大胆な提案を教皇に提出し説得するのにきわめて巧みなばかりか，死

図130 ローマのヴァティカーノ　マールテン・ファン・ヘームスケルクによる1550年頃のサン・ピエトロとヴァティカーノ宮の素描。未完のサン・ダーマゾ中庭のそそり立つ西翼を示す。前景にヴァザーリがブラマンテに帰する噴水（ウィーン，アルベルティーナ）。

後天国に着くや聖ペテロに向かって，列福された人々とともに自分が天国に入るための条件として天上の街を建て直す可能性についてまで大胆に述べる人物として描いている。[1]

1 Andrea Guarna da Salerno, "*Scimmia*", ラテン語版およびイタリア語訳，Eugenio Battisti, Giuseppina Battisti による注，Roma, 1970, p.117-21参照。

[…] 地上から天に続くこの急で登りにくい道を，私は撤去したいのです。そしてその代わりに，年老いて衰弱した魂でも馬に乗ったまま登れるような，十分幅広い螺旋階段をもうひとつ作ろうと思います。それからこの天国を打ち壊して，列福された人々のためにもっと優美で心地よいもう一つの天国を建設する考えです。もしこうしたことがあなたのお気に召すなら一緒にまいります。そうでいなら，すぐにプルートーのところへ行って，そこに私の最高の作品を建てましょう […]。古い地獄をひっくり返して，すべて新しく作り直しましょう。

これはまさにベルヴェデーレで特徴的に実現されたブラマンテの理念の発展と巨大化である。馬に乗ったまま登れる便利な螺旋階段が，真の天国の地上における象徴である教皇の《天国》（これはベルヴェデーレのプログラムのひとつの可能な解釈である）へと導く。（ここで重要なのは，アルベルティがその『モムス』のなかで，建築家たちに世界再建の計画案を用意するよう指図しなかったことをジュピターに後悔させている事実である。）

ローマ期のブラマンテのこの《都市計画的な》関心は，のちに見るように，サン・ピエトロとヴァティカーノ宮の総合的な再編成のいくつかの（大胆をきわめた，実現されなかったもののおそらくブラマンテによる）構想や，サン・ピエトロ・イン・モントーリオのテンピエットの組織化のための計画にも向けられている。それはまた外部空間をめぐる主題をとり上げたいくつかの実現作をも特徴づけているし，ローマやおそらくはチヴィタヴェッキアにおける

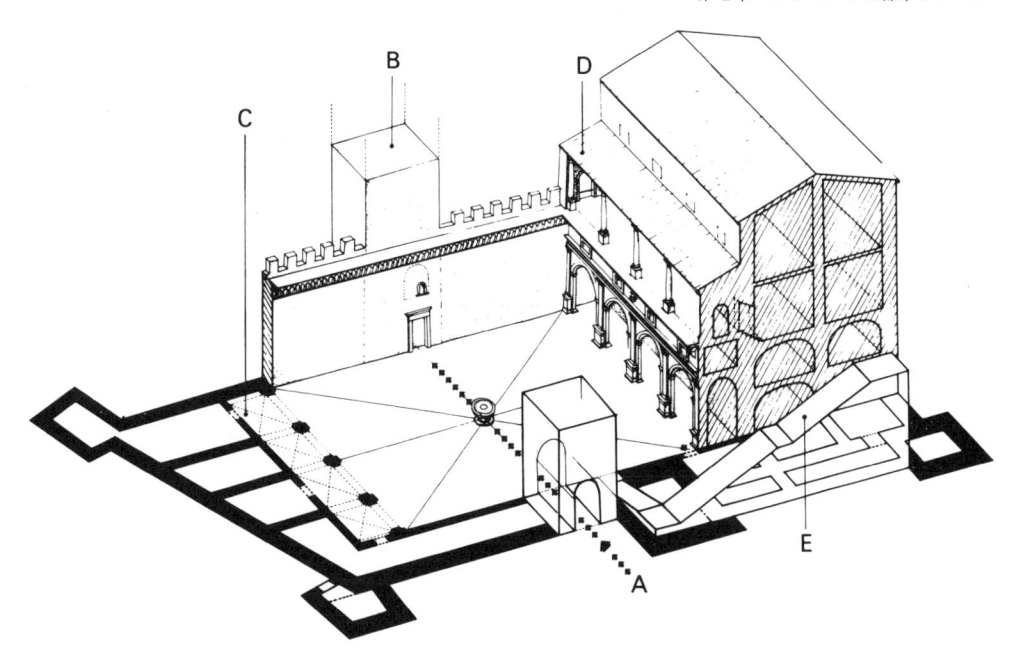

図131 ヴィテルボの城塞　ブラマンテによる中庭再編成案の再現。A 街からの入口　B 市壁の塔　C パウルス三世の開廊　D ユリウス二世の開廊　E 大階段

都市計画的調停にも具体化されている。現在のサン・ダーマゾの中庭西翼部（1508－09年には建設され，ヴァザーリによれば1514年よりのちにラッファエッロによって完成された）のような仕事も，ヴァザーリが「教皇宮の復興とたて直しのための」「壮麗極まるなデザイン」——これはおそらく，示唆するところの多いウッフィーツィの素描287A rに記録されている——と呼ぶもののうちブラマンテによって実現された唯一の重要な部分であるが，機能的であることをこえ，とりわけ象徴的であり《都市計画的》である。サン・ピエトロ広場にのぞむ《皇帝》教皇の城塞のファサードとしてこれは，マールテン・ファン・ヘームスケルク[(2)]のような同時代人の素描によって確認できる。

　外部空間としての「中庭」を都市的環境である「広場」の《モデル》と考えるブラマンテの理念は，ローマの外に建設されいくつかの作品の計画で実現される。この意味から重要な作品は——その計画がブラマンテによることはまちがいないものの，施工者の解釈によって手を加えられ，未完のままおかれ，ブラマンテの死後長きをへてやっと完成した——ヴィテルボの城塞の中庭の再編成である（1506年頃の設計；ブラマンテは1508年に教皇庁宝庫管理人でサン・ピエトロの工事監理者タラント司教エンリコ・ブルーノから支払いを受けている）。中世に建てられた建物の中での工事であり既存の構造体の一部を利用せねばならなかったことからブラマンテは長方形平面の空間を指定するが，ここでは入口はその長辺上にあり，対称的な扱いによって二つの短辺側にのみ四ベイ構成で連続アーチとその上の開廊が設けられている（その立面構成はほとんど《マニエリズム》的な異様さを呈している）。サンタ・マリーア・デッ

175

図132 ヴィテルボの城塞 ユリウス二世の開廊。＊＊

ラ・パーチェの場合同様，中心軸上の角柱で示される《量塊》は，ベルヴェデーレと同じく単純な《舞台袖》のように考えられたこの両側面の列柱に引き寄せられた視線を停止させ，その視線を，再びベルヴェデーレと同じく，奥行方向の軸線にそって展開するスペクタクルへと送り返す。中庭に入った地点から見た場合，奥行方向にはまず噴水があり，その先のつき当たりの既存壁面には，（この工事に際して補強された既存の）塔を中心に構成された視線を受け止めるなんらかの要素が置かれるはずであったが，結局実現されなかった。柱廊をともなう両側の舞台袖と中央の噴水から塔へと向かう基準軸線の存在は，未完であるとはいえこの作品をあたかもミケンラジェロのカンピドーリオ広場の形式の先例と位置づけており，空間を限定する構造体以上に《空間それ自体》の組織化に向けられた関心とともに，ブラマンテの理想とする《都市計画的》価値を明らかにしている。

2 A. Bruschi, "*Un intervento di Bramante nella Rocca di Viterbo*" および E. Bentivoglio, S. Valtieri, "*I lavori nella Rocca di Viterbo prima e durante il pontificato di Giulio II*", 《L'arte》, IV, 1971, 15-16, p.75-109。ユリウス二世の時代の建設事業における建築家としての立場から，ブラマンテはこの他の教皇領の城塞の工事も監督したにちがいない。オスティアの城塞においてはブラマンテは絵画と建設の請負人であったが（Tomassetti, "*La Campangna romana*", Roma 1979, V, p.357; G. J. Hoogewerf, "*Documenti in parte inediti …*"《Rendiconti Accad. Pont.》, XXI, 1945-46, p.257; M. G. Aurigemma, "*La Rocca …*", 共著, "*Il borgo di Ostia da Sisto IV a Giulio II*", Roma 1981, p.84, 文献リスト付）この仕事にはアントーニオ・ダ・サンガッロ・イル・ジョーヴァネも従事した。そのうちブラマンテによると考えてよいのはすくなくとも段状の大階段と絵画によるその装飾であり，そこでは，光の効果を巧みに利用しつつ《イリュージョニズム》的な計画の創意に富む複雑さが小さな空間の中で実現されている。また――栄誉の中庭

第七章　ブラマンテの都市イメージ

の井戸の碑銘に従えば，サン・ピエトロの建設と並行して——ブラマンテはチヴィタカステッラーナの城塞の補強の仕事（ヴァティカーノの「ユリウス門」を思わせる粗石積みの正面入口，主塔の構造的補強，入口の中庭をまとめるドームで覆われた大空間等）に関心を傾注していた可能性もあるが，のちに若くて経験の浅いアントーニオ・イル・ジョーヴァネによって詳細が不器用に決定され実施された。ブラマンテにさかのぼりうると考えられる全体計画のアイデアは，やはりアントーニオによって引き継がれ施工されたとはいえ，サン・タンジェロ城のレオ十世の中庭やモンテフィアスコーネの城塞の中庭にも確認できよう。

　都市広場的な中庭の主題は，ロレートのパラッツォ・アポストーリコの計画（1507－1510年）でふたたび取り上げられる。ここでもブラマンテの役割は計画案の作成と最終案の木製模型の制作（1510年）の範囲に限られていたにちがいない。ジャンクリストーフォロ・ロマーノ[3]（1509－13年）に，次いでアンドレーア・サンソヴィーノ[4]（1517年まで）によって取りしきられたその建設過程で，ブラマンテの計画やアントーニオ・ダ・サンガッロ・イル・ジョーヴァネの設計部分も著しい変更をこうむることになる。後者の手になるウッフィーツィの建築素描922A *r*の余白には「マルケのサンタ・マリーア・ディ・ロレート教会。この教会に対面するパラッツォはブラマンテにより開始されたがサンソヴィーノにより改悪されており，修正の必要がある」との書き込みがある。その全体計画はしたがって，サンソヴィーノやア

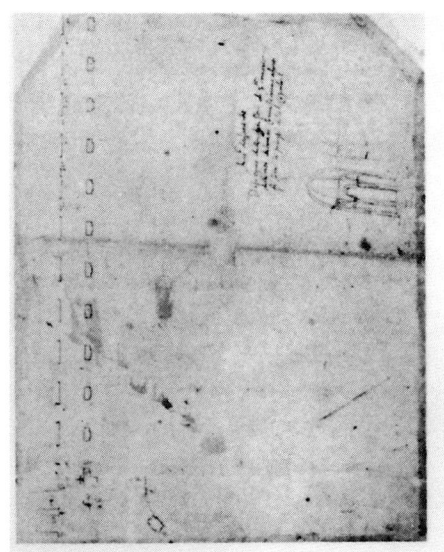

図133　ロレートのパラッツォ・アポストーリコ　アントーニオ・イル・ジョーヴァネによるスケッチ。教会の正面にはブラマンテの計画を反映した曲線が認められる（フィレンツェ，ウッフィーツィ　建築素描921A *v*部分）。

図134　ロレートのパラッツォ・アポストーリコ　アントーニオ・イル・ジョーヴァネによる平面図。ブラマンテの計画によれば教会の正面エクセドラの形式をとるはずだった（フィレンツェ，ウッフィーツィ　建築素描922A *r*部分）。

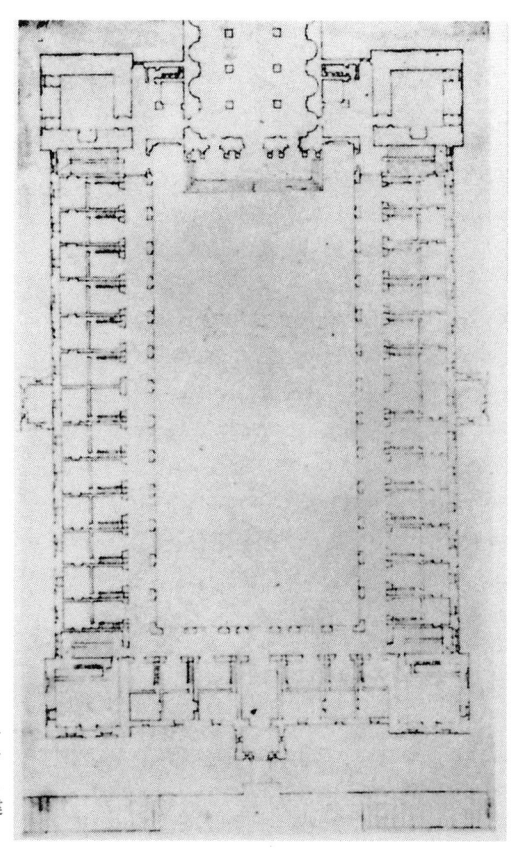

図135 ロレートのサンタ・カーサ教会 ブラマンテによる実施されなかった正面デザインを示す1509年の建設記念メダル（ヴァティカーノ博物館）。

ントーニオ自身による変更部分をのぞいてはブラマンテの計画をとどめていると考えられよう。カトレーン・ポズナー[3]によれば，この図面の変更内容がじつはブラマンテの計画案へのアントーニオによる再編成を示している可能性がきわめて高い。ブラマンテの計画はむしろ，アントーニオ自身によってウッフィーツィの建築素描921A vに部分的に示されていると考えられ，そこでは教会の対面位置に，両側に一ベイずつの柱廊をしたがえた，大規模ではあるが奥行の浅いエクセドラが頑丈な角柱で固められているのが特徴である。この信頼すべき仮説によれば，おそらくはローマ帝制期の建造物から示唆を得たブラマンテに特徴的な諸主題がここにもまた現出されることになる。ここではとりわけ，パラティーノのスタディウムあるいは《馬場》やネルウァ帝のフォルム[5]が想起される。

3　K. Garris Posner, "*Alcuni progetti per piazze e facciate di Bramante e di Antonio da Sangalo a Loreto*", "*Studi bramanteschi*", 前掲書, p.313-338。ロレートについては A. Bruschi, "*Bramante architetto*", 前掲書, p.652-67 および p.960-79 も参照。

いずれにせよブラマンテは，ロレートの既存の教会を補完すべき建物を計画するという問題を前にして——それは聖域，城塞，宿泊施設，住居という多様な機能に対応する必要であった——ベルヴェデーレにおけると同様に，軸線にそった方向性を持つ統一感ある外部空間を中心に組織する。それは中庭であり広場であると同時に，教会への入口となるアトリウムであった。ヴァティカーノ宮とサン・ピエトロの複合体にも似てロレートの丘の上に建つこの複合体は，遠くから見た場合，塔や城壁や教会の後陣アプスやドームによって，古代皇帝にも比すべきユリウスの権力を視覚に訴える形で確認させるだけでなく，天上のエルサレムが，聖書から詳細なインスピレーションを受けて現世において聖なる山頂にうち建てられたものと映るはずであった。しかし，ただ一つの入口から教会に向けて歩を進める人，そしてとりわけエクセドラ正面の二階柱廊中央アーチの中に（あたかも臣民の「崇拝（アドラーティオ）」を受ける古代皇帝のように）立つ人——すなわちユリウス二世——にとってこの巨大な外部空間は，二層の柱列で囲まれ奥には神殿正面をのぞむ，古代《フォルム》にも似た《古代都市》の中の空間として映ずるはずであった（この教会の実現されなかったブラマンテのファサード案は，サン・ピエトロと同様に両脇に双塔を従え大ドームを戴くものであり，1509年のユリウス二世のメダルに見ることができる）。

　この着想が古代フォルムの形式に由来するのは明らかである。ウィトルウィウスも記録し

第七章　ブラマンテの都市イメージ

図136　ロレート　パラッツォ・アポスーリコとサンタ・カサ教会の鳥瞰。＊

ているカエサルのフォルムは，奥正面にヴィーナスの神殿がある点で特に似ており，ユリウス二世とロレートの聖処女とをカエサルとヴィーナスに意図的に対応させて導かれたものだろう。しかしまた教会の反対側に曲面を対置するという実現されなかった解決案には，トライアヌスのフォルムや先に述べたパラティーノの《馬場》が参考にされたろう。そして教会前庭の四周に柱廊を巡らすクワドリポルティコの空間形式は（レオナルドの素描に注釈が添えられている），ブラマンテの関心をとらえてやまなかったミラーノのサン・ロレンツォ教会に見られたし，この教会もまたドームをいただく双塔で枠取られたファサードをもっていた。そして《古代ローマのフォルム》を範とするロレートの《フォルム》も，ベルヴェデーレの下段の中庭と同じく，アルベルティが規定したほぼ1:2の比例に従っている。しかしベルヴェデーレと同じく歴史から得られた着想は，豊かで複雑な建築的スペクタクルを組織しようとの理念によって凌駕されており，そこでは建築や都市計画そして《劇場》までもがただひとつの主要なイメージのなかに融合している。それはあるいは，教会に向かう人と教会から出てくる人双方のための二重のスペクタクルと呼ぶべきものであって，入口の曲面壁と教会のファサードとが，長い柱廊が構成する舞台袖壁のあいだで対面するのである。おそらくこのアイデアはサン・ピエトロ広場と新サン・ピエトロ教会の再編成のなかでブラマンテが実現しようとしたものからさほど遠くはなく，その部分的な検証あるいは小規模な《実験》であっ

図137　ロレート　パラッツォ・アポストーリコの立面。＊＊

た。

　いっぽうでユリウス二世は，1508年12月14日海にのぞむチヴィタヴェッキアの城塞を起工していた。この都市はひとつにはローマに近いことと，またそれ以上にトルファに産する明礬鉱（みょうばん）（それは採掘を請け負っていたアゴスティーノ・キージの重要な収入源となっていた）のために，ニコラウス五世やシクストゥス四世の理念を踏襲した教皇ユリウスによって，ティレニア海をにらむ教皇領海軍の主要な基地としてまた商業上有効な寄港地として位置づけられ，要害化されていた。目撃者パリーデ・デ・グラッシスによれば，教皇の建築家が「建物の線を地面に引いた」とされる。いかなる資料にもその名があげられていないにもかかわらず，工事の重要性からしてこの建築家がブラマンテでなかったとは考えられない。そのうえ，チヴィタヴェッキアの港湾工事の監督としてブラマンテが滞在していたことが，1513年にも記録されている（ジュリオ・マッシーミは「修道士ブラマンテの判断にしたがって」港の船溜りを掘削するはずであった）。

　　4　チヴィタヴェッキアでのブラマンテについては，A. Bruschi, "*Bramante architetto*", 前掲書, p.938-45および文献表参照。都市計画的局面については，Bruschi, "*Bramante, Leonardo e Francesco di Giorgio a Civitavecchia*", "*Studi bramanteschi*", 前掲書, p.535-65, 参照。

　海辺の要塞の中庭も理想的な《都市計画》の意味をあらわすはずであった。ここでも理想的な都市広場が試みられる。じっさい，完成にいたらずのちに改築されたこの中庭は，それゆえに原設計者の意図を正確に読みとるのは事実上困難であるにせよ，隅切りされた大きな

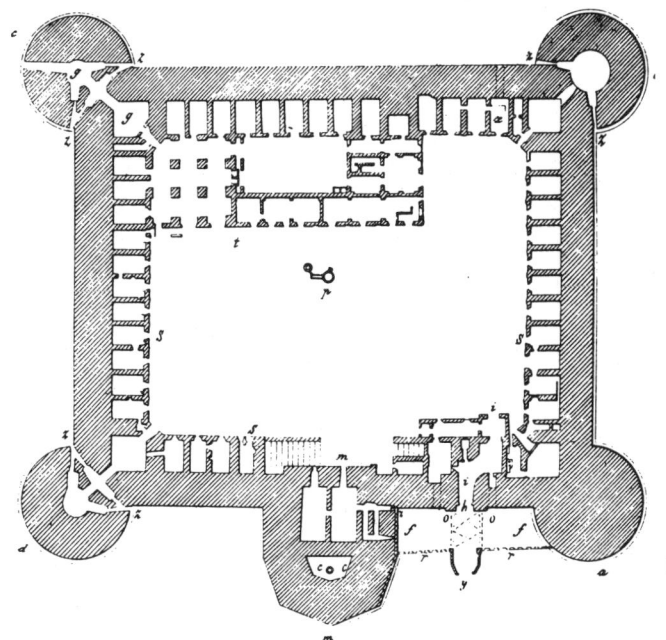

第七章　ブラマンテの都市イメージ

図138　チヴィタヴェッキア　城塞の平面（グリエルモッティによる）。図の下が港に向かう正面。＊

四辺形であり――ベルヴェデーレにおける《彫刻の中庭》のアイデアの発展――二層構成の全周は特異な建築的立面構成が目をひく倉庫でとり巻かれ，四隅はおそらく多角形の塔で固められるはずであった。そして長辺のひとつの中央部分には，広い城主の住居と一体化された櫓を形成する大きな塔があたかも舞台装置のようにそびえ立つはずであった。この場合も，隅切りされた四辺形という平面形式が後世において都市空間の編成のため提案され実現されたという事実によって（たとえばパリのヴァンドーム広場など），都市空間の理想的モデルとしての意義が確認されるいっぽうで，おそらくミラーノのスフォルツァ城の記憶と無縁ではないこの計画全体には，ブラマンテがすでにヴィテルボの城塞やパラッツォ・デイ・トリブナーリそしてロレートで実験すみのいくつかの主題が再現しており，全体

図139　チヴィタヴェッキア　隅切りされた城塞中庭の入り隅。＊

181

図140　チヴィタヴェッキアの城塞　港からの眺め。*

図141　チヴィタヴェッキアの城塞　港側の立面を示す建設記念メダル。

は空間とヴォリウムをもちいた舞台装置のような組織と化している。この作品の軍事的価値は（技術的細部にみられるいくつかの処理の独創性に顕著であるとはいえ），表徴的で《政治的》な価値に部分的にしろ従属していたにちがいない。

建設記念のメダルにあらわされたこの建物の計画には，純粋に軍事的な建造物にとってはあまり必要性の高くない，部分的には不適当とさえみえる建築的要素がひろく採用されていることが見て取れる。それらはあたかも，入港する船の上から見る人にその姿を印象づける表現として必要とされたかのようである。しかし設計者の意図では，この新たな城塞は単に独立したスペクタクルとして眺められるべきではなく，さらに規模の大きなスペクタクルの一部としてとらえられるべきであったらしい。筆者の見るところでは，ブラマンテはじっさいに，古代都市「ケントゥムケッラエ（チヴィタヴェッキア）」を《修復》し《古代人による海岸都市》の「模範（エクセンプルム）」を示そうとの意図に動かされ，建築や施設をふくむ港湾全体と，おそらくは都市全体の再編成のための総合計画（これもまた実現されなかった）を作成していた可能性がある。さらには，港湾の資材にかんするブラマンテの判断能力は，1511年にポルト・レカナーティの《ユリウス》港の建設のために助言を求められた際の状況によって証明されている。

182

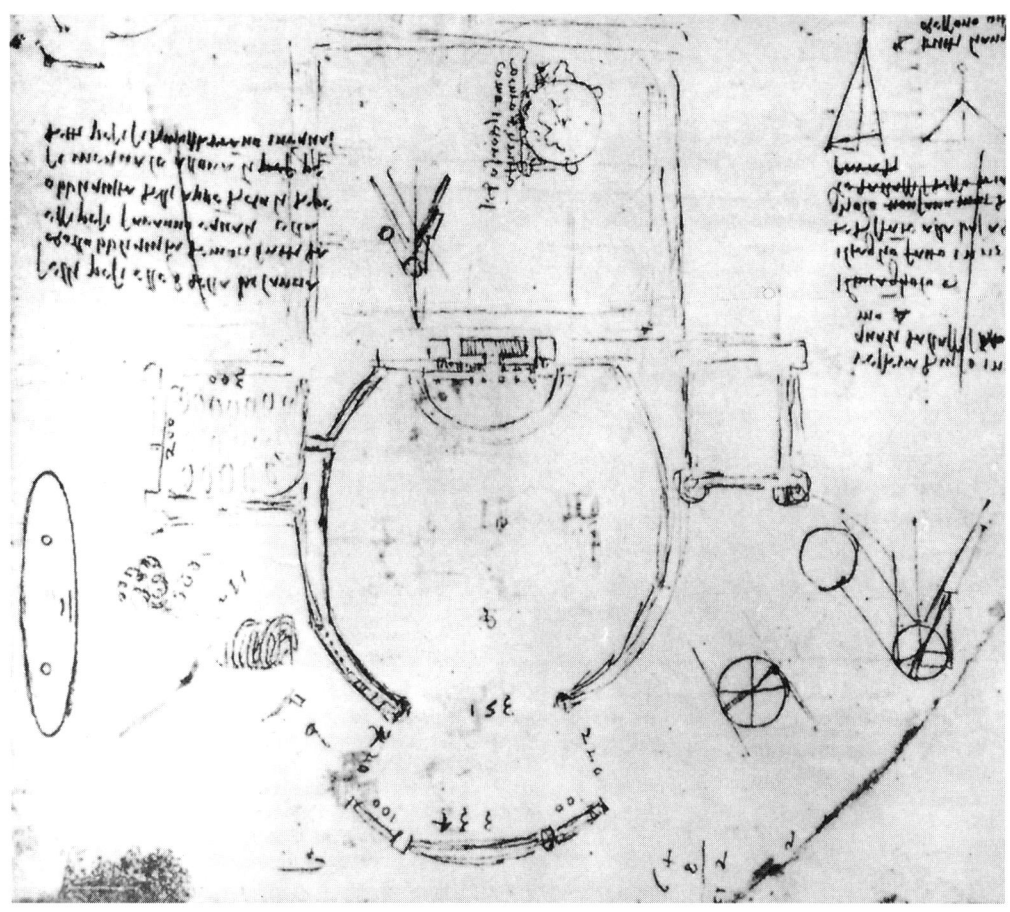

第七章　ブラマンテの都市イメージ

図142　チヴィタヴェッキア　港と街の再編成案を示すレオナルドのスケッチ（ミラーノ，アンブロジアーナ図書館，アトランティコ手稿 271r）。*

　チヴィタヴェッキアのためのブラマンテの計画は，レオナルドのアトランティコ写本のスケッチのいくつか（とくにフォリオ 271r）に概略描写されていると考えてよいだろう。レオナルドは1513年の末から1516年初頭のあいだに（ペドレッティによればおそらく，ブラマンテが在命中の1514年初めに），まさにこの港のどこかの詳細に関する問題解決のためチヴィタヴェッキアに赴いており，ハイデンライヒが述べているように，この都市の古代遺構に興味を示している。我々の仮説が正しいとすればブラマンテは，古代廃墟や古いメダル，小プリニウス[10]やルティリウス・ナマジアーヌスによるトライアヌス旧港の記述[11]を考慮に入れ，さらにはフランチェスコ・ディ・ジョルジョ（やはりチヴィタヴェッキアの古代遺跡を知っていた）の素描をも思いかえしつつ，この港を野外劇場の形式で構想したのであろう。そして円弧状をしたその対称平面の段状の岸壁先端には塔を計画した。こうしてこの海上の野外劇場では，古代の「模擬海戦場（ナウマキア）」のように，ユリウス二世のため1509年にまさにこの港で催されたようなスペクタクルを展開することが可能であったにちがいない。

183

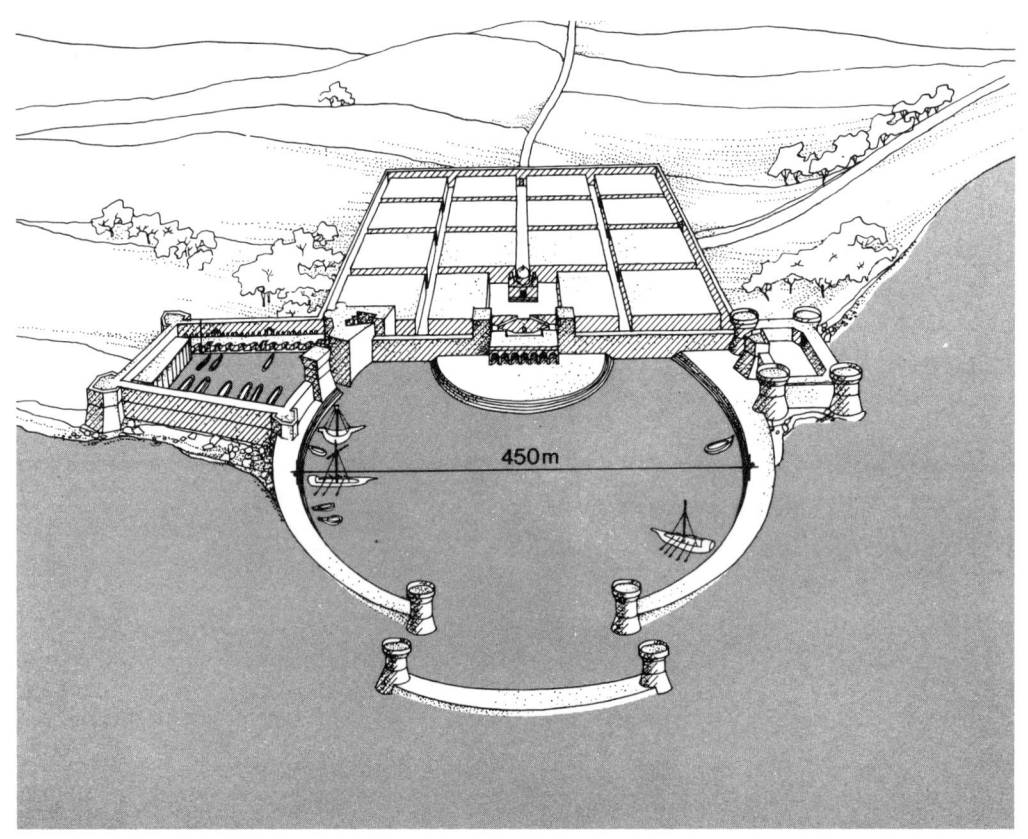

図143 チヴィタヴェッキア　ブラマンテによる港と街の再編成案の仮説的復元鳥瞰図。左に船溜まり，右に新たな城塞。正面奥の道はトルファに，右手奥の道はローマに通ずる。

5　L. H. Heydenreich, "*Studi archeologici di Leonardo da Vinci a Civitavecchia*",《Raccolta Vinciana》(Milano), XIV, 1930-34, p.53以下，および同著者の "*Leonardo architetto, II Lettura vinciana, 15 aprile 1962*", Firenze 1963，参照。

　レオナルドのスケッチによれば，外海から港に入る人の正面奥に柱廊を備えおそらくは正面大階段と双塔を従えた大建造物が，巨大な広場あるいは波に洗われる半円形の埠頭に面してそびえるはずであった。埠頭のこの曲線はブラマンテのほかのアイデアと同様に岸壁の曲線の窪みに対比されている。さらに進むと，岸壁と街とがぶつかる両側の部分に別種ではあるが類似点の多い要害化された二つの建物が見えてくる。右側のは新しい海の城塞であり左側のは船だまりである（この部分のためのブラマンテの構想はおそらくアントーニオ・ダ・サンガッロによって展開された。ウッフィーツィ素描 946A r）。両者とも四方を壁で囲われ，四隅に保塁をそなえ，港に向いた位置には塔状の櫓がある。背後には城壁と，直行する街路で再編成された都市がある。つまりチヴィタヴェッキア全体が，軍事的な機能を持つ機械として（それは1515年以降のアントーニオ・ダ・サンガッロの介入にともなって実施された）あるいはひとつの《理想》都市としてだけでなく豊かな意味やとりわけ直截的な《政治的》メッセージでいろど

第七章　ブラマンテの都市イメージ

られた壮大なスペクタクル——それは横幅約五百メートルと，すくなくともそれと同程度の奥行をもっていた——と考えられていたにちがいない。単一の建築物のようなこの視覚的統一性は，とりわけ特権的な視点から眺められた場合，都市の中で特徴的に目立つ二つの大建築物が有機的に分離して配置されることで保証されていた。それらは全体を枠取りアクセントを与える《基準点》として，また錯覚によりながら心理的に空間の大きさを暗示するための要素として作用して，舞台を奥行方向に分節するはずであった。

その光景は現実のように想像できる。船舶のピクチャレスクな外観や，埠頭に積まれた商品や，散在する人物によって与えられる生気。光景は太陽光を浴びて（ブラマンテがベルヴェデーレで設定し，サン・ピエトロで舞台が真昼の光に照らされることを望んだのと同様），遠くから《鳥瞰透視図》的に見られた場合，海と空まで含めて奥行方向に階層づけられる。空間の資質がかつてこれほど《都市的》で《風景画的》であったことはなかった。しかしそれは本質的に視覚的な性格を保ち，それによって《美的》イメージとなる。透視図によるイメージの不動性のなか，都市を支配するための人文主義的な幻影のなかにブラマンテは——都市に本質的に備わる運動や多様性や偶然性だけでなく——《生成の力》さえもとり込んだのである。

ブラマンテの《都市計画》への関心はしかし，1506-07年以降のローマにおいてすでに，この都市の中世を残す部分へのかなりな規模の具体的な調停作業のなかで明らかになっていた。1508年から1512年に実施されたこれらの事業はユリウス（1507年12月20日には施工者に徴税上の恩恵を与えている）にとっては「統治機構（インストゥルーメントゥム・レグニー）」としてもはや欠くべからざるものであった。帝国神話の高揚以上に，その意図はとりわけ現実主義的な政治上のものだったようであり，封建貴族が独自に支配する拠点を中心に組織された中世的都市構造をたて込んだ古い建物もろとも破壊し去り，それによってローマの部分相互間や，部分と《指令塔》たるヴァティカーノ城塞との迅速な連絡を確立することであった。広くて真っすぐな街路つまり大型馬車や人の列，巡礼者の集団，軍隊が容易に通行できる街路が必要とされた。それは人口稠密で騒然としたカンポ・デイ・フィオーリや後にゲットーとなるトラステーヴェレやリーパ地区に，君主から発せられた命令を確実に行き渡らせるため速やかに踏み込むのに有効であった。同時にそれはテーヴェレ河を介したヴァティカーノへの補給の確保にも役立ち，サン・ピエトロに押し寄せる巡礼者を容易にさばくだろう。この事業はまたテーヴェレ河岸地区を衛生的，社会的に改善する手段ともなるだろうし，都市ローマの規模拡大や《帝国》の首都に新たな《威厳》を与えるために，かぎりなく寄与するはずだった。

ユリウス二世が実現しようとした計画は——エジーディオ・ダ・ヴィテルボはこれを「建築家ブラマンテの明快極まる助言による（ブラマンティス・アルキテクティー・クラリッシミー・コンシリオー）」と記しており，これは他の史料でも確認される——都市全体の総合計画ではないにしろ，自らが追求する新たな政治面での現実を目標としながらローマを再編成しようとする現実主義的試みである。それは旧来の封建的家系の勢力と《貧民層》の進出を同時にくい止めながら，新興ブルジョワ勢力の資本主義的潜在能力と

185

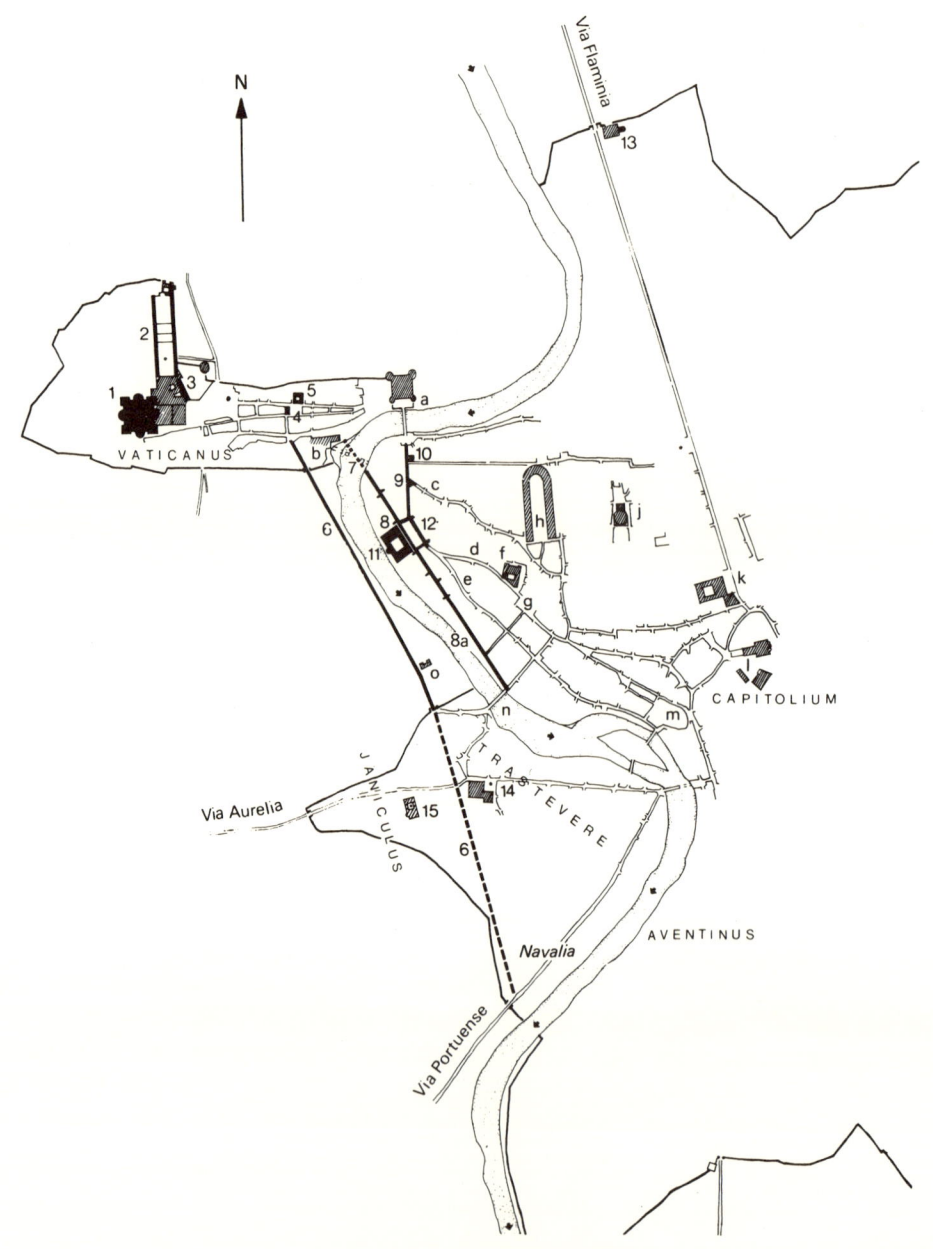

図144 ローマ ユリウス二世とブラマンテが計画し部分的に実施された事業（1-15）とその他のランドンマーク（a-o）
1 サン・ピエトロ　2 ベルヴェデーレ　3 サン・ダーマゾの開廊　4 パラッツォ・カプリーニ（ラッファエッロ邸）
5 コルネート枢機卿邸　6 ヴィア・デッラ・ルンガーラ（南半の延長部分は推定）　7 ヴァティカーノ橋，あるいはトリオンファーレ橋（推定位置）　8 ヴィア・ジュリア（8aは図145の位置）　9 ヴィア・デイ・バンキ・ヴェッキ（ヴィア・デル・バンコ・ディ・サント・スピリト）　10 サンティ・チェルソ・エ・ジュリアーノ
11 パラッツォ・デイ・トリブナーリ　12 旧尚書院（パラッツォ・スフォルツァ＝チェザリアーニ）前の広場
13 サンタ・マリーア・デル・ポポロ（内陣）　14 サンタ・マリーア・イン・トラステーヴェレの噴水　15 サン・ピエトロ・イン・モントーリオのテンピエット

a サン・タンジェロ城とサン・タンジェロ橋　b サント・スピリト病院　c ヴィア・デイ・バンキ・ヌオーヴィ　d ヴィア・デル・ペッレグリーノ　e ヴィア・モンセッラート　f パラッツォ・デッラ・カンチェッレリーア　g カンポ・デイ・フィオーリ　h ナヴォーナ広場　j パンテオン　k ヴェネツィア広場　l カンピドーリオ　m マルケッルス劇場　n シスト橋　o ヴィッラ・ファルネジーナ

同盟することで成立する。ここにあるのはひとつの《理想都市》の実現でも，1492年のフェッラーラにおける「エルコーレの拡張」[(12)]にみられるような，激しい人口増加を当て込んだものでもなかった。むしろそれはニコラウス五世やシクストゥス四世のプログラムを再びとりあげ，カエサルやアウグストゥスの都市計画事業に張り合いながら，教皇の政治上の夢に関してより効果的な結果を出すため，迅速かつ断固として古い街並みに具体的に介入するはずであった。中世以来の《テーヴェレ河沿いの》街区はその性格を温存するどころか，むしろ強調しながら，テーヴェレ河の対岸に並行するヴィア・ジュリアとヴィア・デッラ・ルンガーラの二つの直線路で形成される新たな環状路で結ばれる。二つの通りは，下流では既存のシクストゥス四世（シスト）橋で，上流では新たなユリウス橋で——いにしえのトリオンファーレ橋の再建——連結されるはずであった。

　ヴィア・デッラ・ルンガーラは直接，ヴィア・ジュリアはこのユリウス橋を介してボルゴ・ヴァティカーノに接続されて，以前はヴァティカーノに向かう唯一のアクセスとして数世紀にわたってサン・タンジェロ城と同名の橋を通る経路に集中していた重要性や交通をサン・ピエトロの方へと移すはずであった。ヴィア・ジュリアはそのうえ——フロンメルが明らかにした，おそらくブラマンテによると思われる概略スケッチ（ウッフィーツィ素描136A v）[6]によれば——サン・タンジェロ橋と城にも直接つながれ，それらを介してこちらからもボルゴ地区と結ばれるはずだったようであるが，古い道を拡幅することでユリウスによって部分的に実現されたこの道路（ヴィア・デイ・バンキあるいは《カナル・ディ・ポンテ》，現在のヴィア・デル・バンコ・ディ・サント・スピリト）を南に下ると，ヴィア・ジュリアに面してブラマンテが1508年に着工していたパラッツォ・デイ・トリブナーリの前に広がる大広場（55m×110m）に到達するはずであった。この広場の片側に建つパラッツォ・デイ・トリブナーリには教皇庁の執務室のいくつかとローマの裁判所のすべてがひとつにまとめられ，反対側には教皇庁尚書院〔カンチェッレリーア・アポストリカ〕があった（いわゆる《旧尚書院》，現在のパラッツォ・スフォルツァ＝チェザリーニであり，当時はユリウスの甥ガレアッツォ・デッラ・ローヴェレが，ついでやはり甥のシスト・デッラ・ローヴェレが居住した）[(13)]。この地区にはしたがって，ローマのきわめて重要な統治機構が集中するとともに，おそらくは（「ローマの再興者〔レスタウラートル・ウルビス〕」と呼ばれた叔父シクストゥス四世にも似た）ユリウス二世とその一族のための新たな祝賀的事業となるはずだった。この広場はまた，テーヴェレ河を巡る新しい道路体系と既存の二つの幹線道路とをヴィア・ジュリアを介して結びつけるきわめて重要な結節点となるはずだった。既存道路のひとつはヴィア・デイ・バンキ（ヴェッキ）—ヴィア・モンセッラートであって，モンテ・サヴェッロやマルケッルス劇場へと続き，もうひとつの「ヴィア・ディ・ペレグリノールム」（現ヴィア・デル・ペッレグリーノ）はカンポ・デイ・フィオーリを経由してカンピドーリオに導いたが，これらの建設はすでにシクストゥス四世が部分的にしろ推進していた。

　　6　C. F. Frommel, "*Il Palazzo dei Tribunali in Via Giulia*", "*Studi bramanteschi*" 前掲書，p.523-34。ヴィア・ジ

図145　ローマのヴィア・ジュリア　パラッツォ・ファルコニエーリ（左手前景，図144 の 8a）前からの眺め。＊

ユリアとユリウス二世の計画については，同書文献リストとともに，本書第六章脚注2, A. Bruschi, "*Bramante architetto*", 前掲書 p.609以下，またとくに L. Salerno, L. Spezzafello, M. Tafuri, "*Via Giulia, un'utopia del Cinquecento*", Roma 1972, 第二版 1975 参照。

このようにしてローマ統治のための基幹的要素が統一のとれたシステムの中に相互に関連づけられた。政治と宗教上の至高の権威をもつヴァティカーノ。教皇庁の財産保全や監獄として，また有事のさいの避難場所として要塞化されたサン・タンジェロ城（ヴァティカーノとはボルゴの《廊下》によって直接結ばれたが，ヴァザーリによればこの工事ではブラマンテのためにアントーニオ・ダ・サンガッロイル・ジョーヴァネが働いた）。教皇と結びついた銀行や各種業務，大富豪の経済力の集まったヴィア・デイ・バンキ地区（《銀行家のフォルム》フォルム・ヌンムラーリオールム）。ピアッツァ・デイ・トリブナーリと（旧）尚書院。市民生活の中心カンポ・デイ・フィオーリ。そして古代の「世界首都」カプト・ムンディでありローマ市民権の中枢であるカンピドーリオ。この有機的な全体計画との関係で説明しうるものとして——史料によって裏づけられているものの一見したところ周縁的な——ヴィア・デッレ・ボッテーゲ・オスクーレと「ヴィア・ルーア」（ついで「ヴィア・ユダエオールム」と呼ばれるのちのゲットー地区）の事業があるが，これらはテーヴェレ河にそった新体系の中に，それぞれカンピドーリオ地区とマルケッルス劇場地区を組み込むのを助けるため不可欠であった。

テーヴェレ河対岸の旧道を部分的に整備して生まれたヴィア・デッラ・ルンガーラはといえば，ボルゴ地区とトラステーヴェレを連絡するだけでなく，（アンドレーア・フルヴィオが1527年に書き記しているとおり）北はサント・スピリト門を越えてヴァティカーノ中心部のレオ四世の城壁(14)にまで達し，南はトラステーヴェレのセッティマーナ門をこえてトラステーヴェレの中心地区を長い直線路でつきぬけることで，「聖ペテロの丘」プラテーア・サンクティー・ペトリーつまりヴァティカーノ宮と「アヴェンティーノ麓の船着き場」ナヴァーリア・スブ・アヴェンティーノつまりリーパ・グランデの港湾施設とを直接結ぶはずであった。後者はポルトゥエンセ街道の到着点でもあったうえ，海路でテーヴェレ河を経由してきた商品や補給物の荷揚げ場として重要であった（ユリウスは船が航行しやすいようテーヴェレ河を浚渫させ，河岸道路を建設させて船の牽引を可能にした。また1508年にはその支流に橋をいくつか架けている）。ヴィア・デッラ・ルンガーラをフィウミチーノ港と連絡するポルトゥエンセ街道と接続しまたチヴィタヴェッキアと結ぶアウレリア街道とも間接的に接続することによって，それらには通商上の要求のためにも（アゴスティーノ・キージがまさにヴィア・デッラ・ルンガーラ沿いにヴィッラを建設したのも，おそらく偶然ではない）軍事上の要求のためにも根本的な役割が与えられるにちがいなく，それによって計画全体に《領土的な》広がりまでが付与された。

数はすくないにしろ決定的な事業によってローマは単位ごとに断片化された中世都市の閉鎖性を破り，古いものと新しいものとを現実主義によって接続し，自らを開放してその後のあらたな発展に備えつつ有機的な全体として修復されようとしていた。しかしこの全体計画

189

図146　想像上の街路を示すブラマンテの下図による銅版画，1500年頃（ロンドン，大英博物館）。＊

はごく一部しか実現されず，無益な結果に終わった。計画としてはそれはしかし，シクストゥス五世の《計画》[15]に先立つローマの都市計画的再構造化の企てとしては，おそらくもっとも組織的なものであった。この計画がどの程度までそれに先行するニコラウス五世やシクストゥス四世の企画から示唆を得ているか，またどこまでがユリウスの個人的な指示によるものでどこまでがブラマンテの発想によるものかはわからない。しかし，プログラムの全体像が——つまりヴァティカーノ複合体とカンピドーリオという新旧二勢力の両極の間に《テーヴェレ河に沿った都市ローマ》を組織するというものが——ユリウス二世にさかのぼりうる（ユリウスはまた都市計画においてカエサルやアウグストゥスのような主導権を《復権》することに意欲をもやした）のに対して，計画の詳細決定はブラマンテに帰せられるだろう。

　したがってヴァザーリの記すように，ヴィア・ジュリアが「ブラマンテによって推進された」ことを，そしてブラマンテが上記のプログラムにもとづいてあたかも都市街路の「範　例」（エクセンプルム）としてそれを性格づけたことを（そしてヴィア・デッラ・ルンガーラを郊外街道の「範　例」（エクセンプルム）として性格づけたことを）信じてよいだろう。つまりブラマンテにとってはそれはまたもや，古い都市組織との対比の中できわ立つ指標として，劇場のような種類の透視図による「舞台」に帰着する，人工的につくられた風景の要素として存在した。恒久的であるといえそれは，劇場の舞台と都市計画との中間的な性格をもつ都市の装飾と見なされるべきもの

であって，宮廷の祭典や凱旋行進の際には一時的に化粧されて都市の顔となった。すでにみたようにブラマンテがミラーノでそのような仕事に従事していたのはまちがいなく，ローマでもユリウス二世の時代をとおして，またレオ十世の戴冠に際してその役割を果たしたのは確実である。それはセルリオによって設計されその建築論におさめられている舞台装置や，ブラマンテ自身に帰せられる版画に表現された都市の風景ともさして異ならないものである。しかしアンドレ・コルボが記すとおり，「劇場という隠喩は転じて，社会の理想と同一視されるひとつの秩序の隠喩となる」。空間による「ディゼーニョ」で表現される秩序を都市の視覚的な統御手段として扱うことで，ブラマンテはその中に，ベルヴェデーレやチヴィタヴェッキアで確認したように，時間や空間やそして生成さえも閉じ込めようとしたが，とはいえ個々の都市的要素においては活動の偶発的な変化を許容する。

　都市空間の一貫した視覚構造が主要なふたつの構成要素によって確定される。外部空間に透視図的な性格を与える「街路線」と，戦略的な位置にもうけられる特徴的で「きわ立った建造物の複合体」である。後者は全体や部分についてのイメージを強調する要素として，透視図における切断面や結節点や消失点となるものとして，同時にまた権力構造のたしかな象徴や表現として目論まれる。こうして，ヴァティカーノとカンピドーリオという伝統的な二つの極の中間地点に，またもうひとつの中心であるサン・タンジェロ城を概念的にも補完しながら，カンポ・デイ・フィオーリやナヴォーナ広場やとりわけ市民や封建領主の自治の象徴であったカンピドーリオに対抗するものとして，ブラマンテはピアッツァ・デイ・トリブナーリを構想したが，それは《ローマの開放者，帝国の拡張者》ユリウス二世によるローマ教会帝国を象徴すべき新たな中心であった。人文主義的思想にもとづく「正義にかなった」国家が（この国家は，《理性にもとづく》ゆえに，したがってまた，宇宙的調和の基礎にあるこの秩序の確約としての「政体」の協調と平和とを都市共同体の中に保証しうるがために「正義にかなった」国家となる），新しきローマのこの中心に，塔の形をした壮大な裁判所の姿で象徴されてあらわれようとしていた。しかしたとえユリウスが《天上と諸惑星の父》として宮廷内で讃えられたにせよ，プラトンや人文主義者たちの「世界正義」はもはや，野心にみちた政治的構想に専心する教皇のための正義と化していた。

　おそらくこれらもろもろの思惑が，ユリウスによって確立された都市計画的プログラムに含まれていた。だがピアッツァ・デイ・トリブナーリの整備やそれをはさんで対面する二つの重要な建物と，この場合には街路によって決定的に切り開かれた広場の隅部の扱いは，ブラマンテによるアイデアの範囲内にあったにちがいない。しかしながらユリウス二世が世を去る前からすでにこのプログラムの実施は中断された。そしてブラマンテはたぶんひき続いて，ユリウスの後継者に規模を拡大したローマの変革を提案しようとしただろう。あきらかに治水事業の経験があり，テーヴェレの流れを変えようとしたカエサルの計画もおそらく念頭にあったブラマンテはじっさい——その信憑性については確認されていないものの——テ

191

ーヴェレ河の増水によってたびたび引き起こされる市内の洪水への《治療》策を見出すために，レオ十世に（たぶん1513年11月の氾濫の直後に）十分な水量をもつ大運河の掘削を提案したらしい。ローマ市内東部に計画されたこの運河は，増水したテーヴェレ河の水をポポロ門の外で引き込み，ローマを横切ってサン・ジョヴァンニ門あるいはラティーナ門の外で排出するはずであった。水上商業幹線としてのテーヴェレ河の機能を温存しながら，おそらく部分的には現在のヴィア・デル・コルソに重なり，あるいは大まかにみてもそれに並行していたと思われるこの新たな《大運河》は，その計画を今に伝えるボニーニの記述によれば[7]，「どんな時にも市民に快適な水上交通の便宜を提供し」ローマの交通網に心地よい補助的な水上路として加わって，都市計画上疑いなく重要な事業（工事の見積りは《金貨百万枚》にのぼったらしい）となるはずであった[16]。

    7 F. B. Bonini, "*Il Tevere incatenato*", Roma 1663, IV および A. Bacci, "*Del Tevere*", Venezia 1576; A. Bruschi, "*Bramante architetto*", 前掲書, p.632-3 および注40参照。

　いずれにしろブラマンテの《都市計画》への関心はこの後のルネサンス建築の発展の上からも非常に重要であり，きわ立った意味を備えていた。かりにそれが——いや，それ以外ありえないのだが——都市ローマとその主要な空間の視覚上の様相やイメージに集中しがちであり，またそれがユリウス二世の提案したプログラムの政治的および社会経済的内容に奉仕するものであったとしても。都市計画上の潜在的可能性はじっさいローマ時代のブラマンテのすべての作品にゆきわたりその資質を高めている特徴的な様相であって，建築に対するブラマンテの三次元的なとらえ方や，《空間》に向けられたその観念の結果である。おそらくそれはまた，建築空間を組織し視覚的に統御するルネサンスの方法をとことんまで徹底し——この場合それを都市空間に拡張し——また異なる固有の状況下でその仮説的な《普遍》妥当性を検証しようとするブラマンテに特有な批判的決意の産物である。それがためにこの潜在的可能性，この《都市計画的》状況は，完全に成熟したブラマンテの建築言語が認められる作品群のなかで，他の諸価値とともに一貫して見出されるひとつの様相となっている。

第八章

サン・ピエトロ・イン・モントーリオのテンピエット

ジャニコロの丘の上，サン・ピエトロ・イン・モントーリオ境内に聖ペテロの十字架刑の「記憶」を形にするためのブラマンテによる計画は，名高いテンピエット以外は実現されなかった。テンピエット自体もまた後世，細部（とりわけドーム部分）にいくつかの変更をこうむった。しかしこの計画全体の平面を今日に伝えるセルリオの建築論の図面や建設された現実のテンピエット，そしてそれを描いたチンクエチェントの記録のいくつかによって，ブラマンテのアイデアを大筋で想像することができ，またローマで達成された《成熟した》様式におけるブラマンテの問題意識と理念とをかなりな精度で読み取ることができる。この《様式》とは，それこそが十全たるルネサンス建築理念のもっとも徹底し高揚した具体化であるとただちに感得される種類のものである。セルリオやパッラーディオがジャニコロのテンピエットを，ブラマンテによって最初に実現された《すぐれて優美な建築》の例として古代の高名な作品と同列に位置づけ称賛したのもゆえなしとしない。

  1　建設の経緯については，A. Bruschi, "*Bramante architetto*", 前掲書，p.463-527 および p.986-1039（1969年までの参考文献を含む）参照。これに加えるものとしてすくなくとも，H. Günther, "*Bramantes Hofprojekt um den Tempietto und seine Darstellung in Serlios drittem Buch*", "*Studi bramanteschi*", 前掲書，p.483-501，および P. Murray, "*Bramante's Tempietto*", University of Newcastle upon Tyne 1972, 参照。

この作品の構想を準備したプログラムがすでに，それ自体きわめて意味深いものであった。ここにおいて——ウルビーノにおける《書斎》(ストゥディオーロ)や宮廷礼拝堂の提案以来，当時ではおそらくヴァティカーノの《署名の間》におけるラッファエッロのフレスコ画以外では企てられていなかったような——人文主義の理想とキリスト教の理想とを，その《普遍的》価値を余すところなく視覚的に表現しながらより完成度の高い新たな統合の中に《調停》するという，もっとも高度な試みが遂行されている。

ブラマンテのアイデアと提案された解法の意味はその詳細に至るまでが，このプログラムの背景なしには説明できない。それはじっさい，本質において宗教的で政治的な問題性を，人文主義的で《異教風》であるとともにキリスト教的でもある用語によって建築として具現することである。テンピエットの建設は物理的な意味での実用性や機能性にこたえるもので

図147 サン・ピエトロ・イン・モントーリオのテンピエット　回廊入口からの眺め。最も遠い視点から見た全体像。現状のドームとランタンは十七世紀のもの。

第八章　サン・ピエトロ・イン・モントーリオのテンピエット

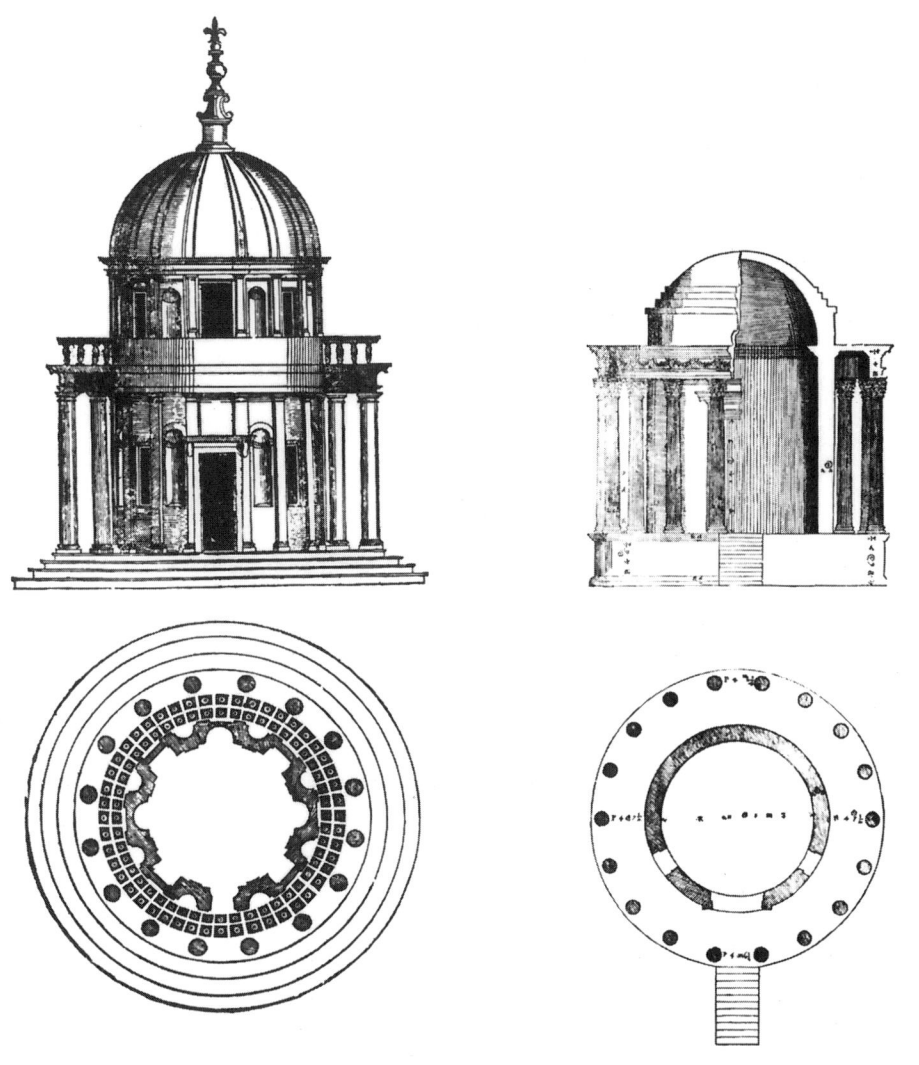

図148　サン・ピエトロ・イン・モントーリオ　セルリオ（『建築書』第三書67vおよび68）による立面と平面。*

図149　ティヴォリのシビュラ（またはウェスタ）神殿　パッラーディオ（『建築四書』第四書二十三章）による断面と平面。*

はなく，それは純粋な記念建造物である。建築の構成を構想しその詳細を設計しながらブラマンテは，ただひとつの主題の展開だけを配慮したにちがいない。それは「古代ローマ」教皇として，すなわち，その教団の本拠地をローマに定めることですでに古代皇帝や神官によってうち立てられていたこの都市の《世界的》価値を確定した人物として，ペテロを賞揚することである。

　セルリオが伝える計画によれば円形のテンピエットは，やはり円形をした小さな中庭の中心に置かれている。古代から中世そして新プラトン主義的人文主義において，円は世界を，また神の完全性を象徴している。パッラーディオがパンテオン[(1)]について述べているとおり，

195

ルネサンス的思考にとって円形の建物は《世界の似姿》であり，宇宙という神聖なる現実を喚起し，《神性》を観念的にまた視覚的に表現していた。
　円という図形はきわめて特異なしかたで，聖ペテロに捧げられた小神殿(テンピエット)に適合する。『アエネーイス』の古代における注釈者セルウィウス[(2)]は，円形小神殿がディアーナ（あるいは月の女神）以外にとりわけウェスタとヘラクレス（あるいはメルクリウス）に捧げられていたと述べている。パッラーディオも後に，大地の象徴的な神性であるウェスタの神殿が円形であること，そしてその理由は「人類を維持し」また人々を養う「大地との形態の類似性」にあると説明する[(3)]。聖ペテロもまた，その上に教会が築かれ，そこから起源と滋養が生み出される「大地」であり「岩(ピエトラ)」[(4)]である。そしてウェスタが古代ローマ国家という大きな家族の守り神であると同じように，ペテロこそキリスト教徒による《家族》であるローマ教会の守護者である。さらに，ウェスタの円形神殿[(5)]を建設したヌマ・ポンピリウス[(6)]は古代ローマの王で最高神官でもあったが，伝承によればこのジャニコロの丘に埋葬された。そしてまさにこの同じ場所で，キリスト教世界最初の王であり司祭であったペテロが十字架に架けられたと伝えられていたのである。こうしてペテロによって，ローマ教会の起源が古代ローマの宗教の起源と象徴的に結びつけられた。またヌマ・ポンピリウスを異教世界の聖ペテロと考えることも可能であった。これに加えて都市ローマの起源とローマ教会の起源がともに，その設立場所について同様な位置関係にあった。すなわち十字架上でのペテロの殉教の地である「黄金丘あるいはジャニコロの丘」は，「二つのメータのあいだ」つまりロムルスの「メータ」あるいはピラミッド（サン・タンジェロ城とヴァチカンの丘とのあいだにあった古代遺跡）とレムスの「メータ」（かつてこう考えられていたガイウス・ケスティウスのピラミッド）[(7)]との中間点にほぼ一致していた。新たな《神の都》の創設者ペテロはしたがって，双子の古代ローマ創設者の中間に位置づけられたのである。
　パッラーディオもまたおそらくセルウィウスを敷衍しつつ，円型神殿が月の女神や太陽の

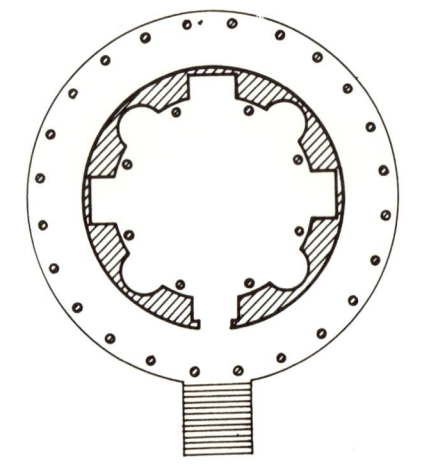

図150 ポルトのポルトゥーヌス神殿　断面と平面の復元案。＊

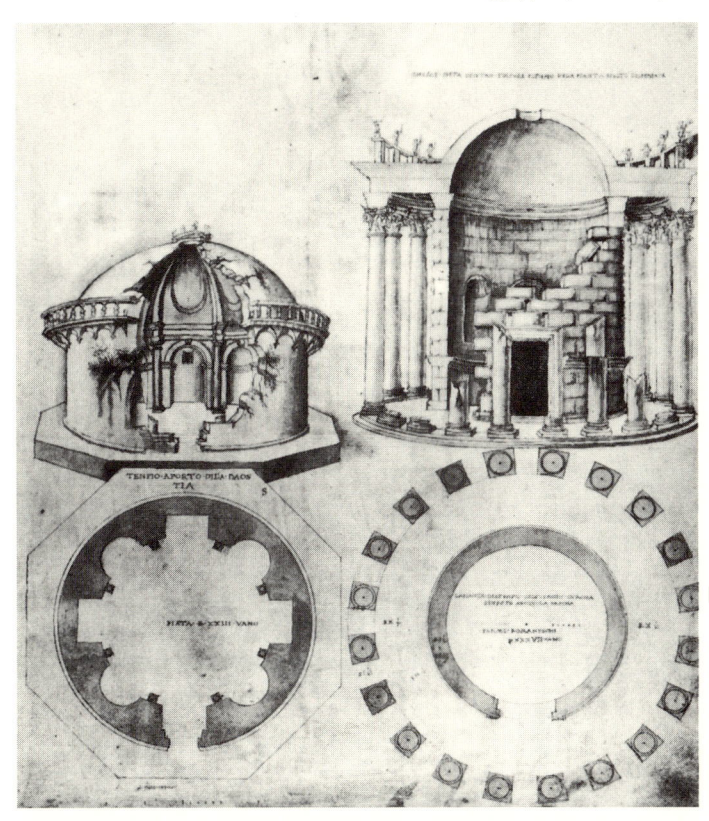

第八章　サン・ピエトロ・イン・モントーリオのテンピエット

図151 ポルトのポルトゥーヌス神殿とローマのいわゆるウェスタ神殿　ジュリアーノ・ダ・サンガッロによる立面と平面。ポルトゥーヌス神殿には外周の柱廊が失われている（ヴァティカーノ図書館，バルベリーニ手稿 Lat.4424 フォリオ 37 r）。＊

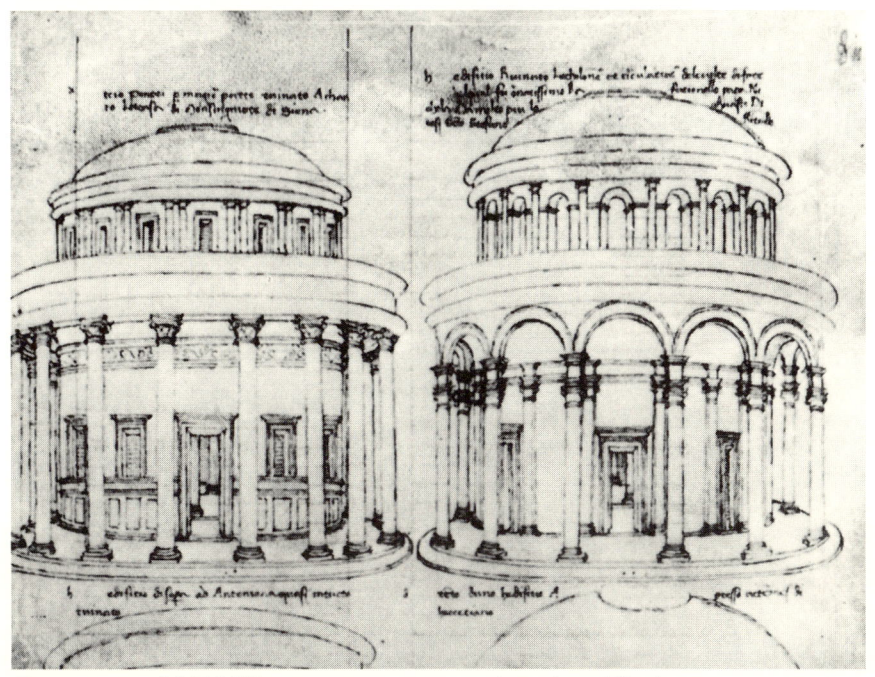

図152 ローマの古代円形神殿　フランチェスコ・ディ・ジョルジョの素描による（トリーノ王宮図書館，サルッツィアーノ手稿フォリオ 84）。＊

神に捧げられていたと述べる。そしてペテロも，教会を統べながら世界を信仰の光で照らす天体になぞらえられる。ペテロはまたキリスト教信仰の《英雄》でありキリスト教のヘラクレスとも見なされた。したがって古代において円形神殿が太陽神やヘラクレスに捧げられたように，ペテロのためにも円形神殿こそふさわしい。さらにまた，ジャニコロの丘が捧げられた古代神ヤヌスの別形であるポルトゥーヌスは，聖使徒の異教における《別の姿》とも見なすことができたろう。ポルトゥーヌスは，「港」や「門」の神であり，じっさい鍵を手にした姿で表現されることが多かったが，それは天国の門の守護者である聖ペテロの姿と一致したからである。じっさい建築形式からみた場合，ブラマンテのテンピエットには，例えばパッラーディオが示すティヴォリのいわゆる《シビュラ神殿》に表現されたような《ウェスタ神殿》の形式との関連や，（かつてクイリナーレ丘に存在した）太陽神殿や（かつてヴェラブロにあった）勝利のヘラクレス神殿――ブラマンテはそのいずれも知っていたにちがいない――との関連が認められるいっぽうで，ポルトゥーヌスに捧げられたと信じられたポルトの円形神殿との間には，はるかに著しい類似性が認められる。

　ブラマンテの時代にはこのように，人文主義的な見地からペテロの「霊廟」は，ほかの何にもまして円の形態を取るのがふさわしいと考えられたにちがいない。くわえて，ブラマンテが知っていたかどうかは不明であるが，コンスタンティヌス帝自身がジャニコロの丘にペテロのための最初の記念碑をやはり円形小礼拝堂の形で建てていたとの伝承もある。そしてヘラクレスにもたとえられる雄々しく強靭なキリスト教の《英雄》に捧げられた記念碑の計画にあたっては，ドーリス式オーダーが論理的にもっとも適したものと考えられたはずである。こうした選択はすでにテンピエットの外観を条件づける要素となっているが，ここに見た通りそれらは単に審美的な好みに動かされたものではなく，プログラムから出発した厳密な考察の結果だったのである。

　しかしブラマンテの計画案はまずまちがいなく，プログラム上の考察をさらに推し進めたものだったはずである。ローマ教会を創設しそれを政治や宗教の普遍的な権威と位置づけ地上と世界への拡張のための中心と設定した聖ペテロの主題を，ブラマンテはさらに展開したにちがいない。空間と時間にわたって教会の活動を推進するための中心は，ペテロの殉教という具体的な瞬間に，またその十字架が打ち込まれた「黄金丘」という物理的に確定しうるひとつの場所に起源をもつと考えられたにちがいない。この瞬間とこの場所から――それをこそブラマンテの「記念碑」は称賛するはずである――キリストの代理人たる使徒ペテロは，世界史のなかで活動する現世の神聖な制度としてローマ教会を創設した。そしてこのとき以来，ペテロやその教会の力によってローマは世界の中心となった。そこは古代異教の価値と，ユダヤ＝キリスト教の価値とが統合される場所として，古代をしのぐ威信にみち絶大な普遍性を備えた新たなエルサレムであった。

　ブラマンテの全体計画のとくに平面が，一点から――つまりペテロの十字架が立てられた

第八章　サン・ピエトロ・イン・モントーリオのテンピエット

テンピエットの中心から——遠心的に拡散する観念を，列柱を巡らした中庭の周壁が形成する境界に向かう放射状の軸線にそって，様々な要素によって展開しているのも偶然ではない。中心に位置するテンピエットは新たなエルサレムとしてその活動で四方を照らすローマ教会とペテロとの象徴である。その様はあたかも聖パウロの思想の建築的翻案であるかに見える。「キリストにより，体全体は［すなわち，聖ペテロによって表徴される，神秘に満ちたキリストの体である教会は］，あらゆる節々が補い合うことによってしっかり組み合わされ，結び合わされて，おのおのの部分は分に応じて働いて体を成長させ，自ら愛によって造り上げられてゆくのである。」（『エフェソの信徒への手紙』第四章第十六節）。

ついで立面を見るとテンピエットは，ポルトのポルトゥーヌス神殿に似て，積み上げられた三つの部分で構成されている。薄暗い地下礼拝堂とドーリス式の列柱廊で囲まれた円筒状の本体そして採光窓が明けられたドラムの上に載る半球ドームである。地下礼拝堂は地下の地獄世界をあらわすとともに，ペテロの十字架によって現世における布教の「酵母」あるいは種子が蒔かれたここローマの奥深い地中（ここから，モーゼの再来としてのペテロの所業をとおして世界を再生させる生命の水が湧き出した）を表徴したにちがいない。別種の観念によればそれはまた，キリスト教がコンスタンティヌス帝によって広められ始める以前に，地下宗教としてその拡張を準備したカタコンベ時代のローマ教会をあらわしてもいる。

いっぽう，テンピエットの主要部をなす円柱の巡らされた円筒は，《人間たちの中での神の住処》（タベルナークム・デイー・インテル・ホミネース）として地球上のこの現世を統治する戦闘教会を表徴すると考えられる。そしてその《コズマ風の》（コズマテスコ）(12)床装飾は中世の象徴によれば人生の《迷宮性》を暗示するとみられる。円柱の並ぶ立面部分は，ペテロとローマ教会の秩序や権威を想起させる。それは対神徳に支えられ（三段からなる基部の踏み段はおそらくそれを象徴する），四人の福音書記者（その像が後に内部の四つのニッチに据え置かれる）と四人の教会博士の教えによって基礎づけられ，ローマに発し世の果てまでを照射する。そして中庭の円形柱廊の四隅にある小礼拝堂は地球の四つの部分を暗示しただろう。しかし「地上ではペテロが，天上ではキリストが」（イン・テッリース・ペトルス，イン・カエリース・クリストゥス）統治する。背の高いドラムとその上の半球ドームからなるテンピエットの最上部は明らかに天上界を，そして天上の栄光の中でキリストに導かれ勝利する教会を表徴する。

これらの解釈はテンピエットの様々な詳細によって確認されるだろう。とりわけ列柱上のドーリス式エンタブレチュアの48個のメトープがそれである（これらはベルヴェデーレのそれとともに，ルネサンス期においてトリグリフを備えたドーリス式の最初の例である）。そこには12個の典礼具が表わされ，全周でそれぞれ4回ずつくり返されている。これらは明らかにローマ教皇職を暗示するとともにとりわけ教皇の権威に関わるものであって，またミサの典礼機能とくに聖木曜日のミサに関連している。カトリック教徒にとっては，これらの典礼具を用いた聖体の拝領をとおしてゴルゴタの丘におけるキリストの血の犠牲が再現され，教会内へのキリストの来臨と助けが実現する。正面扉の軸線上とその反対側，それにサン・ピエト

ロ・イン・モントーリオ教会に向かう位置のメトープに，地上と天のつながりの象徴である聖杯と聖体皿という聖体にかかわる図像が置かれているのも偶然ではない（このことはラッファエッロの『署名の間』の『聖体の議論』や，時代を溯るならたとえば，五世紀のサンタ・サビーナ教会の大理石フリーズと同様である）。

これに対しヴァティカーノに向いた側門の軸線上には（おそらくサン・ピエトロ教会を暗示する）教会称号の象徴である《天蓋》あるいは教皇の傘の図像が，隣接する二つのメトープの，交差した鍵と船型香炉の図像の間に表されている。《船型》香炉は使徒に舵取られたローマ教会という船を暗示するものであり，この図像はテンピエットの祭壇にもくり返される。ヴァザーリの記録するとおりこれらはローマ教会の本拠地についてのほとんど《象形文字》的な言語体系による言及[13]と考えられ，ブラマンテの奇抜な着想や人文主義的素養と決して無縁でなかったはずである。

建築家自身に帰せられるだろうメトープ装飾のアイデアはこのように，いっぽうで明らかに古代を——とりわけウェスパシアヌス神殿[14]のエンタブラチュアに見られる異教の典礼具の形象化を——思い起こさせるとはいえ，本質的にキリスト教的で宗教的で政治的でもあるひとつのプログラムを，いささかの矛盾も曖昧さもなしに表現する目的に従属している。それはローマ教会の「初代教皇」（プリームス・ポンティフェクス）であるペテロを讃えるためのプログラムであり，その教会とは精神的なものにとどまらない信仰や典礼実践の管

図153 サン・ピエトロ・イン・モントーリオ　ドーリス式オーダーと手摺。メトープ装飾は聖餐盃と聖パン皿，舟型香炉をあらわす（ルタルイイより）。*

第八章　サン・ピエトロ・イン・モントーリオのテンピエット

理者でもあり，神と人間とのあいだのつながりである《信仰心》を保証する「恩寵(レリジオ)」を——それはペテロの象徴である岩から湧き出る生の泉である——秘跡をとおして司ることができる制度と理解された。ペテロとまた暗黙のうちにその後継者たちを讃えることで，世界に拡張するローマ教会の権威と権力，また人類におよぶ教会の支配権が主張される。「人類と地上世界にとって唯一かつ最高の指導者(ソールス・フーマーニー・ゲネリース・ウニヴェルサリースクエ・オルビス・ドゥクス・アク・プリンケプス)」としてのペテロとその至高性は，キリストの言葉によって以上に，ペテロがその総本山をローマに定めあたかも古代の王や皇帝のように君主かつ司祭として世界におけるローマの価値を刷新したことによって，人文主義的な見地からも追認された。

　周柱式の円形神殿は古代建築のひとつの《類型》であり，その権威は古代以来のものであったのに加え，ウィトルウィウスの描写（『建築書』第四書第八章）によって裏づけられていた。したがって人文主義の観点からみてそれは，神と完全な宇宙という哲学的理念の具体化であるだけでなく，異教的な「英雄記念碑(ヘローン)」であるとともにキリスト教の「墓所(マルティーリウム)」となり，円形の中庭の中心に位置することによって宗教的かつ政治的な特殊な主題を表現するはずであった。

　ハドリアヌス帝のヴィッラの《海の劇場》のような種類の古代遺跡が，この計画の全体平面にもなんらかの手掛かりを与えた可能性はある。しかしブラマンテの他の作品においていかなる古代遺構も特別なモデルとして役立ったことがないのと同様，見たところもっとも《古代風》な実現作であるテンピエットでもそれはなかった。そしてブラマンテ以前のクワットロチェントにおいても円形や半円形の空間の中心に置かれた記念建造物が幾度も構想されたとはいえ，この計画に類似したものが出現したことはかつてなかった。この計画は，文化的に洗練された意味を満たしそれを象徴する結論やまた統合としてあらわれただけでなく，より一般的には，古代を見直しキリスト教中世に培われたその根をさらに深化させながらこの時期成熟するに至ったひとつの世界観の表現である。それとともに重要なのが，ブラマンテの計画案の平面幾何学を特徴づける正方形のなかに挿入された円からなる図像であって直交軸と対角線が強調されたものだが，中世の世界観からの示唆を負うものであるとともにそれは，ブラマンテも知っていたにちがいない有名な《ウィトルウィウス図像》，すなわちフランチェスコ・ディ・ジョルジョやレオナルド，チェザリアーノ等も描いているあの「円と正方形に内接する人間(キルクルム・ホモ・アド・クワドラートゥム／ホモ・アド・)」の図形を思わせる[15]。

　ブラマンテが構想した全体は，テンピエットと円環状の中庭とそれを取り囲む周歩廊という三つの基本構成要素からなり，しかもそれらが緻密に関連づけられた同心円状の四つの区域に分けられ，相互間は厳格に比例づけられつつ異なる性格をおびていた。四つの区域とは円筒形の神室(ケッラ)と列柱で囲まれた外周廊(ペリーボロ)，外部空間，そして環状の周歩廊である。つまり人文主義の政治家や建築家が説いていたプラトン主義的「理想都市」の理念を直接喚起させる同心円による平面である。この小さな《建てられた風景》あるいは都市景観のミニチュアは，ローマ教会の力によって《神聖化》された完全な「都市」の理想を象徴するのに適したもの

201

として実現される。《都市計画》への言及もまたその幾何学組織に見て取られる。つまり、テンピエットと列柱をめぐらされた回廊とは幾何学によって不可分の統一体として結びつけられており、交差する四つの軸線から始めてその二分割を繰り返すことで、まず建造物全体の8本の主要軸が、最後にはテンピエットと環状列柱の構造を決定する16の軸線が生成されるに至る。ルネサンス理論家の解釈によればこれこそ、ウィトルウィウスが示した都市の構造づけの方法であった。東西南北と八本の方位軸から始め、順次《二分割》や《三分割》をほどこしていくというものであるが、たとえばチェザリアーノは、この方法が《都市や城塞だけでなくその他のどんな種類の建物を計画する場合にも》適用可能である、と記している。

　もうひとつ重要な局面がある。建物の全体をとおして、明らかに象徴的ないくつかの「数値」が建築の構成要素の数や建物自体の比例関係の中に特権的にまたくり返しあらわれ、計画を条件づけていることである。16という数は（ウィトルウィウスによればテレイオンと呼ばれる完全数である；第三書第一章）テンピエットの円柱の数であるとともに環状周歩廊の柱の数でもあり、おそらく鍵となる数である。それはウィトルウィウスが説明するとおり 10 + 6（これらもピタゴラス-プラトン主義の伝統や《数学的に見た》完全数でもある）の形に分解可能なことによって十進法の体系と十二進法のそれとを統合するものであるいっぽうで、8 + 8 の形に分解することもできる。要するに 2, 3, 4, 5 という、基本的な整数のすべてを含んでいる。特にその半数の 8 はこの建築の平面構成の主要軸の数であるが——初期キリスト教ですでに行なわれていた象徴解釈によればキリストは受難の 8 日後に復活し、世界は天地創造の 8 日目から始まるとされた——ペテロとその後継者たちの手になる世界の、そしてとりわけローマの救罪や再生、復活の観念や、ペテロの受難後に確かな制度として創設されたローマ教会の観念をあらわすのに用いられていた。しかしまた三位一体を導く《神聖》数である 3 やキリストの十字架によって強化され聖別される数 4 もまた 16 に含まれている。したがってたとえばテンピエットへの入口が 3 つあり、中庭への入口が 4 つあり、開口とニッチがそれぞれ 8 つあり、聖域のエンタブレチュアのメトープが 48（柱間ごとに 3 で計 48 あるが、メトープに現れる主題から見れば 4×12 である）からなること、あるいはテンピエット全体の直径と高さとの比例が 3：4 であることや外周廊の高さと直径との比例が 3：

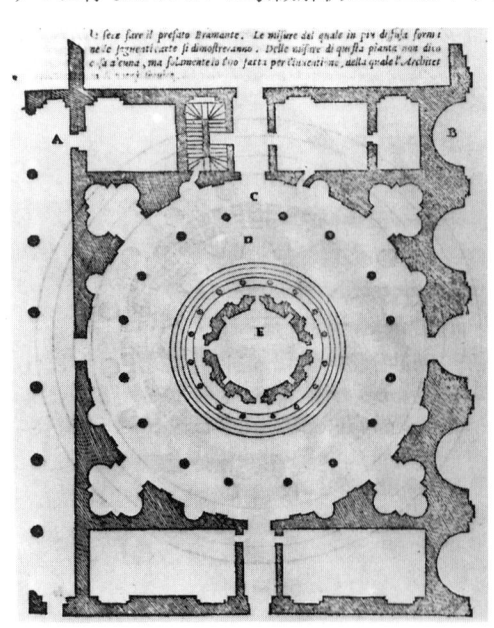

図154　サン・ピエトロ・イン・モントーリオ　セルリオ（『建築書』第三書フォリオ67）の伝える円形周歩廊をもつテンピエットの平面。*

第八章　サン・ピエトロ・イン・モントーリオのテンピエット

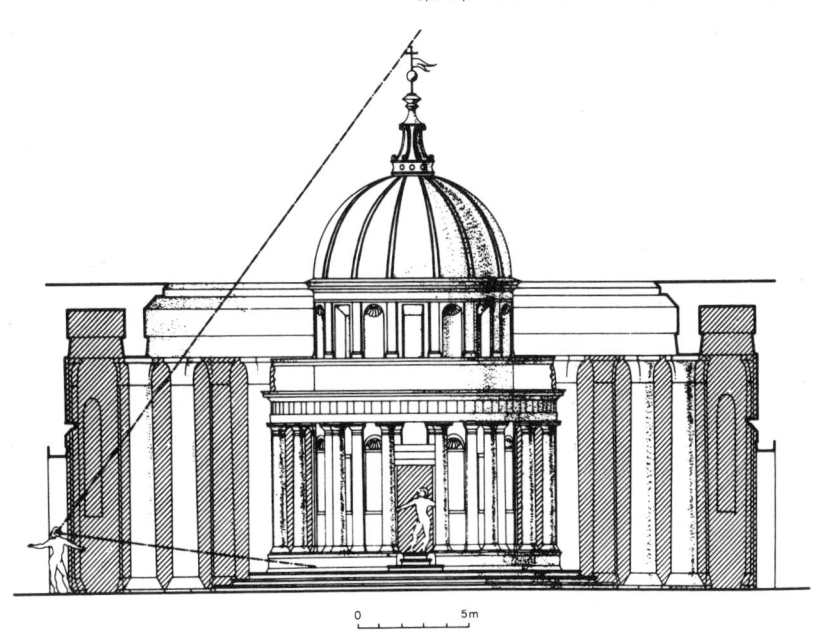

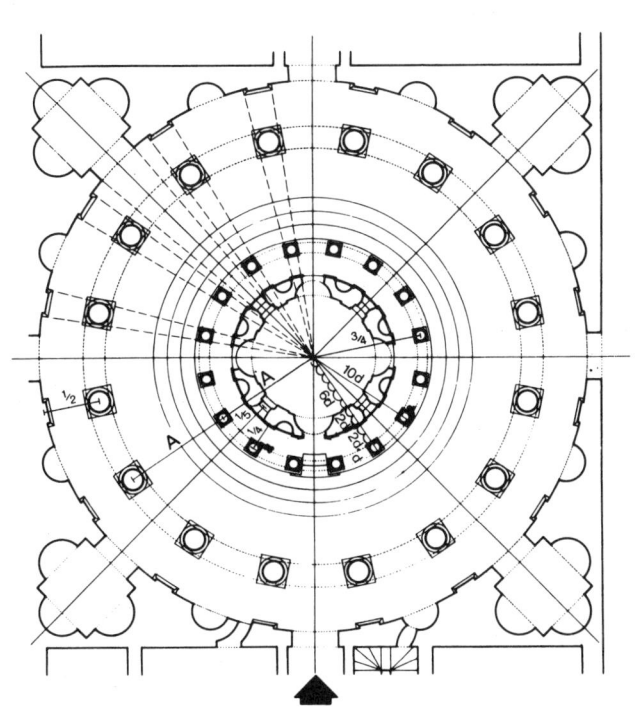

図155 サン・ピエトロ・イン・モントーリオ　セルリオの図版と現況に基づいて推定復元した，円形中庭を備えたテンピエットの立断面と平面（R.ラウリ作図）。　平面にみるように，主要な4軸線はまず8本，ついで完全数の16本（大小二つの列柱の柱数）と再分割される。全体の比例はひとつのモデュールAを示し，これがいくつかの部分に再分割される。テンピエット本体には二つの完全数6と10が使われている。中心から礼拝堂内壁面までの距離は円柱の直径の6倍，中心から円柱の内側までは直径の10倍である（礼拝堂周壁の厚さは直径の2倍あり，外壁面と円柱までも同じ）。二つの列柱のオーダーの大きさは中心からの放射軸線によって決められているが，それぞれに対応する付け柱の幅は円柱への接線で決められてはおらず，実際にはそれぞれの円柱と同じである。

5であるといった事実も，あらためて驚くにあたらない。

　数を用いたこの《言語》，古代の《知恵》やユダヤ=キリスト教の象徴解釈を参照する多様で絡みあったこの手段こそ，この作品の奥深く普遍的な意義を精緻な観念によって表現するためのもうひとつの方法なのである。

　空間を体験する人の理解力に応じた，異なったレヴェルにわたって適用された様々な方法をとおして伝えられるのはこうして，プログラムによって編成された《普遍的な》メッセージであるとともに，新しいブラマンテ建築の《普遍性》それ自体であった。

　全体の平面計画にあらわされているように，ブラマンテの理念の中には，単純であるがそれと同時に人文主義的な世界観との深い結びつきによって豊かにされたひとつのイメージが形成されている。それは「軋轢にみちた融和」としての巨視的宇宙と反響し合う微視的宇宙である。このように，理論家たちの説くところの古きものに取って替わる《新たな》建築の基礎となる方法論と基本《原理》を十分確実に会得していたブラマンテは，いかなる固有のモデルや，まして《周柱式円形神殿》に関するウィトルウィウスの規則ずくめの記載に従う必要性など感じなかった。古代建築のひとつの《類型》を参照しながらも，ブラマンテは古代人のやり方に従おうとはしない。むしろ神殿に関するアルベルティの理念的な教示（『建築論』第七書第四，五，十，十一章）に時と場合に応じて従いつつ，古代人の「手法（マニエラ）」にしたがって計画された「かに見える」最新式の建築を作ろうとするのである。そしてじっさいそれはローマの遺構にも等しい声望と威厳をかち得た。古代への参照はとりわけ目立って特徴的ないくつかの要素

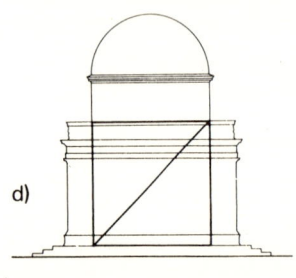

図156　サン・ピエトロ・イン・モントーリオ　列柱とドラム，ドームの比例分析図。
(a) 列柱の高さと内側の直径との比は 3:5 であり，ドラムもこれと同じ比例をもつ。(b) 神室とドームを合わせた高さとその直径との比は 2:4。(c) 全体の直径と高さとの比は 3:4。(d)別の見方によれば神室部分の立面が正方形となる。＊

第八章　サン・ピエトロ・イン・モントーリオのテンピエット

を暗示することに向けられ，詳細のいくつかはそれを見る者の感受性を促す。入口や神室内の貝型のニッチ，そしてとりわけウィトルウィウス起源の《トリグリフを伴うドーリス式》オーダーである。実際にはこれはウィトルウィウスからも古代の例からもほど遠いものであるが，ひとつのプログラム，ひとつの文化的声明として提示された。それは古代に対する新たな，またすくなくとも外見上はより正確な《学問的》で《考古学的》な関心の象徴であった。いまや成熟の域に達したひとつの文化の理想と主題や観念的な洗練や，さらには，すくなくみても七十年は前から異なる複数の環境のなかであたためられてきた建築をめぐる様々な提案の統合であるこの成果はとりわけ，ルネサンス建築とその内容の革新的な《普遍性》を肯定するはずであった。その内容はしかし，いまやローマ教会の《普遍的》権威によって引き継がれそれに左右されさえした。

　全体構想を確定したのちに計画を進めていくなかでブラマンテは，構想とプログラムに固有の用語法で全体組織を表現するのに最も適した構成要素を，とりわけ建築オーダーのなかで絞りこんだにちがいない。ここでもまた，具体的な内容を表現するための手段を古代が提供する。しかし古代をじかに新たな見方で考察したことによって，古典建築言語の構成要素のもつ建築的意味と機能がこれまでになく明らかにされる。オーダーという有機的な体系の一部に組み込まれた円柱はもはや，アルベルティにとってはそうであったのだが，単なる《装飾》ではありえない。円柱は楣式構造における支持材としての本来の機能を明瞭に示し，アーチ式構造と混交されることはない。同様に壁体としての壁の性格は，連続性やその表面の分節や曲がり具合自体によって明瞭にされる。付け柱はといえば，壁面上への円柱の投影であるとともに壁面自体の分節要素であるというその《二重性》によって，楣式オーダーと壁構造とのあいだの自然な媒体となる。オーダーと壁体という歴史的，力学的，概念的に異なる二つの異質な構造を同時に採用するという問題は——ウィットコウアーが明らかにしたように，かつてアルベルティを悩ませた問題であったが——いっぽうのために二つの構造形式のいずれかを犠牲にすることも異種混交におちいることもなく，意識的に一貫した解決をここに見出した。

　つづいて，等間隔の放射軸で厳格に構造づけられた全体のもとに諸要素を統合し，比例づけ，透視図的に整序することで，全体の緊密な統一性が保証される。セルリオが出版したテンピエットの全体平面計画とはことなって，ブラマンテは個々の要素（円柱，ニッチ等）の「配置」ばかりか「寸法」さえも最初に措定された基準線から演繹して決定することを考えたようである。それは中心から各要素に接するように引かれた放射線であって，円柱を例にとれば，この基準線はテンピエット外周の円柱に接するが，古代遺跡から採られたその円柱の柱身が「ア・プリオリ」に決められた出発点となるはずであった。ブラマンテは，全体の構造化と寸法決定に関するこの単純な規則によってテンピエット本体の構成要素と環状周歩廊のそれとを緊密に結ぶことが可能になる，と考えたにちがいない。それがまた，見る人の視

線を周歩廊の大円柱から礼拝堂の小円柱へ，さらには平面の中心軸上にある消失点へ，象徴的な意味からしてもこの建造物の最も重要な場所へと直ちに誘導して，プログラム上の意味と全体の透視図的な構成とを明らかにするだろう。《下から仰ぎ見る》効果的な視線のなかで，テンピエットは錯覚によって実際よりも遠く，環状の中庭は大きく見えることになるだろうが，ここではベルヴェデーレのように大胆で精緻な透視図法のトリックに訴える必要はなかった。さらに，異なる支持部材の寸法上の差異が中心から放射する接線で決められるが，これは大きな柱間にはそれに比例した太さの支持材が対応することを要求する力学上の根拠とも合致する。この全体平面はしたがって，ブラマンテやその同時代人には《完璧な》ものと映っただろう。それは，理論家の示す理想的原理にもとづいて厳格で《普遍的》な方法を論理に忠実に運用した結果であり，現実のあらゆる局面が宇宙と「一致」すべきことを信ずる人文主義的世界観に深く根ざした表現であった。

　テンピエットと環状周歩廊の全体計画は，残念ながらその全部が実現されることはなかった。しかしながらこの厳格な設定を建築に課したことは結果として，それに由来する一連の問題を建築家につきつけたにちがいない。そのいくつかは実現されたかぎりのテンピエットにおいても確認できる。

　いちばん明白な問題はこの作品の極端に小さな寸法から発生する。しかしそのいくつかはブラマンテが定めた厳格な平面自体に由来するものであって，この建物がもっと大きかったとしても避けられなかっただろう。たとえばセルリオの図面（おそらくブラマンテの計画にさかのぼる全体平面とテンピエットの平面図の両方）によれば，神室外壁表面の付け柱と周歩廊の付け柱はそれぞれに対応する円柱とくらべて，前者はより細く後者はより太くなっていて，放射線にしたがった寸法決定を実証している。このことはブラマンテの性向のみならず，平面構成の一般《規則》とも完全に一貫しており，セルリオの創作ではなく，ブラマンテの当初案を反映している可能性があると考えられる。しかしこれは古代のいかなる実例とも矛盾しており，また無限遠から壁面上へ円柱を観念的に射影したものと考えられる付け柱は円柱と同じ幅をもつべきである，とする理論的原則とも相容れない。じっさい古代人が円形小神殿神室の円形壁面上に付け柱を設けた例が存在しないのは，おそらくはこのような問題を避けるためであったろう（いっぽうマルケッルス劇場やコロッセウムのような大建築物の場合は，平面の曲率が大きいために，それを設けても目立った問題は生じなかった）。

　ブラマンテには，神室の壁面上にも付け柱によるオーダー[2]を挿入することが不可欠に思われた。これは全体の幾何学的および透視図法的平面計画を明示するためであるとともに，部分相互間の厳格で完璧な構成法上の整合性を保証するためでもある。しかしながら実現されたテンピエットはセルリオの示すそれとは異なっている。ブラマンテは，対応する円柱よりも細い付け柱を挿入することで放射状の平面規則を究極まで突き詰めることを敢えてせず（そうした場合，高さが決められている以上，付け柱の比例関係は混乱しただろう）円柱の直径をも

とにしながら，付け柱の幅を上に向かってできるだけ狭めてきつい先細りにする。しかしそうすることで，二つの付け柱に挟まれた壁面の余白部分の比例は，柱間のつくる矩形と比較していわば歪んだ格好になっている。実験的方法をおし進めることでブラマンテは，ここでもまたひとつの矛盾を浮き彫りにした。規則が普遍性を欠いていることを認めざるをえなかった。

  2 ブラマンテのこの部分の処理からは，ここで述べたような一連の《誤まり》あるいは計画上の破綻が派生する。これに対する最も重要なチンクエチェント期の批判が，シエーナのピエトロ・カタネオの『建築論 *Architettura di Pietro Cataneo senese*』の第二版（Venezia, 1567）第三巻，第十一章，p.72 に含まれる。筆者の知る限りこの部分はこれまでブラマンテ建築の歴史記述の俎上に上げられたことはないが，テンピエットの平面図とともに文章中には，原著者の言にしたがえば，この建物の詳細にわたる観察を裏づける寸法の記載もある（それらはしかし，現実とは奇妙にくいちがっている）。1554年版には含まれないこの注目すべき追記は，いわば《アカデミックな》見地からの批判であるが，設計上の問題点を正確に指摘するものであり，はるかによく知られたセルリオやパッラーディオの称賛調の記述とは対照的である。

 人文主義の建築はもうひとつの基本原理として（たとえばレオナルドの友人でありおそらくミラーノでブラマンテとも知り合っていたルカ・パチョーリによって明白に表現されているように），規則と方法と古典言語の絶対性を自明のこととし，このことは個々の場合における物理的寸法のちがいには左右されないとした。建築オーダーはその高さが数センチメートルであろうが十メートルに達しようが，ひとつの《建築オーダー》でありつづける。ひとつの建物全体は論理的には，またすくなくともある種の制限や方策をもってすれば，構成要素を変更せずに二倍にも三倍にも拡大することができる。すべての建築は，それ自体の物理的大きさに関係なく有効なひとつの《原型》となり得る。ローマのブラマンテは，たとえばこのテンピエットでは「偉大なまでの小ささ」の限界を，またサン・ピエトロでは「巨大なまでの大きさ」の限界を探ることでこの原理の普遍妥当性を吟味するという課題に取り組むかに見える。しかしテンピエットの極小の「規模」は解決困難な問題を引き起こす。

 ブラマンテの平面を規則づける幾何学法則によれば，すでに見たとおり，神室の外壁上にそれを取り囲む十六の円柱に対応した十六の付け柱を配置することになる。ブラマンテはそれを設けることを躊躇しない。しかし付け柱によって細分された円筒形壁面の余白部分に「開口」（入口や窓やニッチ）を配置しようとするとき，深刻な問題が発生する。この余白の寸法があまりに狭小なため，もともと小さな「開口」は付け柱の間に息苦しく挟まれて垂直方向に無理やり引き延ばされる。あらゆる規則に反し，開口部と付け柱とのあいだの壁面は極端に圧迫されている。窓枠の刳り型は円筒形壁面の表面にあるというよりは，先例をみない大胆さで壁面の隅切りのなかに曖昧に組み込まれており，離れて見ると，新たな仕方で壁面を分節していることがわかる。全体の視覚上の問題を見失うことなく，建築家はわずかな厚みと微細な大きさを相手に明敏に決定していく。神室の壁面全体がわずかな突出と激しい掘り込みや濃い影の落ちた窪みによって，連続しながら緊密に，また緊張感を保った切迫したリズムで，規則的に分節される。厳格な一般法則の課す拘束によって強制され誘導されてい

図157　サン・ピエトロ・イン・モントーリオ　列柱の見上げ。窓やニッチが付け柱に圧迫されている。＊

第八章　サン・ピエトロ・イン・モントーリオのテンピエット

るとはいえ，この神室外壁の造形に見られる成果は感性の領域にすっかり引き込まれており，ローマ期のブラマンテの最も高度な詩的表現を達成している。

　ブラマンテは困難な問題から高度な個人的表現の手がかりを引き出す。普遍的であると想定された原理がじつは相対的であることが，主入口を設置するさいに，これ以上なく劇的に明らかになる。この入口は象徴的な理由からしても——それはペテロによって統治される信徒たちの王国であるローマ教会に入るための門であり，そこを通らずしてさらに上の天国の門に至ることはできない——神室への主入口を洗練された荘重さで示す必要があった。しかし付け柱間の隙間は極めて狭く，約77cmしかない。それは側門（約66cm）にはなんとか足りる幅であるとしても，その場にふさわしい《ドーリス式》の，また古代の例にならった入口を設置するには全く不十分である。ブラマンテは矛盾を受入れ，それどころかその矛盾をありのままさらけ出す。おそらくは，アルベルティによるマントヴァのサン・セバスティアーノ教会正面に見られる大扉(17)の設置のされかた（それがアルベルティ自身の設計に溯るかどうかは疑わしいが）の記憶を頼りにブラマンテはその成果を極限まで推し進め，付け柱間の距離（約77cm）よりも幅広い扉（約90cm）を躊躇なく設定する。付け柱を唐突に切断し，その開口部を繰り型の枠で押し広げ，垂直方向への連続性を確固としたコーニスで中断する。その結果見かけ上は，付け柱の形をとった建築オーダーに本来備わりまた再確認された，支持部材としての機能が否定される。要するにこの主入口は建築全体のなかに《スケール・アウト》な要素として挿入されており，立面を組織する《構造的》枠組みと矛盾している。またそれが設けられた曖昧な位置は，神室の壁面上に様々な要素を分散配置することで視覚的に統一された全体として規則づけるはずの透視図の枠組みに照らしても矛盾している。原理と規則，そして厳密な演繹的方法から出発して，ブラマンテはここでもまた，それ自体マニエリスムの名人芸的な《技巧性》を予見させる結果に到達する。それは普遍的であると想定されたひとつの体系に内在する矛盾の露呈でもあった。

　テンピエットの内部詳細の決定にさいしては，さらに困難な問題が生ずる。ここでは平面の円形がさらに縮小するため，平面形式の一貫性を保ち続けること，すなわち16の放射軸上に外壁の付け柱に対応する16の付け柱を配列することは，もはや不可能となる。外壁の付け柱に似た比例関係を守ろうとすれば，壁面上には扉や窓やニッチを配置するための余地はほとんど残らないだろう。この問題に気づくとすぐにブラマンテは，全体を構造づける規則を極限まで推し進めることを部分的に断念し，付け柱の数を内壁では半減させる決定を下したにちがいない。そして最初に思い描かれた解決案は，それぞれが外壁の2つの付け柱に対応する8つの付柱を，放射軸に沿って等間隔に設ける案だったにちがいない。このいわば《アカデミックな》案は実際，たとえばセルリオの図面に見られる（これ以外の詳細からも示されるように，それはブラマンテの初期案を反映している可能性がある）。しかしそうした場合も神室の内壁はあまりに狭く，ニッチや扉や窓を配置するのに問題を残しただろう。ブラマンテは

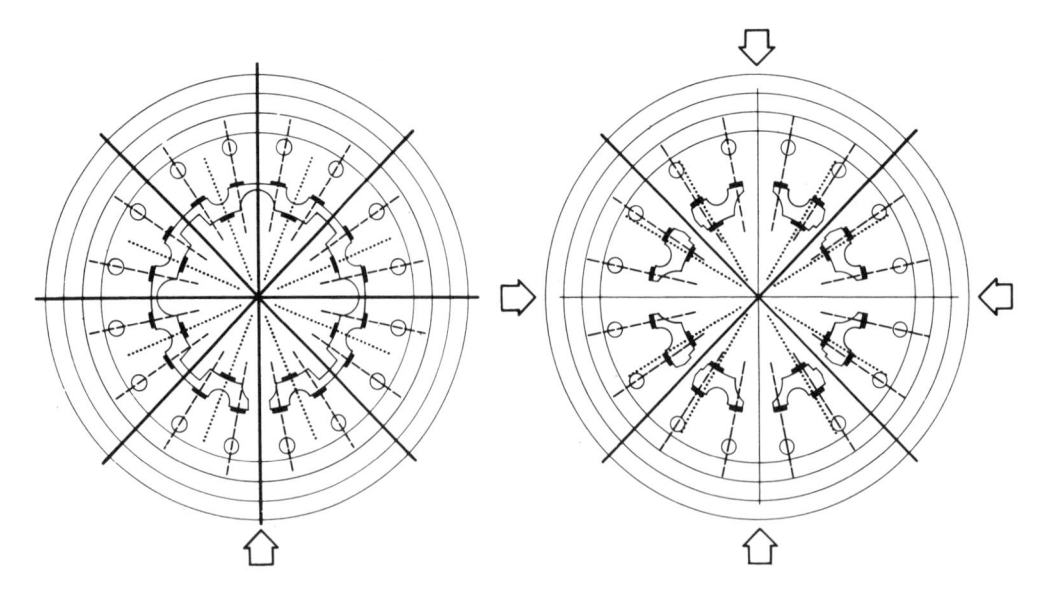

図158 サン・ピエトロ・イン・モントーリオ　セルリオの平面（左）と実現案（右）をくらべた，壁の内外面に配された付け柱の位置。実際の建物では内壁の付け柱は角形の小さなベイを残しながら対角線上に対にして配され，この結果主要四軸上には大きく膨らんだニッチを設けることが可能となる。

外部とのいかなる対応も完全に断念せざるを得なくなる。テンピエット内壁の付け柱は，それ自体で完結した図式にしたがい，小さな窓（幅約45cm）を締めつけるように対角線の両脇に寄り添い対になって設置される。そうすることで付け柱は十字軸から遠ざかりそこに，扉開口をあけられた神室のニッチが膨脹する余地を残す。

　こうして，隔柱式と集柱式が交代しながら円筒の内部を活気づける。[18]対になった付け柱の生み出すリズムが極小空間の限界を打ちやぶる。この形式はとりわけ，十字に交差する軸に沿って膨脹し，「対角線」軸上の四隅に配された構造体によって限定され圧縮されたようにみえる集中式空間の発想を思い起こさせるが，これは新サン・ピエトロ内陣の平面構成の基本である。そしてこれはデッラ・パーチェの中庭隅部の視覚的な弱体化によって導入され，ベルヴェデーレの彫刻の中庭で採用された不等辺八角形に引き継がれ，サン・ピエトロ，サン・ビアージョ，サンティ・チェルソ・エ・ジュリアーノ，そしてチヴィタヴェッキアの城塞中庭に至る空間自体の発展過程であり，ひとつの仮説的な結論にほかならない。このような発想の基礎には，できる限り空間を三次元的にまとめようとする探求と，《比例》関係にあるいくつかの二次元表面を組み立ててできた産物と理解される，透視図法にもとづくクワットロチェント的な空間概念を決定的に打破しようとの意欲が存在する。サン・ピエトロ・イン・モントーリオの狭小な内部空間には，この発想がおそらく最も高い完成度で達成されている。

　サン・ピエトロ聖堂で異なる形式と規模で実現されたのと同じく，ここではこの発想は古

第八章　サン・ピエトロ・イン・モントーリオのテンピエット

図159　サン・ピエトロ・イン・モントーリオ　ドーム見上げ。大きなニッチとそれに隣接する対になった付け柱には，凱旋門アーチのモチーフが読みとれる。

図160　サン・ピエトロ・イン・モントーリオ　主祭壇方向の内観。ニッチや窓（写真では閉められている）は付け柱のあいだで圧迫されている。床は大理石の象眼仕上げ。*

代凱旋門の主題へのはるかな隠喩的参照によって——全くブラマンテ風の仕方で——決定されているようである（それは内部空間に移され，四回繰り返されることでいわば《四面構成》となる）。この参照はペテロの勝利を称賛するという意図によって正当化される。しかしその主題はここでは円形空間の主題と曖昧に結びついていて，《古代末期》風に取り込まれる自然光で活気づけられる（光は空間の垂直方向への異様な展開をイリュージョニズム的に縮小し，象徴的にも解釈される空間の分節を強調する）。空間は，構造の意味を複雑で曖昧なものにするいくつかの大胆な解決法によって特徴づけられており，たとえば小ニッチ下の四つの小窓は，対角線軸に沿って対になった付け柱の間にはめ込まれて，概念上の支持部材である構造壁の《実体》に穴を穿っている。

　テンピエットの内部空間それ自体が，ブラマンテの実現作のなかで質的に最も秀でたたものであるのは疑いない。しかしながら計画全体を見渡した場合，その内部空間は平面計画によってあらかじめ設定された全体規則とは矛盾している。それはとりわけ「有機体」というルネサンスの概念，つまりアルベルティによって措定されブラマンテの作品の中で幾度も確認された，生命体にも似た建築物，相互間が緊密に関係づけられ唯一の原理で規則づけられた諸部分からなるひとつの「生き物（アニマンス）」という概念に矛盾する。これは方法の厳格な適用から生まれた結果である。そしてブラマンテが自らの創造性に身をまかせることでこの内部空間

211

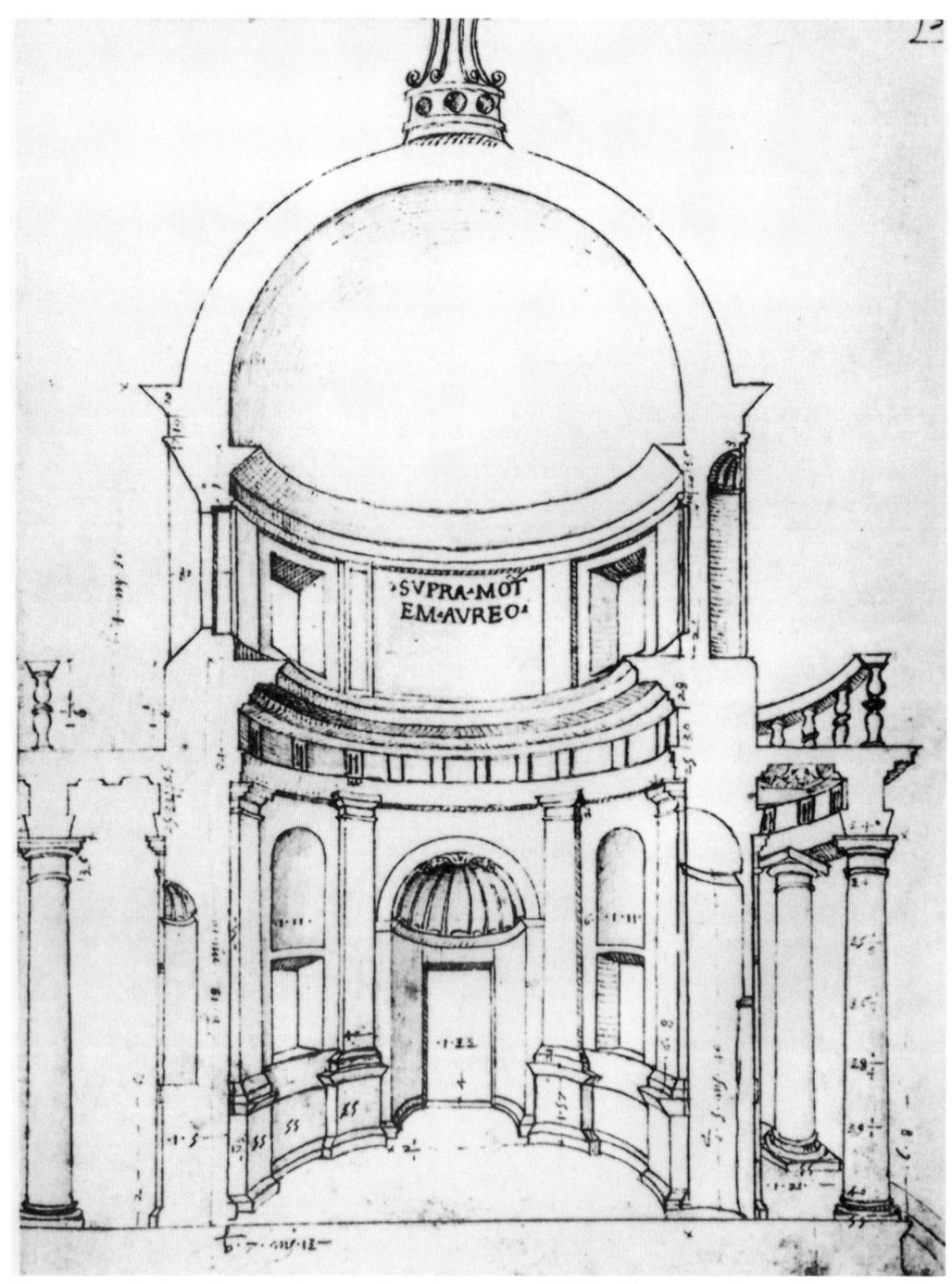

図161　サン・ピエトロ・イン・モントーリオ　ドームとランタンの改修以前に描かれた断面透視図。神室の幅に対する高さの比例と，平面の対角線上に位置する付け柱にはさまれた窓の配置に注目（ロンドン，ソーン博物館，コーネル写本　フォリオ31）。

第八章　サン・ピエトロ・イン・モントーリオのテンピエット

の質の高さを手に入れたとするなら，ブラマンテにはおそらくこの結果は《普遍的》原理の破綻を証すものとしても映ったことだろう。

　与えられた空間の狭さに関連して，初期計画案はテンピエットの外観や外周柱廊の決定や，あるいはそれら相互の関係について，この他にも問題を突きつけたにちがいない。実現されなかった回廊に関しては想像することしかできない。しかし確かなのは，テンピエットがごく近くから見上げる体勢で眺められることを考えてブラマンテが，狭い空間の中にあってこのように見られるほかないテンピエットに対し——プログラムの領域におけるその抜きん出た重要性も考慮に入れながら——高さを強調することと，ドームを外周廊のはるか上に持ち上げることの必要性を感じたことである。それこそがこの小さな建築にひとつの特性を与え，古代のいかなるモデルとも全く異なるものとし，表現領域に見事なイメージを投影するための基本アイデアである。しかしこのアイデアもまた難問と，果てには《破壊的な》余波を引き起こす。いずれにせよ，空間内の純粋な立体幾何学的オブジェというルネサンス建築理念の具体化であると同時に宇宙的な《調和の》意味の肯定としてあらわれるこの幾何学的構成体（円筒＋半球）は，視覚的には相互間で激しく対比し合う二つの異なる部分に区別され，その対比は光の様々な状態によって増幅される。そしてこの全体イメージは，《地上》界と《天上》界との対比をプログラムの要請どおり効果的に表現するいっぽうで，もはや単純で一義的ではありえない曖昧で多義的な読解，すでに《マニエリズム》の観点にちかい読解を促す。

　この決定は建築家にほかにも様々な問題を課す。ドームの円筒部分の高さの決定，その壁面の処理，これと列柱のドーリス式オーダーとの視覚的な接続などであり，とりわけ前二者は密接に関連しあっている。様々な理由からブラマンテは円筒部を，下のオーダーに比例調和する第二のオーダーをその表面に挿入できるほど高くは設定できなかった。また視覚的に建物の下層と関連づけるために，ニッチと窓だけでなく壁面上を分節する付け柱を用いないですますこともできなかった。そのため高さの決定には比例関係だけを頼りにはせず，また初期の段階ではおそらく，セルリオその他の十六世紀の図面に見られるように，古代の凱旋門の屋階(アッティコ)に見られるような種類の《ミニ・オーダー》を採用しようと考えた。しかしこの案は結局のところとうてい満足すべきものと思えなかったにちがいない。ブラマンテはここでまた技巧と表現上の自らの感性に頼らざるをえなかった。上端のエンタブレチュアを極限まで縮小して簡略化したコーニスを戴く簡素な幕板にかえ，付け柱を，高みにあってもそれとわかるように，柱頭をもたずかすかに枠取られ浮き出た壁面上の図式にまで還元する。

　これは古代の建築言語からはるかに遠く隔たった，疑古典的な，またボネッリの定義によれば《人工的な》単純化された言語であるが，後にほかの建築作品に繰り返されチンクエチェントの建築語彙の新たな発展を予見させる。しかしこうすることでテンピエットの上部と下部とがより効果的に強調され対比しあう。そしてこれらの間には視覚的に両者を調停し，言語的および寸法的な差異をやわらげる媒介項が必要である。ブラマンテはそこに低い連続

213

手摺を挿入する。機能的にはまったく無用なこの手摺は，その網目状の軽快な連なりで下にあるエンタブレチュアと分節されたドラムとを類似性で関連づけるために，あるいは遠近法的効果によって高みにあるドラムを視覚的に調整し，後退したその表面を《遠く見せ》ることで下部構造を高く見せるために，そして通常は機能的で人体寸法を連想させるこの要素との対照によって極めて小さいながら理想上は《英雄的》であるはずのこの建物の《壮大さ》を強調するために，最適な要素である。

　もはや方法論の拘束から解き放たれたブラマンテは，感性にしたがって他の仕上げを決定していく。テンピエットは至近距離から，しかも下から短縮して見られざるを得ないために，ドーム上の小ランタンは（これも全く実用的機能をもたない要素であるが）計画全体の理念的な中心線を明瞭に印すため非常に高く引き伸ばされる。明らかな象徴的暗示を伴うランタンの鉛直軸は，ペテロの十字架が打ち込まれた大地から矢のように発しこの使徒の天上での栄光と再結合する。ブラマンテは伝統的な《ランタン》とはことなる高い尖塔を，あるいは，ローマと世界の上にペテロの権威と至高性の光を高々と掲げる一種の入念な「燭台」を構想する。ほとんどゴシック的な精神をもつこの風変わりな標識は，ウィトルウィウスの定めともテンピエットのプログラムが要請する《古典主義》とも明らかに矛盾している。

　テンピエットはその全体のなかで，とりわけ実現されなかった環状の高い柱列に囲まれた状況を想像するとき，ここでもまた《イリュージョニズム》風のイメージ，すなわち虚構の寸法のなかに移し替えられたスペクタクルと化す。プログラムに示唆され方法論によって導かれた平面形の範囲内で，透視図的な見え方への考慮こそが解決案を提示し結果を検証し制御した。セルリオはこのことをはっきりと注記している（第三書68v）。《[図面上は]この神殿は高すぎるように，つまり奥行と幅に対し高さが過ぎるように見えるにもかかわらず，実際の作品においては，窓やニッチの開口部によって視線が拡散するおかげで，高さが全体を損なうことはない。それどころか，全周を回る二重のコーニスによって高さが減少し，この神殿は見る人にとってはその本当の高さよりも低く見える》[19]。この建物は見る人の位置によって透視図法的にひどく《ゆがめ》られて見える。そしてアルベルティ流の《音楽》比例は，設計図面上の二次元性や平らな壁の表面性から曲線を用いたブラマンテ流の計画の透視図法的三次元性へと移行するあいだに，その形而上的意味を失うかわりに，絵画のなかの透視図表現のように考えられた，とはいえ三次元的に構築されたイメージを制御するための簡便な道具となる。このためイメージは典型的な絵画の手法を用いて実現される。光と影の対比あるいはグラデーションや，明暗や空気効果の探求は，様々な表面材の色彩や視覚や触感の特質にも負っている。トラヴェルティーノや花崗岩，大理石，漆喰，スタッコといった様々な材料の採用が，清澄さを基調とする色調に混じり合いながら一種の「モノクローム」の世界を現出している。そこではしかし，微妙な色調を帯び，多孔質だったり平滑だったり，あるいはくすんだり輝いたりする材料が，空間的なイリュージョニズムの効果にしたがいながら，

第八章　サン・ピエトロ・イン・モントーリオのテンピエット

イメージを《本物の》対象として見せるために，また透視図法的なスペクタクルに現実の息ぶきを与えるために同化し合っている。《虚構》の世界のなかで，慎重な考古学で古代から抽出されたいくつかの構成要素が，この建物を《古代風に》「見せる」ために提示されているが，その基本概念と意味はじつはチンクエチェント初頭の芸術界に深く根ざしており，自由に特定されたり個人的に創作されたりした語彙要素による形象の統合体を指向し，それを根拠としている。そしてこの統合体は，対立した意味と様々な起源をもつ諸形態の，豊饒であるとともに技巧的で曖昧な「共存合体(コインキデンティア)」と化している。

　この作品のほとんど神秘的で《奇跡的》な生命はしかし，まさにこの点にある。対立する批評的読解を許容し，主知主義と文化とを背負いながらプログラムに忠実で実験的でもある建築。しかし最終的にはおそらく，見る者に及ぼす視覚的効果との関連のなかでとりわけ情緒的に，究極的には主観によって享受される建築である。《古典主義》と《マニエリズム》と，そしてほとんど《バロック》までもがこのブラマンテの魅力的な——しかしおそらく反発も呼ばずにおかない——計画に共存している（そしてその意義を見失わせさえする）かに見える。しかしヴァザーリの言葉を引くならば，ブラマンテの《批判》や《奇才》によって，《技巧的な難業》をとおして生み出された《新たな創作》が均衡に至るためには，もはやブルネッレスキやアルベルティの《知識(シエンツァ)》よりはフィチーノの新プラトン主義的《恩寵(グラーツィア)》を必要としていた。パチョーリのような同時代人にとってこれはほとんど，定められたものへ天から授けられた，神学的な意味での恩恵であり特権であった。

第九章

サン・ピエトロとブラマンテの《盛期様式》
マニエラ・マトゥーラ

　ブラマンテの《盛期様式》の最も重要な表現となるはずであった建物はすべて，残念なことに，壮大さを追求した無謀ともいうべきプログラムが災いして，ユリウス二世とブラマンテのあい次ぐ死によって工事が中断された。それらは後に変更をこうむるか，多くは破壊された。このような運命をたどったものの第一はサン・ピエトロ教会であり，次いでサン・ビアージョ教会を含むパラッツォ・デイ・トリブナーリとサンティ・チェルソ・エ・ジュリアーノ，ロッカヴェラーノの教会，ロレートそしていわゆるラッファエッロ邸である。ベルヴェデーレさえ，今に残るものはもはや切り刻まれた亡骸，あるいはほとんど判別できない影とでも呼ぶべきものである。これらの作品の価値に見当をつけるには，残存するわずかな部分的遺構を別にすれば，ほとんど今日に伝わる素描などの古資料によるしかなく，それもしばしば脱落や矛盾を伴っている。こうした状況によって，建てられた作品に即して検証しうるような，これらの建築作品についての徹底した批判的読解はしばしば妨げられる。とはいえ，歴史上かくも重要な建築的証言を前にして，その問題性や表現上の可能性について論ぜずに済ますのも不可能であろう。

　サン・ピエトロの経験はローマにおけるブラマンテのこの総括的な時期の中心に位置する。それは言語的方法自体を大きく刷新する機会であり，その広範さは歴史上類例を見ない。宗教建築だけについてみても，それはブラマンテの経験の集大成，そして頂点を形成し，ある意味ではローマでの成熟したブラマンテ様式を要約する《唯一の》作品でさえあった。1505年から死の年に至るまでにブラマンテが関わった作業の多くは，見方によれば，サン・ピエトロを考察する中で生まれた理念や仮説や問題点の，部分的な《試験》であり検証や展開であったとも考えられよう。暫定的な結論をみた時期もあったものの，その設計過程は現実には常に予期しえぬ展開にさらされ，このような状況はブラマンテの死後も，すくなくともミケランジェロ，マデルノそしてベルニーニに至るまで変わらなかった[1]。しかし，ブラマンテが継続的ではないにしろ約八年の長きにわたり関わったことや，その準備にはこれに先立つあらゆる経験が注ぎ込まれている事実にもかかわらず，読み誤る心配のない確実な資料の乏

しさのため,サン・ピエトロの設計過程の再構成は極度に困難なものとなっている。

すくなくともベルヴェデーレの計画案(1504年以前)ですでに教皇を熱中させていたにちがいないブラマンテは,1505年冬も終わりに向かうころには(ジュリアーノ・ダ・サンガッロやフラ・ジョコンド(2)と競いながら)ヴァティカーノ新聖堂1の計画に取りかかっていたはずである。最初の計画案はおそらく1505年の夏か,おそくとも秋にまとめられた。このころすでにユリウス二世は,ミケランジェロに依頼した自らの墓の設置場所をさがすのに腐心しながら,倒壊の危機に瀕していたコンスタンティヌス帝のバジリカを打ち壊し新たに建て直すことを決心していたはずである。

1 サン・ピエトロをめぐる議論は十九世紀末にとりわけ H. von Geymüller(*"Les projets primitifs puor Saint-Pierre"* 前掲書)によって,誤りを含むものの総じて巧みに設定され,約一世紀におよぶ研究と文献学的批評的探求の後に O. Förster(*"Bramante"* 前掲書)によって結論づけられたと見ることもできるが,近年さらに詳細に及ぶ研究が進められつつある(文献リストおよび A. Bruschi, *"Bramante architetto"* 前掲書,p.532-93, 883-908 にみられる問題点と結論的仮説の概要を参照)。多くの研究の中で特に重要なのは,G. F. Metternich による *"Die Erbauung der Peterkirche zu Rom in 16. Jahrhundert"*, Wien-München 1972 および *"Bramante und St. Peter"*, München 1975。最近の研究の中で注目すべきは C. L. Frommel の特に *"Die Peterkirche unter Papst Julius II im Licit neuer Dokumente"*《Römisches Jahrbuch für Kunstgeschichite》, XVI, 1976, p.57-136, および *"《Capella Julia》: Die Grabkapelle Papst Julius II in Neu-St. Peter"*,《Zeitshrift für Kunstgeshichite》, XL, 1977, p.2-62, および Frommel-Ray-Tafuri, *"Raffaello architetto"* 1984, p.241 以下。

最初の計画案は,ヴァザーリも記すようにすでに《無数の草案》の成果であり,おそらく詳細までは確定されていなかったと思われるが,平面としてはいわゆる《羊皮紙の平面図》(ウッフィーツィ,素描 1A r)にあらわされており,また立面図でこれにほぼ対応するものが,カラドッソによって鋳造され,その十二枚が1506年4月18日のドーム支柱の着工に際して基

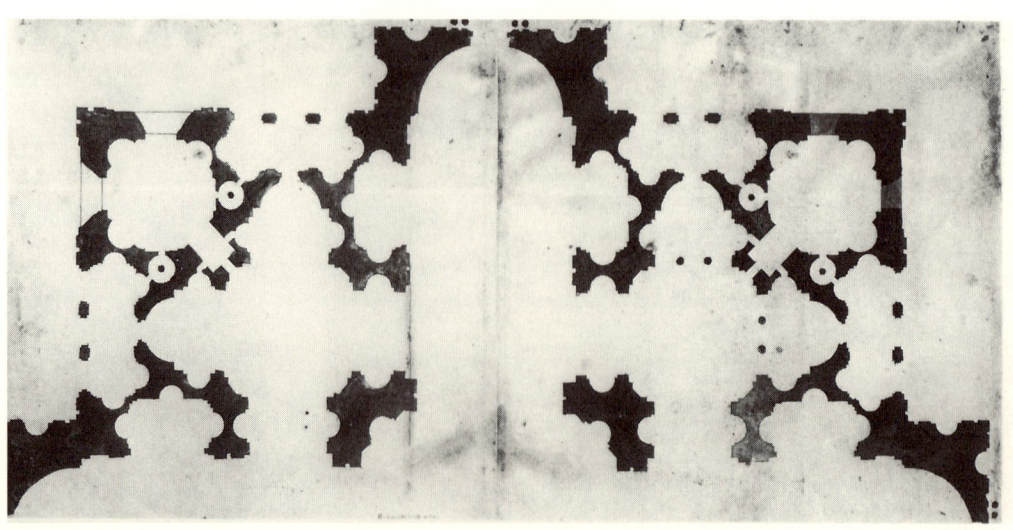

図162 サン・ピエトロ ブラマンテによる最初の再建案,いわゆる《羊皮紙の平面図》(フィレンツェ,ウッフィーツィ 素描 1A r)。

第九章　サン・ピエトロとブラマンテの《盛期様式》

礎のための掘削孔に埋められた見事なメダルに残る。しかしこの計画案は，羊皮紙の裏に残された古い注記にあるとおり《実施されなかった》[(3)]。じっさいユリウス二世の宮廷の要人エジーディオ・ダ・ヴィテルボは，ブラマンテが教皇に提出した最初の計画案は教皇に受け入れられなかったと述べている。ブラマンテは教会の方向を90°回転し，その正面を古い《聖ペテロの丘》に面する東ではなく，南に向けることを提案した。こうすることでサン・ピエトロに流れ込む巡礼者たちは，教会の正面を古くからあるヴァティカーノのオベリスク[(4)]と一体に眺めることができるはずだった。そして，伝承によってユリウス・カエサルに帰せられていたこのオベリスクとユリウス二世によって再建される新たな教会との連想によって，見る人にローマ教皇によって実現された「帝国の再興（レノヴァーティオ・インペリイー）」の理念を強く印象づけただろう。

　ブラマンテの計画案はしかし，聖ペテロの墓[(5)]とその上に重ねられた教皇祭壇を，新教会堂の幾何学上また理念上の中心位置に置くために移設する必要性を孕んでいた。また新計画案には，旧サン・ピエトロによって聖別された領域のすべてを覆い尽くせないという問題も存在した。エジーディオ・ダ・ヴィテルボの続けて記すところによれば，責任をもって手を触れずに聖ペテロの墓を移設するとブラマンテが即座に請け合ったにもかかわらず，ユリウスは頑として応じなかった。ブラマンテには別の案を作るしか道はなかったが，厳しい拘束のためその立案が非常に困難だったことは疑いない。その第一はペテロの「遺物」をドーム直

図163　ローマのサン・ピエトロ　カラドッソによる1506年の起工記念メダル。

219

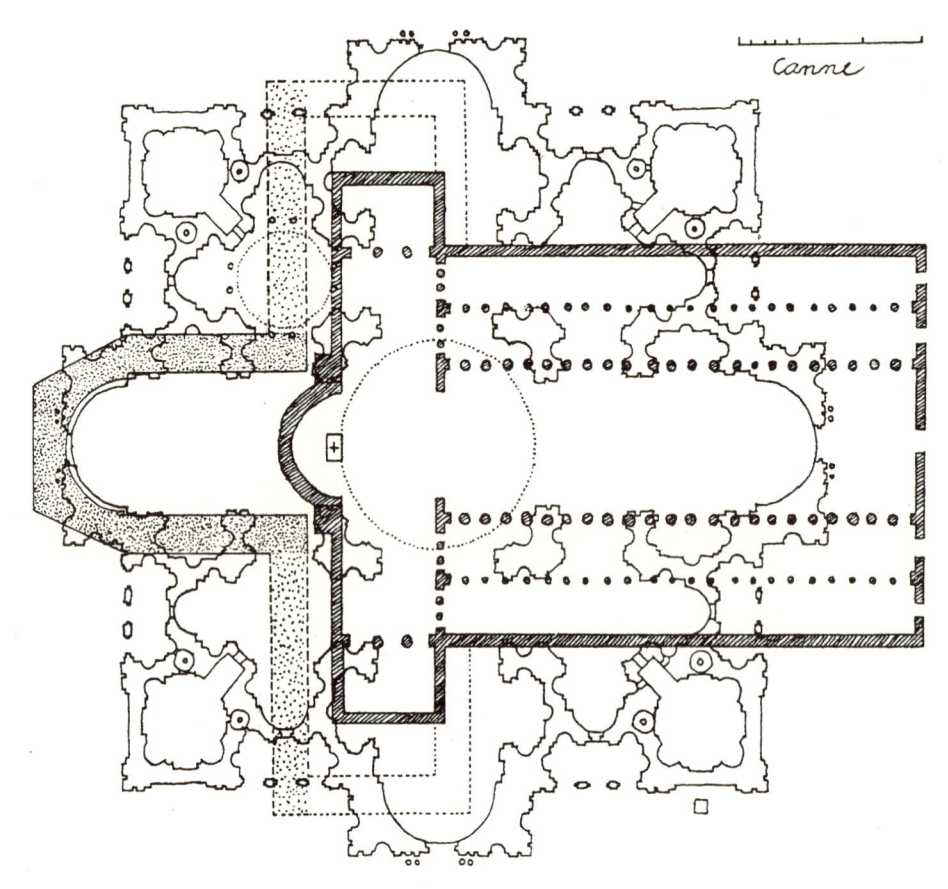

図164 サン・ピエトロ　コンスタンティヌスのバジリカとニコラウス五世の内陣基礎に重ねられた最初のブラマンテ案《羊皮紙の平面図》（F. ヴォルフ・メッテルニッヒによる）。

下の完全な中心点に置くこと，次に旧サン・ピエトロの全領域を建築範囲に含み，建物全体を現況のコンテクストを損じることなく挿入すること，さらにはニコラウス五世の時代にロッセッリーノによって基礎が着手された内陣部分を，《ユリウス礼拝堂》として利用すること（フロンメル，1977年）。ここには教皇がミケランジェロに委託した壮大な墓が独立して設置されるはずであった。これらの条件はとりわけ，教会の正面を古くから象徴的な東向きのままとすることや，おそらくは集中式平面計画を断念し，場合によっては教会の身廊にそって長軸方向へ展開することを示唆していた。

　いずれにせよ，コンスタンティヌスの聖堂をその千年余にわたる畏敬すべき記憶もろとも打ち壊す決定は，たとえそれが旧教会の破壊への意欲ではなく刷新（あるいは改修）の準備にすぎないと表明されたにしても，重大な批判や懸念を引き起こした。次いで諸問題の慎重な解決のための障害となったのは，具体的な成果を一刻も早く見たがるユリウス二世のせっかちさだった。ブラマンテにはとりわけ，張り合って計画案を提出していたジュリアーノ・ダ・サンガッロ（枢機卿時代のユリウスの建築家であった）との競争に備える必要があったが，

第九章 サン・ピエトロとブラマンテの《盛期様式》

ジュリアーノの存在はブラマンテにとってはひとつの刺激であるとともに様々な示唆の源泉でもあったにちがいない。

ジュリアーノの計画案（ウッフィーツィ素描 8A *r*）のまさにすぐ「裏面 *verso*」には，ブラマンテによると考えられる紅殻チョークのスケッチが残されているが，それは後陣部に周歩廊を備え長軸方向への発展性を孕んだ新たな解決を暗示している。この案は再び取り上げられて，旧サン・ピエトロとロッセッリーノの内陣の構造体の正確な位置を落とし込んだ，これもほぼ確実にブラマンテによると思われるもう一つの計画案に引き継がれた（ウッフィーツィ素描 20A *r*）。しかしブラマンテの最終案は今日に伝わらないうえに，ドームを支える支柱（後に「ヴェロニカ」と呼ばれるもの）の着工に際して行われた起工式の段階でブラマンテの計画が，おおむね認められているような長軸平面であったのか，それとも《羊皮紙の平面》がほぼ確実にそうであるような，大ドームを四つの小ドームがとり囲む集中式平面（いわゆる「賽の五の目〈クインクンクス〉」形式）であったのかも知られていない。それどころか，真下に教皇祭壇が位置するように計画され，四本の支柱で支えられたドーム（現在のそれに等しい直径約 42.50m）から成る中央部以外のなんらかの部分が，この時点ではたしてブラマンテによって十全な設計案として決定されていたかどうかさえ知られていない。

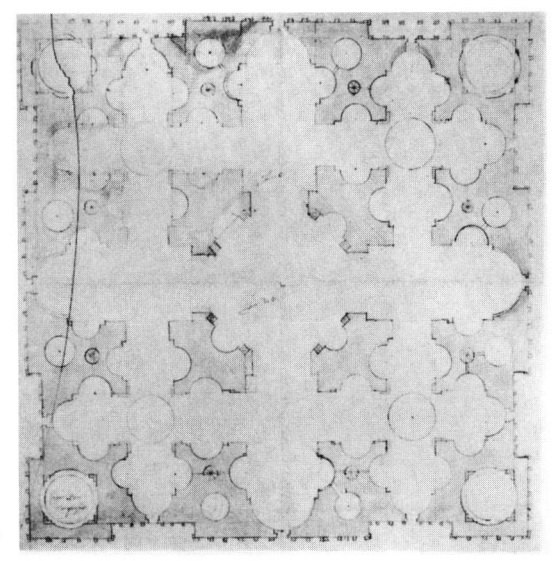

図165 サン・ピエトロ　ジュリアーノ・ダ・サンガッロによる平面図（フィレンツェ，ウッフィーツィ　素描 8A *r*）。＊

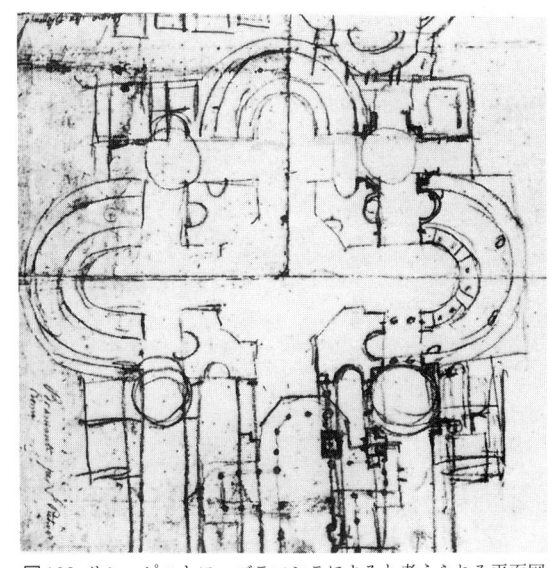

図166 サン・ピエトロ　ブラマンテによると考えられる平面図（フィレンツェ，ウッフィーツィ　建築素描 8A *v*）。

着工後も最終決定が保留されたままで，ブラマンテが再度集中式によるいくつかの解決案や（五つのドームと周歩廊を備えたもので，セルリオがブラマンテ案に近いと述べているペルッツィ案におそらく似たものや，メロン写本に含まれる1520年以前の案がそれである），長軸形式による

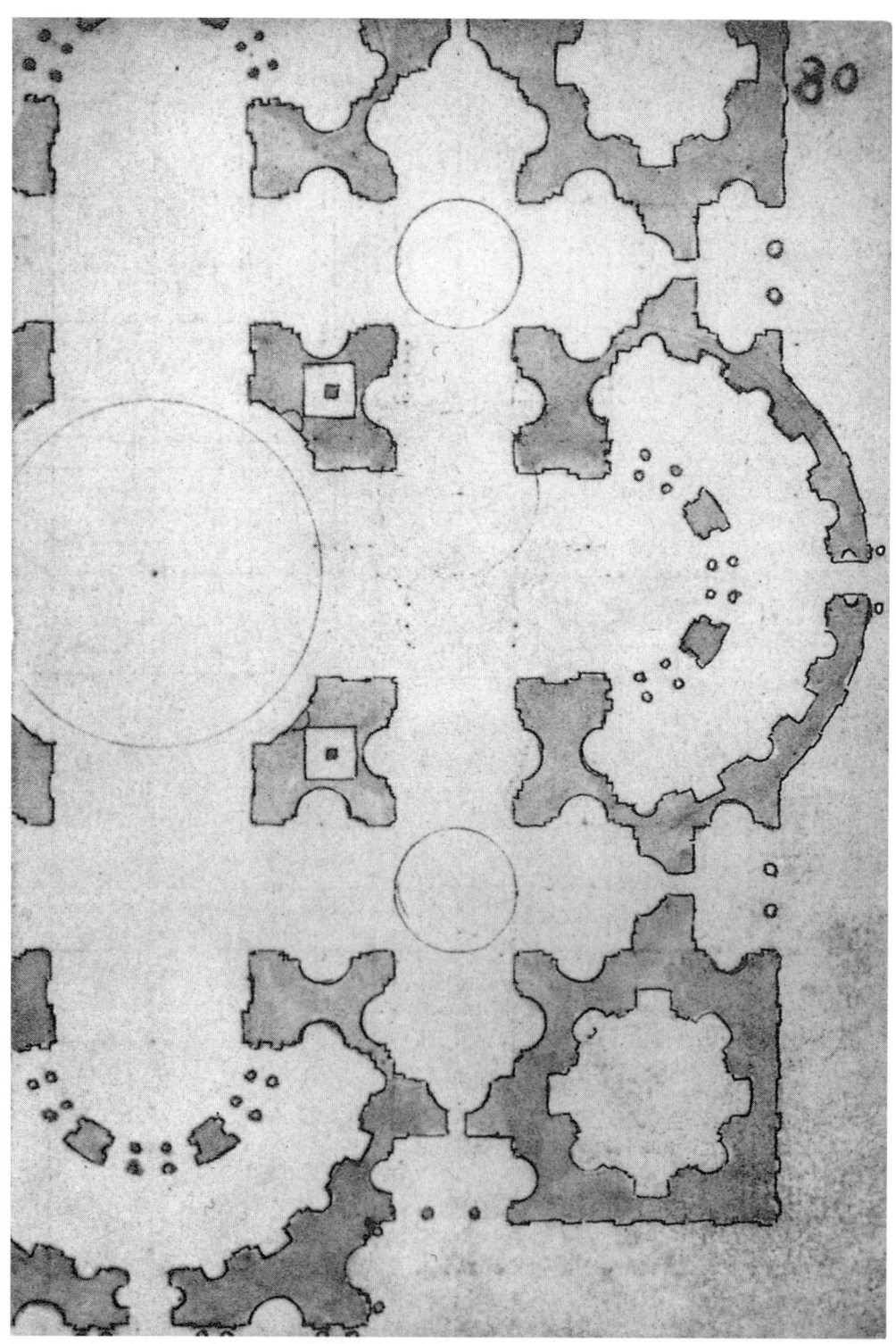

図167 サン・ピエトロ　ブラマンテの第二案を示すと考えられる平面図。メニカントーニオ・デ・キアレッリスによるものか（ニューヨーク，ピアモント・モーガン図書館，メロン写本　フォリオ71）。*

第九章　サン・ピエトロとブラマンテの《盛期様式》

別案を作成した可能性もある。

　集中式による編成案が覆された要因はしかしながら，聖別された領域のすべてを覆う必要性だけでなく，ユリウスの意向に従って，内陣部分を直接的にまた明るく採光するような形で一刻も早く実現する必要があったためであり，したがって外観も建築的に詳細決定せねばならなかった。内陣内観の編成に関するアイデアはのちに実施される中でブラマンテ自身により変更されることになる。それはウッフィーツィの素描 4A v と 5A r のふたつのスケッチで確認されるが，これらのスケッチはフロンメルが想定するように（パンヴィニオとセルリオによって記録される）木製模型（おそらくは計画案のうちの内陣，正面あるいはドームといった部分のみであった）を反映したもの思われる。内陣の側壁にも窓を設けようとする意思は，ドームを戴く内陣両側の二つの小礼拝堂

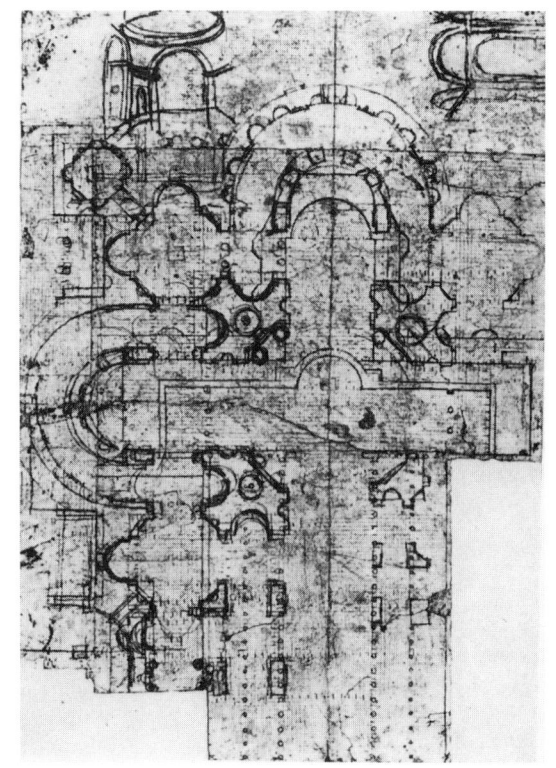

図168　サン・ピエトロ　ブラマンテによると考えられる長軸平面案スケッチ（フィレンツェ，ウッフィーツィ素描 20A r）。

を（おそらく八角形平面からなる）聖具室に置き換えることで「クインクンクス」の形式を放棄することを示唆した可能性もある。旧サン・ピエトロ聖堂の領域を覆い尽くすべしとの条件は，建築を身廊の軸に沿ってファサードの方向に引き伸ばすことを示唆していた。おそらく1507年5月以前の初期段階のある時期には，オベリスクを既存の位置に残し，旧聖堂のアトリウムの一部や十五世紀の「祝別式の開廊(ロッジア・デッレ・ベネデッツィオーニ)」を保存することも検討された。しかしそれを受け入れれば，身廊部分は横幅も長さ方向にも大して拡張できなかった（おそらく三廊式で三ないし五ベイ）。交差部の二つの腕は，平面上の完全な対称形を断念すればおそらくまだ，1515年ごろの実測図面（コーネル写本，フォリオ24 v）から推測される，終結部に周歩廊を備えた平面を維持することができた。しかしこれらの周辺部分は，ユリウスの逝去の時点にあっても実施のための設計は終わっていなかった可能性がある。

　いずれにせよ新教皇レオ十世はブラマンテに対し，フラ・ジョコンドやジュリアーノ・ダ・サンガッロとともにさらに壮麗で幅も奥行も拡大した新計画案を作成するようせき立てたはずである。ユリウス二世のためのブラマンテの最終案が今日に伝わらないのと同様，1513年から1514年にかけてレオ十世のために作成された計画案も残されていない。後者につ

223

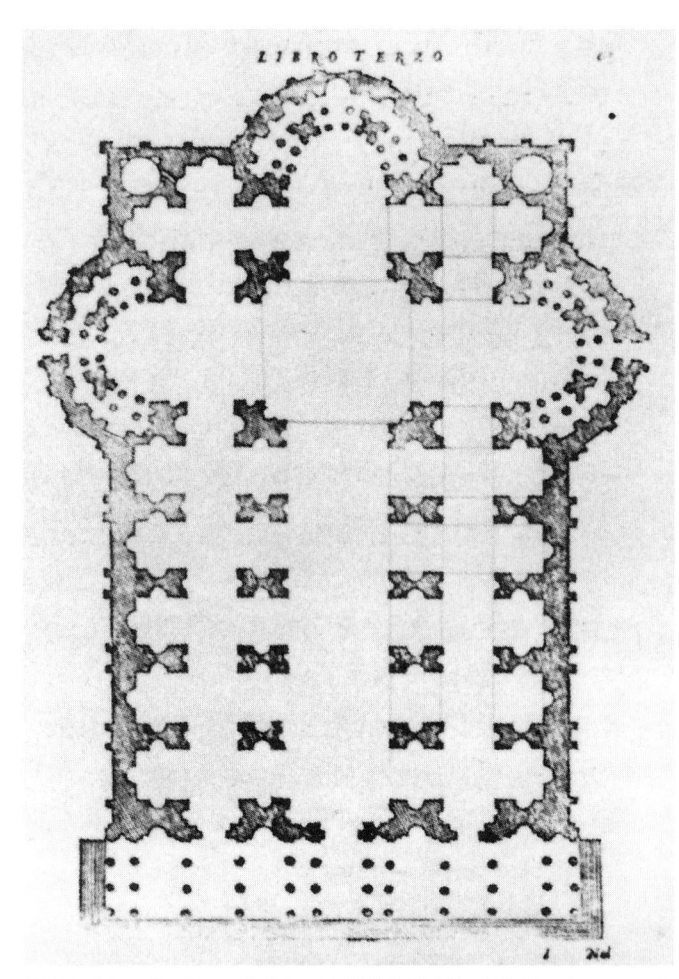

図169 サン・ピエトロ 「ブラマンテの見取図に従った」ラッファエッロの最初の計画案（セルリオ建築第三書, フォリオ65r）。

いてはその構想のいくらかは同時代のジュリアーノ・ダ・サンガッロの素描（ウッフィーツィ素描9A rおよび, 7A r, そしてヴァティーカノ図書館《バルベリーニ手稿》のフォリオ64 v）が伝えており, またセルリオが伝えるラッファエッロ自身による計画案は, ブラマンテが建設した部分についてはいずれにせよこれを配慮しており, その理念の一部を引き継いでいることは確かである。ユリウスによって課されていた, その記念碑を内陣に設置するという拘束が解かれたことから, おそらくラッファエッロがしたであろうように, 建物の終結部については「クインクンクス」による解決にたち戻ることもたぶん可能だったろう。いずれにせよブラマンテは, その死に臨んで（1514年4月）結局, 隅々まで決定された計画案は残さなかった可能性がある。じっさいセルリオも述べているように, ブラマンテ案の「模型は, 未完のままの部分があった」[(8)]。1516年になってもグアルナは『シミーア』の中で聖ペテロに「私の教会の入口がどこに設置されるべきかさえ, まだ誰も知らない」と語らせている。同じ喜劇のもうひとりの登場人物である通称《シンミア》ことデメートリオは同意して言う。「いかにも。伝えられるところによればブラマンテは死の床にあってじっさい, 教会の入口については自分が死後の世界から復活するまでいかなる決定をくだすことも禁じたとか。復活までのあいだに, どこに置くか考えておくと言って」。時代をさかのぼれば〈教皇庁書記官〉シジスモンド・デ・コンティ（1512年没）は, 工事が遅々として進まないのをブラマンテの逡巡のせいと説明している。しかし記録によって, ブラマンテは世を去る前にすくなくとも内陣とドームを支える支柱そしてドーム本体とそれに付随する構造体については,

第九章　サン・ピエトロとブラマンテの《盛期様式》

図170　サン・ピエトロ　マールテン・ファン・ヘームスケルクによる1536年以前の建設現場のスケッチ。ブラマンテ設計のユリウス二世の内陣外観にはドーリス式、交差部内観にはコリント式の大オーダーが見られる。左に旧サン・ピエトロの身廊，その背後にヴァティカーノのオベリスク（ベルリン，ダーレム　国立美術館版画室　素描帳Ｉ　フォリオ15部分）。

実施のための設計まで終えていたことが知られている（特にコーネル写本フォリオ 24 v の実測図参照。ただしこれには，おそらくフラ・ジョコンドとジュリアーノ・ダ・サンガッロの指示で完成した部分も含まれる）。

　ブラマンテ案については，実施されなかった初期案の平面以外には確実で決定的なことは知られておらず，その後の計画案についても確かなことは多くない。しかし計画の性格を見当づけることは可能である。

　ユリウス二世とブラマンテの死後，レオ十世とクレメンス七世(9)のもとで工事は遅々としてはかどらなかった。実現されていた部分の規模がさほど大きくなかったことや1527年のローマ劫奪(サッコ・ディ・ローマ)にともなう工事の中断のせいもあって，1532年から1535年までローマに滞在したマールテン・ファン・ヘームスケルクによる示唆する点の多いスケッチにはまだサン・ピエトロの中心部が，いくつかの細部を除いた全体としてはブラマンテが構想したとおりに伝えられている。それは教会堂の現在の状態を生むに至ったラッファエッロ，アントーニオ・ダ・サンガッロ・イル・ジョーヴァネそしてとりわけミケランジェロとマデルノによる後世の改変以前の姿である。

ニコラウス五世の時代に組み立てられ，ジャンノッツォ・マネッティによって表明されロッセッリーノの計画案に引き継がれたサン・ピエトロ再建のための象徴プログラムは，ユリウス二世とブラマンテによる新聖堂のためのプログラム編成作業の中で，部分的に取り入れられたにちがいない。マネッティの記すところによればニコラウス五世のサン・ピエトロは，キリストの受肉によって讃えられる世界と神の像に似せて作られた人体にも似た小宇宙となるべきであった。同時にそれは，唯一の舵取りである教皇によって操舵される船としての教会の象徴であるノアの方舟に似たものとなるはずであり，その外部においては救罪は不可能であると宣言されていた。また教会であるとともに「霊廟(マルティーリウム)」であるという混交性を帯びたコンスタンティヌスのバジリカの主題を再び取り上げることで，ニコラウス五世のサン・ピエトロの構成要素のいくつかは明確な象徴的意味を伴っていた。翼廊に設けられた十二の円柱は十二使徒を記念するはずであったし，ファサードと後陣の両側面にそびえる鐘塔には，塔を備えた《神の国》の外観を暗示することが意図された。全体としては，バッティスティが示唆するように，「勝利の教会」が天国のエルサレムを象徴するローマのヴァティカーノ丘に建てられた，という主題を象徴的に展開するはずであった。これらすべてはブラマンテのサン・ピエトロで再現される主題である。しかしブラマンテのサン・ピエトロの建設プログラムの根本には――サン・ピエトロに先立つ，あるいは遅れるいくつかの集中式教会にも見られるとおり――一般化していえば，新プラトン主義的でありながらもキリスト教に深く根ざす人文主義の《哲学的》宗教性の新形式を，より十全なし方で表明しようとの意図が存在する。それは神の似姿にしたがって作られ，調和に満ちた有機的小宇宙として構想された建造物である。この神殿は宇宙の理想的「形態」を表現すべきであった。つまりそれは――とりわけビザンチン文化のなかに息づく古代の伝統にしたがって――ドーム（天国）を頂き四つの腕（世界の四部分）の形に広がる立方体（地上）と図式化される。

　　2　E. Battisti, *"Rinascimento e Barocco"*, Torino 1960, p.72 以下参照。
　　3　とりわけ参照すべきは，今もって基本的文献である R. Wittkower, *"Architectural Principles in the Age of Humanism"*, London 1949, イタリア語訳, Torino 1964〈『ヒューマニズム建築の源流』中森義宗訳 1971〉。

　この観念は千四百年代には，フィレンツェの新プラトン主義文化を超えて，フィラレーテやレオナルドのデザインの中に多かれ少なかれ複合的な建築的表現としてあらわれていた。そのいくつかは正方形に内接した十字の形をとっていたが，これはすでに1481年にプレヴェダーリの版画の中でブラマンテが廃墟となった神殿のデザインとして表現していたものであるし，弟子のチェザリアーノが，古代ローマの実例を知らなかったにもかかわらず，ウィトルウィウス注解の挿し絵のなかで《古代人による神殿》の典型的な平面型としてこれを掲げているのも偶然ではないだろう。正方形内接十字型の空間組織は千四百年代末期のロンバルディーアで特に活発に研究された主題のひとつであるが，ほかの何にもましてブラマンテの作風と空間意識にかなったものであった（ブラマンテ自身による，あるいはその探求にさかの

ぼるものとして，ミラーノのアンブロジアーナ図書館所蔵の正方形内接十字平面の教会堂の二つの計画案がある；フォリオ251，インフォリオ 55rおよび145）。ブラマンテは，これに似た平面型が新サン・ピエトのために提案された特異な建設プログラムに何よりも適しているという考えを抱いたはずである。新サン・ピエトロはじっさい，一般的な意味での《神殿》であるだけでなく，(旧サン・ピエトロがそうであったように)「殉教記念碑」であるとともに《霊廟》, つまり初代教皇とその後継者たちの皇帝墳墓でもあった。ジャニコロにおけるペテロの「記憶」のため建てられたテンピエットにいくらか共通した象徴的プログラムが，異なる建築言語の用語と壮大な規模で表現されるべきであった。ここでもまた地下の中心は聖使徒の墳墓である。それはキリスト教会がそこから発生した「岩」,すなわち地中に撒かれた酵母であった。地上世界は，戦闘と勝利の教会によって統治され四方に拡張する。いっぽうキリストや聖人たちと共に存在する教会と教皇の究極の栄光の場である天球は，ドームによって表徴される。

しかしサン・ピエトロはジャニコロの小礼拝堂をはるかにしのぐ至高の《神殿》であらねばならなかった。世界宗教の永遠の神殿であり，古代人やルネサンス理論家にならった《神殿》であるにとどまらず，ソロモン神殿の究極の決定的な再現であり，この世の中心にして《神が人間たちと共に住まう》場所たるヴァティカーノ丘の上に建立された，地上における天上のエルサレムの顕現となるべきであった。預言者エゼキエルと福音史家ヨハネが，明らかにプログラム全体の文献的典拠として存在した。エゼキエルの描写する神殿もヨハネの『黙示録』のエルサレムも，巨大な建造物であるだけでなく正方形平面と，その一辺に等しい高さを備えている。正方形をした周壁は建物を外部から隔絶していたが，内部には十二の扉で通じており（十二はイスラエルの部族の数であるとともに，キリストの使徒の数でもある），各立面に三個ずつ設けられる。これらすべてはブラマンテの計画案や，同時期のジュリアーノ・ダ・サンガッロのいくつかの試案に繰り返されている。同様に外観では（ブラマンテが実現した内陣外観に見られるように）ドーリス式のオーダーが，ジャニコロのテンピエットと同じく，英雄でありキリスト教のヘラクレスであるペテロを暗示するのに対し，内部に見られる《オリーヴの葉》の柱頭を備えるコリント式の大オーダーは，ヨハネの記す天上都市の広場にあって年に十二回実を熟す《生命の樹》を想起させずにおかない（また十字型の四本の腕各々にある十二の付け柱は，ブラマンテの最初のまたその後の計画案の中にも認められる）。このように，古代風の《壮大さ》を喚起することで新サン・ピエトロが，総体としてユリウスの《皇帝的な》権力を表現する必要があったとすれば，精密で複雑な象徴プログラムや，典礼や実務上の避けがたい拘束は，作品を条件づけるとともに，計画が，地形までを含めた具体的で固有な状況から引き出された，《理論に導かれた》自由で理想的な提案であろうとすることを妨げてさえいたとみることができるだろう。

このプログラム，特に正方形平面の壁に閉ざされた「天上のエルサレム」という観念はたぶん，《羊皮紙の平面図》の同時期にさかのぼるスケッチにみられる都市的スケールの平面計

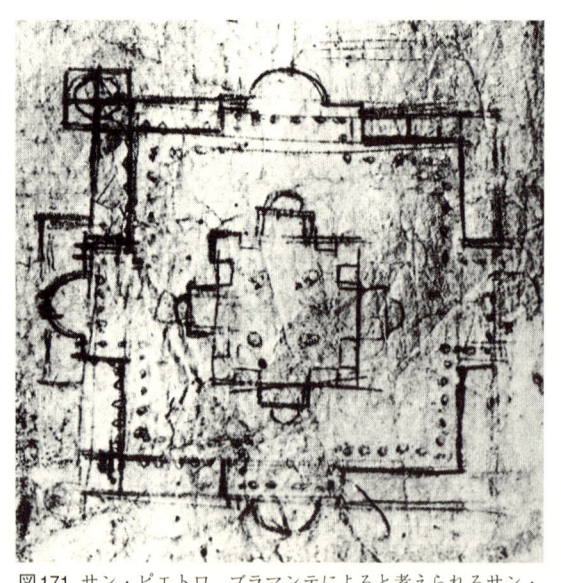

図171 サン・ピエトロ　ブラマンテによると考えられるサン・ピエトロの都市的規模での再編計画（フィレンツェ，ウッフィーツィ素描104A v部分）。

画（ウッフィーツィ素描104A v）への示唆となったとも考えられる。このスケッチではサン・ピエトロ・イン・モントーリオのテンピエットのように，しかし巨大な規模で，新サン・ピエトロが正方形の広大な空間の中心に建っており，周りを柱列を備えた建物が囲んでいるが，この建物の平面にあるエクセドラ状の膨脹（おそらくトライアヌスのフォルムからの示唆による）や四隅の塔状の部分には教会本体の平面が反映されている。新神殿をとり囲む建物の巨大な境内はおそらく，ローマの街から隔離され新たに囲われ聖別されたその複合体の中に旧教会の聖別された領域を覆うのに役立つはずであったが，それを実現するためにはヴァティカーノ宮の相当な範囲を取り壊す必要があった。かなりな細部にいたるまでこれに似た構想が，「クインクンクス」による集中式平面からなり周歩廊付きのアプスを備えたメロン写本に含まれるサン・ピエトロ計画案〈フォリオ70v〉に認められる。この案は，古代建築とくに古代ローマ浴場への参照が豊かなだけでなく，創意に満ち，諸条件やプログラム上の要求にも配慮をおこたらず，効果的に特徴づけられた空間的文脈の中に新聖堂を挿入するとともにそれを都市構造に接続する可能性をも秘めていた。

　しかし，第一案を作成するブラマンテにとって最大の問題は，想定された建物の規模の大きさであったにちがいない。正方形内接十字形すなわち「クインクンクス」による平面は，最初の《羊皮紙の平面図》や初期のスタディ（たとえばウッフィーツィの素描 3A r）に見られるように，この《神殿》をめぐる他のいかなる図式にもまして問題の解決に役立つはずだった。それは巨大な正方形を有機的で壮麗な内部空間へと細分する。様々なスケールで階層づけられ配列された内部空間は，大ドームがかたち作る中心で頂点に達し，また三次元空間内に配された建築オーダーやアーチが構成する多数の同質のシステムから成る統合の連鎖で相互に整序されている。とりわけ，《羊皮紙の平面図》やそれに続く一連のスタディ（ウッフィーツィ，素描8A v および20A r）に見られる，大ドーム下の中央空間と四隅の《礼拝堂》の空間（これだけでも《普通の》大きさの教会のドームの寸法に匹敵し，ミラーノのサンタ・マリーア・デッレ・グラーツィエのドームにほぼ等しい）とを1:2の比例で相互に関係づけられた《相似な》空間の組織体として構想するという非凡な解決は，はっきり把握できる比較項を置くことによって，中心空間と建物全体の並はずれた規模を直接感知させるのを可能としている。ふたつ

第九章　サン・ピエトロとブラマンテの《盛期様式》

の《相似な》図像間の強烈な，しかし構成によって緊密に関連づけられたスケールの飛躍は，情緒的なまでに強調された対比によって，空間の異例な規模を識別させるのに役立つはずであった。

　ピエーロ・デッラ・フランチェスカのブレーラの祭壇画からマントヴァのサン・タンドレーア，ミラーノのサン・サーティロの小礼拝堂とサン・ロレンツォ，パヴィーアのドゥオーモそしてサンタ・マリーア・デッレ・グラーツィエといった先行する一連の記憶と経験が，蒸留され新たなイメージにとかし込まれ，収斂して《羊皮紙の平面図》の中でいくつかの特有な解決を示唆しただろう。ここではしかし，すでにブラマンテがプレヴェダーリの版画以来示してきたような《ビザンチン風の》空間組織が，その表現の強度を失うことなく，それどころか特有な価値で豊かにされながら，より《ローマ風》な用語へと翻案されるはずであった。そして《壮大さの語彙》で表現する

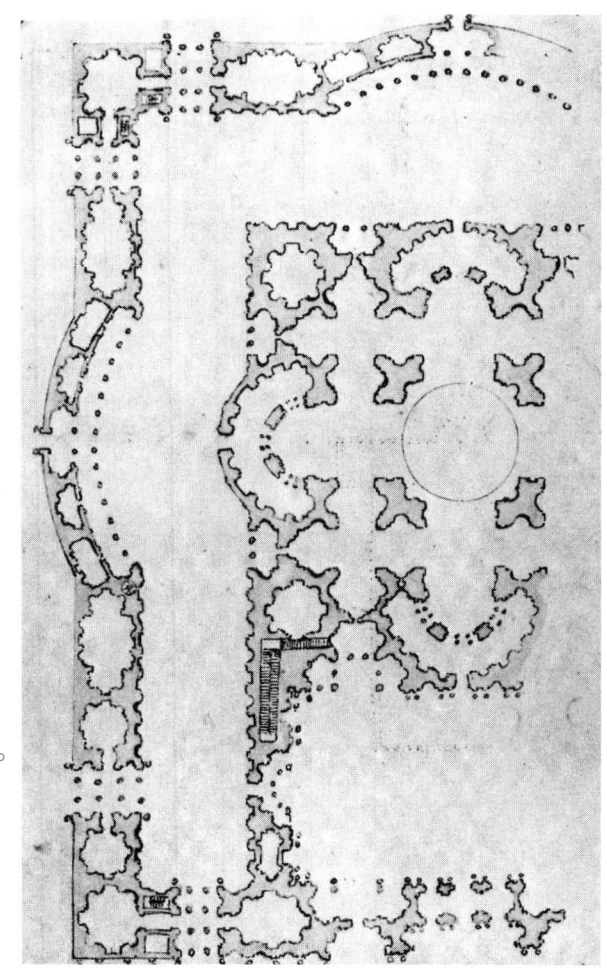

図172　サン・ピエトロ　ブラマンテの第二案にもとづくと考えられる全体平面図。メニカントーニオ・デ・キアレッリスによるものか（ニューヨーク，ピアモント・モーガン図書館，メロン写本　フォリオ70v）。＊

ため，ブラマンテにとっては古代空間の経験がベルヴェデーレの場合以上に必要だった。ブラマンテが《パンテオンのドームを「平和の神殿」（マクセンティウスのバジリカ[12]が当時こう呼ばれていた）のヴォールトの上に載せる》ことを欲したという伝承もまた具体的現実を表明しており，この場合もおそらくは，マレーが提案するように[4]，象徴的な意図に由来した。パンテオンのドームは中世以来「殉教者のサンタ・マリーア」（サンタ・マリーア・アド・マルティレース）教会として利用され天を表徴すると見なされえたし，見方によれば，殉教者たちの血の上に築かれた勝利の教会を，そして古代の諸皇帝がもたらしたパクス・ロマーナにも似て，ユリウスがローマと全世界に確立しようと願った平和を暗示する組織に支えられた教会を表徴した。そして十字形の腕による組織は——メッテルニッヒが想定するとおりおそらくは，古代の浴場空間と同様，十字に交差し

229

両端部が開放された半円形断面の大ヴォールトで覆われていたと思われるが——マクセンティウスのバジリカの空間組織を連想させる。クワットロチェントの伝統に反して，ドームはパンテオンの形式をそのまま踏襲している。ドラム部分に巡らされた列柱も，ハドリアヌス帝のドーム内部のドラム上部にある小付け柱のオーダー[13]を三次元支持構造体に翻案したものであり，このアイデアは，はるかに《未熟な》しかたながらすでにミラーノのサンタ・マリーア・デッレ・グラーツィエのドームの内部詳細で試みられていた。

> 4　P. Murray, *"Observations on Bramante's St.Peter's"*, *"Esseys in the History of Architecture presented to R.Wittkower"* 所収, London 1967 P.53-9参照。

しかしサン・ピエトロの第一案がこれだけのものだとしたら，それは創意に満ち巧みに構造づけられた，意義深い卓越したアイデアではあるのは疑いないにしても，例外的な重要性をもつ計画案——実現されたとしたら，おそらくブラマンテが到達した最高の作品となった——の域に達するものではなかったろう。しかし新サン・ピエトロ計画の資質を特異なしかたで特徴づけているのはとりわけ，二つ

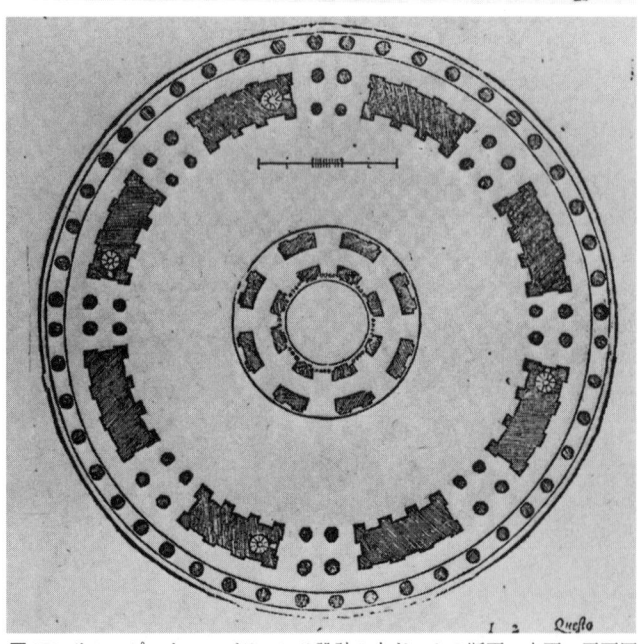

図173　サン・ピエトロ　ブラマンテ設計の大ドームの断面，立面，平面図（セルリオ建築第三書　フォリオ 66v, 66）。

第九章　サン・ピエトロとブラマンテの《盛期様式》

図174　《羊皮紙の平面図》にもとづく立面と断面の推定復元図（F. ヴォルフ・メッテルニッヒによる）。*

の要素である。第一はドームを支える支柱の処理法であり，より重要なのが，空間（虚）と構造体（実）との関係の新たな把握のしかたである。要するにひとつの未曾有の空間概念である。

　ドームを支える大アーチの下に，対角線上に向き合って配された支柱の処理によってブラマンテがおこなったのは，力学上の巨大な問題の巧みな解決にとどまらない。先入観から自由で完璧な手法によってブラマンテは「隅切りされた正方形」の断面形状，あるいは「隅部が押し潰された」形状をあみだすが，集中式の三次元性を強調するためのこの方法はすくなくとも部分的には，すでにロンバルディーアの作品やローマのデッラ・パーチェの回廊で予見されていたものである。サン・ピエトロの隅切り柱は（これは四隅の小礼拝堂で繰り返され，後のいくつかの教会でも取り上げられるだろう）要するにブラマンテの空間的意図の最高の顕示であり，ブラマンテによる空間構造体の《最も非凡な創造》のひとつである。それは空間の境界面を伝統的に形成していた入り隅の形態を否定するだけでなく，正方形内接十字形のやや機械的ともいえる図式を，根底からくつがえしている。それはこの建物の空間組織全体を

231

図175 サン・ピエトロ　マールテン・ファン・ヘームスケルクによる1534年頃の建設現場内観スケッチ。旧サン・ピエトロの身廊遺構、「テグーリオ」、ドームを支える大アーチ、ユリウス二世の内陣が見える（ベルリン、ダーレム国立美術館版画室　素描帳 II フォリオ52部分）。

条件づけ、全体像の生成要因として働き、あらゆる部分の組織に反響し、その存在によって、具体的な三次元性をもつ空間と構造による未曾有のオーケストレーションを醸し出す。

いわばそれは《バロック》的観点に向かう驚嘆すべき一歩である。対角線上の四つの支柱によって限定される集中式空間は、十八世紀までそしてそれ以降の建築を通じて、ひとつの《決定》解であり続けるだろう。とりわけ、かつてないほど決定的で明瞭となったのは、ルネサンスの平明な幾何学あるいは抽象的で《完全な》比例という支えが、内部から危機に曝されていることである。隅切り柱は、ルネサンスの伝統である平面上に表現できる比例体系の中に、主観性や《恣意性》の要素を導入する。建築家の《恣意》に応じて柱の隅切りは大きくも小さくもなり、それにしたがってドーム下の空間は正方形に近くも正八角形に近くもなる。ひとつの《確かな》幾何学を基礎に据えるのでなく、抽象的で絶対的な比例関係の探求とはおよそ無縁な、構成上のそしてとりわけ主観的な表現上の意図を基礎に置いている。

ドーム下の四本の支柱で明示され、対角方向の軸線に与えられた価値は、このま新しい空間概念の表明の一部に過ぎない。視覚への様々な示唆をとおしてこの空間概念は、比例と透視図によるクワットロチェント的空間の均整のとれた組織を打ち砕き、運動への促しをもたらす。

《羊皮紙の平面図》のデザインを検討すればただちに、古代ローマ以来初めて、しかもさらに豊かなしかたでブラマンテがその関心を、空間を限定する壁面以上に《虚空》自体に、《空間そのもの》に絞っていることが見て取れる。《羊皮紙の平面図》はもはや壁や柱で限定され構成された建築物の平面図、つまり個々別々な平面や線状の構造体によって限定し囲い込むことで空間を生成しようとする建物の平面図ではない。それはまず第一に、建築的手段

第九章　サン・ピエトロとブラマンテの《盛期様式》

図176　サン・ピエトロ　ブラマンテの第二案の推定アクソノメトリク図。疑問符は不明確な部分を示す。*

で形をあたえられた空間的実体として理解される虚空そのもので構成された建物なのである。換言すればそれは，《余白》あるいは《陰画(ネガ)》として捉えられた自律的な形態をもたない平らな壁体に対置される《陽画(ポジ)》として理解されるべきものであり，建物の《能動的な》実体である虚空を分節することによって生成される無定形な産物である。この空間はいわば，形をもたない均質な材料が空間のダイナミックな膨脹によって切り取られ形成する「掘削」過程の生成物である。かつてなく豊かに分節された空間の様々なまとまりは，全体平面が定める階層秩序の中で集合し相互に連結しながら，自らの生命をもつ空間として確定される。それはあたかも，拡散する流体のような虚の空間とそれを取り囲む無限定な材料の圧迫とのあいだの弁証法によって形成される。《虚空》だけが「形態」となる。アッカーマンが記すように，もはや「量塊の単なる欠損ではなく［…］あらゆる方向にむけて壁面を圧迫し，幾何学者の

233

かつて想像だにしなかった形を生み出すダイナミックな力」であり，分節しながら膨脹していく押さえがたい運動によって，壁体を構造的に可能なぎりぎりまで浸食していく。古代ローマ以来初めて建築は——それ自体で資質をそなえ，表現となりうるものとして——いわばそれ自体の純粋状態で提示された空間的価値の，確実な「直接表現」となる。それは包み込むものとしての伝統的な構造体の意味への異議申し立てである。分節された空間のダイナミズムは——ブラマンテが表明するものは，たとえばかつてのプレヴェダーリの版画やパヴィーアにみられる《ゴシック》の記憶とは無縁ではない——虚空へ，そして情緒的な主観に基づきながらも計算し尽くされたその表現の可能性の確立へ注がれている。

  5 以下参照。J. Ackerman, "*The Architecture of Michelangelo*", London 1961, イタリア語版 Torino 1968, p.6.〈『ミケランジェロの建築』，中森義宗訳，1976〉。D. Frey, "*Bramantes St. Peter. Entwurf und Seine Apokryphen*", Wien 1915, p.75-6; D. Gioseffi, "*La cupola vaticana*", Trieste 1960, とくに注55。

 空間単位を規定する手段に量塊を据えることをブラマンテが否定するにいたったのは，コンクリート工法による古代浴場建築の研究と新たな理解に示唆されたものにちがいない。加えて，古代の例に目を向けることで，舞台袖壁のような間仕切り壁の厚さを減少させる可能性も学んだだろう。それは現実にはしばしば華奢な軟骨のような薄い材料でできている場合にも，巨大な重量や厚みをよそおっていたのである。想像上のイメージの中で，見るだけでは《厚みが測れない》壁体によって弁証法的に取り囲まれる空間性のスペクタクルとして建物を表現することは——ブラマンテの見方を超えて——巨大な構造物を可能な限り短い時間で実現することで古代世界の《帝国の壮麗さ》を喚起するというプログラムに暗に示されてもいた。しかもそのために利用できるのは，トエーネスが記すように，古代ローマ人がその建設事業のために投入できたそれとは比較すべくもない，そこそこの数の労働力であった。ブラマンテはこのとき，壁体構造を現場《成型》のコンクリートで作るという古代ローマの建設システムがもっとも早い施工を保障するのに適したものと考えた。しかしそれはまた，ブラマンテが確立しようとしていた空間とそれを囲い込むものとのかつてない弁証法的関係を示唆し，可能にする方法でもあった。新たな表現目的のためにコンクリートによる工法を再興したことによって，ブラマンテは建築の思考と実践にかかわる新しい様相を開いたのである。

  6 C. Thoenes, "*Bramante e la 《bella maniera degli antichi》*", "*Studi bramanteschi*" 前掲書，1974, 所収。

 ブラマンテによるサン・ピエトロ第一案の外観は，ユリウス二世のメダルに刻まれたもの以外ほとんど知られていない。略図ではあるもののこれが明らかにするのは，その内部が本質的には，中央ドームの空間から拡散していく様々な大きさの三次元「空間」の，階層によって分節された流動的なスペクタクルとして構想されているのに対して，外観がこれまた中央の大ドームを巡って階層的に展開し，多様な形態と大きさからなる三次元の様々な「ヴォリウム」の分節によるスペクタクルとして表現されていることである。パヴィーアや，サンタ・マリーア・デッレ・グラーツィエ，そしてレオナルドのスケッチに萌芽の見えていたも

第九章　サン・ピエトロとブラマンテの《盛期様式》

のが，ここで三次元性を獲得しそれによって完全に，すなわち内部と外部の，また全体と様々な部分との完全な適合によって，かの建築的有機体の理念を実現する。「生き物」や人体にも似たこの建築的有機体の観念こそ，アルベルティがついに到達することのなかった理想である。クワットロチェントの伝統であった平面と線の構成は，内部を「空間」として，外部を「ヴォリウム」として理解する方法によって凌駕される。こうして建築は，完全な三次元の建築用語で表現される。

　これによってたとえば，かつて自律的な問題であった「ファサード」の問題も自動的に否定される。すなわち，新しい神殿の正面を伝統的な平らな壁面のなかで規定するために，外壁表面を分節することで——アルベルティがのぞんだように——内部空間の実態を透視図的に要約して表現する問題である。ブラマンテの計画においては，正方形内接十字形の図式のおかげで，サン・ピエトロの正面は本質的に建築自体のヴォリウムによるスペクタクルとなるはずだった。大きさの異なるドームは構成の基本的性格を決定する要素である。教会に近づく人々には，大ドーム以外に四隅の礼拝堂小ドームも目を引いただろう。しかしひとつの《ファサード》が依頼者から要求されたことは想像できる。ブラマンテはこのような状況をも自らの建築的言説を豊かにするため活用する。じっさいメダルに刻まれた図案には，半円アプス上の四分球ドームも，それがドラムの上に載り小ランタンを頂く《半球ドーム》であるかのように錯覚的に表現されている。現実にはそれは，十字の腕の端部をまとめる大アプスに過ぎないのだが，ブラマンテは新サン・ピエトロの外観が，錯覚的にであれ，中央ドームの周りにピラミッド状に配された，できる限り多くの異なる大きさのドームで決定されることをのぞんだ。このため大アプスの半円ドラムは（レオナルドのスケッチやサンタ・マリーア・デッレ・グラーツィエに見られるそれとは異なって）地面には到達しない。ドラムはその下部を壁の固まりの中に埋め，上部だけを外観にさらす。付け柱で分節され窓を穿たれたこのドラムは四分球で完結し小ランタンを頂くことで，正面から眺めるかぎりもはや半円アプスではなく，ファサードを構成する立方体の上に持ち上げられたドームのように見える。ここでもまたイリュージョニズム的な工夫が，ヴォリウムによる有機体としての表現を損なうことなくファサードを挿入するという問題を解決している。

　豊かなヴォリウムの分節による外観の構成はこのように，透視図効果とイリュージョニズムをあわせた表現となっており，メッテルニッヒが述べるように，大ドームそれ自体よりむしろ円柱を巡らすドラムによって構成される視覚的にもまた概念的にも支配的な要素に向けて段階的に上昇していく建物である。ドラムは，聖使徒の墓の真上に勝利のパヴィリオンのように建てられた，重厚なランタンを戴く空中神殿である。小ドームは（その4つは錯覚的に表現された中間規模のもので，他の4つは現実ではあるが規模が小さい）中央ドームの視覚的な反映であり——内部空間においてと同じく——中央ドームの大きさを測る比較基準でもある。おそらく正面の両側だけに設けられた鐘塔は建築的スペクタクルの額縁であるとともにその

235

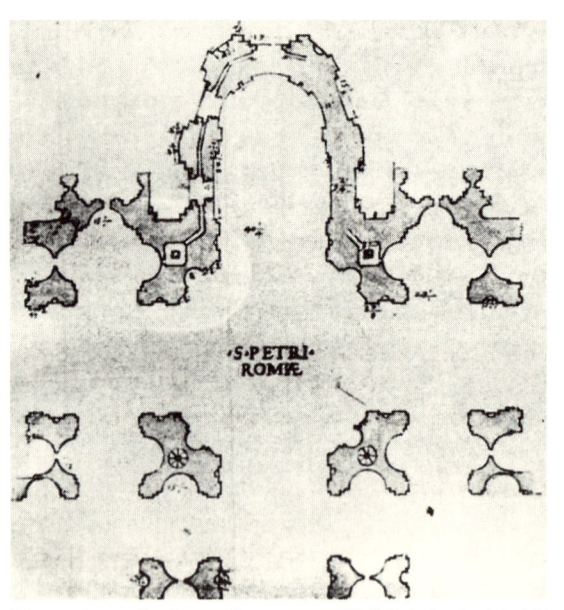

図177 サン・ピエトロ　ブラマンテの死後間もなく，おそらく他の建築家の案を加えて1515年頃実現されていた新内陣部分の平面図（ロンドン，ソーン博物館，コーネル写本　フォリオ24v）。

図178 サン・ピエトロ　ブラマンテによる最初の内陣案とファサード案（サン・ピエトロか）（フィレンツェ，ウッフィーツィ　素描5A r）。

構成の一要素でもあり，三次元表現の中で奥行方向の距離感を刻む指標となる。四つの小ドームと四つの錯覚的《ドーム》そして四隅の突起からなる合計十二の構成要素が中央大ドームの周りに連立する。おそらくそれらはローマ教会の礎となった十二使徒と（そのうち正面の二つの鐘塔はおそらくペテロとパウロをあらわす）その中心に位置する勝利のキリストを象徴していた。

しかしすでに触れたように，この第一案は教皇によって拒否された。ブラマンテはプログラムと最初の構想に内心では執着しながらも別案を，そしてさらにいくつかの代案を作成するほかなかった。教皇から課された条件はブラマンテに計画の再検討をうながし，それを批判的に再考する機会を与えた。それはとりわけ構造上の問題に関係し（《羊皮紙の平面図》はこの点で不安を残さなくはなかった），そしておそらくは空間の分節をより稠密化する方向性であった。ブラマンテが作成した新たな平面は，部分的には《羊皮紙の平面図》の図式の焼き直しだったにちがいない。しかしそれは新しい内容も含んでいたはずである。いずれにしろ，十字形の腕の横幅が先の計画案のそれと等しかったのに対し（それはまたロッセッリーノの内陣やコンスタンティヌス帝のバジリカの身廊のそれとも等しかった）ドームの規模は著しく拡

大する。その幾何学的中心は今や聖ペテロの墓に一致させられる。ドームの支柱は増強されて極端に肥大化し，その厚みの範囲内で，側廊や腕の端部に置かれるエクセドラの外側に，隅の小礼拝堂に続く通路と交差して開放的な周歩廊が設けられるほどになる（ウッフィーツィ，素描20A r）。アプスのドラムはあたかも透明な隔壁となり，観察者の視線はそれを貫通して中空に吸い込まれる。明らかにロンバルディーア建築の記憶の蘇生であって，第二案のための最初のブラマンテ自筆スケッチと見なされるウッフィーツィの素描 8A v の余白にミラーノのサン・ロレンツォとドゥオーモの平面が描かれているのも偶然ではない。

ローマ建築の工法を用いてブラマンテは，古代末期の建築空間の価値さえも同時代の用語に移し変えようとしていた。拡大されたドームのまわりの空間をさらに強調することや建築の全体を《羊皮紙の平面図》以上に緊密で厳格に構成された，含みのあるイメージへ統合することに関心を払っ

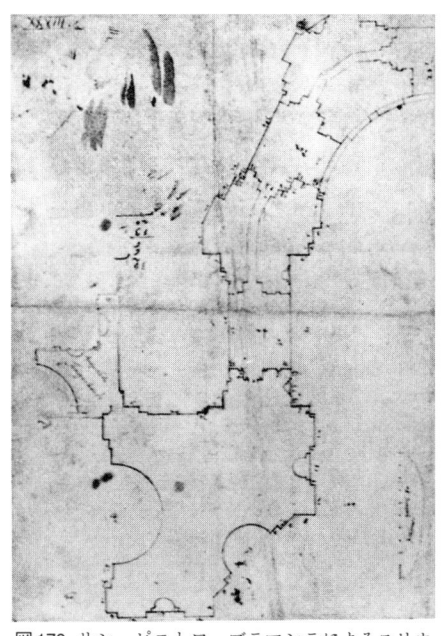

図179 サン・ピエトロ　ブラマンテによるユリウス二世の内陣のアントーニオ・ダ・サンガッロによる実測図。図面左の薄いインクによる「フラ・ジョコンド」の書き込みはおそらく，ブラマンテの意図に反するフラ・ジョコンドの意匠が実現されていることを示す（フィレンツェ，ウッフィーツィ素描フォリオ 44A r）。

た。それは光によってダイナミックに変容されると同時により緊密で一貫した空間となる。そして，巨大な身廊の異様な比例（幅の二倍の高さ）や，スケールの劇的な飛躍によって目を引く増強された構造体の圧倒的なまでの威圧感で強調されており，材料と空間との止むことのないせめぎあいのなかの弁証法的な緊張関係でさらに活性化される。そこではやはり空間が中心的要素である。それはコンクリートの量塊を穿ち形作り，流れ出す流体が抗いがたい運動量で構造体の限界を突き破るように中心から隅々へと拡張し，アプスを透かし彫りにし，その向こうの地平線のかなたにまで流れ出す。身廊の透視図上の背景となるアプスは，《羊皮紙の平面図》と同じように極端に遠く設けられたにしても，そこで「空間」を閉じるはずではなかった。古代末期の空間性を実現しながらも，それは拡張する空間を押し止めるためのフィルターあるいは暫定的な《障壁》となって身廊空間を締めくくるはずであったが，教会の空間はさらに外にひろがっていた。それは，視覚や絵画や大気そして光の用語で，巨大な《空間性》やイリュージョニズム的な《ヴォリウム性》の《スペクタクル》を組み立てるためのひとつの方法であって，その効果は，古代浴場の壮大な壁の連なりをあたかも舞台上に見るかのようである。

しかしすでに指摘したように，ブラマンテの最終案は知られておらず，現在知られている

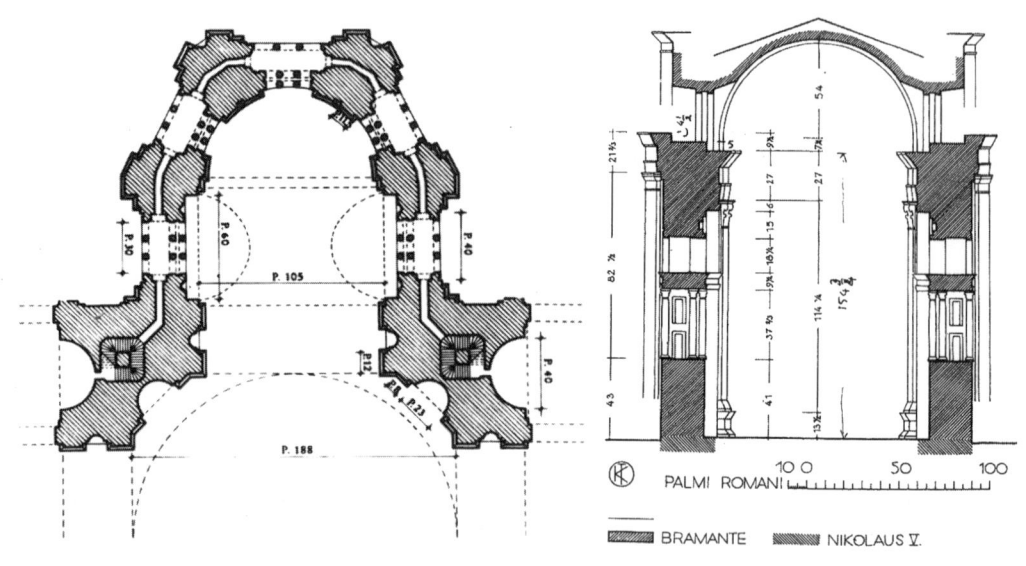

図180 サン・ピエトロ　ユリウス二世の内陣復元平面図（S. グイーディ作図）。

図181 サン・ピエトロ　ブラマンテによって実現されたユリウス二世の内陣復元断面図（F. ヴォルフ・メッテルニッヒによる）。

ことにもとづいてそれを復元するには不確定な要素が多すぎる。ユリウスの意思にしたがって，ニコラウス五世の基礎構造を利用した新内陣が速やかに完成され，教会は聖別された領域を覆うべく東に向かって拡張されるはずであった。最初の案の絶対的な厳格さは，典礼用のより効率的な組織を早期に実現するため，部分的にしろ犠牲にされる運命にあった。その成果は果敢さや明快さの点で後退し，いわば《芸術性》の点で第一案に及ばないものとならざるをえなかった。しかしすくなくともブラマンテの監督下で実現された部分（新たな内陣の内観および外観，ペンデンティヴまでを含む大ドームの支柱と身廊の最初の支柱）から判断するかぎり，サン・ピエトロがブラマンテの全作品の頂点を成したことはいずれにしろまちがいない。そしてサン・ピエトロにおいても，劇場的イリュージョニズムの価値に華麗に彩られた建築の光景が，並外れた円熟度で再確認された可能性がある。しかし計画案についてこのことを明らかに示す証拠はわずかである。ユリウス二世の内陣の最終実施案には（当初は袖廊と同様な周歩廊が巡らされ，アプスの窪みは付け柱で区切られた五つのアーチで分けられていた；ウッフィーツィの素描20A r, 4A v, 5A r。建設されたものとしてはアントーニオ・ダ・サンガッロによる精確な実測図，ウッフィーツィの素描44A r がある）じっさい，奥行方向の透視図効果の強調が想定されていた。身廊とドーム支柱そして十字の腕ではコリント式オーダーは柱径12パルミで用いられているのに対し，アプスの窪みの中では相当するオーダーの大きさは11パルミ半に[14]縮小され，アプス自体には大アーチが穿たれ一回り小さな多数の円柱の列からなるスクリーンが被せられたのである。しかし並はずれて壮観だったのは，実現されなかった大ドームの計画案である。

238

第九章　サン・ピエトロとブラマンテの《盛期様式》

図182　サン・ピエトロ　ブラマンテの第二案を反映すると考えられるファサードの立面図と部分断面図。メニカントーニオ・デ・キアレッリスに帰せられる素描帳より（ニューヨーク，ピアモント・モーガン図書館，メロン写本フォリオ71v, 72）。*

　長軸平面案を進めるにつれてとりわけ重要性を帯びてきたのがファサードの問題だったはずであり，教皇の意思によればそれは教会の主要な正面として構成されねばならなかった。メダルに描かれた《イリュージョニズム的な》解法は，象徴性の目的からして満足できるものとは考えられなかったし，おそらくは機能的観点からしても同様であったにちがいない（たとえばそれには「祝別式の開廊」ロッジア・デッレ・ベネディツィオーニがなかった）。ファサードに関するブラマンテの構想のひとつはおそらくウッフィーツィの素描 5A r に示されており，かなり不明快で不正確な様子ながら初期の模型（1506年）の解決案を記録しているかもしれない。おそらくアントーニオ・ダ・サンガッロによるウッフィーツィの素描 257A r はこれとは逆に，後のレオ十世時代の計画案に関連すると考えられる。これら二つの計画案には，共通して巨大オーダーを備えたファサードが見られ，また現在では一般にラッファエッロに帰せられる，すでに言及したメロン手稿（フォリオ71v）のファサードのスケッチもすくなくとも部分的には，またとりわけヴォリウムの構成法において，ブラマンテの構想を反映している可能性がある。
　ファサードの問題を解決するために巨大オーダーと小オーダーとを併置する着想はこのほかにも，ほぼ確実にブラマンテによると考えられるロッカヴェラーノの教会に認められる。

この計画は1509年以前にさかのぼり，サン・ピエトロ工事の監督役のタラント司教エンリ
コ・ブルーニの依頼による。実施の過程で部分的な変更をこうむったが，この教会もまたサ
ン・ピエトロの正方形内接十字の平面形を踏襲している。サン・ピエトロとくらべて縮小，
単純化されているが，その様相は同時期にブラマンテが構想し後に破壊されたローマのヴィ
ア・デイ・バンキのサンティ・チェルソ・エ・ジュリアーノ教会に類似している。
　ウィットコウアーが記すように[7]，ファサードに関するルネサンス期の問題を有機的に解決
するため最初の一歩は（これについてはアルベルティが幾度も試みたが，満足すべき解決に至
らなかった），おそらくブラマンテの構想を伝えるデザイン（現ルーヴル美術館蔵）によって開始
された。かつてこのデザインはミラーノのサンタ・マリーア・プレッソ・サン・サーティロ
教会のファサード案と考えられていたが，この教会に帰するためには確実な根拠を欠き，む
しろウィトルウィウス自身が設計しその建築書に記述されているファーノのバジリカに刺激
されたブラマンテによる試案であって[15]，これにはアルベルティによるフィレンツェのサン
タ・マリーア・ノヴェッラのファサードの比例体系やマントヴァのサン・タンドレーアのフ
ァサード構成の記憶も働いただろう。このデザインにおいては，コリント式の大オーダーが
ファサードを構造づけ，その中心に，小さな柱型を両脇に備えて三角ペディメントを戴く大
アーチを支えているが，これは内部の身廊に呼応したものである。いっぽうその両脇は，側
廊に対応する半ペディメントでまとめられている。大オーダーによって区切られた枠の内側
には二段の小オーダーが重ねられはめ込まれるが，これはおそらく，ウィトルウィウスの記
述にあるバジリカの内部構造をファサードに表現しようとの意図を反映している。しかし，
ファサードを建物の組織の一部としてその内部と完全に対応しながら構成する，つまり，外
部の平面上へ透視することによって内部を忠実に要約するという課題は，これで完全に解決
されたわけではなかった。大アーチはオーダーの上に取って付けられたように乗り，その両
側の柱頭さえもたない小さな柱型は，《オーダー》とも《壁》ともつかぬ曖昧な性格をおびて
いる。

　　7　R. Wittkower, *"Architectural Principles in the Age of Humanism"*, 前掲書。

　これに対しロッカヴェラーノのファサードでは，台座の上に乗る巨大オーダーがファサー
ドの中央部分を特徴づけ，建物の中央にあって前方に浮き出た「イン・アンティス」式[16]によ
る大神殿の正面であるかのように，三角形ペディメントを直接支えている。その内側の後退
した平面上には，内部の身廊の半円筒ヴォールトを概念的に外観に投影するため大アーチが
刻まれている。中央の大アーチは小オーダーによって支えられるが，この小オーダーはその
両側に繰り返されてファサードの両翼を構造づける。半ペディメントが乗せられた小オーダ
ーに枠取られる小アーチは，内部の脇の空間に対応している。オーダーで枠取られたアーチ
という，相似ではあるが大きさの異なる二つのシステムがこうして構成上相互に関連づけら
れ，ひとつの平面上に異なる内部空間組織を何の矛盾もなく映し出す。このファサードは同

第九章　サン・ピエトロとブラマンテの《盛期様式》

図183　ロッカヴェラーノの教区教会　巨大オーダーを備えるファサード原案の復元図（E. ケッキによる）。

図185　ロッカヴェラーノの教区教会　外観　＊＊

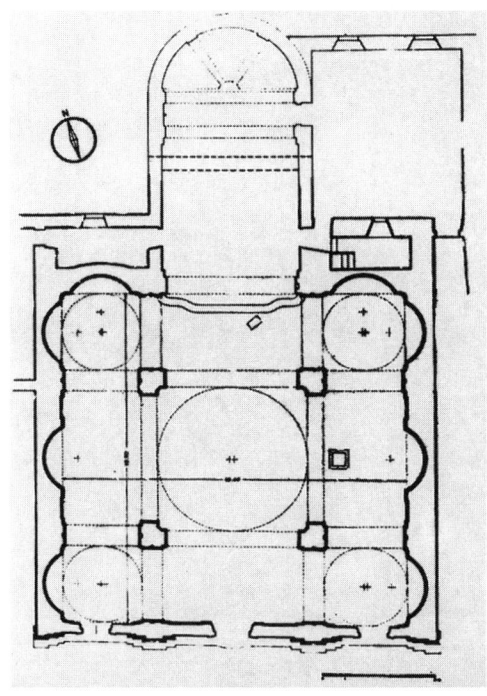

図184　ロッカヴェラーノの教区教会　平面図（E. ケッキによる）＊

図186 ローマのサンティ・チェルソ・エ・ジュリアーノ内観　メニカントーニオ・デ・キアレッリスに帰せられる素描帳より（ニューヨーク，ピアモント・モーガン図書館，メロン写本　フォリオ57）。

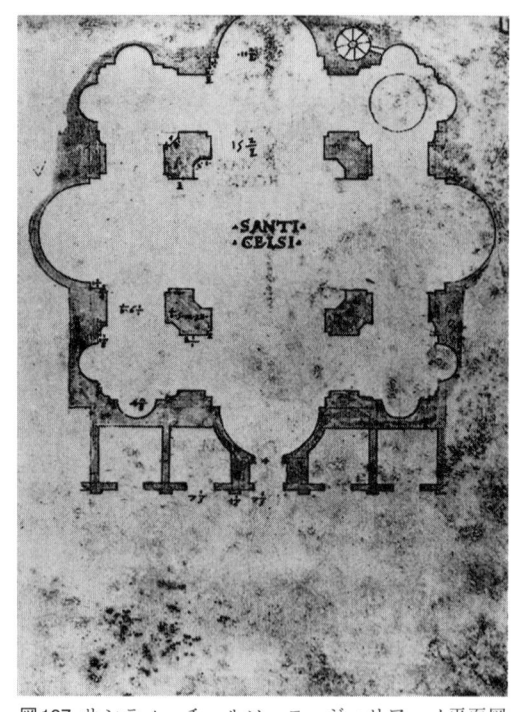

図187 サンティ・チェルソ・エ・ジュリアーノ平面図（ロンドン，ソーン博物館，コーネル写本　フォリオ12）

時に，奥行方向に距離を保って位置する古代神殿風の二つの建物正面を，浅浮き彫りのように同一平面上に透視図的に重ね合わせたものと読むこともできる。ロッカヴェラーノの教会ではこのように，内部空間と外部の量塊性とが一つの建築組織に完全に統合されており，内部空間をひとつの平面へ透視図的に投影することでファサードを解決しようとする問題はここに至って，この問題をファサードの自律性を前提とするする考え，すなわちファサードを，建物の構造や三次元的な空間とヴォリウムの組織からは切り離された壁面上の「ディゼーニョ」であるとする考えの否定に立ってはじめて解決されたのである。

　何年か後（1514－15年）バルダッサーレ・ペルッツィはカルピの「サグラ」で，そしてさらに遅れてアントーニオ・ダ・サンガッロ・イル・ジョーヴァネはその実現されなかった計画案[17]の中で，師のこのアイデアを踏襲することになる。しかしブラマンテの提案の展開は，ヴェネツィアでのパッラーディオを待たねばならなかった。洗練され知的なパッラーディオのデザインはとりわけ，明快な独創性をそなえたイル・レデントーレ教会のファサード（1576

第九章　サン・ピエトロとブラマンテの《盛期様式》

図188　教会のファサード計画案　かつてミラーノのサンタ・マリーア・プレッソ・サン・サーティロのためのブラマンテの案と考えられた（パリ，ルーヴル美術館素描室　MI 1105）。＊

年）に見ることができる。ともあれブラマンテによるこの先見的な独創性は，ほとんど七十年も後のパッラーディオのファサードの図式を予見しており，ここでもブラマンテの探求がチンクエチェントのもっとも成熟した展開の基礎となっている。

　ロッカヴェラーノの教会やバンキ地区のサンティ・チェルソ・エ・ジュリアーノ教会（1509年頃開始されたが中断されたのち破壊された）——そしてその初期計画がブラマンテにさかのぼるとすれば，サン・テリジオ・デリ・オレーフィチ教会（1509-10年あるいは1514年に開始か。ラッファエッロ次いでペルッツィによって進められたが，のちに大きく改変されている）や，おそらくはヴィテルボのサンタ・マリーア・デッレ・フォルテッツェ教会（1514年開始か）[18]も——共通してギリシャ十字平面構成をとるが，おそらくはしばしば言われるような予備的な試作としてでなく，サン・ピエトロの主題を縮小規模で実験的に検証する機会として役立てられた。ブラマンテの意図にあってはサン・ピエトロは，新建築の要約であり生きた統合となるはずであった。しかしその全体計画が画定し中央部の工事が進行しつつある時になっても，設計はある意味でまだ開かれていた。施工の間際ぎりぎりまで，もっとも優れた解決案を見出すため様々な計画案が作られた。また個々の詳細決定に個人的な好みがあらわれることを，ブラマンテは意に介さなかった。たとえば身廊のコリント式大オーダーの柱頭デザインのた

図189 ローマのヴァティカーノ宮、『署名の間』のラッファエッロのフレスコ画『アテネの学堂』　背景の十字型平面の建物は、ブラマンテのサン・ピエトロのように、四つの腕が格天井のヴォールトで覆われ、交差部にはペンデンティヴに支えられたドーム円環が見える。＊

めに、パンテオンのそれをそのまま転写するよう命ずるのを躊躇しなかった。関心を集中したのはそれとは逆に、空間やヴォリウムの性格付けであった。そしてそのためにこそブラマンテは、あらゆる設計委託の機会をとらえて、サン・ピエトロを実現する過程で起こりうる問題や主題を実験的に試そうとしたように思われる。

　それだけではない。この建築の巨大な規模からして工事が相当な年数を要することは確実であったので——すでに老境にあったブラマンテは、それが自らの死後にわたって続くことを予感したにちがいない——おそらくその生来のせっかちさに駆られて、サン・ピエトロという大工事の構想を視覚的に具体化して眺め、またそれを教皇に見せることを望んだ。そして自分の死後サン・ピエトロ建設の後継者のための指針となるように、いくつかの具体的な部分模型を残そうとした[19]。

　ブラマンテにとって1509年前後の数年間はまさに、サン・ピエトロに関連した問題や主題の実験期間であったかに見える。1509年の末か1510年の初めには、ラッファエッロの『アテネの学堂』の背景の神殿が描かれた。ヴァザーリは神殿のデザインをブラマンテに帰するが、すくなくともそのドーム下の空間と格天井ヴォールトには新サン・ピエトロの構想と重なる部分が見て取れる。トーディのデッラ・コンソラツィオーネ教会（1508-09年に着工）もまたサ

第九章　サン・ピエトロとブラマンテの《盛期様式》

ン・ピエトロと符合する要素をいくつか含んでいるが，ブラマンテによる可能性のあるその計画案が——それはミラーノのポッツォボネッラ礼拝堂でブラマンテが実現した，レオナルドも関心を持った主題の展開である——長期にわたる工事期間中に交替した多数の監理者によってかなりな変更をこうむったことは確実である。

　このふたつの計画がブラマンテに溯るかどうかは定かではないが，それらがブラマンテの影響力の範囲内に位置づけられることは確かである。いずれにしろ，ブラマンテによることが確実なこの数年間の他の作品には，サン・ピエトロと共通する問題への取り組みが見られる。パラッツォ・デイ・トリブナーリ（1508年）に組み込まれたサン・ビアージョ教会（未完のままおかれ，のちに破壊された）についてはもう一度触れるが，ここでも大アーチと隅切り柱で支えられたドームの主題が取り上げられ，それは手前にある短い身廊を含む空間をも支配している。二つの鐘楼がファサードの両脇を固めるとともに奥にあるドームを枠取るという構想は1509年のメダルに見られるが，これはブラマンテによるロレートの教会ファサード計画案の写しである。ロレートの中庭広場は——ベルヴェデーレの中庭に計画されたであろうそれにも似た，教会の対面部分の平面を円弧でまとめる構想とともに——サン・ピエトロの都市的規模での整備にも十分活用されうる経験だった（それはたとえばメロン手稿に見られ

図190　ラッファエッロの『アテネの学堂』　ニッチを備えたヴォールト下空間と中央のドーム下空間の推定断面図。＊

図191　トーディのサンタ・マリーア・デッラ・コンソラツィオーネ教会　＊

る)。そしてまた，これもすでに触れたが，新聖堂の都市デザイン上の構想がサン・ピエトロ・イン・モントーリオの計画案の中にミニチュア的規模で見出される一方で，ブラマンテがテンピエットで取り組んだ円柱を巡らす三次元構造を放射軸にしたがって秩序づけるという主題もまた，サン・ピエトロの大ドームの構想に巨大な規模で再現している。

ジャニコロのテンピエットにおいて，礼拝堂内部の付け柱の配置にブラマンテが注意を払ったことはすでに見たが，これと似た問題がサン・ピエトロのドーム上ランタンの対になった付け柱の配置にも発生したにちがいない。それは旧聖堂の円柱を再利用することが決まっていたドラム部分の円柱の配置と合致しなかったからである。[20]同様に，サンタ・マリーア・デル・ポポロ教会の内陣（1509年竣工）は——そしてブラマンテによる可能性のあるマリアーナの教皇別荘内の小礼拝堂（1508－09年）も部分的には——ヴァティカーノ聖堂の空間の縮小規模での断片と考えられるだろう。[8] 直接あるいは間接的にサン・ピエトロ教会に結びつけられるいくつかの小主題が，これらの小品に異なる様相や規模で繰り返される。1507から10年にかけてブラマンテは，あたかもサン・ピエトロの複雑に絡みあった構想と多くの難問にとり憑かれていたかのようである。

8 M. Dezzi Bardeschi, *"L'opera di Guiliano da Sangallo e di Donato Bramante nella fabbrica della villa papale della Magliana"*, 《L'arte》 IV, 1971, n.15-6, p.111 以下，文献と資料付，参照。ブラマンテのマリアーナへの関与は——ジュリアーノ・ダ・サンガッロの計画案（ウッフィーツィ，素描7947A *r* および7948A *r*）の部分的な改修であり一部が変更されて実施されたものだが——礼拝堂以外にもたぶん段状の塔の形をとるローマからの入口（その起源はサン・ピエトロに見られるような鐘塔の形にある）や，おそらくは交差部の腕の先端部ニッチにも認められる。

だがサン・ピエトロ・イン・モントーリオのテンピエットの記述のなかで触れたように，ローマ時代のブラマンテはより普遍的なある問題に熱中していたらしい。建物の物理的な大きさとの関連における建築表現の問題である。この問題はおそらく，テンピエットのような極小規模とサン・ピエトロやベルヴェデーレのような桁外れな規模の建物の両方を設計する機会から生まれた。類似する主題を含んでいるが規模の異なるいくつかの建物を提案することはおそらく，建物の形態を具体的寸法にかかわらず完全に妥当な《普遍的》現実としてあたかも公理とみなすルネサンス原理の，妥当性と限界に関わる実験的試みであった。ブラマンテは原理の普遍妥当性を実験によって確認しようと欲していたようである。しかしこの問題に関しても，中庸な規模をもつ《普通の》大きさの空間から出発しながらブラマンテは，寸法の問題が看過しえないものであることを認めたようである。たとえばサン・ピエトロの複雑に絡みあった平面組織がサンティ・チェルソ・エ・ジュリアーノのはるかに簡単な平面に至るには，単純化だけで可能ではなく，建築の言語自体も建築物のスケールの相異にともなって変化をまぬがれえないのである。

サン・ピエトロの主題を引き継ぐ概してあまり大きくないこれら一群の建物にあってはこのように，建築的表現はしばしば強調された統合性や成熟した個性的な形態の要約に向かう

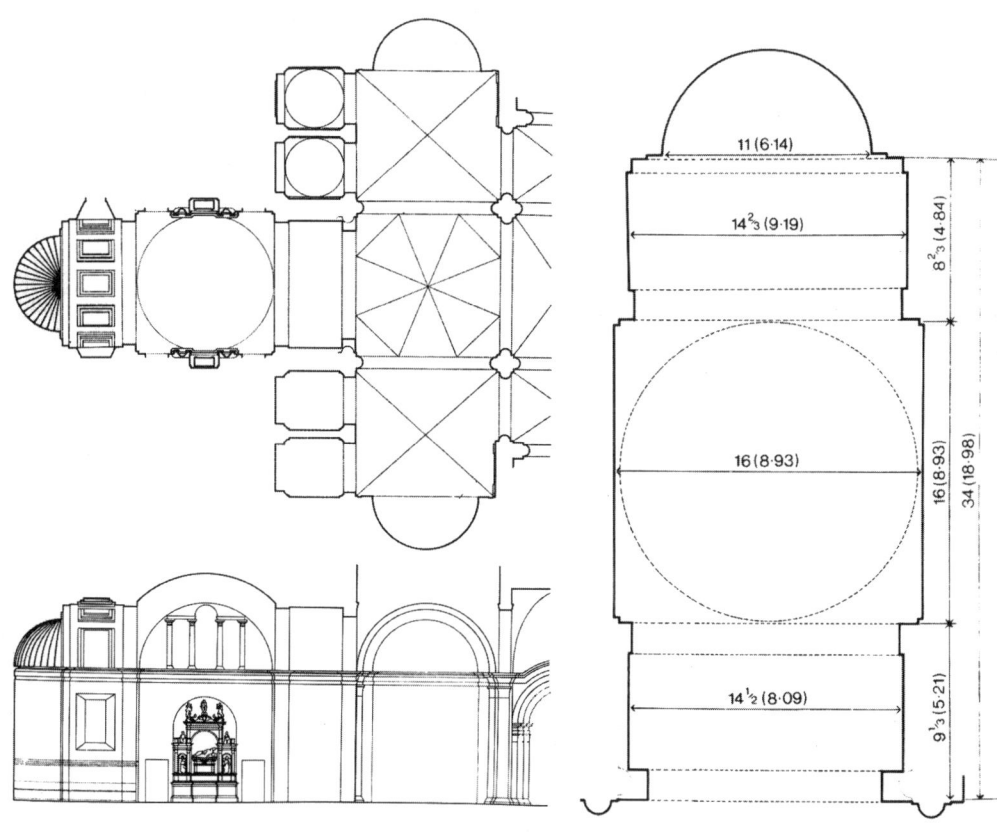

第九章　サン・ピエトロとブラマンテの《盛期様式》

図192 ローマのサンタ・マリーア・デル・ポポロ教会　内陣と交差部の平面図と断面図。袖廊に向いた対称位置にそれぞれ二つの礼拝堂が設けられている。

図193 サンタ・マリーア・デル・ポポロ内陣の実測平面図　寸法はローマ・ブラッチャとメートルによる。＊

傾向があったが，それは空間組織をそこなうどころか，光の慎重な配分にも助けられてむしろそれを称揚した。個々の作品はどれをとっても，普遍的価値の「例示」であることを表明しつつもそれぞれ独自の仕方で個別化され，抽象的で純粋に理論的なモデルとなることなく，主題や具体的な都市的状況といった特異な条件に由来する表現上の刺激によって活性化された。サンティ・チェルソ・エ・ジュリアーノを例にとれば，周りをすべて他の建物で埋めつくされていたため採光は上からしか期待できず，このため中央のドーム空間から四隅の礼拝堂に広がる綿密な光のグラデーションが，緊密な空間組織をはっきりと性格づけるのに役立っている。中央ドーム空間と四隅の礼拝堂という，相似でありながらスケールを異にし相互に開かれ浸透しあう二種類の空間が，正方形内接十字の図式という統合形式によって連鎖的に統合するよう意図されている。

　すでに述べたように，これらの建築物のほとんどすべては，未完成のままおかれたのち改築されたり破壊されたりするのであるが，そのなかでほとんど唯一，1505から1507年にかけ

図194 サンタ・マリーア・デル・ポポロ内陣 アプス方向への眺め。

第九章　サン・ピエトロとブラマンテの《盛期様式》

設計され1509年には完成したサンタ・マリーア・デル・ポポロの「後陣」は総じて当時の姿を保ち，この時代のブラマンテ様式の確たる理念を今日に伝えている。ここでは，シクストゥス四世時代の教会の古い内陣（もともとは半円アーチとそれに続く交差ヴォールトで覆われた正方形平面の空間であった）を拡張して，アスカニーオ・スフォルツァとバッソ・デッラ・ローヴェレの記念廟をそこに納め，単なる内陣でなくふたりの著名な枢機卿の墳墓としてこの教会の終結部を再構成することが求められた。これはいくつかの点でミラーノのサンタ・マリーア・デッレ・グラーツィエの主題に似たものである。ブラマンテはこの場合も，クワットチェントの教会の舞台背景として全く再編成しなおした有機的組織を挿入

図195　サンタ・マリーア・デル・ポポロ内陣　中央ベイのドーム天井。おそらくはブラマンテの構成に従ったピントゥリッキオによる装飾。＊

するのを躊躇しなかった。それは前後に半円筒ヴォールトを従えた帆型ドームで覆われた空間であるが，これはユリウス二世のサン・ピエトロ新内陣やブルネッレスキによるパッツィ家礼拝堂の図式でもあり，ブラマンテにはおそらく，クワットロチェントの伝統の優れた祖型を再び取り上げて《今日風》に翻案しようとの意気込みがあったのだろう。しかしパッツィ家礼拝堂で支配的であった，入口に対し直行する空間軸は（マントヴァのドゥオーモ内の戴冠のマリーアの礼拝堂で，おそらくアルベルティの考えにしたがってルカ・ファンチェッリがおこなったように）ここでは空間組織の方向性に一致する奥行に向かうそれへと回転され，それによってこの教会の新たな終結部となる奥行方向への空間感覚を高めている。

9　ブラマンテの関与については E. Bentivoglio と S. Valtieri, *"S.Maria del Popolo a Roma"*, Roma 1976, p.35 以降参照。この終結部がアレクサンデル六世の時代に溯るとの両者による仮説には問題が多い。

ブラマンテが追求した効果は現在では，バロック期に設けられた大がかりな祭壇によって著しく損なわれており，身廊から内陣への視界はそれによって遮断されているが，以前は祭壇はもっと小さくしかも手前に置かれていたため視覚を妨げることはずっと少なかった。したがって，帆型ドームで覆われいわゆる《セルリアーナ》（これもブラマンテの新たな創作である）の大窓からの強い光で満たされた後陣中央の正方形空間が，二人の枢機卿の記念碑を納める完全な葬送礼拝堂となるいっぽうで，新しい空間組織の全体は，クワットロチェントのドームをこえて旧教会の空間を異様なほど奥深く引き延ばした。その主題はつまり，理念的には集中式でありながら，第三の方向に向けられた透視図的効果をにらんだ強力な軸線の支

249

配によって引き延ばされることで，奥行方向に展開する——この点でサンタ・マリーア・デッレ・グラーツィエと共通する——空間である。諸要素を建築的にまた寸法的に決定しながらブラマンテは，達成しようとする視覚効果を，極度に洗練され成熟した仕方で計算していた。それは最奥部の貝殻型のアプスを可能な限り遠ざけると同時に，中央の空間を強調することである。そのため中央空間の寸法をその前後に位置する半円筒ヴォールトの横幅（14と2分の1ローマ・ブラッチャ=8.09m）より広く設定し（16ブラッチャ=8.93m），遠いほうのヴォールトの奥行をわずかに減じて（8と3分の2ブラッチャ=4.84m）[21]錯覚によってアプスが実際以上に遠く見えるようにした。この効果をさらに高めているのは，アプスが組み込まれる壁面にくり返される薄い枠取りの慎重な配置と，その手前にある空間の幅と比較した終結部のアプス開口幅のいちじるしい縮小（11ブラッチャ=6.14m）である。

　この空間の決然とした性格は，見直された語彙の採用にも負っている。言語的要素の単純化が異様なほどの力強さをみせるなかで——それはたぶんウルビーノやロンバルディーアにおける先行する創作に溯るものだが——建築オーダーの規範は廃されている。単純な柱形が空間の接合部を形づくり，柱頭を圧迫する簡潔なエンタブレチュアが柱形の上にあって輪郭を見せるが，重厚で力強い柱形の突出を妨げることなく，柱形のほうはドームの大アーチに連続して完結する。囲繞する壁面はその固有の空間－構造機能にしたがって，慎重な段階をつけられた突出で分節されるが，内部空間の浸食によって形成された素材——コンクリート——の一枚岩的統一性を損なうことはない。唯一の色が——壁面の冷たい白と構造体の淡褐色で模様づけされた白が——空間の統合性を強調する。このようななかにあって，最奥部に位置する巨大な格天井のヴォールトは，古代ローマの卓抜した言語的手法へのプログラム上の参照や，《英雄的な》意味を性格づけ喚起するための見事な仕組みであるにとどまらず，空間とそれを限定する壁面との関係を考える新たな方法を顕示するための具体的な手段でもある。壁面の上端と天井との間には完全なまでの連続性が達成されている。論理的には，互いに区別されたものが押しつけられ連結されているのであるが，単一素材から切り出された形態だけに可能な連続性である。パンテオンを思わせる古代風の格天井構造の採用が全体の一体性を強調している。

　強力に統合されたなかで，ほとんど金属的なほど鋭い切断面の輪郭を見せる個々の言語的要素の精度は，時間を超越した絶対性を達成し，同時に文化的なものにとどまらぬ暗示に溢れた，異例なほどの密度をもつイメージとして際立っている。しかし建築によって枠取られたなかに彫刻と絵画が空間の質を特化し，分節を強調し，意味を明瞭にするため付け加えられる。ブラマンテ自身はすくなくとも，二人の枢機卿の記念碑を彫ったサンソヴィーノや中央部のドーム大天井の装飾を手がけたピントゥリッキオ，そして《セルリアーナ》窓のステンドグラスを制作したギョーム・ド・マルシラ[22]（ヴァザーリによればブラマンテによってローマに呼ばれた）といった芸術家たちの《監督》であった。寄せ木細工の内陣席と，おそらくはテ

ンピエットと同じ《コズマ様式》の床舗石によってこの作品は完成されるはずであった。壁面にはめ込まれたサンソヴィーノの二つの記念碑は，壁面に穿たれた窪みからその複雑な建築的分節もろとも対称的に突出し，中央空間の中にあって，奥行方向の主要な展開と弁証法的に対比しながら空間の横方向への膨脹を示唆している。あたかも空間全体が，現実であったり錯覚であったりする弛緩と収縮の緊密なリズムによって様々に強調されて，アプスの終結部に向けた進行の中で分節されていくかのようである。

　寒色系の白い壁面上に映える記念碑の白大理石は，連続するモノクローム壁面の中に微かな色調の変化を導き入れるはずであった。それは壁面の一枚岩的な堅牢さを否定することなく，むしろ対比によってそれを高揚し生気を与えている。また二つの記念碑には壁面を，半円形壁の中の，円柱を伴うセルリアーナやドーム天井画の画面分割と関連づける役目も負わされたにちがいない。それと同時に，狭い区画の中に多くの細かな建築的要素や等身大以下の彫像を集中して配することで，対比的に建築のモニュメンタルな規模と統一性を浮かび上がらすはずであった。

　アンドレーア・サンソヴィーノに協力してブラマンテ自身が霊廟の建築的構成を画定した可能性もある。同様に，自らピントゥリッキオにドーム天井装飾の全体構成を示したにちがいないが，これはハドリアヌス帝のヴィッラ内のある部屋のスタッコ装飾にヒントを得たものである[23]（ヴァティカーノ宮のいくつかの居室の編成の仕事にもブラマンテ自身が関わったにちがいないが，おそらくラッファエッロのローマ到着以前にブラマンテが《署名の間》(スタンツァ・デッラ・セニャトゥーラ)の天井装飾の構成に助言を与えていたことが，サンタ・マリーア・デル・ポポロのそれとの類縁性から推測される）。モノクロームによる冷めた建築のなかにあってこの天井画は，生気に満ちた多彩色によるスペクタクルとして，空間全体の性格決定にとって重要であるにとどまらない。それは中央空間の三次元的中心性を最高度に高め，イリュージョニズムによって空間に新たな指標を導入するための手段なのである。天井の球面ドームは，隅切りされた正方形を回転して空間の対角線に重ねた幾何学図式によって分割され，四隅にはペンデンティヴに支えられた格好で，聖人の肖像をおさめた四つの古典様式のエディキュラが，垂直に立ち上がるかのようにイリュージョニズムによって描かれる。サンソヴィーノの記念碑のミニチュア建築的なスケールを高所で繰り返しながら，これらのエディキュラは空間の対角線軸を力強くきざみ，新内陣全体の中心に新たな空間指標を導入する。そして，クワットロチェントの旧教会の八角型ドームに小さく呼応するかのような小ドームを新後陣の上に暗示するように描くことで，ここに理念上の中心性を賦与している。

　ドームのきわ立った多彩装飾と下にある記念碑や壁面の清澄さとを媒介する要素として，ブラマンテはギョーム・ド・マルシラによるステンドグラスが嵌め込まれた窓を挿入する。セルリアーナ窓の建築的枠組みは二つの霊廟の構成を反映しており，鮮やかな色彩のステンドグラスは，ドームと同じ多彩色面を低い位置まで引き下げてくることでドームの自律的な

傾向を抑えている。ゴシック様式に似た仕方で光は色ガラスを透過し，壁面や床に移ろう鮮やかな染みを映し出す。漂う大気を彩り，建築の白さを和らげ，様々な要素をあたかも薄暮色に染められた絵のようなヴェールで染めあげている。

　しかし，建築と造形美術との新しい革命的な関係性が創始されるなかで，かつてミラーノでそうであったように，光こそが空間を決定づける強力な手段となり，空間の流動性と共存してそれを強調し階調づける。あらゆる抽象的な論理に反し，またステンドグラスや一対の大セルリアーナ窓の存在にもかかわらず，色彩と彫刻によって活気づけられた中央の空間でさえも，光線が最大限の強度を獲得した場所ではなない。ブラマンテは，分節されながら奥行方向に異様に伸びていく空間という最初の構想を忘れない。それは旧教会の空間を，第三の方向に向け打ち込まれた虚空の楔であるかのように拡張する。とりわけ特徴的な建築的《断片》を照らし出すため，最も鋭い光線ができるだけ奥深くへと差し込み，空間内で最も遠く押しやられた，貝殻を形どるアプスと巨大な格天井の枠どりとを照らし出す。右手の壁には二本の柱形の間に大窓がくり抜かれる。しかし，壁の隅切りの奥深くに位置し突き出した柱形で隠されたその光は，当初は，かつて教会の側面に設けられていた列柱の陰になって弱められ，微かな拡散光となって空間を照らし出す程度でしかなかったはずである。

　最も大きな《光束》は高みから，そして片側からのみ，あたかも反射鏡がアプスの空間斜め上に取りつけられているかのように差し込む。天井の巨大な格間の奥深く，自然光を最大限取り入れるため上方に向けて隅切りされた窓を通して，南からの太陽光が内部空間に流れ込む。絵画で表現された建築の背景に見られるような——たとえばブレーラの祭壇画やプレヴェダーリの版画——側方からの強烈な光が，ゆらめきやハイライトや明暗法そして反射によって，要素の造形的意味と形態の金属的な切断面や抽象幾何学性を力づよく顕示する。もともと対称で透視図効果を意識した空間組織の中にあって光は，周囲の壁面によって画定される空間のヒエラルキー（それは中央の空間を光で満たすことを要請するはずである）には従わず，平面の透視図的対称性に逆らって降り注ぐ。だがそれは，全体像を支配する奥行方向への空間的推進力にあくまでも一致し，それによって全体像を図式の抽象性から現象世界の生きた具体性へと引き下ろす。

　ユリウスの《帝国的な》プログラムに同調する，英雄的で古代趣味の《品格(デコーロ)》を備えた表現であることをこえてこのイメージの中には，重畳する歴史的記憶を呼び起こす意味の世界のすべてが胚胎する。古代に向かう知的で《学問的》で，また情緒的でもあるこの強烈な熱意は，いかなる類型にも分類されない前例のない表現上の統一性を与えている。それが想起させるのは地中に奥深く穿たれた空間であり，光の呼び起こす強烈な印象や材料が空間の浸食によって造形されたかのような感覚，つまり組み立てられたというよりむしろコンクリートで《成型》され穿孔されたかのような感覚であるが，これはまさに古代ローマの建築作品の特徴である。だがクワットロチェントの類型から古代ローマの暗示に至る記憶への教養主

義的な参照は，このイメージからは奇跡的に消し去られている。しかしながら，微かな程度に抑えられるものの，視覚的観点にとどまらない興味や価値や多様な解釈でイメージを具体化しより豊かにする指標や暗示や示唆も存在する。なかでも光は，それが介在することで生ずる重要な表現上の諸価値を，ブラマンテに特有な要素間の対立の総合として困難な均衡に達せしめるという奇跡を演ずる。ボネッリが強調するとおり，これこそ「おそらく芸術家ブラマンテ最良の瞬間」であった。この作品にブラマンテの新たな個人的言語による「創造の瞬間の紛うかたなき表現」が達成されている。はるかに豊かな構成要素によってサン・ピエトロの破壊された内陣でブラマンテが実現したのはこれに似たものだったはずである。

10 R. Bonelli, *"Da Bramante a Michelangelo"*, 前掲書, p.30。

　サン・ピエトロを頂点とする作品において，空間とそれを囲うものとの関係という問題を新たな基礎の上に築いたことからブラマンテは，壁による空間の境界づけの意味に関する再考にいたる。つまり，内部空間の境界としてだけでなく外部空間のそれである。ヴァザーリはブラマンテがサン・ピエトロにおいて「木型を用いてドームやヴォールトを成型架構する方法を考案し，それによってフリーズや葉飾りの模様が石灰で大量に生産されるようになった」と述べている。ヴァザーリは「古代人のようにドームを成型架構する」方法の発明をジュリアーノ・ダ・サンガッロにも帰しているが，それ以外にもこの方法はアルベルティの『建築論』に記述がある。しかしこの技術上の方法から壁による空間の囲繞の問題の考察に到達したのはブラマンテだけである。それはもはや《建てられた》構築物として，ましてやアルベルティ流の，比例構成された壁面とそれに重ねられた《装飾》としてではなく，均質な材料で型どられたものと考えられている。ブラマンテはじっさい，コンクリート成型でヴォールトを架構しただけでなく，ヴァザーリによれば，「ボルゴにラッファエッロ・ダ・ウルビーノの所有となった館を建設したが，これは煉瓦と成型工法によってドーリス式の円柱とルスティカ式粗面仕上げを行ったもので［…］型枠を用いて建設する新しい方法の発明である」。この技術によって，構築される要素はその固有の意味を変えることになる。ブラマンテの考えではおそらく，もはや《壁体》とそれに重ねられた建築オーダーによる《装飾》とを，かつてそれに意識的な厳格さで対処していたように，アルベルティ流の合理主義で区別することは意味を失った。《成型工法》の構造を採用することにおける唯一の現実は，構造物全体が——少なくとも概念的には——物理的等質性を保つことである。したがってそこでは，壁面に導入されたオーダーを厳密に壁的な用語に翻訳して「付け柱」の形式だけで表現することは意味がない。いまや《装飾》までを含めた建造物全体の連続性と概念上の一体感や統一性を表現するために，壁面上に「半円柱」を導入することさえ可能となるだろう。

　半円柱は，ラッファエッロ邸（1517年にラッファエッロが買い取ったもので，1510年頃かそれ以後にカプリーニ家のため設計されたブラマンテ後期の作品と考えられる。ただしフロンメルのように1501-02年にこれを位置づける研究者もある）のファサードやパラッツォ・デイ・トリブナー

リ（1508年頃）の中庭に用いられていたことは確かであるし，ジェナッツァーノのニンフェウム（1508年から1511年の間に位置づけられる）の正面やロレートの「サンタ・カーサ」の外面仕上げ（1509-10年），そしてサン・ピエトロの工事期間中教皇祭壇を保護するため設けられた「テグーリオ」(27)（1513年）にも認められる。要するにそれはブラマンテ後期の活動の産物とみられる。

「建てられた」建築ではなく，（彫刻作品が粘土や蝋でいったん形作られた後石膏やブロンズで形どられるように）「成型された」建築という考えから出発することで，壁もオーダーも，そして構造も装飾も——それがどんな材料で実現されようと——稠密で概念的には同質的でありながら，その表面は多種多様な視覚上の手法で分節されうるひとつの現実となる。材料を《くり抜いて》作られた《純粋な》内部空間と，彫刻家や画家の方法で表現され自由に描き形作られた，いわば《純粋な》周壁とがあい対する。構造上の組織や視覚や色彩，造形そして光線の性格づけは，いまや最大限の自由度で表現されるようになる。現実の構造と構成要素と材料（煉瓦やトラヴェルティーノ，大理石，ペペリーノ石）を用いながら，場合によってはそれらを（《成型》法で）イリュージョニズム的に表現し，いかなる強制的な拘束からも自由となる。壁面を造形可能な空間の境界面と考えることは，それを構成する語彙のかつてない拡大をもたらす。そして錯覚を用いて表現される形態は，そこに古代文化における形態を一字一句再生する「かに見え」，その情感的価値を背負い込むことが可能となるだろう。しかしそれが当時の人々の目に古代ローマ建築の《複製》あるは再現としてうつれば映るほど，内実と根本的な意味において，それとは程遠いものとなる。それはまさしく，ユリウス二世の「帝国の復興（レノヴァーティオ・インペリイー）」が「見かけ」上の事柄にとどまり，古代のそれとは似ても似つかぬ政治的社会経済的現実のための道具に過ぎなかったのと符合する。いずれにしろ建築の総体は《虚構》となり，建築的手段で解決されたそれ自体のスペクタクルとなる。それは《芸術》に特徴的な領域に帰結し，そこでは絵画や彫刻作品におけるように，とりわけ視覚的効果が目論まれる。

都市空間の境界面として理解されたファサードの問題に関するかぎり，巨大なパラッツォ・デイ・トリブナーリとラッファエッロ邸が，盛期ブラマンテのこのような態度を示す非常に重要なものとなるはずであった。

世俗的なものを含めたすべての権力をローマ教会の掌中に集中しようと意図したユリウス二世の構想にしたがって，パラッツォ・デイ・トリブナーリは（1508年に着工しほぼ三年間精力的に工事が行われたのち中断され，未完のままおかれ，ついには見る影もなく破壊された）ローマの教会と世俗両方の裁判所を収容するほかに，裁判官の住居まで備えていた[11]はずである。ブラマンテの計画案はウッフィーツィの素描 136A r に見ることができるが，後の工事の段階でいくつかの点が変更されたことはB. ペルッツィの実測図（ウッフィーツィ 素描 109A r）によって知られる。それは平面の二辺が約76mと96mの長方形からなる大きなブロックであり，

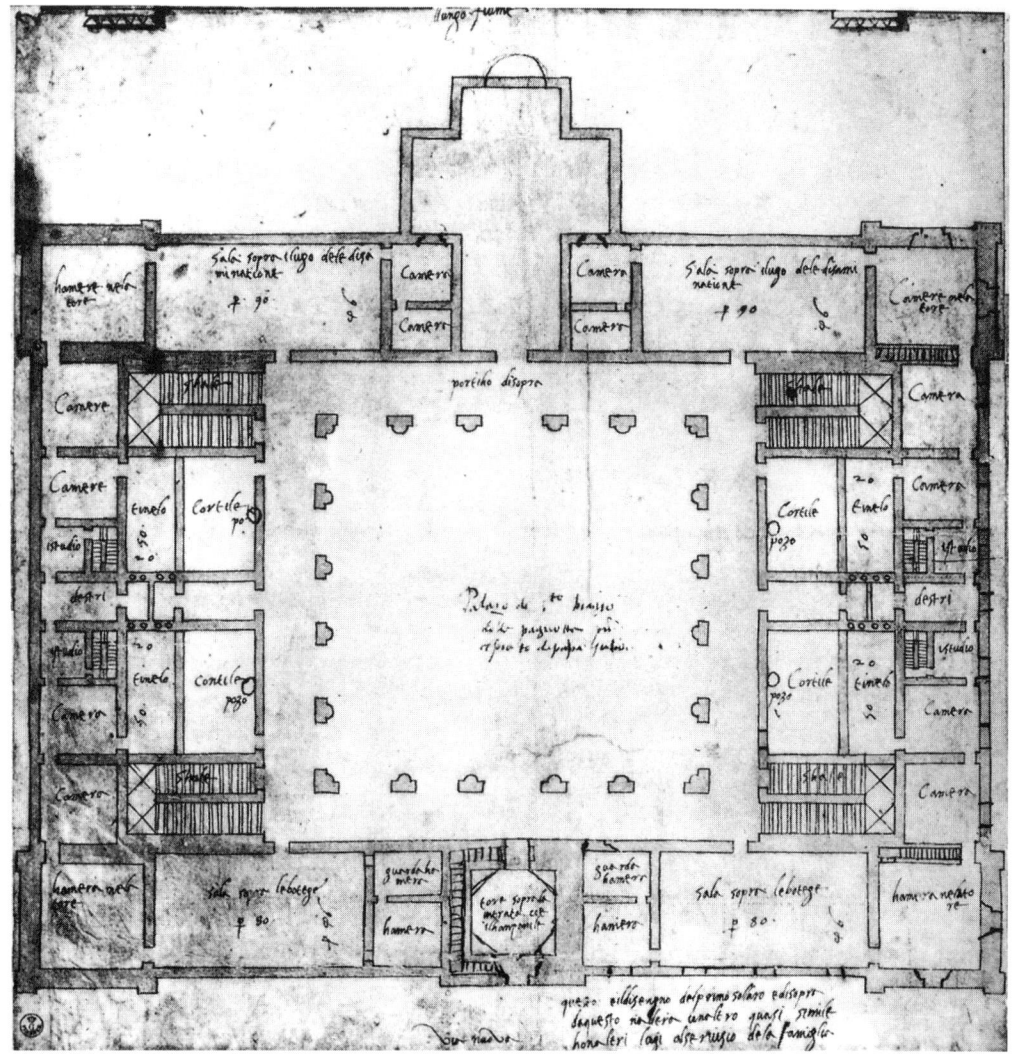

第九章　サン・ピエトロとブラマンテの《盛期様式》

図196　ローマのヴィア・ジュリアのパラッツォ・デイ・トリブナーリの平面図　アントーニオ・ディ・ペッレグリーノに帰せられる（フィレンツェ、ウッフィーツィ素描136Ar）。

　四隅が塔で固められるいっぽうで，内部には一辺約35.6mの正方形の中庭が取られていた。ヴィア・ジュリアに面する正面には入口を示す大きな塔が建物の他の部分を睥睨し，上部では八角形平面となって鐘塔の役目を果たした。その裏側では，建物に組み込まれたサン・ビアージョ・デッラ・パニョッタ教会がテーヴェレ河に向かって突き出していた。教会の平面はラテン十字型からなり，ドームと突出するアプスを備え，それをはさむ二隅の聖具室の上にはたぶん鐘塔がそびえていただろう。河に面してこれらの要素が，パラッツォの壁面を背にしたヴォリウムの分節による壮麗な構成を見せたにちがいなく，それはサン・ピエトロの着工記念メダルに見られるものに似通ったものだったろう。この建物の主 階（ピアノ・ノービレ）だけを示すウ

255

図197 パラッツォ・デイ・トリブナーリ　ユリウス二世による起工記念メダルに見られる正面（ヴァティカーノ博物館）。

ッフィーツィの素描 136A r の書き込みからは，それが基本的に三層構成で成り立っていたことが推察される。地上階にはヴィア・ジュリアに面して店舗が設けられ（これは古代ローマのバジリカ裁判所によく見られる），法廷諸室や上階につながる階段がおさめられた。二層におよぶ上階には，四つの主要な裁判所の裁判官用執務室や居室，そして家族や使用人の住居が設けられた。四隅の塔の最上階はおそらく監獄にあてられたろう。それぞれ異なる不均質な機能に応じた様々な空間の配置や寸法決定には，細心の配慮が払われていることが見て取られる。

11　C. L. Frommel, *"Il Palazzo dei Tribunali in Via Giulia"*, *"Studi bramanteschi"*, 前掲書, p.523-534と *"Der Römische Palastbau der Hochrenaissance"*, 前掲書, および索引参照。

この建物の平面組織といくつかの構成要素は，フロンメルが示す通り，部分的には中世のパラッツォ・コムナーレの類型（例えばミケロッツォによるモンテプルチャーノのそれ）[28]から示唆を得たものである。またローマの枢機卿邸宅を思わせる要素もある。たとえばパラッツォ・ヴェネツィアやとりわけパラッツォ・デッラ・カンチェッレリーア[29]がそれであり，教会を取り込んだ構想や隅部の張り出しは後者から示唆を得たものかもしれない。ヴォリウムの

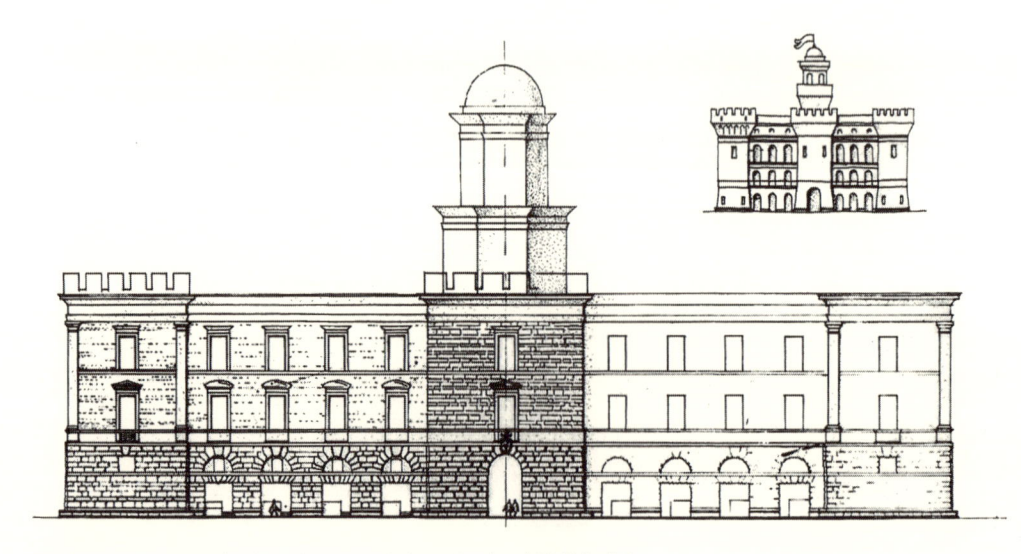

図198　パラッツォ・デイ・トリブナーリ　正面ファサードの仮説的復元図。

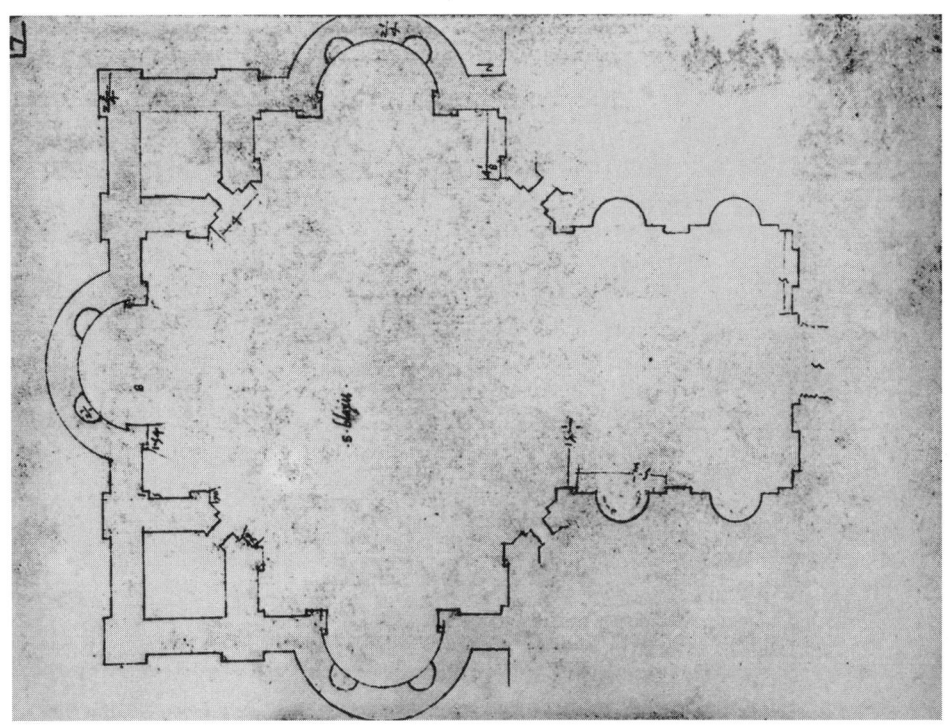

第九章　サン・ピエトロとブラマンテの《盛期様式》

図199　ローマのパラッツォ・デイ・トリブナーリ内のサン・ビアージョ・デッラ・パニョッタの平面図　（ロンドン，ソーン博物館，コーネル写本，フォリオ7）

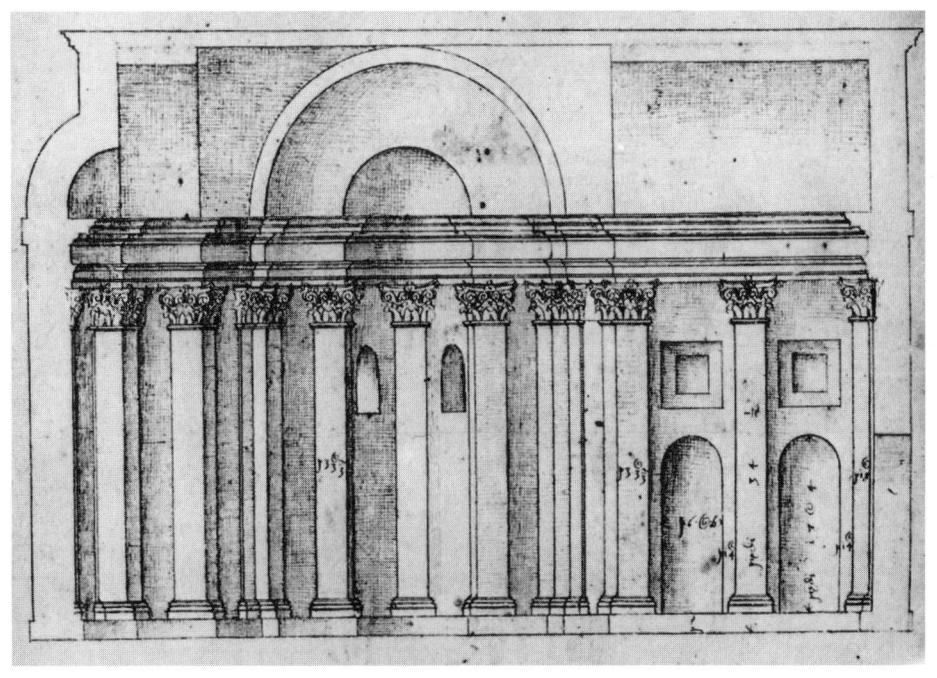

図200　パラッツォ・デイ・トリブナーリ内のサン・ビアージョ・デッラ・パニョッタ　パッラーディオによる長軸断面図（ヴィチェンツァ，市立博物館，D.11v）。

組織は，フィラレーテによるミラーノのスフォルツァ城への提案を（さらに，教会が半ば嵌め込まれながらパラッツォの外壁から突出する形式については古代ローマの浴場建築，カラカッラやディオクレティアヌス，そしてコンスタンティヌスのそれを）思い起こさせる。この平面型はこの時期のブラマンテの作品に形を変えて繰り返しあらわれ，チヴィタヴェッキアの城塞やロレートもその例である。一方空間の全体組織は——正方形の中庭が平面の中心にありながら，奥行方向への展開がそれに直行する長軸にそった空間配置の優位に対立するというものだが——フロンメルが留意するように，求心性と透視図的な軸性との二重構造という盛期ブラマンテの作品にしばしば見られる典型を示しており，すでに見たサンタ・マリーア・デル・ポポロの後陣できわめて明確に表現されていたものである。

　これらすべてから推測すると，模型まで制作されたトリブナーリの計画は，サン・ピエトロやベルヴェデーレとともにユリウス二世からブラマンテへの最大の委託のひとつであった。立面構成の展開について，先に述べたこと以上にわかることはたしかに多くはない。しかし「現場に」残された断片や知られているわずかな記録からは，それが非常に興味深い提案であったことが推定される。着工記念メダルには，ヴィア・ジュリアに面した建築構成が示されているがそれによれば，胸壁を戴く両隅と中央の最も高い塔の間にはアーチ開口が配されるいっぽう，急勾配で立ち上がる基部の上の壁面には開口がきわめて少ない。しかし細部を見ると，ウッフィーツィの素描 136A r や実現作と一致しない点が多い。つまりこの図案は初期案を示すにすぎず，計画はその後変更されていった可能性がある。じっさいヴィア・ジュリ

図201　パラッツォ・デイ・トリブナーリ　ヴィア・ジュリアに残るルスティコ仕上げの外壁基部。＊

第九章　サン・ピエトロとブラマンテの《盛期様式》

ア沿いに残る遺構から知られるように，パラッツォの一階部分がおそらく，粗削りに仕上げられた様々な高さの巨大な凝灰岩の塊で《ルスティカ風に》作られ，巨大な切り石による半円アーチと水平アーチで作られた店舗の開口で区切られていたことは確実である。同じ時期のベルヴェデーレのユリウス門やジェナッツァーノの《ニンフェウム》と同じく，手掛かりは古代ローマの遺構（アウグストゥスのフォルムの壁面(31)やフォルム・ロマーヌムの「神聖都市ローマの神殿」（テンプルム・サクラエ・ウルビス）の扉口(32)）から取られた。しかしブラマンテの創作は，古代ローマの切石による門の図式を反復しつつ連続させ壁面と一体化して，ひとつの建物の構造的にも分節された基部を形成したことにある。これはチンクエチェントの《マニエリズム》の展開（ジュリオ・ロマーノ，ペルッツィ，セルリオ，ヴィニョーラ等のそれ）にとって根本的な創造となるだろう。アルガンがセルリオについて述べているようにそれは「空間概念を，造形形態の概念と同一視する考え方を越えて拡張しようとする傾向」のひとつの指標であった。「ルスティコはじっさい自然性によって定義される点で，空間の幾何学的定義付けには組み込まれえないものである」。それはクワットロチェントの伝統である抽象的な幾何学とそれにともなう比例の絶対性を否定するもうひとつの方法であり，たとえばサン・ピエトロの場合に表明されたものと形は異なるにしろ類似した方法，つまり，見る者に対するに知的にというよりはむしろ視覚上の示唆や情緒的促しによって訴える方法である。

  12 G. C. Argan, *"Sebastiano Serlio",*《L'arte》1932 年 3 号 p.190-1; *"Studi e Note dal Bramante al Canova"*, Roma 1970, 所収。

パラッツォ・デイ・トリブナーリにはこのほかにも特徴的な創意が見られる。ウッフィーツィの素描 136A r の平面を見ると，四つの塔の隅部には幅が中庭の半円柱の二倍もあるかと思われる突起部が描かれているがこれは，この建物の上部二階を貫いて付け柱による《巨大オーダー》がそびえ，それがおそらく塔の《ルスティカ式》の基部の上に置かれた台座を踏み従え，四隅の塔の壁面上に設けられていたことを想定させずにおかない。素描 136A r によるかぎり，これらの突起は中央の塔や窓のある壁面には認められず，正面を構成するスペクタクルの視覚上の基準として，三次元の桁外れの構造体によってこの建物の四隅の塔だけを強調するかに見える（正面の細部がどのように構成されていたかは知られていない。あるいはアーチ構造に重ね合わされた小オーダーであったが，より可能性の高いのは，窓と胴コーニスだけによる，のちにアントーニオ・ダ・サンガッロがパラッツォ・ファルネーゼで実現するのに似た方法であったろう）(33)。しかし隅部のこの突起は，一階部分の粗面石仕上げが上階の塔の出隅にそって連続していることを示している可能性もあり，その場合中央の塔は全面的に粗面石で仕上がられたとも考えられる。しかし，より可能性の高い巨大オーダーの付け柱であれ，あるいは出隅の粗面石積みであれ，いずれにしろここに見られるのはルネサンスの伝統的建築言語の著しい拡張であり，その後の発展にとっての範例であった。第一の場合ブラマンテの解法は，ブルネッレスキによるフィレンツェのパラッツォ・ディ・パルテ・グエルファの構想の三次

元的な解釈と展開であり，たとえばミケランジェロによるカンピドーリオのパラッツォ・セナトーリオ（その要素の多くはラッツォ・デイ・トリブナーリに由来する）と関連づけられる。第二の場合それは，パラッツォ・ファルネーゼのようなサンガッロ型のパラッツォに引き継がれる。壁と空間についての概念はブラマンテのそれと全くことなるにしろ，パラッツォ・ファルネーゼの中庭のための基本的なプロトタイプとなったのはやはりトリブナーリの中庭だったにちがいない。そこでは正方形の中庭の各辺が三層に積み重ねられた五連アーチで構成されたと考えられ，すくなくとも主階部分には半円柱が用いられていたはずだからである。

　パラッツォ・デイ・トリブナーリについては，平面構成の概要が知られるものの外観は大ざっぱな構想しか知られないのに対し，のちにパラッツォ・デイ・コンヴェルテンディに組み込まれたラッファエッロ邸（建設時のパラッツォ・カプリーニ）(34)の平面については1591年から1600年頃の間にオッタヴィアーノ・マスケリーノによって描かれた図面しか残されず，しかもそれは改築後の状態である。いずれにしろこのパラッツォはヴィア・アレッサンドリーナと後にスコッサカヴァッリ呼ばれる広場との角に建っていた。通りから見た外観はチンクエチェントの素描や版画に多く残されているが，中でもそれを精確に伝えるのはパッラーディオの手によると見なされるスケッチ（ロンドン，RIBA所蔵）とA. ラフレーリによる版画（1549年）である。そしてこのパラッツォの正面こそ，パラッツォ建築の分野におけるローマ時代のブラマンテの確実でまた最も重要な作品である。[13]

　　13　この作品とカステッレージ枢機卿のパラッツォ以外にも，ブラマンテはニコラ・フィエスキ枢機卿のパラッツォ（Frommel, *"Römische Palastbau …"* II, p.180以下参照）の改造と拡張計画に関わった可能性がある（アルベルティーニの1509-10年の記述。フェッレリーオによる1655年の版画によれば，ブラマンテの1505年の計画とされる）。これは後にコルソ・ヴィットーリオ・エマヌエレの敷設にともなって改築された。フランツィーニの版画（1643年）に残されているファサードの全体計画はおそらくブラマンテによる計画案を保存しており，そこでは現状とはちがって，一階部分にはアーチ開口が並んでいる。しかし正面入口とピアノ・ノービレの窓はおそらくブラマンテの指示に従って他の建築家，たぶん若きアントーニオ・ダ・サンガッロが設計した可能性がある。のちに上階に増築されたため，当初の上階の処理（エンタブレチュアで終わったかそれともアッティコが設けられたか）は復元できない。1510年にはソデリーニ枢機卿もブラマンテに「私のところの工事を続けてくれるように」「そのためにあなたに助言が必要です」（これはパラッツォ・カステッレージの近所にあったとされ，1509-10年にアルベルティーニによっても言及されている）と釈明を求めている。しかし残るものは何もない。（A. Rossi, *"Nuovi documenti su Bramante"*,《Archivio di Storia dell'Arte》, I, 1888, p.134以下参照）

　編成上の構想は，古代ローマや中世の邸宅に見られる，一階に商店を設け上階に住居を置くというものであるが，ブラマンテは二つの機能を決定的に差異づけることで明確に表現した。「公的」で商業用の機能と「私的」な居住空間との区別である。しかし建物正面を《ルスティカ造り》による一階部分と単一種類の巨大オーダーでまとめられる上階部分（ピアノ・ノービレとサービス階）という，本質的には二つの要素だけで構成される「型」に還元することは，クワットロチェントにも古代ローマにも確実な先例は見当たらない。むしろパラッツ

第九章　サン・ピエトロとブラマンテの《盛期様式》

図202　ローマ，ヴィア・アレッサンドリーナのラッファエッロ邸　ラフレーリの版画（1549）に見られる立面。

ォ・メディチに代表されるフィレンツェ風パラッツォの伝統や，複数のオーダーを重ね合わ
せるアルベルティのパラッツォ・ルチェッライやあるいはパラッツォ・デッラ・カンチェッ
レリーアの形式への異議申し立てである（ただし後者は，一階部分の壁面による構成や上階での
オーダーの採用という点で，フィラレーテのいくつかの提案やコルネート枢機卿のパラッツォとともに，パラッツォ・カプリーニに最も近い先例ではある）。一階部分の《型枠成型》による粗面石の
仕上げはトリブナーリの切り石に似て，あるいはそれ以上に，《古代ローマ》壁面の密実な分
節を再現しようとしている。その堅牢な連続面は，もっとも正統的な《ギリシア式》オーダ
ーをまとった楣式構造の不連続性と対比関係におかれる。トリグリフを備えたこのドーリス
式オーダーの《ギリシアらしさ》は，ウィトルウィウスから引かれた重要な詳細，たとえば
出隅部分のトリグリフや，使用人の階に窓を設けるためにメトープがリズミカルに欠落して
いることなどによって際立っている。互いに対立し異なる二つのシステムが《煉瓦と型枠成
型による》古代ローマ式の単一の施工方法によって，物理的である以上に，観念的な統一を
達成している。このシステムは，オーダーを壁的な性格の中に還元しようとするアルベルテ
ィの方法を非論理的なものとするが，この方法こそまさに，付け柱を例外なく採用していた
ことで示されるように，かつてのブラマンテがいつも忠実に従っていたものであった。

　個々の要素は，イリュージョニズムによって，異なった力学的機能を受け持っているかの
ように視覚上は見える。しかしこのイメージの中で否定できない，それどころか明瞭な唯一

261

図203 ローマ，ヴィア・アレッサンドリーナのラッファエッロ邸　かつてパッラーディオに帰せられていた素描（ロンドン，RIBA イギリス建築図書館）。*

の事実は，概念上その材料が均質とみなされることであり，様々な部分はその中からあたかも彫像のように型取られ描出されるようにして掘り出される。そしてそれを形成するヴォリウムや構造の完璧な三次元性が細部のいたるところ——とりわけ出隅の処理——に明確にされているいっぽうで，全体像の視覚的統一性は，ルネサンス建築においてこの手法がこれほど決定的な仕方で用いられたのはおそらく初めてであったが，「対比によって」達成されている。《古代ローマ風》壁面の《ルスティカ式》切り石は，初源的でほとんど時の彼方にある巨大な荒々しい構造体によって，その自然主義的性格を強調する[14]。この壁構造の上に建てられた《ギリシア式》オーダーは，あたかも高い基壇の上に建つ神殿の列柱のように，精巧で洗練された合理性を備えた人間によって耕され，均され，手を加えられたものの感覚を明示するが，それはウィトルウィウスへの造詣深い参照に裏づけられていた。《自然な》形態と《手を加えられた》形態とが，建築の《普遍的な》二様態としてあらわされる。両者は相互に対比しあうことで効果を高める。しかしオーダーという，不連続で軽快かつ脆弱ではあるがより《高貴な》構造体を，切り石による壁面という粗削りで頑丈な構造の上に置くことで《論理》的に表現しようとされたものは，重力という自然法則と当時の社会法則であった。労働の分化にともなうその規則によれば，ピアノ・ノービレの住人の知的あるいは政治的活動は，地上階の商店主や職人のそれより上位に置かれたのである。

14 のちにセルリオによって理論化されることになる（建築第四書序文；J. Ackerman *"The Tuscan / Rustic Order"* 前掲書，参照）ルスティカ風の荒い壁面仕上げと《トスカーナ式》オーダーとの同一視は，このパラッツォに起源を持つ可能性がある。荒い壁面が事実上トスカーナ式オーダーを表わしうるとすれば，その上に実際にドーリス式が建てられることは理にかなっている。いずれにしろこの構成は後の一連のパラッツォに現れ，そこでもピアノ・ノービレにはドーリス式が見られる（ラッファエッロの『ボルゴの火災』に描かれたパラッツォやヤーコポ・ダ・ブレッシャのパラッツォ等）。

こうして，セルリオがのちに同類の作品について述べるように（第四書，c. 33），建築作品は「それ自体が，一部は自然の創作物であり他の一部は人工的な作品であることを表明しつつ」，異なる部分が《混合》あるいは《混交》したものとなる。二つの異なる部分の表現上と概念上の対比にもとづくこの《発明》は——注目すべきことに，両者のいずれも他方に対し いささかも優位に立つことはない——チンクエチェントの《マニエリスタ》たちにとって極めて刺激的なものと映っただろう。さらには，もはや《マニエリズム的》と呼んでよいある種の好みが，諸要素の建築的意味を「表現主義的」に強調するなかに表明されている。一階部分にそれは顕著であって，そこではいくつかの《風変わりな》詳細や——店の水平アーチの要石が一つではなく二つ並んでいることなど——アーチ内に開けられた小窓状の穴に呼応する粗野な処理が《非論理的》に強調されていること，そして対になった上階の柱の規則的なリズムと相容れない，一階部分の開口の様々な形と配列などが，マニエリズムの個人主義的な《放縦》への道を開放している。

型押しされた形態として成型的方法で作られ，透視図効果とイリュージョニズムをとおし

て表現された建築において，現実と虚構とはたがいに接近するにとどまらず，混ぜ合わされ，融合する。見かけに反してその全体像が決して単純で一義的な読み取りを許さないばかりか，建築家の個性ももはや「自然」や（「歴史」によって照射された）「原則」に基づいた「学問」も超越する《新奇性》によって表現されるようになるが，その根底にあるのは《虚構性》にほかならない。それと同時に，メッセージが明示する普遍性の彼方で，また一見規範的なこの提案の合理性を越えたところで作品は開放され，それを見る者にも情緒的で主観的な解釈を許すのである。

第十章

生涯の最期と総括

人間ブラマンテと
十六世紀建築(チンクエチェント)の展開におけるその作品の意義

　1505年から1510年のあいだは、ローマ時代のブラマンテの最も豊饒な時期である。多数の計画が作成されるのに歩調をあわせて、工事は着実に進捗した。しかし1510－11年頃を過ぎると計画の数は減少し、工事の速度は鈍る。ユリウスが依頼した工事のうち、その逝去の時点で完成していたものはほとんどひとつも存在しない。教皇庁の宝庫は戦費のために払底しかけていた。ユリウスには建設以外に頭を悩ますことが山積した。1508年に反ヴェネツィアのカンブレ同盟を推進したかと思うと、1510年の初めにはそのヴェネツィア共和国に接近し、アドリア海における航行と商業の自由を獲得する（これにより、1511年1月にはロレートの近くにレカナーティ港の建設が決定され、ブラマンテはその相談を受けた）。1511年の10月にはヴェネツィアおよびスペインと同盟してフランスに対抗するようになる。フランスと神聖ローマ帝国の提唱による反ユリウスの宗教会議が1511年にはまずピサで開かれ、すぐにミラーノへ次いでリオーネに開催地を移し、教会分裂を引きおこす。1512年の4月11日教皇軍はラヴェンナでガストン・ドゥ・フォワに敗北を喫するが、5月にはローマでラテラーノ宗教会議が開催され、そこでは教皇の至高性が再び強力に主張された。

　ブラマンテはいまや大きな名声に包まれ、教皇とは親密な間柄にさえあった（1510年7月10日にはソデリーニ枢機卿から、ボルゴ地区のヴィア・アレッサンドリーナに面する自邸について意見を求められたが、ブラマンテは多忙のためこれを引き受けられなかったらしい）。1510年の末には教皇とともにボローニャにあった。12月13日付けのボローニャ発のある書簡の伝えるところでは、それ以前に病に伏していたユリウスが「日に日に回復され、ダンテを勉強しようとなさっておられるようである。夜ごとにダンテを読ませ、博識な建築家ブラマンテに解釈させておられる」とある。ヴァザーリによればブラマンテは、「ミランドラとの戦役を通じて［その城塞は1511年1月20日に陥落した］幾多の非常に重要で独創的な仕事に携わった」。

　1　ボローニャにおけるブラマンテについては、R. J. Tuttle, "*Julius II and Bramante in Bologna*", "*24th International Congress of the History of Art*", 所収、参照。

　ヴァザーリによればまた「教皇はブラマンテの建築の能力にほれ込み、たいへん重用した。

図204 ブラマンテの肖像 ヴァティカーノ宮,署名の間のフレスコ画『聖体の論議』のためのラッファエッロによるスケッチの部分(パリ,ルーヴル美術館)。*

そのため，その才能をこよなく愛した教皇から［1512年7月27日］，印璽局に配属され，そこで教皇勅書を印刷するための非常に美しいねじがついた機械［？］(2)を作った」。これこそブラマンテの最も栄えある瞬間である。加えて，ラテン語を解さない者だけに任された印璽局は，莫大な収入をもたらした。じっさい，サバ・ダ・カスティリオーネの語るところによれば（1549年），ブラマンテは「ある友人から調子はどうかと尋ねられて，とてもいいよ，なにしろ自分の無学のおかげでいい収入にありつけるのだから，と答えた」。またチェザリアーノ（1521年）によれば，ユリウスは「ブラマンテを裕福にし，自身とその使用人たちの慎ましい生活や衣服には十分すぎる恩恵や，最高の年俸をもたらす職務を与えた」(3)。再びヴァザーリによれば「ブラマンテは最高の栄誉につつまれて生き，その生涯の功績にふさわしい地位をえたが，その懐具合は，そうした立場の人間にふさわしいものでは決してなかった」。またグアルナはその『シミーア』のなかでブラマンテに「心地よく生活するに不足はなかった」と語らせている。

　しかしいまや仕事は減少し，政治と経済の危機が建設のための力をサン・ピエトロだけに集中することを余儀なくさせる。他の工事は延期されるか完全に中止される。それでも1513年の1月から9月にかけて，マリアーナのヴィッラにおける小規模な工事（ジュリアーノ・ダ・サンガッロの計画による）が「建築家ブラマンテ修士の委託によって」施工される。同年中にはまたチヴィタヴェッキア港の船溜りが「ブラマンテ修士の判断にしたがって」工事されている。

　1513年2月21日にユリウス二世が逝去するが，短い教皇空位期間のあいだもチヴィタヴェッキア港の城塞では工事が続行されている。そして1513年3月11日フィレンツェ出身のジョヴァンニ・デ・メディチが教皇に選出され，レオ十世を名乗る。シーアマンの研究によれば[2]その教皇統治下の初期，1513年の五旬祭の後に，ブラマンテの設計にしたがって「テグーリオ」が着工される。これについてヴァザーリは，「ブラマンテは［…］ペペリーノ石で美しいドーリス式の装飾を作った。これは教皇がミサを行うためにサン・ピエトロ聖堂に入るときに，すべての教皇庁内の聖職者とヴァティカーノ駐在大使たちを収容するために計画された」と述べている。すなわちこれは，新聖堂の工事期間中，教皇祭壇を保護するための仮設建築物である（工事は1514年の復活祭の後中断されたが，ヴァザーリによれば，B. ペルッツィが完成させその後1592年に撤去された）。

　　2　J. Shearman, "Il 《tiburio》 di Bramante", "Studi bramanteschi", p.567-573, 参照．

しかしこのとき，フィレンツェ出身でかつてメディチ家の建築家であったジュリアーノ・ダ・サンガッロがフィレンツェから直ちにローマに戻る。ジュリアーノはメディチ家のフィレンツェからの逃亡（1494年）後，枢機卿時代のユリウス二世のために働き（1494-96年），1505年から1507年にかけてはローマにあってブラマンテの最も手強いライヴァルであり，教皇宮廷の芸術家たちの中でいわば《フィレンツェ派》の総帥ともいうべき立場にあった。そ

れはアンドレーア・サンソヴィーノやなかんずくミケランジェロといった第一級の人物を抱える強力な党派であった。しかしブラマンテは職業的なのにとどまらない自らの能力によって，教皇とヴァティカーノ宮廷の有力者たちの寵愛を完全に独占するのに成功した。そしてその立場を強化するために，親しくしていた非フィレンツェの老大家たち——ピントゥリッキオ，ルカ・シニョレッリ，ペルジーノなど——を支援し[4]，ギョーム・ド・マルシラのような職人や，ブラマンティーノのようにロンバルディーア時代にブラマンテの弟子であった人々をローマに呼び寄せたばかりか，フィレンツェ出身者を含む若くて才能ある芸術家たちに接近するという政治的な行動にまで及んだ。これにはアントーニオ・ダ・サンガッロ・イル・ジョーヴァネやヤーコポ・サンソヴィーノ[5]，そしておそらく，シエーナ出身のバルダッサーレ・ペルッツィ（フランチェスコ・ディ・ジョルジョの弟子であり，教皇の銀行家であるシエーナ出のアゴスティーノ・キージをパトロンにしていた）も含まれる。そして1508年の末か1509年の初めには，ウルビーノのラッファエッロを，まさにミケランジェロに対抗させるためローマに移り住まわせた。

　ブラマンテに忠実な芸術家や施工者たちが，ユリウス二世統治下のローマにおける建設活動のあらゆるレヴェルを支配する。1507年にはジュリアーノ・ダ・サンガッロは教皇宮廷を離れることを余儀なくされ，ジュリアーノ自身によるマリアーナのような建設工事もブラマンテに引き継がれた。《フィレンツェ派》は実質的に敗北した。しかしレオ十世が教皇に選出された時にはブラマンテもすでに老いて病がちで，状況は急速に変転する。ローマに戻ったジュリアーノは1513年の7月には早くもメディチ家のためナヴォナ広場に壮大なパラッツォを計画する。9月にはベルヴェデーレのボルジアの塔に関する工事を依頼され，1514年1月1日にはサン・ピエトロ建設の建築家に名を連ね（1515年7月1日まで），すでに見たように，ブラマンテはこの時期，自らのサン・ピエトロ計画案を修正せざるをえなくなったらしい。

　ブラマンテとラッファエッロはいまだ高い名声を享受していたものの，フィレンツェ派はすでにいたるところで失地回復しつつあった。たとえば，1513年9月にメディチ家のジュリアーノとロレンツォの二人へのローマ市民権の授与を祝う式典に際してカンピドーリオ広場に建てられた木造の仮設劇場は，ミケランジェロと親しいフィレンツェ出身のピエトロ・ロッセッリによって実現されたが，おそらくジュリアーノ自身の設計にもとづいていた。フィレンツェ派の職人たちがマリアーナの工事にもどり，さらに1513年6月22日にはアンドレーア・サンソヴィーノが，ブラマンテ設計によるロレートの工事の監理責任者に任命される。

　教皇戴冠のとき——その折の祭典にはブラマンテもローマ式の凱旋装飾の制作に関わったにちがいない——以来レオ十世は，ユリウス二世の戦役のあとをうけて，平和と正義のもとでローマと教会国家に有効な諸芸術と主導権の高揚に役立つはずの新たな《黄金時代》(アウレア・アエタース)を築こうとの意思を明らかにしていた。しかし財務資産は枯渇する一方で，新教皇の現実主義的で親族重用(ネポティズモ)の政策はその領域を一定の枠内での《私的な》ものにおしとどめ，普遍主義的な

268

第十章　生涯の最期と総括

政治への期待を裏切り，大規模な工事への出費を殺いだ。すでに見たようにブラマンテは，自らの立場を再確立するために教皇にローマの再組織化の計画を新たに提示したと思われるが，それはテーヴェレ河の氾濫への解決法を見出す必要性に発したものであって，おそらくはナヴォーナ広場とパラッツォ・メディチを含む地区の意味を高めるための構想（それは新教皇のもとで1518年に発展させられた，ポポロ広場の再編成とヴィア・リペッタの敷設によって展開された）と結びついていた。

しかしこの頃にはブラマンテは疲弊し病んでいた。ヴァザーリによれば晩年のブラマンテは「老齢に加えて中風で両手が不随となり，かつてのようには作業できなかった」。そこで（年長の協力者を措いて）アントーニオ・ダ・サンガッロ・イル・ジョーヴァネを抜擢し，ヴァザーリからの引用を続ければ「作成中の図面をアントーニオに手伝わせたのである。[…] そしてブラマンテは自分が望むオーダーと，各作品が備えるべき基本的な創意と構成だけをアントーニオに指示したのである」。じっさい1513年の末にブラマンテはフォリーニョのドゥオーモの工事（そこではトーディのコンソラツィオーネ教会でも活躍していたコーラ・ダ・カプラローラが働いていた）について相談を受けたが，健康状態が悪いことを理由にこれを辞退している。健康のさらに悪化したブラマンテは，1514年4月11日ローマで没し，サン・ピエトロに埋葬された。ヴァザーリの記すところでは，そこに「教皇廷臣やすべての彫刻家，建築家，画家が参列して名誉ある葬儀が行われた」。

残された記録はけっして多くないが，チェザリアーノやエジーディオ・ダ・ヴィテルボ，グアルナ，ミケランジェロといった同時代人や，同時代人からの直接の証言にもとづくと思われるヴァザーリのような歴史家の記述，そしてブラマンテ自身の作品なかでもとりわけ絵画やソネットを検証することにより，ブラマンテの性格のいくつかの側面を知ることができ，その作品の性格のいくらかもこれによって説明される。ヴァザーリによれば，ブラマンテは「非常に陽気で気さくな人物で，いつも喜んで身近な人の手助けをした。また多くの才能ある人々と親しくし，友人のために援助を惜しまなかった」。

ブラマンテを直接知っていたにちがいないと思われるグアルナもまた，『シミーア』（1516年）のなかでこの建築家を生き生きと描いている。その中ではブラマンテは陽気な話し手，ひょうきんで辛辣な皮肉屋として描かれている（「生前，すべてを瞠目すべき仕方でからかっていた」）。また自らを権威づけて見せるための擬古典的でわざとらしい追従のなかには，微かな嘲笑さえ認められる（「キリストの小羊たちの最高の指導者に，敬虔かつ従順なブラマンテから挨拶をお送りする」）。しかしこの権威のために，ブラマンテは尊大に，果敢に，そして挑発的ともなる。自らの野心的な計画や貴からぬ目的を達成するために詭弁を弄する才も備えていた。そして壮大な計画が「教皇の財布をすこしでも軽くするため」であるとまで嘯く。野心に満ち，うぬぼれ強く，高慢で機知に長け，素早い痛烈な反応で応酬し，冷笑的で，「壺作り

のろくろよりも回転が速く」、短気で怒りっぽく、あげくには同性愛の傾向さえも漏らす。このように描かれたグアルナのブラマンテ像は、けっして道徳的拘束を自らに課すことのない、偏見から自由なエピキュリアンであった。「[…]できる限り憂鬱や苦しみを遠ざけ、心地好く楽しい気分をいつも糧にしてきた」と独白し、また続けて「恣意的な自由を与えられた自由な人間に、本当に自由に生きることができるだろうか。[…]自由に振る舞うように許されていることすべては、私にとって全く正当な権利だと信ずる」と。それは「自らの才能に従う」ことで放縦にまで至る自由である。

　グアルナが描写するブラマンテのカリカチュアには、むろんいくらかの誇張が含まれるだろう。しかしながら機知や皮肉、言葉の面まで含めた知的で嘲笑的な遊び心は、ブラマンテのいくつかのソネットや絵画のいくつか、たとえば現在ブレーラ所蔵の『武装した人物像』にも明瞭に見て取れる。そしてグアルナが浮き彫りにしたブラマンテの性格の側面は、エジーディオ・ダ・ヴィテルボのような同時代人の証言やヴァザーリの記述によって裏づけられる。ヴァザーリはまたブラマンテの「作為的な困難」への嗜好や、同様にその「優美と困難とが芸術を大いに高めた」ことを明らかにしている。そしてさらにその「奇抜な才能」に着目する。このことは建築作品のいくつかの詳細で実証され、たとえばベルヴェデーレの碑銘にラテン文字でなく、「自らの才能をはっきりと示すため、古代象形文字（ヒエログリフ）に似せた仕方で」きざむという風変わりな発案によっても証明される。それはじっさい、機知に富んだ一種の「謎かけ」であった。

　千五百年代の原典にはさらに、ブラマンテが様々な興味を示す人間として書き残されている。チェザリアーノをはじめとする同時代人が、ブラマンテは「俗語による韻文の創作にすぐれていたとはいえ」《無学（イレッテラート）》であったと記すものの（もっともルネサンス期にはこの言葉は、ラテン語や古典古代の理解に乏しいことをさしていたにすぎない）、断片的にせよある程度の教養は身につけていたはずである。順応性に非常にすぐれ、チェザリアーノのいうところの「まれにみる記憶力と雄弁[8]」を備えたブラマンテは、自らが交流した宮廷人文主義者たちとの接触をたよりに、それを独学で鍛え上げたにちがいない。たとえばシャステルの指摘するとおり、ブラマンテがフィチーノの思想を知っていたことはパニガローラ邸の人物像——地球儀をはさんで、泣く人と笑う人として表現されたヘラクレイトスとデモクリトス（アッカデミア・プラトニカを飾っていたそれと同じ構図）——によって証明されている[9]。ブラマンテの友人でもあったミラーノの詩人ガスパーレ・ヴィスコンティはブラマンテを詩人として（その詩の中で「ダンテの熱烈な信奉者」と述べられているように、ブラマンテはダンテに熱中していた）、また底知れぬ《知識》を備えた人物として称賛している。サバ・ダ・カスティリオーネはブラマンテを《宇宙論者》にして《俗語詩人》と記し、ヴァザーリも「詩作を好み、また竪琴にあわせて即興的に詩を詠じたり聞いたりするのを好んだ。またいくつかのソネットを作った」と書き残す。じっさいブラマンテ作の——粗削りで快活な——二十余のソネットが残されて

第十章　生涯の最期と総括

おり恋愛や宗教や戯れといったその主題は，ブラマンテの性格の隠された側面を明らかにしている。

　芸術活動の領域においても，従事するあらゆることがらへの活発な好奇心がブラマンテを，ヴァザーリによれば「幾多のすぐれた芸術の探求者」としていた。じっさい言及されている最も古い記録以来，ブラマンテは建築家としてのほかに「画家」，「技術者」，「透視図法家」と呼ばれている。また（サン・サーティロの聖具室のように）ブラマンテに帰せられる彫刻作品もあり，すでに見たとおり，明らかに舞台装置設計者で《都市計画家》であり，築城術や機械や水力学の問題の専門家でもあった。ドーニやロマッツォといった千五百年代の著述家はまた，ブラマンテが今では失われた理論的書物を著したとする。その内容は透視図法，《求積法》，築城法，《ドイツ様式》すなわちゴシック様式，建築の諸オーダーにおよぶが，どの主題もブラマンテの重要な関心事であった。

　　3　J. Schlosser Magnino, "*La letteratura artistica*", 初版　ウィーン 1924，イタリア語訳，フィレンツェ 1967, p.114 以下および p.148 以下参照。C. Pedretti（"*Leonardo architetto*" 前掲書，p.120，『建築家レオナルド』，p.203）によれば，これらの著作の一部はヴァザーリによってその『列伝』序文の建築論に用いられたらしい。

　ブラマンテの思想の反映は，パチョーリやチェザリアーノそしてレオナルドといった同時代の人々の著作の中にたどることがでるだろう。そしてまた，ラッファエッロの走り書きにバルダッサーレ・カスティリオーネが推敲を加えたものであるにせよ，よく知られた『レオ十世への書簡 *Lettera a Leone X*』にはブラマンテに溯る可能性のある記述——たとえば《ドイツ様式》や末期ローマ建築に対する鋭い考察——が含まれる。しかしアルガンが的確に強調するように，ブラマンテの関心はいつも具体的な応用に向けられており，この『実践 *Pratica*』が，ドーニによれば，ブラマンテの論考のうちの一巻の題名だったらしいというのも，あながち偶然ではなかろう。そしてつねに視覚的効果に最大の関心を払っていたにせよ，建築家として高度の技術的知識も備えていたはずである。また，しばしば大胆きわまる構造家となり，それどころか，その《果敢さ》に眉をひそめる同時代人が特記するように，思慮を欠いた無謀な実験者と化すこともまれでなかった。ロンバルディーアにおける古代末期や《ゴシック》建築の場合もローマにおける古代建築の場合も，単に形態の処理法を研究するだけでなく，すぐれた洞察力によって構法を研究している。ミラーノでは《跳ね橋の仕組み》を考案し，これはレオナルドの関心を引き付けた。ローマでは「吊り台を用いてアーチを架構する方法」をあみ出し，システィーナ礼拝堂の天井画を制作するミケランジェロのために《吊り》足場を用意してやった（ヴァザーリの記述）。

　ヴァザーリが述べるように，総じてブラマンテは「勤勉と熱心さ」そして「果敢な判断力」によって，また「可能な限りの知力」を発揮しながら「学問とディゼーニョ」とを調和させた。この忍耐強い探求や，技術的与件と建築語彙に対する分析的な掘り下げ能力が——それはまた

271

本質的な与件を把握する，まれに見る総合能力と結びついているのだが——《奇抜な才》と結びついて，《新たな創意》を生み出すのであるが，これこそブラマンテの作品に関してセルリオやヴァザーリやパッラーディオが力説する点である。ブラマンテの性格でもうひとつ特異な側面は，ヴァザーリがいく度も強調する短気であり，《非常なせっかちさ》であり，《激情》であって，ブラマンテの建築創造には常にこれがともなった。なかでもとわけ《果敢で，物事に迅速ですぐれた創造者》であった。特にローマ時代には，構想を組み立てる迅速さに，施工にさいしてのせっかちや短気が呼応している。そしてサン・ピエトロに見られるように，いつも最初からやり直すことをいとわなかった。順応と回復の能力や外的拘束に直面した際の《現実主義》が，ブラマンテの性格の別の側面を明らかにし，活動する機会をもったどんな環境の中にあっても根本的には異邦人であり《根なし草》だったブラマンテは，ソネットにも認められる醒めた冷笑的態度で，経済的困難やいつも容易であると限らない依頼者や同僚との関係に立ち向かった。困難で欺瞞に満ちた宮廷の環境のなかでは，抜け目なく動くことを，すなわち宮廷人の下劣な策略に惑わされず，自らの威厳を保ちつつ目的の実現のために有力者をうまく利用することさえ知る必要があった。深い宗教的感情を備えていたし（それはソネットのひとつに見て取れる）ローマでは「改心してフォッサノーヴァ修道院の修道僧」（モナークス・コンヴェルスス・モナステリー・フォッセノーヴェ）(15)となったが，ソネットの中では司祭に対して批判的であり，いっぽうでは重要な仕事に備えてしばしば道徳感情さえ柔軟にしておく必要があったにちがいない。サン・ピエトロの場合などでは，ライヴァルより本質的に優れたアイデアを提案しながらも，あまりに慎重さを欠いた行動におよんだあげく，ヴァザーリによれば，聖堂全体を再建する提案を教皇に説得しようとして「完全な混乱状態」を引き起こした。

　ブラマンテは，自らの権威や調停者としての役割を実質的に受入れる同僚や協力者たちに対しては柔軟であった。ローマでは（おそらくルネサンス建築史上初めて）専門的な工房を編成したが——ジョヴァンノーニはこれを《ブラマンテ設計事務所》と呼んだ——それは教皇やその他個人からの多数の依頼に対応できるためだけでなく，とりわけフィレンツェ出身の芸術家の《党派》とのあいだに生じた競争に効率よく対抗するためであった。この構図の中で，ブラマンテのミケランジェロとの関係はとくに緊張したものだったと思われるが，ミケランジェロの言葉やその伝記作家（ヴァザーリとコンディーヴィ）によれば，それは羨望と悪意に起因していた。コンディーヴィ（1553年）(16)はとりわけブラマンテの振る舞いに関する中傷的なあてこすりを述べているが，それはミケランジェロとの関係のみならず，仕事の進め方における誠実さにまで及んでいる。しかし近年になって，余白に同時代人物の書き込みが残されたコンディーヴィの著書が発見された。書き込みはミケランジェロ自身による意見を直接聞いた人のものらしいが，その内容はまさにブラマンテに関するコンディーヴィの記述の反証をあげそれを訂正するものである。ミケランジェロも1542年には，「教皇ユリウスとわたしとの間におこった不和のすべては，ブラマンテとラッファエッロ・ダ・ウルビーノの羨望の

せいだった」と書き記しているにもかかわらず，1546－47年頃には率直にこう認めている。「否定すべくもないのは，古代から今日に至る人々の中で，ブラマンテほど優れた建築家はいないことである。ブラマンテはサン・ピエトロの工事を着工したが，それには混乱も見られず，明快で混じり気がなく，光に満ち，隔絶していた［…］それは今も見られるように，非常に美しいものであった。だれであれ，ブラマンテの打ち立てたこの秩序から離れようとするものは，真実から遠ざかることになったが，サンガッロ［アントーニオ・イル・ジョーヴァネ］はそれをしたのだ。」

    4 U. Procacci, "*Postille contemporanee in un esemplare della vita di Michelangelo del Condivi*", "*Atti del Convegno di studi michelangioleschi. Firenze-Roma, 1964*", Roma 1966, p.279-94 参照。

  しかし両者の対立は，長い目で見れば，性格の対立によるものだったにちがいない。そして名声を求める争いや経済上の競争をこえて，ブラマンテと，ジュリアーノ・ダ・サンガッロやミケランジェロといったフィレンツェ出身の芸術家との対立は，建築を理解するための二つの異なる方法の間の衝突でもあった。

  ブラマンテが連なるのはいわば《画家》的《透視図法家》的建築家の系譜である。ブルネッレスキに始まり，フランチェスコ・ディ・ジョルジョとレオナルドによって部分的に再興されブラマンテによって確立された系譜であり，その関心は空間－構造複合組織の三次元的な表出に向けられる。フィレンツェ派の系譜は《彫刻家》的建築家のそれであり，ギベルティとドナテッロに端を発し――この意味でからもブルネッレスキに対置される――部分的にアルベルティを経由し，ジュリアーノ・ダ・サンガッロにより受け継がれ，その弟アントーニオ・イル・ヴェッキオやアンドレーア次いでヤーコポ・サンソヴィーノと続いたのち，まさに建築家ミケランジェロに至る。これは建築の特性を，空間を囲い込む二次元壁面に加えられた飾りや造形的な性格付けによって――つまり《装飾》によって――高めようとする芸術家の系譜であって，《虚空》に重要な意味を見出し，壁面を初等幾何学の形態よりはるかに複雑な三次元形態で律することで空間やその組織体を創造しようとするもうひとつの方向性には逆行する。フィレンツェ派のはいわば大理石の系譜とも呼べよう。それに対置されるのは，技術的な意味づけや絵画的な空間性の立場から見た材料の様相によって真価を発揮する煉瓦やコンクリートの系譜である。あるいは古代への参照のしかたから比較するなら，フィレンツェ派の関心はたとえば凱旋門や，記念建造物の壁面構成あるいは造形的装飾に向けられるのに対し，ブラマンテの関心は逆に古代浴場の壮大な平面構成やローマ建築の壁体による骨格に向かったが，こういった建造物では《装飾物》の欠如が容認されていること自体，なおさら興味深い。またブラマンテにとって建築オーダーとは，なによりもまず空間を測定する道具あるいは媒体であり，統合的に関連づけられた空間とヴォリュームの物差しとも生成器ともなるのに対し，《彫刻家》系の建築家にとってオーダーはなによりもまずそれ自体で意味を持つ《装飾物》であり造形的構成要素であって，彫刻にも似た審美的な情緒をそれだ

けで喚起しうるという，自律した彫刻的傾向に向かう。それはときに表現的性格を帯びたり（アントーニオ・ダ・サンガッロ・イル・ヴェッキオの場合），快楽主義的に洗練されたりしたし（ヤーコポ・サンソヴィーノの場合），あるいは激昂した個人的形態へと翻訳可能でもあった（ミケランジェロの場合）。

　根底にあるこのような対立にもかかわらず，逆説的なことであるが，老ミケランジェロはヴァザーリに，サン・ピエトロの実現にあたって自分が「ブラマンテの設計と指示を実施に移した」にすぎないと告白することになる。そして綿密な観察によって初めてわかることであるが，特に1546年以降建築の問題により直接的に関わるようになったことでミケランジェロは，サン・ピエトロ以外においてもブラマンテの作品の理念と含意を受け入れるようになる（このことはミケランジェロ以外にも，千五百年代後半の建築の主役となるパッラーディオとヴィニョーラの態度の中にも広く認められる）。ユリウス二世時代の確執の記憶も遠のいたこの頃のミケランジェロからヴァザーリが見て取った《鬼気》は，老ブラマンテの《鬼気》に呼応するものだったにちがいない。そしてヴァザーリの記すように，「ブラマンテの精神をとらえたこの鬼気」は，サン・ピエトロの《とほうもない構想》だけでなくその詳細にまで及んでいる。しかしその《鬼気》や壮大さを求めるとほうもない野心のなかにもブラマンテは，ほとんど揺るぎようもない内面の平衡や，アイデアや意図の明晰さや明快さを示している。多種多様な外的条件に対する極度の開放性のおかげで，絶え間なく刷新し続け，いつも自らを越えていくことが可能であった。作品から明らかな移り気や多彩な態度は混乱を招く要因となったが，それと同時にこれは，後世アカデミックな伝統の父と称されるようになるのとは反対に，ブラマンテがほとんど奇跡的なまでに反因習的であり続けられた理由でもある。そして，実験や様々な方向性の検証に取りつかれたほぼ四十年におよぶ活動のあいだ，基本的に自らの観点に忠実であり続けた。

　自信に満ちあふれ，高慢で行動主義的なブラマンテはしたがって，根本的に外向的な気質だったらしい。だがそれはおそらく性格の外面にすぎない。いくつかのソネットに見られるように，それは防御用の「仮面」であり，その裏には，フェルスターが指摘するように，癒しがたい孤独から生まれる深い寂寥と愛情への飢えが隠されていたにちがいない（早くに家族との絆を絶っていたし，結婚したことも子供もなかったらしい）。外向的な態度の背後には深い不安感が隠されており，そのことが，《普遍的な》確実性を追求しながらいかなる成果にも満足できないまま，異様なほど《不安定な》態度で，繰り返し新たな経験の渦に飛び込む要因となったにちがいない。そして「時間」の感覚が，すなわち，輪廻的なリズムでも予定調和的なリズムの中でもなく，人間の自由と《運命》や《自然》との絶えざる抗争の中で世界と人間が時間とともに変化することへの自覚が，とりわけブラマンテの人間性の特徴を形成するように見える。実存的な，人間的な時間の観念が，絶対性への渇望と信頼を内部から腐食する。いかなる一時的な偶然性からも自由な《普遍的》なモデルや方法を提示するいっぽうで，

ブラマンテ自身が日々刻々と《変貌》していく。このことが明瞭に自覚されていたことは，次のソネットの一節からも知られよう。「時がまたたき移るごと／わが思い移ろう　そを追いて」。ブラマンテの人間性について，これ以上的確な表現はないだろう。

　ブラマンテの複雑な人間性を，変わりやすく矛盾にみちた心理的側面のなかでとらえ，またそれが経験の遍歴や問題意識の展開のなかで形成され変貌していった時期と照らしあわせて見ることは，ブラマンテの作品を理解する鍵となるだけでなく，チンクエチェント建築の展開におけるその作品の歴史的意味を特定するための鍵ともなる。
　文化的な局面にかぎらず，あらゆる経験や絶えざる対話にたいし見かけ上は外向的で開放的であり，芸術的な領域でも人間関係でも《現実主義者》であったブラマンテも，根底では孤立していた。満たされることなく不安定なその好奇心の中には，特定の伝統に結びつけられも条件づけられもしない超絶した観察者がいる。ウルビーノ文化や自らの家族との繋がり，さらには師に忠実に従うことさえ拒絶して，様々な環境の中を可能なかぎり移動しつづける。ミラーノでも，また成功を収めたローマでも，ブラマンテは結局《家族》も《祖国》も持たず，絶え間ない心理的不安にさらされた亡命者であり異邦人であった。独学によるその自己形成は，批判的に選択されたにしろ，必然的に無秩序で偶然的で断片的なものである。この超絶と内面の心理的孤立は，強みであると同時に弱みでもある。それは因習や偏見をこえて新たな道を開くことを可能にすると同時に，内面的な不安定や，外的な態度と内的な現実との間の二重性あるいは対立さえも生み出し，このことは作品の奥底に見られるある種の曖昧さに反映されている。一面では確実性の探求への明確な傾向をもちながら，もう一面ではブラマンテはその確実性に疑いを抱き，絶えずそれを確定し検証することを必要としたにちがいないが，この両面の存在がおそらく，ときには自由を制限することもあったろう。
　一方では初期の作品以来，内省的で批判的な，また《学問的》で合理主義的な姿勢が，確実で《普遍的》な，そして容易に共有や伝達が可能で時間や成長に拘束されない原理や方法の探求に向かわせる。しかし他方では，異常なほどの《気短かさ》でブラマンテは《変貌する》。《自らの才能に》，その《気まぐれな》表現本能，つまり人間である芸術家以前の，潜在的に限界を知らない自由へと向かう本能にやみがたく従う。この葛藤は——それは全く近代的な，すくなくとも《前マニエリズム》的なものであるが——平穏な安らぎに容易に憩うことはなく，また作品の中にヴァザーリの述べる《わざとらしい困難》を引き起こす。あるいはまた多くの場合，作品自体に向けられた《気短かさ》，つまり設計の完了をまたないで計画が放棄されたり，工事が中断されたりすることをもたらす。歴史的意義までを含めたブラマンテの文化的影響を曖昧にしている要因がここにある。
　内面的な孤立と批判的で超絶した態度によってブラマンテはごく初期から，クワットロチェントの《近代的伝統》のもっとも重要な成果を見極め，選択し，値踏みしていた。それは

ブルネッレスキやアルベルティ，ピエーロ・デッラ・フランチェスカ，ウルビーノ文化，マンテーニャ，フランチェスコ・ディ・ジョルジョ，レオナルドそしてジュリアーノ・ダ・サンガッロの業績である。この《近代的》伝統の中からブラマンテは，表現上の刺激や言語上の示唆をくみ取るだけでなく，《学問的》で論理的また検証可能な体系の中にあって設計のプロセスを一連の決定に従って規則づける《普遍的な》原理と方法を組み立てていく。クワトロチェントの建築理論にとってと同じくブラマンテにとっても，建築はひとつの《学問》であって，その成果は《最も確実性が高い》(イン・プリーモ・グラードゥー・ケルティトゥーディニス)ものであるはずだった。神性の著現であり似姿である「自然」と，「歴史」（古代人の人間的かつ合理的な経験の総体）という，人間の「分別」による探求の成果が一致して，現実の《調和的》合理性を明らかにする。それらは人間行為の，また芸術行為の基礎である。建築においてもそれらは，空間の透視図的な構想において，《音楽的》比例調和において，組織の完全な統合において（それは各々の部分が他の部分と関連づけられ，全体として一貫した全体を構成する人体や生物に似ている），あるいはまた古代におけると同様な建築構成要素の《論理的な》使用法において，実用的な領域だけでなく観念的な含意との建物の対応のしかたにおいて——たとえばにそれが《神殿》であれば，人体や世界にも似た《調和的》ミクロコスモスとして構想される——根本的な役割を果たす。この原理に照らすことによって，建設プログラムの解釈は建築家の作品にとっての《構想》や《創意》を産み出し，特異なプログラム条件をあらたに決定し，これが行為の領域を画定し行為全体の統御を可能にする。これらの原理をもとに，個々の問題を特定し，取り出し，解決して，最後に有機的な統一体として再構成するという分析的なプロセスに従う一連の決定を下すことが可能となる。「論理学」と「詩学」が（幾多のルネサンス哲学者，とりわけアリストテレス主義者が主張したように）ここに一致する。まさにこの《論理的》で分析的な方法，いわば問題の《分解》法から，新たな《創意》が湧き出る。《論理的》であるがゆえに《普遍的》であるこの方法，いかなる主観的な《恣意性》からも自由で理論的に伝達可能なこの方法を介して，ブラマンテの考えによれば，ゆるぎない《普遍的》価値をもつ一貫した建築の仕組みが創造されるはずであった。

　じっさい，ブラマンテの探求やその成果であると同時にひとつの理想でもあるこの方法は，透視図によって表現された内部空間に限定されたものであるとはいえ，プレヴェダーリの版画のなかですでに，ブラマンテを完全に三次元的な建築空間の組織へと向かわせたものであった。そして1487年ないし1488年より以前にはすでに，おそらくはレオナルドとの交流をとおして，有機的な機構として理解された建築物の概念が明瞭になってくる。それは《完全な機構》に，またレオナルド流にいえば，人体にもたとえられる解剖学的な《機構》に似た組織である。『レオ十世への書簡』の著者がいう「建物全体からなる機構」の概念によって空間とそれを囲むもの，また内と外とが，相互に関連づけられた不可分の全体となる。レオナルドにおけると同じく，《論理的》で分析的な局面を越えたところで，建築家の《創意》が表現

として統合され生きた統一体となって,《絵画》つまり構築物によるスペクタクルと化す。しかし他方で,関心のすべてを《機構》としての建築に集中しながら,ブラマンテはかつてなかった仕方で建築の完全な「三次元性」を明示し,その本質的な用語へと還元する。すなわち視覚表現の基本的な種類として理解された「外部のヴォリウム」と,とりわけ「内部の空間」である。

　《普遍的》かつ合理的で,伝達可能な原理や方法を探求しようとすることの心理的な要因として,安定した《確実性》や平衡への希求があった。三次元性,つまり建築を空間とヴォリウムに分解するという成果にブラマンテが方法を拠り所としながら到達したのは,探求や実験や批判の本能によって,そしてまた空間表現に習熟した透視図画家としての芸術形成によって可能となった。ウルビーノの知的で混成的な環境の中での,初期ブラマンテの不明なことの多い活動と芸術形成にこそ,その根源が存在するにちがいない。しかし,北イタリアでの初期の経験で養われ強化されたとはいえ,ウルビーノにまで溯ることのできる基本的な条件がもうひとつある。《普遍性》への探求以前にブラマンテの作品を特徴づけ,ミラーノとローマにおいて様々に異なる規模や形態の中にあって一貫する条件,それは透視図法的なイリュージョニズム,すなわち劇場にも似たしかたで《舞台の虚構》として表現される空間である。

　すでに見た通りブラマンテにおいては,建築の現実はその《表現》に一致し,物理的で具体的な空間は《人工的な》空間となる。使うための空間以前に見るための空間があり,そこではスペクタクルの《虚構》が空間的現実のすべてとなる。またこのことは偶発的な方策であるというよりは,建築を作ることに先立つ,ほとんどそれを考えるための本能とも態度ともいうべきものである。結果からみればこの態度は《普遍性》の仮定をめぐる多義的な関係に連なると同時に,それへの異議申し立てや対立を構成する。フィオッコが記すように,このイリュージョニズムは「ゴシックの充溢を,抹殺することなく武装解除するのにまことに適しており」,「経験や純正な論理のかなたへの」侵入であり「逃走」とさえなりえた。空間を秩序づけ測定し,あるいは人文主義的に精通するための学問の道具としての透視図法は,『レオ十世への書簡』のなかで述べられているとおり「じっさいとは異なって見えるような方策」を探求する技術,あるいはまたカスティリオーネが『宮廷人』のなかで述べているように,「そうでないものを,そうであるかのように見せる」技術となる。説得や暗示のための《修辞的》手段であり,おそらくは教養的な満足や宮廷内での洗練された知的ゲームでもあった。

　こうして,学問的プロセスにもとづくにもかかわらず,根本的には透視図法それ自体が,建築における人文主義の概念上の仮定を解体する要因となる。建築に応用される中でそれは,透視図的な光景の本物らしさを具現化し,極限まで推し進めることによって,空間概念の理論的前提のもつ相対性や実質的な因習性を明かるみに出すとともに,仮定されるその学問的

《普遍性》を危機にさらす可能性さえ帯びていた。このように理解された透視図表現においては，建築の絶対的観念や《普遍的で》《客観的妥当性をもつ》原理や方法は，「本体」から「現象」へと移行し，人間の視覚の偶然性やスペクタクルを組み立てる芸術家の個人的な《恣意性》に左右されるようになる。《普遍的》な成果は，空間内のただ一点から見られた「光景」以外においては妥当しなくなる。そしてそれは普遍的な見え方を保持するために《ゆがめ》られる。形而上的絶対性は失われて，スペクタクルをより効果的に見せるために見る人を《欺く》。

したがって，一方で《普遍的な》原理や方法が「学問」として理解された建築の基礎であるとするなら（アルベルティは建築と画家の透視図法とは別物であることを示している），もう一方で画家の透視図法は――ブラマンテはそれに準拠したし，また『レオ十世への書簡』のなかで「それは建築家にとっても［…］その訓練によって建物全体をより想像しやすくなるゆえに有益である」と述べられているのは意味深い――建築全体を形象的な用法に移し換えることで，それを「芸術」に固有の領域に導き入れる。ブラマンテは，《創意》を形にうつすために想像力を刺激する道具として，また空間評価のための比類ない可能性をもつ手段として，現実を感情に訴える《芸術的》スペクタクルへと錯覚によって拡張するのを可能にする透視図法なくしては不可能であると考えた。建築を視覚的にとらえる観念，とりわけイリュージョニズムを含めた画家の透視図法によってブラマンテは，あらゆる物理的拘束を越えて空間を思いどおりに支配し，現実の彼岸に自らの創造性を余すことなく表明できると予感した。もし原理や方法が「学問」に裏づけられた確実性であり，一定した秩序による安定性を意味するとするならば，画家の透視図法はブラマンテにとって「芸術」の《自由》を保証し，《自らの才能の導きに従う》ための方法であった。それは，（実存全般に由来する緊張は描くとしても）《秩序》に暗黙に含まれる強制力から来る緊張を解くための手段として，また芸術表現のなかに（《すべてが虚構である》とすれば，それはほとんど《ゲーム》といってよい）自由や《非合理性》に向かう主観的な衝動を取り込む方法として，いわば内面的な代償でもあった。

ブラマンテの人間性における二重性は――《世俗的で》頼りになる人間であるとともに横柄で傲慢でもあるという外向的な「仮面」と，《孤独》で不安定な，陰鬱で移り気な人間という「素顔」は――おそらく一方が《学問的》で《普遍的》な確実性の追求に，他方が《スペクタクル》としての建築における芸術家の《自由》という主観主義のなかに反映している。しかし《仮面》と《素顔》とはブラマンテの人間性のなかで分かちがたく浸透しあっているように――二者のうちどちらがより《真実》かを言うことはできない――普遍的な確実性の探求と，スペクタクルによる表現という芸術上の自由とは，相補的な二つの極であって，両者が真実であるとともに不可欠であり，相互に条件づけあいながら共存する。自由はそれだけでは苦悩と不安を呼びよせる。伝達可能で完全な創造となるために，想像力の自由はそれを支配し制御するための構造づけを必要とする。他方では，《野性の自由》が合理的な思考を

舞台のかげで操ることなくしては，合理的秩序は死に絶え，強制的規則は生気を失い，創造的な成果を産むには至らない。しかしながら，人文主義建築が普遍的な《学問》であると同時に主観性を備えた《芸術》であるといった仮説に通底する矛盾は繰り返し表面化し，ブラマンテの人間性とその経験の「遍歴」を特徴づけるあの不安定さと《自己変革》を産み出す。それは引き裂かれた両極をそれでも一致させようとする絶え間ない変革であり，自由を秩序に（そしてその逆に），学問を芸術に（そしてその逆に），普遍性を主観性に（そしてその逆に）転換して，困難な創造上の統合に至らせようという変革であって，まれにしか達成されることはない。さらに一般化して言えばブラマンテの探求は，時間に浸されうつろいやすい現象と経験世界の成長や運動の力を「絶対性」へ，そして《完全》で時を超越した普遍的秩序へと移しかえることであった。こうしてたとえば，つぎつぎと提案していくなかで画家のイリュージョニズムはその応用の領域を広げていき，とりわけその方法を洗練させ，ますます精緻に似せ見るからに本物らしくしていき，視覚による建築の組織化にあくまで基礎を置きながらより《普遍的》であろうとしていくことになる。サン・サーティロのあからさまな目騙しやパニガローラ邸の純粋に絵画的なイリュージョニズムが，たとえばベルヴェデーレやサンタ・マリーア・デル・ポポロの後陣にみられるように，全体計画の原型を隠したまま空間性の《普遍的な》スペクタクルへと変化するだろう。どの作品も異なる両極をひとつの統合に至らせ，完全に制御されていながらも困難な平衡状態に到達させるという難問をめぐる実験的探求の機会である。それは様々な方向での探査をとおして実行に移され，問題を極限までおし進め深化するというブラマンテの並外れた能力によって展開された探求なのである。

　単純なイリュージョニズムの領域での探求と（ベルガモやサン・サーティロからパニガローラ邸や，おそらくはスフォルツァ城の『アルゴ』の絵にいたるそれ），ブルネッレスキにさかのぼる刷新された言語を用いた《学問的》方法論の一般化（プレヴェダーリの版画やパヴィーア）によって三次元の建築組織を達成したのちブラマンテは，サンタ・マリーア・デッレ・グラーツィエで最初の統合の試みに到達する。しかしその直後の1492年頃には，イタリアの政治状況が不穏化するなかで，不安と焦燥と危機の兆候が現われる。十五世紀最後の十年のあいだブラマンテはたびたびミラーノを離れ，フィレンツェやローマに赴いたらしい。そこではおそらく，人文主義建築の二大源泉であるブルネッレスキと古代建築に，《学問的》で合理的かつ普遍的な原理や方法にもとづきながらさらなる確実性を見出そうとした。その後の作品においては手法はより建築に密接となり，建築を，透視図法を用いた絵画的スペクタクルとみる考えは衰微し，ほとんど消滅するかにみえる。しかしそのような中にあっても，建築や都市の空間《それ自体》に向けられた意識的な関心とともに，より厳密に刷新された理論と方法論がロンバルディーア時代後期の作品（サン・タンブロージョのカノニカや回廊）を特徴づけ，それをローマでの最初の作品（デッラ・パーチェの回廊）と密接に関連づけている。

　ブラマンテの言語は抑制され純化されていく。方法は強化され，ローマに着くやいなや古

代に関する計画的で《周到な》調査が具体化される。たとえばデッラ・パーチェの回廊に見られる成果は，空間の《芸術的》な創造である以前に，ほとんどひとつの定理の証明にも比すべき厳格な推論の産物であろうとする。状況が錯乱し急変しつつあったのは政治だけにとどまらず，未来への見通しは暗く，原理への信頼は揺らぐ。自らの実存的状況もまた不明瞭になっていくなかでブラマンテは新たな確実性を追求し，建築を《合理的》に構築することの妥当性を確信していく。

　世界の調和的秩序に合致した厳密で《学問的》な原理や言語的手段や《普遍的》方法を確証しようとするブラマンテのプログラムは——つまるところアルベルティやレオナルドの建築理論の根幹でもあったが——ユリウス二世の即位とともに，この新たな《皇帝》教皇の政治と文化の《普遍的な》プログラムへの執念によって強化される。しかしこの方向にむけた建築の刷新はすでに世紀末のミラーノで開始され，アレクサンデル六世の時代にさらに厳密なしかたで継続されていた。《普遍性》の基本的な仮説から始めてブラマンテは，絶対的で《永遠に》妥当な価値を明示するものと自ら考える建築のいくつかの様相へと向かう。建築の本質的な現実は，とりわけ三次元的な《建物全体としての機構》を構成する組織，つまり空間やヴォリウムの設定で明らかにされる。そしてこのような組織化が「類型」に，すなわち偶然性や個別性の排除に向かう。個々の計画案は人間活動の典型的な機能にしたがって，つまり個別的なものでなく，絶対的でほとんど歴史を超越した機能類型との関係で組織される数少ない理想的な図式に立ち戻ろうとする。神殿，パラッツォ，ヴィラ，囲まれた外部空間，等々である。「機能」と「構造」と「形態」との一致が，宇宙的秩序をもつ《根本的規則》に視覚的に即応しようとする意図のもとに，部分相互の組織づけによって確認される。「類型」の概念はまた，建築の構成要素の形態論，すなわち《装飾》の問題にも及んでいる。『レオ十世への書簡』に述べられるように「そのすべては，古代人が用いた五つのオーダーに由来して」構成される。諸要素は相互に類縁性で結ばれ，なんらかの仕方で「類型」へと収斂し，それらは——水平な楣とアーチ状の迫り持ち，窓と扉，等々といった——限られた数の「類型的な」割り形で構成される同様の形式にまとまるだろう。つまりブラマンテは，のちにセルリオが規範として提示することになる順序づけられた建築の「五つのオーダー」の形態論を《再発見》したり《再発明》しただけでなく，それらを実用と表現のあらゆる必要性に応じつつ，古代人の用法をはるかに越えて，柔軟に展開していく。

　いずれの場合も，《装飾》や建物の個々の要素といった細部は分節された機構の部分であり《歯車》であって，その機構のヴォリウムや空間によって建築家の本質的な創意が構成され，これによってのみ建築家の創造性が明らかにされる。細部は自律的な問題ではなくなる。アルベルティ以来，クワトロチェント末期の建築界に普及した実践に反論するように，ブラマンテの細部はブルネッレスキのそれと同じく《標準化》され匿名的となる傾向を持つ。細部に関わる個別的な特徴は，それが全体計画に由来する特別な理由から要請されたものでな

いかぎり，施工者に任されることもあった。とはいえブラマンテもときに刳り形や柱頭や円柱をデザインすることもあったが，それらは密度の濃い自発的な表現性を備えている。

　しかしながら機械の製造者としてブラマンテは，場合に応じて最も適したねじや車輪をカタログから選ぶこともした。ブラマンテが歴史という理念上のカタログから選んでいたことは，たとえばミラーノのサン・タンブロージョのカノニカの円柱をサンタ・マリーア・グレーカ教会のそれから「転写」したり，サン・ピエトロの柱頭をパンテオンから「転写」して作るように指示していたことが，確実な古文書の記録に残ることからも確認できる。あるいはローマでは，古代遺構の柱身がそのまま再利用された場合も多い。それはあたかも現代建築家が工業生産によって用意された製品を選ぶのにも似ている。これについてはル・コルビュジェがその『建築をめざして *Vers une Architecture*』のなかで，建築家たちへの模範としてとりわけ船舶や航空機技術者の製造品を引き合いにしつつ，「今日の技術者たちは，はるか昔にブラマンテやラッファエッロが適用していた原理にやっと賛同している」と的確に述べている。そして現代技術の産物と並べて——使用言語の点でブラマンテの作品中最も非個性的な作品のひとつである——サン・ダーマゾの開廊を掲げている。建築の価値のすべてが，プラトンやアルベルティの意味における，それ自体で普遍的な創意や絶対的な「観念」に帰されるとするなら，工事が多少入念に行われるかどうかも重要でなくなる。このため，周知のようにブラマンテの作品のほとんどすべては施工状態が劣悪であり，特にローマの作品にはそれがいちじるしい。

　ブラマンテが目指したこと，あるいは少なくとも同時代人を最も刺激したブラマンテ作品の様相のひとつはこのように，普遍的価値をもつ成果を「範例」として提示することにあったようである。さまざまな状況から産み出されはしたがそれらは，本質的に同時代の状況にとらわれない価値を示し，また古代建築に勝るとも劣らぬ威信を備えていたために，考えられる限りの権威と見なされた。この意味からローマにあるブラマンテの全作品は，規範的なモデルとして建設され提案された建築群からなる「建築論」あるいはハンドブックを構成する。後世の建築論に見られるように，それらは古代ローマの作品に並べて図示されるほどの評価を得た。このような観点からして，古代建築言語の学問的研究と直接的な再利用は——古代人が，多少とも客観的であり普遍的威信をそなえると思われた《普遍》言語を採用したのと同じように——ローマにおけるブラマンテのプログラムに本質的な要素であったし，ユリウス二世のそれとも合致していたのである。

　じっさい歴史の経験，そして「全」歴史の経験は，ブラマンテの活動の端緒以来つねにその基礎にあった。その作品と歴史との関係はしかし時代をとおして不変でも一義的でもなかった。ロンバルディーアにおいては，古典古代についての混成された断片的な観念が——アルベルティやピエーロやマンテーニャ，それにウルビーノやパダーノ地方そしてときにヴェ

ネト地方の，文学的な示唆をともなう文化全般を介して——ブラマンテに，とりわけ空間の様相を規則づける組織を表現するのに適した建築言語の手段を提供した。しかし本当の古典古代についてはこの時期には，間接的な関係しか存在しなかった。そして，実際には古代末期か中世の遺構でさえあるサン・ロレンツォやサン・サーティロといったいくつかの特徴的な《古代》遺跡に関心が向けられたのだが，ブラマンテはそこから構成要素の形態論よりはむしろ空間構造の組織化について学んだ。いずれにしろ古代に関する具体的で歴史的な建築言語的関心は（おそらくブラマンテは，ミラーノはむろんのことヴェローナ，ブレッシャまたすくなくとも 1492 年以降にはローマの作品までを含めて，本物の古代建築の言語に接していただろう），この当時はまだ純粋に実用的な手段としての関心にかぎられ，言語学的でも学問的なものでもなかった。この理想化された古代は，ときに地方的な抑揚や方言をまじえながらも，オーダーというメカニズムを媒介として建築を組織的に統合する手段となり，また《聖なる古代》に帰せられる内容や表徴的価値を含む説得力ある表現でスペクタクルを雄弁に構築するため，その形態を提供もした。

　古典古代に関するこの概念が観念上のものにすぎず，建築言語上は慣習的なものであるというまさにこの理由のために，古代建築との関係が問題視されることもなく，《古代ローマ》の建築言語の中には実質的には中世の訛りが混交していた。これによって歴史的な経験は拡大する。ロマネスクやゴシックといった中世の伝統は，空間組織を解釈し物理的用語に移し変え，表現上の特徴を施すための細部の処理や個々の形態的要素を，そして方法や手段を示唆する。ブラマンテは，同時代人たちのように既存の地方的伝統の轍のなかで行動するのに満足しなかった。ブルネッレスキやアルベルティと同様ブラマンテにとっても，中世的伝統との連続性は絶たれる。どんな過去であろうと，過去との関係は本能的で《自然な》ものではなく，主知主義的で意識的な性格のものであり，文化的な事実である。歴史上のいかなる古代もその時々の参照にさらされ，そこから引き出された解法はルネサンスの視点による用語に翻訳され，変形され，現実の新たな空間的仕組みのなかに取り込まれる。このために，ときに折衷的ともなる過去へのどんな参照も拘束や条件とはならず，むしろそれが結果を活性化し特徴づける。ウィトルウィウスの規範や記述もアカデミックな拘束としてではなく，偶像化されながらも知られることの少なかったひとつの世界を再建するための刺激として作用した。

　過去に対するこの態度はすくなくともローマ時代初期までのブラマンテの作品に通底する。デッラ・パーチェの回廊一階部分においても，古典古代への参照は漠然として，理想的かつ間接的である。また，より具体的に古代の建築言語に接近しようとの意志がロンバルディーア末期の作品（たとえばサン・タンブロージョのいくつかの部分やアッビアテグラッソの正面）で部分的に予告されているとするならこのことは，ブラマンテに帰することが可能だとすれば，ローマのパラッツォ・デッラ・カンチェッレリーアにもあてはまる。しかしながら 1492 年以

降，古代の問題はとりわけ方法論的にさらに厳密な探求のための，また訛りを可能なかぎり排した言語の提案のための刺激として作用するようである。そして言語に関するかぎり，デッラ・パーチェの回廊やコルネート枢機卿のパラッツォ中庭そしてその後のいくつかの作品にいたるあいだ理想とされるのは，純化された厳格で絶対的，抽象的な《古代》，つまり過度なほどに厳密な時代区分は理知的に排除した《古代》だったようにみえる。

これに対し，歴史上の古代ローマへのさらに直接的な参照が，これに続くすくなくとも幾つかの作品に多少とも強調された形であらわれるようであるが，その多くはユリウス二世の時代に位置づけられる。ここできわめて重要なのは，ローマ滞在初期にブラマンテがおこなった古代遺構に関する研究へのヴァザーリの言及である（「（ブラマンテは）多くの遺跡を測定したが［…］それは非常に役立った」）。それは徹底した実地での実測研究であって，おそらく以前だれもこれほど徹底的に実行したことはなかった文献的，学問的かつ体系的な研究だったはずである。本物のローマ遺跡を直接知ったことでブラマンテは，自分が人文主義建築から推定していた，純粋ではあるがあいまいな文献上の「古代ローマ」がいかに偏見に満ちていたかを認識する。ロレンツォ・ヴァッラから[18]ポリツィアーノ[19]にいたる人文主義文献学者と同様ブラマンテは，忍耐強く謙虚に古代原典のことばを再現しそれに学ぶ必要性を感じ，それによって，手垢にまみれてゆがんだ解釈から自由な，本来の意味や思想を見出そうとした。

古代人の《普遍》言語を再生することは，単にユリウス二世の「帝国の再興(インスタウラーティオ・インペリー)」の意志に役立つだけではなかった。ブラマンテにとってそれはとりわけ，自らが示そうとする建築的提案に，一地方の方言や因襲的な言語によってでなく，ユリウス二世の教皇国家がそうであろうと欲したのと同じ，真に《国家的》で《普遍的》な言語によって表明された，説得力ある視覚上の形態を与える方法であった。しかし文学における人文主義文献学者たちにとってそうであったように，ブラマンテにとってもまた古代を脱神話化するための，すなわち古代を，哀惜される世界への郷愁や完全性で抽象的な理想から，制御可能で自由に使用可能な手段に変えるための唯一の方法とは，それを研究し，真に理解し，体験することにほかならなかった。

じっさい，表面上は逆説的に見えるのだが，古代遺跡の《考古学的》研究はブラマンテや十六世紀(チンクエチェント)の建築文化にとって，古代遺跡から離れていくための刺激となるとともに，その権威を否定する端緒を示すことになる。歴史を文献学によって再生することは，すくなくとも部分的には，歴史からの開放を意味するだろう。ましてブラマンテには古代人に対する劣等意識は微塵もなかったろう。ジャニコロの《周柱式円形神殿》の詳細では，ウィトルウィウスのペダンティクな指示も拒否されるだろう。そのドラム部分やサンタ・マリーア・デル・ポポロの後陣，そしてサン・ピエトロやベルヴェデーレやパラッツォ・デイ・トリブナーリでもブラマンテは，構成上も語彙からみても全く新しい解法を提示していく。そして古代ローマ建築の多くの例の中から，自らの目にもっとも適合したものを選択し，それらから《近

代》空間の創意となる刺激を吸収するだろう。それゆえに，一見すると古代に非常に近接してみえる作品まで含めて，ローマ時代のブラマンテのいかなる作品もまた語彙的要素も，現実にはどんな特定の古代建築と結びつけることはできない。そのうえ，古代とその《規則》はいまだ成文化されておらず，文学的な熱狂で高められた想像力によって空想できるものよりもはるかに生気を帯びて感動的な具体的な現実においては，多種多様な表現に富み刺激に満ちた世界を探究し，そのなかで発見しそこへ足を踏み入れる喜びが存在した。それは拘束でも因習でも権威の根拠でもなく，想像力への刺激である。ヴァザーリが「もしギリシア人が建築を創造し，ローマ人はそれを模倣したといってよければ」ブラマンテは古代人を「新たな創意もって」模倣した，と強調するのも当を得ている。

　国家的かつ普遍的な言語を築くというブラマンテのプログラムのなかではしかし，方法論的な厳密さや，《純正な》建築を見出し基礎づける手段としての古代ローマの建築言語研究の深化自体が，計画の過程で，ルネサンス文化の論理上のプログラム仮説を内部から批判的に検証するための手段となっていく。《普遍性》はなによりもまず，「実験的に」確認し証明すべきプログラムであり仮説であって，シャステルがサン・ピエトロに関連して記しているとおり「解決すべき問題であって，適用すべき規則ではない」。分析的で《分解的》であるような理論上の方法は，哲学者たちが述べてきたように，「創造」の効果的な道具となる。それは建築特有の問題を特定しながら，語彙的なものまでを含めたかつてない創造を示唆する。しかしまたすでに見たように，方法論的に厳格であり原理に忠実であり続けることは，解決不能な問題や《普遍的》原理それ自体に内在する困難や矛盾をさらけ出す。それらは「技巧」に走らせ，ときには作品を未完のまま放置させるに至る。そして，個人の直感や感性の召喚が不可欠であることを，そして方法の放棄や《普遍的》原理との対立さえもが不可避であることを明示するのである。

　ブラマンテは厳格さや原理の力以外にもさらに，変化や複雑さや特異性，そして《異質な》ものへの押さえがたく密やかな衝動に動かされていたが，このことは作品と同じくその人間性にとっても見過ごすことのできない一面である。それは平衡状態に対する，換言すれば，古典主義やプログラム的秩序のゆるぎない理想に対する反発であるが，同時にまた，弁証法的な対立項や達成すべき刺激的な目標でありつづけ，探求や実験への拍車でもあった。ブラマンテのなかで《アポロン的》精神が《ディオニソス的》精神と抗争する。表面上は劇的盛り上がりも屈折した喜びも認められないが，この内省的な姿勢は，本能や個人の作風と衝突しながらもはや潜在的に《マニエリズム的》な葛藤として明らかに見て取られる。

　達成された成果はこのようにして，概念上の前提や方法論的な手段が備えるはずの《普遍》妥当性や，古代言語と《同等な》普遍言語の権威を確信させる。しかしそれと同時に個々の作品の中には，具体的な場合にのぞんでは原理や論理的方法や古典言語がどんな状況下でも妥当だと見なすことが不可能であると明らかに認識していることを示す処理が，いくつもあ

る。ブラマンテは技巧に走ったり，ときには古典言語とは全く異なる別の言語を試みたり，場合によっては逆説的に表現することさえ余儀なくされる。

　絶対への，そして《普遍性》へのこの情熱的な探求のなかにあって設計のプロセスは，生成の力や経験的なまた現象的な現実を受入れながらも，それらを支配し取り込もうとし，最終的には完結し絶対的であろうとするイメージに収斂し安らうにいたる連続した創造運動のなかで，つねに開かれ柔軟でありつづける。出発点となる着想は作業仮説でしかない。それを詳細決定し具体化するあいだは，施工前の最後の瞬間まで，見直しや変更や方針の転換が容認される。このために結果が，つぎつぎと形を変える意図の産物であるかに見えたり，理論的前提条件と具体的な決定とのあいだの，また論理的方法や鋭敏な批評感覚や感受性や創造的《激情》のあいだの弁証法のなかでしだいに達成された最終形態という成果のように見えることもめずらしくない。一見したところ平静な最終的なイメージのなかに，つねに何か不安定で曖昧な影がちらつくのはこのためである。それはあたかも，人間の条件のもつ不可避的な両義性と曖昧性の著現であり，確実で無誤謬なものに到達し，そうあり続けることの不可能性の啓示である。確実性や普遍性への渇望はブラマンテに，作品から作品へと移る不断の運動と絶え間ない《思考の変転》をうながし，その結果，着想や計画における，また実施にさいしては絶対的な最終形態を追求しけっして見失うことなくそれに到達しようとする企てにおける，この上ない《敏捷さ》や《激烈さ》を生む。

　仮説と結果の根本的な矛盾はユリウス二世の時代に顕著となるが，それはブラマンテがもっとも特権的な立場にあったらしい時期にあたる。それに先立つ十年間にもまして《確実性》への希求は増大し，普遍言語を打ち立てるというプログラムはその言語の意味内容を教皇のプログラムの中にも見出す。古代を直接経験することが，表現上の可能性の並外れた豊富化を示唆する。依然として危機や意気消沈が取って変わることはあっても，内面の安定が増したことによってブラマンテには，自らの表現上の本能的な衝動をより自由に吐露できるようになる。原理と方法の検証を，多くの異例な規模の建物を設計する機会の中で適用するいっぽうで，ブラマンテはその作品に芸術家としての自らの個人的観点をより深く刻むことが可能となった。それはとりわけ画家－建築家としてのものであり，空間の情感的スペクタクル表現に採用された透視図の観点である。

　このことこそが，ブラマンテを新たな道の真の創設者とするとともに，ブルネッレスキが創始した《近代の伝統》の両義的な破壊者にもした基本的な態度の原因であるが，それと同時にブラマンテはこの伝統の理念を確証しその権威を高め強化しようともしたのである。スペクタクルとして意図された空間の——《空間それ自体》の——賞揚によってブラマンテが現実に提案しようとするのは，クワットロチェントの《形而上的》仮定を，基本的には視覚的で心理的な原理で置き換えることにほかならない。ブラマンテは観念的な経験や「本体的なもの」，つまり建築の《形而上的》基礎に依拠することを否定はしない。というより，それ

を主張することを躊躇するかに見える。しかし作品つまり「実践」においては，事実上その価値の絶対性に異議をとなえる。視覚的方法によって，建築の基礎を「現象」に浸され条件づけられた現実の人間と関係づける。形而上的《音楽》比例や，世界調和の象徴としての建築の組織化，そして理想的で超歴史的なモデルとしての古代といった主題は，結果によって証明され確証されるべき——仮定であるとともに目的でもある——論点として残される。

しかし調和比例や古代や宇宙の似姿としての建築組織は，確実で絶対的な形態を通してよりは，視覚的あるいは心理的な一連の促しを介して表現されがちである。音楽比例は「相対的」なものとなり，現象に浸された中でより真実らしく見えるように《ゆがめ》られる。それらは，作品を見る人のなかにブラマンテが喚起しようとする視覚的および心理的効果にしたがって調整される。すべての絶対比例の支えであったクワットロチェント流の箱型空間の平らな壁面とその自律的な二次元平面に，ブラマンテは現実に即した三次元性を対抗させる。「理想上の」古代は，現象から生じそれに拘束された価値で満たされた「現実の」古代となる。具体的な遺構の数々は，特有の採光条件や材料や，《装飾》を剥ぎ取られ発掘されあるいは地中に埋められ，無数の《出来事》を経て生きのび廃墟として残された空間の状態それ自体によって古代を示唆する。そして神の手になる大宇宙(マクロコスモ)の似姿である調和的小宇宙(ミクロコスモ)としての建築物の組織化は，形而上的《現実》よりも，地上における歴史的秩序を（ユリウス《帝国》の秩序や，カトリック教会制度の，また都市やヴィッラにおける支配階級の生活の秩序を）表現することに向けられ，そのためには歴史的含意に富む外観が説得力をもった。

ブラマンテはこうして，「人文主義」の形而上的絶対性をいわば《天上から地上に》ひき降ろす。建築のあらゆる側面は新たな意味をまとう。また絶対的原理と厳密な方法の産物である成果を提示するが，それらは普遍的であるかに見えるものの，あくまで地上の具体的な現象として表出される。そしてブラマンテはこれを視覚的表現の領域に，舞台のような虚構の領域に移すことで，その客観的現実性を否定し去る。ブラマンテの建物は《古代人の作風にしたがって》構想された「ように見え」るだろう。古代ローマの作品に似せて忠実に模倣された，古代人の知恵の具現化であるかのように。しかし過去の形態は，それが物理的現実の向こう，すなわち形象の世界に投影されたものである以上，「見かけ上の」客観的忠実さで再現されれば十分である。それは歴史上の固有な場所から切り離された虚構の中に移し変えられ，描かれた透視図にも似たもっともらしさで表現される。もはや，古代世界のそれと本当に「同じである」ことさえ必要でなくなる。重要なのは，いかに真実から遠かろうと，それ「らしく見える」こと，そして視覚的および心理的な説得力ある刺激によって見る人の感情に，それらが普遍的原理を体現したものであることを，そして最終的には，古代の建築が，「当時まで［…］埋もれていた」「真の」そして「優れて美しい」建築が再生したと納得させることである。このために現在でもブラマンテはペダンティクな《古典主義者》である「かに見える」。

同じように，表現を介して《運動》をとらえ建築のなかに取り込むことが可能となる。原理や方法の対立に由来する断絶や解決不能な難問や技巧は，覆い隠されるか形象の総体のなかに吸収されうるだろう。建築を決定的に《絵画》のそして舞台表現の領域に移すことによって，ブラマンテは特権的な唯一の最終イメージに安らうことが可能になる。

　ウルビーノからミラーノを経てローマに至る経験の遍歴の中でブラマンテがその全生涯をかけて推進した文化活動によって，歴史的にみて，すくなくとも人文主義初期以来のイタリア建築のいくつかの傾向が極限まで展開された。しかし同時に，特にそのローマ時代にブラマンテは，これらの傾向やそれを体現する原理や方法の限界と矛盾を暴き出していく。そして秩序と自由とのあいだに曖昧で危ういバランスを保つその作品は，《マニエリズム》の危機へと導く扉を開け放つ。ブラマンテが到達したバランスは，視覚上雄弁であればあるほど現実的には不安定なものであることが明らかになるだろうし，ブラマンテが提示した統合とは，信頼に足るように見えるほど，根底では技巧に頼った曖昧なものであった。運動の——すなわち「生成」の——抵抗力を透視図的表現の絶対的な不動性のなかに封じ込め，時間を停止し，見る人に自分が世界の中心にあるかのような人文主義的幻想を抱かせる唯一の視点へと空間《全体》を収斂させようとする企てによってブラマンテは，ペヴスナーが記すように，《バロック》の先駆者となる。

　しかしその後にわたってこの企ては，そのあるがまま以外のなにものも示し得ないだろう。それは単なる舞台上の虚構を生み出す可能性をもったひとつの約束ごとであり，幻影である。人工的な活動のなかに移された本質的に《視覚上の》ものである限りにおいて，それは心理的なものまで含めたあらゆる《運動》をも取り込むことを可能にするひとつの虚構である。舞台上のことであるかのように表現された運動であり，そこではバロックのあらゆる《悲劇》や《喜劇》が自由の幻影として展開し爆発する。たとえすでにブラマンテとともに——ヴィンセント・スカリーがバロックについて述べるように——秩序が堅固なものとなり，空間内で視覚に訴える形態の解放宣言が説得のための（政治的，宗教的，等々の）《修辞的》手段と化すようになるとしても。もはやあからさまに手段化された，暴かれた幻想を打ち崩し，建築を生きた「現実の」空間に立ち戻らせるためには，啓蒙主義革命や産業革命そして匿名性を帯びた巨大都市や新たな労働環境，技術のもたらす新たな《反建築的》構造物，そしてとりわけ労働者住区の苛酷な住環境やスラムやゲットーといった悲惨な，しかし新たな《真実》を，さらには，新しいより広範な社会階層の歴史への積極的な参入を待たねばならなかった。それは反芸術的であるかもしれないが，具体的世界の現実の人間にとっては真実で有益なはずである。

5　V. Scully Jr. *"Modern Architecture"*，ニューヨーク 1961，イタリア語版，ミラーノ 1963, p.10-11,〈『近代建築』長尾重武訳　1972, p.12〉参照。《バロックの予言者》としてのブラマンテへの言及は N. Pevsner, *"An Outline of European Architecture"*, 1943，イタリア語版，バーリ 1959, p.156〈N. ペヴスナー『新版ヨーロッパ建築序説』小林文次・山口廣・竹本碧訳　1989〉。

ブラマンテの作品はそのあいだ一貫して，歴史上の本質的な中心，その後のあらゆる展開にとって避けられない通過点であり続けることになる。ブラマンテはブルネッレスキに次いでルネサンス建築の新たな流れの創始者となるが，この建築はもはや地域的でも一国家的でもなく，すくなくとも十九世紀末までの全ヨーロッパを覆うものであった。

　ブルネッレスキやアルベルティが夢見た完全なまでに《学問的》で，検証可能なゆえに普遍的に適用可能な建築の理念は，決定的な危機にさらされる。建築の問題を「本体」から「現象」に移し変えることや，原理や過程や方法の厳密な検証をとおしてブラマンテは，そうした問題を完全に解決することが，直感の介入や技巧や個人の才覚や恣意性なしには，そしてとりわけ建築を虚構の領域に移し換えることなくしては不可能であることを証明した。

　絶対的で知性に訴える合理性や，客観的で永続的な完全性という《古典的》理想はもはや願望や希望として，ほとんど《虚構》として示されるほかなくなる。道は《マニエリズム的》な不安定と曖昧さへと開け放たれる。古典的モデルへの忠誠やその《規則》の成文化もやはり，なんらかの確実性を見出そうとの幻想への願望や希望の表徴だろう。ヴィニョーラのいう「その中で安住できるような規則を見出す」という幻想である。

　ブラマンテに接した協力者や弟子たちは，急速に《放縦性》や恣意性そして《規則》へのあからさまな違反への道を進む。十六世紀の中頃ヴァザーリは，諸原理が曖昧に解体していくなかで理論的解決を空しく企てながら，「規則に従わないが，規則の中で秩序づけられた放縦」を許容するのを提案するに至る。しかしブラマンテの作品の直接の継承者たちにより近い立場にあったセルリオは，「新奇性を求める新しい奇抜な人々」を満足させるような「混成や放縦による奇抜さ」を熱烈に賞揚するのであった。

付　録

作品年譜

(＊は特に重要な作品を示す。作品は年代順に並べられているが、確実な記録を欠く場合はおおよその，また仮説的な順序に組み込まれている。)

1472年から1474年頃——ピエーロ・デッラ・フランチェスカの『モンテフェルトロの祭壇画』(もとウルビーノのサン・ベルナルディーノ教会，現ミラーノのブレーラ絵画館蔵) 背景の建築構成詳細への，ピエーロあるいはフラ・カルネヴァーレの助手としての協力。(帰属きわめて不確実。)

1472年頃か (1476年以前)——ウルビーノのパラッツォ・ドゥカーレ内の『フェデリーコ・ダ・モンテフェルトロの書斎』の透視図法をもちいた建築構成計画案，複数の芸術家により実現。(帰属不確実。)

1473年——ペルージア，『サン・ベルナルディーノのニッチの四枚の祭壇画』[1] (かつてペルージャのサン・ベルナルディーノ教会，現ウンブリア国立美術館蔵) の建築的背景。(帰属不確実。)

1474年から1476年頃か——ウルビーノのパラッツォ・ドゥカーレ図書館内の一室 (後に破壊) の『学芸』(うち二者はロンドンのナショナル・ギャラリー，他はベルリンのカイザー・フリードリヒ美術館蔵) および，場合によっては『講義』(現ハンプトン・コート・パレス蔵) の表現における建築透視図的計画案，他の複数芸術家により制作。(帰属不確実。)

1474年頃——フェッラーラのパラッツォ・ディ・スキファノイアの正面扉口設計 (A. バロッチ他により実施)。(帰属きわめて不確実。)

年代不詳，1472年から1490年の間——ウルビーノの『サン・ベルナルディーノ教会』設計 (多くの議論を経るも，帰属不確実)。詳細の決定と実施はフランチェスコ・ディ・ジョルジョ・マルティーニによることが確実。

1480年以前，おそらく1476年頃——ウルビーノのパラッツォ・ドゥカーレ内の一対の小礼拝堂，アンブロージョ・バロッチにより実施された『贖罪 (または精霊) の礼拝堂』，および『ミューズ (またはアポロン) の礼拝堂』。(ブラマンテへの帰属の可能性はあるが，不確実。)

＊1477年——ベルガモのパラッツォ・デ・ポデスタのファサードに描かれた，建築的背景をともなう『哲学者群像』のフレスコ画 (一部が剥離されて現市立博物館蔵)。(ほぼ確実な作品であるが，助手による協力の可能性あり。)

おそらく1480年から1485年以降——現『アンジェリーニ邸』ファサードのフレスコ画，

ベルガモ，ヴィア・アレーナ（現在剥離され内部に保存）。ブラマンテのデザインが本人の関知しないまま部分的に再利用されたのであろう。（帰属の可能性僅少。）

年代不明──ベルガモのサン・パンクラーツィオ教会内の『ピエタ』を描いたフレスコ画（消失，1525年にマルカントーニオ・ミキエルによりブラマンテのものとして言及される。）

* 1481年，最後の数か月──『プレヴェダーリの銅版画』のためのデザイン（ロンドンの大英博物館とミラーノのA.ベルタレッリ・コレクションの二例が知られる）。（確実な作品，記録あり。）

* 1480年頃およびそれ以降──『サンタ・マリーア・プレッソ・サン・サーティロ教会』，ミラーノ。（確実な作品，おそらくはブラマンテの介入以前に他の建築家により開始され，ブラマンテの記録は1482年から1486年に及ぶ。また実施されなかったサン・テオドーロの礼拝堂には，1497年から翌年の記録が残る。）

* 年代不詳，1480年頃から1490年頃のあいだ，おそらく1480年ないし1481年──『柱のキリスト』，キアラヴァッレ修道院の板絵（現ブレーラ美術館蔵）。（帰属に関し議論されるが，ほぼ信頼できる。）

年代不詳，1480年から84年，あるいはさらに後か──ミラーノ，サン・ピエトロ・イン・ジェッサーテ教会内のおそらくD.モントルファーノによるフレスコ画背景の建築デザイン。（帰属不確実。）

年代不詳──『フォンターナ邸（後のシルヴェストリ邸）』ファサードの建築と人物像によるフレスコ装飾，ミラーノ，コルソ・ヴェネツィア10。（かなり疑わしい作品，破損が進んでいるもののブラマンテ的性格は保つ。）

1484年9月──ミラーノ，オスペダーレ・マッジョーレの図面，おそらく実測図のみ。（現存しないが記録に残る。）

* 1488年からそれ以降──『パヴィーアのドゥオーモ』（おそらく共作，設計初期の段階でのブラマンテの関与が通説。1488年の記録に幾度もあらわれるが後に部分的に変更され，完全に実現されることはなかった。）

1488年──パヴィーア，クリストーフォロ・ボッティゲッラのための独立住居，ジャコモ・ダ・コンディアと共作。

年代不詳，おそらく1480年頃と1490年頃のあいだ──『パラッツォ・カルミナーリ・ボッティゲッラ』，パヴィーア。（疑わしい作品。）

* 1487年から1490年──ミラーノのドゥオーモの『ティブーリオ（ドーム外被）』のための模型（消失，おそらくM.レグテーリオにより1487年に制作）およびティブーリオに関する『オピーニオ（意見書）』（1490年頃）。

年代不詳──『教会のファサード』のデザイン（現ルーヴル美術館蔵）。かつて誤ってサンタ・マリーア・プレッソ・サン・サーティロ教会のためのものとされた。（直筆かどうか議論

されるが不明。おそらく1490年頃のブラマンテからの複写であろうが，計画案自体はたぶんブラマンテに帰せられうる。）

* 年代不詳，1480年頃から1495年頃の間，おそらく1490年代か——『武装した人物像』のフレスコ画，かつてミラーノのヴィア・ランゾーネのパニガローラ邸の広間（現ブレーラ美術館蔵）。（記録はないが確実な作品。）

年代不明——ミラーノ，ピアッツァ・デイ・メルカンティの『詩人アウソーニオを描いたフレスコ画』その他の人物像。（消失，ロマッツォによりブラマンテのものとして言及される。『絵画芸術論』，第四巻，第十四章。）

年代不明——ミラーノ，サンタ・マリーア・デッラ・スカーラ教会内の四福音書記者のフレスコ画。（消失，ロマッツォによりブラマンテのものとして言及される。『絵画芸術論』，第五巻，第十四章。）

年代不明——ミラーノ造幣局回廊の『降誕』を描いたフレスコ画。（消失，ヴァザーリ——ミラネージ版第六巻，p.511——他にも言及あり。[2]）

* 1493年以前，おそらく1490年ないし1492年をさかのぼらない——ミラーノ，スフォルツァ城内小城塞の宝物庫広間の『アルゴ』を描いたものらしいフレスコ画。（帰属について議論されるが，可能性は高い。）

1492年5月——ミラーノにおける舞台装置。（記録により知られる。）

1492年あるいはそれ以降——パヴィーアの『サンタ・マリーア・ディ・カネパノーヴァ教会』（作者であると思われるG. A. アマデオが十六世紀初めに関与）。（疑わしい作品。レニャーノの『サン・マーニョ』やブスト・アルシツィオの『サンタ・マリーア・ディ・ピアッツァ』などの他の教会と比較されるべきものであり，これらはブラマンテがミラーノを去った後に建設されたと考えられるが，カラヴァッジョの教区教会の『サンティッシモ・サクラメントの礼拝堂』と同じく，おそらくブラマンテの構想にさかのぼる。）

1492年から1493年——パヴィーアのカルトジオ派修道院の交差部と大礼拝堂の『フレスコ画による建築装飾』の計画。（疑わしい。あるいはブラマンテの構想にさかのぼるか。）

* 1492年およびそれ以降——『サンタ・マリーア・デッレ・グラーツィエの後陣』，ミラーノ。（記録は残らないが，ほぼまちがいなくブラマンテの計画にさかのぼる。おそらく他の建築家と協働。実施の際一部変更された後陣の他にもその壁面の絵画装飾と，実施されなかったが，より広い見地に立った教会と修道院全体の再構成，そしてこの地区の都市計画的再編成までを含み，最後のものはレオナルドも関わったにちがいない。）複合体のこれら以外の部分，すなわち教会の正面入口（1489年から1490年）や聖具室とその付属回廊（1492年から1497年頃）は，概してブラマンテ風であり全体としてさかのぼりうるにしろ，帰属させるには不十分。

年代不詳，1498年以前，おそらく1490年から1495年あるいはそれ以前か——『ポッツォ

ボネッラ礼拝堂』，ミラーノ。(議論されるが帰属の可能性は高い。)

* 1492年頃およびそれ以降――『ヴィジェーヴァノの工事』。広場の都市デザイン（後に改変）と周囲の建物の絵画装飾。城とその『フレスコ画』（消失）。『パラッツォ・デッレ・ダーメ』。ブラマンテの介在は1492年と1494年から1496年にかけ記録されるが，その関与がどの程度のものかは正確にはわからず，それはまた『受胎の礼拝堂』(1494年，未完または破壊）や《聖遺物》の祭壇』(1494年か）にまで及ぶ可能性もある。

* 1492年およびそれ以降――『サン・タンブロージオのカノニカ（司祭館)』，ミラーノ。(確実な作品，未完。詳細な記録が残る。)

1493年6月29日――クレヴォーラの城塞に関する『報告書』。(自筆が保存される。)

1495年頃――『パラッツォ・デッラ・カンチェッレリーア』への関与，ローマ。(すでに1485年から1489年のあいだに工事は始まっており，おそらく1495年に計画変更され，十六世紀最初の十年のうちに完成された。ヴァザーリの述べるブラマンテの幾度かの関与は，1492年から1497年のあいだおよび1500年と考えられるが確実ではない。多くの議論が費やされたものの可能性は残る。)

1490年頃から1495年頃――旧サン・ピエトロ聖堂内の『聖槍の壁龕』（のち破壊)，ローマ。(古く帰属させられていたが，きわめて不確実。)

年代不詳，1490年から1495年――『モッザニーガ邸の正面入口』，ミラーノ。現在パラッツォ・トリヴルツィオの中庭内。(帰属の確証なし。)

1490年から1495年頃――『ルドヴィーコ・イル・モーロの室橋（ポンティチェッラ)』，スフォルツァ城，ミラーノ。(1495年から1496年にかけ完成。チェザリアーノにより1521年に言及されており，ブラマンテ作と考えられる。)

1493年から1496年頃――『ルドヴィーコ門』，スフォルツァ城，ミラーノ。(帰属の可能性あり。)

1495年頃――サンタ・マリーア・デッレ・グラーツィエ教会のボッラ礼拝堂と食堂の『キリストの磔刑』の絵画における『建築的背景』の構想，ミラーノ。(確証なし。)

* 1497年から1498年――『サン・タンブロージョ修道院と回廊』（現カトリック大学)，ミラーノ。(確実な作品，記録は多く残るが，ブラマンテによって完成されず。)

* 1497年（あるいはややそれ以前）以降――アッビアテグラッソの『サンタ・マリーア・ナシェンテ教会の正面』。(記録はないがほぼ確実な作品。)

1500年頃か――『都市街路を描いた版画』（フィレンツェのウッフィーツィ，ロンドンの大英博物館などにコピーや異版が所蔵される)。(可能性のある作品。)

1499年末か1500年初め――サン・ジョヴァンニ・イン・ラテラーノ教会の『聖門上のフレスコ画』，ローマ。(破壊されたもののほぼ確実な作品，ヴァザーリの記述あり。)

1500年頃――『サン・ピエトロ広場の噴水』，ローマ（ユリウス二世の時代に手を加えられたのち解体され，部分的に再利用された）および『サンタ・マリーア・イン・トラステーヴェ

レ広場の噴水』，ローマ。（後に大幅に改変された。）（記録にはないが可能性のある作品，ヴァザーリの記述あり。）

* 1500年――『サンタ・マリーア・デッラ・パーチェの回廊と修道院』，ローマ。（記録の残る確実な作品，おそらく1504年に竣工。）

1500年頃――『古代ローマ遺構の眺望 Antiquarie prospettiche romane』，古代ローマに関する韻文による記述をともなう小冊子，レオナルド・ダ・ヴィンチに献呈された。（確証のない帰属であるが，可能性あり。）

1500年頃――ナヴォーナ広場の『サン・ジャコモ・デリ・スパニョーリ教会』の拡張計画決定への関与，ローマ。（記録を欠くが可能性あり。）

1500年頃――『サンタ・マリーア・デッラニマ教会』の計画決定への関与，ローマ。（ヴァザーリによる記述あり，記録は残らないが可能性あり。鐘塔の計画への関与は可能性希少。）

1500年頃およびそれ以降――『通称コルネートの枢機卿ことアドリアーノ・カステッレージ（現ジロー・トルロニーア）のパラッツォ』，ボルゴ（現ヴィア・デッラ・コンツィリアツィオーネ），ローマ。（議論されたが，1499年から1503年頃ブラマンテによって計画が開始された可能性はかなり高い。その一部，とりわけファサードの一部は後に改変された。）

* 1502年か――『サン・ピエトロ・イン・モントーリオのテンピエット』，ローマ。（確実な作品。ブラマンテの計画は，テンピエットを取り囲むはずの円形の回廊によって完成はされなかったし，テンピエット自体も後にドーム部分で特に変更を加えられた。碑文に記された1502年という年代は議論の余地があり，おそらく地下礼拝堂の着工時期と解されるべきで，地上部分の工事は1505年から1506年までずれ込んだろう。）

* 1503年から1505年およびそれ以降――『ヴァティカーノのベルヴェデーレと彫刻の中庭』，ローマ。（確実な作品，記録多数。ブラマンテによっては完成されず，のち大幅に改変された。）

* 1505年ないし1506年から死去まで――『ヴァティカーノのサン・ピエトロ聖堂』，ローマ。（確実な作品。多くの記録が残るものの，ブラマンテによっては完成されず，計画案はその後大幅に改変された。）

1505年から1507年――『ヴァティカーノ宮の総合改造計画』，ローマ。（ヴァザーリによる記述あり。記録は残るが断片的で仮説的，研究や提案が待たれる。実施されず。）

1506年――『サン・タンジェロ城の工事』，ローマ。（記録にはブラマンテの名がのこるが，詳細を辿るのは困難。1500年頃，アレクサンデル六世の名で行われた工事に関与した可能性もある。）

1506年頃以降（おそらく1512年頃か）――『チヴィタカステッラーナの城塞』の工事の完成（八角形の主塔，粗石積みの正面入口，入口の中庭終結部）。おそらくは，ブラマンテによる全体的な指示にしたがって，アントーニオ・ダ・サンガッロ・イル・ジョーヴァネが詳細を決定し工事を監理した。

* 1505 年から 1507 年，1509 年まで──『サンタ・マリーア・デル・ポポロの新内陣』，ローマ。（確実な作品，記録あり。）

1506 年から 1508 年──『ヴィテルボの城塞』計画への関与。（記録が残るが，ブラマンテによっては完成されず。）

1506 年から 1508 年頃──『パラッツォ・ダックルシオ（またはデリ・アンツィアーニ）』内の大階段の設計への関与，ボローニャ。（帰属の可能性高い。）

1507 年から 1508 年──『オスティアの城塞』への関与，とりわけその大階段。支払い記録の中にブラマンテが保証人として見える。全体計画の立案者であった可能性もある。

1509 年以前──『ヴァティカーノ宮サン・ダーマゾの中庭の開廊』，ローマ。（ほぼ確実な作品。おそらく 1507 年から 1508 年に設計されラッファエッロにより完成された。ブラマンテはユリウス二世治下のヴァチカン宮内部の多くの小工事にも関与したにちがいない。）

* 1507 年から 1508 年以降──『ローマの都市整備計画』，ヴィア・ジュリア，ヴィア・デッラ・ルンガーラの建設，ヴィア・デイ・バンキの拡幅等。（確実な作品。）

1508 年末──『フィレンツェ人社会のための教会』計画，ヴィア・ジュリア，ローマ。（古文書館の記録により立証される。しかし実施されず計画案も紛失。）

1507 年から 1509 年の間──『サンタ・マリーア・ディ・ロレート教会』計画，ローマ。（不明確な帰属のされている作品。アントーニオ・ダ・サンガッロ・イル・ジョーヴァネその他により継続された。）

1508 年およびそれ以降──『サンタ・マリーア・デッラ・コンソラツィオーネ教会』，トーディ。（議論される作品であるが，記録による確証はない。ブラマンテによる可能性がある初期計画は実施にあたって著しく変更された。）

1508 年およびそれ以降──『チヴィタヴェッキアの海の要塞』。（記録に残らないが，ほぼ確実な作品。[3]）ブラマンテはチヴィタヴェッキア港の整備（またおそらくこの街の都市計画）や，1513 年の『船溜り』の計画にも関与したにちがいない。

* 1508 年およびそれ以降──『パラッツォ・デイ・トリブナーリとサン・ビアージョ教会』，ヴィア・ジュリア，ローマ。（確実な作品，記録あり。しかしほぼ完全に破壊された。）

* 1508 年およびそれ以降──『ロレートの工事』。（ブラマンテの計画への関与は，サンタ・カーサの保護のため設けられた《装飾》あるいは礼拝堂と，パラッツォ・アポストーリコについて記録されているが，工事はブラマンテによっては完成しなかった。）

1509 年およびそれ以降──『サンティ・チェルソ・エ・ジュリアーノ教会』，バンキ地区，（現ヴィア・デル・バンコ・ディ・サント・スピリト），ローマ。（確実な作品，未完のまま破壊された。）

1509 年から 1510 年頃か──『サン・テリージオ・デリ・オレーフィチ教会』計画，ローマ。（かなり不確実な帰属。ラッファエッロ次いでペルッツィが関わったが，後に大きく改変

された。）

1508年から1510年頃，1513年夏まで——『マリアーナの教皇ヴィッラ』の工事，ローマ近郊。（関与が記録に残る。）

1509年およびそれ以降——『ロッカヴェラーノの教会』計画，ピエモンテ。（ほぼ確実な作品であるが，実施にあたり部分的な修正が加えられた。）

1509年末から1510年初——ラッファエッロの『アテネの学堂』背景の『透視図法による建築表現』（ヴァザーリによるブラマンテへの言及）。（しばしば議論された帰属だがが，可能性はある。）

* 年代不詳，1501年と1510年のあいだ——『パラッツォ・ディ・ラッファエッロ（旧カプリーニ）』，ローマ。（確実な作品，のち破壊。）パラッツォ・カプリーニとの同一性の問題がかつて議論されたがまず確実。）

年代不詳，1501年から1503年，またはより可能性が高い年代として1508年から1511年——『ジェナッツァーノの《ニンフェウム》』。（記録にもとづかない帰属であるが，可能性あり。）

1512年頃またはそれ以前——ヴァティカーノとサン・タンジェロ城とを結ぶ『ボルゴの廊下』の工事，ローマ。（ヴァザーリの記述によれば，アントーニオ・ダ・サンガッロ・イル・ジョーヴァネの協力で実施された。）

1513年——『テグーリオ』，建設中のヴァティカーノのサン・ピエトロ聖堂内の，教皇祭壇保護のための仮設礼拝堂，ローマ。（確実な作品。ヴァザーリによれば，ペルッツィにより完成されたのち破壊された。ヴァティカーノのグロッタに一部残る。）

1513年（末か）——『テーヴェレ河の整備』計画，レオ十世への提案。（確認されない作品。）

帰属のかなり疑わしい多くの作品のうちから，すでにあげられた不確実な作品に加えて，さらに可能性は少ないが，多少ともブラマンテと接触した他の建築家によると考えられるものをいくつかあげておく。

——パラッツォ・ヴェネツィアの『サラ・レジーア』内のフレスコ画による建築装飾，ローマ。（不確実，おそらく1490年頃か。）

——『サン・セバスティアーノ・イン・ヴァッレ・ピアッタ教会』，シエーナ。（1507年ころあるいはその前後）。ポルタ・ラティーナの『サン・ジョヴァンニ・イン・オーレオ礼拝堂』，ローマ（1509年）。ともにおそらくB.ペルッツィによる。

——『サンタ・マリーア・デッレ・フォルテッツェ教会』，ヴィテルボ（可能性あり，1514年起工）。

文献注解

(〈 〉内はおもに原書が改訂された1985年以降の主要な参考文献の、訳者による追記を示す。)

　美術史全般、とりわけルネサンス建築史のなかでブラマンテの作品が占める影響力ははなはだ大きく、事典や辞書はもちろんのこと美術史のあらゆる分野の、また当然ながらルネサンスに関する諸文献のなかで、程度の差はあれ広範な扱いを受けている。ルネサンス全般に関する近年の重要な著作のいくつかは序章の脚注3に示してある。しかしさらに近年に属する、一般的で扱いのややことなるものをつけ加えることもできよう。それらは重要な情報や分析的記述を含んでもいる。言及に値する重要なものはおおいが以下を挙げておく。N. Pevsner, "*Storia dell'architettura europea*"（英語版 "*An Outline of European Architecture*"）は主要言語に翻訳され幾度も出版されている（英語版では1960年の出版25周年記念版、イタリア語訳では1959年と1966年版Bariが記憶される。N. ペヴスナー『ヨーロッパ建築序説』、小林文次、山口廣、竹本碧訳、彰国社 1989）; A.Venturi, "*Storia dell'arte italiana*", 特にVIII第二部、XI第一部 Milano 1923-1938; A.Chastel, "*L'arte italiana*", Firenze 1962（英語版 1963）; J. Drum, "*Die Baukunst der Rinaissence in Italien*", Leipzig 1914; D. Frey, "*Architettura della Rinascenza*", Roma 1924; W. J. Anderson, A.Stratton, "*The Architecture of the Renaissance in Italy*", London 1927; W. Paatz, "*Die Kunst der Renaissance in Italien*", Stuttgart 1953; R.Bonelli, "*Da Bramante a Michelangelo*", Venezia 1960; B. Lowry, "*Renaissanse Architecture*", New York 1962（イタリア語版、Milano 1965）; P. Portoghesi, "*Roma del Rinascimento*", Milano 1971。またブラマンテへのまとまった記述はないものの、R. Wittkower, "*Architectural Principles in the Age of Humanism*", 1949 London,（R. ウィットコウアー『ヒューマニズム建築の源流』、中森義宗訳、彰国社 1971）は、ルネサンス建築のもっとも典型的な一般的性格について基本的文献である。特にローマにおける活動の総合的で鋭い分析的概観は、C. L. Frommel, "*Der Römische Palastbau der Hochrenaissance*", Tübingen 1973, I p.28 以下。
〈下記はローマのルネサンス建築を中心に論じたタフーリ晩年の論集 ;
Manfredo Tafuri, "*Ricerca del Rinascimento principi,città, architetti*", Torino 1992.
以下の二点は、序章の脚注3に挙げられたPelican History of Art 叢書の一巻（1974）の版形を改め二巻に分けテクストを改訂し図版を拡充したもの ;
Ludwig H.Heydenreich, "*Architecture in Italy 1400-1500*", New-Haven, London 1996.
Wolfgang Lotz, "*Architecture in Italy 1500-1600*", New-Haven, London 1995.
下記はイタリア建築史を概観する新たな叢書の一巻 ;

Francesco Paolo Fiore(ed.) "*Storia dell'architettura italiana Il Quattrocento*", Milano 1998. ("*Il primo Cinquecento*" も近刊予定。)〉

評伝と文献資料

　ブラマンテに関する近年の評伝としては C. Baroni ("*Bramante*", Bergamo 1944) や G. Chierici のもの ("*Bramante*", Milano 1954; "*Donato Bramante*", New York 1960), そしてさらに包括的なものとして O. Förster ("*Bramante*", Wien-München 1956) と, A. Bruschi のもの ("*Bramante architetto*", Bari 1969) がある。辞書や事典の記述のなかでは, 以下を挙げておく。J. Baum, "*Kunstlehrlexikon*", Thieme-Becker IV p.515-9; G. Giovannoni, "*Enciclopedia italiana*", VII p.680-4, Milano-Roma 1930; A.Prandi, "*Enciclopedia Cattolica*"; O. Förster, "*Enciclipedia Universale dell'Arte*" (II, 1958,p.763-78); A.Bruschi, "*Dizionario di Architettura e Urbanistica*", I, p.408-413; 同, "*Dizionario biografico degli Italiani*"; 同, "*Encyclopedia Britannica*"。

　以上のうち C. バローニ, O. フェルスター, A. ブルスキのもの, とりわけブルスキのもの (p.1063-82) には, それぞれに充実したブラマンテにに関する文献リストが添えられているが完全とは言いがたい。これら以外の一般的な文献の記載としては, とりわけローマ時代に先立つ活動に関するものとして F. G. Wolff Metternich, "*Der Kupferstich Bernardos de Prevedari*", 《*Römisches Jahrbuch für Kunstgeschichte*》XI, 1967-68, p.9-97。また特に重要な主題にかぎるなら "*Bramante tra Umanesimo e Manierismo. Mostra storico-critica. Settembre 1970*", Roma 1970, p.219-24, そして "*Dizionario biografico degli Italiani*" の Bramante の項参照。
〈Giuseppe Caronia, "*Ritoratto di Bramante*", Roma-Bari 1986。
Franco Borsi, "*Bramante*" Milano 1989 はブルスキによる大小の『ブラマンテ』以降もっとも包括的な著作。図版, 文献リストも充実。〉

古文献, 古文書資料, 図版資料

　もっとも充実した古文献はヴァザーリのものであり (Giorgio Vazari, "*Le vite dei più eccelenti pittori, scultori e architetti*", 所収 "*Vita di Bramante*") 多くの言語で出版されている (日本語部分訳, 『ヴァザーリの芸術論』, 平凡社 1980, 『ルネサンス画人伝』, 白水社 1982, 『ルネサンス彫刻家建築家列伝』, 白水社 1989, 『続ルネサンス画人伝』, 白水社 1995)。ローマでの活動についてはおおむね信頼できる。しかしローマ時代に先立つ作品に関してはヴァザーリは情報に乏しく誤りもあり, とりわけいまだかなり謎にみちた状態にあるウルビーノ時代とロンバルディーア時代については,

他の様々な著者による文献をあわせて参照すべきであるが，それらも個々の作品への言及や断片的な情報を提供するにすぎない。その中からとりわけロンバルディーア時代に関して興味深いものとしては，以下が挙げられる。C. Cesariano, "*Di L. Vitrvius Pollione, De Architectura*", Como1521 は（古書の写真再版，C. H. Krinsky による英語の序文と索引付 München 1969 〈その後A. Bruschi の監修，A. Carugo と F. P. Fiore の論考を添えたファクシミリ版 Milano 1981も出た〉），ブラマンテ直接の弟子によって語られた，ロンバルディーア時代の活動をめぐる断片的な情報と考察が参考になる。Fra Saba (Sabba) da Castilione, "*Ricordi ovvero ammaestramenti*", Venezia1549, 1565, CXI, p.139 は，全般的な情報とウルビーノ文化やマンテーニャ風の芸風形成の裏づけを示す。G. P. Lomazzo, "*Trattato dell'arte della Pittura Scultura e Architettura*", Milano 1584 および同著者の "*Idea del Tempio della Pittura*", Milano 1590は特に画家と理論書著者としての活動を知るうえで興味深い。いっぽうローマ時代を知るうえで基本的なものとしては以下がある。G. Burchardo, "*Diarium 1483-1506*" (ed. L. Thuasn, 3 voll.), Paris 1883-85; P. De Grassisi, "*Diarium*" (ed. M.Armellini), Roma 1884; Egidio da Viterbo, "*Historia viginti saeculorum*" (cod, C. 8. 19, Biblioteca Angelica Roma); F. Albertini, "*Opusculum de mirabilibus novae et veteris Urbis Romae*", Roma 1510 (ed. Shumarzow, Heilbron, 1886; ed. R. Valentini, G. Zucchetti, "*Codice topografico dellaCittà di Roma*", IV Roma 1953) は1509年以前のローマ作品に関して不可欠。A. Fulvio, "*Antiquaria Urbis*", Roma 1513 および同著者の "*Antiquitates Urbis*", Roma1527; fra Mariano da Firenze, "*Itinerarium Urbis Romae*", 1517-18頃（ed. P. Bulletti, "*Studi di antichità cristiana del Pontif. Istituto di Archeol. Cristiana*", Roma 1931所収）はアルベルティーニの前掲書を補足し，後の年代までを扱う。これらの著述はすべて，ブラマンテの同時代人によって書かれたその作品についての直接証言であり，それらが提供する情報が断片的であるにせよ，ヴァザーリによる伝記のローマ時代の部分を補足するものとして不可欠である。このほかにやはりローマ時代の作品の理解を助ける十六世紀の二つの原典として S. Selrio, "*Regole generali d'architettura*", Venezia 1540 と，扱いはわずかであるが A. Palladio, "*I quattro libri dell'architettura*", Venezia 1570（ファクシミリ版 Milano 1945ほか，『パッラーディオ「建築四書」注解』，桐敷真次郎編著，中央公論美術出版 1986）があげられる。これ以外に情報の典拠となりうるものとして，たとえば以下のものがある。G. B. Caporali, "*Architettura con il suo comento et figure, Vetruvio in volgar lingua reportato*", Perugia 1536. この著者もまたブラマンテを個人的に知っていたらしい。A. F. Doni, "*Libreria seconda*", Venezia 1555はブラマンテの理論的活動について伝えるが，確証は得られていない。"*Il carteggio di Michelangelo*", （ed. P. Barocchi, R. Ristori) Firenze1965; Condivi, "*Vita di Michelangelo Bunarroti*"（1553）（コンディーヴィ『ミランジェロの生涯』，高田博厚訳，岩崎美術社）。B. Cellini, "*Trattato dell'oreficeria*", Firenze 1586 "*Trattato della scultura*", Firenze 1586。ブラマンテの人間性を鋭く描いた A. Guarna da Salerno もブラマンテを個人的に知っていたにちがいない; "*Simia*"（1517, ed. G. Bossi, "*Del Cenacolo di L.da Vinci*", Milano 1810; ed. E. e G. Battisti, Roma 1970所収）。

　個々の作品に関するその他の情報は，すくなくとも十九世紀の初めから次第に発見され，

出版されてきた古文書館文書 documenti d'archivio から知られるが，その重要なものの量の多さからして，ここに列挙することは不可能である。古文書のうちの重要なものは，フェルスターとブルスキのモノグラフの中に収録されており（すくなくとも，関連する資料の所在と文献は示されている），ロンバルディーアの作品に関しては，すくなくともその一部はたとえばC.Baroni, "*Documenti per la storia dell' Architettura a Milano nel Rinascimento e nel Barocco*", I, Firenze, 1940; II, Roma 1968 に収録されている。特に重要な古文書は，以下の個々の作品の基本文献のなかで触れられている。

　信頼すべきオリジナルな図版によって記録されている作品も少なくない。それはヨーロッパとアメリカの様々なコレクションに含まれる少なからぬ数の「古素描」であるが，それらのうちブラマンテの自筆によるものと確証されたものは現在のところ存在しない。以下に，重要なものの中から，個々の作品にとって不可欠な文献を挙げる。ブラマンテ作品の図面の最も優れたコレクション（おそらくブラマンテかその弟子による設計図のコピーまたはその再検討，あるいは実現された作品の古い実測図からなる）としてはまず，フィレンツェのウッフィーツィのコレクションは H. Günther, "*Werke Bramantes im Spiegel einer Gruppe von Zeichnungen der Uffizien in Florenz*", 《*Müchner Jahrbuch der bilden den Kunst*》, 第三集, 33, 1982, p.77-108。またロンドンのソーン博物館のいわゆる《コーネル写本》（T. Ashby により "*Sixteenth-Century Drawings of Roman Buildings*", 《*Papers of the British School at Rome*》, vol. II, London 1904 として出版）； T. Buddensieg, "*Bernardo della Volpia, der Autor des Codex Coner und seine Stellung im Sangallo-Kreis*", 《*Römisces Jahrbuch fur Kunstgeschichte*, XV, 1975, p.98-108）。かつてメロン・コレクションにあって現ニューヨークのピアモント・モーガン図書館所蔵の，ブラマンテの弟子 Menicantonio de' Chiarellis（Förster, Wittkower）あるいは Domenico da Varignana（Oberhuber, Frommel）またはヴェネトの無名の筆者（H. Burns 他）に帰せられるデザイン帳をめぐっては以下を参照。N. Nachod, "*A Recently Discovered Architechtural Schetchbook*", 《*Rere Book*》, New York 1955, vol. VIII, n.1; C. L. Frommel, "*Der Römische Palastbau der Hochrenaissance*", II p.6, n.41; R. Wittkower, "*Idea and Image, Studys in Italian Renaissance*", London 1978, III, p.91-107; H. Burns, "*Raffaello architetto*", Milano 1984, 3. 2. 12, P.422-3。メロン写本は W. Lotz と S. Storz の監修により出版の予定である。
〈以下はブラマンテとほぼ同時代の建築家による素描をまとめたもの；

　Heinrich Wurm(ed.), "*Baldassare Peruzzi Architekturzeichnungen*", Tübingen 1984。

　Stefano Borsi(ed.), "*Giuliano da Sangallo, I disegni di architettura e dell' antico*", Roma 1985

　Elena Filippi(ed.), "*Maarten van Heemskerck Inventio Urbis*", Milano 1990 。

　ウッフィーツィ所蔵の建築素描のうちアントーニオ・ダ・サンガッロとその工房によるものを集めた図集も出版された；

　C. F. Frommel, N. Adams(ed.), "*The Architectural Drawings of Antonio da Sangallo the Younger and His Circle*" I, II, New York 1994, 2000.〉

近代の図版資料は，個々の作品に関する出版物や，またフェルスターやとりわけブルスキのモノグラフで見ることができる。そのすべてが正確であるとは限らないが，ローマのすくなくともいくつかの作品に関する有用な実測図面は P. Letarouilly, "*Edifices de Rome moderne*", Liège 1849-66, Paris 1868-74，および P. Letarouilly, M. Alphonse Simil, "*Le Vatican et la Basilique de St. Pierre*", Paris 1882 に見られる。いずれも英語版あり〈近年縮刷版が各国で出版されている。前者の日本語版『ルタルイイ　近代ローマ建築』，長尾重武監修，I, II, III　玲風書房　1997〉。

全般的な論考

ブラマンテの総合的な活動をあつかって比較的現代の基準に沿った，今なお妥当な部分を含む最初のモノグラフは L. Pungileoni, "*Memorie intorno alla vita e alle opere di Bramante*", Roma, 1836 である。これに先立つものとしては十八世紀末の V. De Pagave の記述（G. Casati, "*I capi d'arte di Bramante da Urbino nel Milanese*", Milano 1870 に所収）があり，不正確のうらみはあるもののロンバルディーアの活動について基本的な文献である。いっぽうローマでの作品についての的確な分析的記述は F. Milizia によって（"*Le vite de'piu celebri architetti*", Roma 1768; "*Roma nella belle arti del disegno*", Bassano 1787, Bologna 1826），さらにのちには J. Bruckhardt（"*Der Cicerone*", Basel 1855）によって端緒が開かれた。十八世紀末から十九世紀全般にわたって輩出した様々な研究家による個別的な研究成果（とりわけ，ヴァザーリの情報を補完し，ローマ時代以前を含めたブラマンテの活動の再構成に向けられた文献上の研究）が続いた後，それら一連の文献の悼尾を飾るものとして著された基本的な歴史記述的成果が H. von Geymüller, "*Les projets primitifs pour Saint-Pierre*", (Paris 1875-80; ドイツ語版 Wien 1875-80) である。これ以外のいくつかの小論も作品と文献や図像学的記録についての並ぶもののない博識につねに支えられており，フォン・ガイミュラーは十九世紀をとおして最大のブラマンテ研究家であった。ブラマンテの活動を歴史的に再構成しようとするその忍耐強い作業は，十九世紀末から二十世紀初にかけて単独の，または一群の作品をめぐる個別的な問題を明かにしようとする研究によって補完し発展させられたが，そのような研究者として，L. Beltrami（様々な論考によって特にロンバルディーアでの活動を明らかにし，"*Bramante a Milano*", Milano 1912 等がある），D. Gnoli（"*Bramante a Roma*"，《Annuario R. Accademia di S. Luca》, 1913-14, p.51 以下；他にも多数の論文があるが，そのなかで特に記憶すべきは 1887年のラッファエッロ邸に関するものと，1892年の "*La Cancelleria ed altri palazzi di Roma attribuiti a Bramante*" である。後者のなかでニョーリは年代的および様式的根拠から，ローマのこの傑出したパラッツォの設計者がブラマンテであるとする説を否定している），そして G. Giovannoni 等がいる。ジョヴァンノーニは個々の作品をめぐるいくつかの論文をものしたが（それら全体の結論とし

て著された "*Saggi sull'architettura del Rinascimento*", Milano1931 は今も基本的な文献)，おそらくジョヴァンノーニこそ今世紀前半ブラマンテの作品にもっとも精通したイタリア人であった。一方で Müntz などの研究者によって新たな古文書館文書が明らかにされるなかで，ブラマンテの人間性を再構築するという刺激的な試みが，とりわけ文献上の精密な研究をもとに提案された。これを進めた批評家や歴史家としては F. Malaguzzi-Valeri (なかでは今も重要な "*La corte di Ludovico il Moro*" の特にに第二巻, "*Bramante e Leonardo*", Milano 1915), A. Venturi ("*Storia dell'arte italiana*", 前掲書, VIII 1923; XI 1938), L. Dami ("*Bramante*", Firenze 1921) そしてとりわけ D. Frey (特に "*Bramante-Studien*", Wien 1915) 等が挙げられる。さらに年代が下ると，重要な性格描写が G. C. Argan ("*Il problema del Bramante*", 《*Rassegna Marchigiana*》, XII, 1934, p.212-31 は今日も基本文献), G. Fiocco ("*Il primo Bramante*", 《*La critica d'arte*》, I, 1936, p.109 以下) によって行われ，さらには P. Rotondi (とくに画家兼建築家としてのブラマンテのウルビーノでの初期活動の再構成に向けられ，中では "*Il palazzo ducale di Urbino*", Urbino 1950) や，またやや異なる性格を照らし出したものとして R. Bonelli のものがある (とくに "*Da Bramante a Michelangelo*", Venezia 1960)。

近年の幾多の分析的研究の中で，モノグラフ以外で注目すべきものには，すくなくとも以下のものが挙げられる。J. Ackerman のものでは，特に "*The cortile del Belvedere*", Città del Vaticano, 1954 に，またローマ時代のブラマンテの総合的で説得力ある分析的検討が "*The Architechture of Michelangelo*" I, II, London 1961 (イタリア語版 Torino 1968, アッカーマン,『ミケランジェロの建築』, 中森義宗訳, 彰国社 1976) に含まれる。 P. Murray のものではとくに "*Bramante milanese*", 《*Arte lombarda*》 VII, 1962, "*Observations on Bramante's St. Peter*", ("*Essays in the History of Architecture presented to R. Wittkower*", London 1967 所収；ここにはブラマンテに関するメッテルニッヒやハイデンライヒの重要な論考も収録されている)。F. Wolf Mtternich はサン・ピエトロの古素描について造詣が深く ("*Die Erbauung der Peterskirche zu Rom im 16. Jahrhundert*", Wien-Munchen 1972) 特にブラマンテのサン・ピエトロについてもいくつかの重要な貢献があるが，ロンバルディーアの活動についても見逃せない論文がある ("*Der Kupferstich Bernardos de Prevedari*", 《*Römisches Jahrbuch für Kunstgeschichte*》, 1967-68, p.91-7; "*Bramante und St. Peter*", München 1975 に所収)。C. L. Frommel のものとしては "*Bramantes 《Ninfeo》 in Genazzano*", 《*Römisches Jahrbuch für Kunstgeschichte*》, 12, 1968; "*Der Peterskirche unter Papst Julius II im Licht neuer Dokumente*", 《*Römisches Jahrbuch für Kunstgeschichte*》, 16, 1976, p.57-136; "《*Capella Julia*》: *Die Grabkapelle Papst Julius II in Neu-St.Peter*", 《*Zeitschrift für Kunstgeshichte*》, 40, 1977, p.26-62; "*Bramantes 《Disegno Grandissimo》 für den Vaticanpalast*" (《*Kunstchronik*》, 30, 1977, p.63 以下)； "*Il complesso di S. Maria presso S. Satiro e l'ordine architettonico del Bramante lombardo*", ("*La scultura decorativo del primo Rinascimento*", 国際学会会議録, Pavia 1983 所収), そして S. Ray, M. Tafuri との共著 "*Raffaello architetto*", Milano 1984。L. H. Heydenreich のなかから "*Bramante's 《Ultima Maniera》*" ("*Essays in the History of Architecture presented to R. Wittkower*" 所収)。G. De Angelis d'Ossat のものではとりわけ

"*Preludio Romano del Bramante*",（《Palladio》, XVI, 1966, p.92-4）。

　上記の研究者のほぼ全員が，関心を共有する他のおおくとともに，すでに触れたブラマンテ研究国際会議に参加した。1970年秋にミラーノ，ウルビーノ，ロレート，ローマをはじめブラマンテゆかりの各地で開催されたこの会議の記録は "*Studi bramanteschi*", Roma 1974 として出版され，約50にのぼる報告が収録されている。

〈おもにウルビーノ時代に関連するものとしては，

　F. P. Fiore, M. Tafuri, "*Francesco di Giorgio architetto*", Milano 1994。

ミラーノ時代とその背景を扱ったものでは，

Luciano Patetta, "*L'architettura del Quattrocento a Milano*", Milano 1987;

E. S. Weich, "*Art and Authority in Renaissance Milano*", New-Haven, London 1995;

Luciano Patetta (ed.), "*Bramante e la sua cerchia a Milano e in Lombardia 1480-1500*", Milano 2001。

その他全般的なもの；

L. H. Heydenreich, "*Studien zur Architektur der Renaissance*", Munchen 1981（死後出版されたハイデンライヒの主要論文集。本書でブルスキが言及する論文の多くが収録されている。）；

James S. Ackerman, "*Distance Points: Essays in Theory and Renaissance Art and Architecture*", Cambridge-London 1991（"*The Belvedere as a Classical Villa*"，"*The Tuscan/Rustic Order*" などを収録）；

H. Millon, V. M. Lampugnani (ed.), "*Rinascimento da Brunelleschi a Michelangelo*", Milano 1994（展覧会カタログ，充実した文献リスト付，英語版あり）；

A. Esch, C. L. Frommel (ed.), "*Arte, comittenza ed economia a Roma e nelle corti del Rinascimento 1420-1530*", Torino 1995;

E. Heil, "*Fenster als Gestaltungsmittel an Palastfassaden der italienischen Früh-und Hochrenaissance*", Hildesheim 1995;

Christof Thoenes, "*Sostegno e adornamento: Saggi sull'architettura del Rinascimento: disegni,ordini,magnificenza*", Milano 1998。

ブラマンテのオーダーを研究したものとして，

C. Denker Nesselrath, "*Die Saulenordnungen bei Bramante*", Worms 1990。〉

個々の作品に不可欠な文献

　プレヴェダーリの版画——ミラーノ公証文書保管所の記録（公証人 Benito Cairati, 1481年10月24日）が L. Beltrami の "*Bramante e Leonardo praticarono l'arte del bulino?; Un incisore sconosciuto: Bernardo Prevedari*"（《Rassegna d'arte》, XVII, 1917, p.155）で出版されている。多くの批評的分析の中から，以下を参照のこと。P. Murray, "*Bramante milanese*" 前掲書；F. G. Wolff Metternich,

"*Der Kupferstich Bernardos de Prevedari*" 前掲書；A. Bruschi, "*Bramante architetto*" 前掲書，および本書第二章注3にあげられた Mulazzani 他の論文；R. V. Shofield, "*Drawing for Santa Maria presso San Satiro*", 《Journal of the Warburg and Courtauld Institutes》, 1976, n.39, p.246-53。

サンタ・マリーア・プレッソ・サン・サーティロ教会——ミラーノ大司教区古文書館，直轄地域訪問，サン・サティーロ教会；国立古文書館宗教文庫，教会および教会碑，サンタ・マリーア・プレッソ・サン・サティーロ教会；サン・サティーロ教会の教区古文書館に記録が残る。以上はいくども出版されているが，なかでも最も完備しているのは A. Palestra の "*Cronologia e documentazione riguardante la costruzione della chiesa di S. Maria presso S. Satiro*", (《Arte lombarda》, XIV, 1969, P.154-60) および "*Nuove testimonianze sulla chiesa di San Satiro*", "*Studi bramanteschi*", p.177-188。分析は前掲のすべてのモノグラフで扱われている。C. L. Frommel の "*Il complesso di S. Maria presso S. Satiro*", 前掲書，も参照。
〈Adele Buratti Mazzotta(ed.), "*Insula Ansperti Il Complesso monumentale di S. Satiro*", Milano 1992;（F. Borsi と S. Borsi による論考，実測図収録。)〉

パヴィーアのドゥオーモ——パヴィーアのカテドラル古文書館記録が L. Malaspina di Sannazaro, "*Memorie storiche della fabrica della cattedrale di Pavia*", Pavia 1816 として出版。C. Magenta, "*Il Castello di Pavia*", Milano 1882, I, p.538。F. Malaguzzi-Valeri, "*La corte di Ludovico il Moro*" 前掲書, II, 1915, p.83 以下。批評的分析は A. Bruschi, "*Bramante architetto*" 前掲書，参照。また A. M. Brizio, "*Bramante e Leonardo alle corte di Ludovico il Moro*", "*Studi bramanteschi*", p.1-26 参照。

サンタ・マリーア・デッレ・グラーツィエ——ミラーノの国立古文書館宗教文庫，修道院の記録が A. Pica, P. Portaluppi, "*Le Grazie*", Roma 1938 に（文献リストも）。C. Baroni, "*Documenti per la storia dell'architettura a Milano*" 前掲書, II, Roma 1968。共著，"*S. Maria delle Grazie*", Milano 1983。M. Rossi, "*Novità per S. Maria delle Grazie di Milano*", 《Arte Lombarda》1983-84, 66号, p.35-70。

ヴィジェーヴァノ——ミラーノの記録は国立古文書館；城塞，書簡，建築家自筆。ヴィジェーヴァノの記録は C. Barucci, "*Il castello di Vigevano*", Torino 1909; F. Malaguzzi-Valeri, "*La corte di Ludovico il Moro*" 前掲書, I, p.601 以下；II, 158 以下。W. Lotz, "*La Piazza Ducale di Vigevano un foro principesco del tardo Quattrocento*", "*Studi bramanteschi*" p.205-221 も参照。

サン・タンブロージョのカノニカと修道院——記録はサン・タンブロージョ参事会古文書にあり，以下に収録；C. Baroni の "*Documenti per la storia dell'architettura a Milano*" I, Firenze 1940, p.43 以下; P. Bondioli, "*Il monasterio di S.Ambrogio a Milano*", Milano 1935; F. Malaguzzi-Valeri, "*La corte di Ludovico il Moro*" 前掲書, II, p.215 以下；L. Patetta, "*Bramante e la trasformazione della basilica di Sant'Ambrogio a Milano*", 《Bolletino d'Arte》, 文化環境省, 21号, 1983。

ルドヴィーコ・イル・モーロの《室橋》（ポンティチェッラ）——ミラーノ国立古文書館の記録が L. Beltrami, "*Bramante e la ponticella di Ludovico il Moro nel castello di Milano*", Milano 1903 に収録。

ローマのサン・ジョヴァンニ・イン・ラテラーノの聖門（ポルタ・サンラ）上のフレスコ画——F. ボッロミー

ニの素描がウィーンのアルベルティーナ美術館建築素描コレクション n.388 に残され, H. Egger, "*L'affresco di Bramante*", 《Roma》 1932, p.303-6, 図 XI に収録されている。G. De Angelis d'Ossat, "*Preludio romano del Bramante*", 前掲書, 参照。

サンタ・マリーア・デッラ・パーチェ修道院——ローマのサン・ピエトロ・イン・ヴィンコリのラテラーノ修道会古文書館, サンタ・マリーア・デッラ・パーチェに残る記録が C. Ricci, "*Il chiostro della Pace*", 《Nuova Antologia》I, 1915, p.361-7 に所収。年代の指標も, 建物の銘文や紋章から導かれる。幾多の分析的記述のなかでは De Angelis d'Ossat, "*Preludio romano del Bramante*", 前掲書; A. Bruschi, "*Bramante architetto*", 前掲書; P. Marconi, "*Il Chiostro di Santa Maria della Pace in Roma*", "*Studi bramanteschi*" に所収; M. L. Riccardi, "*Santa Maria della Pace*", 《Quaderni dell'Istituto di Storia dell'architettura》, 24集, 1981, n.168-8, p.3 以下。
〈Associazione per il rilievo, lo studio ed il restauro del del patrimonio architottonico(ed.), "*Il Chiostro di S. Maria della Pace*", Roma 1987.（実測図集）〉

アドリアーノ・ダ・コルネート枢機卿のパラッツォ——記録, 文献, 分析的記述については A.Bruschi, "*Bramante architetto*" 前掲書, および C. L. Frommel, "*Der Römische Palastbau der Hochrenaissance*" 前掲書, 参照；1520年以前の平面とコーニス詳細が 《コーネル Coner》 写本（ソーン美術館, ロンドン）に見られ, T. Ashby, "*Sixteenth-Century Drawings of Roman Buildings*" 前掲書, 図14および94として出版されている。

サン・ピエトロ・イン・モントーリオのテンピエット——年代考証の材料としては地下礼拝堂の碑板（1502）があるが, 1517-18年に書かれた fra Mariano da Firenze の "*Itinerarium Urbis*" 前掲書, Bulletti編, p.97-8で言及されるものの, 1509年に書かれた F. Albertini の "*Opusculum de mirabilibus*" 前掲書, には記述がない。言語的, 分析的, 文献的考察については A. Bruschi, "*Bramante architetto*" 前掲書；H. Günter, "*Bramantes Hofprojekt um den Tempietto und seine darstellung in Serlios dritte Buch*", "*Studi bramanteschi*" 前掲書, 所収；共著, "*Fabbriche romane del primo 1500. Cinque secoli di restauri*", Roma 1984, p.17以下参照。チンクエチェントの多くの素描にテンピエットが記録されるが, そのいくつかは A. Bruschi, "*Bramante architetto*" 前掲書, に収録。

ベルヴェデーレの中庭——古文書記録（ヴァティカーノ, ローマ国立古文書館）, 多くの古素描（自筆と確定されるものなし）, そして完全な分析的検討は, J. Ackerman, "*Il Cortile del Belvedere*" 前掲書, 参照。計画案とその性格のグラフィカルな再現および細部の分析は A.Bruschi, "*Bramante architetto*" 前掲書；C. L. Frommel, "*Raffaello architetto*" 前掲書, p.357 以下参照。

ヴァティカーノのサン・ピエトロ聖堂——古文書記録は基本的にはヴァティカーノ古文書館所蔵。多くの古素描のうちとりわけフィレンツェのウッフィーツィの素描と版画コレクション（そのうち整理番号1A *r*のユリウス二世に拒否された羊皮紙に描かれた最初の計画案, およびおそらく自筆である 8A *v*, 20A *r*, 104A *v*）；ロンドンの《コーネル写本》前掲書；アメリカ, ヴァー

ジニアのアッパーヴィル，メロン・コレクション（メニカントーニオ・デ・キアレッリスに帰せられる素描帳）；ウィーンのアルベルティアーナその他があり多くの文献の中で記述され出版されているが，おもなものは A. Bruschi, "*Bramante architetto*" 前掲書，p.532 以下および p.883 以下に収録。その他に基本的なものとしては，以下を参照のこと。H. von Geymüller, "*Les prpjets primitifs pour Saint-Pierre*" 前掲書；K. Frey, "*Zur Baugeschihite des St. Peter*", 《Jahrbuch der Konigl. Preussischen Kunstsammel》, 1909, 1911, 1912, 1916; D. Frey, "*Bramante-Studien*" 前掲書；Th. Hofmann, "*Die Entstehungusgeschichte des St.Peter in Rom*", Zittau 1928; O. Förster, "*Bramante*" 前掲書。F. G. Wolff Metternich の数多い研究からすくなくとも "*Bramantes Chor der Peterskirche zu Rom*", 《Römische Quarterlschrift》, LVIII, 1963, p.271-91; "*Le premier projet pour St. Pierre*" ("*The Renaissance and Mannerism.Studies in Western Art*", New York-Princeton, II 1963, p.70-81 所収)；"*Über die Massgundlagen des Kuppelentwurfes Bramantes für die Peterskirche in Rom*" ("*Essays in the History of Architecture presented to R. Wittkower*" 前掲書および "*Bramante und St. Peter*", München1975 に収録)；"*Die Erbauung der Peterskirche*" 前掲書。また本文で述べた C. L. Frommel の基本的な研究成果は "*Raffaello architetto*", Milano 1984 にまとめられている。

〈Christiano Tessari(ed.), "*San Pietro che non c'è. da Bramante a Sangallo il Giovane*", Milano 1996 は建たなかった計画案についてのブルスキ，フロンメル，ウォルフ・メッテルニッヒ，トエーネスによる上記主要研究の大半を集めた論文集。

Gianfranco Spagnesi(ed.), "*L'architettura della basilica di San Pietro: storia e costruzione*", Roma 1997 （1995年の国際学会論文集）.〉

サンタ・マリーア・デル・ポポロの内陣——古文書記録は E. Lavagnino, "*S. Maria del Popolo*", Roma 1928, p.7 に収録。重要な指摘は F. Albertini, "*Opusculum de mirabilibus*" 前掲書にある。その他文献の指摘や分析については，A. ブルスキの前掲書；E. Bentivoglio, S. Valtieri, "*Santa Maria del Popolo a Roma*", Roma 1976 の特に第一章参照。

ヴァティカーノ宮サン・ダーマゾの開廊(ロッジア)——記録は G. Hoogewerf, "*Documenti che riguardano Raffaello ed altri artisti contemporanei*", 《Rendiconti della Pontif. Accard. Romana di Archeol.》, XXI, 1945-46, p.265 以下；D. Redig De Campos, "*Bramante e le logge di San Danaso*", "*Studi bramanteschi*", p.517-521 に所収。

チヴィタヴェッキアの港の要塞——年代記と古文書記録，古素描の情報は A. Guglielmotti, "*Storia delle fortificazioni della spiaggia romana*", Roma 1880, p.189以下参照；ユリウス二世の二種類のメダル（ヴァティカーノ・メダルコレクション）はブラマンテの原設計を示すが，これについては A. Bruschi, "*Bramante architetto*" 前掲書，参照。レオナルドのアトランティコ写本のいくつかの素描（271rf, 97rb, 113vb）はおそらくブラマンテによる港と街の整備計画案を反映している；A. Bruschi, "*Bramante, Leonardo e Francesco di Giorgio a Civitavecchia*", "*Studi bramanteschi*" p.535-565参照。

〈Fabriano T. Fagliari Zeni Buchicchio, "*La Rocca del Bramante a Civitaveccia: Il cantiere e le maestranze da Giulio II a Paolo III*", 《Römisches Jahrbuch für Kunstgeschihite 23/24 1988》所収。〉

パラッツォ・デイ・トリブナーリとサン・ビアージョ教会——同時代人の記述(エジーディオ・ダ・ヴィテルボ, アンドレーア・フルヴィオ, F.アルベルティーニ等), 古文書記録, 古素描(ウッフィーツィ 素描136A *r*, 重要ではあるがおそらく初期案を示す109A *v*, 1898A *r*等;《コーネル》写本フォリオ7), そしてユリウス二世の記念メダルが, 不完全ながら情報を提供する。文献としてはとくに D. Gnoli, G. Giovannoniそして A. Bruschi, "*Bramante architetto*", p.946以下参照。最近の研究成果や修正としては C. L. Frommel, "*Il palazzo dei Tribunari in Via Giulia*", "*Studi bramanteschi*", p.526-534。また L. Salerno, L. Spezzaferro, M. Tafuri, "*Via Giulia*", 第二版, Roma 1975。

ロレートのサンタ・カーサ礼拝堂, パラッツォ・アポストーリコ, 教会ファサードと修復——サンタ・カーサ・ディ・ロレートやレカナーティ等の古文書館記録はおもに, P. Gianuizzi, "*Bramante da Monte Asdrualdo e i lavari per Loreto*",《Nuova rivista misena》XX, 1907, p.99-117, 135-49; G. Giovannoni, "*Saggi sull' architettura del Rinascimento*" 前掲書, および同著者の"*Antonio da Sanagallo il Giovane*", Roma 1959; ほぼすべての報告と議論の要約は A. Bruschi, "*Bramante architetto*" 前掲書, p.960以下参照。ファサードの計画案の一つはユリウス二世のメダルに, 全体平面の基本的なデザインはウッフィーツィの素描921A *v*および922A *r*に記録が残る。基本的な文献および分析上の検討は K. Garris Posner, "*Alcuni progetti per piazze e facciate di Bramante e di Antonio da Sangallo a Loreto*", "*Studi bramanteschi*", p.313-338, 参照。

バンキ地区のサンティ・チェルソ・エ・ジュリアーノ教会——記録と古素描は,《コーネル》写本(アシュビーの前掲書p.19), メニカントーニオに帰せられる手帳(メロン・コレクション, フォリオ56*v*, 57*r*等), 文献記録と分析は C. Thoenes, "*Il problema architettonico di Bramante …*", G. Sequi, C. Thoenes, M. Mortari, "*SS. Celso e Giuliano*",《Le chiese di Roma illustrate》, Roma 1966, p.29-52, 参照。

《アテネの学堂》の建築背景——Vasariによる証言(『ブラマンテ伝』)。考察, 透視図法的復元, 基本的文献は A. Bruschi, "*Bramante architetto*", 前掲書, p.1036以下。C. L. Frommel, "*Raffaello architetto*", 前掲書所収。〈『スタンツェ』を中心とした, ラッファエロ絵画に描かれた背景建築を集中して扱ったものとして, Gianfranco Spagnesi, Mario Fondelli, Emma Mandelli, "*Raffaello; l'architettura 《picta》, percezione e realtà*", Roma 1984。〉

ラッファエッロのパラッツォ——ファサードは Antonio Lafreriの版画(1549)およびかつてパッラーディオに帰せられた素描(RIBA, ロンドン)等に記録されている。それ以外の図版, 言語的分析, 文献(なかでは D. Gnoliおよび A. Rossiの論考と資料)については A. Bruschi, "*Bramante architetto*" 前掲書, p.1040以下; C. L. Frommel, "*Der Römischde Palastbau der Hochrenaissance,*" 前掲書, 参照。

上記以外の重要性の低い作品および疑わしい作品については A. Bruschi, "*Bramante architetto*" 前掲書，同文献注参照。
〈A. Bruschi(ed.), "*Il Tempio della Consolazione a Todi*", Milano 1991〉

　すでに触れたように，これまでに知られる建築図面や素描のうち確実にブラマンテの自筆と見なしうるものはない。しかし『プレヴェダーリの版画』は確実にブラマンテの原画に由来するものであるし，おそらくブラマンテのサン・ピエトロ計画案のためと考えられる，前述のフィレンツェのウッフィーツィ所蔵のいくつかの素描（紅殻チョークで素早く描かれたもの）は自筆スタディの可能性がある。それ以外のウッフィーツィの素描（例えば素描 155A r, 1711A r, 1712A r, 1715A r, 1732A r, 1733A r；風景素描 401等），ミラーノのサン・タンブロージョ図書館のもの（例えばフォリオ 251，インフォリオ 55；145；158；フォリオ 252，インフォリオ 62r, 176；62v, 182；等），パリのルーヴルのもの（かつてサン・サーティロのものとされていた，教会ファサードの素描）などはブラマンテの自筆としては帰属がかなり疑わしく，あるいはブラマンテの素描に基づいた，他の建築家による複写あるいは改作と考えられる。この件に関する系統的な研究はまだないが，ブラマンテに帰属されるまたは溯るいくつかの建築素描については A. Bruschi, "*Bramante architetto*" 前掲書，の随所および文献注参照。画家や版画家として以外のブラマンテによる可能性のある素描作品については W. Suida, "*Bramante pittore e il Bramantino*", Milano 1953, 参照。

　ロンバルディーア滞在以前のブラマンテの活動については，系統的または結論的な研究はまだ存在しないが，その試みとしてはとりわけ P. Rotondi, "*Il palazzo ducale di Urbino*" 前掲書；"*Contributi urbinati a Bramante pittore*",《Emporium》, XIII, 1951, p.109-29; "*Nuovi contributi a Bramante pittore*",《Arte Lombarda》, IV, n.1, 1959, p.74-81; "*Francesco di Giorgio nel palazzo ducale di Urbino*" 前掲書；および1970年のブラマンテ研究会議における報告 "*Ancora sullo studiolo di Federico da Montefeltro nel Palazzo Ducale di Urbino*", "*Studi bramanteschi*", p.255-265, 参照。また A. Bruschi, "*Bramante architetto*" 前掲書，とくに第一章 p.728-39 および文献注参照。さらには共著, "*Urbino e le Marche prima e dopo Raffaello*", Firenze 1983 文献注付，参照。
〈Stefano Borsi, "*Bramante e Urbino il problema della formazione*", Roma 1997。〉

　画家ブラマンテについては，前述の W. Suida の書および P. Rotondi の上述の研究，P. Murray の "*Bramante milanese*" 前掲書，Metternich の "*Der Kupferstich Bernardos de Prevedari*" 前掲書，の他に以下を参照。G. Gnudi, "*Bramante*", "*Mostra di Melozzo e del Quattrocento romagnolo*", Forli 1938, p.49-52 所収; F. Mazzini, "*Problemi pittorici bramanteschi*",《Bolletto d'arte》XLIX, 1964 p.327-42；P. Arrigoni, "*L'incisione rinascimentale*" 前掲書；また F. Mazzini, "*La pittura del primo Cinquecento*", "*Storia di

Milano", Milano 1957 所収，はロンバルディーアでのブラマンテ全般を知るうえでも有用。画家としてのブラマンテの活動の包括的な描写はG. A. Dell'Acqua, G. Mulazzani, "*Bramantino e Bramante pittore*", Milano 1978, 文献注付，を参照。

　建築理論家および建築論著者ブラマンテについてはJ. Schlosser-Magnino, "*La letteratura artistica*", Firenze-Wien 1924 （および1967年に至る再版）p.144 およびp.148; 共著, "*Scritti rinascimentali di architettura*", Milano 1978，参照。

　詩人ブラマンテについては，本書第三章の脚注4に挙げられた文献を参照のこと。また上記以外の重要性の低い作品や，ブラマンテの活動に関連した問題や議論についても，本文や脚注の随所に記された文献を参照。

ブラマンテ関連地図（1490年頃の北中部イタリア）

訳　注

序章

(1) ヴァザーリ，ジョルジョ（1511-74）　画家，建築家，伝記作家。アレッツォに生まれ生地とフィレンツェ，ローマなどで活動。『イタリアの最も優れた建築家，画家，彫刻家の列伝』（初版1550，再版1568）により「最初の美術史家」とも評価される。『列伝』に見られる史料と芸術観は，ルネサンスからマニエリズムまでに関する貴重な原資料。

(2) ブルネッレスキ，フィリッポ（1377-1446）　初期ルネサンス・フィレンツェの中心的建築家。金細工師として修行したが，フィレンツェのサン・ジョヴァンニ洗礼堂扉レリーフの設計競技でギベルティと争ったのち，ローマを訪れしだいに建築に転身し，古代建築（および当時そう考えられていた古代末期や中世建築）の研究をとおしてその構法や意匠を再興した。また透視図法の定式化によってルネサンス建築と絵画のその後の展開に大きく貢献した。

(3) アルベルティ，レオン・バッティスタ（1404-72）　建築家，芸術理論家，音楽家，科学者，運動競技者として，ルネサンス万能人の理想的な体現者。建築理論家としてはウィトルウィウスを基礎にしたルネサンス最初の『建築論』1452 により，また建築家としてはフィレンツェ，リーミニ，マントヴァの作品により，ルネサンス建築をフィレンツェの地方的な様式から開放し古代ローマの普遍言語に接近させ，フランチェスコ・ディ・ジョルジョやブラマンテを準備した。

(4) ドナテッロ（ドナート・ディ・ニッコロ・ディ・ベット・バルディ）（1388-1466）　初期ルネサンス最大の彫刻家。フィレンツェに生まれギベルティのもとで修行したのちドゥオーモや洗礼堂，鐘塔，オルサンミケーレの迫真的な福音書家や聖人の石像やブロンズ像の名声を確立した。浅浮き彫りに適用された透視図法による建築的背景のパイオニアでもあった。1443年から約十年間パドヴァでガッタメラータ将軍騎馬ブロンズ像などを制作し，ヴェネト地方にルネサンス様式を伝播させた。

(5) マザッチョ（トンマーゾ・ディ・セル・ジョヴァンニ・ディ・モンテ）（1401-28頃）　1422年にフィレンツェで医師・薬種商組合に画家として登録。作品の数はすくないが，サンタ・マリーア・デル・カルミネのブランカッチ礼拝堂やサンタ・マリーア・ノヴェッラの『三位一体』などで明暗の処理や，人物像の正確な輪郭や力強いヴォリウム表現を完成し，また透視図法を用いたイリュージョニズムを展開した。

(6) コージモ・イル・ヴェッキオ（・デ・メディチ）（1389-1464）　フィレンツェの銀行家メディチ家のクワットロチェント前半の総帥。支援者を政治諸組織に送りこんでフィレンツェ共和国を実質的に支配して安定と繁栄をもたらし，また緒芸術の保護と育成につとめ，芸術や公共事業に巨富をつぎ込んだ。1463年プラトン・アカデミーを創立し，フィチーノによるプラトンのラテン語訳全集を支援するなど，人文主義諸学の発展にも貢献した。死後「祖国の父」の称号を受ける。

(7) 『ブルネッレスキ伝』（1485頃，浅井朋子訳　中央公論美術出版 1989）の著者についてブルスキは若干の留保をつけているが，それがアントーニオ・ディ・トゥッチョ・マネッティであることは現在では一般に確実視されている。このブルネッレスキ最初の伝記は，ヴァザーリをはじめ後世の伝記作家の参照するところとなった。マネッティ（1423-97）はフィレンツェの建築家，幾何学者，ダンテ研究家。

(8) 1418年頃，サンタ・マリーア・デル・フィオーレの大ドーム建設方法の検討のため，建築家や職人や技術者による公開討論会が催され，古代建築の研究を踏まえたブルネッレスキただ一人

がそれは枠組みなしで建設されるべきことを主張したが，最初はだれもその可能性を信じなかった。しかし巨大な枠組みを作るための技術的経済的問題の解決のめどがつかず，最終的にはブルネッレスキの案が受け入れられ，段階的に試行することが決められた。しかし1420年，ドーム建設の責任者にはブルネッレスキのほかにギベルティとバッティスタ・ダントーニオが任命された。これには，ギベルティへの信頼と人望に便乗した，守旧的な反ブルネッレスキ勢力の後押しがあった。ブルネッレスキはこれを受け入れる。そしてギベルティ派や職人階級との確執をとおして，ルネサンスの範疇にとどまらない近代的な建築家像とその職能を確立していった。

(9) 中世以来の大学の学科は，三学四科からなる学芸（アルテ・リベラーレ）（または自由学芸）で構成されていた。三学は文法，弁証法，修辞学を，四科は代数，幾何学，天文学，音楽をさす。これに対し建築や絵画，彫刻などは大学で教えられず，徒弟制度のなかで教習され，また肉体的習練も伴うことから技芸（アルス・メカニカ）と呼ばれ，一段低いものと見なされた。両者の対立は学問と技能とのあいだの対立ともいえるが，代数や幾何学や音楽との類縁性をもとに建築を科学として，あるいはすくなくとも他の芸術より上位に位置づけようとする運動は，クワットロチェント・ルネサンスの芸術論に特徴的な一側面であった。

(10) クワットロチェント後半，ウルビーノはモンテフェルトロ家の，マントヴァはゴンザガ家の，フェッラーラはエステ家の，ミラーノはスフォルツァ家の支配下にあった。フィレンツェにおけるメディチ家の支配が，いわば共和制下での支配権の委託に基づいたものであったのにたいし，上記の国家はいずれも地方貴族や傭兵隊長出身のルネサンス君主に統治されていた。なおブラマンテがマントヴァやフェッラーラの宮廷と関係を持ったことについて，記録は確認されていない。

(11) ウィトルウィウス，マルクス・―・ポッリオ（生没年不詳，紀元前一世紀） 古代ローマの建築家で，アウグストゥスに献呈され古代から伝わる唯一の建築論『建築十書 De architecutura libri decem』（森田慶一訳，東海大学出版会 1969）の著者。中世を通じ古写本の存在は知られていたが，ルネサンスの古代復興の機運により人文主義者や建築家の関心を集め，1486年初めて出版された。原文が難解かつ曖昧でしかも図版が失われていたため，チンクエチェントにはいるや，図版入りのフラ・ジョコンド版（1511，ヴェネツィア），図版と注釈付のイタリア語訳のチェザリアーノ版（1521，コモ）などがあいついで出版された。

(12) フィラレーテ（イル・―，本名アントーニオ・アヴェルリーノ）（1400頃-69） フィレンツェ生まれの彫刻家，建築家。彫刻作品としてはローマのサン・ピエトロのブロンズ扉，建築作品としてはミラーノのオスペダーレ・マッジョーレなどが知られる。ユートピア的なその『建築論 Trattato di architettuta』（1461-64）は写本の形でかなり流布し，クワットロチェント後半の建築家に多くの影響を与えた。

(13) ピエーロ・デッラ・フランチェスカ（1415-20頃-1492） ボルゴ・サンセポルクロに生まれフィレンツェでドメニコ・ヴェネツィアーノに絵画を学ぶ。生地のほかおもにアレッツォ，リーミニ，ウルビーノ，ペルージャで活動。透視図法を駆使した幾何学的空間構成や情感を抑えた冷徹な人物表現で，ルネサンス絵画のひとつの頂点を築いた。数学や幾何学の研究にもすぐれ，『絵画透視図法論 De prospectiva pingendi』他の著作がある。

(14) ミケロッツォ・ディ・バルトロメーオ（1396-1472） フィレンツェの建築家，彫刻家。ギベルティやドナテッロに学び，後者やブルネッレスキの様式を引き継ぎ普及させた。フィレンツェ

訳注　序章

ではコージモ・デ・メディチの依頼によるパラッツォ・メディチ（・リッカルディ）他，モンテプルチャーノ，ミラーノ，ナポリなどにも作品を残す。

(15) ダ・マイアーノ家　フィレンツェのすぐれた指し物師の家系。ジュリアーノ・ダ・マイアーノ（1432-90）は指し物師から建築家となり，ブルネッレスキとミケロッツォの様式をトスカナ全土さらにはマルケやナポリにまで広め，1477年年からはフィレンツェのドゥオーモの首席建築家をつとめた。弟のベネデット・ダ・マイアーノ（1442-97）も指し物師や寄木細工師から建築家となった。フィレンツェのパラッツォ・ストロッツィ（クロナカと共働）が代表作。

(16) ロッセッリーノ，ベルナルド（1409-64）　セッティニャーノ生まれフィレンツェの彫刻家，建築家。1450－59年にローマに滞在し，教皇ニコラウス五世のため多くの古建築や遺跡を修復し，またサン・ピエトロ聖堂の建て直しを計画，基礎に着手した。そこで知り合ったアルベルティのためフィレンツェのパラッツォ・ルチェッライの工事を監理した。ピウス二世のため設計したピエンツァのドゥオーモとパラッツォ・ピッッコローミニ，司教館が都市デザイン的な規模をもつ代表作。

(17) マッテオ・デ・パスティ（生年不詳-1467）　リーミニの工事現場におけるアルベルティの協力建築家。アルベルティに関わるいくつかのメダルもデザインした。

(18) ルカ・ファンチェッリ（1430-95）　セッティニャーノ生まれのフィレンツェの建築家，彫刻家，技術者。コージモ・デ・メディチやマントヴァのゴンザガ家に仕え，マントヴァではアルベルティのサン・セバスティアーノ（1460-）とサン・タンドレーア（1472-77）両教会の工事を監理した。1491年からはフィレンツェのドゥオーモの首席建築家をつとめた。画家ペルジーノはルカの娘キアーラと1493年に結婚しており，ブルスキは，ペルジーノと親しかったブラマンテがファンチェッリとも知り合っていたと推測する（第四章参照）。

(19) リーミニの僭主シジスモンド・マラテスタ（1417-68）のためアルベルティが設計した，テンピオ・マラテスティアーノ（サン・フランチェスコ教会の改築）の工事（1450-61）。建築家マッテオ・デ・パスティ，彫刻家アゴスティーノ・ディ・ドゥッチョ，画家ピエーロ・デッラ・フランチェスカなどが関わった。

(20) フェデリーコ・ダ・モンテフェルトロによって推進された，パラッツォ・ドゥカーレをはじめとする一連の建設事業（第一章参照）。

(21) マソ・ディ・バルトロメーオ（1406-1456）　トスカーナの彫刻家，青銅鋳物師，建築家。時にドナテッロやミケロッツォの工房に協力した。

(22) ルチアーノ・ラウラーナ（1420頃-1479　ブルスキは本文を通じて Luciano di Laurana と表記しているが，通例にしたがう）　ダルマティア生まれの建築家。1451年にナーポリ，1465年にマントヴァで記録に残る以外その前半生はほとんど知られていない。おなじ頃ペーザロでフランチェスコ・スフォルツァのためパラッツォ・ドゥカーレと城塞を設計。1465ないし66年にウルビーノに移りパラッツォ・ドゥカーレの設計と工事を監理した。その中庭部分の比例や装飾は，気品と優美さにおいてでクワットロチェント随一であり，フランチェスコ・ディ・ジョルジョやブラマンテに影響を及ぼしたと考えられる。ナーポリ王フェルディナンドに仕えるため1472年にウルビーノを去る。

(23) フランチェスコ・ディ・ジョルジョ・マルティーニ（1439-1502）　シエーナ生まれの画家，彫刻家，建築家，技術者。ヴェッキエッタのもとで絵画と彫刻を修行。1477年頃ウルビーノに移り，1489年頃までモンテフェルトロ家のため領内のおおくの城塞，館邸，教会を設計した。

317

『建築，技術，軍事論 Trattato di architettura, ingegneria e arte militare』（日高健一郎訳 『マルティーニ 建築論』中央公論社 1991）を著したのはそのかたわらであったと考えられる。そのなかでフランチェスコはウィトルウィウスやアルベルティにもとづきつつ，教会平面の象徴性や各種建築のタイポロジーや実用技術を図版入りで説いた。これは写本のかたちで伝わり（レオナルドはそれを所有していた），ブラマンテにも影響を与えたらしい。

(24) 聖母マリーアのナザレの家を天使がこの地に運んだとの伝承に基づき，1468年ロレートに聖域の建設が始まった。ジュリアーノ・ダ・マイアーノが初期の工事を指導したのち，ジュリアーノ・ダ・サンガッロ，フランチェスコ・ディ・ジョルジョ，バッチョ・ポンテッリが，さらに千五百年代にはいるとブラマンテ，アンドレーア・サンソヴィーノ，アントーニオ・ダ・サンガッロ・イル・ジョーヴァネ等が関わった。

(25) チリアーコ・ダンコーナ（本名ピッツィコッリ）（1390頃-1455） アンコーナ生まれの商人で古代遺物の収集家。1418年にコンスタンティノープルに旅行したのを皮切りにギリシア，エーゲ海の島々，エジプトを周りメダル，写本，碑銘を収集し，イタリアに持ち帰った。その多くは火災で失われたが，建築や装飾を描いたスケッチは模写されて伝わり，古典古代やオリエントに関する重要な情報源となった。

(26) マンテーニャ，アンドレーア（1431-1506） 北イタリアにおける初期ルネサンスの主導的画家。パドヴァのフランチェスコ・スクァルチオーネ（マンテーニャはその養子となった）のもとで修行し，古代彫刻や建築への関心をひきつぐ。同時期パドヴァで活動していたドナテッロの作品からも学び，透視図法的建築表現にすぐれた。1460年マントヴァに移り，以後ゴンザーガ家に仕える。なおブラマンテがピエーロ・デッラ・フランチェスカやマンテーニャに接した可能性は否定できないが，ブルスキが論拠とするのは，サバ・ダ・カスティリオーネなどチンクエチェント中期の記述であり（本文第一章参照）同時代の記録は確認されていない。

(27) フェデリーコ・ダ・モンテフェルトロ（1422-82） ウルビーノの領主，1474年に公爵に叙せられる。最高の傭兵隊長として知られると同時に，少年期に滞在したマントヴァで人文学者ヴィットリーノ・フェルトレに学び，哲学や建築を論じ学芸を保護するという文武両面に長けたルネサンスの理想的君主の随一。建築活動と古写本の収集に力をそそぎ，その宮廷には当時最高の芸術家や理論家が集まった。ギリシア，ラテン，ヘブライ語写本のコレクションは当時のヨーロッパ最大であったといわれ，そのほとんどは現在ヴァティカーノ図書館に保存される。

(28) ロレンツォ・イル・マニーフィコ（デ・メディチ）（1449-92） コージモの孫ロレンツォは，政治外交面で積極果敢であるとともに文化芸術の振興に鷹揚であり，また人をひきつける並外れた話術の才をもち，イル・マニーフィコ（豪胆王，豪華王）と呼ばれた。しかし自らは芸術や人文主義文化それ自体に熱中することはなく，そのメセナ活動は，イタリア全土におけるフィレンツェの政治的安定やメディチ家の名声向上のための高度な政策だった。

(29) ミラーノにおけるミケロッツォのポルティナーリ礼拝堂（サン・テウストルジオ教会内）や，ヴェネツィアにおけるマウロ・コドゥッシ，ミラーノやパヴィーアにおけるブラマンテの一連の作品は，その例である。

(30) コルトーナの（サンタ・マリーア・ディ）カルチナイオ教会（1484以降）はフランチェスコ・ディ・ジョルジョの設計，単身廊のラテン十字平面で交差部に八角形のドラムとドームをもつ。

(31) プラートのサンタ・マリーア・デッレ・カルチェリ教会（1485年以降）は，ロレンツォ・イル・マニーフィコの依頼でジュリアーノ・ダ・サンガッロが設計したギリシア十字平面の集中

式教会。ペンデンティヴの上に円形ドームをいただく。

(32) ポッジョ・ア・カイアーノのヴィラ・メディチは，1485年以降に，ロレンツォ・イル・マニーフィコのためジュリアーノ・ダ・サンガッロが設計。H字型平面をもち，ルネサンスではじめて，別荘の正面に一層分持ち上げられた神殿風のポルティコが採用された。

(33) インノケンティウス八世のベルヴェデーレは1485年頃から1487年にかけ建設。ヴァザーリは，その設計者がアントーニオ・デル・ポッライウォーロであることを示唆している。両端に小規模なウイングの突出を備えた凹型平面からなり，中央部には開廊が設けられていた。のちにブラマンテのベルヴェデーレ計画によってヴァティカーノ宮と結ばれた。

(34) ポッジョ・レアーレ（1489頃）はナーポリ王のためにジュリアーノ・ダ・マイアーノが設計し，フラ・ジョコンドに引き継がれた。現存しないが，セルリオの『建築第三書』によれば，正方形平面の中央に正方形平面の回廊をもつ二層の建物であり，四隅には塔をそな外観の四辺それぞれの中央部には開廊が設けられていた。

(35) 1488年にロレンツォ・イル・マニーフィコの依頼でナーポリ王フェランテのために作成された計画（Cod.Barb. フォリオ8 *v*, 39 *v*）や，1491年頃フィレンツェのヴィア・ラウラ（現ヴィア・デッラ・コロンナ）に計画されたパラッツォ・メディチ（Uffici 282A *r*）をさす。両者に共通するのは，庭園を取り込んだ都市計画的規模，ウイングの突出やエクセドラ，階段などの配置による，軸線を強調したバロック的空間構成の萌芽である。ジョヴァンニ・デ・メディチがレオ十世として教皇に即位した1513年，ジュリアーノはローマのナヴォナ広場に面するパラッツォ・メディチ（Uffici 7949A *r*）を計画する（本文第十章）が，それはこれらの計画の延長線上にあった。

(36) レオナルド・ダ・ヴィンチ（1452-1519）　絵画，彫刻，建築，機械および建設技術，都市計画，解剖学，植物学，光学，流体学などに傑出した作品や研究を残した。絵画作品以外のほとんどは手稿として残される。ヴェッロッキオの工房で修行しはじめフィレンツェで活動，1482年頃ミラーノに移りスフォルツァ家が没落する1499年までそこにとどまった。おもにフィレンツェで活動した後1506年から13年まで再びミラーノにさらに1517年までローマに滞在し，フランスに渡りそこで死去した。このうち第一次ミラーノ滞在は，ブラマンテのミラーノ滞在の時期と完全にかさなる。

(37) ジュリアーノ・ダ・サンガッロ（1445-1516）　クワットロチェント後半からチンクエチェント初めに活動した，フィレンツェの主導的な建築家。ブルネッレスキの影響下から出発したが，古代遺跡の研究などをとおして盛期ルネサンスにつながる構成法上の新局面を開いた。メディチ家のロレンツォ・イル・マニーフィコに重用されイタリア各地の宮廷に派遣されたが，ローマではユリウス二世の寵をブラマンテと争って破れた。ブラマンテの死後一時的にサン・ピエトロ聖堂建築家の地位を継いだ。

(38) 1454年5月9日にミラーノ東郊ローディでミラーノとヴェネツィア間に交わされた不戦協定。同年8月30日にヴェネツィアで，ヴェネツィア，ミラーノ，フィレンツェ間に交され，翌年ナーポリのアルフォンソ王と教皇ニコラウス五世が同調した防衛同盟もこれと混同されることがある。これらにより，局地的な戦争をのぞけばイタリア国内の五強間に暫定的な平和が四半世紀以上にわたりもたらされた。

(39) インノケンティウス八世（在位1484-92）　その教皇在位中ローマはコロンナ家とオルシーニ家とが争う無法地帯と化し，教皇庁は債務超過におちいった。政治や外交面でも画期的な出来事

はなかった。

(40) ナーポリ王国の相続権を主張するフランスのシャルル八世（1470-即位 83-98）は，1494年3月イタリアに侵攻し，ミラーノ公国，フィレンツェ，ローマをへて翌年2月ナポリに入城する。その滞在が長引くにつれイタリア全土に反フランスの機運が高まり，1495年3月，教皇アレクサンデル六世が布告した神聖同盟に，スペイン，ドイツ（神聖ローマ帝国）が加わる。王は軍を率いてフランスに撤退しナポリにはアラゴン王家が返り咲く。これ以降イタリア政治の動向は，国内の五強以上に，フランス，スペイン，ドイツという国外列強に決定的に左右されるようになる。

(41) ユリウス二世（1443-1503即位-1513）　シクストゥス四世の甥ジュリアーノ・デッラ・ローヴェレは1471年枢機卿になり，ライヴァルのアレクサンデル六世下で力を蓄え，ピウス三世が即位一か月で世を去ったのち教皇に選出された。ローマ教会領の失地回復と教皇権の高揚につとめ，自ら教会軍総司令官として従軍しさえしたが，かえって列強の介入を招く結果となった。ブラマンテ，ミケランジェロ，ラッファエッロ等を重用した芸術振興によって，ローマの盛期ルネサンスを現出させた。在位期間の十年は，十五，六世紀の教皇のなかでは平均以上の長さである。

(42) ルドヴィーコ・（イル・モーロ・）スフォルツァ（1451-1508）　フランチェスコ・スフォルツァの次男。兄ガレアッツォ・マリーアの暗殺（1476年）後，甥ジャンガレアッツォの摂政として実権を握り，後者の死（1494年）によりミラーノ公となる。1499年フランス王ルイ十二世とヴェネツィアの連合軍に敗れ逃亡し，翌年再度敗れてフランスの捕囚として世を去る。人文主義教育を受け，職業人による効率的な行政を進めたほか話術や学芸を好み，音楽，スペクタクル，建築に特に関心を示した。

(43) アレクサンデル六世（1431頃-1492即位-1503）　ロドリーゴ・ボルジアは叔父のカリストゥス三世（在位1455-58）により1456年枢機卿となり，インノケンティウス八世のあとを襲って教皇に選出された。政治的宗教的欺瞞，近親重用（ネポティズモ），聖職売買，放蕩などで後世最も悪名高いルネサンス教皇。マキャヴェッリが『君主論』のモデルとした，実子で冷徹果敢な軍人政治家チェーザレ・ボルジアとともに，ローマ教会を中心とした統一イタリアを初めて構想した。

(44) ペルッツィ，バルダッサーレ（1481-1536）　シエーナ出身の建築家，画家，舞台デザイナー。おそらくフランチェスコ・ディ・ジョルジョに学んだのち1503年頃ローマに移ってブラマンテとラッファエッロのサークルに加わり，協力して，あるいは独自に活動する。ラッファエッロの死後アントーニオ・イル・ジョーヴァネとともにサン・ピエトロ聖堂建設の首席建築家となる。ローマ劫奪をシエーナに逃れて後，その繊細な性格は神経質でシニカルなものとして作品にもはっきりあらわれるようになる。

(45) ジュリオ・ロマーノ（本名ピッピ）（1492または99-1546）　盛期ルネサンスの芸術家のなかではめずらしくローマに生まれ，1515年頃からラッファエッロの首席助手としてそのほとんどの絵画と建築作品に協力し，画聖の死後未完作品を完成に導いた。乞われてゴンザーガ家に仕えるため1524年マントヴァに移り，ここでブラマンテやラッファエッロの古典的言語に意識的に反逆したマニエリスムの建築言語を展開したが，これはローマでの初期建築作品（パラッツォ・マッカラーニ，ヴィッラ・ランテ）にすでにはっきりとあらわれていた。

(46) セルリオ，セバスティアーノ（1475-1554）　ボローニャに生まれ1514年から21年頃ローマに移りペルッツィの助手として働く。1527年ローマ劫奪後の混乱を避けてヴェネツィアに移りそ

こで『建築書 L'architettura』の第三書（1537）と第四書（1540）を出版した。1541年王の招きでフランスに移り，いくつかの建築作品を実現したのち『建築論』の続刊に専念し，不遇のまま世を去った（第一書と第二書，パリ1545；第五書，リヨン1547；別巻，リヨン1551；第六と第七書は死後出版）。『建築書』は盛期ルネサンスの建築言語を規範化し，全ヨーロッパに普及するのに決定的な役割をはたしたが，その図版のおおくはローマ時代のペルッツィに由来する素描や実測図にもとづく。

第一章

(1) ヴァザーリ，『列伝 Le Vite de' più eccelenti pittori, scultori e architettori, 1568』のなかの『ブラマンテ伝 Vita di Bramante da Urbino architettore』。以下の本文では，原著者によるヴァザーリからの引用のうち，『ブラマンテ伝』からのものについては特に注記しない。

(2) チェザリアーノ，チェーザレ（1483-1543）　ミラーノの建築家，画家，彫刻家。ブラマンテの弟子で，ウィトルウィウス『建築論』の挿し絵と注釈つき俗語訳 "Di Lucio Vitruvio Pollione De Architectura Libri Decem" を1521年に出版した。その図版や記述にはブラマンテとその建築論についての情報が含まれる。1533年からミラーノ市の建築家。引用は第四書 c. 70 v より。

(3) サバ・ダ・カスティリオーネ　（1480-1554）　ミラーノ生まれの詩人，文筆家。富裕な貴族の家系に生まれパヴィーアで法律を学んだが，1505年ヨハネ騎士団信心会に入るため勉学を断念する。1508-1515年にローマに滞在，その後ファエンツァに隠棲し，『慰め状 Consolatoria』（1529）や『追憶，あるいは教訓 Ricordi ovvero ammaestramenti』（Bologna 1546, Venezia 1554）に往時の回顧を残した。

(4) Federico da Montefeltro (a cura di Arnaldo Bruschi), "*Patente a Luciano Laurana*", "*Scritti rinascimentali di architettura*", Milano 1978, p.19-20。

(5) カスティリオーネ，バルダッサーレ（1478-1529）　文学者，廷臣，外交官。マントヴァ公に仕える小地主の家系に生まれ，ミラーノのルドヴィーコ・イル・モーロの宮廷で廷臣としての基礎を身につけた。短期間マントヴァで過ごした（1500-04）のちウルビーノ宮廷に仕え，この時期に『宮廷人 Il libro del Cortegiano』（1528年出版）を執筆した。ローマ駐在大使としてラッファエッロと親しく交わり（『レオ十世への書簡』），ジュリオ・ロマーノをマントヴァ公フェデリーコ・ゴンザーガ二世に仲介した。1524年スペインの神聖ローマ皇帝カルロス五世宮廷へ教皇特使として派遣されるあいだに皇帝軍によるローマ劫奪が起こる。

(6) カスティリオーネの『宮廷人』，第一書第二章の有名な句。（清水純一，岩倉具忠，天野恵訳 東海大学出版会 p.23）。

(7) メロッツォ・ダ・フォルリ（1438-1494）　フォルリ生まれの画家。生地とウルビーノで修行し，1465年から75年頃ウルビーノ宮廷にあってここでピエーロ・デッラ・フランチェスカと接触し大きな影響を受けた。透視図法に長け壁画や天井装飾におけるイリュージョニズムで称賛されたがこの時代の作品で現在残るものは少ない。1475年ローマに移りシクストゥス四世の宮廷に仕えた。ヴァティカーノ（『プラティーナにヴァティカーノ図書館を委ねるシクストゥス』）やサンティ・アポストリ教会に精巧な見上げ透視図の応用が残される。

(8) バロッチ，アンブロージョ　（世没年不詳）ミラーノ生まれで十五世紀後半から十六世紀初め

にかけ活動した彫刻家，建築装飾家。ロンバルディーアでの活動は知られていないが1470年ごろヴェネツィアのサン・ミケーレ・イン・イゾラでファサード装飾に携わったことが記録に残る。1472年頃ウルビーノに移り独自に，またラウラーナやフランチェスコ・ディ・ジョルジョのためパラッツォ・ドゥカーレその他の扉口，暖炉，オーダー装飾を多数制作した。『贖罪の礼拝堂』のフリーズ装飾も一般的にバロッチに帰せられる。フェッラーラ，ヴィテルボ，スポレート，ペルージャなどでも制作したことが記録にあり，1516-17年にはトーディのサンタ・マリーア・デッラ・コンソラツィオーネの工事に関わっていたが，基盤は常にウルビーノに置いた。

(9) ボッティチェッリ，サンドロ (1445-1510) クワットロチェント後半のフィレンツェを代表する画家。ウルビーノのパラッツォ・ドゥカーレのためには，寄せ木パネルのための下図を提供した。

(10) ヨース・ファン・ヘント（ジュスト・ディ・ガン）(1430代後半－1475以降) フフランドル出身の画家。1460年代にアントワェルペンやヘントで活動したのち，フェデリーコ公に招聘され1473年以降ウルビーノで制作した。ウルビーノとグッビオのパラッツォ・ドゥカーレ内の書斎を飾っていた著名人の肖像連作や学芸の寓意像などはヨースに帰せられる。

(11) ペドロ・ベルゲーテ (1450代前半-1503) パレーデス・デ・ナーバ生まれのスペイン人画家。イタリアでの前半生は不明な点が多いが，1477年に画家としてウルビーノに滞在していたことが記録に残り，ここの宮廷でメロッツォやヨース・ファン・ヘントの協力者としてまたは独自に制作し，クワットロチェントとフランドル絵画の手法を吸収したらしい。1483年から1500年までトレードとアビラで活動し，さらにスペイン王家の宮廷画家となった。

(12) ドメニコ・ヴェネツィアーノ (1410頃-1461) おそらくヴェネツアに生まれおもにフィレンツェで活動した画家。のちに失われたサン・テジーディオ教会の連作壁画をピエーロ・デッラ・フランチェスカを助手として制作した（1439-45）。現存作品は少ないが，代表作『サンタ・ルチーア・デ・マニョーリの祭壇画』には色彩におよぼす光の微妙な効果や，透視図を用いた空間表現にドメニコの革新性がみられ，サクラ・コンヴェルサツィオーネ図像の初期の作例でもある。

(13) ジョヴァンニ・ボッカーティ・ダ・カメリーノによる『武装した男の群像』フレスコ画はおそらく1459年に制作され，その一部は現在も「イオレーのアパートメント」の一室に残る。

(14) パドヴァのエレミターニ 同教会内のオヴェターリ礼拝堂に，1440年代から57年頃にマンテーニャが協力者ニッコロ・ピッツォーロとともに制作した連作壁画。マンテーニャは使徒像や聖人の殉教図の背景に古代建築や空間組織を透視図法を用いて描いているが，古代様式の細部への興味や透視図による大規模で複雑な構成といった点において，この時代では最も革新的な作品。1944年の空襲によって大部分が失われた。

(15) フェデリーコの寝所は，現在パラッツォ・ドゥカーレ内に保存展示されている。

(16) サン・ベルナルディーノの板絵 八枚はシエーナのサン・ベルナルディーノが行った奇跡を描いている。本文で言及された五枚のほかには『囚人の開放 Liberazione di un prigioniero』，『怪我人の治癒 Guarigione di un ferito』，『襲撃された隊長の治癒 Aggressione e guarigione del capitano』がある。このうち『囚人の開放』には建築物は描かれていないが，『怪我人の治癒』には重厚なコーニスを見せる教会のファサードが，また『襲撃された隊長の治癒』には大理石造の簡素なパラッツォの一部がいずれも画面左端に透視図法で描かれている。この組み物の制作年代にしたがって近年「1473年の工房」との仮名で呼ばれる制作グループにはペルジーノ，ピントゥリッキオ，

訳注　第一章

ベネデット・ボンフィーリ，ピエトロ・ディ・ガレオット等が含まれていたことが様式の観点などから推測されている。建築的背景の設計者としてはブラマンテ以外にフランチェスコ・ディ・ジョルジョの名も提案されている。Sylvia Ferino Pagden, "*Architettura dipinta*", in "*Rinascimento da Brunelleschi a Michelangelo*", Milano 1994, p.446-452; Laura Teza, "*Bottega del 1473*", in "*Galleria Nazionale Dell'Umbria, Dipinti Sculture e Ceramiche: Studi e Restauri*", 1994 Firenze, p.209-220。

(17) ペルジーノ，ピエトロ・ヴァンヌッツィ（1445頃-1523）　ペルージャ近郊に生まれ生地とフィレンツェ（ヴェッロッキオの工房）で修行，1472年にフィレンツェで画家として登録した。1481年シクストゥス四世に招かれてヴァティカーノのシスティーナ礼拝堂で制作して名声を確立し，80年代から90年代にかけ多くの仕事を受注した。透視図法を用いた建築的背景で広大な外部空間を構図づける手法は，弟子ラッファエッロの初期作品に受け継がれた。。

(18) エルコーレ・デ・ロベルティ（1450頃-1496）　フェッラーラ生まれの画家。生地のエステ家宮廷を中心にラヴェンナやボローニャ（ベンティヴォリオ家）で活動した。フェッラーラのパラッツォ・スキファノイアのフレスコ画連作などでフランチェスコ・デル・コッサに協力した。

(19) リーミニのテンピオ・マラテスティアーノ（1450-未完）　ゴシック様式による既存のサン・フランチェスコ教会をシジスモンド・マラテスタとその一族のための記念聖堂として改築するため，アルベルティが設計した。正面ファサードは半円柱を備えた凱旋門モチーフで，また側面は水道橋を思わせる連続アーチで構成されている。正面上部と内陣ドームは未完で残された。

(20) サン・セバスティアーノ教会（1460頃-未完）　正方形とギリシア十字形を重ね合わせた巨大な集中式平面をもつ。四本の不均等な付け柱で分節された正面の上部は中央でエンタブレチュアが切断されそこに明かり取り窓が設けられ，エンタブレチュアの上には半円アーチが乗るというヘレニズム的意匠を見せるが，同じ処理はオランジュの凱旋門（一世紀ティベリウス帝期）側面にも見られる。扉口上部のコーニスが両端でスクロール型の持送りで支えられている点で『雄牛に踏み倒された若者の奇跡』と類似するが，後者にある重厚な三角ペディメントは備えていない。この扉口の側枠は上記の付け柱の表面に重ねられており，ブルスキはこれの反映をブラマンテのジャニコロのテンピエットに見る（本文第五章）。この正面，とくに扉口のある主階に至る階段の現況（および古資料の状態）がアルベルティのデザインにさかのぼるとは考えがたく，様々な復原案が研究者によって提案されている。内装とドームも未完。

(21) 図書室の『学芸の間』　当初は七学芸の擬人像が掲げられていたと考えれられる。現在「修辞学」と「音楽」がロンドンのナショナル・ギャラリーに所蔵される。「論理学」と「天文学」はベルリンのカイザー・フリードリヒ（現ボーデ）美術館にあったが戦災で破壊された。これら四例ではいずれも，正確な透視図法で描かれた玉座に座る擬人像に，一段低い位置にある宮廷人（「論理学」ではフェデリーコ自ら）が膝まづく構図がとられている。

(22) グッビオのパラッツォ・ドゥカーレについての言及は増訂版で追加された部分にあたる。グッビオはモンテフェルトロ領内でウルビーノに次ぐ重要な都市でフェデリーコ生誕の地でもあった。パラッツォ・ドゥカーレは十二世紀の構造を一部利用したフランチェスコ・ディ・ジョルジョの設計で1474年から1480年頃建てられた。質素な外観ながらその中庭は，ウルビーノのパラッツォ・ドゥカーレ中庭に酷似した立面デザインが縮小した規模で実現されている。記録がない『学芸』の連作絵画の設置場所についてブルスキは "*Bramante architetto*"（p.84）で，ウルビーノのパラッツォ・ドゥカーレ内の図書館の一室を提案し本書でもそれをくり返している。しかし図書館や付属諸室（当初の仕上げは完全に失われている）には修復工事の調査報告（Dal

Poggetto 1982）で連作が飾られていた形跡はないことが結論づけられ，また空間的に大きすぎることなどから，現在では連作はグッビオのパラッツォ・ドゥカーレの書斎に飾られていたとする説が一般的である。この書斎の壁の下半分は，ウルビーノの書斎と同様なしかたで透視図法を用いてデザインされた寄せ木パネルで仕上げられていた（現ニューヨーク，メトロポリタン美術館所蔵）。ウルビーノの壁の上半分にはプラトンからシクストゥス四世にいたる古今の著名人二十八人の肖像が掲げられていた（画家はヨース・ファン・ヘントと考えられ，うち十四がウルビーノに十四がルーヴル美術館に所蔵）。『修辞学』と『音楽』のアレゴリー背景上部に描かれた銘文の断片が，ウルビーノの書斎の壁最上部に刻まれた銘文と対をなすとして，連作がグッビオの書斎の壁に飾られていたことの傍証とする研究者もある。グッビオのパラッツォ・ドゥカーレ復元案の絵画と空間との適合もウルビーノ案のような無理がない。いずれにせよ，連作に描かれた構図や光の状態が，見る人との位置関係や採光条件を考慮にいれて決定されていることは疑いない。しかし連作がグッビオのパラッツォ・ドゥカーレの書斎ために描かれたとするなら，その背景の透視図にブラマンテが関わった可能性はきわめてすくないことになる。Luciano Cheles, "*The Studiolo of Urbino. An Iconographic Investigation*", Wiesbaden 1986; Olga Raggio, "*The Gubbio Studiolo and Its Conservation I. Federico da Montefeltro's Palace at Gubbio and Its Studiolo*", New York 1999.

(23) この素描の作者について英語版のキャプションではペルッツィの名が記されているが，除いた。かつてブルスキはこの説を採っており（"*Bramante architetto*", p. 734）マレーがこれに従ったものであろう。現在ではブルスキはこの説を放棄しているようであり（ペルッツィがウルビーノに滞在した記録がないことなどの反証があげられている），その作者はウルビーノ生まれの画家で，建築装飾家アンブロージョ（訳注8）の孫フェデリーコ・バロッチ（1535頃-1612）と考えられている（Howard Burns, in; Francesco Paolo Fiore, Manfredo Tafuri, "*Francesco di Giorgio architetto*", p.260-262, Milano 1994）。

(24) マントヴァのサン・タンドレーア教会（1470頃-）　ラテン十字平面による単廊式身廊の側面壁が付け柱による巨大オーダーでリズミカルに分節され，付け柱の間に礼拝堂が設けられるコンパクトな形式をとる。身廊の巨大な半円筒ヴォールトとこれを支える側壁に直交してあけられた礼拝堂天井の半円筒ヴォールトが示す壮大さは，明らかに古代浴場建築を参照することで達成された。正面ファサードも凱旋門モチーフを巨大オーダーで再解釈したもの。ドームの設計は十八世紀初頭のユヴァッラによる。

(25) サン・サルヴァトーレ教会　スポレート郊外にあり，四世紀ないし五世紀にさかのぼる，やや小規模な三廊バジリカ式教会。細部のおおくは古代建築から転用されたオーダー部材で構成され，正方形平面の内陣交差部の四隅には壁から離して円柱が置かれ交差ヴォールト屋根を支える。この形式は古代帝政期の浴場建築で多用されたものだが，ウルビーノのサン・ベルナルディーノもこれを踏襲している。

(26) クリトゥムノの小神殿　クリトゥムノはスポレートの北約10キロメートルにある古代から風光で知られる水源地。その泉のひとつのほとりに立つ古代異教時代の小祠が四世紀から五世紀ごろキリスト教会に改造されたもの。半円アーチの壁龕両脇には二本の独立した円柱が立っていた痕跡が認められ，この形式はウルビーノのパラッツォ・ドゥカーレの贖罪の礼拝堂を思わせる。古代以来ローマと北中部イタリアを結ぶ幹線であったフラミニア街道沿いにあり，スポレートのサン・サルヴァトーレとともに，ルネサンス建築家の多くがここを訪れたと考えられる。

第二章

(1) マルカントニオ・ミキエル（1484-1552）　ヴェネツィアで生まれ活躍した人文主義芸術理論家。イタリア美術史，とりわけヴェネツィアを中心とする北イタリアについて非常に詳細な総覧を企画したが生前には出版されず，十九世紀に至ってやっと出版された（a cura di Jacopo Morelli, "*Notizia d'opere di disegno nella prima metà del sec. XVI*"）。ベルガモのパラッツォ・デル・ポデスタにおけるブラマンテの活動についての記述全文は以下のとおり。「広場に向かうファサードの彩色された哲学者群像と，青白い明暗法で描かれた広間の哲学者群像はドナート・ブラマンテの手になる1486年頃のもの。」（2. ed. Bologna 1884, p.125）この1486年という年代は，パラッツォ・デル・ポデスタの工事についての Rawdon Browne の考証（1847）によって1477年と訂正されており，ブルスキはこれに従っている。

(2) カスティリオーネ・オローナはミラーノの北東約40kmにある小さな町で，法学者で枢機卿でもあった人文主義者ブランダ・カスティリオーニ伯爵（1350-1433）によってロンバルディーアで最も早くトスカーナの初期ルネサンスが移入された。ヴィッラの教会（1430-41）は正方形平面にペンデンティヴを介して半球ドームを乗せたブルネッレスキ様式にしたがっており，外観には付け柱が巡らされるが，比例やオーダー装飾は古拙。設計者は不明であるが，同地で同じ頃壁画を制作した画家マゾリーノ・ダ・パニカーレ（フィレンツェにおけるマザッチョの師で共同制作者）による可能性が指摘されている。

(3) ミケロッツォ設計のメディチ銀行扉口は，現在スフォルツァ城博物館に保存展示されている。半円アーチとコリント式オーダーを重ね合わせた古典的構成の全面に，ミケロッツォ特有の優美な浮き彫り彫刻が施されている。フィラレーテによるそのスケッチは『建築論』の第二十五書フォリオ192 rに見られ，その一階中央部には保存された扉口が正確に描かれているが，ピアノ・ノービレの連続開口は尖頭アーチをはじめとする純正なゴシック様式で装飾されている。

(4) フィレルフォ，フランチェスコ（1398-1481）　多くのパトロンに仕えた人文学者で強靱な論争家。パドヴァで学び18歳で教授に任命される。1419年からコンスタンティノープルに滞在し古典ギリシアの知識を吸収したのち，1427年に多くのギリシア語写本を携えヴェネツィアに戻る。1429年にフィレンツェで教職に就くが同地の人文学者と争いが絶えず，1434年のコージモ・デ・メディチの復権とともに追われた。シエーナを経て1440年ミラーノに落ち着き，以後ヴィスコンティ，スフォルツァ両家に仕えた。

(5) サン・ロレンツォ　ミラーノに残る古代キリスト教の遺構のうち最も大規模で重要なもの。四世紀から五世紀初め頃皇宮付属教会として建造され，十二世紀にロマネスク様式で改造された。正方形を基礎とした集中式ながら，列柱や四分球ドームの後ろの周歩廊によって空間にはビザンチン的な複合性が強められている。ロマネスク期にさかのぼる中央ドームは正方形の四隅を隅切りした八角形平面の上に架けられるが，この複合隅柱はパヴィーアやローマのサン・ピエトロにおけるブラマンテの構造形式に継承される。クラウトハイマーは，ロマネスク期以前には正方形のベイに交差ヴォールトが架けられていたかペンデンティヴを介してドームを戴いていたと推定する（Richard Krautheimer, "*Three Christian Capitals. Topology and Politics*", Los Angeles-London 1983）。もし前者であればこれは，ミラーノのドゥオーモのティブーリオのためのブラマンテの案に似た構造形式となる。教会は平面の東，北，西にそれぞれ異なる集中式平面によ

る初期キリスト教の礼拝堂を併設する。

(6) この記録（Archivio Notarile, Milano, Notaio Benino Cairati）は William Suida 著 "*Bramante pittore e Il Bramantino*", 1953, p.14-15 に収録されている。画家マッテオはミラーノの1481年の画家名簿にその名が確認され，また1482年にはサンタ・マリーア・プレッソ・サン・サーティロ教会で（おそらくブラマンテの下で）働いていた。スウィーダはまたマッテオにこの版画を注文した人物が，ジュリアーノ・デッラ・ローヴェレすなわち枢機卿時代のユリウス二世であった可能性を示唆している。

(7) Cesariano, "*Vitruvio, De architettura*", Como 1521, III, c. 52 r, 52 v。

(8) Filarete, "*Trattato di architettura*", X, f. 73 v などにこれが見られる。

(9) サン・ロレンツォ（1421設計，1460年頃まで建設）　ブルネッレスキがメディチ家の依頼で設計した教会堂。ラテン十字平面の三廊形式をとり側廊の外周に浅いニッチの小礼拝堂が，また袖廊外周には奥深い礼拝堂が配され，交差部には大アーチで支えられるペンデンテヴの上にドームが架けられた。身廊と側廊を隔てる柱列の上に半円アーチが架けられ，それが交差部の角柱（付け柱）に接続する形式はオスペダーレ・デリ・インノチェンティのファザードを内部空間に移したもの。平面のみならず断面にも整数比例が適用され，統一的な内部空間が達成された。

(10) サント・スピリト（1436設計，1444建設開始）　サン・ロレンツォに似たラテン十字平面をとるが，形式はさらに徹底され，身廊と側廊スパンの 2:1 の比例が内部空間全体に展開されている。正方形平面の側廊のベイは袖廊から後陣まで周歩廊となって繰り返され，その外には半円形平面のニッチがこれまた全周に巡らされる。

(11) サンタ・マリーア・ノヴェッラ（1450頃設計，1470完成）　ゴシック様式の教会のファサードをルチェッライ家の依頼でアルベルティが改築したもの。サン・ミニアートやサン・ジョヴァンニ洗礼堂の伝統にならった大理石細工で正方形比例を駆使した立面が仕上げられた。一層目には半円柱と付け柱（両端），二層目には付け柱のみが採用されている。身廊と側廊の天井高さをファサードで調停するためにスクロールモチーフが使われ，これはマニエリズムやバロックの教会ファサードで好んで繰り返された。

(12) Argan, "*Il problema del Bramante*", 1934; "*Studi e note dal Bramante al Canova*", p.12。

(13) 「コリントスの市民である少女がいまや婚期に達しながら病にかかって死んでしまった。葬った後，乳母は少女が生前心傾けて気にいっていたものを集めて籠に詰め，墓に持って行ってその頂きに置き，それが戸外でも長く保つように瓦で覆っておいた。この籠は偶然アカントゥスの根の上に置かれた。そのうちアカントゥスの根は重荷で圧せられながら春の季節のころまん中から葉と茎を伸ばし，この茎は籠の脇に沿って成長し，当然瓦の角で重みのために押し上げられ，四隅に渦巻き形の曲線をつくらざるをえなかった。」ウィトルウィウス『建築書』第四書第二章第九節。

(14) パッツィ家礼拝堂（1429-1444 内部完成-1460頃完成）　サンタ・クローチェ教会付属修道院にある。サン・ロレンツォ教会の旧聖具室（訳注第三章(10)参照）におけるドームを戴く正方形平面の集中式形式にたいし，両側面に短い半円ヴォールト空間を付加した形式からなる。後に付加されたポーティコ（しばしばブルネッレスキへの帰属が疑問視されてきた）の中央部は凱旋門風のアーチによって列柱のリズムが中断されており，アッビアテグラッソやサン・タンブロージョのカノニカ（いずれも第四章参照）の形式を先取りしている。

(15) ロトンダ（サンタ・マリーア）・デリ・アンジェリ（1434-37）　ルネサンス最初の集中式教会堂。内部では八角形の各辺に小礼拝堂の深いニッチが設けられ，外部では十六角形となって平滑な壁面とニッチとが交代する。中央空間には明かり取りのあるドラムの上にドームが架けられる計画だったが，工事が中断し未完で残された。同時代の図面や模型が残されていないため，ジュリアーノ・ダ・サンガッロの素描などをもとに復元案が提案されている。1934-40年に不正確な復元案にしたがって完成された。

(16) この邸宅は，フレスコ画が制作された当時は，スフォルツァ宮廷の廷臣でブラマンテと親しかったガスパーレ・ヴィスコンティのものであった。ガスパーレは本書第三章に登場。

(17) アンドレ・シャステルがフィチーノ自身の注文によるとするこの絵画について，フィチーノはある手紙の中でこう書いている。「わが宴の間に，デモクリトスとヘラクレイトスに両脇を守られた地球の絵画があるのを貴下は御覧になったであろうか。一方は笑い，他方は泣いている。デモクリトスは何を笑っているのであろうか。何がヘラクレイトスを涙させるのであろうか。それは怪獣のような，無神経でみじめな人間たちである。」（アンドレ・シャステル，『ルネサンス精神の深層』，桂芳樹 訳　p.132）　またモデルの特定についてペドレッティは，描かれた手帳の文字がレオナルド特有の鏡文字であることなどを根拠に，ヘラクレイトス像がレオナルドの肖像，デモクリトス像がブラマンテの自画像であるとの説を提案している（Carlo Pedretti, "*Leonardo architetto*", 1978, p.96-98）。またこの絵が『武装した男』の群像と同じ広間の扉上に描かれていたというブルスキ（"*Bramante architetto*" 1996と本書）の仮説に，ムラッザーニ（1974）やフランコ・ボルシ（"*Bramante*" 1989）は従っているが，最近の研究（Marani, P. C. "*Residenze locali e affermazione della "maniera moderna": pittura a Milano dal 1480 al 1550 circa*"; Gregori, M. (a cura di), "*Pittura a Milano. Rinaescimento e Manierismo*", Milano 1998所収）ではこれが広間の前室の暖炉の上に描かれていたことが明らかにされている。

第三章

(1) サンタ・マリーア・デル・フィオーレの（サン・ジョヴァンニ）洗礼堂　五世紀起源の教会が十一世紀に洗礼堂に改変されその後二世紀ほどで現在の形を整えたと考えられる。八角形平面で外部ではプロト・ルネサンス様式の二層構成の上にアッティコと八角錘型の屋根を，内部では二層構成の上に八角尖頭ドーム（直径28m）を戴く。内外とも緑と白大理石を中心に仕上げられ，アンドレーア・ピサーノ，ギベルティ等の彫刻やモザイクで豊かに飾られている。

(2) サンティッシマ・アヌンツィアータのロタンダ（設計1444-45，ロタンダの完成は1477頃）ミケロッツォ・ディ・バルトロメーオが設計した教会全体の再編成のうち後陣部分をアルベルティが引き継いだ。ブルネッレスキのロトンダ・デリ・アンジェリに範をとった十角形平面からなり，入口をのぞいた九辺に半円形平面のニッチが設けられている。

(3) サンタ・マリーア・デル・フィオーレのドーム　1296年にアルノルフォ・ディ・カンビオの設計で着工したフィレンツェのドゥオーモは，百年以上を経てドームの建設に至る。1418年の設計競技の結果，ブルネッレスキ，ギベルティ，バッティスタ・ダントーニオがドーム建設の責任者に任ぜられたがギベルティは次第に手を引いていった。八角形ドラムの上に古代ローマの手法の矢筈積で施工された八角形の尖塔二重ドームが載せられている。1436年にドームは完成

し，引き続きブルネッレスキの設計でランタンが施工された。訳注序章 (8) 参照。

(4) "*Bramanti opinio super domicilium seu templum magnum*", in "*Scritti rinascimentali di architettura*", Milano 1978。飛ケ谷潤一郎訳，『ミラノ大聖堂のティブリオに関するブラマンテの意見書』，1997年度東京大学修士論文所収。

(5) 「美とは特定の理論的方法を伴った，あらゆる構成部分の均整（concinnitas）であり，劣悪化なしに，それらの部分のなにひとつ増，減あるいは移動できないほどのものである。」アルベルティ『建築論』第六書第二章（相川浩　訳 p.159）。

(6) パヴィーアのドゥオーモは身廊方向には三ベイのみ建設され，また両側の袖廊も不完全なまま二十世紀を迎えた。1930-32年に修復，増築されて袖廊と身廊屋根が鉄筋コンクリートで築かれた。

(7) Baroni, "*Bramante*", p.28。

(8) ブラマンティーノ，本名バルトロメーオ・ズアルディ（1465頃-1536）　ミラーノ生まれの画家，建築家。画家としてはブラマンテやヴィンチェンツォ・フォッパの影響を受け，おもにトリヴルツィオ家のため制作した。1508年12月にローマに滞在していたことが，ヴァティカーノ宮のなんらかのフレスコ画への支払い記録から確認されている。

(9) この部屋は1498-99年に改修された。その折に天井が格天井から傘型ヴォールトに変更され，これを支える柱頭を設けるため人物像の頭部まわりが破壊された。それ以外の部分はイントナコ（下地漆喰）で覆われ，1893年に発見されるまでそのままであったため，この時代のものとしては保存状態がよい。ギリシャ神話のアルゴは，ローマでは出入り口の神ヤヌス神と同一視され，また伝承によればミラーノの創設者でもあった。

(10) サン・ロレンツォ旧聖具室（1420頃-28）　立方体空間にペンデンティヴを介してリブ付き帆型ドームかけた形式をとる。壁面のひとつが半円アーチでくり抜かれ，その奥にしばしばポケット（巾着 scarsella）と呼ばれる同型の小空間が設けられている。この壁面とポケットの中にはコリント式の柱頭をもつ付け柱とエンタブレチュアが連続し，両者を有機的に統合している。

第四章

(1) 「ミラーノにあるわれらのジョーヴィオのアーチのような屋根付きの通路や，またとわけ，筆者の最初の師であったウルビーノのブラマンテが建てさせた，上記のアーチのある城壁から水をたたえた堀をまたいで懸かる隠れた［つまり屋根がかかった］通路状の室橋（ponticella）」（Cesariano, "*Di Lucio Vitruvio Pollione De Architettura Libri Decem*", Como 1521, I. XXI *v*）

(2) これらの都市の多くはリグーリア地方にあって，トルトーナとパヴィーアを除いては当時ミラーノ公国の領土外であったが，アックイ，アスティ，アルバ，サヴォーナは，当時アスカニーオ・スフォルツァが司教の座にあったパヴィーア司教区に含まれていた。またこれが「帰路」であるとすると，ブラマンテはアウレリア街道または海路でトスカーナあるいはローマから，ジェノヴァに至った可能性がある。

(3) ブラマンテの理論書が存在したことについてブルスキが論拠としているもののうち，ドーニの『書誌第二部 *La Libraria seconda*』，Venezia 1555, の記述内容は，ペドレッティの指摘（第四章脚注3，第九章脚注3）とはちがって，ヴァザーリの『列伝』初版（Firenze 1550）の序論の建築論の

部分をドーニが抜き書き，編集したものであろう。またそれにはグロッタ噴水の施工方法など，あきらかにブラマンテの時代にはさかのぼらない，ヴァザーリ自身の経験などから導かれた部分も含まれており，その全部がブラマンテの失われた理論書の内容を反映したものとは考えられない。ドーニはしかし，『列伝』執筆中のヴァザーリに出版社として接していたため（『列伝』初版の出版をトレンティーノと争った），ヴァザーリが『列伝』の建築論のため「ブラマンテの建築理論書」を参照したと判断しうる根拠をもっていたと思われる。

(4) オスペダーレ・デリ・インノチェンティ（設計 1419，1421-44 建設）　当初は一層で計画され，数次にわたって拡張された。しばしば初期ルネサンス建築様式を確立した作品とされる。中庭を中心とした平面構成や広場に面した回廊の形式自体はフィレンツェに先例があるが，ファサードの半円アーチとそれを支える円柱からなる開廊や，両端ベイの壁面に設けられた大付け柱の細部は，ほぼ純正な古典様式によっている。

(5) オスペダーレ・デリ・インノチェンティの正面二階部分には窓まわりのエディキュラを除けば付け柱はなく，古くからスタッコで平滑に仕上げられていた。また本文に並行するブルスキの"Bramante architetto" の記述では「ブルネッレスキの例にならって」（p.254）と軽く触れられている。本文のブルスキの記述がパッツィ家礼拝堂正面などとの取りちがえでないとすれば，これはブルネッレスキによるインノチェンティのための未確認設計案のことを示唆しているのであろうか。マネッティの『ブルネッレスキ伝』には，ブルネッレスキがフィレンツェを長期間留守にしている（ヴァザーリによればコージモによってミラーノに派遣された）あいだ，インノチェンティの工事をまかされたフランチェスコ・デッラ・ルーナがフィリッポの意図を誤解して施工し，のちに「付け柱」の意匠などについてフィリッポから叱責されたことが不明確に記されている。マネッティはまたブルネッレスキがポルタ・サンタ・マリーアの組合のため正確な図面を残したと書いており（現存せず），ヴァザーリも模型が残されていたと報告している（『列伝，ブルネッレスキ伝』）。これらをもとに研究者はブルネッレスキのファザード原案の復元を試みているが，付け柱がどの範囲に設けられていたかなどについて一致をみない（Franco Luchini, in, Eugenio Battisti, "*Filippo Brunelleschi*", Milano 1976; Howard Saalman, "*Filippo Brunelleschi. The Buildings*", London 1993, 等）。もしブルスキが推測するように，ブラマンテがこのころフィレンツェに滞在したことがあったなら，また晩年のルカ・ファンチェッリと親しかったとすれば，ルカを介してこの図面を見た可能性は否定できない（ルカはブルネッレスキのいくつかの作品の工事を監理していたし，インノチェンティに隣接するサンティッシマ・アヌンツィアータのロトンダでアルベルティに協力しており，伝記に記された図面や模型に通じていたはずである）。

(6) 「さて広場や交差点をさらに立派に秩序だてるものは，道の基点に建てた凱旋門である。それはつねに開かれた都市門のようなものである。」「凱旋門は次のような場所に建立するのが最適である。すなわち，道が公園や広場につきあたるところ，特に王の大通りがそうなるところ。」アルベルティ『建築論』第八書第六章（相川浩訳 p.250）。

(7) 「ギリシア人はフォールムをゆったりした二層の柱廊下で方形につくり，多数の円柱と石または大理石のエピステューリウムで飾り，上方に木組で遊歩廊をつくる。」ウィトルウィウス『建築書』第五書第一章第一節（森川慶一訳 p.113）。

(8) Baroni, "*Bramante*", p.34-35。ブルスキはアルガンやバローニなどからの引用にあたっては記憶に基づいて，あるいはやや自由に書き換えて記述していることが多いが，この箇所もその例である。

(9) クリプタ・バルビはローマのカンポ・マルツィオ，現在のヴィア・デル・ポルティコあたりに存在していた古代遺跡。ドーリス式オーダーで枠取られた一層目のアーチのスパンが二層目では二分割され，一層目と相似な小オーダーとアーチが設けられていた。ジュリアーノ・ダ・サンガッロの素描はバルベリーニ手稿（Codice Vaticano Barberiniano 4424）フォリオ4 に，またこれに似た構成をとるレオナルドの素描はアトランティコ手稿フォリオ 42*v*-c などに見られる。

第五章

(1) アントーニオ（・ジャンベルティ）・ダ・サンガッロ・イル・ヴェッキオ (1453 または 55-1534) ジュリアーノの実弟。世紀の変わるころ兄との長かった共同活動から独立するようになり，アレクサンデル六世のためとりわけ城塞建築を建設し，ときにブラマンテとも協働した。ローマとフィレンツェをはじめアレッツォ，コルトーナ，モンテサンサヴィーノ，ネーピ等の諸都市で広く活動した。ブラマンテとジュリアーノの死後の晩年に至って古典建築言語の習熟と重厚な量塊表現を達成し，1518年からはモンテプルチャーノに定住して，ギリシア十字平面に交差半円ヴォールトとドームを架けたサン・ビアージョ教会（1518）などの代表作を実現した。

(2) サン・ジャコモ・デリ・スパニョーリ教会は三廊のゴシック・ハレンキルヒェ様式 で 1450 年ごろ建設された。1448 年から 1500 年にかけてナヴォーナ広場に向けて現在の内陣部分が（サンタ・マリーア・デッレ・グラーツィエの場合のように）拡張され，これと同時に教会の向きが（サンタ・マリーア・プレッソ・サン・サーティロのように）それまでと逆転された。外陣よりも高い新内陣の半円筒ヴォールトの両端部と，三分割された格天井の中央側面部分には（後のサンタ・マリーア・デル・ポポロの新内陣のように）明かり取り窓が設けられたていた。このような状況を示すウッフィーツィの 904A *r*（断面図）は，905A *r*（平面図）および 906A *r*（内陣部分の平面および断面詳細実測図）とあわせて現在ではむしろアントーニオ・ダ・サンガッロとその工房の手になるものと考えられ，また 904A *r* に限って Simonetta Valtieri は，アントーニオによる 1527 年以降の改築計画を示すものとしている（"*The Architectural Drawings of Antonio da Sangallo and his Circle*", Vol.II, 2000, p.179）。

(3) サント・スピリトの平面は身廊と側廊の幅が 1:2 の比例で定められ，側廊は周歩廊となって翼廊から内陣まで連続する結果，内陣奥の正面中央に円柱が位置する結果となっている（図47参照）。

(4) 「柱間隔が決まると，円柱が立てられねばならない。そしてその上に屋根が支えられるのである。ほとんどの場合に関係するのは円柱を立てるか，あるいは角柱を立てるかということ，および開口部にアーチを用いるか，梁を用いるかということである。アーチと角柱は劇場に当てられる。またバシリカでもアーチは拒否されない。しかし神殿の最も尊厳な作品では梁を載せた円柱列しか見受けられない。」アルベルティ『建築論』第七書第六章（相川浩訳 p.197）。「アーチ式の柱形式では元来角注が選ばれる。すなわち円柱では欠点が生じやすい，というのは，アーチの起点が十分緻密な柱で支持されず，円柱の固い上面からアーチの四角な下面が外にはみ出しその分だけ支持物なしに浮くからである。」同第七書第十五章（同 p.225）。

(5) コロッセウム　古代ローマ最大の野外闘技場。楕円形平面全体の長軸 188m，短軸 156m。ネロ帝がドムス・アウレアの前に建設させた人工湖を埋めてウェスパシアヌス帝が紀元 75 年に建設

を開始し，息子のティトゥス帝により80年に奉献式が挙行された。十一世紀頃から城塞化され，ルネサンス期にはサン・ジョヴァンニ・イン・ラテラーノの改修やサン・ピエトロの「祝別式の開廊」，パラッツォ・デッラ・カンチェッレリーアの建設などのためトラヴェルティーノ石材を提供した。四層構成の外観の下三層はアーチ構造に四分の三円柱からなるオーダーが重ねられ，下からドーリス式，イオニア式，コリント式をとる。四層目は壁構造でコリント式（またはコンポジト式）の付け柱が設けられ，一スパンおきに小さな窓が開けられた。この立面構成はルネサンス以降の多層建築外観のひとつの規範となった。

(6) マルケッルス劇場　ユリウス・カエサルが建設を始め，アウグストゥスにより紀元前13頃完成した。直径約150mの半円形平面をもつ，ローマにおける最初の全石造劇場建築物。中世以降城塞化された。三層構成立面の下二層はアーチ構造にオーダーを重ねており，タブラーリウム（第六章訳注（7）参照）などに次ぐこの形式の初期例のひとつである。オーダーは下からトリグリフを伴うドーリス式とイオニア式にしたがい，三層目は残っていないがコリント式付け柱を備えたアッティコだったらしい。

(7) フランチェスコ・デル・ボルゴ設計のパラッツォ・ヴェネツィアの中庭は長方形平面の四辺のうち二辺足らずが建設されたまま未完。立面はアーチを支える角柱を台座付きのオーダーで枠どりしたトスカーナ式とコリント式からなる二層で構成され，オーダーの柱は二層とも一般部では半円柱で，入り隅部では四分円柱で表現されている。

(8) パラッツォ・ルチェッライ（1440代-1460以前）　ルネサンス・パラッツォのファサードに決定的な革新をもたらした，アルベルティ唯一の実現作。三層構成の立面はフィレンツェの伝統を洗練した粗石積み仕上げのパターンに，ローマの古代多層建築の遺構から想を得た付け柱とエンタブレチュアによるオーダーが重ね合わせられ，最上階の巨大なコーニスが軒を構成する。開口部は二，三層が半円アーチで枠取られ，小間柱により二つの小半円アーチに分割される。オーダーは不明確ながら一層目がトスカナ・ドーリス式，上の二層はことなる意匠のコリント式による。

第六章

(1) アゴスティーノ・キージ（1465-1520）　シエーナの銀行家，商人，企業家。銀行家としてはメディチの凋落後アレクサンデル六世，ユリウス二世，レオ十世ほかローマの要人を財政的に援助した。1500年にトルファのミョウバン鉱の独占採掘権を獲得し，1507年には教皇書記に任命された。豪奢な生活やメセナ活動によってイル・マニーフィコ（豪華王）のあだ名で呼ばれた。おそらくシエーナ時代から知り合っていたペルッツィにヴィッラ（現ファルネジーナ）を設計させ，サンタ・マリーア・デル・ポポロ（ラッファエッロ設計）とサンタ・マリーア・デッラ・パーチェに自らの墓碑を含む記念碑的な礼拝堂を残した。

(2) ジャンノッツォ・マネッティ（1396-1459）　政治家，人文学者，伝記作家。フィレンツェの富裕な貴族として生まれ金融業，商業を営んで政界に進出して活躍した。聖書，ラテン語，ギリシア語，ヘブライ語に精通し，とくにラテン語弁論家としての名声によってニコラウス五世の秘書官に任ぜられた。1453年に事実上の追放によりフィレンツェ政界を退いてローマ教皇庁に移り，詩編と新約聖書のラテン語新訳を完成した。ニコラウスの死後はナーポリ王アルフォン

ソ一世の宮廷に移りそこで死んだ。

(3) パラティーノ丘の皇帝宮殿　初代皇帝アウグストゥス以来パラティーノ丘には代々皇帝宮殿が営まれ，次第に拡充して大複合建築物となった。その一角であるドミティアーヌス帝（紀元一世紀末）のスタディウムまたはヒッポドロムス（馬場）は長さ約185m，幅約50m（中庭部分はそれぞれ約145mと30m）の大きさで，敷地の高低差を利用して周囲に二層構成の柱廊を巡らし，長辺の東側中央には半円形平面のエクセドラを備えていた。

(4) ドムス・アウレア　紀元64年の大火のあとネロ帝によって建築家セウェルスとケレルの設計で建設された私宮。エスクイリーノ丘の南斜面を利用して人工湖に面して計画され，豪華に装飾された。東の一角にはパンテオンの先駆とみられる，円形の明かり取りをもつ八角ドームの広間があるが，ネロ帝の死後荒廃し，トライアヌス帝の浴場の建設のためそのテラスの下に埋められた。ルネサンス期に発掘され，1506年にラオコーン群像がここから発見されたほかグロテスコ装飾の流行の発端となった。

(5) ハドリアヌス帝のヴィラ　ハドリアヌス帝（皇位117-138年）がティーヴォリ近郊に二十年にわたって営んだ離宮。皇帝がギリシア，アジア，オリエント，アフリカを巡行した折に見聞した様々な建築物や様式がコラージュされている。荒廃していたが1450年頃再発見され，ルネサンス建築家に多大な刺激を与えた。

(6) セプティゾニウム　セプティミウス・セウェルス帝により203年にパラティーノ丘東南部斜面に建設されたモニュメンタルなニンフェウム。アッピア街道方面からの皇帝宮の入口への舞台がかった眺望を構成していたが次第に荒廃し，中世には要害化された。ルネサンス期にはごく一部しか保存されていなかったが，多くの建築家の興味をひき付け，素描が多数残されている。それによれば当時は壁構造の建築本体の周囲（または前面）に色大理石の楣式開廊が三層構成で設けられ，エクセドラや彫刻，噴水が配されていた。三層のオーダーはいずれもコリント式による。倒壊寸前の状態にあったが，1588年にシクストゥス五世によって最終的に取り壊された。

(7) タブラーリウム　カピトリーノ丘のフォルム・ロマーヌム側斜面に紀元前78年にルタティウス・カトゥルスが建造した大規模な公文書館。フォルムを睥睨する立面にはアーチ構造に重ね合わせたオーダーが二層構成の開廊として展開されたが，これはこの形式の最も古い例のひとつである。一部がパラッツォ・セナトーリオの背面構造に組み込まれて今も残る。

(8) ネロ帝の（別名カリグラの，またヴァティカーノの）キルクス　ヴァティカーノ低地にネロ（在位54-68）によって完成されたキルクス。ほぼ東西軸にそって建設されていた。早い時期に荒廃し，北半はコンスタンティヌスの旧サン・ピエトロで覆われたため正確な規模は不明であるが，Magiによる調査報告（1973）によれば走路長軸長さ475m，全長560mに達した。走路を隔てるスパインの中央には，カリグラ帝がヘリオポリスからアレクサンドリアを経て37年にローマに運ばせたオベリスクが建てられていたが，これだけは当初の位置に依然そびえていて，新サン・ピエトロの配置計画に際してブラマンテを悩ませた。第九章本文，同訳注（4）参照。

(9) ナウマキア　ドミティアーヌス帝（在位81-96）が後のボルゴ地区の北に築かせたとされる人工池。ナウマキアは一般に貯水が目的であったが，竣工記念などのおりには模擬海戦が催された。

(10) 小プリニウスのヴィラ　小プリニウス（62-113頃）は博物学者大プリニウスの甥で養子となった政治家，著述家。政治家としてはトライアヌス帝に仕えた。トスカーナのヴィラ（『書簡集』第五巻の書簡六，第九巻の書簡三十六など）はプリニウスが保護者となっていたティフェ

ルヌム・ティベリヌム（現チッタ・ディ・カステッロ）の北数キロにその遺跡が確認されている。ラウレントゥムはオスティアの南東約15キロの海辺にあったが，別荘の所在は確認されていない。『書簡集』第二巻の書簡十七に詳細な記述があり，研究者によって復元が試みられている。

(11) 「歴史家によると，ローマにあるキルクス・マクシムスは長さ3スタディウム，幅1スタディウムあった（長さ555m，幅185m）と書かれている。」アルベルティ『建築論』第八書第八章。キルクス・マクシムスは伝承によれば紀元前六世紀タルクィヌス・プリスクス王によって，パラティーノ丘とアヴェンティーノ丘のあいだに地形を利用して建設された馬車や戦車用の競技場。当初木造であったが次第に整備されトライアヌス帝期には総大理石貼り，長さ600m幅200m約30万人収容で，中央スパインにはラムセス二世のオベリスクがそびえる威容を見せた。古代末期以後荒廃して大理石は持ち去られ農地に変わり十九世紀には工場が建てられた。1911年から発掘調査が始まり現在緑地として保存されている。

(12) パラティーノ丘のスタディウム　訳注第三章（3）参照。

(13) マクセンティウスのキルクス　サン・セバスティアーノ門から旧アッピア街道を3kmほどのところに，ヴィア・アッピア・アンティカとこれに並行するヴィア・アッピア・ピニャテッリとのあいだの谷を利用して建設された。古代キルクスのうち保存状態が最もよい。全長512m，幅81-85m，スパインは長さ333m，幅7mで約一万人収容。西側短辺には12のスタート柵があり，その両端には高さ16mの塔が建つ。マクセンティウス帝（在位306-312）が建設させた巨大なヴィッラまたは宮殿の複合建築の一部を構成した。

(14) 「われわれのイタリアに有るものでは，広場の幅が長さの三分の二であった。そして古い習慣により，そこで拳闘士の競技を見せたから，柱廊の円柱はいっそうまばらに立てられた。柱廊の周囲に両替商人の店がぎっしりと並び，上階には木造床の露台と国庫収入を納める小室が用意された。以上が古いものである。なおわれわれは中の空地を二個の正方形で構成する広場を推奨するであろう。」アルベルティ『建築論』第八書第六章。

(15) ローマの東三十キロのパレストリーナは，紀元前八世紀ころからアルバ・ロンガを中心とするラテン同盟の構成都市として発展し，古代ローマ時代にはフォルトゥーナ・プリミゲニア神殿の権威によって知られた。テオドシウス一世により異教信仰のかどで破壊されたが，徐々に復興し中世からしばしばコロンナ家の支配下にはいり，神域はコロンナ家が城塞，邸宅化した。急斜面に沿って設けられた段丘状のテラス上の，軸線を中心に対称に配された列柱廊や斜路，エディキュラ，凹凸階段など，ヴァティカーノのベルヴェデーレの多くの建築語彙がこれを参照していると考えられる。教皇庁公証人としてシクストゥス四世やインノケンティウス八世に仕えたフランチェスコ・コロンナ（1453-1517?）は1482年からパレストリーナの領主であったが，マウリツィオ・カルヴェージは奇書 "Hypnerotomachia Poliphili", Venezia 1499（そこには古代遺跡に想を得た，ブラマンテに類似するルネサンス様式の建築意匠の図版が含まれる）の著者が，一般に信じられている同姓同名のトレヴィーゾの修道僧ではなく，このパレストリーナの領主であるとの説を提案している（Maurizio Calvesi, "La 《Pugna D'amore in Sogno》 di Francesco Colonna Romana", Roma 1996）。

(16) その後，下段の中庭の北側階段席の位置にはシクストゥス五世がドメニコ・フォンターナに設計させた図書館が建設され（1587-90），また上段の中庭の南端から斜路の一部の位置には新古典主義者ラッファエッロ・ステルン設計（1817）のキアラモンティ美術館の通称新ウイングが

建設されたことで，中庭の長手方向の空間の連続性と視線は完全に分断された。

(17) 「農園主の別荘について，夏のものと冬のものとがある，という人たちがいる。また次のようにも規定する。[…] 遊歩廊は昼夜平分時の正午の太陽方向に開けているべきだと。」『建築論』第五書，第十七章冒頭。

(18) 凹凸階段まわりと一層構成の半円筒ニッチの位置には，ピッロ・リゴーリオ（1513/14-1583）の設計により二層構成の上に四分球ドーム状の大ニッチを備えた塔が建設され（1561-65），当初の姿は残されていない。

(19) ゴンブリッチは，ブラマンテによるヒエログリフの提案が "Hypnerotomachia Poliphili" の木版挿し絵と通ずることや，またブラマンテが，新サン・ピエトロの方向をヴァティカーノのオベリスクに向かうように変えることに執着したこと（第九章参照）にみられる異教の象徴主義への傾倒から，ブラマンテとコロンナの物語との関連性を示唆している（「ブラマンテと『ポリフィロの夢』」遠山公一訳，E.H.ゴンブリッチ，『シンボリック・イメージ』，平凡社 1991）。

(20) イル・ジェズ教会 イグナティウス・ロヨラの死（1556年）をきっかけにアレッサンドロ・ファルネーゼ枢機卿の命でヴィニョーラにより設計，着工（1568年）された。1570年ファサードの設計競技でジャコモ・デッラ・ポルタ案が選ばれた。1584年完成。イエズス会のローマにおける主教会であり，ラテン平面単身廊の両側に礼拝堂を備え，ファサードに投影される身廊と礼拝堂の高低差をスクロールモチーフによって調停する形式は，反宗教改革派の教会堂のモデルとなった。ドーム内径は約18 m，外径は約21 mある。ボルジアの塔は壁外寸でほぼ18 m角程度であり，ルタルイイの復元図でも八角形のドーム基部の外寸がほぼ18 mである

(21) 彫刻の中庭も二層構成に変更されたのち，ミケランジェロ・シモネッティ（1724-81）設計の新古典主義様式の大仰な柱廊がつけ加えられ（1773完成），当初とは大きく改変されている。

(22) フランチェスコ・ディ・ジョルジョによる螺旋階段（または斜路）はウルビーノでは，パラッツォ・ドゥカーレ，サンタ・キアーラ修道院，それに「ラ・ダータ（煉瓦造の擁壁）」などで採用されている。もちろんオーダーは伴わない。

(23) ブルスキはおそらくパッラーディオにしたがってポンペイウス柱廊としているが，パッラーディオが名前を誤って記述しているこの遺跡は，二百メートルほど南隣のいわゆるクリプタ・バルビのことである（パッラーディオ『建築四書』第一書第二十八章十四節）。

(24) ブラマンテの建築理論書についてブルスキはドーニの "La Seconda Libraria"（1555）に依拠している。第四章脚注3および訳柱（3）参照。これについては第十章でもやや詳しく繰り返される。

(25) たとえばヴィニョーラによるカプラローラのパラッツォ・ファルネーゼの螺旋階段はドーリス式を，またボッロミーニによるパラッツォ・バルベリーニの楕円螺旋階段はトスカーナ式を唯一のオーダーとして全階をとおして採用している。これに対し異種オーダーの切り換えが容易な箱形の階段室では，階層ごとに異なるオーダーを適用するのが一般的である。

(26) ヴィッラ・マダーマ 後のクレメンス七世ジュリオ・デ・メディチのためラッファエッロが設計し（1517- 未完），アントーニオ・イル・ジョーヴァネが協力した。ラッファエッロの死後ジュリオ・ロマーノが工事を引き継いだ。モンテ・マーリオの斜面を利用して，円形中庭をもつヴィッラを中心に野外劇場，テラス，庭園，人工池，ニンフェウムなどを配した大規模な計画だったが，ごく一部が建設されたのみ。建設されたうち開廊の部分は平面，断面ともジェナッツァーノのニンフェウムに酷似する。ただしこの部分のオーダーは付け柱で表現されている。

(27) すくなくとも十一世紀にさかのぼるコロンナ家はローマとその近郊を支配した，ライバルのオ

ルシーニ家とならぶ豪族。多くの枢機卿や傭兵隊長を輩出。勢力基盤はローマ東のカステッリ・ロマーニからティーヴォリ一帯で，ジェナッツァーノは十五世紀始めにコロンナ家の支配に入る。ポンペオはパレストリーナ領主であったフランチェスコ・コロンナの従兄弟。

(28) パオロ・ジョーヴィオ（1483-1552）　コモ生まれの歴史家，伝記作家。1513年からレオ十世に仕え，生涯の大半を教皇宮廷で過ごし，ローマ教会にとって重要な多くの外交や宗教会議に臨席した。歴史書としては『同時代史』，『トルコ事件について』など，また同時代人の伝記を残した。

(29) セルリアーナ（英語圏ではパラディアーナとも呼ばれる）は古代建築や中世以降の祭壇装飾や祭壇画にしばしば認められる形式であるが，ルネサンスの建築家で初めて意識的にこれを用いたのはおそらくブラマンテである。ジェナッツァーノ以外に確実な作品としてヴァティカーノ宮のサラ・レジーアやサンタ・マリーア・デル・ポポロの内陣等がある。

(30) ヴィラ・ファルネジーナ　ペルッツィがアゴスティーノ・キージのためヴィア・ルンガーラ沿いに建設した（1509-10頃）。ペルッツィ自身が広間に透視図法イリュージョニズムを用いて壁画を描いたほか，ラッファエッロ工房やソドマが壁や天井を豪華に装飾した。庭に開いたロッジアの両側にウイングを突き出す平面型はシエーナ郊外レ・ヴォルテにフランチェスコ・ディ・ジョルジョが設計したヴィラ・キージ（1496-1505）の形式に従ったもの。

第七章

(1) エジーディオ・ダ・ヴィテルボ（1465頃-1532）　著名な神学者，説教者。1507年からアウグスティヌス修道会総長，1517年から枢機卿。古典古代語をはじめヘブライ語，ペルシア語，アラビア語，トルコ語などにも通じていた。第五ラテラーノ公会議（1512，本文第十章冒頭参照）では，冒頭演説でフィチーノの追随者としてカトリック神学をプラトンを基礎に改革することを訴えるなど重要な役割を演じた。ユリウス二世とレオ十世時代の教皇庁における人文学の中心人物のひとりで，ブラマンテの建築作品の図像学的プログラムに関わっていたと考えられる。

(2) マールテン・ファン・ヘームスケルク（1498-1574）　ネーデルランドのマニエリズム画家。1532年から1536年にかけてローマを中心にイタリアに滞在し，古代遺跡の当時の状況や彫刻作品，サン・ピエトロの工事現場などの素描を二冊の画帖に残した（ベルリン，ダーレム国立美術館版画素描室などに所蔵）。

(3) ジャンクリストーフォロ・ロマーノ（1465-1512）　典型的な宮廷建築家，彫刻家，宝飾工芸家。ロンバルディーアでG. A. アマデオに就いて学び，ミラーノ，マントヴァ，ウルビーノ各地の君主に仕えた。おそらくすでにミラーノでブラマンテと知り合っていたと考えられる。カスティリオーネの『宮廷人』の登場人物でもある。

(4) アンドレーア（・コントゥッツィ）・サンソヴィーノ（1460頃-1529）　モンテ・サン・サヴィーノ生まれの彫刻家。フィレンツェでアントーニオ・ポッライウォーロとベルトルドの工房で修行，フィレンツェとポルトガル（1491-1500 ロレンツォ・イル・マニーフィコによる派遣）で制作した。ユリウス二世の招きでローマに移って（1505-12）サンタ・マリーア・デル・ポポロ内陣に制作した二枢機卿のための墓碑で名声を獲得した。1513年から後はロレートの聖堂内のサンタ・カーサの覆いに専念した。

(5) ネルウァ帝のフォルム　ドミティアーヌス帝が起工しネルウァ帝が紀元97年完成させた。アウグストゥスのフォルムと平和の神殿に挟まれた，スブーラ地区からフォルム・ロマーヌムに接続する細長い敷地に建設され，「通り抜けフォルム」の異名があった。長さ約120m，幅約45mあり，北側短辺中央にはミネルウァ神殿が置かれ，その左右の空間が非対称であるのを，舞台袖壁のような対称な構造で覆い隠していた。神殿に対面する南側短辺の壁面は緩い曲線をえがいて一種の浅いエクセドラを形成した。長辺の壁面は隣接する建物の壁体を利用しており，この構造体から突き出した持ち送りをコリント式の円柱が支えていた。壁面上に陰影を強調するこの装飾的な手法はこの後大規模建築に好んで用いられた。

(6) カエサルのフォルム　フォルム・ロマーヌムの北にカエサルが建設させた（BC55-BC46）。長さ約165m，幅約75mの矩形平面の長手両側には二列の列柱が走り，短手正面にはヴィーナスを奉る神殿が設けられていた。伝承によってユリウス家の始祖とされ守護神でもあったヴィーナスとカエサルとの関係は，聖母マリーアとキリストの代理人で後継者でもある教皇ユリウスとの関係と並行するとみることができる。

(7) トライアヌス帝のフォルム　アウグストゥスのフォルムの北西に隣接して，皇帝フォルムのうち最後に建設された（107-113）最大規模のもの。広場とバジリカ・ウルピア，二つの図書館，トラヤヌス記念柱，トライアヌス神殿（ハドリアヌスが完成）からなり，全体で長さ310m，幅185mある。このうち，広場のバジリカ・ウルピアに対面する壁面は緩い円弧を描いていた。

(8) 本文で示唆されている，ユリウスが出席した起工式の記録文の一節。Bruschi, "*Bramante architetto*" p.938

(9) その後，ブラマンテのチヴィタヴェッキア滞在は確認された。パオロ・ヴェイエッリ・ディ・ヴェトゥラッラによる公式記録のなかに，教皇ユリウスの滞在期間中の1509年3月15日に「我らが神聖なる主の建築家ブラマンテ監督」もチヴィタヴェッキアにいたことが記されている。Fabiano T. Fagliari Zeni Buchicchio, "*La Rocca del Bramante a Civitavecchia; Il Cantiere e Le Maestranze da Guilio II a Paolo III*", "*Römisches Jarbuch für Kunstgeschichte 23/24*", p.279, 1988。

(10) 小プリニウスの『書簡集』第六巻三十一コルネリアヌス宛の書簡中に，小プリニウスがトライアヌス帝の補佐官としてチヴィタヴェッキアに同道した時のことが記されるなかで，トライアヌスが命じて築かせた港の工事について述べられている。「海岸の入り江にはちょうどこの時，港ができている最中でした。左の突堤は，頑丈な構築物ですでに固められていたのですが，右の突堤は工事中でした。そして港の入口には島が今立っています。これは風に追い立てられた波浪を遮り，砕き，島の両側に船のため安全な水路を提供するためです。」（國原吉之助　訳）

(11) ルティリウス・ナマジアーヌス（五世紀）　ガッリア出身の詩人。ノスタルジックな哀歌体に託して，当時すでに過去のものとなっていた異教ローマの栄光と頽廃を詠った。

(12) エルコーレの拡張　1492年，フェッラーラの君主エステ家エルコーレ一世の主導によるビアージョ・ロッセッティ（1447頃－1516）の計画にしたがって，フェッラーラ市壁の一部が北側に拡張され，これにより市街地の面積はほぼ二倍にまで拡大した。新市街地は，その中心でほぼ直交する二つの大通りをはじめとする直線路で区画され，ロッセッティはその後，新市街地に建つ四つの教会をはじめとする多くの建築設計を手がけた。ルネサンス期の組織的都市計画として最も重要な例。

(13) パラッツォ・スフォルツァ・チェザリーニ　教皇庁尚書院副院長であったロドリーゴ・ボルジアによって1458年に建てられた。教皇に選ばれアレクサンデル六世を名のったロドリーゴはこ

の建物を尚書院副院長の地位とともに，コンクラーベでロドリーゴに譲歩したアスカーニオ・スフォルツァに与えた。後にその一部に，本文でのべられるユリウスの甥が居住した。スフォルツァ家もデッラ・ローヴェレ家もこの建物を尚書院の施設として使用。レオ十世によって尚書院がラッファエレ・リアーリオのパラッツォ（現在のデッラ・カンチェッレリーア）に移されたのち「旧尚書院」とも呼ばれた。

(14) レオ四世の城壁　古代のローマ城壁はヴァティカーノを含むテーヴェレ右岸のボルゴ地区を取り込んでいなかったため，古代末期にはサラセン人の略奪を受けるようになった。これに対するため教皇レオ四世（在位847-855）はアウレリアヌスの城壁を修復するとともに，ヴァティカーノとその近隣地区からサン・タンジェロまでを囲む新たな城壁を築いて防衛した。

(15) 教皇シクストゥス五世（在位1585-1590）は，腹心の建築家ドメニコ・フォンターナを使って，ブラマンテが考えたようにサン・ピエトロの向きを変えるのではなく（第九章参照），ヴァティカーノのオベリスクを聖堂の南から東に移設してこれと正対させ（1586），ドームを完成に導いた（1590）。またローマ市街中にはいくつかの直線道路を通して七大聖堂を結び，主要な広場にはオベリスクを配して巡礼者の便宜をはかった。これらはローマにおけるバロック都市空間の展開を保証した。

(16) ローマ旧市街の東側には北から南にクィリナーレ，ヴィミナーレ，エスクィリーノ，チェリオの丘が張り出している。これらとの交差をできるだけ避けて水路を南北に通そうとすれば，現在のヴィア・デル・コルソにつづいては古代のフォールム群を横切って（現在のヴィア・デイ・フォーリ・インペリアーリ）コロッセオにいたり，その先は，サン・ジョヴァンニ門方面に向かおうとすればチェリオ丘を切り開かねばならず，またラティーナ門に向かうには，ほぼ現在のヴィア・サン・グレゴーリオを掘り下げてカラカッラ浴場の前をへて旧アッピア街道に並行するルートをとることになる。工事費を別にしても，古代や中世の多くの遺構を破壊せずにおかない大変な難工事となったはずである。

第八章

(1) パンテオン　ユリウス・カエサルの腹心アグリッパがカンプス・マルティウスの中心に建てた（紀元前27-25）のは矩形平面の南向きの神殿であったが，火災で消失し，ハドリアヌス帝がポルティコ付きの大円形神殿として，北向きで再建した（118-125）。609年「殉教者のサンタ・マリーア教会」としてキリスト教化された。ほぼ完全な状態で残り，人文主義やルネサンス建築において古典古代の象徴と見なされた。半球ドームの直径と高さはいずれも43.3mで、フィレンツェのドゥオーモとサン・ピエトロのドームに並び集中式平面の組積造建築物として最大の規模。

(2) セルウィウス，マリウス・－・ホノラートゥス（360/5-没年不詳）　ラテン語の文法家，注釈家。もっとも重要な仕事であるウェルギリウスの作品への注釈の中に，文法や語彙のみならず主題や事項について他にない多くの情報を書き残した。『アエネーイス』はアウグストゥス帝期の詩人ウェルギリウスの代表作でローマ建国を扱った叙事詩。

(3) 『建築四書』，第四書第二章第二節および第十四章第一節。以下パッラーディオ『建築四書』の節分けは桐敷真次郎校注による。

(4) 「あなたはペトロ。わたしはこの岩の上にわたしの教会を建てる。」『マタイによる福音書』第十六章十八節。四福音書のうちマタイだけによって報告されるこのイエスの言葉がこれにつづく十九節（訳注 7）とともに，カトリック教会では，ペトロが初代「教皇」としてイエス自身によって叙任された典拠とされている。

(5) ウェスタに捧げられたと考えられた円形神殿はローマ市内にふたつ残る。ひとつはフォーロ・ロマーノに一部が残るものでアウグストゥス帝期に建設されたと考えられるが，現在の遺構は紀元二世紀末セプティミウス・セウェルス帝の妻ユリア・ドムナが紀元191年の火災の後に再建させたもの。基礎は直径約 18m あり 19本のコリント式円柱が巡らされていた。隣接する巫女たちの家はヌマ・ポンピリウスが設立したとされ，伝承によればアエネイアースがトロイアからもたらしたパラス（アテーナイ）像が保管されていた。セルウィウスが注釈したのはこちらであろう。もうひとつはピアッツァ・デッラ・ボッカ・デッラ・ヴェリタのもので，紀元前二世紀に建造されティベリウス帝期（紀元一世紀前半）に修復を受けた。現存するローマ最古の大理石建築であり，20本のコリント式円柱を備える。現在ではオリーブ商人の守護神ヘラクレスに捧げられたものとされており，設計者としてギリシア人建築家ヘルモドーロスの名も判明している。ウェスタ神殿としてパッラーディオが図面と記述を残すのは後者であり，そのなかでヌマ・ポンピリウスが建てたとの伝承も記録している（『第四書』第十四章第一節）。前者についてのパッラーディオの言及はないが，当時は荒廃していたこの神殿をパッラーディオや同時代人は確認できずに，伝承を後者に帰したと考えられる。ブルスキの記述は両者を厳密に特定することなく，むしろ類型としてのウェスタ神殿の形式に重点をおいている。

(6) ヌマ・ポンピリウス　古代王政期第二代の王（王位 BC 715-673）。神々の序列や儀式を定めるなどして宗教を改革し，また農耕と結びついた暦を整備した。

(7) ガイウス・ケスティウスのピラミッド（紀元前12頃）　サン・パオロ門のすぐ外にあり，アウグストゥス帝期のエジプト趣味を反映した例。やや急勾配の四角錐（高さ36m）にルーニ産大理石が貼られている。

(8) 「太陽や月に対しては，それらが絶えず世界の周りを回っており，その回転によって，何人にも明かな影響を生み出しているという理由から，古代人は，神殿を円形，あるいはすくなくとも円形に近い形につくった。」『建築四書』第四書第二章第二節。

(9) 「わたしはあなたに天の国の鍵を授ける。あなたが地上でつなぐことは，天上でもつながれる。あなたが地上で解くことは，天上でも解かれる。」（『マタイによる福音書』第十六章十九節）を根拠に，ペトロは通常鍵を手にした姿で描かれる。

(10) 伝承によりシビュラ神殿と呼ばれたが，現在ではウェスタに捧げられたものと考えられている。『建築四書』第四書第二十三章。

(11) ポルトの円形神殿　トライアヌス帝が築かせたテーヴェレ河口の港町（ポルト，現フィウミチーノ）の東港に建っていた円形神殿。ローマからヴィア・ポルトゥエンセを経て市壁に入ると東門の傍らに最初に見えた。

(12) 十二世紀初めから十三世紀末にローマとラーツィオ地方で流行した，色大理石によるモザイク風幾何学装飾。これを得意とした職人家系の名コズマによってコズマーティと呼ばれる。ローマではサン・クレメンテ，サンタ・マリーア・イン・トラステーヴェレ，サンタ・マリーア・イン・コスメディン教会などに見られる。

(13) ヴァザーリがヒエログリフになぞらえるのは，本文第六章にみられるとおり，ベルヴェデーレ

外壁に刻まれるはずであった文字であり、テンピエットのメトープ装飾についての記述はない。前者は単なる言葉遊びであるが、後者には象徴的な機能が負わされている点でもことなる。

(14) ウェスパシアヌス神殿　フォーロ・ロマーノの西、カピトリーノの足もとに、神格化されたウェスパシアヌス帝を奉って息子のティトゥス帝とドミティアヌス帝によって一世紀末に建てられた神殿。正面に六本のコリント式円柱を備えたプロステュロス式をとっており、現在も保存される豪華なエンタブレチュアのフリーズには、様々な器物があたかもヒエログリフのように浮き彫りで列挙されている。

(15) フランチェスコ・ディ・ジョルジョの図はラウレンツィアーナ手稿 Codice Ashburnham 361 フォリオ 5 r に見られ、レオナルドの素描（1490頃）はヴェツィアのアッカデーミア美術館蔵、チェザリアーノの図はウィトルウィウス建築論の注釈書 (III, C. XLX r, L r) に含まれる。

(16) ピーター・マレーは、三つの入口のうち両側の二つではその割り型が不器用に施工されていることなどから、これらが後世になって開けられたものであると推定している（"*Bramante's Tempietto*", 1972, p.7)。

(17) サン・セバスティアーノの正面扉については訳注第一章 (20) 参照。

(18) ウィトルウィウス『建築書』第三書第三章によれば、隔柱式 (diastole, diastilo) は柱間の寸法が柱直径の三倍、集柱式 (sistole, sistilo) は柱間が柱直径の二倍はなれた配置。テンピエット内部の付け柱のうち間隔の広いほうは、ブルスキのいう隔柱式というよりは疎柱式（柱径の四倍の柱間をもつ）に近い（テンピエットでは約五倍）。いずれにせよ、実際にはテンピエット内観の柱間比例はウィトルウィウスが示す単純な整数比に従っていない。またフリーズのメトープは狭い柱間では二つ、広い柱間では五つ設けられているが、狭い柱間のメトープは正方形でなく横長の長方形をしている。ウィトルウィウスは「トリグリフに挟まれてつくられるメトープは高さと幅が同じであるべき」（第四書第三章）としていた。このことは、ブラマンテが規則に敢えて反してでも、視覚や空間への自らの要求にもとづいて柱間を決定したことを示している。

(19) ブルスキの引用するセルリオの文はじつはテンピエットの内観についての記述であるが、その内容は、セルリオのいう開口部が視覚に及ぼす効果を別にすれば、外観についても妥当するとみてよいだろう。

第九章

(1) ミケランジェロはドームと内陣およびその外観のデザインを決定し、ドームの幾何学形状などに変更をこうむったがおもにジャコモ・デッラ・ポルタとドメニコ・フォンターナによって実施され、ドームは1590年に完成した。マデルノはミケランジェロの平面に身廊と側廊を加え、新たに正面を設計し、完成に導いた（1612年）。ベルニーニはサン・ピエトロ広場とコロネードを整備し、バルダッキーノやカテドラ・ペトリーをはじめとする内部の装飾や彫刻も手がけた。

(2) フラ・ジョコンド（本名ジョヴァンニ・ダ・ヴェローナ）(1433-1515)　建築理論家で人文主義学者。自ら建築作品を建てることはせず、アルベルティのように、他の建築家や職長に設計案を提供した。学者としては『ウィトルウィス建築書』の挿し絵入りの印刷本（ヴェネツィア 1511）や小プリニウスの書簡集の校注などがある。カラブリア、ナーポリ、フランス、ヴェロ

ーナ、ヴェネツィア、ローマ等各地で活動した。ブラマンテの死後レオ十世によりラッファエッロの補佐役としてサン・ピエトロの工事の建築家に任ぜられる。

(3) 羊皮紙の平面図の「ブラマンテの手になる実施されなかったサン・ピエトロの平面」との注記は、一般にアントーニオ・ダ・サンガッロ・イル・ジョーヴァネによると考えられている。F. G. Wolff Metternich, "*Die Erbauung der Peterskirche zu Rom im 16. Jahrhundert*" 1972; C. F. Frommel, N. Adams, "*The Architectural Drawings of Antonio da Sangallo il Giovane and his Circle Vol.II*" 2000.

(4) ヴァティカーノのオベリスクはカリグラ帝が紀元37年にアレクサンドリアから運ばせたもので、旧サン・ピエトロの南側にあったが、シクストゥス五世の命で1586年、ドメニコ・フォンターナによって現在のサン・ピエトロ広場の中心に移設された。オベリスクを巡礼者のために役立てようとするブラマンテの構想は、シクストゥス五世のアイデアの先取りと見ることができる。

(5) サン・ピエトロ・イン・モントーリオとはちがって、サン・ピエトロの地下のネクロポリスには伝承によって聖ペテロのものとされる墓が実際に存在する。1949年にサン・ピエトロの主祭壇直下で調査発見された遺骨は、1968年になって教皇パウルス六世によって聖ペテロ本人の遺骨であると公表された。

(6) 「羊皮紙の平面図」は平面の一部しか含んでいないもが、一般には、完全に対称な平面の半分を示すと見なされていることを、ブルスキの記述は踏まえている。なお平面の左端で図面の一部が欠落していることについて、この左にカラドッソのメダルの図案に似た立面図が描かれた部分があったが、一時期これを所有していたヴァザーリによって何らかの理由で切断されたとの仮説もある。Mag Licht (a cura di), "*L'edificio a pianta centrale, Lo Sviluppo del Disegno architettonico nel Rinascimento*", Firenze 1984.

(7) Serlio, "*Il Terzo Libro*", 65 v。

(8) Serlio, "*Il Terzo Libro*", 64 v。

(9) クレメンス七世（1478- 教皇在位1523-34）　本名ジュリオ・デ・メディチ、ロレンツォ・イル・マニーフィコの庶子の甥。1513年フィレンツェ大司教兼枢機卿に任ぜられ、後に従兄弟のレオ十世下の尚書院副院長となる。1523年教皇に選出されたが外交政策に乏しく、皇帝軍による1527年のローマ劫奪に至る。1530年にはボローニャでカール五世に神聖ローマ皇帝位を授けた。文化や芸術の振興には積極的だった。

(10) Cesariano, "*Vitruvio, De Architectura*", 1521 Como, III, c. 52 *r*, 52 *v*。

(11) 「神の幻によって、わたしはイスラエルの地に伴われ、非常に高い山の上に下ろされた。その南側に都のように建設された物があった。」『エゼキエル書』第四十章第二節。「彼は［神殿の］四方を測ったが、外壁は全体を囲んでおり、その長さは五百アンマ、幅も五百アンマであった。それは、聖なるものを俗なるものから区別するためであった。」同第四十二章二十節。
「都には、高い大きな城壁と十二の門があり、それらの門には十二人の天使がいて、名が刻みつけてあった。イスラエルの子らの十二部族の名であった。東に三つの門、北に三つの門、南に三つの門、西に三つの門があった。都の城壁には十二の土台があって、それには子羊の十二使徒の名が刻みつけてあった。わたしに語りかけた天使は、都と門とその城壁とを測るために、金の物差しを持っていた。この都は四角い形で、長さと幅が同じであった。天使が物差しで長さを測ると、一万二千スタディオンあった。長さも幅も高さも同じである。」『ヨハネの黙示録』第二十一章十二～十六節。

(12) マクセンティウスのバジリカ　フォルム・ロマーヌムに残る古代帝政末期の代表的遺構（313

年頃完成）。三廊式うちの身廊（中央ベイ）は約25m角の三連の交差ヴォールトで、また一段低い側廊は並行する三つの円筒ヴォールトで覆われていた。九世紀の地震で身廊と南の側廊が崩壊し、以後北の側廊のみ残る。マクセンティウス帝が着手したがコンスタンティヌス帝が完成させたため、後者の名でも呼ばれた。

(13) パンテオン内部のアッティコは、十八世紀の改修によって三角ペディメントを備えたエディキュラと長方形パネルが交互に並ぶ大味なデザインに変えられた。現在では南西側の一部が、楣式開口のエディキュラと斑岩の小付け柱によるオリジナルの状態に復元されている。

(14) 1パルモは約25cmに相当する。これらの寸法はアントーニオ・イル・ジョーヴァネの実測図に記載されている。（ウッフィーツィ 44A r）

(15) ファーノのバジリカの記述は第五書第一章第六〜十節。ウィトルウィウス注釈書（コモ 1521）に添付されたチェザリアーノによる復元図（V, 74 r）は，巨大オーダーの採用の一点を除いてはルーヴルの素描に酷似している。

(16) イン・アンティス式はギリシャ神殿（後には一般の建造物）で正面のポーチ空間が壁面から後退して設けられ，したがって平面で柱列の位置が壁面と一致する形式。

(17) サン・ピエトロの正面案をさす（ウッフィーツィ素描 70A r, 72A r, 73A r）。

(18) サンタ・マリーア・デッレ・フォルテッツェは本文にあるようにギリシア十字平面によるが，サン・テリジオ・デリ・オレーフィチよりも規模が大きく，サンティ・チェルソ・エ・ジュリアーノのように四隅に小ドームを備えていた。トスカーナ式からなる中央ドームの支柱には隅切りされた柱形式は見られず，サン・テリジオ同様直角配置された二つの付け柱からなる。第二次大戦の爆撃で大破し，内陣の半円筒ヴォールトとその両側の半円小ドームだけが保存されている。

(19) この模型は残されていないが，すでに言及されたセルリオによる証言があり（*Libro III di Architettura,* 64 *v*），いくつかの素描（たとえばウッフィーツィ素描 4 *v*, 5 *r*）はこの模型を描いたものと考えられている（Franco Borsi, *"Bramante"*, 1989）。

(20) セルリオの伝えるブラマンテの計画案（*Libro III, 66r*）によればドラム外周に四十八本の円柱，ランタン外周には十六本の付け柱が設けられていた。ただしランタンの付け柱は二本ずつ組になって柱間は不均等で，ドラム円柱の配列とはくいちがっていた。

(21) 原文では「9と3分の1ブラッチャ」とあるが，この数字は図に見られるように手前の円筒ヴォールトの奥行寸法である。

(22) ギョーム・ド・マルシラ（グリエルモ・ディ・マルチッラート）（1467/70-1529）　フランス人ステンドグラス製作者，画家。ブールジュ近郊に生まれ，おそらくブラマンテの招聘で1509年以前に師のクロード親方とともにローマに移住した。ユリウス二世とレオ十世の在位下のヴァティカーノやサンタ・マリーア・デル・ポポロに作品が残る。1515年にコルトーナに，1519年までにアレッツォに移り工房を経営し，両地のドゥオーモ等でヴァティカーノのラッファエッロやミケランジェロの作品を反映したステンドグラスやフレスコ画を制作した。幼いヴァザーリの最初の師でもあった。

(23) ハドリアヌス帝ヴィッラの「大浴室」の天井装飾をさす。これは同時代の建築家の関心を引き，ジュリアーノ・ダ・サンガッロもスケッチを残している（Taccuino Senese f. 13 *v*, Codex Barberini f 39）。また本文で言及されている「スタンツェ」以外にも，ラッファエッロ工房によって描かれたヴァティカーノのサン・ダーマゾ開廊の天井フレスコ装飾の参考にされた（ラッファエッロ

341

の助手ジョヴァンニ・ダ・ウーディネの落書き署名が大浴室に残される）。ネロ帝の「黄金宮」のフレスコ画などとともに，チンクエチェントのグロテスコ模様の主要な典拠となった。

(24) 『ジュリアーノおよびアントーニオ・ダ・サンガッロ伝』に「ジュリアーノはあらかじめ浮き彫りを施した原型によって天井を型取りする方法をローマからもたらしたが，そうした作例は彼の自宅の一室や現存するポッジョ・ア・カイアーノの別荘の大広間の天井に見られる。」とある。

(25) 『建築論』第七書第十一章でアルベルティは，仮枠を用いてドーム天井の装飾を施工する方法について，パンテオンを例にとりながらきわめて具体的に説明している。

(26) ロレートのサンタ・カーサ（序章訳注24参照）の保護のためサンタ・マリーア・ディ・ロレート教会主祭壇に建設された覆い。ブラマンテの指示（アントーニオ・ディ・ペッレグリーノが模型を製作したことが確認されている Bruschi, "*Bramante architetto*" 1969, p.960以下）にしたがってクリストーフォロ・ロマーノとアンドレーア・サンソヴィーノ（ヴァザーリ，『アンドレーア・サンソヴィーノ伝』に記載）によって施工された。縦長長方形平面の外壁は二本ずつ対になったコリント式半円柱のオーダー（古代の凱旋門モチーフの応用）で分節され，壁面は彫刻や高浮き彫り，浅浮き彫りで豊かに装飾されている。出隅部分に三本の円柱（うち一本は四分の三円柱）が纏まって立つ様はパラッツォ・カプリーニのピアノ・ノービレに似る。柱基，フルーティングされた柱身，柱頭，エンタブラチュアなど建築部材も装飾に覆われ尽くす様子は，サンタ・マリーア・デル・ポポロの二枢機郷霊廟に共通する彫刻家サンソヴィーノの好み。

(27) テグーリオについてのヴァザーリの報告は本文第十章参照。ヘームスケルクの正面からのスケッチでは分かりにくいがテグーリオは，新サン・ピエトロの工事中も保存され続けた旧サン・ピエトロの主祭壇を囲む半円ニッチ部分の壁に直接接合するかたちで建てられ，このため正面三ベイ，側面一ベイの平面型ながら側面は変則的に既存壁に接続されていた（B. M. Apolloni-Ghetti-A.Ferrua-E. Josi e E.Kirschbaum, "*Esplorazioni sotto la confessione di San Pietro in Vaticano eseguite negli anni 1940-1949*", Città del Vaticano 1951, fig. 158）。明らかに凱旋門モチーフを踏襲する正面は両隅で対柱を採用しており，ここでも出隅に三本の柱が立ち，その一本は四分の三円柱であった。ドーム完成後の1592年に破壊された。

(28) モンテプルチャーノのパラッツォ・コムナーレは，既存の建物を1440年代にミケロッツォが整備改築し正面を加えたもの。間口が狭く奥が長い（約22m×40m）。正面入口から伸びる通路の軸線のまわりに諸空間が配列されている。正面はフィレンツェのパラッツォ・ヴェッキオにならった粗石積み仕上げで胸壁と塔を備えるが，アーチ開口や塔などはすべて左右対称に設計されている。

(29) パラッツォ・ヴェネツィアにはサン・マルコ教会が併設されており，教会は外に向いた古典的な正面をもつ。これにたいしカンチェッレリーアでは，併設されたサン・ダーマゾ教会は平面上中庭と並置され，また外部から直接の入口をもつが，外観にはその存在は顕示されていない。

(30) カラカッラの浴場（-217）とディオクレティアヌスの浴場（-305）は遺構から概要が知られる。クイリナーレ丘の尖端近く位置したコンスタンティヌスの浴場（-315）の残存していた最後の遺構は，ヴィア・ナツィオナーレの敷設のため破壊された。ペルッツィによる断片的な平面図（ウッフィーツィ素描559A *v*）などからうかがえるように，十六世紀初頭にはすでに保存状態は悪かったらしい。パッラーディオは遺構をもとにその復元を試みている（ロンドン　RIBA）。三つの建物とも，建物本体の長方形平面の輪郭から，主要な空間であるカリダーリウム（熱浴

室）が張り出していた。

(31) アウグストゥスのフォルム（BC42-BC2）　フォルム・ロマーヌム北東の一角にあり，幅118m長さ125mあった。正面奥にマルス・ウルトル神殿が基壇で持ち上げられて聳え，その左右に大エクセドラを配した。北東側には高さ30mの周壁をめぐらしスブーラの庶民街と隔てた。この壁のスブーラ側（ヴィア・トル・デル・コンティ）が巨大な粗切り石で仕上げられ現在に残る。

(32) ここでブルスキがさすのはいわゆる「聖ロムルスの神殿 Tempio di divo Romolo」であろう。現在では一般にマクセンティウス帝が早世した息子ロムルスのため献じたと考えられているが，かつてはローマ建設の父に捧げられたと見なされていた。外壁の粗石積みはマクセンティウスが作らせた記念貨幣の外観レリーフにはっきり見られる。六世紀に，神殿の裏側に隣接する平和神殿付属の図書館と一体化されてサンティ・コズマ・エ・ダミアーノ教会となったが，この旧図書館の建物にも粗石積み仕上げが用いられ，ルネサンス建築家の注意を引いていた（かつてフラ・ジョコンドに帰せられていたウッフィーツィの素描 1534A など）。

(33) パラッツォ・ファルネーゼ　1517年にアレッサンドロ・ファルネーゼは1495年に買ってあったパラッツォをアントーニオ・ダ・サンガッロによって改修し始めたが，34年に教皇位につきパウルス三世を名乗ると，計画はさらに規模を拡大した（あるいは，完全に建て直されることになった）。41年に工事は本格的に再開され，46年にアントーニオが世を去るとパウルスはこれをミケランジェロに任せた。49年に教皇が世を去ったあとは主導権はミケランジェロからヴィニョーラに移った。ファサードをオーダーによらず，出隅の切石積みと開口部，コーニスだけで構成するのはアントーニオが早くはパラッツォ・バルダッシーニ（1512-16）で確立していた形式である。これはブラマンテ存命中の作品でもあり，このアイデアはパラッツォ・デイ・トリブナーリにさかのぼる可能性がある。

(34) パラッツォ・デイ・コンヴェルテンディは，旧パラッツォ・カプリーニの正面を左側に旧ヴィア・デル・ボルゴ・ヴェッキオまで拡張して旧スコッサカヴァッリ広場の西側全面を占め，また上に三層目が加えられた。立面では各階に八つの開口が並び，このうち一階中央二つと二階の八つのアーチ開口，および壁面左右端の隅石がルスティコであるほかはストゥッコで仕上げられていた。一階中央の二つの大開口が奇異である以外は凡庸なものであったが，増築部分を除いた立面の右下部分には，パラッツォ・カプリーニの開口配置を想像することができた。ヴィア・デッラ・コンツィリアツィオーネの敷設のため1937年に破壊された。Franco Borsi, *Bramante*, p.325 参照。

(35) パラッツォ・メディチ(1444-1460頃)　ミケロッツォ・ディ・バルトロメーオ設計のメディチ家本邸。城塞を思わせる外壁のルスティコ仕上げと古典様式を取り入れた中庭によって，クワットロチェント・フィレンツェのパラッツォ形式の典型を確立した。

(36) 「ある人たちは誤ってトリグリフは窓の似姿であるといったが，そようなことはあり得ないことである。なぜなら，隅角にも円柱の象限内にもトリグリフは設けられるが，こんなところに窓のようなものが造られることは全く許されないことであるから。もし個々に窓の明きが残されていたとするならば，実に，建物の隅角の結合は毀たれてしまう。」ウィトルウィウス『建築書』第四書第二章四節。ラフレーリの版画にはRIBA所蔵のスケッチに見られるメトープ部分のアッティコ窓がないが，版画用に理想化されて描かれた見てよいだろう。

第十章

(1) カンブレ同盟（1508）　おもて向きはオスマン・トルコへの対抗であったが，実際はヴェネツィア共和国の領土分断をねらって結ばれた。アニャデッロの勝利（1509）をはじめとして最初は同盟側が優勢であったが，教皇とアラゴンの背信によりしだいに崩壊していった。

(2) 疑問符はブルスキによる。ヴァザーリの原文には初版，再版とも「edificio」とある。これには通例の「建物」の意味以外に「仕組み，機械」の意味もあり，現代の注釈や外国語訳では通常これを「機械」ととる。ブルスキは「機械」の意味に一定の留保（未確認の建築作品の存在可能性）を示すため疑問符を添えたものか。

(3) Cesariano, "*Vitruvio, De Architectura*", Como 1521, IV, c.70 *v*。

(4) この部分のブルスキの記述は，ヴァザーリによる各芸術家の伝記が断片的に伝える情報のほかに，とりわけ以下のカポラーリの記述に負っている。「そしてこの建築家［ブラマンテ］によって筆者は，ピエトロ・ペルジーノやルカ・ダ・コルトーナ［シニョレッリ］，ベルナルディーノ・ペルジーノ通称ピントゥリッキオといった画家たちとともに，ローマのこの建築家の家の晩餐に招待されて同席し，その様々な考えを聞く機会があった。」 Giovannni Battista Caporali, "*Architettura con il suo comento et figure, Vitruvio in volgar lingua reportato*", Perugia 1536, f. CII *r*。

(5) サンソヴィーノ，ヤーコポ・タッティ（1486-1570）　フィレンツェ生まれの彫刻家，建築家。アンドレーア・サンソヴィーノの高弟で師の名を受け継ぐ。ジュリアーノ・ダ・サンガッロの招きでアンドレーアとともにローマに移り，ここに1506-1511 および1516-1527 に滞在。第一次滞在中にはまず彫刻家としてブラマンテに認められて活躍し，サンタ・マリーア・デル・ポポロの二枢機卿霊廟でアンドレーアに協力した可能性がある。ローマの建築作品では第二次滞在中のパラッツォ・ガッディなどがある。ローマ劫掠に際しヴェネツィアに逃れて，実現した多くの作品で盛期ルネサンス様式をこの地に伝え，パッラーディオに多大な影響を与えた。建築にもアンドレーア譲りの彫刻的で装飾的な立体表現が顕著。

(6) ユリウスにとってのトリブナーリ広場の整備に対応するのが，世俗的な性格のレオにとってはナヴォーナ広場とそれに面するメディチ宮計画であった。ヴィア・リペッタの整備は，ローマの北の玄関であるポポロ広場とこのナヴォーナ地区とを結ぶ直線路の最組織化にほかならない。

(7) コーラ（ニッコロ・ディ・マッテウッチョ）・ダ・カプラローラ（活動 1494-1518）　ウンブリアからラーツィオ北部で活動。チヴィタカステッラーナの城塞（1494）とネーピの城塞（1499）でアントーニオ・ダ・サンガッロ・イル・ヴェッキオを継ぐ。トーディのサンタ・マリーア・デッラ・コンソラツィオーネ教会（1508-12），フォリーニョのドゥオーモ（1512-15）での活動が記録に残る。トーディのコンソラツィオーネへのブラマンテの関与は記録にないが，様式を根拠に古くから推定されており，フォリーニョのドゥオーモへの言及によせてブルスキはコーラ・ダ・カプラローラとブラマンテとの関係の深さを示唆している。

(8) Cesariano, "*Vitruvio, De Architectura*", Como 1521, IV, c.70 *v*。

(9) 第二章訳注17参照。ただし，この種の絵画の図像プログラム作成には通常宮廷内の人文主義学者が関わったと考えられるので，ブラマンテ自身がどの程度までフィチーノの思想に通じていたかはこれだけからは明らかでない。

(10) ドーニ，アントン・フランチェスコ（1513-1574）　フィレンツェ生まれの文筆家，出版者。

1540年修道院を脱会し中北部イタリアを放浪する。1544年に初めてヴェネツィアを訪れピエトロ・アレティーノと知り合い，大いに影響を受ける。1545年にはローマを経てフィレンツェに戻り，ここで一次期コージモ公の後援で出版業を営んだ。その後ヴェネツィアに移り，一そこで般大衆を対象とした自らの多くの著述を出版したが，そのなかで人文主義の理想を批判，揶揄しており，マニエリズムの趣味の形成に寄与した。

(11) 訳注第四章（3）参照。

(12) (a cura di) Renato Bonelli, "*Lettera a Leone X*", in "*Scritti rinascimentali di architettura*", Milano 1978,日本語訳,『ラファエッロと古代ローマ建築』, 所収, 小佐野重利訳編, 中央公論美術出版 1993。

(13) G.C.Argan, "*Il Problema del Bramante*", "*Studi e note dal Bramante al Canova*", 1970, p.10。

(14) 「またこの建物［サン・ピエトロ］のアーチでは，吊り下げ式足場による施工法が採用されたが，すでに見たように後にアントーニオ・ダ・サンガッロが同様の工法を踏襲している」『ブラマンテ伝』。いっぽうの吊り足場は，ミケランジェロと生前のブラマンテとの確執を示す逸話として知られる。ヴァザーリによれば，ブラマンテとラッファエッロはミケランジェロの名声を貶めるため，経験のないフレスコ画をシスティーナ礼拝堂の天井に描かせるようユリウスを説き伏せるのに成功する。ユリウスは「ブラマンテに，［ミケランジェロが天井に］描くことができるよう足場づくりを命じた。ブラマンテはそこで天井に穴をあけ，麻縄で支えられた足場を作った。それを見たミケランジェロが，描きおわったらその穴をどうやって埋めるのかとに尋ねると，ブラマンテは，それは後で考えよう，それ以外にはやり様がない，と答えた。」『ミケランジェロ伝』

(15) フォッサノーヴァ修道院　ローマ南東約100kmのプリベルノに現存する大修道院。創設はベネディクト会だが，のちシトー派修道会が譲り受けて改修した。おもに十三世紀に建てられた建築施設はシトー派のフランス風ゴシック様式を反映する。トマス・アクイナスがここで1274年に死去したとされる。

(16) A.Condivi, "*Vita di Michelanelo Buonarroti*", Roma 1553, コンディヴィ, 『ミケランジェロ伝』, 高田博厚訳, 岩崎美術社 1978。

(17) メディチ家礼拝堂やラウレンツィアーナ図書館などの作品はあったが，ミケランジェロは晩年まで建築に本格的に取り組んだことはなかった。1546年8月にアントーニオ・ダ・サンガッロが世を去ったとき，サン・ピエトロ建設の主任建築家の地位を継ぐべき建築家はローマには見当たらなかった。指名されたヴェネツィアのヤーコポ・サンソヴィーノはこれを辞退し，マントヴァのジュリオ・ロマーノは逡巡ののち受諾したが，マントヴァを発つまえに急死する。ここに至って齢七十を越えたミケランジェロが指名され，固辞したがパウルス三世アレッサンドロ・ファルネーゼに許可されず，翌年その地位に就いた。パラッツォ・ファルネーゼの工事も引き継ぎ，こののち彫刻や絵画以上に建築にその才能を捧げるようになる。

(18) ヴァッラ，ロレンツォ（1407-57）ローマに生まれパヴィーアで人文学を学び教鞭をとったのち1435年頃ナーポリに移りアルフォンソ一世に書記として仕えた。1440年に言語学的分析をもとに『コンスタンティヌスの寄進状』が後世の偽書であることを証明し，教皇権の世俗支配に対し反撃の根拠をきづいた。トゥキディデスやヘロドトスをラテン語に訳した。

(19) ポリツィアーノ，アンジェロ（1454-94）モンテプルチャーノ生まれの人文学者，詩人。1464年にフィレンツェに出て古典学を修め，ロレンツォ・デ・メディチの庇護のもとフィレンツェ大学でギリシア語とラテン語を教えるなど活躍した。ロレンツォの息子ピエーロとジョヴァン

ニ（レオ十世）の家庭教師でもあった。

付録
作品年譜

(1) 原文は「四枚」であるが，本文中で言及されている板絵の数にしたがえば「五枚」に，また背景にいくらかでも透視図法による建築が描かれているものの数にしたがえば「七枚」になるはずである（訳注第一章(16)参照）。

(2) この作品は破壊されて存在しない。ブルスキが示すヴァザーリのこの作品への記述は，改訂版（1568）で追加された『フェッラーラの画家ベンヴェヌート・ガローフォロとジローラモ・ダ・カルピおよびその他ロンバルディーア画家 *Benvenuto Garofolo e Girolamo da Carpi pittori ferraresi ed altri lombardi*』のなかに見られるが，ヴァザーリはこれを他の絵画作品とともにブラマンティーノ作として伝えている。ミラネージや他の注釈者も（たとえば Lucia e Carlo L. Raggianti, "*Vasari Le Vite*", IV, Milano 1978, p.53）特にこれをブラマンテに帰属させてはいないようである。

(3) 原著増訂版の出版後、ブラマンテの関与が記録から確認された。訳注第七章（9）参照。

訳者あとがき

　本書はアルナルド・ブルスキ Arnaldo Bruschi 著『ブラマンテ *Bramante*』増補改訂版 nuova edizione accesciuta e corretta, Laterza 1985 の全訳である。

　ブルスキは1928年ローマ生まれの建築史家で，1972年からローマ大学建築学部《ラ・サピエンツァ》の教授として教鞭を取り，1987年から1993年までは建築史および建築遺産修復保存学科の学科長であった。その研究範囲はクワットロチェントからノヴェチェントにおよび，ブルネッレスキからボッロミーニにいたる建築家と作品を論じた多くの論文や著書がある。建築史に関わる数々の展覧会や国際学会の委員も勤め，アンドレーア・パッラーディオ国際建築研究所《CISA》でも1990年に世を去ったアンドレ・シャステルの後を襲って研究委員会長の地位を1993年まで勤められるなど，イタリア建築史界の重鎮である。ブルスキの研究の中心は盛期ルネサンスにあって，とりわけ1969年に上梓された『建築家ブラマンテ *Bramante architetto*』Laterza 以来ブラマンテ研究の碩学として知られている。文献注解のなかでブルスキはガイミュラーを十九世紀最大のブラマンテ研究家と呼んでいるが，今ではブルスキ自身を二十世紀最大の，そして英語版序文でピーター・マレーが述べているように，過去現在を通じて最大のブラマンテ研究家とみなすことに誰も異論はないだろう。現在では教育の第一線からは退いておられるが研究活動は旺盛で，最近では2000年に『ルネサンスを越えて *Oltre il Rinascimento*』と題されたマニエリスム期を扱った論文集が出版されたほか，アントーニオ・ダ・サンガッロ・イル・ジョーヴァネの研究書を準備中と数年来報じられている。

　『建築家ブラマンテ』は千百ページに及ぶ浩瀚な研究書で，ブラマンテへの帰属の可能性がありそうな作品のすべてについて，先行研究を縦横に参照しながら詳細な考察が重ねられており，現在に至るまでブラマンテに関する最も包括的な書物である。それだけに大きな関心と反響を呼んだが，大部なうえに読み物しては構成上のバランスに難があり，著者がまえがきで述べているとおり，もうすこしコンパクトで一般向けのテクストを望む声もあったらしい。その後数年間の新たな研究を踏まえてブルスキが新たに書き下ろしたものが本書『ブラマンテ』の初版であり1973年にイタリア語版が，1977年に英語版がそれぞれ Laterza 社とThames and Hudson 社から出版された。（初版の出版年については，ブルスキのまえがきでイタリア語版と英語版が同時に出版されたと述べられているにもかかわらず，英語版に添えられたピーター・マレーの序文の日付けや様々な後続図書の文献リストから判断するかぎり，英語版の出版は数年

訳者あとがき

遅れたようである。）ブルスキとマレーがともに記しているように，ブルスキが『建築家ブラマンテ』の成果をもとに，より広い読者を対象とした『ブラマンテ』を執筆するに至った直接の契機は，マレーの奨めにあったらしい。実は1960年代のマレーにはブラマンテのモノグラフを自ら執筆する計画があって，訳者の手元にあるアッカーマンの『ミケランジェロの建築』初版（1961）カバーにもそれが予告されている。そうしてみると，ブルスキによる『建築家ブラマンテ』の上梓はマレーに自らの計画を断念させ，それに替るものをブルスキが執筆すべきであると確信させるほどの感銘を与えたと推測される。

　しかし1970年代以降のルネサンス研究の展開には目覚ましいものがあり，初版への批判も踏まえて，『ブラマンテ』の増訂版が1985年にイタリア語で同じ Laterza 社から，Biblioteca Universale Laterza 叢書の一巻として出版された。これは版を重ね2000年の第六版に至っている。1987年には増訂版のスペイン語訳が Xarit 社から出版され，これも版を重ねている。今日ではブラマンテに関する最も基本的な文献であるといってよいだろう。

　訳者がこれまでに目にした『ブラマンテ』はこのうち，初版の英語訳，イタリア語増訂の初版から第六版，増訂版のスペイン語訳であり，残念ながらイタリア語の初版は確認していない。また増訂版はこれまでには英訳されておらず，初版の英語訳も絶版となっている。増訂第二版以降はテクストも図版も増訂初版と全く同一であるため，翻訳にあたってはイタリア語増訂初版を底本としつつ，初版英語訳と増訂版スペイン語訳を適宜参照した。

　上述のとおりイタリア語の初版を見る機会を得ていないので英語訳との比較になるが，初版と増訂版の異同について簡単に記しておく。まず本文のテクストについては，著者がまえがきに記すとおり，相当な量の訂正と補筆が認められる。新たな文献についての注記が多くを占める脚注部分の追加を除いては，加筆の多くは議論の徹底と空間の現象論的な記述にあてられている。そのために長い段落が新たに挿入されることも少なくなく，ブルスキの文体ともあいまって，これが増訂版テクストの印象をややもすると冗漫にしている一因であることは否めない。もうひとつのいちじるしい相違は図版の数にある。増訂版では図版の数は98に過ぎないが，初版英語訳では183を数える。これが「増訂に際して図版の数を増した」という本書の著者まえがきの記述に一見矛盾することから，英語版には初版段階ですでに，イタリア語版に含まれない相当数の図版がマレーの序文とともに加えられたと考えられる。

　日本の一般的な読者にとっては本書で言及されている建築や絵画作品に実際に接することは困難であり，関係図版の入手や閲覧も必ずしも容易でないことを考慮して，本訳書では，原出版社の了解をとって英語訳初版の図版のうち増訂版に含まれないものを全面的に取り入れたうえで，訳者による若干の写真資料を加えた（図版出典の区別については巻頭凡例を参照されたい）。図版への説明は統一をとるため増訂版と初版英語訳のキャプションをもとに訳者によって編まれており，図版の順序も本文との対照を考慮して，いくつかの章で新たに組み直された。なお英語版にも明記されてはいないが，これら追加された図版の大多数は，もとも

349

と『建築家ブラマンテ *Bramante architetto*』の図版から取られたものである。

　いっぽう，初版英語訳に添えられたマレーの序文はイタリア語増訂版には収められていないが，ブラマンテの作品やブルスキの業績への紹介文として日本の読者にとっても手頃なテクストであると考えてこれを収録した。なお増訂版スペイン語訳には，マレーの英語版への序文に相当するものとして『スペインにおけるブラマンテ *Bramante en España*』と題するフェルナンド・マリーアス Fernando Marias の論文を巻頭に60ページにわたって掲載している。これはローマ時代におけるブラマンテとスペイン系の宗教，世俗勢力との関係や，スペインにおけるブラマンテ様式の受容を扱っている。

　本訳書には原書の内容を補うものとして，関連地図と訳注を新たに加えた。訳注は一般的な項目と，原著の増訂版出版以降の研究成果で訳者が知見したもの若干の紹介とで構成されている。索引項目も，原著では固有名詞に限定されているが，訳書では本書のキーワードをなす一般事項をある程度含めて編まれている。

　なお副題は原書にはないものであり訳者としては必要性を感じなかったし，また採用となった「ルネサンス建築の完成者」といういわば静的な位置づけは，本書でブルスキが論じている，ルネサンス建築の概念でくくりきれない，それを超えた存在としてのブラマンテ像とはかならずしも一致しないため他の案も提案したが，出版社の強い要望で押し切られた。

　本書におけるブルスキの歴史叙述は，推定されるウルビーノ宮廷でのブラマンテの自己形成から，異郷ロンバルディーアの都での約二十年にわたる，表面的にはどれほど活気に満ちていようとも，長い孤独な研鑽と深化の時期を経て，人生最後の十五年間の，さらにくわしく見ればユリウス二世が教皇位にあったわずか十年ほどのあいだの爆発的な創造にいたるまで，確認される事実と史料から総合される推定とを織ぜながら一貫している。記述は伝記的事実にはじまり作品の政治的文化的背景や芸術家間の接触，先行作品との関係，個々の作品の評価や帰属，そして空間記述をまじえた作品分析まで，バランスよく構成されている。とりわけ，いくつかの作品にみられる象徴プログラムの編成の分析や設計過程の再構成は，この種のモノグラフとしてはあまり類例をみない。ブラマンテになり代わったようなこの部分のブルスキの筆致はきわ立っており，建築史というよりは設計論の領域に属す内容がおおく，訳者も自らの経験と照らし合わせて，読んだときも訳していても興味深かった部分である。建築を専門とする以外の読者にとってはここに建築設計の方法，しかも古典主義建築の典型的な思考法，すなわち作品の統一性や形式秩序から構想し，全体から部分へと向かう方法論が読み取れるはずである。

　また他の芸術家との交流について，歴史家ブルスキは当然ながらいたずらに想像を巡らすことは控えているが，その記述は読者の想像をかき立てずにおかない。ブラマンテがウルビーノを離れたことはフランチェスコ・ディ・ジョルジョの宮廷建築家就任と関係があるので

訳者あとがき

はないか，ルドヴィーコ・イル・モーロの宮廷にドゥオーモの構造検討のため呼ばれたフランチェスコ・ディ・ジョルジョとルカ・パチョーリがレオナルドとブラマンテをまじえて行なった議論はどんなであったか，パヴィーアの建設現場を訪れたレオナルドとフランチェスコ・ディ・ジョルジョにたいし，出迎えて案内したであろうブラマンテがどのような説明をおこなったか，興味津々たるものがある。あるいはローマ時代，昼はペルッツィやアントーニオ・ダ・サンガッロを設計の助手として使い，駆け出しのラッファエッロに建築の手ほどきをし，夜はボルゴあたりのタヴェルナでシニョレッリやピントゥリッキオ，ペルジーノと飲み交わしながら，システィーナ礼拝堂のミケランジェロの制作の進捗状況や出来ばえを批評し，アンドレーア・サンソヴィーノの弟子の若造ヤーコポの才能や教皇ユリウスの吝嗇ぶりを噂するブラマンテの姿が目に浮かぶようである。ローマにおけるこういった芸術家の活動や交流の中心人物としてのブラマンテの役割も，本書が明らかにした側面である。

　本書をとおしてくり返されるブルスキの主要な論点は次の三つに要約できるだろう。第一は，古代にさかのぼる言語要素やその運用についてブラマンテが，セルリオやヴァザーリの評価にみられるような「古代建築の再生者」としての役割を担っただけでなく，パッラーディオやヴィニョーラによって成文化され後世アカデミックなものとなるはずの諸規則にはとらわれない，自由闊達な解釈でその言語を運用していったこと，すなわち，いわゆるマニエリスムの建築言語が後期ラッファエッロやジュリオ・ロマーノ以前にブラマンテの作品中になかば顕在しているという指摘。第二は，建築を体験者に訴える視覚的なスペクタクルととらえるブラマンテ特有の考え方である。ブルスキの表現によればこのことの意味は，建築をアルベルティの形而上的抽象（平面上のディゼーニョ）からブルネッレスキの実体（現実の構造と技術）へとひき下ろし，三次元の現象として実存させることにほかならない。透視図法を駆使したイリュージョニズムがその雄弁の手法であり，絵画透視図を直截的に立体化した初期の作例から，後期には調和比例や構成の整合性を意図的に崩してまで視覚効果をねらう純粋に建築的な手法に移行するが，これも古典主義の規則を浸食する要因となる。これはまたバロックの建築や都市空間，そして近代劇場や舞台空間という大きな展開への萌芽にほかならない。第三は，建築を空間それ自体による芸術表現としてとらえ，また建築の内外を空間と量塊とがせめぎあう統一的な三次元組織としてとらえる観点の指摘。これは近代建築にいたる大きな流れの起点にブラマンテを位置づけようとするものであるが，空間芸術としての建築の概念規定がはたしてこの時代に，またブラマンテの観念にさかのぼりうるのか，という点で議論が残るように思われる。

　この第三の観点は，基本的には解釈や知覚認識の領域に属する事柄であって，近代建築の空間概念を過去に向けて逆照射することで得られたものであであるように思われる。この主観主義はサンタ・マリーア・デッレ・グラーツィエやパヴィーアのドゥオーモ，ベルヴェデーレの中庭，サンタ・マリーア・デル・ポポロの内陣などを記述する際の，感情移入を前提

351

とした現象論的空間論に典型的に見られ，なかでもブルスキが好んで引用するバローニの詩的表現に象徴的に要約される。これは見方によれば，第一と第二の論点における著者の実証的な厳密さとはあい容れないものであり，ブルスキが敢えてここまで踏み込んだことの背景に訳者は，ペヴスナーやアルガン，ブルーノ・ゼヴィといった二十世紀のモダニズム歴史家が共通してもつ進歩主義空間論を読む思いがする。とりわけ，本文でたびたび言及されているアルガンの小論『ブラマンテの問題 Il problema del Bramante』(1934) はブルスキのブラマンテ像とブラマンテ論の核心的な出発点となっていることを付記しておく。

　訳者が本書と出会ったのは1986年頃であった。当時，仕事のためバルセロナに滞在していた訳者が休暇をとらえて建築作品を見て回るうちに，ブラマンテについて知る必要に迫られて最初に入手した本がこれだった。ブルネッレスキやアルベルティ，ミケロッツォによってフィレンツェを中心としたクワットロチェントが大きな成果を築いたあとで，ジュリオ・ロマーノ，サンソヴィーノ，パッラーディオ，ヴィニョーラそしてミケランジェロによるチンクエチェントの偉大なまた多彩な傑作がイタリア各地に姿をあらわすあいだの谷間，時期でいえば千五百年をはさんだ前後三，四十年は，一度達成されたかにみえた様式が危機にさらされ，大規模な組みかえがおこった時期である。そしてそのような時代であるからこそなおさら，比較的規模の小さいあるいは未完の，興味深い実験的な作品が多く建てられ，残されていることを知ったときは，驚きの連続だった。とりわけ理論家としての名声の影に隠れたフランチェスコ・ディ・ジョルジョの実現作と，ブラマンテの，よく知られたもの以外の未完成作品や計画案は訳者のルネサンス建築観を一変させた。大きな疑問や小さな発見が連続し，それを確かめるため本書をはじめとする文献を拾い読んでは関連作品を虱つぶしに見ていった。調べるほどにブラマンテの重要性は決定的に感じられ，あたかも，古代から初期キリスト教，ビザンチン，ゴシック，クワットロチェントにいたる精華を一身に体現してチンクエチェントとバロックの大海に流し込む大河を見る思いであった。

　フランチェスコ・ディ・ジョルジョの『建築論』が日高健一郎氏の訳で中央公論社から上梓されたのがきっかけで本書について小菅勉氏と初めて話したのは，もう十年ほど前のことになる。粗訳をひとまず終えたのは1995年だったが，その後の推敲作業がとどこおった。ブラマンテのローマ移住から五百周年にあたる1999年や，翌年の聖年中の出版をひそかに目標とした時期もあったが，時間はむなしく過ぎていった。2001年春に，思いがけず日本学術振興会から研究費補助を受けられることが決まり，これを機に全面的に訳し直した。

　ピーター・マレーが英語には翻訳不可能とまで言っているイタリアの建築美術史用語のいくつかは，日本の翻訳文化のおかげですでに認知されている（というよりむしろ，とくに建築においては無理を承知の翻訳語が定着してしまっている）ようだが，いっぽうで，重要な論点では議論や記述が輻輳するブルスキの文章は，けっして平易なものではない。門外漢の印象では

訳者あとがき

あるが語彙や構文に古めかしさの感じられる部分があり，読解に根気を要する記述も少なくなかった。しかし，訳すにあたっては原意をできるだけ正確に，読みやすい日本語に移すことだけを心がけた。とはいえ誤りもあるにちがいなく，読者のご叱正をお願いしたい。

　原文中の引用文や訳注のためには，多くの関連文献や日本語訳を参照した。以下がそのおもなものである。引用文の翻訳にはこれら先行訳からそのまま使わせていただいた場合があったが，煩瑣を避けて文中で逐一注記しなかった。ここに感謝します。

『聖書』　日本聖書教会新共同訳　日本聖書教会 1992
『ウィトルーウィウス建築書』　森田慶一訳　東海大学出版会 1969
『古代都市ローマ』　青柳正規著　中央公論美術出版 1992
『アルベルティ建築論』　相川浩訳　中央公論美術出版 1982
『ラファエッロと古代ローマ建築』（『レオ十世への書簡』）小佐野重利編訳　中央公論美術出
　　版 1993
『ヴァザーリの芸術論』「建築について」　高階秀爾，若桑みどり訳　平凡社 1980
ヴァザーリ著『ルネサンス画人伝』（『ミケランジェロ伝』　田中英道，森雅彦訳）白水社 1982
ヴァザーリ著『ルネサンス彫刻家建築家列伝』（『ブラマンテ伝』　日高健一郎，森田義之訳，
　　『ジュリアーノおよびアントーニオ・ダ・サンガッロ伝』　日高健一郎訳）　白水社 1989
『パッラーディオ「建築四書」注解』　桐敷真次郎編著　中央公論美術出版 1986

　訳者の研究と翻訳の過程でお世話になった福田晴虔，日高健一郎，鈴木博之，小佐野重利，アンドレーア・マッフェイの各氏に感謝します。福田氏と日高氏には拙い粗訳に目を通していただき，特に福田氏には訳稿の序章全般を丹念に原文と照らしたうえで貴重なご指導をいただいた。アンドレーアには原文の不分明な箇所について，根気よく相談にのってもらった。
　刺激的な談話や著作をとおして訳者に尽きることのない鼓舞をあたえ続けられる磯崎新氏に特別な感謝を捧げたい。磯崎新アトリエの業務としてのヨーロッパ滞在なくしては，訳者のブラマンテ体験もこの翻訳も生まれなかったにちがいない。
　最後に，ここまで変わらぬ励ましをいただいた中央公論美術出版の小菅勉編集長と，編集版下作業を担当していただいた南風舎の平野薫氏に，心よりお礼を申し上げる。

2002 年 2 月

稲川直樹

索引

斜体の数字は図版掲載ページを示す
nは脚注に含まれることを示す
作品は現所在地の項目に含められている

ア

アウグスティヌス，聖　Agostino, santo　39
アウグストゥス，皇帝　Augusto　135, 187, 190
アウソーニオ　Ausonio
アウリジェンマ　Aurigemma, M. G.　176n
『アエネーイス』　196
アーキトレーヴ
アゴスティーノ・ディ・ドゥッチオ　Agostino di Duccio　5
アシュビー　Ashby, T.　302, 307, 309
アスティ　Asti　92, 107
アダムス　Adams, N.　302
アッカデミア・プラトニカ　270
アッカーマン　Ackerman, J. S.　131n, 140, 144, 144n, 147, 150, 152, 158, 161n, 169n, 233, 234n, 263n, 304-5, 307
アックイ　Acqui　92
アッビアテグラッソ　Abbiategrasso, サンタ・マリーア・ナシェンテ教会, ファサード　91, 100, *100*, *101*, *102*, 103, 118, 125, 146, 282, 294
アッリゴーニ　Arrigoni, P.　310
アーヘン　Aquisgrana, 皇帝礼拝堂と宮殿　141
アマデオ　Amadeo, Giovanni Antonio　35, 36, 53, 65, 80, 82
アルガン　Argan, G. C.　23n, 45, 47, 259, 259n, 271, 304
アルノ（河）　Arno　94
アルバ　Alba　92
アルバーノ　Albano　ドミティアヌスのヴィラ　147, 150
アルベルティ　Alberti, Leon Battista　2, 3, 5-7, 13, 15-7, 19, 25-7, 29, 34, 44-5, 47-8, 52-3, 63-4, 71, 86, 96, 98-9, 103, 115-8, 122, 125, 128, 137, 147-8, 153-4, 159, 174, 179, 204-5, 209, 211, 214-5, 235, 240, 249, 253, 261, 273, 276, 278, 280-2, 288
── 『建築論』　13, 47, 117, 204
── 『モムス』　174
アルベルティーニ　Albertini, F.　260n, 301, 307, 308, 309
アルメッリーニ　Armellini, M.　301
アルルーノ　Arluno, B.　91
アレクサンデル六世，教皇　Alessandro VII (Alessandro Borgia)　8, 108, 110, 129, 131-2, 134-5, 168, 249, 280, 295
アンコーナ　Ancona　25
アンスペルト司教　Ansperto　40
アンダーソン　Anderson, W. J.　299
アントーニオ・ディ・ペッレグリーノ・ダ・フィレンツェ　Antonio di Pellegrino　137, 145, 255
アンドレーア・デル・カスターニョ　Andrea del Castagno　5, 22
アンブロジウス，聖　Ambrogio, santo　39

イ

イリュージョニズム　21, 24-5, 29, 31, 38, 47, 49, 59, 62, 72, 77, 86-7, 90, 98, 103, 129, 152-6, 158, 164, 167-8, 170, 176n, 211, 214, 235, 237-9, 251, 254, 261, 263, 277-9
インノケンティウス八世，教皇　Innocenzo VIII (Giovanni Battista Cibo)　7, 93, 138

ウ

ヴァザーリ　Vasari, Giorgio　1, 1n, 9, 11-2, 12n, 15, 103, 107-11, 141, 159, 167, 174-5, 189-90, 200, 218, 244, 250, 253, 265, 267, 269, 270-1, 271n, 272, 274-5, 283-4, 288, 293-5, 297, 300-1, 309
ヴァッラ　Valla, L.　283
ヴァルティエーリ　Valtieri, S.　110n, 176n, 249n, 308
ヴァレンティーニ　Valentini, R.　135n, 301
ヴィジェーヴァノ　Vigevano　80, 90, 94, 98, 294, 306
──《聖遺物の祭壇》　91, 294
──《受胎の小礼拝堂》　91, 294
──スフォルツァ城, フレスコ画　90, 91, 294
──パラッツォ・デッレ・ダーメ　90, 294
──広場とその絵画装飾　38, 96, 97, *97*, 98, *98*, *99*, 146, 154, 173, 294 ;
　　凱旋門の壁画　98 ;
　　パラッツォ・デル・コムーネ　99 ;

塔 98
ヴィスコンティ，ガスパーレ　Visconti, Gaspare
　　77, 92, 270
ヴィチェンツァ，市立博物館，D, 11v　257
ウィットコウアー　Wittkower, R.　205, 226n,
　　240, 240n, 299, 302
ヴィットリーノ・ダ・フェルトレ　Vittorino da
　　Feltre　14
ヴィテルボ，城塞，中庭　132-3, 171, 175, *175,
　　176*, 181, 296
——サンタ・マリーア・デッレ・フォルテッツ
　　ェ教会　243, 297
ウィトルウィウス　Vitruvio　5, 42, 45, 60, 62,
　　93, 96, 98, 110, 115, 118, 120, 122, 157-8,
　　178, 201-2, 204-5, 214, 226, 240, 261, 282-3
ヴィニョーラ（J.・バロッツィ，通称イル・—）
　　Vignola, J. Barozzi　116, 259, 274, 288
ウィーン　Wien，アルベルティーナ美術館
——建築素描n. 388（サン・ジョヴァンニ・イ
　　ン・ラテラーノのフレスコ画模写）
　　107, 294, 306, 308
——ヘームスケルクの素描　*174*
ヴェネツィア　Venezia　25, 39, 265
——サン・マルコ図書館，フィラレーテの建築
　　論（写本Lat. VIII. 2）
——レデントーレ教会　242
ヴェローナ　Verona　282
ヴェントゥーリ　Venturi, A.　127n ,299, 304
ウバルディーニ　Ubaldini, O.　13
ウルビーノ　Urbino，都市と文化　3, 5, 11, 13-
　　5, 23-5, 37-9, 43, 45, 47, 53, 137, 150, 156,
　　164, 250, 275-7, 281, 287
——教会
　　——サン・ベルナルディーノ　26-7, *27*, 29-
　　　　30, 40, *72*, 85, 291
　　——サンタ・キアーラ　74
　　—サン・ドメーニコ，正面入口　12n, 16,
　　　　97
　　—サンタ・マリーア・デッラ・ベッラ，
　　　　『聖母の誕生』　12n
——パラッツォ・ドゥカーレ　12-3, 13n, 14-7,
　　　20-1, 24, 27-9, 96, 146；
　　　　《イオレーの居室》　16；
　　　　《イオレー》の暖炉　16, 46；
　　　　《戦士の群像》　16；
　　　　名誉の中庭　96-7, 125, 127；
　　　　《パスクィーノ》の中庭，霊廟　19；
　　　　寄せ木扉　20-1, 47, 159；
　　　　ムーゼ（またはアポローン）の礼拝堂
　　　　　26, *29*, 291；
　　　　贖罪（または精霊）の礼拝堂　26-7, *28*,
　　　　　29-30, 40, 291；
　　　　図書室，『自由学芸』の間　21, *21*, 22,
　　　　　24, 29-30, 47；
　　　　フェデリーコの《書斎》　*20*, 21, 193,
　　　　　291；
　　　　『フェデリーコの寝所』　16
ヴルム　Wurm, Heinrich　302

エ

エガー　Egger, H.　307
エジーディオ・ダ・ヴィテルボ　Egidio da
　　Viterbo　173, 185, 219, 269, 270, 301, 309
エスク　Esch, Arnold　305
エゼキエル，預言者　Ezechiele　227
エルサレム　Gerusalemme　178, 198, 226-7
——ソロモン神殿　227
遠近法　透視図法の項参照
円形神殿　196-8, 206
エンゲルス　Engels, F.　3
エンタブレチュア　154-5, 163, 165-7, 171, 199,
　　213

オ

オスティア　Ostia　教皇の城塞　176n, 296
オーダー　44-5, 48, 71, 84, 105, 117-8, 120, 123,
　　152, 154, 159, 165-6, 205-7, 209, 228, 250,
　　253-4, 261, 263, 269, 271, 273, 280, 282
——イオニア式　92, 105, 118, *119*, 120, 123, 125,
　　128-9, 144, 148, 165-6
——コリント式　45, 105, 118, 120, *122*, 123-4,
　　128, 148, 154-5, 165-6, 225, 227-8, 240, 243
——コンポジト式　*122*, 123-4, 128-9, 166
——トスカーナ式　105, *119*, *120*, 121, 123-4,
　　127, 166, 263
——ドーリス式　92, 105, 120-1, 144, 148, 150,
　　159, 165-6, 198-200, 205, 209, 213, 225,
　　227, 253, 261, 263
——ドーリス–トスカーナ式　120
オーダー＋アーチ　*43*, 44, 52, 71, 96, 100
オベルーバー　Oberhuber　302
音楽的（調和）比例　5, 44, 116, 157, 158, 214,
　　276, 286

カ

ガイミュラー　Geymüller, H. von—　90n, 218n,
　　303, 308
凱旋門モチーフ　96, 98-9, 116, 211, 213, 273
カエサル，ユリウス　Cesare, Giulio　136, 187,
　　190

学芸　2, 5, 22, 26
カサーティ　Casati, G.　303
カスティリオーニ　Castiglioni, G. S.　90
カスティリオーネ　Castiglione, Baldassarre　14, 94n, 271, 277
カスティリオーネ・オローナ　Castiglione Olona, ヴィッラの教会　34
ガストン・ドゥ・フォア　Gaston di Fox　265
カタネオ　Cataneo, P.　『建築書』207n
カトリック両王　Reali di Spagna　131
カポラーリ　Caporali, G. B.　301
カラヴァッジョ　Caravaggio　教区教会, サンティッシマ・サクラメント礼拝堂　72, 74, 293
カラドッソ（本名クリストーフォロ・フォッパ, 通称イル・－）Caradosso (Cristofora Foppa)　218, 219
カラーファ　Carafa, O.　111
カラムエル・デ・ロブコヴィッツ　Caramuel de Lobkovitz　97
カルヴァヤル, 枢機卿　Carvajal　110, 131
カルコ　Calco, B.　80, 89
カルーゴ　Carugo, A.　301
カルネヴァーレ（バルトロメーオ・コッラディーニ, 通称フラ・－）Carnevale, (Bartolomeo Corradini)　12, 12n, 13, 13n, 15, 25, 291
カルピ　Carpi　「サグラ」の教会　242
ガレン　Garin, E.　3, 4n, 136n
カロニア　Caronia, G.　300
カロリング朝様式　40, 48
完全数　202-3
カンブレ同盟　265
カンメッリ　Cammelli, A.　77, 93

キ

キエリーチ　Chierici, G.　49, 53n
技芸　2
キージ　Chigi, Agostino　136, 180, 189, 268
ギベルティ　Ghiberti, L.　5-6, 16, 273
宮廷（文化）　3, 4, 7-8, 13, 23, 38, 191, 268, 277
ギュンター　Günther, H.　193n, 302, 307
巨大オーダー　96, 239-41, 259, 260
ギョーム・ド・マルシラ　Guglielmo di Marcillat　250, 251, 268
ギリシア十字平面　243
キリスト　Cristo　198-9, 202, 226, 236

ク

グアルナ・ダ・サレルノ　Guarna da Slerno, A.
────『シーミア』　173, 174n, 224, 267, 269, 270, 174n, 301
クアローニ　Quaroni, L.　135n
グイーディ　Guidi, S.　114, 238
クインクンクス　40, 43, 75, 221, 223-4, 226, 228, 231, 240, 247
グッビオ　Gubbio　パラッツォ・ドゥカーレ　23
グヌーディ　Gnudi, C.　310
グリエルモ・ダ・カミーノ　Gugliermo da Camino　91
グリエルモッティ　Guglielmotti, A.　181, 308
グリエルモ・ディ・マルチッラート　ギョーム・ド・マルシラの項参照
クリトゥムノ　Clitumno, テンピエット　29, 40
クリンスキー　Krinsky, C. H.　301
クレヴォーラ　Crevola（オッソーラ渓谷）, 要塞　89, 90n
クレーマ　Crema　サンタ・マリーア・デッラ・クローチェ教会　74
クレメンス七世, 教皇　Clemente VII (Giulio de'Medici)　225
クルー　Clough, C. H.　13n

ケ

ケッキ　Checchi, E.　241
劇場　100, 145, 148, 150, 154, 179, 190-1, 238, 268, 277

コ

格天井　244, 250, 252
ゴシック（様式）　4, 15-6, 24, 33-4, 39, 45-7, 62-3, 214, 234, 252, 271
コズマ様式　199, 251
古代　20, 103, 197-8, 201, 204-6, 250, 252, 259, 261, 271, 273, 277, 279, 282-3, 286
古代風ヴィッラ　144, 147
古代末期（様式）　29, 40, 52-3, 211, 271
古代ローマ　9, 40, 45, 48, 145, 226, 232, 254, 258, 263, 281-3, 286
『古代ローマ遺跡の眺望』　94, 111, 295
古典主義　214, 215, 284
コーラ・ダ・カプラローラ　Cola da Capralora　269
コルヴィーノ, マッティア　Corvino, Mattia　37
コルトーナ　Cortona　カルチナイオ教会　7, 73
コルボ　Corboz, A.　191
コロンナ　Colonna, Pompeo　168, 169n
コンスタンティヌス, 皇帝　Costantino　198, 199, 220, 258

索引

コンスタンティノープル　Costantinopoli
　——パラッツォ・インペリアーレ　141
　——ハギア・ソフィア教会　65, 86
コンティ　Conti, A.　22n, 33n
コンディア　Condia, Giacomo da　292
コンディーヴィ　Condivi, A.　272, 301

サ

サヴォーナ　Savona　92
サヴォナローラ　Savonarola G.　93
サバ（またはサッバ）・ダ・カスティリオーネ　Sba da Castiglione　267, 270, 301
サレルノ　Salerno, L.　135n, 187n, 189n, 309
サンガッロ，アントーニオ・（ダ・—・）イル・ヴェッキオ　Antonio da Sangallo il Vecchio　108, 273-4
サンガッロ，アントーニオ・（ダ・—・）イル・ジョーヴァネ　Antonio da Sangallo il Giovane　110, 176n, 177n, 178, 184, 189, 225, 237-9, 242, 259, 260n, 268-9, 273, 295-7, 302
サンガッロ，ジュリアーノ・ダ　Giuliano da Sangallo　7, 40, 47, 93, 103, 120, 146, 161, 218, 220-1, 223-5, 227, 246n, 253, 267-8, 273, 276
　——ナポリ王のためのパラッツォ計画　146, *147*
　——ルドヴィーコ・イル・モーロのためのパラッツォ計画　146
サンジョルジ　Sangiorgi, F.　12n
サンソヴィーノ，アンドレーア　Sansovino, Andrea　177, 250-1, 268, 273
サンソヴィーノ，タッティ・ヤーコポ（通称イル・—）　Sansovino, Tatti Jacopo　268, 273-4
サンティ　Santi, F.　17n
サンティ　Santi, Giovanni　25

シ

シーアマン　Shearman, J.　145n, 267, 267n
シエーナ　Siena　6, 14
　——市立図書館，ジュリアーノ・ダ・サンガッロ素描帳　フォリオ18v　*40*
　——サン・セバスティアーノ・イン・ヴァッレ・ピアッタ教会　*74*, 297
ジェナッツァーノ　Genazzano　《ニンフェウム》　132, 168, *168*, 169, *169*, *170*, 171, 254, 259, 297
ジェノヴァ　Genova　92
シクストゥス五世，教皇　Sisto V (Felice Peretti)　190
シクストゥス四世，教皇　Sisto IV (Francesco della Rovere)　22, 135, 137-8, 180, 187, 190, 249
シチリア　Sicilia　136
シニョレッリ　Signorelli, Luca　25, 268
『シーミア』　グアルナの項参照
シーミル　Simil, M. Alphonse　303
シモネッタ　Simonetta, Cicco　39
ジャコモ・ダ・プステッラ　91
シャステル　Chastel, A.　4n, 9, 270, 284, 299
ジャヌイッツィ　Gianuizzi, P.　309
シャルル八世，フランス王　Carlo VIII　7, 93
ジャンクリストーフォロ・ロマーノ　Giancristoforo Romano　177
ジャンベルティ，ジュリアーノ　ジュリアーノ・ダ・サンガッロの項参照
集中式（平面）　29, 49, 53, 57, 72, 75, 84, 221
ジュスト・ディ・ガン　ヨース・ファン・ヘントの項参照
シュトゥットガルト　Stuttgart，州立博物館，サンタ・マリーア・デッレ・グラーツィエの素描　84
シュトルツ　Stortz, S.　302
シュマルゾウ　Shmarzow　301
ジュリアーノ・ダ・マイアーノ　Giuliano da Maiano　5-7
ジュリアーノ・デッラ・ローヴェレ　ユリウス二世の項参照
ジュリオ・（ピッピ・）ロマーノ　Giulio (Pippi) Romano　8, 259
シュロッサー・マニーノ　Schlosser Magnino, J.　271n, 311
ジョヴァンニ・アンジェロ・ダ・カメリーノ　ボッカーティ, G. ダ・カメリーノの項参照
ジョヴァンニ・ダ・フィエーゾレ（通称イル・グレーコ）　Giovanni da Fiesole　15
ジョヴァンノーニ　Giovannoni, Gustavo　135n, 272, 300, 303, 309
ジョーヴィオ　Giovio, Paolo　168, 169n
初期キリスト教（様式）　53
新プラトン主義　93, 195, 226
ジョゼッフィ　Gioseffi, D.　234n
ショフィールド　Shofield, R. V.　306

ス

スイーダ　Suida, W.　310
スエートニウス　Svetonio　145
スカリー　Scully, Jr. V.　287, 287n

359

スキアーヴォ　Schiavo, A.　121n
スクァルチオーネ　Squarcione, F.　17
ズッケッティ　Zucchetti, G.　135n, 301
ストゥルッフォリーノ・クリューガー
　　　Struffolino Krüger G.　66n
ストラットン　Stratton, A.　299
スパニェージ　Spagnesi, Gianfranco　308-9
スフォルツァ家　Sforza　3, 53-4, 59, 76-7, 84
スフォルツァ, アスカニーオ　Sforza, Ascanio
　　　10, 39, 66n, 77, 91, 249
スフォルツァ, ガレアッツォ・マリーア
　　　Sforza, Galeazzo Maria　39
スフォルツァ, バッティスタ　Sforza, Battista
　　　13
スフォルツァ, フランチェスコ　Sforza,
　　　Francesco　34, 39
スフォルツァ, ベアトリーチェ　Sforza, Beatrice
　　　85
スフォルツァ, ルドヴィーコ（通称イル・モー
　　　ロ）　Sforza, Ludovico (il Moro)　8, 39,
　　　77, 80, 84-5, 89-91, 93, 96, 107, 137, 173
——ルドヴィーコのためのパラッツォ計画
　　　145
《スフォルツィンダ》　Sforzinda　34, 99
スペイン　Spain　265
スペクタクル　21-2, 29, 31, 45, 48-9, 58-9, 71, 80,
　　　86, 100, 103, 130, 144, 148, 150-4, 164,
　　　169, 171, 176, 179, 182-3, 185, 214-5, 234-
　　　5, 237, 259, 277-9, 282, 285
スペッツァフェッロ　Spezzaferro, L.　135n,
　　　187n, 189n, 308
スペッロ　Spello　サンタ・マリーア・デッラ・
　　　ロトンダ　74
スポレート　Spoleto　サン・サルヴァトーレ教
　　　会　29, 40

セ
正方形内接十字（平面）　クインクンクスの項
　　　参照
セークイ　Sequi, G.　309
ゼーリ　Zeri, Federico　12n, 13n
セルウィウス　Servio　196
セルリアーナ　Serliana　170-1, 249-52
セルリオ　Serlio, Sebastiano　1, 8, 21, 80, 115,
　　　120, 166-7, 190, 193, 195, 205-6, 207n, 209-
　　　10, 213-4, 221, 223-4, 259, 263n, 272, 280,
　　　288, 301
——第三書
　　　フォリオ65r　224；
　　　フォリオ68v　214；
　　　フォリオ67r　202；
　　　フォリオ67v　195；
　　　フォリオ68r　195；
　　　フォリオ66r, v　230
——第四書
　　　序文　263；
　　　フォリオ42r　1

ソ
ソデリーニ, 枢機卿　Soderini　260n, 265
ソネット　57, 76, 92, 269-70, 272, 274-5
ソラーリ, グィニフォルテ（またはボニフォル
　　　テ）　Solari, Guniforte (Boniforte)　35, 80,
　　　85
ソラーリ, ジョヴァンニ　Solari, Giovanni　35

タ
台座　46, 96, 121, 123, 125, 128-9, 154, 156
タヴェルナ　Taverna, S.　90
ダ・カミーノ　Da Camino, G.　91
タキトゥス　Tacito　145
タットル　Tuttle, R. J.　265n
ダーミ　Dami, L.　304
タフーリ　Tafuri, Manfredo　4n, 135n, 145n,
　　　187n, 189n, 218n, 299, 304-5, 308
ダライ・エミリアーニ　Dalai Emiliani, M.　57n
《タラチーナ》　Taracina　93
ダル・マス　Dal Mas, M.　42n
ダンテ・アリギエーリ　Dante Arighieri　94, 265,
　　　270

チ
チヴィタヴェッキア　Civitavecchia　都市と港湾
　　　174, 180-1, 183, 184, 189, 210, 267, 296,
　　　308
——トライアヌス旧港　183
——船溜り　180, 184, 267, 296
——港城塞　180, 181, 182, 184, 258
チヴィタカステッラーナ　Civitacastellana　要
　　　塞, 中庭　108, 118, 176n, 177, 295
チェザリアーノ　Cesariano, Cesare　12, 40, 42,
　　　62-3, 90-1, 201-2, 226, 267, 269-71, 294,
　　　301
——『ウィトルウィス注解』　62, 63, 201
チェッリーニ　Cellirni, B.　301
調和比例　音楽的比例の項参照
チリアコ・ダンコーナ　Ciriaco d'Ancona　6

テ
デ・アンジェリス・ドッサト　De Angelis

d'Ossat, D.　94n, 110n, 111,111n, 127n, 128n, 130, 132, 161n, 304, 307
ティベリウス, 皇帝　Tiberio　135
ティヴォリ　Tivoli　111
——シビュラ神殿　*195*, 198
——ハドリアヌス帝のヴィッラ　111, 139, 148, 201, 251；
《海の劇場》　201
ティトゥス・リウィウス　Tito Livio　139n
テーヴェレ（河）　Tevere　135, 142, 185, 187, 189, 190, 191, 255, 269
テオドシウス, 皇帝　Teodosio　39
デ・グラッシス　De Grassis, P.　180, 301
デ・コンティ　De'Conti, Sigismondo　224
テッサーリ　Tessari, Christiano　308
デッツィ・バルデスキ　Dezzi Bardeschi, M.　246n
デッラクア　Dell'Aqua, G. A.　311
デッラ・ローヴェレ家　Della Rovere　161
デッラ・ローヴェレ, ガレアッツォ　Della Rovere, Galeazzo　187
デッラ・ローヴェレ, シスト　Della Rovere, Sisto　187
デッラ・ローヴェレ, ジュリアーノ　ユリウス二世の項参照
デッラ・ローヴェレ, バッソ　Della Rovere, Basso　249
デッラ・ロッビア, ルカ　Della Robbia, Luca　16
デ・パガーヴェ　De Pagave, V.　303
デ・パガーヴェ　De Pagave—コレクション　ノヴァーラ市立図書館の項参照
デ・パスティ, マッテオ　De Pasti, Matteo　5
デ・フォンドゥーティス　De' Fondutis, A.　53, 82
デメートリオ　Demetrio　224
デモクリトス　Democrito　270
テレイオン　完全数の項参照
デル・ポンテ　Del Ponte, G. B.　89
デ・ロッキ　De Rocchi, Cristoforo　65, 66
デ・ロベルティ, エルコーレ　De' Roberti, Ercole　17, 25
デンカー・ネッセルラート　Denker Nesselrath C.　305

ト

ドイツ様式　ゴシック様式の項参照
トゥアスネ　Tuasne, L.　301
透視図（法）　2, 5, 13-6, 22-4, 26, 30, 38, 44-5, 47, 52-4, 60, 62, 72, 79, 86, 90, 103, 116, 127, 129, 145, 148, 150, 151-3, 158, 164-5, 167, 185, 190, 205-6, 210, 214-5, 235, 238, 242, 252, 263, 271, 273, 276-9, 285-7, 297
ドゥルム, J.　299
トエーネス　Thoenes, C.　234n, 305, 309
都市　94, 99, 133, 134, 173, 201, 202, 279, 286
ドーシオ　Dosio, Giovanni Antonio　149
都市計画　173, 174, 192, 202, 272
トスカーナ　Toscana　122, 144
トーディ　Todi　サンタ・マリーア・デッラ・コンソラツィオーネ教会　61, *72*, 132-3, *245*, 269, 296, 310
ドナテッロ　Donatello　2, 5, 6, 16, 17, 29, 273
ドーニ　Doni, A. F.　93n, 271, 301
トマッセッティ　Tomassetti　176n
トメイ　Tomei, L.　57
ドメニコ・ヴェネツィアーノ　Domenico Veneziano　15-6
ドメニコ・ダ・ヴァリニャーナ　Domenico da Varignano　302
トライアヌス, 皇帝　Traiano　135
トリーノ　Torino, 王宮図書館, サルッツアーノ手稿　フォリオ84　*197*
ドルチェブオーノ　Dolcebuono, Giangiacomo　66
トルトーナ　Tortona　92
トルファ　Tolfa　180, 184

ナ

ナショー　Nachod, N.　302
ナターリ　Natali, G.　77n
ナーポリ　Napoli　6
——ドゥオーモ,『サン・ジェンナーロの十字架降下』の礼拝堂　111n
——ポッジョレアーレのヴィッラ　7
——王宮計画　146, *147*

ニ

ニコラウス五世（トンマソ・ペレントゥチェッリ）, 教皇　Nicolò V (Tommaso Parentucelli)　22, 130, 135, 137-40, 180, 187, 190, 220, 226
ニッツァ　Nizza　92
ニューヨーク　New York　メトロポリタン美術館,『聖母の誕生』（旧バルベリーニ・コレクション）　12n, 15, 21, 24
——ピアポント・モーガン図書館, メロン写本　302, 308；
フォリオ57　*242*, 309；

フォリオ70v　228, *229*, 245；
　　フォリオ71　221, *222*；
　　フォリオ71v, 72　239
ニョーリ　Gnoli, D.　303, 309

ヌ
ヌマ・ポンピリウス，王　Numa Pompilio　196

ネ
ネットゥーノ　Nettuno　要塞　108

ノ
ノヴァーラ　Novara　市立図書館，パヴィーアのドゥオーモ断面図　65, 66n

ハ
ハイデンライヒ　Heydenreich, L. H.　4n, 60, 60n, 62n, 183n, 299, 304-5
ハイル　Heil, E.　305
ハイルブロン　Heilbron　301
パヴィーア　Pavia　都市と城　34, 39, 65, 91, 94, 279
——パヴィーア城博物館　*66, 67*
——カルトジオ派修道院　35, 36, 131, 293；
　　交差部装飾　38, 293
——サンタ・マリーア・イン・ペルティカ教会　61
——サンタ・マリーア・ディ・カネパノーヴァ教会　72, *72*, 293
——ドゥオーモ　7, 36, 62, *64*, 65, *65*, 66, *66*, 67, *67-70*, 80, 82, 86, 229, 292, 306；
　　聖具室　*74*；
　　木製模型　*66, 67*
——パラッツォ・ボッティゲッラ　292
——ボッティゲッラの独立住居　292
バウム　Baum, J.　300
パウルス二世　Paolo II　120
パウルス三世　Paolo III　175
パウロ，聖—　Paolo, san　236
パオロ・ウッチェッロ　Paolo Uccello　5
パオロ・シッリ・ダ・カステルドゥランテ　Paolo Scirri　12n
パスクィーノ・ダ・モンテプルチャーノ　Pasquino da Montepulciano　15
パチョーリ　Pacioli, Luca　93, 207n, 215, 271
パーツ　Paaz, W.　299
バッチ　Bacchi, A.　192n
バッティスティ　Battisti, Eugenio　4n, 174n, 226n
バッティスティ　Battisti, G.　174n

パッラーディオ　Palladio, Andrea　163, 166-7, 193, 195-6, 198, 207, 242, 257, 260, 262, 272, 274, 301
——『建築四書』　195
パテッタ　Patetta, L.　305-6
パドヴァ　Padova　17, 22, 25, 39
——エレミターニ教会，オヴェターリ礼拝堂，フレスコ画　16
バドエル　Badoer, Sebastiano　33
ハドリアヌス，皇帝　Adriano　147, 230
パーネ　Pane, R.　111n
パリ　Paris
——フランス学士院，レオナルドの手稿B　54, 60, *61-2*；
　　手稿I　85
——ルーヴル　ブルネッレスキに帰せられる銀製プレート　240, *243*；
　　ブラマンテに帰せられるファサード案　*243*, 292, 310；
　　ラファエッロによる『聖体の論議』スケッチ（ブラマンテの肖像）　266
——ヴァンドーム広場　181
バルッチ　Barucci, C.　306
『バルベリーニの板絵』　ニューヨークおよびボストンの項参照
パレストラ　Palestra, A.　48n, 53, 306
パレストリーナ　Palestrina　フォルトゥーナの聖域　150, 168
バロッキ　Barocchi, P.　301
バロック（様式）　5, 167, 171, 215, 232, 249, 287
バロッチ　Barocci, A.　14, 25, 30
バローニ　Baroni, C.　23n, 45, 46n, 71, 103, 105, 300, 302, 306
バロン　Baron, H.　4n
パンヴィニオ　Panvinio　223
半円柱　253
バーンズ　Burns, H.　26n, 302
半ペディメント　240

ヒ
ビアンキーノ・ダ・パルーデ　Bianchino da Palude　90
ヒエログリフ　160, 161, 200, 270
ピエーロ・デッラ・フランチェスカ　Piero della Francesca　5-7, 12-3, 13n, 14-7, 19, 24-7, 45-6, 52-3, 276, 281, 291
——『絵画透視図法論』　24, 45
ピカ　Pica, A.　78, 306
ピーキ　Pichi, G.　138, 139n

ピサ　Pisa　39
ビザンチン（様式）　40, 43-5, 85, 86, 226, 229
ピッポ・フィオレンティーノ　Pippo Fiorentino　12n
比例　115, 123, 154, 157, 210, 213
ピントゥリッキオ　Pinturicchio　26, 249-51, 268

フ

ファエンツァ　Faenza　6
ファーノ　Fano　25
——ウィトルウィウス記述のバシリカ　240
ファリアーリ・ゼーニ・ブキッキオ　Fagliari Zeni Buchicchio, F. T.　309
ファンチェッリ　Fancelli, Luca　5, 64, 90, 249
フィエンガ　Fienga, D.　111n
フィオッコ　Fiocco, G.　23n, 24n, 277, 304
フィオーレ　Fiore, F. P.　300, 301, 305
フィチーノ，マルシリオ　Ficino, Marsilio　54, 215
フィラレーテ, A. アヴェルリーノ（通称イル・—）　Filarete (Antonio Averulino)　5, 34, 36-7, 43, *74*, 99, 105, 118, 146, 148, 226, 258, 261
——『建築論』　35
フィリッピ　Filippi, Elena　302
フィレルフォ　Filerfo, F.　39
フィレンツェ　Firenze　都市と文化　2-3, 5, 9, 14, 24-5, 39, 54, 86, 89, 137, 226, 261, 279
——ウッフィーツィ，素描版画室　素描　302, 307, 310；
　　1A r（サン・ピエトロ，《羊皮紙の平面図》）　131, 220-1, 218, *218*, 220, 221, 227-9, 231-2, 236-7, 307；
　　3A r（サン・ピエトロ）　228；
　　4A v と 5A r　223, *236*, 238, 239；
　　7A r と 9A r　224；
　　8A r（サン・ピエトロ）　*221*；
　　8A v（サン・ピエトロ）　*221*, 228, 237, 307；
　　20A r（サン・ピエトロ）　221, *223*, 228, 237, 238, 307；
　　44A r（サン・ピエトロ，ユリウス二世の内陣）　*237*, 238；
　　104A v（サン・ピエトロ）　228, *228*, 307；
　　109A v（パラッツォ・デイ・トリブナーリ）　254, 309；
　　130A r（ボルジアの塔）　*161*；
　　136A r（パラッツォ・デイ・トリブナーリ）　254, *255*, 258, 259, 309；
　　136A v（ピアッツァ・デイ・トリブナーリ）　187；
　　257A r（サン・ピエトロのファサード）　239；
　　287A r（ヴァティカーノ宮）　*137*, 145, 175；
　　904A r（サン・ピエトロ内陣）　110；
　　921A v と 922A r（ロレート）　*177*, 309；
　　946A r（チヴィタヴェッキア，船溜り）　184；
　　1898A r（トリブナーリ）　309；
　　2559A（ベルヴェデーレ）　*149*；
　　7947A r と 7948A r　246n；
　　『都市の街路』の版画　294
——オスペダーレ・デリ・インノチェンティ　94, 96-7
——教会
　　—オルサンミケーレ，サン・ロドヴィーコの壁龕　29
　　—サンタ・マリーア・デリ・アンジェリ（ロトンダ）　53, 54, 61, 67, 74
　　—サンタ・マリーア・デル・フィオーレ　2, 61, 71, 90, 94；
　　　ドーム　2, 62
　　—サンタ・マリーア・ノヴェッラ，ファサード　44, 240；
　　　『三位一体』　22, 29
　　—サンティッシマ・アンヌンツィアータのロトンダ　61, 67, 74
　　—サント・スピリト　44, 48-9, 52, 54, 61, *64*, 67, 71, 94, 96, 116；
　　　聖具室　74
　　—サン・パンクラーツィオ，サン・セポルクロ礼拝堂　27
　　—サン・ミニアート・アル・モンテ　44；
　　　ポルトガッロ枢機卿礼拝堂　73
　　—サン・ロレンツォ　44, 52, 96；
　　　旧聖具室　73, 84
——国立中央図書館，フィラレーテのマリアベッキア写本　35, *147*
——洗礼堂　61
——パッツィ家礼拝堂　48, *73*, 249
——パラッツォ・ディ・パルテ・グエルファ　259
——パラッツォ・メディチ・リッカルディ　260, 269
——パラッツォ・ルチェッライ　128, 261
フェッラーラ　Ferrara　都市と文化　3, 5, 14, 17, 25-6, 34, 46, 53

──『エルコーレの拡張』　187
──パラッツォ・ディ・スキファノイア，正門　25, 291
フェッリーニ　Ferrini, B.　34
フェッレーリオ　Ferrerio　*108*, 260n
フェデーリ　Federi, M.　40
フェデーリコ・ダ・モンテフェルトロ　Federico da Montefeltro　6, 12n, 13-5, 19, 23, 24
──ルチアーノ・ラウラーナへの《認証書》　14
フェルスター　Förster, O. H.　37, 57, 77n, 84, 85n, 89, 105, 130, 218n, 274, 300, 302, 308
フェルディナンド，ナポリ王　Ferdinando　146
フォリーニョ　Foligno　ドゥオーモ　269
フォルム　94, 96, 99, 148, 159, 173, 178
フォンデッリ　Fondelli, M.　309
フガッツァ　Fugazza, G. P.　66
フーゲワーフ　Hoogewerff, G.　176n, 308
ブスト・アルシツィオ　Busto Arsizio　サンタ・マリーア・ディ・ピアッツァ教会　293
舞台（装置）　21, 23, 38, 80, 151, 153-4, 165, 169, 234, 249, 271, 277, 286-7, 293
ブッレッティ　Bulletti, P.　301, 307
ブデンジーク　Buddensieg, T.　302
フライ　Frey, D.　234n, 308
フライ　Frey, K.　308
フラ・カルネヴァーレ　カルネヴァーレの項参照
フラ・ジョコンド　Fra Giocodo　218, 223, 225, 237
プラート　Prato，サンタ・マリーア・デッレ・カルチェリ　7, *73*, 120
プラトン　Platone　191, 201, 281
プラトン主義　205, 215
フラ・マリアーノ・ダ・フィレンツェ　Fra Mariano da Firenze　301, 307
ブラマンテ，アンジェロ・ディ・アントーニオ・ダ・ファルネータ（ドナートの父親）　Bramante, Angelo di Antonio da Farneta　11
ブラマンテ，アントーニオ　Bramante, Antonio　11
ブラマンテ，ヴィットーリア・ディ・パスクッチョ（ドナートの母親）　Bramante, Vittoria di Pascuccio　11
ブラマンテ，ドナート　Bramante, Donato　*75*, *266*
──クレヴォーラ城塞に関する『報告書』　89, 294
──詩人　311
──『ドゥオーモのティブーリオ意見書』　63, 292
──理論書（現存せず）　166, 311
ブラマンテ，パスクッチョ　Bramante, Pascuccio　11
ブラマンティーノ，B., スアルディ，通称イル・─　Bramantino (Bratolomeo Suardi)　77, 268
フランス　France　39, 136, 265
フランチェスコ・ダ・フィエーゾレ　Francesco da Fiesol　112
フランチェスコ・ディ・ジョルジョ　マルティーニの項参照
フランツィーニ　Franzini　260n
プランディ　Prandi, A.　300
ブリーツィオ　Brizio, A. M.　60n, 62n, 306
プリニウス，小─　Plinio, il Giovane　118, 183, 145, 148, 151, 153
──トスカーナのヴィラ　145-6, 148
──ラウレンテゥムのヴィラ　145
フルヴィオ　Fulvio, A.　189, 301, 308
ブルカルド　Burchardo, G.　301
ブルクハルト　Bruckhardt, J.　303
ブルスキ　Bruschi, Arnaldo　17n, 26n, 33n, 42n, 43, 54, 60n, 82n, 108n, 110n, 111n, 112n, 131n, 156, 169n, 176n, 178n, 180n, 187n, 189n, 192n, 193n, 218n, 300, 301, 306-10
フルータス　Frutaz, P. A.　135n
プルート　Plutone　174
ブルーニ　Bruni, Leonardo　136
ブルーノ（またはブルーニ），E., タラント司教　Bruno, E.　175, 240
ブルネッレスキ　Brunelleschi, Filippo　1-3, 5-8, 10, 21, 25, 29, 34, 36, 43-5, 47-8, 52-4, 64, 71, 76, 84-6, 89, 93-4, 103, 105, 112, 116-7, 125, 137, 215, 249, 259, 273, 276, 279-80, 282, 285, 288
『ブルネッレスキ伝』　2
プレヴェダーリ　Prevedari, B.　40, 226
ブレッシャ　Brescia　282
ブレッサノーロ　Bressanoro　サンタ・マリーア教会　*72*
プロカッチ　Procacci, U.　273n
フロンメル　Frommel, C. L.　110n, 131n, 142, 144, 145n, 168, 169n, 171, 187, 187n, 218n, 220, 223, 253, 256, 256n, 258, 260n, 299, 302, 304-9
プンジレオーニ　Pungileoni, L.　303

へ

ヘイ　Hay, D.　4n

ペヴスナー　Pevsner, N.　287, 287n, 299
ペーザロ　Pesaro　14, 25
——パラッツォ・ドゥカーレ　19
ペテロ, 聖—　Pietro, santo　174, 193, 195-6, 198-202, 209, 214, 220, 224, 227, 236-7
ペドレッティ　Pedretti, Carlo　57n, 60n, 62n, 80, 82n, 91n, 94n, 107, 108n, 183, 271n
ベネヴォロ　Benevolo, L.　4n
ベネデット・ダ・マイアーノ　Benedetto da Maiano　5
ヘームスケルク, M. ファン　Heemskerck, Maarten van　174-5, 225, 232
ヘラクレス　Ercole　196, 198, 227
ベルガモ　Bergamo　25, 38, 279
——アンジェリーニ邸, ファサード, フレスコ画　38, 291
——コッレオーニ礼拝堂　36, 36, 73
——サンタ・マリーア・マッジョーレ教会, 聖具室　36
——サン・パンクラーツィオ教会,『ピエタ』　54, 292
——市立博物館, パラッツォ・デル・ポデスタのファサード『哲学者像』　33, 37, 38, 291
——ドゥオーモ　34
ベルゲーテ　Berruguete, Pedro　14, 25
ベルゴニョーネ, A. ダ・フォッサーノ, 通称イル・—　Bergognone, A. da Fossano　38
ペルコーポ　Percopo, E.　77n
ベルゴンツィオ（またはベルゴンツォ）Bergonzio　77
ペルジーノ　Perugino, Pietro　17, 25, 26, 90, 268
ペルージャ　Perugia　14-5, 25-6
——ウンブリア国立美術館,『サン・ベルナルディーノのニッチ板絵』　16-7, 18, 19, 19, 24, 26, 45, 47, 291
ベルタレッリ　Bertarelli, A.　42n
ペルッツィ　Peruzzi, Baldassare　8, 21, 80, 161, 221, 242-3, 254, 259, 267-8, 296, 297
ベルティ　Berti, A.　77n
ベルトラーミ　Beltrami, L.　77n, 303, 305-6
ベルニーニ　Bernini, D.　29n
ベルニーニ　Bernini, Gianlorenzo　217
ベルリン　Berlin
——カイザー・フリードリヒ（現ボーデ）美術館, 旧ウルビーノの『自由学芸』　291
——ダーレム国立美術館, ヘームスケルクの素描帳　225, 232
ペレーゴ・ディ・クレムナーゴ　Perego di Cremnago　42n

ベンティヴォーリオ　Bentivoglio, E.　110n, 176n, 249n, 308
ペンデンティヴ　48, 86, 244

ホ

ボストン　Boston　ボストン美術館　『奉献』（旧バルベリーニ・コレクション）　12n, 15, 16, 21, 24
ポズナー, ガリス・K.　Posner, Garris K.　178n
ボッカーティ, G. ダ・カメリーノ　Boccati, Giovanni da Camerino　13n, 16
ボッシ　Bssi, G.　301
ポッジョ・ア・カイアーノ　Poggio a Caiano, ヴィッラ・メディチ　7
ボッティチェッリ　Botticelli, Sandro　14, 24
ポッライウォーロ　Pollaiolo, A.　45
ボッラーティ　Bollati, R.　135n
ボッラーティ　Bollati, S.　135n
ボッロミーニ　Borromini, F.　107
ボーナ・ディ・サヴォイア　Bona di Savoia　39
ボニーニ　Bonini, F. B.　192n
ボネッリ　Bonelli, R.　23n, 127, 127n, 213, 253n, 299, 304
ホフマン, Th.　308
ポリツィアーノ, （通称イル・—）Poliziano (A. Ambrogini)　283
ボルシ, フランコ　Borsi, Franco　300
ボルシ, ステーファノ　Borsi, Stefano　302, 310
ボルジア, チェーザレ　Borgia, Cesare　134
ポルタルッピ　Portaluppi, P.　78, 306
ポルティナーリ　Portinari, Pigello　34
ポルト　Porto　通称ポルトゥーヌスの神殿　196, 197, 198-9
ポルトゲージ　Portoghesi, Paolo　139n, 299
ポルト・レカナーティ　Porto Recanati　ユリウス港　182, 220, 265
ボローニャ　Bologna　265
——パラッツォ・ダックルシオ, 大階段　296
ボンディオーリ　Bondioli, P.　306

マ

マキャヴェッリ　Machiavelli, N.　3
マグヌソン　Magnuson, T.　139n
マザッチョ　Masaccio　2, 22, 29, 164
マジェンタ　Magenta, C.　306
マスケリーノ　Mascherino, O.　260
マソ・ディ・バルトロメーオ　Maso di Bartolomeo　5, 15-6
マチェラータ　Macerata　6
マッシーミ, ジュリオ・デ　Massimi, Giulio de

180
マッシーモ（またはデ・マッシーミ），ドメニコ　Massimo, Domenico　138, 139n
マッゾッタ　Mazzotta, A. B.　306
マッツィーニ　Mazzini, F.　310
マデルノ　Maderno, Carlo　217, 225
マニエリズム　9, 122, 146, 159, 170, 175, 213, 215, 259, 263, 275, 284, 287-8
マネッティ，トゥッチオ　Manetti, Antonio di Tuccio　2
マネッティ，ジャンノッツォ　Manetti, Giannozzo　137, 226, 139n
マラグッツィ・ヴァレーリ　Malaguzzi-Valeri, F.　77n, 80n, 90n, 304, 306
マラスピーナ・ディ・サンナザロ　Malaspina di Sannazaro　64, 306
マリヌッツィ　Marinuzzi, G.　135n
マルケシーノ　Marchesino, Stanga　77
マルコーニ　Marconi, P.　112n, 307
マルティーニ，フランチェスコ・ディ・ジョルジョ　Martini, Francesco di Giorgio　6-7, 12n, 14, 26-7, 30, 33, 46-7, 64, 65, 71, 93, 103, 118, 161, 163, 183, 197, 201, 268, 273, 276
マレー　Murray, P.　4n, 39, 40n, 42n, 60n, 193n, 229, 230n, 304, 305, 310
マンテーニャ　Mantegna, A.　6-7, 12, 16, 17, 20, 22, 24-6, 46, 53, 164, 276, 281
マンデッリ　Mandelli, E.　309
マントヴァ　Mantova　都市と文化　3, 5, 14, 17, 22, 25, 34, 39
──サン・セバスティアーノ教会　19, 73, 85, 209
──サン・タンドレーア教会　27, 44, 52, 60, 73, 98, 229
──ドゥオーモ，インコロナータ礼拝堂　73, 249
──パラッツォ・ドゥカーレ，『新婚夫婦の間』　22

ミ

ミキエル，マルカントーニオ　Michiel, Marcantonio　33, 292
ミケランジェロ　Michelangelo Buonarroti　217, 218, 220, 225, 260, 268-9, 271-2, 274
ミケロッツォ　Michelozzo di Bartolomeo　5-6, 29, 34, 36, 43, 256
ミュンツ　Münz, E.　76, 77n, 303
ミラネージ　Milanesi, G.　1n
ミラーノ　Milano，都市と文化　3, 14, 33-34, 39, 91, 156, 173, 265, 275, 277, 279-80, 282, 287
──アンブロジアーナ図書館
　─フォリオ251 インフォリオ145（ブラマンテに帰せられる素描）　227, 310
　─アトランティコ手稿　107, *183*, 308
──オスペダーレ・マッジョーレ　34-5, 37, *75*, 146, 292
──教会
　─サン・クレメンテ，『聖母像』　89
　─サン・サーティロ礼拝堂　43, 48-9, 52, 53, 60-1, 229, 282
　─サン・ジョヴァンニ・アッレ・クワットロ・ファッチェ　43
　─サンタ・マリーア・グレーカ　281
　─サンタ・マリーア・ディ・ブレッサノーロ　34, 72
　─サンタ・マリーア・デッラ・スカーラ，フレスコ画　293
　─サンタ・マリーア・デッラ・パッシオーネ　*74*
　─サンタ・マリーア・デッレ・グラーツィエ　35, *73*, 76, *78*, 79, *79*, 80, *81*, 82, *83*, *84*, 87, 89, 94, 103, 111, 229, 234-5, 249-50, 279, 293, 306 ;
　　ドーム　*82*, 228, 230
　　ボッラ礼拝堂，フレスコ画　38, 294 ;
　　後陣　36 ;
　　後陣の装飾　86, *87* ;
　　食堂，『最後の晩餐』『磔刑』　38, 294 ;
　　聖具室と回廊　*82*, 293
　─サンタ・マリーア・プレッソ・サン・サーティロ　25, 40, 47-9, *49*, *51*, 52, 57, 59, 67, 87, 103, 150, 164, 243, 279, 292, 306 ;
　　虚構の内陣　*50*, *52*, 62 ;
　　交差部　*49*, *51*, 73 ;
　　サン・テオドーロ礼拝堂　292 ;
　　聖具室　*51*, 53, *74*, 271 ;
　　ファサード案　36, 240
　─サン・タンブロージョ，
　　カノニカ（司祭館）　94, *95*, *96*, 99, 100, 105, 116, 125, 146, 279, 281, 294, 306 ;
　　ブラマンテ設計による礼拝堂　91 ;
　　聖体用祭壇の柱頭　46 ;
　　カノニカ扉口（ポルタ・ディ・サンタ・ジュスティーナ）　*105*, 106 ;
　　修道院と回廊　89, 91, *92*, 94, 103, *104*, 106, 115, 117-8, 120, 146, 279, 282, 294, 306
　─サン・テウストルジオ，ポルティナーリ

礼拝堂　34, 36, *36*, 59, *73*, 84-5
――サン・ピエトロ・イン・ジェッサーテ
　　35, 38；
　　『洗礼者の物語』　38, 292
――サン・ロレンツォ　40, *40*, 61, 71, 179,
　　229, 237, 282；
　　附属礼拝堂　53
――スフォルツァ城と同地区都市整備計画　90,
　　91, 98, 173, 181, 258；
　　ルドヴィーコ・イル・モーロの《室橋》
　　91, *91*, 94, 294, 306；
　　ルドヴィーコ門　91, 294；
　　博物館, ベルタレッリ・コレクション,
　　『プレヴェダーリの版画』　23, 30, 40,
　　41, 42, 45-8, 52-3, 57, 59, 61, *75*, 86, 229,
　　234, 252, 276, 279, 292, 305, 310；
　　宝物庫,『アルゴ』　*76*, 77, 279, 293；
　　ポルタ・ジョーヴィアの塔　34
――スフォルツァ礼拝堂　*74*
――造幣局,『降誕』　293
――ドゥオーモ　33, 35, 39, 60, 62-3, 70, 237；
　　ティブーリオ (ドーム外被)　60, 62,
　　292
――トリヴルツィオ図書館, ビアンコーニ・コ
　　レクションIV, フォリオ2　*92*
――パニガローラ邸　16, 54, *54*, 55-6, 96, 279,
　　293
――パラッツォ. トリヴルツィオ　294
――ピアッツァ・デイ・メルカンティのパラッ
　　ツォ,『アウソーニオ』のフレスコ画
　　54, 293
――フォンターナ邸　*57*, 292
――ブレーラ絵画館,
　　『柱のキリスト』　54, 292；
　　『モンテフェルトロの祭壇画』　13, 16,
　　24, *25*, 26-7, *27*, 52, 54, 56-7, 229, 252,
　　270；
　　『武装した人物像』(旧パニガローラ邸)
　　16, 54, *54*-5, 56, *56*, 270, 293；
　　『ヘラクレイトスとデモクリトス』(旧
　　パニガローラ邸)　54, 56, 270
――ペレーゴ・コレクション,『B. プレヴェダ
　　ーリの版画』　スフォルツァ城博物館の
　　項参照
――ポッツォボネッラ礼拝堂　72, *72*, 245, 293
――メディチ銀行のパラッツォ　34
――モッザニーガ邸　294
《ミラーノの透視図法画家》　111
ミランドラ　Mirandola　265
ミリツィア　Milizia, Francesco　303

ミレッティ　Miletti, G. C.　18, 19, 42
ミロン　Millon, H.　305

ム
ムラッザーニ　Mulazzani　42n, 43, 55, 57n, 306,
　　311
ムラトーリ　Muratori, L. A.　139n
ムラトーリ　Muratori, S.　135n

メ
メッテルニッヒ, F. グラーフ・ウォルフ
　　Metternich, f. Graf Wolff　40, 42n, 218n
　　220, 229, 231, 238, 300, 304-5, 308, 310
メディチ家　Medici　2, 7, 34, 93, 268
メディチ, コージモ・イル・ヴェッキオ
　　Medeci, Cosimo il Vecchio　2
メディチ, ジュリアーノ　Medici, Giuliano　268
メディチ, ジョヴァンニ　レオ十世の項参照
メディチ, ピエーロ　Medici, Piero　34
メディチ, ロレンツォ (通称イル・マニーフィ
　　コ)　Medici, Lorenzo (il Magnifico)　6, 7,
　　93
メディチ, ロレンツォ　Medici, Lorenzo　268
メニカントニオ・デ・キアレッリス
　　Menicantonio de' Chiarellis　222, 229, 239,
　　242, 302, 307
メロッツォ・ダ・フォルリ　Melozzo da Forlì
　　14, 25, 38

モ
モーゼ　Mosè　199
モルターリ　Mortari, L.　309
モーロ　Moro, G.　33
モンジョヴィーノ　Mongiovino　*75*
モンテ・アズドゥルアルド (フェルミニャーノ)
　　Monte Asdrualdo (Fermignano)　11
モンテカヴァッロ　Montecavallo, A.　109
モンテフィアスコーネ　Montefiascone　城塞
　　177n
モンテプルチャーノ　Montepulciano　パラッツ
　　ォ・コムナーレ　256
――サン・ビアージョ教会　*73*
モントルファーノ　Montorfano, G. D.　38, 292

ヤ
ヤヌス, 神　Giano　43, 198

ユ
ユーエン　Yuen, T.　22n
ユリウス・カエサル　Giulio Cesare　135, 140,

191-1, 219
ユリウス二世，教皇　Giulio II (Giuliano della Rovere)　8-9, 130-9, 142, 150, 153, 164, 173, 175-6, 178, 180, 183, 185, 187, 190-2, 217-20, 223, 225-6, 234, 238, 249, 252, 254, 256, 258, 265, 267, 274, 280-1, 283, 285-6

ヨ

ヨース・ファン・ヘント　Joos von Gent　14, 22-3, 25
ヨハネ（福音書記者）　Giovanni　227

ラ

ラヴァニーノ　Lavagnino, E.　300
ラヴェンナ　Ravenna　46, 86, 265
ラウラーナ，ルチアーノ　Laurana, Luciano (di)　6, 12n, 13-5, 17, 19, 25-7
ラウリ　Lauri, R.　143, *203*
ラッファエッロ・サンティ（またはサンツィオ）・ディ・ウルビーノ　Raffaello Sanzio di Urbino　14, 94n, 150, 168, 175, 193, 224-5, 239, 243-4, 251, 253, 263, 266, 268, 271-2, 296
ラテン十字平面　42, 49, 255
ラフレーリ　Lafreri, A. の版画　260, *261*, 309
ランテ（またはランデ，ラウテ）　Lante, (Laude, Laute) B.　112
ランプニャーニ　Lampugnani, V. M.　305

リ

リアーリオ　Riari, Raffale　109
リオーネ　Lione　265
リストーリ　Ristori, R.　301
理想都市　34, 96, 135, 184, 187, 201
リッカルディ　Riccardi, M. L.　112n, 114, 307
リッチ　Ricci, C.　307
リッピ，フィリッポ　Lippi, Filippo　5, 12n, 15
リーミニ　Rimini　都市と文化　5, 14, 17, 25
——テンピオ・マラテスティアーノ　19, 46

ル

ル・コルビュジェ　Le Corbusier　281
ルスティコ　160-1, 253, 258-60, 263
ルタルイイ　Letarouilly, Paul　114, 128n, 138, 163, 200, 303
ルーツィオ　Luzio, A.　77n
ルティリウス・ナマジアーヌス　Rutilio Namaziano　183

レ

レイ　Ray, Stefano　145n, 218n, 304
レオ十世（ジョヴァンニ・デ・メディチ），教皇　Leone X (Giovanni de' Medici)　190, 191, 192, 223, 225, 239, 267-8, 297
『レオ十世への書簡』　94n, 271, 276-8, 280
レオナルド・ダ・ヴィンチ　Leonardo da Vinci　7, 11, 30, 39, 53-4, 59-62, 64-5, 71, *74*, *75*, 79, 84, 86, 87, 90-1, 93, 99, 103, 107, 111, 153, 163, 173, 179, 183-4, 201, 207, 226, 234-5, 245, 271, 273, 276, 280, 293, 295, 308
——ラウレンツィアーナ手稿，73v　30
——パリ手稿，
　　手稿B，フォリオ3v　*61*；
　　手稿B，フォリオ25v　*61*；
　　手稿M，フォリオ53b　107；
　　手稿I，フォリオ70　80, *85*
——アトランティコ手稿，フォリオ271r　*183*；同　フォリオ284ra　107
レグテーリオ，M.　292
レッツィ　Rezzi, S.　79
レーディク・デ・カンポス　Redig De Campos, D.　131n, 308
レニエ　Renier, R.　77n
レニャーノ　Legnano　サン・マーニョ教会　*72*, 293

ロ

ロウリー　Lowry, B.　299
ロダカナーキ　Rodocanachi, F.　135n
ロッカヴェラーノ　Roccaverano　教区教会　42, 217, 239, 240, *241*, 242-3, 297
ロッシ　Rossi, A.　260n, 309
ロッシ　Rossi, M.　86n, 306
ロッセッリ　Rosselli, Pietro　268
ロッセッリーノ　Rossellino, A.　5, 220-1, 226, 236
ロッツ　Lotz, Wolfgang　4, 97, 98, 98n, 112n, 113, 299, 302, 306, 120,
ローディ　Lodi　インコロナータ教会　*74*
ローディの和議　7
『ロトンダ』，ハドリアヌス帝の—　ローマ，パンテオンの項参照
ロトンディ　Rotonti, P.　13n, 26, 26n, 29n, 30, 304, 310
ローマ　Roma　3, 5, 8, 9, 80, 134-6, 145, 186, 190, 192, 196, 254, 265, 268-9, 271, 275, 277, 279, 281-2, 287, 296
——アウグストゥスのフォルム　259
——アキッラーヌスの庭園（ホルティー・アキ

ッラーニー） 150
──ヴァティカーノ
　──サン・ピエトロとパラッツォの都市計画
　　的再編成　131, *138*, 139, 178, 189-91,
　　226, *228*, 246, 295
　──ヴァティカーノ宮　22, 133, 135, 137-8,
　　140-2, 144, 148, *174*, 228, 244, 251, 295；
　　『アテネの学堂』　244, *244, 245*, 297,
　　309；
　　サン・ダーマゾの開廊　132-3, 141, 174-
　　5, *186*, 281, *296*, 308；
　　《システィーナ》礼拝堂と《吊橋》
　　271；
　　《署名の間》　150, 193, *244*, 251；
　　《教皇居室》（ラッファエッロの間）
　　142, 150, 200, 263, 309；
　　『ボルゴの火災』　263n；
　　ボルジアの住居　142, 150；
　　ボルジアの塔　161, *161*, 268
　──オベリスク　219, 223, 225
　──図書館,《バルベリーニ手稿　Lat. 4424》,
　　フォリオ37*r*　197；
　　フォリオ39*v*　147；
　　フォリオ64*v*　224
　──博物館, サンタ・カーサ教会のメダル
　　178, 309；
　　パラッツォ・デイ・トリブナーリのメダ
　　ル　*256*；
　　チヴィタヴェッキアのメダル　308
　──ベルヴェデーレの複合建築と中庭　98-9,
　　105-6, 128, 134, *137*, *138*, *139*, *140*, 140,
　　141, 142, *143*, 144, 145-8, *149*, 150, *151*,
　　152, 153, *153*, 154, *156*, 157, *157*, *158*, 160,
　　162-4, 167, 173-4, 179, *186*, 191, 206, 217-
　　8, 229, 246, 258, 270, 279, 283, 295, 307
　　インノケンティウス八世のベルヴェデー
　　レのヴィッラ　138, 140-2, 146, 171；
　　彫刻の中庭　138, 142, 161, 181, 210；
　　ユリウス門　140, 149, 159, *160*, 177n,
　　259；
　　螺旋階段　118, 138-40, *162*, 163, *163*,
　　164, 174
　──模擬海戦場（ナウマキア）　145
　──ボルゴとサン・ピエトロ広場　265
──ヴィア
　──アウレリア　189
　──アレッサンドリーナ　260-2
　──ジュリア　*186*, 187, 187n, *188*, 190, 255,
　　256, 258, 296
　──デイ・バンキ・ヴェッキ　*186*, 187, 189,
　　296
　──ディ・バンキ・ヌオーヴィ　*186*
　──デッラ・コンツィリアツィオーネ　295
　──デッラルコ・デッラ・パーチェ　112
　──デッラ・ルンガーラ　*186*, 187, 189-90,
　　296
　──デッレ・ボッテーゲ・オスクーレ　189
　──デル・コルソ　192
　──デル・バンコ・ディ・サント・スピリト
　　296
　──「ペッレグリノールム」　*186*, 187
　──ポルトゥエンセ　189
　──モンセッラート　*186*, 187
　──リペッタ　269
　──ルーア（のちのユダエオールム）　189
──ヴィッラ
　──キージ（またはデッラ・ファルネジーナ）
　　171, *186*
　──デイ・クインティッリー（クインティリ
　　ウス家）　148
　──セプティムス・バッス　148
　──マダーマ　168, 171
　──マリアーナの教皇─　246, 267-8, 297
──黄金宮（ドムス・アウレア）　139, 145
──ガイウス・ケスティウスのピラミッド（ま
　　たはレムスのメータ）　196
──カエサルのフォルム　179
──カンピドーリオの劇場　268
──教会
　──イル・ジェズ　161
　──サン・ジャコモ（ヤーコポ）・デリ・ス
　　パニョーリ　109-11, 131, 295
　──サン・ジョヴァンニ・イン・オーレオ
　　297
　──サン・ジョヴァンニ・イン・ラテラー
　　ノ, ポルタ・サンタ上のフレスコ画
　　107, *107*, 306
　──サンタ・サビーナ　200
　──サンタ・マリーア・アド・マルティレー
　　ス　パンテオンの項参照
　──サンタ・マリーア・デ・アニマ　109,
　　295
　──サンタ・マリーア・ディ・ロレート
　　177, 296
　──サンタ・マリーア・デル・ポポロ, 内陣
　　と後陣　73, 133, *186*, 246, *247, 248, 249*,
　　251, 258, 279, 283, 296, 308；
　　キージ礼拝堂　74
　──サンティ・アポストリ　開廊　136
　──サンティ・チェルソ・エ・ジュリアーノ

42, *75*, 133, *186*, 210, 217, 240, *242*, 243, 246-7, 296, 309
──サン・テリージオ・デリ・オレーフィチ 243, 296
──サン・ビアージョ・デイ・トリブナーリ（またはデッラ・パニョッタ） *74*, 210, 217, 245, 255, *257*, 296, 309
──サン・ピエトロ・イン・モントーリオと修道院 193, 200
──サン・ピエトロ（ヴァティカーノ） 42, 61, 71, 116, 131-5, 173-4, 176n, 177-8, 185, *186*, 200, 210, 217-9, *219*, *220*, 221, *221*, *222*, *223*, 224, *224*, 225, *225*, 228, *228*, 229, *230*, 231, *231*, 232, *233*, 235, *236*, 237, 238, 240, 243-4, 246, 254-5, 259, 267-8, 272, 273-4, 281, 283-4, 307;
ヴェロニカの支柱 221;
カラドッソのメダル 219, *219*;
旧サン・ピエトロ（コンスタンティヌスのバジリカ） 138, 140, 218-20, *220*, 221, 223, 225-6, 236;
《祝別式の開廊》 108, 223, 239;
『聖槍の壁龕』 294;
聖ペテロの墓 219;
《テグーリオ》（ティブーリオ） 133, 232, 254, 267, 267n, 297;
内陣 171, 210, 232, *237*, 238, *238*, 253;
ファサード *239*;
ブラマンテの第二案 236;
《羊皮紙の平面図》 *75*, 131, *138*, 218, *218*, *220*, 221, 227-9, 231, 232, 236, 237
──フィレンツェ人社会のための── 296
──キルクス・マクシムス 147
──《クリプタ・バルビ》 103
──コルソ・ヴィットーリオ・エマヌエレ 260n
──コロッセウム 118, 121, 128, 159, 165, 206
──サン・ジョヴァンニ門 192
──サンタ・マリーア・イン・トラステーヴェレ広場の噴水 111, *186*
──サンタ・マリーア・デッラ・パーチェ回廊と修道院 94, 96, 105-6, 111-2, *113*, *114*, *115*, 116-7, *118*, *119*, *120*, *121*, *122*, *124*, *126*, 128-9, 131-2, 157, 159, 175, 210, 231, 279-80, 282-3, 295, 307
──サン・タンジェロ城 *186*, 187, 189, 191, 295
──アレクサンデル六世の塔 108
──レオ十世の中庭 177n
──サント・スピリト病院 *186*

──サント・スピリト門 189
──サン・ピエトロ・イン・モントーリオのテンピエット *x*, 19, 106, 110, 115, 117, 131-4, 174, *186*, *194*, *195*, *200*, 202, *202-4*, 206, *208*, *210-2*, 213, 227, 228, 246, 283, 295, 307
──サン・ピエトロ広場の噴水 108, *108*, 110, 294
──ジャニコロ 193, 196
──神殿
──ヴィーナス 178
──ウェスタ 196-7
──ウェスパシアヌス 200
──勝利のヘラクレス 198
──神聖都市ローマ 259
──太陽 198
──《平和の──》 マクセンティウスのバジリカの項参照
──水道，アックア・ヴェルジネ 135
──セッティマーナ門 189
──セプティゾニウム 142
──造幣所，バンキ街 139
──タブラーリウム 142
──テーヴェレ河（の治水事業） 135, 142, 185, 187, 189, 190, 191, 255, 269, 297
──トライアヌスのフォルム 179, 228
──トラステーヴェレ 135, 185
──噴水 108, 294
──ネロ帝のキルクス 145
──ネルウァのフォルム 178
──橋
──シスト *186*, 187
──トリオンファーレ（またはヴァティカーノ，またはユリウス） 142, 187, *186*
──サン・タンジェロ *186*
──パラッツォ
──アドリアーノ・カステレージ・ディ・コルネート（またはジロー・トルロニーア） 109, *109*, *186*, 260n, 261, 283, 295, 307
──ヴェネツィア 120, 127, 146, 256;
『サラ・レジーア』のフレスコ画 297;
パラッツェット・ヴェネツィア 146
──カプリーニ ディ・ラッファエッロの項参照
──セナトーリオ・アル・カンピドーリオ 260
──ソデリーニ枢機卿 260n, 265
──デイ・コンヴェルテンディ 260

—デイ・トリブナーリ　127, 133, 181, *186*, 187, 245, 253-4, *255*, *256*, 257-8, *258*, 259-61, 296, 309；
　　　着工記念メダル　245, *256*
　　—ディ・ヤーコポ・ダ・ブレッシャ　263n
　　—ディ・ラッファエッロ（またはカプリーニ）　132-3, *186*, 217, 253-4, 260, *261-2*, 297, 309
　　—デッラ・カンチェッレリーア（リアーリオ枢機卿の—、またはサン・ジョルジョの—）　103, *108*, 109, 112, 128, *186*, 256, 261, 282, 294
　　—旧尚書院（またはスフォルツァーチェザリアーニ）　*186*, 187, 189
　　—ニコラ・フィエスキ枢機卿　260n
　　—ファルコニエーリ　188
　　—ファルネーゼ　259-60
　　—メディチ・ア・ピアッツァ・ナヴォナ　268
　—パラティーノ，皇帝宮　139；
　　スタディウム（または馬場）　147, 178, 179
　—パンテオン　*186*, 195, 229-30, 281
　—広場
　　—ヴェネツィア　186
　　—カンピドーリオ　176, *186*, 187, 189-91, 268
　　—カンポ・デイ・フィオーリ　185, *186*, 187, 189, 191
　　—スコッサカヴァッリ　260
　　—デイ・トリブナーリ　187, 189, 191
　　—ナヴォーナ　*186*, 191, 268-9
　　—ポポロ　269
　—フィウミチーノ港　189
　—ポポロ門　191
　—『ボルゴの廊下』　189, 297
　—《ポンペイウスの柱廊》　163
　—マクセンティウス（またはカラカッラ）のキルクス　*147*, 148
　—マクセンティウス（またはコンスタンティヌス）のバジリカ　218, 229, 230
　—マルケッルス劇場　120, 159, *186*, 187, 189, 206
　—モンテ・サヴェッロ　187
　—ユリウス二世下の都市計画　185
　—浴場
　　—カラカッラ　258
　　—コンスタンティヌス　258
　　—ディオクレティアヌス　258
　—ラティーナ門　192, 297

　　—リーパ　135, 185
　　—リーパ・グランデ（港）　185
　　—リペッタ（港）　135
　　—レオ四世の城壁　189
　　—レムスのメータ　カイウス・ケスティウスのピラミッドの項参照
　　—ロムルスのメータ　196
　ローマ建築（様式）　93, 103, 170, 237, 273
　ローマ劫奪　225
　ロマッツォ　Lomazzo, G. P.　54, *93*, 271, 293, 301
　ロマネスク（様式）　5, 34, 39, 45, 47, 53, 282
　ロマーノ　Romano, P.　135n
　ロレート　Loreto, 聖域と教会　6, 25, 70, *178*, *179*, 181, 217, 245, 258, 268, 296, 309；
　　ファサードのメダル　178；
　　《サンタ・カーサ》　138, 178, 254, 296, 309
　　—パラッツォ・アポストーリコと広場　177, *177*, 179, *180*, 296, 309
　ロレンツォ・イル・マニーフィコ　メディチ，ロレンツォの項参照
　ロンギ　Longhi, R.　77
　ロンドン　London　大英博物館，『プレヴェダーリの版画』　292；
　　『都市の街路』の版画　*190*, 294
　　—ソーン博物館，《コーネル》写本　110, 302, 307；
　　フォリオ7　*257*, 309；
　　フォリオ12　*242*, 309；
　　フォリオ17　*139*；
　　フォリオ24v　223, 225, *236*；
　　フォリオ31　*212*；
　　フォリオ41　*154*；
　　フォリオ61v　*144*；
　　フォリオ69v　*144*
　　—ナショナル・ギャラリー，『音楽』　*22*, 291
　　—ハンプトン・コート・パレス，『講義』　*23*, *26*, *45*, 291
　　—RIBA，パッラーディオに帰せられたスケッチ　260, *262*, 309

ワ

ワイク　Weich, E. S.　305

371

《訳者》
稲川直樹（いながわなおき）
1953年生まれ。東京大学建築学科卒業、同大学院修士課程終了。
1980年より磯崎新アトリエに勤務し，1984年から1992年まで同バルセロナおよびパリ事務所に駐在。
2000年より東京大学建築学科大学院博士課程に在籍。

	アルナルド・ブルスキ ブラマンテ ⓒ	平成十四年二月 十 日印刷 平成十四年二月二十八日発行
	訳者	稲川直樹
	発行者	小菅 勉
	編集	南 風舎
	版下制作	
	印刷	凸版印刷株式会社
	製本	松岳社
	用紙	王子製紙株式会社

中央公論美術出版

東京都中央区京橋二－八－七
電話〇三－三五六一－五九九三

製函　加藤製函印刷株式会社

ISBN 4-8055-0412-9